AMERIKA VOR KOLUMBUS

Aus dem Englischen
übertragen von
Dagmar Ahrens-Thiele,
Joachim Rehork
und Gertraude Wilhelm

Genehmigte Lizenzausgabe für
Weltbild Verlag GmbH,
Augsburg 1998

Umschlaggestaltung:
Studio Höpfner-Thoma,
München
Umschlagmotiv:
Mauritius, Mittenwald
Landkarten: Zoë Goodwin,
Nicholas Harris
Gesamtherstellung:
Druckerei Appl, Wemding
Printed in Germany
ISBN 3-8289-0711-3

BILDATLAS
DER WELTKULTUREN

AMERIKA VOR KOLUMBUS

Michael D. Coe (Hg.),
Dean Snow
und Elizabeth Benson

BECHTERMÜNZ VERLAG

INHALT

Dritter Teil: Nordamerika

Vierter Teil: Mesoamerika

Fünfter Teil: Südamerika

Sechster Teil: Das kulturelle Erbe

CHRONOLOGISCHE ÜBERSICHT

20 000 | 10 000 | 9000 | 8000 | 7000 | 6000 | 5000 | 4000 | 3000 | 2000 | 1000 v. Chr. | n. Chr. 100

GESAMTAMERIKA

JUNGLITHIKUM (Alaska)

ALTLITHIKUM | MITTELLITHIKUM | ARCHAIKUM

Nordamerika Clovis- Folsom- Lanceolate-Spitzen

ca. 10 000 v. Chr. Spitzen und Schaber, El Jobo, Venezuela

Aussterben der pleistozänen Megafauna ca. 10 000–8000 v. Chr.

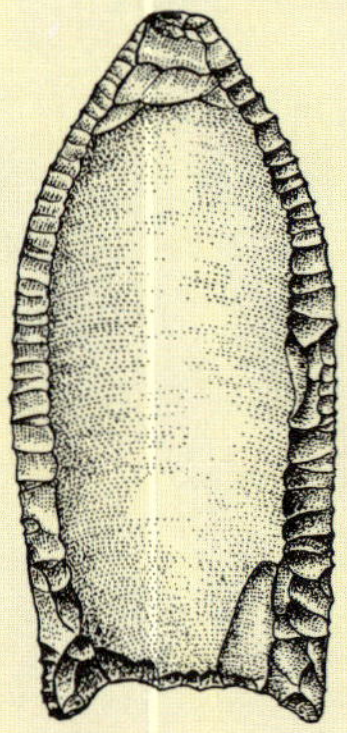
Folsom-Spitze, ca. 9000 v. Chr.

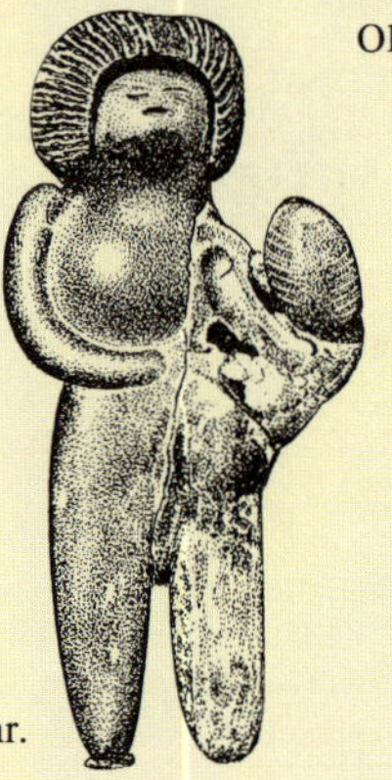
Valdivia-Figurine, ca. 3000–1800 v. Chr.

Olmekischer Kolossalkopf, La Venta, ca. 900–400 v. Chr.

Mochica-
ca. 100–50

NORDAMERIKA

Arktis: Stadium I

Arktis: Stadium II

Arktis: Stadium III

Arktis: Stadium IV

Östliches Waldland

Östliches Waldland

Great Plains

Südwesten Prähistorische Traditionen

Südwesten

Entstehen von kleinen Stammesorganisation

Nordwestküste: Archaische Kulturen ab ca. 7700 v. Chr.

MESOAMERIKA

ARCHAIKUM

FRÜH-FORMATIVUM

SPÄTFORMATIVUM

Maisanbau seit ca. 5000 v. Chr.

Olmeken

MITTELFORMATIV

Teotihuacán

Ocós-Kultur, ca. 1500 v. Chr.

Barra-Kultur, ca. 1600 v. Chr.

Izapa-Kultur

SÜDAMERIKA

Arawakische Einwanderung auf den Antillen

Keramiken in Puerto Hormiga, Kolumbien, ca. 3000 v. Chr.

San Agustín

Las-Vegas-Kultur

Valdivia-Kultur

Chorrera-Kultur

INITIAL-PERIODE

FRÜHER HORIZONT

Chavín-Stil

Mochica-Kultur

Paracas-Kultur

Nazca-Kultur

Baumwolle-Anbau, ca. 3500 v. Chr.

Älteste bekannte Metallarbeiten, ca. 1500 v. Chr.

300 400 500 600 700 800 900 1000 1100 1200 1300 1400 1500 1600 1700 1800 1900

Gunnbjörn sichtet Grönland 982 — Wikingische Siedlungen in Grönland

Leif Erikson sichtet Vinland 986

Wikingische Siedlung in L'Anse aux Meadows, Neufundland

John Cabot entdeckt Neufundland 1497

Vertrag von Tordesillas 1494

Ankunft des Kolumbus 1492

Europäische Siedlungen in Nordamerika

1539 Hernando de Soto stößt in den nordamerikanischen Südwesten vor

Spanische Eroberung und Kolonisierung Mexikos

Spanische Eroberung und Kolonisierung Perus

Portugiesische Kolonisierung Brasiliens

Ausrottung der Pampas-Indianer Argentiniens ab 1880

gefäß,

Herr Chac Zutz, Palenque, 730 n.-Chr.

Cliff Palace, Mesa Verde, ca. 1100–1300 n. Chr.

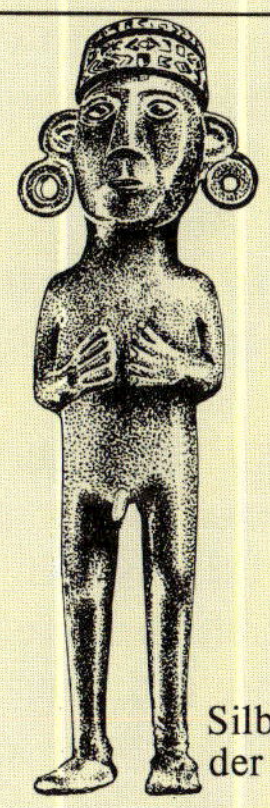

Silber-Statuette der Inka

Arktis: Stadium V

Adena-Kultur

Hopewell-Kultur

Östliches Waldland — Mississippi-Kultur

Östliches Waldland — Lokaltraditionen

Südliche Kulturen im Mississippi-Gebiet

Prärie-Waldland-Periode

Great Plains — Coalescent-Tradition

Great Plains — Prärie-Dorf-Periode

Aufkommen des Reiternomadentums

Trockensteppe des Westens und Südwestens — Fremont-Kultur

Südwesten — Sinagua-Kultur

Südwesten — Hohokam-Tradition

Südwesten — Mogollon-Tradition

Anasazi-Tradition

Klippenhäuser in Mesa Verde

fornien — Kalifornische Kulturen

Entwicklung der Nordwestküsten-Kulturen

FRÜHKLASSISCHE PERIODE — SPÄTKLASSISCHE PERIODE — FRÜHE NACH-KLASSISCHE PERIODE — SPÄTE NACH-KLASSISCHE PERIODE

El Tajín

Tolteken

Azteken

Monte Albán

Oaxaca — Mixteken

Maya-Kultur

ca. 800 Zusammenbruch der Maya-Kultur im südlichen Tiefland

Ballspiel auf den Antillen; neue Einwanderungen

Periode der Regionalkulturen — Integrationsperiode

FRÜHE ZWISCHENPERIODE — MITTLERER HORIZONT — SPÄTE ZWISCHENPERIODE — SPÄTER HORIZONT

Sicán-Stil

Inka

Huari

Tiahuanaco

Chimú

VORWORT

Am 12. Oktober 1492 landete Kolumbus auf einer kleinen Insel in den Bahamas, ein Ereignis, das die Welt in einer Weise veränderte, wie weder die Europäer noch die Ureinwohner Amerikas es sich hätten vorstellen können. Zwei Kulturtraditionen, die sich über Tausende von Jahren ohne Kenntnis voneinander entwickelt hatten, prallten plötzlich aufeinander, und beide gingen aus dem Kontakt verändert hervor.

In jenen Ländern, in denen noch immer eine zahlenmäßig starke Indianer-Bevölkerung lebt, ist die Frage nach dem Sinn der amerikanischen Archäologie müßig. Die Vergangenheit ist unübersehbar Teil der Gegenwart. Andernorts sieht man die vorspanischen Kulturen oft als seltsam und exotisch an, vielleicht auch als interessant, aber auf jeden Fall werden sie als völlig unwesentlich für den Lauf der Weltgeschichte erachtet. Dabei übersieht man den Beitrag, den die Indianer zur internationalen Versorgung mit Nahrungsmitteln (Mais, Bohnen, Kartoffeln und Maniok bzw. Cassave), zur Pharmazie (Chinin, Kokain, Strychnin) und zum universalen künstlerischen Erbe geleistet haben. In unserem Jahrhundert, das die Wiederentdeckung der »primitiven« Kunst durch europäische Maler und Bildhauer gebracht hat, werden die Arbeiten der amerikanischen Ureinwohner - olmekische Jadefiguren, Maya-Gefäße, peruanische Webereien, Haida-Masken - als ernstzunehmende Kunstwerke betrachtet und nicht bloß als ethnologische Kuriositäten. Künstler wie Henry Moore bekennen, daß sie den aztekischen und toltekischen Skulpturen verpflichtet sind, und moderne Autoren (darunter der Nobelpreisträger Miguel Ángel Asturias) beziehen aus der heimatlichen Mythologie ihre Inspirationen.

Dieses Phänomen ist natürlich jüngeren Datums, doch seit der ersten Kontaktnahme hat Amerika immer seinen Teil zum europäischen Geistesleben beigetragen. Die von den Konquistadoren entdeckten Völker waren völlig unbekannt, weder die Bibel noch die geographischen Werke hatten von ihnen berichtet. Irgendwie mußten sie den gängigen Vorstellungen eingepaßt werden. Wer waren sie? Woher kamen sie? Besaßen sie eine Seele? Das waren die Fragen, die sich stellten. Die Entdeckung eines absolut neuen Kontinents mit radikal anderen sozialen Strukturen warf eine Reihe moralischer Probleme auf und lieferte zugleich ein Kriterium, an dem die europäischen Institutionen gemessen werden konnten. Einige politische Philosophen betrachteten die Indianer als Barbaren, unberührt vom Christentum und der Zivilisation; andere wie Montaigne, Diderot und Rousseau schufen den Mythos vom »edlen Wilden«, um das europäische Gesellschaftssystem und die politische Unterdrückung anzugreifen. Amerika bot sich als Laboratorium für soziale Experimente an und zwar gleichermaßen real in den Jesuitenmissionen in Paraguay wie in der Fiktion von Thomas Morus' *Utopia.*

Auch in der Entwicklung der Archäologie als Wissenschaft spielte der amerikanische Kontinent seine Rolle. Im frühen 18. Jahrhundert wurden die Indianerstämme als lebende Entsprechungen der frühen europäischen Völkerschaften angesehen, die griechische und römische Schriftsteller beschrieben hatten. Prähistorische europäische Steinäxte wurden mit denen der Irokesen oder Tupinambá verglichen, und die Wissenschaftler schufen die Vorstellung von einer Steinzeit, die es vor der Entdeckung von Bronze und Eisen gegeben habe. Andere Entwicklungsschemata, die sich ebenfalls auf amerikanische Zeugnisse stützten, setzten eine Periode des Jagens und Sammelns vor dem Beginn des Bodenbaus voraus.

Eben dieses Interesse an der Evolution menschlichen Verhaltens bildet den Kern moderner Archäologie, und wiederum sind es die Archäologen, die universale Fragen stellen, wenn auch völlig anderer Art. War das Überjagen die Ursache, daß so viele große Säugetiere vor etwa 10000 Jahren ausstarben? Wie und warum ersetzte der Bodenbau das Wildbeutertum? Was veranlaßte die Entstehung der ersten Staaten in verschiedenen Teilen der Welt? Richtet sich die kulturelle Entwicklung nach allgemein verbindlichen Gesetzen oder ist das Verhalten des Menschen zu komplex, als daß man es in rein wissenschaftlichen Begriffen erklären könnte? Bei der Prüfung dieser Fragen, die von globalem Interesse sind, spielen die amerikanischen Zeugnisse eine entscheidende Rolle, und die lange Isolation dieses Kontinents erweist sich hierbei als Vorteil.

Um die reiche Kulturvielfalt Amerikas einem breiten Leserkreis nahe zu bringen, besteht das Bedürfnis nach einem Buch, das eine Einführung in die westliche Hemisphäre als Ganzes bietet: von der Erstbesiedlung bis hin zu den großartigen Reichen der Azteken und Inka, von der Arktis bis hin zu Feuerland. Da Kunst und Handwerk ein integraler Teil der Geschichte sind, werden auch die wichtigen archäologischen Fundorte angemessen beschrieben. Vor allem aber ist dieses Werk ein historischer Atlas. Es soll mit Hilfe von Karten die Vergangenheit in all ihren Aspekten, den physikalischen, kulturellen und politischen, wieder lebendig machen. Eine solche Aufgabe kann nicht mehr von einem einzigen Autor geleistet werden. Die heutigen Archäologen sind Spezialisten, und so sind an diesem Buch drei Autoren beteiligt. Michael D. Coe hat das zweite und vierte Kapitel verfaßt, Dean Snow das dritte und Elizabeth Benson das fünfte Kapitel. Für Kapitel eins zeichnen Michael D. Coe und Dean Snow gemeinsam verantwortlich, und für Kapitel sechs haben alle drei Autoren ihren Beitrag geliefert.

ERSTER TEIL

DIE NEUE WELT

Die Topographie des amerikanischen Kontinents

BEVÖLKERUNG UND LEBENSRÄUME

Am Vorabend der »Entdeckung« durch die Spanier betrug die Bevölkerung der westlichen Hemisphäre – angefangen bei den in den arktischen Zonen Nordamerikas ansässigen Eskimo und Aleuten bis hin zu den Ona und Yahgan an der Magellan-Straße und um das Kap Hoorn – nach unterschiedlichen Schätzungen zwischen 40–50 (Sapper, Rivet) und 13 Millionen (Rosenblat), wobei jüngere Einzeluntersuchungen mehr für die höhere oder eine noch höhere Ziffer sprechen.

Gänzlich dem Blickfeld der übrigen Menschheit entzogen, hatten zwischen den Wendekreisen des Krebses und des Steinbocks einige der bedeutendsten Kulturen dieser Erde Gestalt angenommen und waren zur Hochblüte gelangt. Jede in der Alten Welt bekannte Kulturform fand sich auch in der Neuen Welt: primitive Jäger- und Sammlerkulturen, Gesellschaften mit rudimentärem Ackerbau ebenso wie mächtige Großreiche.

Heutzutage lebt vieles von diesem früheren Glanz nicht einmal mehr in ferner Erinnerung, und infolge jahrhundertelanger militärischer und kultureller Unterdrükkung seitens der Europäer sowie durch die verheerenden Wirkungen der eingeschleppten Krankheiten wurden die Ureinwohner auf einen Bruchteil ihrer einstigen Stärke reduziert. Mit Ausnahme des Guaraní, das in Paraguay neben Spanisch Staatssprache ist, besitzt keine Eingeborenensprache offiziellen Status in den modernen Staatengebilden der Neuen Welt, noch gibt es einen bei den Vereinten Nationen akkreditierten Amerikaner indianischer Abstammung. Die Indianer, vielgeschmähte, doch nützliche Arbeitskräfte im katholischen Lateinamerika und verteufelt und verachtet im protestantischen Angloamerika, hatten in Anbetracht der überlegenen europäischen Waffentechnologie niemals eine wirklich reelle Zukunftschance in den Regionen, die von den Weißen bevorzugt beansprucht wurden.

Sprachen und Rassen

Von den insgesamt rund 3000 bekannten Sprachen waren ungefähr 400 in der westlichen Hemisphäre in Gebrauch, wenngleich – ähnlich wie bei den Bevölkerungszahlen – exakte Angaben äußerst schwierig sind. (Für die einzelnen Sprachen Nord-, Mittel-und Südamerikas *siehe Seiten 42–45, 86, 156*). Das Problem in beiden Forschungsbereichen besteht darin, daß sowohl die ersten Volkszählungsstatistiken als auch die ersten Wörterverzeichnisse erst Jahrzehnte oder gar Jahrhunderte nach dem Eintreffen der Europäer erstellt wurden, nachdem bereits die Katastrophe in Form von Seuchen, Ausrottung, Unterdrükkung und Vertreibung hereingebrochen war und ihre immensen Opfer gefordert hatte. Die neuere linguistische Forschung gruppiert die amerikanischen Eingeborenensprachen in rund 100 Sprachfamilien entwicklungsgeschichtlich verwandter Idiome, vergleichbar der Bandbreite der indogermanischen Sprachfamilie, die die meisten Sprachen Europas, Persiens und Indiens umfaßt. Mit Ausnahme vielleicht zweier Sprachen, des Eskimoischen, das beiderseits der Bering-Straße verwendet wird, und des Athapaskischen (einst vorherrschend in Kanada sowie im Nord- und Südwesten der USA), für die man eine Verwandtschaft mit dem Paläosibirischen bzw. mit bestimm-

Unten: Ein Vertreter der Shuara, die im Tal des Upano in Ekuador leben.

Rechts: Ein Mitglied des Stammes der Crow in Montana. Die berittenen Jäger der Plains waren der größte und robusteste Menschenschlag unter den einheimischen Völkern der Neuen Welt.

Ganz rechts: Die Eskimo (hier sieht man drei Nostak-Eskimo in Sommerkleidung) waren und sind bis heute über die ganze arktische Küste von Westalaska bis Ostgrönland verbreitet.

Links: Der Chaco Canyon, New Mexico, in Richtung Südosten aufgenommen. Hier haben sich die Ruinen von zwölf Pueblos (große, aus zahlreichen Flachdachhäusern bestehende Dörfer) und über 300 kleinere archäologische Stätten erhalten. Sie alle gehörten zu einem einst weite Regionen umspannenden Handelsnetz, das Teil des übergreifenden Chaco-»Phänomens« war (*vgl. Seite 78*). Im Vordergrund links sieht man den berühmtesten und am vollständigsten freigelegten Pueblo, den Pueblo Bonito. Die Wohnhäuser des Chaco Canyon wurden von den Trägern der Anasazi-Kultur erbaut, die ihre Blütezeit zwischen Mitte des zehnten und Mitte des zwölften Jahrhunderts hatte. Die offensichtliche Langlebigkeit dieser Siedlungen sollte uns aber nicht den Blick dafür verstellen, daß die Anasazi-Indianer in ihrer Existenz maßgeblich von den vorherrschenden Bedingungen für den Ackerbau abhingen: So hatte ihr weitverzweigtes Handelsnetz wegen wiederholt auftretender Dürreperioden im ausgehenden zwölften Jahrhundert mit großen Schwierigkeiten zu kämpfen.

ten Sprachen Ostasiens ins Feld geführt hat, ist nach den heutigen Erkenntnissen keine Eingeborenensprache Amerikas mit einer Sprache der Alten Welt verwandt.

Doch obwohl die Linguistik bisher asiatische Ursprünge nicht zweifelsfrei nachweisen konnte, besteht dennoch unter Anthropologen Einigkeit, daß die Indianer (wie auch die Eskimo und Aleuten) ausnahmslos der mongoloiden Rasse zuzurechnen sind. Da sie über die Jahrtausende extrem unterschiedlichen Umweltbedingungen ausgesetzt waren, unterlagen sie zwangsläufig dem natürlichen Adaptionsprozeß und der Aufspaltung in zahlreiche »Lokalrassen« (Andide, Zentralide, Brasilide, Pazifide usw.), so daß die Nachfahren der asiatischen Ureinwanderer heute die unterschiedlichsten physischen Erscheinungsformen und phänotypischen Merkmale besitzen. So weisen beispielsweise die Eskimo (Eigenbezeichnung *Inuit* »Menschen«), die in extrem kalten Regionen leben, einen stark untersetzten Körperbau auf, offensichtlich eine Anpassung an die Klimaverhältnisse, die verhindern soll, daß allzuviel Körperwärme verlorengeht. Allgemein gesehen, sind die in höheren Breiten beheimateten Völker (abgesehen von den Eskimo) größer und schwergewichtiger als die Bewohner tropischer Regionen. Trotz dieser Unterschiede gibt es aber keinen Grund anzunehmen, es habe in das alte Amerika Einwanderungsströme von außerhalb Asiens gegeben.

Lebensräume und kulturelle Entwicklung

Obwohl die Landmasse des amerikanischen Doppelkontinents nur einen Bruchteil so groß ist wie die Eurasiens und Afrikas zusammengenommen, was eine Erklärung für die kleinere Eingeborenenbevölkerung und geringere Sprachenvielfalt sein mag, sind die Lebensräume doch bei weitem vielgestaltiger als in der Alten Welt. Die Ureinwohner waren in vorkolumbischer Zeit über den ganzen Kontinent verteilt, von Nordgrönland bis hin zum ungefähr auf dem fünften südlichen Breitengrad gelegenen Feuerland. Es ist deshalb nicht möglich, auch nur annähernd allgemeingültige Angaben über die Umweltverhältnisse zu machen, in denen die Europäer die Ureinwohner antrafen. (Für die klimatischen Bedingungen und die Vegetation Nord-, Mittel-und Südamerikas siehe die Karten auf den *Seiten 36–37, 84, 152, 154.*)

Das auffälligste geophysikalische Merkmal der westlichen Hemisphäre ist der gewaltige Gebirgszug, der sich von Alaska ausgehend in den Rocky Mountains und schließlich in den Anden fortsetzt. Das Land östlich dieses »Rückgrats Amerikas« besteht größtenteils aus tiefliegenden Regionen mit weiten Flußebenen, etwa dem Mississippi-Einzugsgebiet in den USA oder den Orinoko- und Amazonas-Stromgebieten in Südamerika. Eine Unterbrechung dieser charakteristischen Landschaft sind die Appalachen in der Osthälfte der Vereinigten Staaten und das Brasilianische Bergland.

Bedeutsamer jedoch als die jeweilige Höhenlage der Siedlungsräume war die für die Kultur- und Bevölkerungsentwicklung entscheidende Frage, welche wichtigen Nahrungspflanzen in den verschiedenen Gebieten gedeihen konnten. Da diese größtenteils tropischen Ursprungs und frostempfindlich waren – insbesondere Mais, Bohnen, Chili und Kürbis –, traf man auch die größte Einwohnerdichte in niedrigeren Breitengraden an, dort wo die besseren Klimabedingungen herrschten. Im Osten Nordamerikas beispielsweise reichte die Maisanbauzone gerade eben bis an den nördlichen Rand der Großen Seen, und jenseits davon war das Land nur dünn von indianischen Stämmen besiedelt. Zweifellos bildete der erfolgreiche Anbau lokaler Nahrungspflanzen die wichtigste Grundlage für die bedeutenden Zivilisationen der Azteken, Maya und Inka, und es ist beileibe kein Zufall, daß sich diese vielschichtigen Kulturen im Bereich der Tropen, in Mesoamerika (ein von Paul Kirchhoff geprägter Begriff, der das zusammenhängende Gebiet der Hochkulturen – Zentral- und Südmexiko, Guatemala, Belize sowie die westlichen Teile von Honduras und El Salvador – vom übrigen Mittelamerika abgrenzt) und in den Anden entwickelten.

Diese beiden Regionen, die als »Kernzonen« des alten Amerika bezeichnet werden, sind charakterisiert durch große, politisch hochorganisierte Staatsgebilde, Städte, eine Monumentalarchitektur- und -skulptur, und, was das Entscheidende ist, durch organisierte Staatsreligionen. Zwischen den beiden »Kernzonen« befindet sich ein Gebiet (Kolumbien, Westvenezuela und Nordekuador), für das die Archäologen den Terminus »Zwischenzone« geprägt haben. Dieser geographische Raum wies eine große Bevölkerungsdichte auf, da hier der Maisanbau florierte, doch die Gesellschaftsform gelangte niemals über das Häuptlingstum hinaus.

In den nördlich von Mesoamerika und südlich der Anden gelegenen Regionen entwickelten sich weniger komplexe Ackerbau-Kulturen, etwa die Mississippi-Kultur im Osten und Südosten der Vereinigten Staaten, die so gewaltige Stadtanlagen wie Cahokia hervorbrachte und mit dem sogenannten Monks Mound einen der größten Pyramidenhügel der gesamten Neuen Welt besaß. Im Osten der Andenkette, in den tropischen Wäldern der Orinoko- und Amazonas-Stromgebiete, existierten (und existieren zum Teil heute noch) Gesellschaften, deren Sozialstruktur auf Stammesverband und Häuptlingstum basierte und deren ökonomische Grundlage der Maniok-, nicht der Maisanbau war. Obgleich diese Gesellschaften nach europäischen Maßstäben als »primitiv« gelten mögen, sind dennoch die Wurzeln der Seßhaftigkeit und einiger religiöser Merkmale des vorkolumbischen Südamerika bei ihnen zu suchen. Die außerhalb der Landstriche beheimateten Stämme, in denen erfolgversprechender Anbau von Feldfrüchten tropischen Ursprungs möglich war, d. h. nördlich und südlich der Regionen mit genügend frostfreien Tagen, hatten sich notgedrungen auf das Jäger- und Sammlertum zu beschränken. In gewisser Hinsicht wies diese Lebensweise Ähnlichkeit mit der Nomadenwirtschaft der Jäger im Jung-Pleistozän auf, den ersten Siedlern in der westlichen Hemisphäre. Es wäre jedoch unzulässig, alle nicht-agrarischen Völker über einen Kamm zu scheren, denn einige unter ihnen besaßen hochspezialisierte Wirtschaftsformen, etwa die Lachsfischer an der pazifischen Nordwestküste, die in großen Dorfsiedlungen wohnten, oder die Eskimo im hohen Norden Nordamerikas, deren Existenzgrundlage die Jagd auf Meeressäuger sowie der Fischfang bildete.

Generell bleibt festzuhalten, daß bei der Beurteilung aller Kulturen außerhalb der »Kernzonen« – den Kulturen der sogenannten »ethnographischen Gegenwart« – Vorsicht geboten ist. Als die Europäer die einheimischen Völker unter Druck setzten, machten sie sie gleichzeitig mit neuen Kulturelementen bekannt, die deren Leben nachhaltig veränderten, und die ersten Beschreibungen der Eingeborenenkulturen entstanden erst, nachdem diese Prozesse schon wirksam geworden waren. Beispielhaft hierfür ist die traditionelle Lebensweise der Plains-Indianer im Westen der Vereinigten Staaten, die noch heute als am charakteristischsten für alle Indianer Nordamerikas angesehen wird. Obwohl das Grundelement dieser einst fast ausschließlich auf der Büffeljagd basierenden Kultur, das domestizierte Pferd, erst von den Spaniern eingeführt wurde, gilt als Leitfaden für die Beschreibung der Plains-Kultur trotzdem das Pferdenomadentum.

NORDPOLAR-MEER
Grönland
Baffin-Land
POLARGEBIET
Nördlicher Polarkreis
Yukon
Vestribyggd
Eystribyggd
Davis-Straße
Island
WESTLICHE SUBARKTIS
HUDSON BAY
NORD-WESTKÜSTE
ÖSTLICHE SUBARKTIS
L'Anse aux Meadows
Neufundland
PLATEAU
NÖRDLICHE PLAINS-REGION
SÜD-KANADISCHE PRÄRIE
ÖSTLICHES WALDLAND SÜDKANADAS
Missouri
GREAT BASIN
PRÄRIE
ÖSTLICHES WALDLAND
Ohio
Mississippi
ATLANTISCHER OZEAN
San Juan
KALIFORNIEN
SÜDLICHE PLAINS-REGION
SÜDWESTEN
Santa Barbara
Golf von Mexiko
NEW MEXIKO
Santiago
Wendekreis des Krebses
Tenochtitlan
Veracruz
ANTILLEN
Hispaniola
MESOAMERIKA
Karibisches Meer
Panama
Orinoko
PAZIFISCHER OZEAN
Quito
AMAZONIEN
Amazonas
Äquator
Tumbes
Cajamarca
NÖRDLICHES UND ZENTRALES ANDENGEBIET
Lima
Cuzco
ÖSTLICHES HOCHLAND
Wendekreis des Steinbocks
GRAN CHACO
SÜDLICHES ANDENGEBIET
Paraná
Coquimbo
PAMPAS
FEUER-LAND
Magellan-Straße
Küstenfahrten und entradas europäischer Entdecker bis 1600
NORDAMERIKA
Wikinger 1000-13
John Cabot 1497
Ponce de León 1513
Verrazano 1524
Narvaez und Cabeza de Vaca 1529-36
Cartier 1535-36
De Soto 1539-43
Coronado 1540-42
Cabrillo und Ferrelo 1542-43
Drake 1579
Oñate 1598-1604
MESOAMERIKA
Cortés 1519, 1524-25
SÜDAMERIKA UND ANTILLEN
Kolumbus 1492
Magellan 1519-22
Francisco Pizarro 1524-33
Almagro 1535-37
Gonzalo Pizarro 1539-42
Bevölkerungsdichte pro 100 km² um 1500
Mehr als 100
1-100
Weniger als 1
Maßstab 1 : 54 000 000
GRÖNLAND
Alaska
KANADA
USA
MEXIKO
BELIZE
HONDURAS
GUATEMALA
EL SALVADOR
NICARAGUA
COSTA RICA
PANAMA
VENEZUELA
KOLUMBIEN
EKUADOR
BRASILIEN
PERU
BOLIVIEN
PARAGUAY
CHILE
ARGENTINIEN
URUGUAY
Heutige amerikanische Indianerbevölkerung pro 100 km²
Mehr als 100
10-100
1-10
Weniger als 1
Anteil der Mestizen an der Gesamtbevölkerung
Mehr als 50%
10-50%
Weniger als 10%

ENTDECKUNG UND EROBERUNG

Die Eingeborenenbevölkerung und die Entdeckungsreisen der Europäer im 15./16. Jahrhundert
Hinsichtlich der Bevölkerungszahl Amerikas am Vorabend der Entdeckung sind wir weitgehend auf Vermutungen angewiesen, da die Angaben in den frühen europäischen Quellen sehr stark variieren. Eine Karte, die sich weitläufiger Kategorien zur Wertung der Bevölkerungsdichte bedient, weist zwangsläufig Detailungenauigkeiten auf, bildet aber wohl die einzige Möglichkeit, zu einer einigermaßen einvernehmlichen Darstellung zu gelangen. Unmittelbar mit dem Eintreffen der ersten Europäer war die Urbevölkerung dann verheerenden Belastungen ausgesetzt; in allen amerikanischen Ländern wurden die Gemeinwesen der Eingeborenen verwüstet, gewöhnlich durch die schnelle Ausbreitung eingeschleppter Krankheiten, aber an einigen Orten ging dies Hand in Hand mit erbarmungslosen Ausrottungsfeldzügen. Nur in den von europäischen Siedlungsgebieten entfernt liegenden Regionen besaßen die Indianer reelle Überlebenschancen.
Die einstige Bevölkerungsstärke der Eingeborenen konnte nie wieder erreicht werden, doch hat sich das Siedlungsschema des späten 15. Jahrhunderts im wesentlichen erhalten (*siehe Innenkarte*). Menschen rein indianischer Abstammung sind heute noch immer am zahlreichsten in den Anden- und mittelamerikanischen Staaten vertreten sowie in jenen Staaten der USA, in denen Reservationen errichtet worden sind. Viele Millionen besitzen teilweise indianisches Blut: Die Mestizen, Mischlinge zwischen Indianern und Weißen, machen heute einen großen Teil der Einwohner der lateinamerikanischen Länder aus.

Die Frage der Erstentdeckung

Die Vorstellung, die Europäer hätten 1492, oder historisch richtiger, um das Jahr 1000 unserer Zeitrechnung, einen neuen Kontinent »entdeckt«, ist eine seltsame Verdrehung der Tatsachen. Die mit ihrer eigenen Vergangenheit vertrauten Amerikaner indianischer Herkunft wissen, daß ihre asiatischen Vorfahren während der Eiszeit diese Hemisphäre entdeckten, und viele Indianer halten denn auch den Anspruch der Europäer für äußerst befremdend. Vergleichbar ist doch der Fall Marco Polo, der im Mittelalter als erster Abendländer nach China kam und die erste Kunde von der Existenz Japans mitbrachte, trotzdem käme kein Italiener – und sei er noch so nationalbewußt – auf die Idee zu behaupten, der berühmte Venezianer habe diese Weltgegend »entdeckt«.

Doch hiervon einmal abgesehen, besitzt für Europäer und Amerikaner europäischer Abstammung die Frage der frühesten Kontakte nach wie vor große Faszination, wobei zu konstatieren ist, daß dieses Zusammentreffen für die Weißen von dauerhaftem Nutzen war und für die Völker der westlichen Hemisphäre auf ganzer Linie verhängnisvoll endete. Es ist deswegen angezeigt, sich die Geschichte dieser Kontakte und die aufgestellten Theorien über die Indianer zu vergegenwärtigen.

Die Berichte über Beziehungen zwischen Europa und Nordamerika vor den Wikingern zeichnen sich durch eine gehörige Portion Wunschdenken und Nationalstolz aus und sorgen für die Vernebelung der historischen Fakten. Dies gilt besonders für die angeblichen Reisen irischer Mönche in die Neue Welt. Und dennoch glaubt der englische Historiker Geoffrey Ashe ein Körnchen Wahrheit entdecken zu können in den verschiedensten Legenden über Brendan, einen im sechsten Jahrhundert lebenden irischen Mönch, auf seiner Suche nach dem irdischen Paradies, »dem verheißenen Land der Heiligen«. Brendan und seine Begleiter waren durchaus in der Lage, in äußerst einfach gebauten Booten ferne Küsten anzusteuern, wo sie ihre ausgedehnten Niederlassungen gründeten, dies hatten sie mit ihrer Besiedlung der Orkney- und Shetland-Inseln, der Färöer und höchstwahrscheinlich auch Islands unter Beweis gestellt. Die Erzählung von Brendans Unternehmungen, die ihn über den Ozean nach Norden und Westen führten, taucht in mehreren Quellen aus späterer Zeit auf und war daher in fast ganz Westeuropa bekannt. Auch Kolumbus hatte vor Antritt seiner ersten Expedition Kenntnis von diesem Bericht. Brendan und seine Ordensbrüder könnten sehr wohl Grönland erreicht und auf einer späteren Reise tatsächlich mit den etwas gemäßigteren Zonen auf dem amerikanischen Festland Bekanntschaft gemacht haben. Diese hätten unschwer auch als das von ihm gesuchte irdische Paradies gelten können.

Doch läßt sich absolut kein archäologischer Nachweis für solche frühen Fahrten von Iren in die westliche Hemisphäre führen. Hinzu kommt, daß die Geschichten über Brendan von wundersamen Dingen geradezu strotzen, so daß man wohl den größten Teil in den Bereich der Fabel verweisen muß. Anders hingegen verhält es sich mit der Kolonisierung Islands und Grönlands durch die Wikinger um das Jahr 1000, die eine historische Tatsache ist. Landhungrige jüngere Männer von Norwegens Küste und deren Familien drangen in den Nordatlantik vor und schufen in diesen fern der Heimat gelegenen Gebieten ausgedehnte Siedlungen. Artefakte der Wikinger sind sogar auf Ellesmere Island entdeckt worden. Ermöglicht wurden diese Züge, weil die Wikinger über fundierte Kenntnisse des Schiffsbaus und der Segeltechnik verfügten. Ihre Schiffe waren den irischen Booten aus Weidengeflecht und Leder in ihrer technischen Ausstattung um Lichtjahre voraus.

Grönland war zu Beginn des zehnten Jahrhunderts zuerst von einem Mann namens Gunnbjörn gesichtet worden, dann setzte im Jahre 982 der berühmte Erik der Rote seine Segel, um dieses Land zu finden. Dort angelangt, begann er, die Küstenregionen genauer zu erforschen. Er stieß auf keine Bewohner, obwohl zu früherer Zeit hier augenscheinlich Eskimo gelebt hatten. Nach seiner Rückkehr nach Island rüstete Erik eine Expedition aus, bestehend aus 400 Personen sowie Rindern, Schafen und Ziegen, und gründete zwei Kolonien. Vom Jahre 1000 an konnte Grönland als Teil des christlichen Europa gelten: Es besaß Kirchen, schließlich (seit 1126) auch einen Bischof und unterhielt regelmäßige Handelsbeziehungen mit Norwegen. Doch kurz nach 1400 waren infolge von Klimaverschlechterungen alle Kolonisten Grönlands ausgestorben.

Da die Davis-Straße, die Grönland von Baffinland trennt, keine unüberwindliche Barriere darstellte, hatten die wikingischen Siedler sehr schnell Kenntnis von den nordöstlichen Küstenregionen Nordamerikas erlangt. In den norwegischen Sagas werden drei Länder erwähnt: Helluland, eine unfruchtbare, kalte Region, die man üblicherweise für die Ostküste von Baffinland hält; Markland, im Süden von Helluland gelegen und dicht bewaldet, mit großer Wahrscheinlichkeit der Küstenstreifen des heutigen Labrador; und schließlich Vinland. Nach frühen europäischen Karten und in der Beschreibung der Sagas selbst ist das letztgenannte Land eine langgestreckte und schmale Halbinsel oder Insel, die nach Norden in Richtung auf Markland verläuft. Diese Region soll, anders als die beiden ersten, bewohnbar gewesen sein, dort gediehen wilde Trauben und Weizen, »der sich selbst ausgesät hatte«.

In der *Grönland-Saga* heißt es, daß Vinland zuerst 986 von einem versehentlich vom Kurs abgekommenen Seefahrer gesichtet wurde, daß aber Leif Erikson als erster seinen Fuß auf dessen Boden setzte und es besiedeln ließ. Mehr oder weniger dauerhaft kolonisiert wurde Vinland von Angehörigen späterer Expeditionen, obwohl es dabei zu heftigen Zusammenstößen mit den Eingeborenen kam, die von den Wikingern als Skrälinger bezeichnet wurden, mit großer Wahrscheinlichkeit waren damit die Eskimo gemeint.

Wo aber lag dieses Vinland? Zeitweilig hat man es aufgrund unhaltbarer Beweisführung und wilder Spekulationen weit im Süden lokalisiert, bei Kap Cod und Rhode Island. Doch der norwegische Gelehrte Helge Ingstad konnte schließlich nach jahrelanger Suche und wissenschaftlicher Forschungsarbeit nachweisen, daß Vinland mit der Nordspitze Neufundlands identisch ist. Dort entdeckte er im sogenannten Gebiet L'Anse aux Meadows eine nordische Siedlung, die er freilegte. Da es sich dabei um die einzige unbestreitbar auf die Wikinger zurückgehende Fundstätte in Nordamerika handelt, muß dies die in den Sagas beschriebene Region sein. Durch eine Reihe mit der Radiokarbon-Methode erzielter Daten war es möglich festzustellen, daß die Kolonisierung um das Jahr 1000 erfolgt sein mußte. Die Grundrisse der Häuser, die einfachen Artefakte sowie Hinweise auf das Schmelzen von Raseneisenerz - all das ist auch charakteristisch für mittelalterliche wikingische Siedlungen im Mutterland Norwegen, in Island und Grönland.

Hatte dieser Kontakt für die Völker der Neuen Welt indes nennenswerte Folgen? Er bewirkte wohl kaum etwas. Die Eskimo der Dorset-Kultur, die die Nordspitze Neufundlands bewohnten, wußten höchstwahrscheinlich das Schmiedeeisen zu schätzen, das die Nordleute mitbrachten oder an Ort und Stelle herstellten, und bestimmte Gegenstände der Wikinger fanden über die verzweigten Handelswege der Eskimo in der Arktis Verbreitung, aber im ganzen gesehen war der europäische Kultureinfluß bis zur Ankunft der Spanier und Portugiesen Jahrhunderte später minimal.

Die Reisen des Kolumbus

Wenn man von »Entdeckung« spricht, hat man zwischen eigentlicher und folgenreicher Entdeckung zu unterscheiden. Um an einem Beispiel den Unterschied zu verdeutlichen: Die wichtige Inka-Stätte Machu Picchu wurde lange vor der Expedition Hiram Binhams im Jahre 1911 entdeckt (mit Sicherheit kannten die in den Nachbartälern ansässigen Menschen den Platz seit alters her), doch es blieb Bingham vorbehalten, diesen Ort ins Bewußtsein der Öffentlichkeit zu rücken. Ebenso verhält es sich mit den Verdiensten des Kolumbus: Die Wikinger hatten als erste Europäer ihren Fuß auf den amerikanischen Kontinent gesetzt, aber es war der berühmte Genuese, der ihn auf der Weltkarte verzeichnete und dessen Erkundungsfahrten zur Kolonisierung großen Maßstabs führten.

Christoph Kolumbus hatte im Jahr 1492 nach der Zurückweisung durch den portugiesischen Monarchen Johann II. schließlich Unterstützung für seine Pläne bei Ferdinand II. und Isabella I. von Spanien gefunden, die ihm den Titel »Admiral des Ozeanischen Meeres und Generalgouverneur Ostindiens« verliehen. Kolumbus wußte, wie seinerzeit jeder gebildete Mensch in Europa, daß die Erde rund war, außerdem dürfte er bei seinem Besuch Islands von der Besiedlung Grönlands und Vinlands durch die Wikinger gehört haben. Da er aber auf die Karte Paolo Toscanellis vertraute, unterschätzte er die Breite des Atlantik bei weitem und meinte, die Ostküste Asiens und die ihr vorgelagerten Inselketten seien von Europa nicht sehr weit entfernt. Trotz seiner vier großen Seereisen blieb er bis ans Ende seines Lebens überzeugt, er habe Ostindien über den Atlantik erreicht und nicht einen ganz neuen Kontinent gefunden.

Es war an einem Freitag, am 12. Oktober 1492, kurz nach Mitternacht, als die Besatzung der Karavelle Niña erstmals Land sichtete, und am nächsten Morgen erblickte die Mannschaft nackte Menschen am Strand. Kolumbus ging von Bord, um das königliche Banner aufzupflanzen und das Territorium für die spanische Krone in Besitz zu nehmen. Er betrat eine kleine Insel, die die Eingeborenen Guanahaní nannten, die aber von den Spaniern San Salvador getauft wurde, eine der vielen Inseln der Bahamas. Die Eingeborenen gaben sich aufgeschlossen und freundlich, und Kolumbus schenkte ihnen, in der Hoffnung, sie bei guter Behandlung leichter zum Christentum bekehren zu können, rote Kappen und wertlose Glasperlenketten. Auf diese Weise vollzog sich die Kontaktaufnahme zwischen Europäern und Indianern. Auf seiner ersten Expedition machte Kolumbus ferner kurz Bekanntschaft mit Kuba und hinterließ auf Hispaniola (Haiti) eine kleine Kolonie. Auf den drei folgenden Seereisen (1493–96, 1498–1500, 1502–4) erkundete er weiter Westindien, landete auf dem südamerikanischen Festland an der Mündung des Orinoko und segelte die Küste von Honduras entlang, wo er auf ein großes Handelskanu der Maya traf.

Die Portugiesen dagegen hatten bei ihren Erkundungsfahrten und ihrer Kolonisierungspolitik die Hauptstoßrichtung nach Süden und Osten genommen, rund um den afrikanischen Kontinent und nach Indien. Wegen des ständigen diplomatischen Streits zwischen Spanien und Portugal war durch Papst Alexander VI. eine Nordsüdlinie bestimmt worden, durch die die Welt in Einflußbereiche der beiden Mächte zerfiel. Im Vertrag von Tordesillas wurde 1494 einvernehmlich beschlossen, die Linie auf 45 Grad westlicher Breite festzulegen und Spanien alle Territorien westlich sowie Portugal alle Territorien östlich davon zuzusprechen. Da diese Linie quer über das südamerikanische Festland verlief, konnte Portugal das heutige Ostbrasilien für sich in Anspruch nehmen.

Oben: Hispaniola stand im Mittelpunkt der Entdeckungsreisen des Kolumbus, und so wurde diese Region das Zentrum der frühen spanischen Unternehmungen in der Neuen Welt. Kolumbus glaubte, wie allgemein bekannt, er habe einige Asien vorgelagerte Inseln erreicht. Der belgische Künstler Théodore de Bry hat ein Jahrhundert später die Ankunft des Kolumbus auf Hispaniola in einem der Kupferstiche für die ab 1590 erschienene *Historia Americae* dargestellt. Die Sicht von de Bry, der selbst niemals Amerika besuchte, war stets europäisch geprägt: Auf diesem Kupferstich zeigt er eine Gruppe von Indianern, die den gerade gelandeten Expeditionsteilnehmern Geschenke überreicht, die stark an europäische Goldschmiedearbeiten erinnern. In Wahrheit beschenkten die Indianer Kolumbus mit Papageien, Speeren und Ballen aus Baumwollfäden. Außerdem bildet de Bry die Taino-Indianer in Lendenschurzen ab, während sie in Wirklichkeit nur Federschmuck und Goldornamente trugen und ihre Körper rot-schwarz bemalten.

DIE KOLONISIERUNG LATEINAMERIKAS IM 16. JAHRHUNDERT

Die Diskussion über den wahren Charakter der Unterdrückungspolitik in Lateinamerika setzte schon fast ein Jahrzehnt vor dem Zeitpunkt ein, da der Kolonisationsprozeß auf das Festland, auf Mexiko und Peru, übergriff. Wortführer waren nicht ausländische Kritiker der spanisch-portugiesischen Expansionsbestrebungen, sondern Juristen und Geistliche, die Einfluß und Autorität an den Höfen von Madrid und Lissabon besaßen und überdies überzeugt von ihrem moralischen Recht waren, die Aktivitäten der Eroberer zu kommentieren.

In Spanisch-Amerika klagte bereits 1511 der Dominikaner Antonio de Montesinos die Siedler Hispaniolas (des heutigen Haiti und der Dominikanischen Republik) in einer große Beachtung findenden Predigt an, sie versündig-

Rechts: Die europäischen Eroberungen im 16.Jahrhundert
Die Geschwindigkeit, mit der die Spanier bei der Schaffung eines eigenen Reichs auf dem amerikanischen Kontinent Erfolg hatten, spricht für die höchst effektive Staatsorganisation der mesoamerikanischen und andinen Hochkulturen. Die Konquistadoren, die sich an die Stelle der Azteken- und Inka-Herrscher setzten, übernahmen von heute auf morgen die Zügel der Macht, mit denen sie Millionen von Menschen beherrschen konnten. Mit der Zeit gingen ihre Ländereien in die Hände der spanischen Krone über, die ihren Anspruch auf die Inbesitznahme des größten Teils des neuentdeckten Kontinents gegenüber Portugal bereits im Jahr 1494 geltend gemacht hatte.

ten sich auf nie wieder gutzumachende Weise, weil sie die Eingeborenen, die Taino, »grausamer und schrecklicher« Knechtschaft unterwürfen. Zwar gehen die Schätzungen über die Bevölkerungszahl Hispaniolas im Jahr 1492 weit auseinander – sie betrug höchstwahrscheinlich weniger als drei Millionen –, doch gegen 1539 waren die Taino so gut wie ausgerottet worden, hatten dem Vandalismus, der Schwerstarbeit und den eingeschleppten Krankheiten – Masern, Pocken und Grippe –, gegen die sie keine natürlichen Abwehrkräfte besaßen, Tribut zollen müssen.

Um 1539 war die Entscheidung, effektive Gesetze gegen die Exzesse der Konquistadoren zu verabschieden, nicht mehr allein Ausdruck sozialer und moralischer Einsichten, sondern sie resultierte auch aus fundamentalen politischen Notwendigkeiten. Der spanischen Krone waren aus Peru Berichte über bürgerkriegsähnliche Zustände zugegangen, wonach rivalisierende Konquistadoren-Banden sich die Beute gewaltsam streitig machten und mit beispielloser Brutalität gegen die Eingeborenen vorgingen. Während die Spanier in der Karibik Stämme angetroffen hatten, die kulturell noch auf einer mittleren Entwicklungsstufe standen, sich aber der Versklavung und anderen Formen der Zwangsarbeit widersetzten, wurden sie bei der Einnahme Mexikos in den Jahren 1519–21 und Perus 1533 mit vielschichtigen Gesellschaften konfrontiert, die über ein hohes Maß an administrativer und sozialer Organisation verfügten und schon vor der

Invasion die Erfahrung sozialer und wirtschaftlicher Ausbeutung gemacht hatten. Neben dem greifbaren Kriegsgewinn in Form der gehorteten Reichtümer der Azteken und Inka ging es nun um den bei weitem höher einzuschätzenden Zugriff auf die Arbeitskraft und Tributzahlung von Millionen von Indianern.

Die Eroberer Perus waren 1536 in zwei nicht immer klar voneinander getrennte feindliche Lager zerfallen, in die Pizaristen (Gefolgsleute Francisco Pizarros und seiner vier Halbbrüder) sowie in die Almagristen, Anhänger Diego de Almagros, Pizarros Partner bei den Expeditionen von Panama bis Peru, der enttäuscht aus Chile zurückgekehrt war, da er dort keine Cuzco, der Inka-Kapitale, vergleichbare Stadt angetroffen hatte. Die Führer der sich bekämpfenden Gruppierungen wurden getrieben von Machtgier und ihre Anhänger von dem Verlangen, im Zuge des *encomienda*-Systems Indianer zugeteilt zu bekommen, von denen sie entweder Tribut oder Arbeitsdienste fordern könnten. Theoretisch war das *encomienda*-System, das seinen Ursprung in Hispaniola hatte (obwohl die Anfänge auf der Pyrenäen-Halbinsel bereits in der Reconquista von den Mauren liegen), ein Kompromiß zwischen dem von der spanischen Krone anerkannten Recht der Kolonisten, sich die indianische Arbeitskraft zunutze zu machen, und der Zurückweisung rücksichtsloser Versklavung. Zu den Vorteilen des Systems gehörte die Beibehaltung des kommunalen Charakters indianischer Gesellschaften, denn die Besitzer *(encomenderos)* der Zwangszugeteilten mußten getrennt von diesen leben (eine gesetzliche Regelung, die allerdings nicht selten umgangen wurde) und es deren angestammten Führern *(caciques* oder *curacas)* überlassen, die Abgaben einzutreiben und abzuliefern. In der Praxis jedoch, und darauf hat der Dominikanermissionar Las Casas immer wieder hingewiesen, tendierten die Spanier dazu, die Pflichten, die ihnen dieses System auferlegte, zu vernachlässigen – impliziert war eine Art Vormundschaft, die Verpflichtung, den Indianern Hilfe und Beistand zu gewähren sowie ihnen Priester und Schulen zu stellen –, statt dessen verlangten sie so exzessive Tribut- und Arbeitsleistungen, daß die Gemeinwesen der Eingeborenen in Aufruhr gerieten. Obgleich man die Arbeitsdienste im Rahmen des *encomienda*-Systems 1536 offiziell abschaffte und 1549 generell verbot, verschwand diese Fron in den Zentren der Eingeborenenkulturen erst allmählich, während sie in den Randgebieten Hispanoamerikas sogar bis in das 17. Jahrhundert erhalten blieb.

Das spanische Herrscherhaus reagierte 1542 auf die Appelle Las Casas' mit einem umfassenden Codex »Neuer Gesetze« *(Leyes Nuevas)*, durch die alle Kronbeamten und Geistlichen sowie all jene, die in die peruanischen Unruhen verwickelt gewesen waren, mit sofortiger Wirkung ihre *encomiendas* verloren, ferner wurde verfügt, daß die verbleibenden *encomiendas* beim Tode ihrer Besitzer automatisch an die Krone zurückfielen und daß es keine neuen Zuweisungen geben werde. Im Ergebnis lief dies auf eine Abschaffung des Systems hinaus. Die spontane Reaktion der in Peru lebenden Spanier war denn auch die Kriegserklärung an den ersten Vizekönig von Peru, Blasco Nuñez Vela, der 1544 in Lima eintraf, um die »Neuen Gesetze« durchzusetzen. Fast alle hatten an den Bürgerkriegswirren teilgenommen und sahen sich nun unmittelbar vor dem Verlust ihrer Pfründe. So legte man die inneren Zerwürfnisse bei und stellte sich gemeinsam unter das Kommando von Gonzalo Pizarro. (Francisco Pizarro und Diego de Almagro waren bei den Unruhen umgekommen.) Die Entscheidung der Krone im Jahre 1545, die schärfsten Klauseln der Gesetzgebung zu widerrufen – in erster Linie aufgrund von Einwänden aus Mexiko, die besagten, daß ohne *encomenderos* das Vizekönigtum in Neuspanien nicht gegen indianische Aufstände geschützt werden könnte –, kam zu spät, um Blasco Nuñez Vela zu retten, der Anfang 1546 im Kampf gegen Pizarro fiel. Es erwies sich jedoch als ausreichend, eine angemessene Zahl einflußreicher Siedler gegen Pizarro und für die Unterstützung eines neuen Repräsentanten der Krone, Pedro de la Gasca, zu gewinnen. Dieser kam 1547 in Peru an, und nach einem blutigen Gefecht im Mai 1548 in der Nähe von Cuzco wurde Pizarro hingerichtet. Die *encomiendas* derjenigen unter seinen Anhängern, die nicht rechtzeitig die Fronten gewechselt hatten, wurden unter die Führer von la Gascas Armee verteilt. Fast gleichzeitig traf man in Valladolid Vorbereitungen für eine formelle Debatte zwischen dem »Apostel der Indianer«, Las Casas, und dem Hauptbefürworter der Eroberung, Juan Ginés de Sepúlveda, die vor einem Juristengremium stattfinden sollte. Letzterer vertrat die Ansicht, daß die von Las Casas verurteilten Grausamkeiten, obzwar verabscheuungswürdig, dennoch von geringerem Gewicht seien als die Verantwortung der Spanier, den Eingeborenen das Christentum zu bringen. Die Indianer, so argumentierte er, »verlangen danach . . . unter die Autorität zivilisierter und tugendhafter Prinzen und Völker gestellt zu werden, so daß es ihnen gelingen möge, von der Autorität, der Weisheit und den Gesetzen ihrer Eroberer zu lernen, mit höheren Moralvorstellungen, ehrenwerteren Bräuchen und zivilisierteren Umgangsformen zu leben«. Ein formelles Ergebnis dieser Debatte wurde nicht bekannt gemacht, und de Sepúlveda erhielt von der Krone auch keine Erlaubnis, seine Thesen zu veröffentlichen. (Sein Traktat *Die gerechten Gründe des Krieges gegen die Indios* wurde in Spanien erst 1892 gedruckt.) Las Casas dagegen gestattete man die Herausgabe seines berühmten Werks *Kurzgefaßter Bericht von der Verwüstung der Westindischen Länder,* das im Jahr 1552 erschien.

Die »schwarze Chronik« iberischer Herrschaft in Lateinamerika kam so durch Las Casas und andere Mönche ans Tageslicht, die Zeugen der immer wieder auftretenden Grausamkeiten wurden, die die Konquistadoren auf der Suche nach schnellem Reichtum in den ersten Jahrzehnten nach 1492 begingen. Damals war der Einfluß des spanischen Herrscherhauses relativ schwach, und die Siedler selbst begriffen noch nicht, daß es von längerfristigem Nutzen für sie sei, die Gesundheit und das Leben der Indianer zu erhalten. Ab der zweiten Hälfte des 16. Jahrhunderts wurden dann in Mexiko, Zentralamerika und in Peru die schlimmsten Ausschreitungen gestoppt, die Praktiken der *encomenderos* besser überwacht und schrittweise systematischere und kontrolliertere Formen der indianischen Arbeitsverpflichtung für Privatleute oder Gemeindekörperschaften eingeführt, die teils auf Vorbildern aus der Zeit vor der Conquista beruhten und deshalb – so argumentierte man – für die Eingeborenen akzeptabel seien. Diese Zwangsaushebungen, deren Bezeichnungen *(repartimiento, mita, cuatequitl* etc.*)* und Modalitäten regional unterschiedlich waren, wurden nach einem festgelegten Quotensystem durch die vizeköniglichen Beamten durchgeführt und brachten dahingehend eine gewisse Verbesserung für die Indianer, als es detaillierte Vorschriften gab, in denen Bezahlung, Arbeitsstunden und andere relevante Dinge geregelt waren.

Das *encomienda*-System lebte in Hispanoamerika bis in das frühe 18. Jahrhundert fort (gesetzliche Abschaffung 1720), doch fiel der größte Teil der Zuweisungen bereits nach zwei Generationen wieder an die Krone zurück, und die auf diese Weise freiwerdenden Gebiete wurden Provinz-Gouverneuren – den *corregidores* – unterstellt, zu deren Aufgaben es gehörte, das Tributsystem zu überwachen. Bestandteil des Systems war die zweimal jährlich im Auftrag der Krone einzutreibende Kopfsteuer von erwachsenen männlichen Indianern (die Frauen hatte man 1618 davon befreit) in Anerkennung ihrer Unterwürfigkeit. Die Steuer, die die eingeborene Bevölkerung zwangsweise in das Marktsystem integrierte, konnte in Geld (aus dem eigenständigen Verkauf von landwirtschaftlichen Produkten und Textilien) oder in Naturalien entrichtet werden, die der *corregidor* auf den Markt brachte. Ferner gab es die Möglichkeit, die Taxe per Arbeitseinsatz in Bergwerken oder auf Landgütern in spanischem Besitz abzugelten. Ausgenommen von dieser Kopfsteuer waren die Kaziken *(caciques)*, deren älteste Söhne, Indianer, die in Diensten von Kirchen und Klöstern standen, sowie bewährte einheimische Bundesgenossen bei der Einnahme Mexikos.

Die Berichte über die amerikanischen Eingeborenen, die im 16. Jahrhundert Europa erreichten, sorgten für eine positive Einstellung gegenüber den Indianern. Beschreibungen ihrer Leiden unter den Spaniern, wie anschaulich durch Bilder von de Bry dargestellt (*oben*), erweckten Sympathie, und die ansprechenden Zeichnungen des englischen Eroberers John White (*rechts*) förderten die Vorstellung von der Gutmütigkeit der Indianer, die sogar in die Märchenkomödie *The Tempest* (»Der Sturm«) von Shakespeare Eingang fand.

Die Ausrottung der lateinamerikanischen Indianer

Man schätzt, daß die eingeborene Bevölkerung Perus von 9 Millionen im Jahre 1533 auf wenig mehr als 500 000 im frühen 17. Jahrhundert gesunken war und daß dieser Tiefstand bis Anfang des 18. Jahrhunderts anhielt, bevor es wieder einen Anstieg auf 700 000 um das Jahr 1800 gab. In den peruanischen Küstengebieten war die Ausrottung fast vollständig, vor allem verursacht durch Epidemien – die erste Pockenepidemie, der auch der Inka-Herrscher Huayna Capac erlag, ging bereits der Ankunft Pizarros voraus –, doch spanische Greueltaten, ausgedehnte Kriegszüge, die schon vor der eigentlichen Eroberung einsetzten, sowie die rücksichtslose Ausbeutung und die fatalen Auswirkungen des Gewaltregimes auf den Fortpflanzungswillen der Indianer spielten ebenfalls eine bedeu-

tende Rolle. Der demographische Rückgang in Neuspanien (Mexiko und Zentralamerika) lief nach ähnlichem Muster ab. Dort betrug die Bevölkerung am Vorabend der Conquista nach unterschiedlichen Schätzungen zwischen 11 und 25 Millionen (die niedrigere Ziffer findet in jüngeren Veröffentlichungen stärkere Unterstützung), war um 1625 auf 1,25 Millionen gesunken (um dann um 1800 wieder auf 2,5 Millonen anzusteigen). Auch hier sind Seuchen als Hauptursache für die Dezimierung anzusehen.

Hinsichtlich der Indianervölker in den weiten Regionen östlich der Anden und im südlichen Südamerika fallen Schätzungen viel schwerer, zum Teil deswegen, weil diese Gebiete niemals vollständig in den spanischen und portugiesischen Machtbereich eingegliedert waren und auf diese Weise nicht in den Tributlisten auftauchten, die die Basis für die Rekonstruktion der vorkolumbischen Bevölkerungsdaten bilden. Die Araukaner im heutigen Chile und in Patagonien beispielsweise, deren Zahl im frühen 16. Jahrhundert rund 1 Million betragen haben soll, vermochten den Spaniern lange zu trotzen, weil sie wegen ihrer halbnomadischen und dezentralisierten Sozialstruktur nicht einfach zu unterwerfen waren. Im Falle von Mexiko und Peru dagegen konnte man sich durch die Einnahme des politischen und administrativen Zentrums fast auf einen Schlag an die Stelle der Azteken- und Inka-Herrscher setzen. Die Eroberung Chiles erfolgte denn auch nur im Zuge eines lang währenden Grenzkrieges, der immer wieder von gelegentlich geschlossenen Verträgen unterbrochen wurde. Die Araukaner mußten allmählich immer weiter nach Süden zurückweichen, wo ca. 100 000 Menschen ihre Unabhängigkeit bewahrten. Im 19. Jahrhundert aber verloren auch sie ihre Freiheit durch einen effektiver geführten Auszehrungskrieg der Regierungen des unabhängig gewordenen Chile. Die Pampas-Indianer im heutigen Argentinien überstanden gleichfalls den spanischen Imperialismus während der Dauer der Kolonialzeit: Der erste Großangriff auf sie erfolgte erst in den 30er Jahren des 19. Jahrhunderts, als sie in Richtung Süden, nach Patagonien, abgedrängt wurden, da die weißen Siedler die Pampa-Ebenen für die Rinderhaltung beanspruchten. Die 20 000 Menschen, die diese Vertreibung überlebten, fielen dann in den 80er Jahren des gleichen Jahrhunderts einer systematischen Ausrottungspolitik zum Opfer (wie auch ihre nordamerikanischen Brüder).

Die Einwohnerzahl des späteren portugiesischen Brasilien um 1500 ist ebenfalls schwer zu schätzen, auf der einen Seite, weil es so viele verschiedene Stämme gab, auf der anderen Seite, weil die portugiesische Krone viel weniger Interesse als die spanische zeigte, Volkserhebungen durchzuführen. Die Schätzungen reichen von 2,5–5 Millionen, wobei in jüngeren Forschungsarbeiten die höhere Ziffer bevorzugt wird. Fest steht, daß der gesamte Küstenstreifen zu Beginn der systematischen portugiesischen Kolonisation im Jahre 1533 von verstreut lebenden Stämmen der Tupi-Guaraní-Sprachfamilie besiedelt war und daß um 1600 dort eine Entvölkerung großen Stils stattgefunden hatte: Obwohl Seuchen hierbei einen gewichtigen Faktor bildeten – eine Pockenepidemie in Bahia von 1562–65 beispielsweise raffte 30 000 Menschen dahin –, spielten Vernichtungsfeldzüge und Versklavung eine relativ größere Rolle als in vielen Regionen Spanisch-Amerikas. So wurden die Tupinambá-Indianer an der Küste von Bahia auf Befehl des dritten Generalgouverneurs von Brasilien, Mem de Sá (1557–72), in alle Winde zerstreut, versklavt oder getötet, mehr als 300 Dörfer um Salvador, der Hauptstadt Brasiliens im 16. Jahrhundert, wurden zerstört. Der durch diese Politik hervorgerufene Arbeitskräftemangel an der Küste, obwohl schließlich durch den Import von Negersklaven ausgeglichen, führte im frühen 17. Jahrhundert zu wahren Sklaven-Beutezügen entlang des Amazonas im Norden und bis nach Paraguay in südlicher Richtung, wobei die Menschenjäger weit in Gebiete vordrangen, die offiziell Spanien unterstanden. Aber die meisten Spanier mieden diese Regionen, weil es dort keine schnell auszubeutenden Edelmetallvorkommen und keine leicht zu unterwerfenden Eingeborenen gab. Die Jesuiten-Missionare, die 1610 nach Paraguay kamen, halfen den Guaraní, der portugiesischen Infiltration Widerstand zu leisten, wodurch es ihnen gelang, schätzungsweise 100 000 Indianer vor dem Schlimmsten zu bewahren. Schließlich jedoch wurde dieser Orden 1767 vom spanischen Königshaus des Landes verwiesen. In Westparaguay blieben eine kleine Zahl Chaco-Indianer sowie einige Amazonas-Stämme nur deswegen von den Kolonisten verschont, weil ihre Wohnsitze so weit abseits lagen. Im gesamten Amazonas-Becken überlebten wohl annähernd 1 Million Menschen den Zugriff der Europäer.

Die Jesuiten-Missionen in Paraguay setzten mit der von ihnen 150 Jahre lang aufrechterhaltenen Indio-»Republik« eine Reihe von Experimenten fort, die der Dominikaner Las Casas in der ersten Hälfte des 16. Jahrhunderts begonnen hatte, um der Krone zu demonstrieren, daß die Eingeborenen Amerikas durchaus imstande seien, in strenger Isolation von den Kolonisten in »christlicher Harmonie« zusammenzuleben. Obwohl die Dominikaner mit ihren Versuchen gescheitert waren, blieb die Vorstellung, daß sich getrennte »Republiken« von Spaniern und Indianern entwickeln könnten, eine jede mit eigener gesellschaftlicher und politischer Hierarchie, in der spanischen Kolonialgesetzgebung bis weit ins 17. Jahrhundert hinein fest verankert. Bis zu einem bestimmten Grad spiegelte sich darin die Erkenntnis von der Notwendigkeit, die Privilegien eingeborener Adliger zu bewahren oder sogar zu erweitern, um dadurch den wenigen Spaniern eine bessere Kontrolle über die Millionen von Indianern zu verschaffen. In Peru bedienten sich die Spanier bis 1549 Marionetten-Herrscher der Inka mit Sitz in Cuzco, und viele Frauen der einheimischen Aristokratie wurden mit *encomenderos* verheiratet. Sayri Tupac, ein Enkel des letzten unumstrittenen Inka-Regenten Huayna Capac, lebte Ende der 50er Jahre des 16. Jahrhunderts prunkvoll in Yucay, nachdem er sich bereit erklärt hatte, die entlegene Inka-Festung Vilcabamba (Machu Picchu) aufzugeben, die von einigen Verteidigern noch bis 1571 gehalten wurde. 1616 erhielt Sayri Tupacs Enkelin, deren Vater Generalkapitän von Chile gewesen war, den Titel Marquise von Oropesa. In Mexiko, wo zwei Töchter des Motecuhzona indianische Dörfer auf Lebenszeit als *encomiendas* zugesprochen bekamen, verfolgte man eine ähnliche Politik. In allen diesen Regionen respektierte das spanische Königshaus bis zum 18. Jahrhundert den Rang und die Vorrechte des einheimischen Adels, und unter diesem etablierte es ein verzweigtes, hierarchisch aufgebautes und erbliches System von indianischen Gemeindeführern, die über ähnliche Privilegien wie die Kolonisten-Elite verfügten: großen persönlichen Landbesitz, das Recht des Waffentragens und in manchen Gebieten den Zugang zu Schulen der spanischen Aristokratie. Als Gegenleistung hatten sie mit den Tributeintreibern und anderen Beamten der Krone zusammenzuarbeiten.

Die Erhaltung der eingeborenen Oberschicht und die Selbstverwaltung der indianischen Munizipien verfolgten das Ziel, die Indianer vor Übergriffen zu schützen und die Spanier in den Städten festzuhalten, wodurch einige der Ausschreitungen, die in der ersten Hälfte des 16. Jahrhunderts stattgefunden hatten, vermieden werden konnten. Allerdings wurde diese Politik der Rassensegregation trotz einschlägiger Gesetze durch gesellschaftliche und wirtschaftliche Zwänge konterkariert. Von negativem Einfluß war u. a. das Fehlen einer ausreichend großen Zahl spanischer Frauen, das Bestehen persönlicher Abhängigkeitsverhältnisse, die Abwanderung der Indianer in die Städte sowie die Errichtung spanischer Landgüter in unmittelbarer Nähe zu indianischen Gemeinden. So entstand ein großer Bevölkerungsanteil von Mischlingen, den sogenannten Mestizen. Obwohl der europäische Kultureinfluß ab dem 16. Jahrhundert in Lateinamerika dominierte, überlebten – anders als in Nordamerika – zumindest die am weitesten entwickelten eingeborenen Völker die Verwüstungen des ersten nachkolumbischen Jahrhunderts, vermischten sich rassisch und kulturell mit ihren Kolonialherren (wie auch mit den eingeführten Negern) und bildeten so die Grundlage für die *mestizo*-Gesellschaften des 20. Jahrhunderts. Nach den Berechnungen von Angel Rosenblat betrug bereits am Ausgang der Kolonialära der Anteil der verschiedenen Mischlingsgruppen auf den Westindischen Inseln, in Mexiko und Zentralamerika an die 24 sowie in Südamerika gut 30 Prozent.

DIE ERFORSCHUNG NORDAMERIKAS IM 16. JAHRHUNDERT

Anders als in Mittel- und Südamerika setzte in Nordamerika die Durchdringung und Kolonisierung durch die Europäer nur zögernd ein. Ein ganzes halbes Jahrtausend war jetzt seit der Erstentdeckung verstrichen, seit die Wikinger auf Grönland die Siedlungen Vestribyggd und Eystribyggd und schließlich auf Neufundland die Niederlassung L'Anse aux Meadows gegründet hatten. Letztere bestand bis um 1013, dann wurden die Wikinger durch Überfälle von Eingeborenen von ihrem Brückenkopf verdrängt. In den darauffolgenden Jahrhunderten ging die kurze Periode warmer Klimaverhältnisse zu Ende, die in erster Linie die Besiedlung Grönlands ermöglicht hatte, und so verfielen Anfang des 15. Jahrhunderts auch die dortigen Wikinger-Kolonien. Während dieses 15. Jahrhunderts hielten möglicherweise portugiesische, baskische und englische Fischer, die die reichen Fanggründe um Neufundland befuhren, das Wissen um die Existenz Nordamerikas wach, doch gibt es hierfür keine Beweise. Fünf Jahre nach der Ankunft des Kolumbus auf San Salvador brach dann 1497 der italienische Seefahrer John Cabot (Giovanni Caboto) im Auftrag der englischen Krone auf, um eine nördliche Seeroute nach Asien zu suchen, wobei er die Küstengebiete Neufundlands und vielleicht auch des Festlands erkundete. Da die europäischen Entdeckungsreisenden das ganze 16. Jahrhundert hindurch die Hoffnung nicht aufgaben, doch noch eine Nordwestpassage nach Asien ausfindig zu machen, segelten viele von ihnen nur an den nordamerikanischen Küsten entlang, und wenn sie anlegten, dann drangen sie allenfalls wenige Kilometer landeinwärts vor. Bedeutendere *entradas* (Inlandvorstöße) unternahmen hauptsächlich einige Spanier, die vermeinten, ebenso einträgliche Eroberungen machen zu können wie Cortez und Pizarro in Mexiko bzw. Peru. Die ersten Küstenansiedlungen der Engländer und Franzosen während dieses Jahrhunderts wurden größtenteils als Piratenstützpunkte gegründet, um von hier aus spanische Schiffe auszuplündern, während die Spanier ihre Bastionen errichteten, um sich gegen solche Überfälle zu schützen. Wieder andere Enklaven an den Küsten gingen auf spanische Missionare zurück.

Daneben steuerten im 16. Jahrhundert Fischer unterschiedlichster Nationalität jährlich die reichen Kabeljaubestände um die große Neufundlandbank an. Mitte des Jahrhunderts hielten sich in jeder Fangsaison mindestens 50 Boote in dieser Region auf, eine Zahl, die um 1580 auf über 100 und schließlich am Ende des Jahrhunderts auf 200–300 Boote anstieg. Die aus Südeuropa stammenden Fischer pflegten den Fisch an Bord einzupökeln und gingen deshalb wohl nur gelegentlich an Land, um Wasser und Brennholz aufzunehmen. Die Nordeuropäer dagegen, die keinen Zugang zu billigem Salz besaßen, gründeten temporäre Landunterkünfte, um ihren Fang vor der Heimkehr zu trocknen. Da Mitte des 16. Jahrhunderts Biberfellhüte der letzte Modeschrei in Europa waren und der einheimische Bestand an Bibern rasch erschöpft war, so daß eine rege Nachfrage nach Fellen aus anderen Weltgegenden herrschte, kamen die Fischer vermutlich auf den Gedanken, sich einen Nebenverdienst zu beschaffen und von ihren Stationen aus mit den Indianern Handel zu treiben. Gegen Ende dieses Jahrhunderts rüsteten dann französische Pelzhändler Expeditionen nach Nordamerika aus. So hatten indianische Küstengemeinden bereits Jahrzehnte vor der Bekanntschaft mit Hudson, Champlain und anderen Entdeckungsreisenden des frühen 17. Jahrhunderts ihre Erfahrungen mit den Weißen gemacht.

Inka beklagen das Schicksal eines Gefangenen der Spanier, die ihn »ohne Schuldbeweis« hinrichten.

Erkundungsfahrten entlang der Küsten

Die Berichte über die im 16. Jahrhundert unternommenen Expeditionen der Europäer in Nordamerika nördlich von Mexiko sind unvollständig und nicht immer glaubwürdig, doch steht immerhin fest, daß es während dieser Phase neben den erwähnten Handelsbeziehungen verschiedentlich Kontakte mit den Indianern gegeben hat. (Die Routen der wichtigsten Expeditionen sind auf der *Karte Seite 16* dargestellt.) Gegen 1500 sichtete Gaspar Cortereal Kap Farewell auf Grönland und segelte auf seiner Rückreise an der Nordostküste Labradors und Neufundlands entlang, bevor er im darauffolgenden Jahr bei einer Havarie ums Leben kam. Ein dem Unwetter entkommenes Schiff seiner Flotte gelangte nach Portugal zurück, was Miguel Cortereal veranlaßte, 1502 den Spuren seines verschollenen Bruders zu folgen. Auch er fand auf See den Tod.

Sebastian Cabot schlug um 1508 dieselbe Route wie sein Vater ein, aber er hinterließ kaum nennenswerte Informationen. In den Jahren 1513 bzw. 1517 erforschten Juan Ponce de Léon und Antonio de Alaminos, der später Hernán Cortés als Navigationsoffizier diente, die Küste Floridas, wo Ponce de Léon 1521 bei dem Versuch, eine Kolonie zu gründen, von Eingeborenen tödlich verwundet wurde. Giovanni da Verrazano, ein Italiener in französischen Diensten, drang auf dem Küstenstreifen nördlich des heutigen Carolina vor und traf im Sommer des Jahres 1524 auf Indianer. Der Portugiese Estévan Gomez folgte ihm wenige Monate später im Auftrag der spanischen Krone nach, doch sind Einzelheiten seiner Expedition nicht bekannt. 1526 schuf Lucas Vázquez de Ayllón die kurzlebige Küstensiedlung San Miguel de Gualdape in South Carolina, und im folgenden Jahr befuhr John Rut mit einem englischen Schiff die Küstengewässer Carolinas von Norden nach Süden.

Panfilo de Narvaez startete seinen Erkundungsversuch Floridas 1529. Er ging in der Nähe von Tampa Bay mit einem Trupp von Leuten an Land und verlor den Kontakt zu seinen Schiffen. Der Trupp gelangte auf dem flachen Küstenstreifen nach Nordwestflorida, von wo aus man mit neugebauten Booten wieder in See stach. Nach einer Fahrt entlang der Golfküste bis in die Nähe des heutigen Galveston in Texas kamen Narvaez und der größte Teil seiner Begleiter durch einen Sturm um. Nur eines der

Boote, auf dem sich Alvar Núñez Cabeza de Vaca, ein Neger namens Estevan und einige andere befanden, konnte die Küste erreichen, und danach begann für diese Männer eine unfreiwillige siebenjährige *entrada* durch die Wüstenlandstriche von Texas und Nordmexiko. De Vaca glückte es schließlich 1536, sich zu einem spanischen Außenposten in Westmexiko durchzuschlagen.

Jacques Cartier unternahm zwischen 1534–43 drei Reisen nach Kanada, bei denen er das St.-Lorenz-Stromgebiet erforschte. Sein Vorhaben, in Standacone (dem späteren Quebec) eine Kolonie zu errichten, schlug fehl, doch begründete er den französischen Besitzanspruch auf diese Region, in der sich in der Folge ein reger Pelzhandel zwischen Indianern und Europäern entwickelte.

Vorstöße in das Inland

Unterwerfung durch Brutalität: Ein Sporen tragender Spanier tritt einen knienden Indianer.

Die ersten beiden bedeutenderen *entradas* in den nordamerikanischen Südwesten wurden 1539 von den Spaniern Hernando de Soto und Marcos de Niza von Mexiko aus unternommen. (Zu den Begleitern de Nizas zählte auch Estevan.) Beide Trupps waren auf der vergeblichen Suche nach den legendären goldgepflasterten »Sieben Städten von Cibola«. Ab 1540 schlossen sich daran weitere spanische Expeditionen an, darunter eine etwa 300 Mann starke unter der Leitung von Francisco Vásquez de Coronado, die den oberen Rio Grande erreichte. Parallel dazu erforschten Juan Rodriguez Cabrillo und Bartolomé Ferrelo 1542/43 die Küste Kaliforniens und nahmen das Land für die spanische Krone in Besitz.

Vereinzelte Siedlungs- und Missionsprojekte blieben anfangs aber ohne dauerhaften Erfolg. Pater Luis de Cancer, der 1549 in der Tampa Bay eine Missionsstation aufbauen wollte, wurde von den Indianern umgebracht, denen der »Besuch« de Sotos in nur allzu wacher Erinnerung war, und auch die von Tristán de Luna in Ochuse in der Pensacola Bay geschaffene Niederlassung konnte sich nicht lange behaupten. Erfolgreicher war Pedro Menéndez de Avilés, der in Florida die französischen Basen eroberte, die gefangengenommenen Franzosen hinrichten ließ und die Stützpunkte St. Augustine, San Mateo und Santa Elena gründete. St. Augustine blieb trotz der zweimaligen Zerstörung durch die Engländer in den Jahren 1586 und 1605 das Zentrum der Spanier in diesem Gebiet, das als strategische Pufferzone für Spanisch-Mittelamerika diente. Ab 1573 richteten die Franziskaner in Florida mehrere Missionen ein, und die Beziehungen zu den Indianern waren meist friedlicher Natur, bis diese im späteren 17. Jahrhundert in den spanisch-englischen Kolonialkonflikt hineingezogen wurden.

Im Südwesten setzte die spanische Besiedlung erst 1598 ein, als Juan de Oñate mit einem großen Treck bis zum Kansas River zog und in San Juan, im oberen Abschnitt des Rio-Grande-Tals, die provisorische Hauptstadt (ab 1606 dann Santa Fe) der neuen Kolonie »Nueva Mexico« gründete. Damit begann eine Phase rücksichtsloser Unterdrückung der Pueblo-Indianer, die 1680 zu einem blutigen Aufstand führte, durch den die Spanier aus dem oberen Rio-Grande-Tal vertrieben wurden, das sie erst zwölf Jahre später wieder zurückerobern konnten.

Die Engländer und Franzosen mußten sich anfangs mit jenen Regionen Nordamerikas bescheiden, die außerhalb der spanischen Interessensphären lagen: die Engländer konzentrierten sich vor allem auf die Ostküste, während die Franzosen, deren Siedlungsversuche in South Carolina und Florida am energischen Widerstand der Spanier scheiterten, ihr Augenmerk auf das Gebiet vom St. Lorenz bis zur Mündung des Mississippi lenkten, dessen Kolonisierung 1609 von Samuel de Champlain mit der Gründung Quebecs in Angriff genommen wurde.

Die Suche nach einer Nordwestpassage nach Asien hatte zwischen 1576 und 1587 die Briten Martin Frobisher, Francis Drake und John Davis in die Neue Welt geführt. Frobisher erreichte die Baffin-Insel und die Hudson-Straße, Drake, der der Küste Kaliforniens folgte, gelangte zur Vancouver-Insel, und Davis segelte die grönländische Küste entlang. 1585 gründete Walter Raleigh auf der Insel Roanoke nördlich von Kap Hatteras eine Niederlassung, die aber bald wieder aufgegeben wurde, und auch das englische Kolonisierungsvorhaben auf den Magdalenen-Inseln im Jahre 1597 war zum Scheitern verurteilt. Es sollten noch zwei weitere Jahrzehnte vergehen, bis die »Pilgerväter« von Bord der »Mayflower« gingen und 1620 an der Stelle des heutigen Plymouth die erste dauerhafte britische Kolonie auf amerikanischem Boden schufen. Bereits 1650 war dann in Neuengland die Zahl der Siedler auf ca. 52000 angewachsen, und die Indianer wurden in einem unaufhaltsamen Prozeß immer weiter zurückgedrängt.

Bevölkerungszahl und Ausrottung der nordamerikanischen Indianer

Die Schätzungen über die Eingeborenenbevölkerung, die die Europäer bei ihrer Ankunft vorfanden, variieren zwischen 5 und 13 Millionen. Diese große Diskrepanz erklärt sich daraus, daß den ersten Zählungen häufig Epidemien vorausgingen, was es für die heutigen Wissenschaftler schwierig macht, die ursprüngliche Stärke einigermaßen genau zu rekonstruieren. Die derzeit verfügbaren zuverlässigsten Einzelschätzungen sprechen von einer Populationsdichte von 0.1–1 Person pro 100 Quadratkilometer in den Regionen der Arktis, der Subarktis, in den Plains und im Great Basin. Eine mittlere Dichte mit 1–100 Personen auf 100 Quadratkilometer kann für die südkanadische, die Plateau-Region und für Nordost-Mexiko angenommen werden, während für die übrigen Gebiete des nordamerikanischen Kontinents wahrscheinlich mehr als 100 Personen pro 100 Quadratkilometer charakteristisch waren *(vgl. Karte Seite 16)*.

Aus Europa eingeschleppte Krankheiten hatten bereits im frühen 16. Jahrhundert große Opfer unter den Indianern Mittelamerikas gefordert, und auch für Nordamerika wird in den erhalten gebliebenen Dokumenten hier und da von isoliert aufgetretenen Seuchen gesprochen. Als aber nach 1600 die Erkundungsfahrten stetig zunahmen und permanente Kolonien gegründet wurden, da gehörten Pocken-, Masern- und Grippeepidemien zur Tagesordnung, so daß die eingeborene Bevölkerung Nordamerikas bald drastisch zu sinken begann. Zu jener Zeit hatten die Ureinwohner Mexikos mit nur 5 Prozent Überlebenden gegenüber 1492 bereits einen Tiefstand erreicht.

Doch auch ohne die Ausbreitung tödlicher Epidemien besaßen die nordamerikanischen Indianer kaum eine reelle Zukunftschance gegenüber den in Massen eindringenden Europäern. Europa lag im Zentrum eines im Werden begriffenen Weltwirtschaftssystems, seine Expansion wurde getragen von Territorialstaaten mit fortgeschrittener politischer und militärischer Organisation, Staaten wie sie sich bislang noch nicht im Amerika nördlich von Mexiko entwickelt hatten. Den Völkern Nordamerikas fehlten damals noch viele charakteristische Züge, die eine staatliche Organisation ausmachen, was einer der Hauptgründe dafür war, daß es von vereinzelten Bündnissen abgesehen niemals zu einem geschlossenen und systematischen Widerstand kam. Als die Sioux 1876 in der Schlacht am Little Big Horn den letzten Sieg gegen die Armee der Weißen feierten, hatten in den USA gerade noch 26000 Indianer die gnadenlose Ausrottungspolitik, die Zwangsumsiedlungen und die Vernichtung der natürlichen Existenzgrundlagen überlebt.

SPEKULATION UND ARCHÄOLOGISCHE FORSCHUNG

Frühe Theorien über die Herkunft der Indianer

Spekulationen über die Rassenzugehörigkeit und den Ursprung der Bewohner der Neuen Welt begannen schon mit dem ersten Eintreffen der Europäer. Kolumbus hielt sie für Eingeborene Ostindiens, möglicherweise Untertanen des durch Marco Polo bekannt gewordenen Großchans Chinas. Die Spanier, darauf versessen, sie als Arbeitssklaven einzusetzen, räsonierten darüber, ob sie überhaupt menschliche Wesen seien. Wenn dies nicht der Fall war, dann konnte man sie auch unbesorgt wie Vieh in Bergwerken und auf Plantagen schuften lassen.

Als dann die Katholische Kirche zur Entscheidung gelangt war, die Indianer besäßen Seelen, die erlöst werden könnten, begann sie mit ihrem Bekehrungswerk und schickte Missionare in die spanischen Besitzungen. Während des 16. Jahrhunderts gab es nicht wenige sehr gebildete Mönche und Priester, die in Mexiko die verschiedensten Überlieferungen der Eingeborenen gehört hatten, die besagten, daß deren Vorfahren in Booten über das Meer nach Amerika gelangt seien. Aufgrund dessen waren viele Missionare davon überzeugt, sie hätten es mit den Abkömmlingen der im Alten Testament erwähnten Zehn Verlorenen Stämme Israels zu tun. Nicht einmal die Tatsache, daß nicht ein Stamm oder Volk Hebräisch oder eine damit verwandte Sprache sprach, vermochte diese Theorie zu entkräften, die jahrhundertelang weiterlebte und selbst gegenwärtig noch ihre Anhänger hat.

Im Jahre 1590 veröffentlichte der Jesuit José de Acosta seine *Natur- und Moralgeschichte Westindiens*, in der er eine abweichende Ansicht vertrat: Die Indianer glichen nicht den Juden, sondern wiesen größte Ähnlichkeit mit den Tatarenvölkern auf und seien demnach aus Nordostasien in die westliche Hemisphäre gekommen. Diese Theorie vermochte bis heute allen Anfechtungen standzuhalten, wenn Acosta auch damals noch nicht wissen konnte, wann, von wo aus genau und wie die Einwanderung aus Asien in die Neue Welt erfolgt war.

Nach der Amerikanischen Revolution (1770–1776), als die Weißen nach Westen über die Appalachen in indianisches Territorium vordrangen, tauchten erneut die verschiedensten Spekulationen auf, insbesondere in den ersten Jahrzehnten des 19. Jahrhunderts. Die Siedler fanden in den Stromtälern des Ohio und Mississippi *Mounds* (Erdhügel) aus vergangenen Epochen, für die die jetzt dort lebenden Indianer keine Erklärung wußten. In einigen »Begräbnis-Hügeln« wurden Kupfergegenstände, Perlen, Glimmer sowie andere prachtvolle Beigaben entdeckt. Die geheimnisvollen Menschen, die diese Anlagen errichtet hatten, bezeichnete man als *Mound Builders* (Hügelbauer). Da damals rassistische Vorurteile und allgemein anti-indianische Ressentiments an der Tagesordnung waren, nahm man an, die Architekten der *Mounds* könnten unmöglich die Indianer, sondern müßten eine seit langem untergegangene weiße Rasse sein.

Die Vorstellung, Weiße hätten schon lange vor Kolumbus Amerika bewohnt, wurde zusätzlich genährt von dem über weite Strecken gefälschten Bericht über Madoc, einen aus Wales stammenden Kolonistenführer, der angeblich schon 300 Jahre vor Kolumbus die Neue Welt erreicht haben soll. Man glaubte geraume Zeit, selbst heute noch gibt es vereinzelt Vertreter dieser Richtung, daß es »weiße« Indianer unter den Stämmen der Plains gäbe, die Mandan etwa, Abkömmlinge der von Madoc mitgebrachten Einwanderer aus Wales.

Diese Ansichten beeinflußten zweifellos auch das Denken Joseph Smiths (1805–1844), des Gründers der Glaubensgemeinschaft der Mormonen. Nach seinen eigenen Aussagen sei ihm als junger Mann ein Engel erschienen, der ihm Goldplatten mit Inschriften in angeblich » reformägyptischer« Schrift sowie magische Brillengläser überreichte, damit er den Text lesen und ins Englische übersetzen könne. Smith ließ den Text dann aus dem Gedächtnis niederschreiben und 1830 als *Buch Mormon* veröffentlichen. Im *Buch Mormon* findet sich ein Bericht über zwei transatlantische Wanderungszüge aus dem Heiligen Land in die westliche Hemisphäre. Die ersten Ankömmlinge waren die Jarediten (welche die Mormonenpriester heute für die Olmeken des alten Mexiko halten). Der darauffolgende Siedlerstrom bestand aus einem gewissen Lehi, seiner Familie und seinen Freunden. Nach Lehis Tod ging die Führungsrolle auf seinen jüngeren Sohn Nephi über, woher der Name Nephiten rührt. Die Nephiten waren Städte- und Tempelbauer und hatten aus der Alten Welt u. a. den Weizen sowie Rinder und Pferde mitgebracht. Als in den älteren Brüdern Nephis der Neid aufkeimte, da sie sich um ihre Erbschaft betrogen glaubten, wurden sie von Gott für diese niedrigen Gefühle mit einer dunklen Hautfarbe gestraft. Diese Dunkelhäutigen und ihre Nachfahren nannte man Lamaniten, sie sollen die Vorfahren der heutigen Indianer gewesen sein. Das *Buch Mormon* endet schließlich mit der totalen Ausrottung der Nephiten durch die Lamaniten. Als Joseph Smith über die Entdeckungen Stephens und Catherwoods in den Ruinenstädten der Maya in Mexiko und Zentralamerika las, behauptete er sogleich, diese Bauwerke seien von den Nephiten errichtet worden, weil er die »primitiven« Indianer solcher kultureller Meisterleistungen nicht für fähig hielt.

Aber Smith war nicht der einzige, der sich von der Geschichte über das Schicksal der Zehn Verlorenen Stämme Israels inspirieren ließ. Der englische Lord Kingsborough (1795–1837) starb verarmt im Gefängnis eines Gläubigers, denn er hatte sein gesamtes Vermögen verbraucht, um die Veröffentlichung aller damals bekannten Handschriften des vorkolumbischen Mexiko zu finanzieren, und dies mit dem vergeblichen Ziel zu beweisen, daß die Völker Mexikos die Nachfahren jener zerstreuten Israeliten seien. Dennoch diente sein weltfremdes Unterfangen der erstmaligen vollständigen und wissenschaftlich fundierten Verbreitung einiger der wichtigsten vorhandenen Handschriften, so des *Dresdener Codex* der Maya.

Es sind sogar noch absurdere Theorien über die eingeborenen Amerikaner und ihre Kulturen aufgestellt worden, darunter solche über versunkene Kontinente wie Atlantis und Mu oder Geschichten über Besucher von außerirdischen Planeten, die man etwa in den sehr populären Elaboraten Erich von Dänikens finden kann. Alle diese Phantastereien legen Zeugnis davon ab, daß Europäer und Amerikaner europäischer Abstammung im allgemeinen nicht bereit sind, die großen originären Leistungen der Indianer anzuerkennen.

Trotzdem darf nicht unerwähnt bleiben, daß in ernst zu nehmenden wissenschaftlichen Forschungsarbeiten aus

Oben: Die Existenz von Maya-Zentren in Mexiko und Guatemala wurde der Öffentlichkeit in Nordamerika und Europa Mitte des 19. Jahrhunderts bekannt. Diese Kenntnis verdankte sie dem großen Einsatz und den Talenten zweier bemerkenswerter Männer: dem Amerikaner John Lloyd Stephens (1805–52) und dem Engländer Frederick Catherwood (1799–1854). Sie erforschten gemeinsam in zwei beschwerlichen Reisen (1839–40, 1841–42) viele bis dato unbekannte Maya-Stätten. Stephens veröffentlichte lebendig geschriebene Berichte über ihre Erfahrungen, und Catherwood fertigte genaue Skizzen und Lithographien. Auf dieser Lithographie eines Tempels in Tulum hat sich Catherwood rechts neben dem Eingang selbst dargestellt.

Rechts: Thomas Jefferson (1743–1826), Schriftsteller, Staatsmann, Gutsbesitzer und früher Archäologe. Mit seiner Freilegung eines indianischen Mound war er Vorreiter der wissenschaftlich betriebenen Archäologie.

jüngster Zeit von einer möglichen Übertragung bestimmter Kulturelemente von Asien über den Pazifik die Rede ist. Insbesondere einige charakteristische Merkmale des mesoamerikanischen Kalendersystems bieten sich für diese Theorie an. So mag es vielleicht kein Zufall sein, daß der Sonnenfinsternis-Kalender der Maya im *Dresdener Codex* exakt nach den gleichen Regeln funktioniert wie der unter der Han-Dynastie (206 v. Chr.–220 n. Chr.) in China entwickelte Kalender.

Auf welche Weise und wann solche Einflüsse von Ost- oder Südostasien aus Amerika erreicht haben, ist bisher nicht bekannt. Einige Kulturmerkmale, die auf eine asiatische Herkunft hindeuten, sind möglicherweise mit den einwandernden Jägern der Frühzeit über Sibirien nach Alaska gelangt: so könnten etwa bestimmte Züge des Schamanismus in der Neuen Welt aus einem sehr alten asiatischen Kultursubstrat stammen. Andere Kulturmerkmale jedoch besitzen wohl kaum ein derartig hohes Alter. Ein gutes Beispiel für eine solche Übertragung in späterer Zeit ist die komplizierte Technik der Herstellung von Papier aus Baumrinde in den tropischen Gebieten Amerikas (gebraucht etwa für die Bücher der Maya), die laut Nachweis von Paul Tolstoy ihren Ursprung in Südostasien und Indonesien, insbesondere auf Celebes und den Molukken-Inseln, haben muß. Mithin kann die transatlantische Diffusions-Theorie, wird sie von verantwortungsbewußten Gelehrten vertreten, durchaus ernst zu nehmen sein.

Das Zeitalter der Archäologen

Thomas Jefferson, vielseitig begabter Polyhistor, leitete in der Zeit vor 1782, vor seiner Wahl zum Präsidenten der Vereinigten Staaten, die Ausgrabungsarbeiten an einem auf seinem Landsitz in Virginia gelegenen Mound und führte gleichzeitig sorgfältig Buch über seine Beobachtungen. In dem 1784 veröffentlichten Bericht schrieb er, daß es in dem senkrecht aufgeschnittenen Grabhügel vier übereinandergelagerte Schichten gab, die jeweils Mehrfachgräber aufwiesen, und er zog aus dem Befund fundierte Schlüsse über die Praxis der Gruppenbestattung bei den Indianern, an deren Urheberschaft für die Mounds er nicht den geringsten Zweifel hegte.

Leider sollten mehr als 100 Jahre verstreichen, bis die von Jefferson vorweggenommene stratigraphische Methode sich in der Archäologie durchsetzen konnte. Trotzdem wurde das ganze 19. Jahrhundert das große Zeitalter globaler archäologischer Forschung, und in diese Periode fiel auch die Entdeckung der meisten alten Kulturen der westlichen Hemisphäre. Man erfaßte ihre Ruinen kartographisch, analysierte die alten Überlieferungen, und von nun an wurden diese Kulturen auch fast generell den Indianern zugerechnet – zu den wenigen Ausnahmeerscheinungen gehörte Caleb Atwater, der in seinem 1820 veröffentlichten Werk als erster die Mounds in Ohio wissenschaftlich exakt beschrieb, sie aber dennoch für Bauwerke von Hindus hielt, die seiner Ansicht nach über Mexiko eingewandert sein sollten.

Der spanische Artilleriehauptmann Antonio del Río hatte bereits am Anfang des 19. Jahrhunderts die klassische Maya-Stadt Palenque erforscht, doch bedurfte es erst noch der bedeutsamen Entdeckungen von Stephens und Catherwood, um die wahre Größe der frühen Maya-Kultur ins allgemeine Bewußtsein zu rücken.

Zu den Archäologen der ersten Stunde zählen ferner Ephraim Squier und George Davis für die Hopewell- und die Mississippi-Mounds im Mississippi-Stromtal (Buchveröffentlichung 1848), William H. Holmes von der Smithsonian Institution für die antiken Städte Mexikos und Zentralamerikas sowie abermals Squier (zusammen mit Johann J. von Tschudi u. a.) bei der Erforschung der Ruinenstätten Perus und Boliviens. Alexander von Humboldt ist für seine Forschungsreisen in Lateinamerika hoch gerühmt worden, doch sein Beitrag zur Entwicklung der amerikanischen Archäologie war relativ gering.

Gleichfalls in das 19. Jahrhundert fielen die Gründungen der bedeutenden amerikanischen Institute für Anthropologie und Archäologie, so etwa des Peabody Museum in Harvard, des Bureau of American Ethnology und der University of California. Wie gesagt, wurden aber die Ausgrabungen in den USA und im übrigen Amerika das ganze Jahrhundert hindurch mit prä-stratigraphischen Methoden betrieben, und das Wissen um die Abfolge oder Dauer einzelner Kulturepochen blieb gering. Trotzdem sollte man den bedeutenden Beitrag, der damals geleistet wurde, nicht gering achten. Beispielhaft etwa waren die Beschreibungen und Fotodokumente, die der Deutsche Teobert Maler (im Auftrag des Peabody Museum) und der Engländer Alfred P. Maudslay von Maya-Städten und beschrifteten Monumenten lieferten; ihre Veröffentlichungen bilden noch heute die Grundlage für die epigraphische Forschung über die Maya.

Der nächste Schritt war die von Gordon Willey und Jeremy Sabloff so genannte »stratigraphische Revolution«. Der stratigraphischen Methode (d. h. der Untersuchung von Ablagerungsschichten) bediente sich erstmals der schottische Geologe Charles Lyell (1797–1875), und der englische General Pitt-Rivers trug wesentlich zu ihrer Verfeinerung bei. In die Neue Welt indes gelangte diese Technik erst mit erstaunlicher Verzögerung: Es war nicht vor 1907, daß der deutsche Archäologe Max Uhle (1856–1944) seine Studie über die stratigraphisch angelegten Ausgrabungen an einem Muschel-Hügel in Emeryville, in der San-Francisco-Bucht, publizierte. In Mittelamerika ließ die erste Ausgrabung dieser Art bis 1911 auf sich warten, als der Mexikaner Manuel Gamio unter der Leitung des bedeutenden Anthropologen Franz Boas Untersuchungen in Azcapotzalco, in der Nähe von Mexico City, vornahm und die archäologische Aufeinanderfolge der formativen (später »archaischen«) Kultur, der Teotihuacán-Kultur und schließlich der Azteken-Kultur bewies. Pionierarbeit für Nordamerika leistete in dieser Hinsicht auch Nels C. Nelson, der sich in den Jahren 1913 und 1915 mit den Pueblo-Ruinen des Galisteo-Beckens in New Mexico beschäftigte.

Während der ersten Hälfte des 20. Jahrhunderts wurde die wissenschaftliche Archäologie dann auf oftmals breiteste Basis gestellt. Finanziell gut ausgestattete Institutionen waren keine Seltenheit mehr, so etwa die Carnegie Institution in Washington, federführend bei der Maya-Forschung, die University of California, die sich auf Peru spezialisiert hatte, oder die Harvard University im Südwesten der Vereinigten Staaten. Relative Chronologien wurden für Kulturen in jedem erdenklichen Winkel der Neuen Welt aufgestellt, von der Arktis bis zur Tierra del Fuego (Feuerland). Man ordnete außerdem die verschiedenen Kulturen bestimmten Arealen und Entwicklungsstufen zu. In diese Zeit fiel auch die Gründung von wissenschaftlichen Einrichtungen außerhalb der USA, so etwa des Nationalen Instituts für Archäologie und Geschichte Mexikos, die bald eine wichtige Rolle bei der Erforschung der Eingeborenenkulturen spielen sollten.

Bahnbrechende archäologische Forschungsmethoden jüngerer Zeit

Aber wie alt waren alle diese Kulturen? Es ist eine Sache, eine *relative* Chronologie zu erstellen – Kultur A ist älter als Kultur B, die wiederum älter als Kultur C ist –, aber wieviel Kalenderjahre sind dies? Um 1940 hatten Geologen und Archäologen Einigkeit darüber erzielt, daß die ersten Indianer vor mindestens 11 000 Jahren nach Amerika eingewandert seien, und sie hatten dabei geologische Datierungsmethoden angewandt, zum Beispiel die sogenannte Warven-Analyse (Bänderton-Analyse). Im Südwesten der USA erfand der Astronom A. E. Douglass die Baumring- oder Dendrochronologie-Methode beim Datierungsversuch von Balken in Pueblo-Wohnkomplexen, womit er eine zuverlässige Datierungsmethode für die prähistorischen Ruinen und Kulturen in dieser Region besaß. Und für das Maya-Gebiet ergab die fundiertere Einsicht in die Korrelation von Maya-Kalender und christlichem Kalender, die zuerst im 19. Jahrhundert von dem Zeitungsverleger Joseph T. Goodman erarbeitet worden war, eine absolute Chronologie für die 600 Jahre währende klassische Maya-Kulturphase mit ihrer großen Zahl an datierten Steinmonumenten.

Die eigentliche Revolution in der Amerika-Archäologie aber fand in den späten 40er Jahren statt, als der Chemiker Willard F. Libby von der Universität Chicago die Karbon 14- oder Radiokarbon-Methode zur Datierung organischer Stoffe perfektionierte, so etwa der Datierung von Holzkohle aus alten Feuerstellen. Vor dieser epochalen Entwicklung wollten nur wenige Archäologen dem Großteil der Indianerkulturen überhaupt ein hohes Alter zusprechen, und die damals bekannten Chronologien gingen oft erheblich an der Realität vorbei. Nach Einsatz der Radiokarbon-Methode ergab sich für die Kulturen außerhalb des amerikanischen Südwestens und des Maya-Gebiets im allgemeinen ein weit höheres Alter, obwohl auch in einigen Fällen, so beim Korbflechter-Komplex der Vor-Pueblo-Periode im Südwesten, die Chronologie drastisch nach oben revidiert werden mußte. Die Radiokarbon-Methode bewirkte aber noch mehr als nur eine Revolution in der Datierungstechnik: Die Vorstellungen über den Entwicklungsprozeß von Kulturen mußten einer drastischen Revision unterzogen werden. Ein Beispiel hierfür ist die Olmeken-Kultur, die heute als viel älter eingeschätzt wird als zuvor angenommen worden war.

Als weitere Revolution in der Archäologie kann man Fortschritte bei der physikalischen und chemischen Analysetechnik von Artefakten bezeichnen, die es erlaubten, einstige Handelsnetze und Beschaffungsmethoden zu rekonstruieren etwa die Handelsrouten für Keramikwaren, aber auch für Stein- und Metallwerkzeuge.

Und nicht unerwähnt bleiben soll schließlich, daß in jüngster Zeit ein starker Trend in der Archäologie wirksam wird, sich der Biologie, Ökologie und der Ethnosoziologie zu bedienen, um die kulturelle Anpassung alter Gesellschaftsgruppen an veränderte Umweltbedingungen zu erforschen sowie Grundlagen und Entwicklungsprozesse der Indianer-Gesellschaften aus ihren archäologischen Überresten zu rekonstruieren. Alle drei Wissenschaftszweige gehören zur vielgepriesenen »Neuen Archäologie«. Wie »neu« aber und wie bedeutend diese für das Verständnis der Vergangenheit des amerikanischen Kontinents ist, wird die Zukunft erst noch zeigen müssen.

ZWEITER TEIL

DIE ERSTEN AMERIKANER

DIE URBESIEDLUNG

Die biologische Evolution der menschlichen Art vollzog sich zum überwiegenden Teil während der Eiszeit (Pleistozän), einer geologischen Epoche, die vor rund 2,5 Millionen Jahren begann. Es besteht nicht der geringste Zweifel daran, daß diese Evolution in der Alten, nicht in der Neuen, Welt stattfand und daß die frühesten Einwanderungen nach Amerika im ausgehenden Pleistozän erfolgten. Das überzeugendste Indiz dafür ist, daß niemals irgendwelche Frühformen der Gattung *Homo* in der westlichen Hemisphäre entdeckt worden sind, nicht einmal ein Äquivalent des relativ spät aufgetretenen Neandertalers. Alle bekannten Skelettfunde gehören morphologisch gesehen jüngerer Zeit an; sie stammen ohne Ausnahme vom *Homo sapiens*.

Während des Pleistozäns gab es eine Reihe langer Perioden intensiver Vereisung (Glaziale) und einen weltweiten Temperaturabfall. Diese Perioden wurden jeweils durch Warmzeiten (Interglaziale) unterbrochen, in denen die Temperaturen bis auf unsere heutigen Werte anstiegen. Die letzte nordamerikanische Eiszeit, die Wisconsin-Eiszeit, war die strengste und dauerte ungefähr von 80 000 bis 7000 vor unserer Zeitrechnung. Danach traten die weltweiten Gletscher ihren endgültigen Rückzug an.

Unter den Wissenschaftlern besteht Konsens, daß die Neue Welt während der längsten Zeit des Wisconsin-Glazials unbewohnt war. Als die ersten Einwanderer schließlich in die nicht vereisten Zonen des Kontinents vorgedrungen waren, fanden sie Umweltbedingungen vor, die sich von den heutigen grundlegend unterschieden. Die unmittelbar an den südlichen Rand der Eisplatte angrenzende Region war Tundra, und sie führte quer über die heutigen Great Plains, den Mittelwesten, Pennsylvania und New Jersey. Südlich davon verlief ein breites Band der nördlichen Waldzone, die fast den gesamten mittleren Abschnitt der Vereinigten Staaten umfaßte. Mit anderen Worten: das Gebiet Virginias hatte damals große Ähn-

Die Ausdehnung der Wisconsin-Gletscher
Auf dem Höhepunkt des Wisconsin-Glazials wiesen das nördliche Nordamerika, die nördlichsten Teile Eurasiens sowie der dazwischenliegende Ozean eine dicke Eisschicht auf. Man vermutet, daß während dieser Phase rund 30 Prozent der Landmasse unserer Erde vom Eis der Wisconsin- und Würm-Gletscher, wie die eurasische Entsprechung genannt wird, bedeckt war. Diese Eiskappe hatte den Meeren soviel Wasser entzogen, daß deren Spiegel um mindestens 85 Meter sank und auf diese Weise die meisten der Gebiete freilegte, die heute zum Kontinentalschelf gehören, und was das Entscheidende ist: es entstand eine Landbrücke zwischen Sibirien und Alaska. Nordamerika lag unter einer bis zu drei Kilometer dicken Eisplatte, die sich bis zum Zusammenfluß von Ohio und Mississippi nach Süden erstreckte, während es in größerer Höhe, in Mexiko und in der Andenkette, ausgedehntere Gletscher gab. Nach der Theorie einiger Archäologen blieben die frühesten paläoindianischen Jäger solange auf Wohngebiete im Alaska-Abschnitt Beringias beschränkt, bis sich um rund 10 000 v. Chr. ein eisfreier Korridor eröffnete, der den Weg nach Süden freigab. Dies habe – so wird argumentiert – zur Überjagung und Ausrottung der pleistozänen Megafauna durch die Träger der Clovis-Kultur geführt. Andere Archäologen wiederum behaupten, es gebe keinen schlüssigen Beweis für die Existenz eines solchen Korridors zur genannten Zeit, und die Vorfahren der amerikanischen Indianer seien bereits vor der Verschmelzung der Laurentischen und der Kordilleren-Eisplatte um 18 000 v. Chr. in südlichere Breitengrade vorgestoßen.

Oben: Die Bering-Straße von Little Diomede Island (USA) aus gesehen. In der Mitte der Fotografie sieht man die Insel Ratmanow, die zur Sowjetunion gehört, während ganz im Hintergrund die Küste Sibiriens zu erkennen ist (das Kap Deschnew). Dieses Gebiet war während des ausgehenden Pleistozäns trockenes Land, so daß Gruppen von Sammlern und Jägern leicht in die Neue Welt gelangen konnten.

lichkeit mit dem südlichen Labrador heutiger Zeit. Grassteppen dagegen charakterisierten höchstwahrscheinlich weite Bereiche der niedriger gelegenen Regionen im Westen der USA und in Mexiko.

Für die ersten Früheinwanderer war der amerikanische Kontinent allem Anschein nach ein Jagdparadies. Große Herden pflanzenfressender Säugetiere durchzogen im ausgehenden Pleistozän das Land – in Nordamerika waren dies Pferde, Mammuts, Mastodons, Riesenbisons und verschiedene Kamelarten und dazu gesellten sich gefährlichere Spezies wie der Blutwolf und das Riesenfaultier. Diese bemerkenswerte Fauna sollte mit der Ankunft der Menschen und dem Rückzug der Gletscher aussterben.

Der Zeitpunkt der Urbesiedlung

Wann genau der *Homo sapiens* in der westlichen Hemisphäre eintraf, ist nach wie vor einer der großen Streitpunkte in der Archäologie. Weniger Schwierigkeiten bereitet die Frage, über welche Route die Einwanderung stattfand. Der größte Teil Alaskas war im Pleistozän eisfrei, ebenso das Yukon-Flußtal und weite Strecken Ostsibiriens, und während der Wisconsin-Eiszeit standen beide Regionen über eine gewaltige Landbrücke miteinander in Verbindung, da die weltweite Senkung des Meeresspiegels eine 1600 Kilometer breite Plattform geschaffen hatte, die heute unter der Tschukschen-See, dem Bering-Meer und der Bering-Straße liegt. Die meisten Wissenschaftler sind der Ansicht, daß die Ersteinwanderung über diese tundra-ähnliche, eisfreie Landbrücke von Sibirien nach Alaska erfolgt ist. Aber da selbst gegenwärtig die Bering-Straße eher ein Tor als eine Barriere zwischen den beiden Hemisphären darstellt, gibt es keinen überzeugenden Grund dafür, warum die ersten Zuzügler aus Asien nicht in Booten über das Meer gekommen sein sollten. So ist durch die Radiokarbon-Methode nachgewiesen worden, daß auch die Vorfahren der heutigen Eingeborenen Australiens vor mindestens 20 000 Jahren auf den fünften Kontinent gelangten, und dieser war zu keiner Periode der Eiszeit durch eine Landbrücke mit Asien verbunden.

Die Archäologen sind in der Frage der frühen Besiedlungsgeschichte Amerikas in zwei Lager gespalten. Auf der einen Seite stehen die Wissenschaftler (zu denen auch die Autoren dieses Buches gehören), die auf Radiokarbon-Datierungen für Fundstätten verweisen, in denen einfache steinzeitliche Artefakte zutage gefördert wurden, die älter als 20 000 und mehr Jahre sind. Andere Fachleute dagegen halten aus vielerlei Gründen eine Einwanderung vor mehr als 10 000 Jahren vor unserer Zeitrechnung für sehr unwahrscheinlich. C. Vance Haynes jr. und Paul C. Martin beispielsweise vertreten den Standpunkt, daß die erste zweifelsfrei belegbare paleo-indianische Kultur, die Clovis-Kultur, kurz nach 10 000 v. Chr. im Westen der Vereinigten Staaten nachweisbar sei und daß ihre Ursprünge in Alaska lägen. Sie stellen deshalb die Hypothese auf, die Vorfahren der Indianer seien aus dem Norden des Kontinents über einen eisfreien Korridor, der zu jener Zeit zwischen der westlichen, (der Kordilleren-) und der östlichen, der Laurentischen Eisplatte, bestanden haben soll, in Richtung Süden gezogen. Die Clovis-Leute besaßen bemerkenswert zweckmäßige beidseitig ausgekehlte Geschoßspitzen, und durch diese technische Neuerung kam es laut Martin zu einer von Menschenhand verursachten Ausrottung der Riesensäugetiere (der Megafauna) des Pleistozäns.

Anhänger der früheren, prä-Clovis-Besiedlungstheorie Amerikas heben drei Schwachpunkte bei diesen Hypothesen hervor: Erstens wirke das dürftige Beweismaterial für einen eisfreien Korridor am Ostrand der Rocky Mountains alles andere als überzeugend. Zweitens gehe das Aussterben der pleistozänen Megafauna wohl eher auf einen Klimaanstieg zurück. Und drittens seien für die ersten uns bekannten Werkzeugindustrien in Alaska Mikro-Spitzen asiatischen Typs charakteristisch, und diese besäßen kein höheres Alter als die in den ältesten Clovis-Fundstätten entdeckten. Deshalb könnten die Clovis- und ähnliche Werkzeugindustrien niemals bei den aus

Alaska stammenden Vorfahren der Clovis-Leute entstanden sein. Sie stellten vielmehr eine Errungenschaft dar, die sich aus einer sehr viel älteren und einfacheren Kulturstufe der Neuen Welt entwickelt habe. Wenn man auch die Theorien von Haynes, Martin u.a. nicht in Bausch und Bogen verdammen sollte, so spricht doch sehr viel dafür, daß die Ersteinwanderung weit vor 10000 v. Chr. stattgefunden hat. Professor Irving Rouse schuf eine Phasengliederung (in Alt-, Mittel- und Junglithikum) für die Kulturen der frühesten Bewohner Amerikas auf der Grundlage ihrer Steinwerkzeuge, die wir im folgenden in leicht abgewandelter Form übernehmen.

Der altlithische Kulturhorizont

Für diese Periode des Lithikums, die durchaus vor 20000 Jahren begonnen haben kann, ist nach Professor Rouse die Herstellung unregelmäßig geformter Steinwerkzeuge charakteristisch, die nur an den Kanten bearbeitet sind. Seltsamerweise jedoch stammen die besten Vorkommen nicht aus Alaska, wo überhaupt keine derartigen Artefakte entdeckt wurden, auch nicht aus Kanada oder den Vereinigten Staaten, sondern aus Mittel- und Südamerika. Allerdings muß man bei der Beurteilung von Funden aus diesem frühen Zeitraum generell große Sorgfalt walten lassen. Ein lehrreiches Beispiel hierfür ist die Ausgrabungsstätte Calico in der Mojave-Wüste Kaliforniens, am Südrand des Großen Beckens. Der Fundort selbst besteht aus einer ausgewaschenen Felswanne, die älter als 50000, möglicherweise sogar 70000 Jahre alt sein soll. Bei umfangreichen von Ruth Dee Simpson und Louis Leakey geleiteten Grabungen kamen eine Reihe von Steingegenständen zutage, die als Artefakte (als von Menschenhand bearbeitete Geräte) angesehen wurden. Aber ein von Louis Payen durchgeführter Meßtest ergab dann, daß es sich bei den Calico-Funden in Wahrheit um Geofakte, d.h. um durch geologische Einflüsse entstandene Objekte handelte, die ihre Form durch Aufprall nach einem Sturz in die Tiefe erhalten hatten.

Die gleiche Vorsicht ist geboten bei fehlerhaft oder oberflächlich ausgeführten stratigraphischen Techniken, deren einige Eiferer sich bedienten, um die Existenz einer prä-Clovis-Kultur in ihren archäologischen Stätten zu beweisen. Noch größere Unsicherheitsfaktoren beinhaltet die Methode der Aminosäure-Racemation, die man an angeblich frühen menschlichen Knochenfunden aus Kalifornien angewendet hat. Heute gilt diese Methode als untaugliches Mittel bei der Knochendatierung. Die Bedeutung der Radiokarbon-Methode hingegen kann nicht in Frage gestellt werden, Probleme entstehen allenfalls, wenn sich Fehler aufgrund nicht sorgfältig genug ausgewählten Materials einschleichen. Beispielsweise hat der 1933 bei Straßenarbeiten in Laguna Beach, Kalifornien, entdeckte menschliche Schädel heute eine Karbon-14-Altersbestimmung von 17150 (± 1470) Jahren vor der Jetztzeit erhalten. Aber die wissenschaftliche Aufbereitung ist so dubios, daß man die Ergebnisse besser ganz vernachlässigen sollte.

Und doch gibt es einige altlithische Fundorte, die, trotz mannigfach geäußerter Skepsis, als authentisch angesehen werden müssen. Zu ihnen zählt das Old-Crow-Bekken im nördlichen Yukon Territory Kanadas. Es lag im östlichen Teil Beringias, des »Pleistozän-Subkontinents«, der nach Dr. William Irving, »die westlichsten eisfreien Zonen des nördlichen Nordamerika und Ostsibiriens umfaßte«.

Der Old-Crow-Komplex besteht zum größten Teil aus bearbeitetem Knochenmaterial von Säugetieren des Pleistozäns, nicht aus Steinwerkzeugen. An einem Häutungswerkzeug aus Karibu-Knochen und an zwei Mammut-Knochen konnte ein Alter von 29100, 27000 und 25750 Jahren festgestellt werden, und diese Knochen scheinen zu einem Zeitpunkt bearbeitet worden zu sein, als sie noch weich waren.

In Old Crow stieß man auf keine Schichtung im eigentlichen Sinne, dafür aber im Meadowcroft-Felsschutzdach *(Meadowcroft Rockshelter)*, 48 Kilometer südwestlich von Pittsburgh, Pennsylvania, in einem zu Vorzeiten eisfreien Bereich der Appalachen. Meadowcroft ist, wie die Archäologen Dr. James Adovasio und seine Mitarbeiter zurecht deklarieren, »der bisher stichhaltigste Beweis für die Besiedlung der westlichen Hemisphäre vor der Clovis-Spitzen-Kultur«. In Schicht I, der untersten Schicht des Felsschutzdachs, finden sich keine Steinartefakte, doch konnten in ihr zwei Karbon-14-Daten (jeweils über 17000 Jahre vor der Jetztzeit) von einer Holzkohlenmasse sowie von einem verkohlten Fragment eines zugeschnittenen rindenartigen Materials gewonnen werden. Unmittelbar darüber liegt die Untere Schicht IIa mit Holzkohle von Feuerstellen, die auf ca. 8900 bis 12275 v.Chr. datiert wurde. Die Artefakte, allesamt aus Stein, bestehen aus rhombischen »Messern«, Klingen, ein- und zweiseitig gekehlten Geräten, Grabsticheln, Mikrogravierungswerkzeugen, gezahnten Instrumenten und Abfallsplittern sowie einer lanzettenförmigen Spitze.

Ein weiterer Ausgrabungsort in Anglo-Amerika, der Meßwerte zum Altlithikum aufweist, ist Wilson Butte Cave im zentralen Südidaho. Hier ergaben Radiokarbon-Datierungen an zwei Knochen, die zusammen mit drei Steinartefakten altlithischen Typs gefunden wurden, ein Alter von 14500 bzw. 15000 Jahren. Überzeugender noch sind die Materialien aus dem Levi-Felsschutzdach *(Levi Rockshelter)* in Texas, das Dr. Herbert Alexander 1959/60 und 1974 freilegte. Dort lieferte eine Reihe gut geschichteter paleo-indianischer Formationen den definitiven Beweis für die Existenz eines altlithischen Horizonts: Die unterste Schicht der Höhle befand sich unter einer Schicht mit drei Clovis-(mittellithischen)Spitzen, und sie enthielt außerdem einige benutzte Steingeräte, die typisch für diese frühe Periode der Besiedlungsgeschichte Amerikas sind.

Im heutigen Lateinamerika wurden Zeugnisse einer prä-Clovis-Kultur bereits sehr früh entdeckt. Dr. Cynthia Irwin-Williams fand 125 Kilometer in ost-südöstlicher Richtung von Mexico City, direkt neben dem heutigen Valsequillo-Damm, einige aus jener Zeit stammende Jägercamps. Bei den Grabungen kamen zwei Schichtungen zutage, eine jede mit einem breiten Spektrum an Skelettresten von Säugetieren, die zum Schlachten hierher gebracht worden waren: Mammuts, Mastodons, Pferde, Antilopen und Blutwölfe, dazu noch einige kleinere Arten. Professor Rouse merkt an, daß die Artefakte lediglich aus Steinsplittern bestünden, die nur am Rand bearbeitet wurden; zwei von ihnen sind einseitig gekehlte Geschoßspitzen. Das gesamte Geräte-Inventar ähnelt dem anderer lithischer Fundstätten des amerikanischen Kontinents. Die einzige direkt mit der Karbon-14-Methode gewonnene Altersangabe (einer Wasserschale) beträgt 21850 Jahre. Die Gültigkeit dieser Datierung ist von verschiedener Seite angezweifelt worden, sie scheint aber dennoch authentisch zu sein.

Im eigentlichen Südamerika haben die von Dr. Richard S. MacNeish in der Pikimachay-Höhle, im Ayacucho-Bekken des Hochlands von Peru, durchgeführten Untersuchungen höchst anregende, wenn auch immer noch kontrovers diskutierte Ergebnisse gebracht: Aus der untersten Schicht, die MacNeish der Paccaisasa-Phase zuordnet, kamen einige große, durch Schlagretusche entstandene Steingeräte sowie tierische Knochenfragmente ans

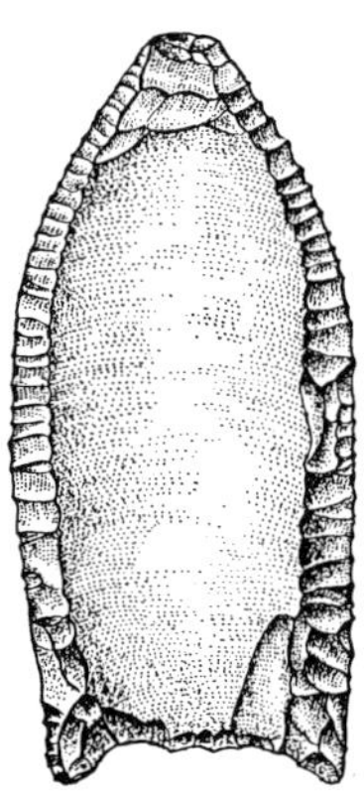

Folsom-Spitze

Bis 1926 wurde allen angeblichen Spuren von Jäger-Gesellschaften des ausgehenden Pleistozäns mit berechtigter Skepsis begegnet. Im Sommer jenes Jahres untersuchte dann aber eine Wissenschaftlergruppe des Colorado Museum of Natural History einen Fund in der Nähe von Folsom, New Mexico, der sich als sehr bemerkenswert herausstellen sollte: Man stieß auf Steingeräte, die unbestreitbar neben Knochen einer ausgestorbenen Bisonart (des *Bison antiquus*) lagen, und zwischen den Rippen des Tieres steckte eine kunstvolle Speerspitze mit beidseitig eingehauener Längsrille (Riefung), die fast bis zum oberen Spitzenende reichte. Die Suche nach den ersten Amerikanern wurde mit einem Schlag zu einem ernst zu nehmenden Unterfangen, doch bis zur Einführung der Radiokarbon-Messung fehlte eine sichere Methode, die Relikte der Folsom-Kultur zu datieren.

Licht, darunter solche von Faultieren, Pferden und Kameliden. Außerdem wurden Radiokarbon-Datierungen ermittelt, die von 14700 bis 20200 Jahren vor der Jetztzeit reichen. Einige Forscher haben die Existenz einer Paccaisasa-Phase in der Pikimachay-Höhle in Zweifel gezogen, da die Daten an Knochen und nicht an Holzkohle aus Herdstellen gewonnen worden seien, die nicht aufgefunden werden konnten. Die Beweiskraft der »Artefakte« hat man ebenso in Zweifel gezogen, da diese aus dem Tuffstein der Höhlenwände bestanden. Diese Unsicherheitsfaktoren können nur durch die Ergebnisse weiterer Ausgrabungen ausgeräumt werden.

Zusammenfassend muß festgestellt werden, daß niemand mit Gewißheit sagen kann, wann die Vorfahren der Indianer den amerikanischen Kontinent betraten. Nach unserem heutigen Erkenntnisstand kann dies sehr wohl vor mehr als 20000 Jahren gewesen sein. Die Landbrücke über die Bering-Straße spielte höchstwahrscheinlich eine entscheidende Rolle, aber falls, und dies erscheint durchaus denkbar, die frühen Einwanderer aus Asien Boote besaßen, wären sie in der Lage gewesen, die Pazifikküste südlich der Kordilleren-Eisplatte zu besiedeln. Doch wenden wir uns nun den gut belegten Kulturen des Mittellithikums, der Clovis- und der Folsom-Kultur, zu.

Die Geschoßspitzen-Typen des Mittellithikums

Nach 10000 v.Chr. erfolgte im Süden des Laurentischen Eisschilds allmählich der Übergang zu den mittellithischen Geräteindustrien, für die zweiseitig bearbeitete Geschoßspitzen typisch sind. Professor Rouse glaubt, daß diese sich aus den einfacheren, einseitig bearbeiteten Steinsplitterspitzen (dem sogenannten Vorgeschoßspitzen-Komplex) entwickelt haben könnten, die man in Ausgrabungsplätzen wie Ayacucho und Valsequillo angetroffen hat. Doch möglicherweise ist dieser Entwicklungsprozeß auch in einer Reihe von Regionen völlig unabhängig voneinander verlaufen. Anders als im Falle des Altlithikums sind die Daten für die mittellithischen archäologischen Fundstätten historisch gesichert.

Das erste Exemplar einer zweiseitig bearbeiteten Geschoßspitze entdeckte man bei Folsom *(siehe links)*, ein Ort, der als Type Site, d. h. als charakteristischer Ausgrabungsplatz, diesem Gerätetyp seinen Namen gegeben hat. Aber bald wurde offenkundig, daß sogar noch ältere Jägerkulturen als die der Folsom-Leute im Westen der Vereinigten Staaten existiert haben müssen. Sie stehen mit einem anderen Geschoßspitzentyp in Zusammenhang, der sogenannten Clovis-Spitze, die mit Sicherheit älter als die Folsom-Spitze ist. Clovis-Spitzen *(siehe Seite 33)* sind zumeist breiter als die Folsom-Spitzen, weisen beidseitige Riefungen (Kanneluren) auf, die von der Basis bis etwa zur Hälfte der Gesamthöhe reichen und zeigen von den Rändern ausgehende Schlagretuschen. Das Riefen, für das es in den Steingeräteindustrien der Alten Welt kein Vorbild gibt, war ein technisch anspruchsvoller Arbeitsvorgang und muß daher einem speziellen Zweck gedient haben. Mögliche Erklärungen sind, daß die Riefungen das Ausbluten verwundeter Tiere beschleunigen sollten oder aber daß durch sie das Einpassen in den hölzernen Schaft erleichtert wurde und die Spitze sichereren Halt bekam. Die Kanten zur Basis hin waren für gewöhnlich stumpfgeschliffen, um das Bindematerial vor rascher Abnutzung zu schützen.

Die Clovis-Kultur begann kurz nach 10000 v.Chr., ihre Träger waren kleine Gruppen von Jägern und Sammlern (über die bevorzugten Pflanzenarten ist allerdings nur wenig bekannt), deren Hauptbeutetiere das behaarte Mammut und das Riesenmammut bildeten, die gegen Ende des Pleistozäns in großen Herden über die Plains im Westen zogen. Die meisten der »klassischen« Clovis-Fundorte in den westlichen USA sind Tötungs- und Schlachtplätze. Auf der Lehner Ranch, im Süden Arizonas, beispielsweise legte Emile Haury die Knochenreste von neun Mammuten sowie von Pferden, Bisons und Tapiren frei. Während der Schlachtung und Fleischzerlegung büßten die Clovis-Leute 13 Spitzen (eine aus Felskristall) und acht Messer ein, die in den Kadavern steckenblieben. Offensichtlich wurden die Tiere angegriffen, als sie an einem Fluß tranken.

Type Site für die Clovis-Kultur ist Blackwater Draw in der Nähe des Ortes Clovis, New Mexico. Hier wurden Clovis-Relikte unter einer Folsom-Schicht gefördert, die ihrerseits von einer Schicht der späten paläo-indianischen Plano-Kultur (*vgl. Seite 33*) überlagert war. Das Gebiet von Blackwater Draw war im Pleistozän ein großer, aus Schmelzwasser gespeister See, der einen Anziehungspunkt für das Großwild darstellte, für Kamele, Pferde und Bisons, die die Menschen in die sumpfigen Seeuferzonen trieben und dann dort töteten.

Dem Clovis-Komplex im Westen entsprachen ähnliche und höchstwahrscheinlich gleichzeitig entstandene Traditionen im übrigen Nordamerika, wo man auf viele ehemalige Jagdstationen stieß, die generellen Clovis-Charakter aufweisen. Die nordöstlichste Clovis-Fundstätte ist Debert, im Zentrum Neuschottlands in Kanada, ein Rastplatz von Jägern und Sammlern, der bereits benutzt wurde, als die eiszeitlichen Gletscher weniger als 100 Kilometer weiter nördlich lagen. Obwohl keine tierischen Knochenreste die Jahrtausende überdauern konnten, glauben die Forscher, daß die Debert-Leute in dieser Tundraregion, die heute dicht bewaldet ist, Jagd auf Karibus und andere tundraspezifische Säugerarten gemacht haben. Für Debert hat man durch die Radiokarbon-Messung ein Alter von 8600 v.Chr. ermittelt und für den ähnlichen Platz Bull Brook in Massachusetts ein Alter von ungefähr 7000 v.Chr., woraus einige Wissenschaftler den Schluß zogen, die östliche Clovis-Kultur sei jünger als die westliche und habe sich aus dieser entwickelt. Die meisten Fachleute vertreten jedoch die Meinung, daß beide Kulturen etwa zur gleichen Zeit entstanden sind.

Einige Clovis-ähnliche Spitzen sind auch in Alaska angetroffen worden – die Gerätetradition gelangte möglicherweise über den Mackenzie-Korridor nach Norden, als dieser einen Durchgang zwischen dem Laurentischen und Kordilleren-Eisschild eröffnete –, desgleichen vereinzelt in Mexiko, Guatemala und sogar weit im Süden Mittelamerikas, in den costaricanischen Provinzen Turrialba und Guanacaste sowie in Madden Lake, Panama. Wenn man weiter in Richtung Südamerika vorstößt, vermischt sich die Tradition der Clovis-Spitzen allmählich mit der der Fischschwanz-Spitzen (*siehe Seite 33*), die wie Fischschwänze geformt und an der Basis gerieft sind. Im Westen der Vereinigten Staaten, von Montana bis hinunter zur mexikanischen Grenze, behauptete sich die Clovis-Kultur bis ungefähr 9000 v.Chr., als die Folsom-Kultur mit ihren kleineren und dünneren Riefenspitzen entstand.

Die am besten erforschte Folsom-Stätte nach der Type Site Folsom selbst ist Lindenmeier, in der Nähe von Fort Collins, Colorado. Am Ende der Wisconsin-Eiszeit lag dieser Ort, der laut Radiokarbon-Messung rund 8800 Jahre v.Chr. datiert, am sumpfigen Ufer eines Sees; er bestand aus einem Basislager und einem in der Nähe befindlichen Schlachtplatz. Da neben zahlreichen Bisonknochen auch ein paar Knochenreste von Mammuten gefunden wurden, müssen zu jener Zeit noch Restbestände dieser Spezies gelebt haben. Außer den normalen Folsom-Geschoßspitzen wies Lindenmeier an Steingeräten ver-

Paläo-arktische Tradition
Onion Portage
Old-Crow-Niederungen
Nördlicher Polarkreis
Horner
Casper
Hell Gap
Scottsbluff
Wilson Butte Cave
Lindenmeier
Claypool
Dent
Olsen-Chubbock
Borax Lake
Tonopah
Folsom
Sandia
Domebo
Blackwater Draw (Clovis)
Plainview
Lehner
Naco
Levi
Dalton-Fundstätten
Meadowcroft
Shoop
Williamson
Wells Crater
Quad
Reagan
Debert
Bull Brook
Tamaulipas-Höhlen
Wendekreis des Krebses
Tlapacoya
Santa Isabel Iztapan
Valsequillo
Tehuacán-Tal
Los Tapiales
Turrialba
El Jobo
Muaco
Äquator
El Inga
Lauricocha
Pikimachay-Höhle
Wendekreis des Steinbocks
Intihuasi-Höhle
Los Toldos
Magellan-Fundstätten
Altlithische Fundstätten
Mittellithische Fundstätten
Riefenspitzen-Tradition
Lanceolate- (Plano-) Spitzen-Tradition
Blattförmige Spitzentradition
Fischschwanz-Spitzen-Tradition
Junglithische Fundstätten
Paläo-arktische Fundstätte
Nacheiszeitliche Vegetationszonen
Tundra
Homogene alpine Formationen
Nadelhölzer
Laubhölzer
Tropischer Regenwald
Prärie, Grasland, Buschsteppe
Wüste
Homogene karibische Formationen
Größte Ausdehnung der Vergletscherung in der Wisconsin-Eiszeit
Maßstab 1 : 54 000 000
170° 160° 150° 140° 130° 120° 110° 100° 90° 80° 70° 60° 50° 40° 30° 20°
70° 60° 50° 40° 30° 20° 10° 0° 10° 20° 30° 40° 50° 60°
120° 110° 100° 90° 80° 70° 60° 50° 40°

Paläo-indianische Traditionen
Auf dieser Karte sind die alt-, mittel- und junglithischen Fundorte verzeichnet, mit der Einschränkung, daß altlithische Stätten, die der prä-Clovis-Epoche angehören, nur dann erscheinen, wenn hinreichend Einigkeit über ihr Alter besteht, obwohl es immer noch Wissenschaftler gibt, die nicht einmal diese als gültigen Beweis für die Existenz von Menschen in Amerika vor 10 000 v. Chr. ansehen. Über die mittellithischen Fundorte besteht weit größerer Konsens. Die Riefenspitzen-Tradition ist in vielen Raststätten und Tötungsplätzen vertreten, insbesondere gilt dies für die gut dokumentierte Clovis-Kultur, die in weiten Regionen Nordamerikas südlich der Wisconsin-Gletscher auftaucht. Die Herstellung von gerieften Spitzen, die in der Hauptsache für die Schlachtung von Mammuten und Mastodons verwendet wurden, ist bis in die Breitengrade von Panama nachweisbar.
Auf den Great Plains lösten die Lanceolate- und Plano-Spitzen die Riefenspitzen ab, als das Mammut als Hauptjagdtier allgemein durch das Langhorn-Bison abgelöst wurde. Die blattförmige Spitzen-Tradition scheint in Südamerika entstanden und sogar noch älter als die Riefenspitzen-Tradition zu sein. Sie ist für einige Höhlen-Fundstätten Mittelamerikas nachweisbar. Die Fischschwanz-Spitzen sind ebenfalls eine südamerikanische Erfindung, und der älteste Rastplatz an der Südspitze des Kontinents wird dieser Tradition zugeordnet.
Gänzlich unabhängig vom übrigen Nordamerika lehnte sich der Alaska-Abschnitt Beringias an die nordostasiatische Werkzeugindustrie an, die hier junglithisch genannt wird.
Sie zeichnet sich durch Klingen aus, die in seitlich an Knochenspitzen angebrachte Kerben eingelassen sind.

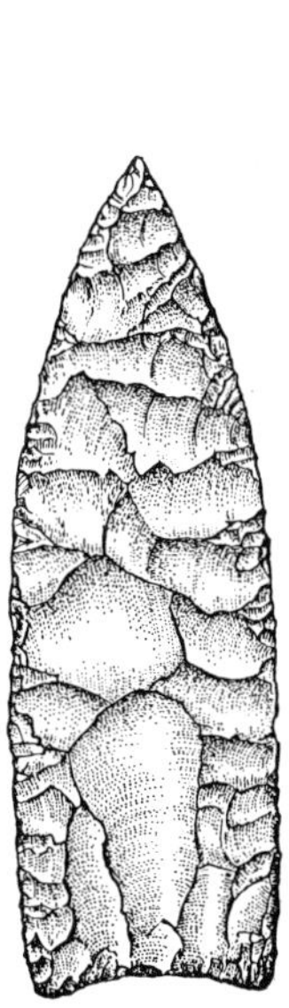

Clovis-Spitze

schiedene Arten von Schabern, die zur Bearbeitung von Häuten dienten, halbmondförmige Schabhobel zum Abschaben und Glätten von Pfeil- und Speerschäften, Gravier-und Schneidewerkzeuge, prismatische Steinsplitter sowie Bohrklingen auf. Daneben stieß man auch auf einige Knochengeräte, darunter Ahlen und Nadeln mit Öhren, die sich als Hinweis darauf deuten lassen, daß Körbe hergestellt und Fellkleidung genäht wurde.

Die Riefenspitzen-Tradition der Clovis- und Folsom-Leute steht in engem Zusammenhang mit der Jagd auf die Megafauna des Pleistozäns. Als diese dann zum Aussterben verurteilt war, entweder durch »Überjagen«, wie Paul C. Martin vermutet, oder durch den Wechsel zu einem wärmeren und trockeneren Klima (oder einer Kombination aus beidem), verschwand auch diese Tradition im 8. Jahrtausend v. Chr. in den meisten Gebieten Nordamerikas abrupt und wurde durch andere, ungeriefte Spitzentypen ersetzt, insbesondere durch die Lanceolate- und die verschiedenen Arten der Plano-Spitzen, die nach den jeweiligen ersten Fundorten benannt wurden: Plainview-, Agate-Basin-, Midland-, Scottsbluff-, Hell-Gap-, Eden-, Claypool-, Milnesand-Spitzen u.a. Alle Plano-Spitzen sind lanzettförmig und durch Druckretusche (nicht durch Schlagretusche wie die älteren Spitzen) entstanden; viele von ihnen kann man fast als Kunstwerke bezeichnen, hergestellt aus feinen Materialien wie Jaspis und honigfarbenem Feuerstein. Die Rillen laufen entlang der zentralen Kammlinie der Klinge zusammen, so daß der Eindruck entsteht, als breite sich eine Welle über die gesamte Klingenfläche aus.

Einige der bestdokumentierten mittellithischen Tötungsplätze sind der Lanceolate-Spitzen-Tradition zuzurechnen. Die Olsen-Chubbock-Fundstätte im östlichen Zentralcolorado, die auf ungefähr 6500 Jahre v. Chr. datiert worden ist, erbrachte auf dem Grund eines ausgetrockneten Flußbetts Knochenreste von fast 200 *Bison occidentalis* (eine Spezies, die damals gerade von dem modernen *Bison bison* verdrängt wurde); die Tiere waren eine Böschung hinunter in eine Schlucht getrieben worden, wo man sie tötete und anschließend zerlegte. Der an der Ausgrabung beteiligte Archäologe Dr. Joe Ben Wheat hat errechnet, daß die Herde höchstwahrscheinlich mehr als 22700 Kilogramm Fleisch erbracht hat, zusammen mit den eßbaren Innereien und dem Fett genügend Nahrung, um 150 Leute 23 Tage lang zu ernähren. Die Lanceolate-Spitzen-Tradition scheint bis etwa 5000 v. Chr., also bis in das nordamerikanische Archaikum (*siehe Seiten 36ff.*) angedauert zu haben, als das Pleistozän bereits lange vorüber und die Riesensäuger völlig ausgestorben waren.

Die beiden anderen mittellithischen Geschoßspitzentypen haben sich unabhängig voneinander aus einer altlithischen Kulturbasis entwickelt. Gemeint sind die Blattform- und die Fischschwanz-Spitzen. Erstere weisen wohl ein gleich hohes Alter wie die Clovis-Spitzen auf, ja ihre Anfänge könnten sogar noch weiter zurückreichen. Type Site für den blattförmigen Spitzenkomplex ist El Jobo im Osten des Maracaibo-Sees, einer von mehreren paläo-indianischen Fundorten im nordwestlichen Venezuela. Zu den Steingeräten von El Jobo gehören eine Reihe blattförmiger Quarzfels-Geschoßspitzen, die durch Schlagretusche entstanden und 5–13 Zentimeter lang sind, sowie eine Sammlung von einseitig gekehlten Schabern. In dieser Region stieß man auch auf Tötungsplätze, von denen einer – Taima-Taima – eine untere Schicht besaß, die auf 12550–9730 v. Chr. datiert wurde und Knochenreste von ausgestorbenen Säugetierarten wie Mastodon, Glyptodon (ein zahnloses, gürtelartiges Panzertier) und Megatherium (Riesenfaultier) enthielt. Zusammen mit diesen Knochen fanden sich Hacken oder Hackmesser, ein Amboß, unbearbeitete Steinsplitter, Klingen, ein halbmondförmiger Schaber und ein Exemplar der sogenannten El-Jobo-Spitzen.

Weitere Zeugnisse der Blattform-Spitzen-Tradition traten u.a. in Lauricocha, hoch in den peruanischen Anden, sowie in Ayampitin im nordwestlichen Argentinien zutage. In Lauricocha legte Augusto Cardich eine Reihe von Felsschutzdächern frei. Das mit einer Höhe von 4020 Metern höchste davon befindet sich unmittelbar über einer Terrasse, die wahrscheinlich der Überrest eines eiszeitlichen Sees ist; sie weist eine Schicht auf, die das früheste Besiedlungsstadium der Region, Lauricocha I, repräsentiert. Eine von Holzkohle und verbrannten Knochen gewonnene Radiokarbon-Datierung (normalerweise fällt die Altersbestimmung mit diesem Material zu gering aus) ergab 7565 v. Chr. Die damaligen Menschen jagten vor allem verschiedene Kamelide (Lamas und/oder Guanacos, Vicuñas und Tarucas). Der Gerätebestand von Ayampitin (Radiokarbon-Datierungen: 6100 und 6014 v. Chr.) umfaßt neben zahlreichen blattförmigen Geschoßspitzen mit geraden, abgerundeten oder spitzen Basen unbehauene Handsteine, Mahlsteine, Schaber und Messer. Die hier entdeckten Tierknochen stammten allesamt, wie auch jene in der Schicht Lauricocha I, von heute noch lebenden Arten. Hauptjagdtier der Ayampitin-Leute war das Guanaco, doch wahrscheinlich spielte auch pflanzliche Nahrung eine Rolle.

Die Funde sprechen dafür, daß die blattförmige Geschoßspitzen-Tradition im nördlichen Teil Südamerikas entstanden ist und sich dann weit über den ganzen südamerikanischen Kontinent, aber gleichfalls nach Meso- und Nordamerika – wo sehr alte Schichten der Wilson-Butte-Höhle in Idaho derartige Spitzen enthielten – verbreitet hat. In Mesoamerika ist diese Tradition in den linsenförmigen, durch Schlagretusche geformten Lerma-Spitzen präsent, die im ältesten Rastplatz des Tehuacán-Tals, im mexikanischen Staat Puebla, zutage kamen, in einer Region, in der Richard MacNeish ein langfristig angelegtes archäologisch-ökologisches Forschungsprojekt durchführte. Während der Ajuereado-Phase (7000 v. Chr.) jagten die Einwohner des Tals (höchstwahrscheinlich niemals mehr als drei Nomadenfamilien mit jeweils vier bis acht Personen) vorrangig ausgestorbene Pferdearten und Gabelantilopen, verschmähten aber auch Kleinsäuger wie Hasen, Erdeichhörnchen und Ratten nicht.

In Santa Isabel Iztapan, nordöstlich des heutigen Mexico City, wurden in den frühen 50er Jahren beim Bau von Wassergräben die Knochenreste zweier Mammute entdeckt, die in den überwucherten Morast am Ufer des Großen Sees getrieben, getötet und dann geschlachtet worden waren. Höchstwahrscheinlich starb diese Spezies in südlicheren Breiten erst später aus. Die Mammutfundstätten, die aus der Zeit um 7700 v. Chr. stammen, erbrachten eine Lerma-Spitze sowie Scottsbluff- und Angostura-Spitzen, die beide charakteristisch für den Plano-Horizont im Westen der Vereinigten Staaten sind. Nicht weit von den Mammutgerippen entfernt kam der berühmte »Tepexpan-Mensch« ans Licht. Bei diesem Skelett handelt es sich möglicherweise um eine Frau, die nach einem Jagdunfall von ihren Begleitern beerdigt worden ist. Die Zuordnung des Skeletts zum Spätpleistozän wurde früher wegen zweifelhafter Freilegungstechniken durch die an der Ausgrabung beteiligten Geologen in Frage gestellt, aber mit dem Fluortest (d.h. durch die Knochendatierung aufgrund ihres Fluorgehalts) konnte inzwischen zweifelsfrei bewiesen werden, daß es dasselbe Alter besitzt wie die besagten Mammutreste.

Was die Erstbesiedlung des südlichen Endes der Neuen Welt angeht, so hat der inzwischen verstorbene Junius

Bird schlüssig belegt, daß Menschengruppen vor 9000 v.Chr. dorthin gelangten. Im Jahre 1937 legte er in der Nähe der Magellan-Straße die Fell- und die Palliake-Höhle frei. Da zu jener Zeit die Radiokarbon-Methode noch nicht zur Verfügung stand, war eine Altersbestimmung unmöglich, doch inzwischen hat man die Holzkohle der Höhlenfeuerstellen auf 9370 und 9082 v.Chr. datiert. Dies bedeutet, daß die früheste menschliche Kultur im äußersten Süden Südamerikas zumindest teilweise gleichaltrig mit der Clovis-Kultur in Nordamerika ist: Alle nicht vereisten Teile der westlichen Hemisphäre waren somit zu dieser Phase bereits vom *Homo sapiens* bewohnt.

Aus jenen Schichten der Magellan-Höhlen, die der Periode I angehören, kamen insgesamt 16 ganze und fragmentarische Fischschwanz-Spitzen aus Basalt, Kieselschiefer und Quarzit zutage, die vergesellschaftet mit Knochen einer pleistozänen Pferdeart (*Parahipparion saldasi*), eines Riesenfaultiers (*Mylodon listail*) und eines Guanacos (des wilden kamelartigen Vorfahren von Lama und Alpaka) angetroffen wurden. Die Spitzenschäfte ähneln dem Schwanz einer Elritze. Sie werden durch Riefen immer dünner, und ihre Seiten sind stumpfgeschliffen, beides Techniken, die auch bei den Clovis-Spitzen auftreten. In den Höhlen stieß man ferner auf blattförmige Spitzen, Knochensplitter und Ahlen sowie grobe Hackinstrumente. In den darübergelagerten Schichten der Periode II waren das pleistozäne Pferd und Faultier offenbar bereits ausgestorben; hier wurden nur Geschoßspitzen aus Knochen entdeckt.

Die Fischschwanz-Spitzen haben ein ziemlich großes Verbreitungsgebiet in ganz Südamerika. So untersuchte Oswald Menghin verschiedene ursprünglich vom Meer ausgewaschene Höhlen auf der Farm Los Toldos, in der argentinischen Provinz Patagonien, wo er zwei Fischschwanz-Spitzen zusammen mit einem Pferdezahn freilegte. Ein anderer wichtiger Fundort der Fischschwanz-Spitzen-Tradition befindet sich fast 7000 Kilometer nördlich der Fell-Höhle. El Inga, an einem erodierten Bergabhang in der Nähe von Quito, im Hochland von Ekuador, gelegen, ist ein altes Wohnlager, das durch Feldbestellung in der Periode nach der Conquista schwer beschädigt wurde; es war höchstwahrscheinlich lange Zeit von Jägern der paläo-indianischen Periode bewohnt, wenn man aus der Veränderung des Stils der Geschoßspitzen-Typen Rückschlüsse ziehen darf. Auf jeden Fall scheint die Radiokarbon-Altersbestimmung von 7080 v.Chr., die man an Holzkohlenfragmenten ermittelt hat, nicht das Datum der ersten Inbesitznahme der Höhle zu sein.

In den nichterodierten Teilen von El Inga wurden über 100000 Obsidian- und Basalt-Geräte erfaßt, darunter viele Fischschwanz-Spitzen, die in Größe, Form und Herstellungsweise im wesentlichen den Spitzen aus den Magellan-Höhlen gleichen, sieht man einmal davon ab, daß sie wegen des zumeist verwendeten Obsidians feiner gearbeitet sind. Aufgrund der weit gestreuten Ausgrabungsorte muß angenommen werden, daß die Fischschwanz-Spitzen wahrscheinlich einst über den größten Teil des südamerikanischen Kontinents verbreitet waren.

Die Fischschwanz-Spitzen besitzen augenfällige Bezüge zu den Riefenspitzen der Clovis-Kultur. So ist festzuhalten, daß einige Clovis- oder Clovis-artige Spitzen aus Zentralamerika (etwa die Funde in San Rafael, in der Nähe von Guatemala-Stadt, oder aus den Misch-Lagerstätten in Turrialba, Costa Rica) zur stumpfen Basis hin breiter werden, wodurch der Eindruck der »Fischschwänzigkeit« entsteht, wenn auch in weniger ausgeprägter Form als bei den Exemplaren aus der El-Inga-oder Fell-Höhle. Dasselbe Merkmal trifft auf viele ungestielte, aber immer noch »Fischschwanz-ähnliche« Spitzen von Clovis-Fundstätten aus dem Osten der USA zu, wie etwa auf den Cumberland-Komplex von Tennessee.

Klingen-Traditionen des Junglithikums

Das amerikanische Junglithikum nach der Klassifizierung von Professor Rouse ist durch Geräteindustrien asiatischen Ursprungs gekennzeichnet, die während der ausgehenden Wisconsin-Eiszeit ausschließlich nördlich des Laurentischen und des Kordilleren-Eisschilds, insbesondere im Subkontinent Beringia, verbreitet waren, d.h. im Nordosten Sibiriens, auf der Bering-Landbrücke und in Alaska. Die Zuordnung dieser Kulturen zu einer gesonderten junglithischen Phase erfolgt aufgrund des Vorherrschens von großen Klingen und/oder Mikroklingen, die nur an den Kanten bearbeitet waren. Einige von ihnen sind Abschläge von einem vorher präparierten Steinkern, doch die meisten (zumindest in Nordamerika) wurden aus großen Steinsplittern herausgelöst. Auffällig ist das – bis auf wenige Ausnahmen – generelle Fehlen beidseitig gekehlter Geschoßspitzen. Jayson Smith nennt diese junglithischen Geräteindustrien die »Northeast Asian-Northwest American Microblade Tradition« (NAMANT). Die Träger dieser Tradition kamen relativ spät in die Neue Welt (vor rund 14000 Jahren), und sie wanderten erst nach dem Rückzug der vorgeschobenen Wisconsin-Gletscher entlang des Mackenzie-Korridors nach Süden. Viele Wissenschaftler schließen aus dieser Tatsache, daß die Träger der NAMANT-Kultur nichts mit der Entwicklung mittellithischer Geräteindustrien zu tun hatten, die es in der westlichen Hemisphäre zur Zeit ihrer Ankunft bereits gab. Der Riefenspitzen-Komplex des Mittellithikums habe sich vielmehr aus einer primitiveren altlithischen Stufe herausgebildet, die von Asien aus bereits vor der Verschmelzung der beiden nordamerikanischen Eisschilde und vor Einsetzen der NAMANT-Tradition nach Amerika gelangt sei.

Man kann drei NAMANT-Subtraditionen unterscheiden. Die erste ist die Diuktai-Tradition, die ihren Namen von der Type Site am Aldan, einem Nebenfluß der sibirischen Lena, hat. Aus der Diuktai-Höhle kamen Mammut- und Moschusochsenknochen zusammen mit Mikroklingen von Steinkernen zum Vorschein. Ferner traten auch einige blattartige Spitzen zutage, die aber atypisch sind. Charakteristisch für die Diuktai-Geschosse des Junglithikums war, daß sie vorne zumeist Knochenspitzen aufwiesen und daß in Furchen an den Seiten Mikroklingen eingesetzt waren. Laut Radiokarbon-Messungen datieren die Projektile von 11120 und 10140 v.Chr.

Die zweite Subtradition ist die asiatische Binnenland- und Küstentradition, die sich von Japan nördlich zur Halbinsel Kamtschatka erstreckte. In den Fundstätten stieß man neben zahlreichen Mikroklingen auch auf beidseitig bearbeitete Geschoßspitzen, die aber zu jung sind (Radiokarbon-Daten: 12340–8410 v.Chr.), um als Vorläufer der mittellithischen Geräteindustrien in Amerika in Frage zu kommen.

Die dritte Subtradition wird als paläo-arktische amerikanische Tradition bezeichnet. Die Archäologen haben festgestellt, daß diese Mikroklingen aus Steinsplittern herausgelöst und nicht von Steinkernen abgeschlagen wurden. Es gibt keine zweiseitig bearbeiteten Geschoßspitzen, nur Knochenspitzen mit seitlich eingelassenen Mikroklingen im charakteristischen NAMANT-Stil. Der bekannteste Ausgrabungsort für diese Subtradition ist Onion Portage am Kobuk in Nordwestalaska, der leicht nördlich der Bering-Straße in die Tschuktschen-See mündet. Louis Giddings entdeckte in dieser vielschichtigen Fundstätte zwei sich ablösende Mikroklingen-Komplexe: den Akmak-Komplex, den Giddings auf 13000–6650

v. Chr. veranschlagte, sowie den Kobuk-Komplex, dessen Alter auf 6250–6050 v. Chr. bestimmt wurde. Dieser Rastplatz von Jägern und Fischern war – wie die verschiedenen Schichten belegen – auch in den nachfolgenden Jahrtausenden ständig von Menschengruppen bewohnt; ihre Existenzgrundlage bildeten der Fang des arktischen Saiblings und anderer Fischarten, aber auch die Jagd auf Großwild wie das Karibu.

Die junglithische Kulturphase Amerikas besteht zu 100 Prozent aus asiatischen Kulturelementen und ist zweifellos eine Fortentwicklung der Klingen-Traditionen und der hochspezialisierten Wirtschaftsform der Jäger und Sammler im eurasischen Jungpaläolithikum. Sie hat höchstwahrscheinlich wenig zu tun mit den Anfängen oder der kulturellen Evolution der amerikanischen Indianer, sondern stellt eher die Vorstufe der erst relativ spät auftretenden Wirtschaftsformen der Eskimo (Inuit) und ihrer Verwandten, der Aleuten, dar.

Zusammenfassung:
Die Ökologie der paläo-indianischen Periode

Es gibt noch viele Wissenslücken in unserer Beurteilung der Paläo-Indianer der Neuen Welt. Obwohl es sehr wahrscheinlich ist, daß die ersten Menschen geraume Zeit vor 10000 v. Chr. in die Regionen Nordamerikas vordrangen, die südlich der Wisconsin-Gletscher lagen, und daß sie einen sehr einfachen Gerätebestand mit sich führten, stehen doch vollständig befriedigende Beweise für diese These nach wie vor aus. Unsere Kenntnisse über den arktischen Subkontinent Beringia, aus dem die Einwanderer kamen, sind gering (und werden es wohl auch bleiben), einfach schon deshalb, weil ein Großteil dieser Gebiete heutzutage unter der Tschuktschen-See und dem Bering-Meer liegt. Hinzu kommt, daß die paläo-indianischen Stätten der tropischen Ebenen Meso- und Südamerikas wenig erschlossen werden konnten, weil dichter Urwald sie unter sich begraben hat. Und schließlich ist die Rolle von Pflanzen in der Ernährung der Paläo-Indianer leicht zu unterschätzen, weil wir wegen des allgemein sehr schlechten Erhaltungszustands ihrer Stätten zwar hinreichend Informationen über ihre steinernen Geräte und über die Beutetiere besitzen, aber so gut wie nichts über die Rolle pflanzlicher Nahrung aussagen können.

Dieser letzte Punkt ist von Bedeutung, hat doch das Sammeln von Nahrungspflanzen nicht lange nach dem endgültigen Rückzug des Wisconsin-Eises in Mesoamerika und im Andengebiet zu der ersten Stufe der Pflanzendomestikation geführt. Die Paläo-Indianer werden oftmals als »Großwildjäger« charakterisiert, aber möglicherweise waren sie bei ihrer Ernährung abhängiger von wilden Grassamen, Früchten, Nüssen und Beeren sowie nicht zuletzt von kleinen Tierarten als von der Megafauna des Pleistozäns. So haben Knochenfunde, beispielsweise aus dem Levi-Felsschutzdach in Texas, bewiesen, daß selbst Kleinsäuger wie Erdeichhörnchen und Ratten verzehrt worden sind.

Die paläo-indianische Wirtschaftsform, die in vieler Hinsicht jener im eurasischen Spätpaläolithikum ähnelte, konnte nur wenige über sehr große Gebiete verstreut lebende Menschen ernähren. Der Biologe Edward Deevey hat errechnet, daß auf dieser kulturellen Entwicklungsstufe 65 Quadratkilometer Land pro Person gerade ausreichend sind. Legt man nun die Berechnungen von Deevey zugrunde, dann kann beispielsweise die Bevölkerungszahl Mexikos in paläo-indianischer Zeit, als noch kein Ackerbau betrieben wurde, niemals mehr als 30000 betragen haben. So ist es wohl kein Wunder, daß Relikte der paläo-indianischen Kultur und besonders der Wohnstätten der prä-Clovis-Leute so schwer zu finden sind.

DRITTER TEIL

NORD-AMERIKA

DAS NORDAMERIKANISCHE ARCHAIKUM

Als gegen Ende des Pleistozäns (um 10000 v.Chr.) die südlich vorgeschobenen Eisplatten abschmolzen, starben jene Großsäuger aus, die beim Rückzug des Eises nicht nach Norden wanderten, und an ihre Stelle traten andere, kleinere Arten. Welche Rolle die paläo-indianischen Jäger bei diesem Aussterben der pleistozänen Megafauna, etwa des Mastodons, des Mammuts und des eiszeitlichen Bisons, spielten, wird nach wie vor sehr kontrovers diskutiert. Sicher hingegen ist, daß die nachfolgenden indianischen Gemeinschaften ein weites Spektrum neuer und wechselnder Umweltbedingungen antrafen. Nach 8000 v.Chr. waren die Böden in erst unlängst vom Eis befreiten Regionen noch unausgereift, so daß sie einer bunten Vielfalt von Pflanzen Nahrung boten. Verschiedene Waldarten breiteten sich je nach Wachstumsgeschwindigkeit in unterschiedlichem Maße in bisher unbewaldete Regionen aus. Der Klimawechsel erfolgte relativ rasch, da die Luftdruckverhältnisse am Rande der schmelzenden Eismassen sich verändert hatten. Die Zeit von 7000–5000 v.Chr. (das sogenannte Anathermal) war wahrscheinlich durch das Vorherrschen kühler und feuchter Bedingungen charakterisiert; die höchsten Temperaturen wurden dann im Altithermal (5000–2500 v.Chr.) erreicht, während es danach einen Rückgang auf in etwa unsere heutigen Werte gegeben hat.

Für die indianischen Gruppen muß die Anfangsphase dieser Neuordnung beträchtliche Unsicherheit bedeutet haben, und die archäologischen Funde zeugen denn auch von einer Reihe allgemeiner, unspezifischer Anpassungen an die im Wandel begriffenen Verhältnisse. Nachdem diese dann stabiler geworden waren, konnten es die Indianer wagen, spezialisiertere Anpassungen vorzunehmen. Diese lange Kulturperiode, die die Archäologen als Archaikum bezeichnen und deren Beginn auf 8000 v.Chr. festgelegt worden ist, folgt auf die Großwildjagdwirtschaft der Paläo-Indianer, geht aber der Ackerbauwirtschaft voraus. Die Wildbeuter des Archaikums machten sich nach Vorstellung der Wissenschaftler eine immer größer wer-

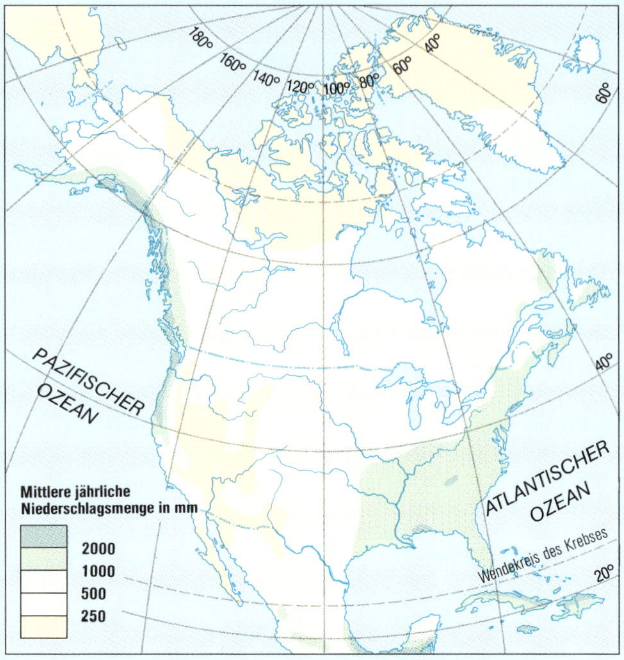

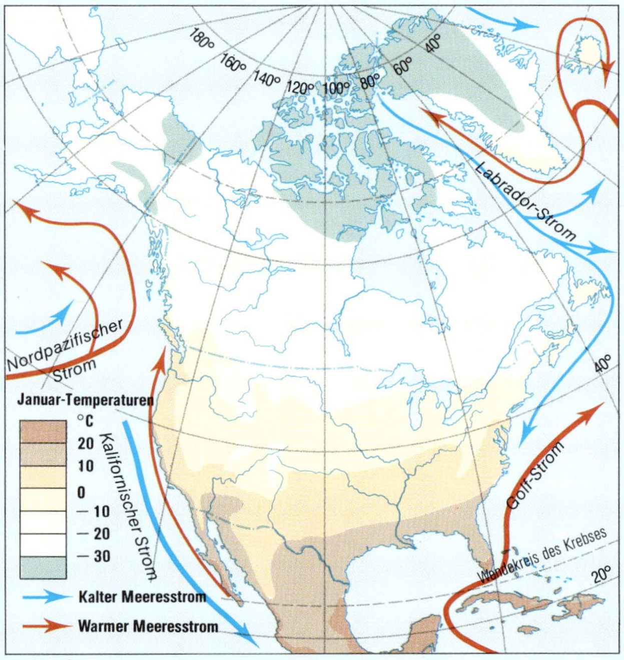

Die geographischen Gegebenheiten Nordamerikas variieren sehr stark: unter dem Meeresspiegel gelegene Wüstentäler alternieren mit einigen der höchsten Berggipfel der Welt. Die Yellowstone-Region, geologisch vulkanischen Ursprungs, befindet sich im Bereich der Kontinental-Wasserscheide. Der Yellowstone (*unten rechts*), aufgenommen unweit seiner Quelle am Rande der Hochplateauebenen, fließt von hier aus in Richtung Norden, um dann in einem Bogen nach Nordosten verlaufend in den Missouri zu münden.
Der Canyon de Chelly durchschneidet das Plateau Nordost-Arizonas (*unten links*). Hier fließt der Chinle Wash an der Ruine von White House vorbei. Der Canyon, einst der Standort einer Reihe blühender Anasazi-Dörfer, beherbergt heute verstreut liegende Navajo-Häuser (*siehe Seite 74*).

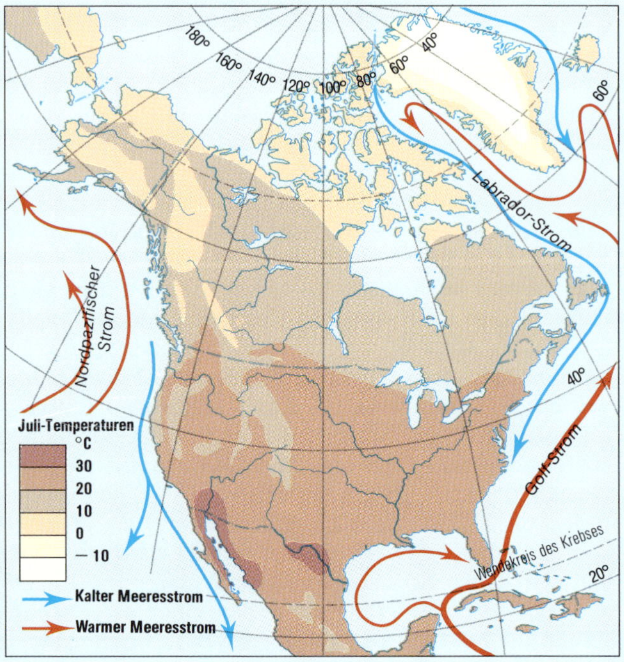

Links und rechts: Klima und Vegetation Nordamerikas
Topographie, Bodenbeschaffenheit und Klima, alle diese Faktoren sind für das heute in Nordamerika anzutreffende bunte Gemisch geographischer Zonen verantwortlich. Die rechte Karte zeigt die Umweltverhältnisse, wie sie ohne die Eingriffe zunächst der prähistorischen Indianer, dann – und sehr viel nachhaltiger – durch die Euro-Amerikaner aussehen würden. Diese geographischen Zonen entwickelten sich aus einer ganz anders gearteten eiszeitlichen Landschaft im Laufe von 10 000 Jahren, wobei es in einigen Fällen zu drastischen Veränderungen sowohl in ihrem Charakter als auch in ihrer Ausbreitung gekommen ist. Die indianischen Gemeinwesen hatten sich zwangsläufig den neuen Bedingungen anzupassen, die mit der Zeit allmählich entstanden, und die heutigen Archäologen richten ihr Augenmerk auf die Erforschung der Prozesse, die diese Anpassungsvorgänge begünstigten. Da zumeist weder die alten Umweltbedingungen noch die prähistorischen Adaptionsvorgänge Eingang in die schriftliche Überlieferung gefunden haben, ist die Archäologie der einzige Weg zum Verständnis der kulturellen Evolution von der Lebensweise des Wildbeutertums bis zur seßhaften Landwirtschaft. Wegen der fast vollständigen Trennung der Menschen der Alten und der Neuen Welt während dieser langen Periode bietet der amerikanische Kontinent ein eigenständiges archäologisches Experimentierfeld, auf dem man das Entstehen der menschlichen Zivilisation nachverfolgen, globale Gemeinsamkeiten ebenso wie Sonderentwicklungen der Kulturen Alt-Amerikas herausarbeiten kann.

dende Zahl von Wildpflanzen und Tieren als Nahrungsquelle zunutze.

Die wichtigste Errungenschaft dieser Menschen war das Atlatl, die Speerschleuder, die in ihrer einfachsten Ausführung aus einem Holzstab mit Griffkerben an einem Ende und einem starken Haken am anderen bestand. Das Fußende eines Speers wurde am Haken eingelegt, und man schleuderte den Speer mit Hilfe der Schleudervorrichtung und nicht direkt aus der Hand. Das Atlatl hatte den Sinn, den Wurfarm um ca. 50 Zentimeter zu verlängern, wodurch die Hebelwirkung und damit die Wurfgeschwindigkeit und -stärke erhöht wurden. Im späteren Archaikum wurden dann auch steinerne Gewichte im Zusammenhang mit dem Atlatl benutzt. Diese Gewichte besaßen nur dann einen besonderen Vorteil, wenn die Atlatl zu jener Zeit aus biegsamem Material bestanden. Falls dies zutrifft, dann hatten die spätarchaischen Jäger den Nutzen größerer Antriebskraft entdeckt und deshalb ihre Speerschleudern mit beschwerten flexiblen Schäften ausgerüstet. In das Archaikum fällt auch das erste Auftauchen von Keramiken, deren älteste Beispiele - eine fasergemagerte Ware - in Georgia und Nordflorida zutage traten.

Das Ende des Archaikums ist von Region zu Region sehr unterschiedlich. In einigen Gebieten begann der Übergang zur Pflanzenkultivierung bereits im dritten Jahrtausend v. Chr., während sich das Wildbeutertum in anderen Regionen bis in die Ära der europäischen Kolonisation hielt. So ist das mit 700 v. Chr. angesetzte Ausgangsdatum dieser Periode auch lediglich als Eckwert zu verstehen, der generelle Entwicklungstendenzen verdeutlichen soll. Ferner bleibt zu vergegenwärtigen, daß es trotz übergreifender Gemeinsamkeiten regional unterschiedliche Ausprägungen in den Verhaltensweisen der archaischen Bevölkerung Amerikas gegeben hat.

Die Anpassungsschwierigkeiten an die veränderte Umwelt, mit denen die Indianer des Archaikums zu kämpfen hatten, ähnelten denen der Menschen in anderen Teilen der Welt zu jener Zeit. Im weitesten Sinne glichen sich auch die Lösungen, mit denen man auf diese Probleme reagierte. Nach dem Aussterben der pleistozänen Fauna wurden Rotwild, Elch und Karibu die wichtigsten gejagten Arten, und als der Trend zum kleineren Beutetier anhielt, da begannen die Indianer allmählich, sich auf eine intensive Kleinwildjagd zu verlegen. Daneben intensivierten sie das Sammeln von Nüssen, Eicheln, Früchten, Grassamen, Schoten, Wurzeln und Schalentieren sowie den Fischfang.

Die immer größer werdende Bevölkerungsdichte erlaubte es den Menschen nicht mehr, neue Nahrungsquellen aufzutun, indem sie in unbewohnte Gebiete vordrangen, denn selbst die Randzonen wurden nach und nach besiedelt. Das hatte zur Folge, daß die großen Wanderungsbewegungen eingestellt und durch begrenzte Streifzüge in genau umrissenen Territorien ersetzt werden mußten. So ergab sich ein saisonaler Rhythmus, der die Indianer Jahr für Jahr an dieselben Plätze führte. Die Archäologen stießen auf zahlreiche Belege für solche wiederholten Aufenthalte an sorgfältig ausgewählten Plät-

Rechts: Der Mount McKinley, heutzutage oft mit seinem indianischen Namen »Denali« bezeichnet, ragt 6194 Meter hoch über Zentralalaska auf. Dieser Teil der Arktis war über Jahrtausende die Heimat der Indianer aus der Na-Dene-Sprachfamilie und in den ersten Jahrhunderten indianischer Expansion möglicherweise der Hauptkorridor in Richtung Süden. Der Expansionsprozeß vollzog sich nicht unbedingt in Form einer dramatischen weitgespannten Wanderungsbewegung, sondern könnte ebensogut von einigen kleinen Gruppen bewerkstelligt worden sein, die schrittweise und zu verschiedenen Zeiten neue Gebiete erschlossen.

Rechts: Danger Cave, Utah, die Type Site für das Wüsten-Archaikum, liegt 34 Meter über dem heutigen Großen Salz-See. Die älteste Schichtung der Höhle stammt aus der Zeit um 9000 v. Chr., und bei den Ausgrabungen kamen Tausende von Artefakten ans Licht, von denen viele aus Holz, Rohfasern, Knochen, Häuten und anderen Materialien bestanden, die in feuchter Umgebung nicht erhalten geblieben wären. Aufgrund dieser sowie weiterer Funde aus ähnlichen Stätten haben die Archäologen sich ein detailliertes Bild von der Anpassung der Indianer des Archaikums an die harten Lebensbedingungen in der Wüste machen können.

zen, die häufig Abfallhaufen aufwiesen. Im Laufe des Archaikums wurden die einfachen tragbaren Gerätschaften allmählich durch größere und kompliziertere Geräte ersetzt: beispielsweise durch Mahl- und Schleifsteine, Stampfer und Steinhämmer. Das Transportproblem löste man dadurch, daß man solche Geräte an den Orten lagerte, die turnusmäßig aufgesucht wurden, während zur Jagd notwendige Gerätschaften wie Pfeilspitzen, Hackbeile und Messer ständig mitgeführt wurden. Ferner kam es vermehrt zur Nahrungsvorratshaltung und ebenso zur Anhäufung materiellen Reichtums.

Die vor-archaischen gesellschaftlichen Organisationsformen scheinen auf relativer Gleichheit der einzelnen Mitglieder beruht zu haben. Große Mobilität und die zur Verfügung stehenden wechselnden Wohnorte hatten den Erwerb und Tausch von begehrten Rohmaterialien für alle Gruppenmitglieder leicht gemacht. Die Wildbeuter des Archaikums hingegen verfügten nur über vergleichsweise kleine Territorien, eingeschränkte Mobilität und soziale Strukturen, die stärker hierarchisch ausgerichtet waren. Die früheren Methoden des extensiven Austauschs

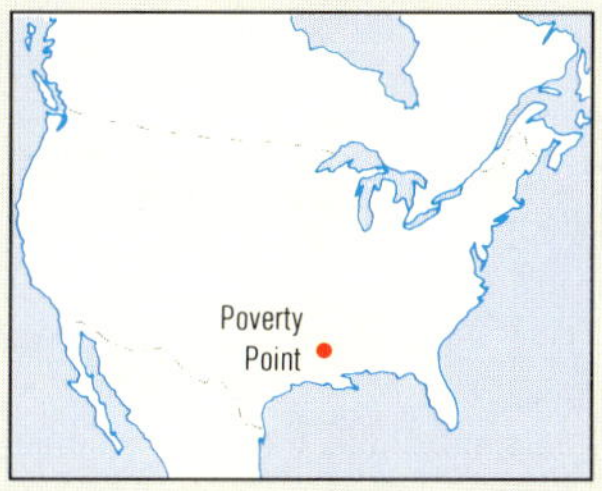

Poverty Point

Unter den in Poverty Point angetroffenen Gerätschaften finden sich Tausende von gebrannten Tonkugeln. Diese wurden offensichtlich anstelle von Kieseln, die in den Alluvialböden des Mississippi-Tals selten zu finden sind, für das Erhitzen von Speisen verwendet, indem man die heißen Kugeln in die Nahrungsgefäße warf. In einigen Fällen verarbeitete man auch Tonklumpen zu Vogelsymbolen oder Menschenstatuetten. Die (*unten*) abgebildete Statuette ist nicht einmal fünf Zentimeter hoch.

Unten rechts: Der Hauptkomplex von Poverty Point (1500–700 v. Chr.). Vom Hügel im Westen hat man zur Zeit der Frühjahrs- und Herbstsonnenwende einen guten Blick auf die über dem Mittelpunkt der Anlage aufgehende Sonne (*unten ganz rechts*). Ob dies absichtlich so eingerichtet wurde, ist nicht bekannt. Das in Poverty Point ausgegrabene Senkblei (*unten*) aus Hämatit diente wohl als Angelschnurbeschwerer.

Die wohl eindrucksvollste archaische Fundstätte in Nordamerika sind die gewaltigen Erdaufschüttungen in Poverty Point, Louisiana, die heute unter Denkmalschutz stehen und der Öffentlichkeit zugänglich sind. Der Hauptkomplex, oder das »Dorf«, besteht aus sechs konzentrisch angeordneten Erdwällen in Form eines Oktogons, die einen äußeren Durchmesser von rund 1300 Metern besitzen. Im Westen des »Dorfes« erhebt sich ein 20 Meter hoher Mound, dessen Basislänge mehr als 200 Meter beträgt. Darin einbezogen ist eine langgezogene Rampe, die zum übrigen Oktogon-Komplex hin abfällt. Ferner gibt es einen vergleichsweise kleineren Erdhügel im Norden. Obwohl es nahe liegt, frühen mexikanischen Einfluß zu vermuten, ist Poverty Point aller Wahrscheinlichkeit nach das bodenständige Produkt langer Entwicklungstrends des nordamerikanischen Archaikums.

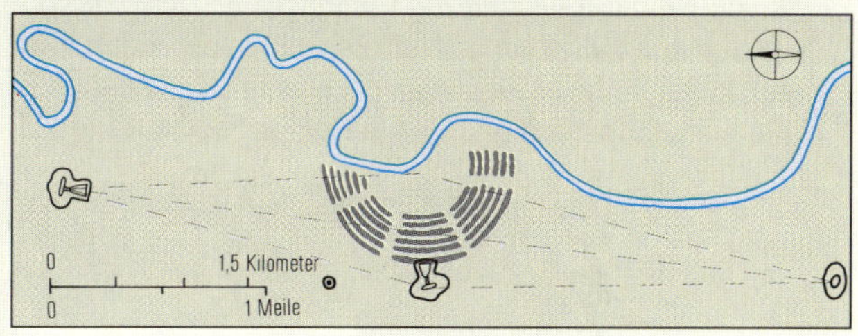

Links: Die archaischen Kulturen Nordamerikas
Zu den menschlichen Ökosystemen zählt man – vereinfacht ausgedrückt – natürliche Umgebung, Ernährung, Werkzeugherstellung, soziale Organisation und Demographie. Die Archäologen haben den Versuch unternommen, alle diese Variablen für Nordamerika zu erfassen, wenn auch mit unterschiedlichem Erfolg. Da selbst unter modernen Bedingungen ökologische Grenzen schwer zu ziehen sind und noch dazu die Bedingungen während des Archaikums so anders geartet waren, tut man gut daran, den Kontinent auf der Grundlage beständigerer Grenzen zu unterteilen: Gemeint sind die Einzugsgebiete der Flüsse, die zumindest während der vergangenen 10 000 Jahre stabil geblieben sind.

wurden jetzt – möglicherweise auch infolge stärkerer Gruppenrivalität – in zunehmendem Maße durch den Rückgriff auf lokal vorhandene Rohstoffe ersetzt. Die Fundstätten des Archaikums enthalten oft Geräte, die aus relativ minderwertigen, an Ort und Stelle greifbaren Steinarten hergestellt wurden. Die wertvolleren Rohstoffe blieben in Händen von Gruppen, in deren Gebieten es solche Vorkommen gab.

Gegen Ende des Archaikums kamen dann aber neue Formen des Handels und Tauschs auf, die sich wahrscheinlich sehr stark von den vor-archaischen Formen unterschieden und auch anderen Zwecken dienten, wenn man aus der Verwendung der Materialien an ihren Bestimmungsorten Rückschlüsse ziehen kann. Viele von ihnen hat man in Verbindung mit Grabstätten angetroffen und in Zusammenhängen, die vermuten lassen, daß sie unterschiedliche soziale Rangordnungen in immer stärker wettbewerbsorientierten Gesellschaften anzeigen sollten. So nahm etwa der seltene Rama-Kieselschiefer über Wohnstätten an der nordamerikanischen Ostküste seinen Weg nach Süden, wo er schließlich als Grabbeigabe Verwendung fand. Im Gegensatz hierzu wurden die Geräte aus edlererem Material der paläo-indianischen Periode zerbrochen und ausgesondert in Abfallhaufen von Rastplätzen angetroffen. Das System des ausgehenden Archaikums war Vorbild für die Entwicklung des Langstreckenhandels und der sozialen Hierarchie, die in der Zeit nach 700 v. Chr. im östlichen Waldlandgürtel beschleunigt einsetzen sollte.

In der Spätphase des Archaikums unternahmen viele Indianergruppen auch erste Versuche, Einfluß auf die Gestaltung ihrer Umwelt zu nehmen, beispielsweise wurden Waldflächen niedergebrannt, um das Rotwild zum Äsen in dieses Areal zu locken. Damit einher ging mancherorts die Pflege und die wahrscheinlich zufällige Züchtung von besonders geschätzten Pflanzenarten. In der Waldzone des nordamerikanischen Ostens entdeckte Belege für ansatzweise Pflanzenkultivierung stammen möglicherweise bereits aus dem dritten Jahrtausend v. Chr. Es handelt sich dabei um eine Maissorte tropischen Ursprungs sowie um die Sonnenblume und den Sumpfholunder, beides einheimische Arten. Daneben scheinen auch Gänsefuß, Maigras, Vogelknöterich und einige andere Pflanzen eine wichtige Rolle bei der Ernährung gespielt zu haben. Die archaischen Entwicklungsprozesse im östlichen Waldlandgürtel gipfelten in der Entstehung der Poverty-Point-Kultur, die ihren Namen nach dem Ausgrabungsort Poverty Point (*siehe oben*) trägt. Die Anlage erstreckt sich über fünf Hektar und stellte wohl ein bedeutendes Zeremonialzentrum für diese Region dar.

KULTURRÄUME UND SPRACHEN

Es ist seit langem unter Anthropologen üblich, die Vielzahl nordamerikanischer Einzelkulturen in geographisch abgegrenzte Kulturräume zu gliedern. Diese Methode hat den Vorteil, daß man viele Hunderte von Lokalkulturen zu wenigen übersichtlicheren Gruppen zusammenfassen kann. Sie birgt aber auch einige Ungenauigkeiten in sich, die man stets vor Augen haben sollte, will man keine falschen Schlüsse aus den Klassifizierungen ziehen. So sind die willkürlich bestimmten Grenzen zwischen einzelnen Kulturgruppen größtenteils Wunschvorstellungen der Anthropologen. In Wirklichkeit gab es fast immer fließende Übergänge und keine strengen Territorialgrenzen. Zweitens impliziert der Begriff Kulturraum, daß einst im Zentrum des Areals ein Ideal-Kulturtyp bestanden habe, an den sich die an den Randzonen lebenden Völkerschaften in gewisser Weise anzugleichen suchten. Dies ist ebenfalls irreführend, denn de facto ging es allen Kulturträgern um eine bestmögliche Anpassung an die jeweiligen örtlichen Umweltbedingungen. Und drittens ergibt sich aus den beiden angeführten Problemen, daß durch eine solche Zusammenfassung oftmals bedeutende kulturelle Abweichungen verwischt werden. Wir bedienen uns der kulturräumlichen Einteilung deshalb mit der ausdrücklichen Einschränkung, daß sie lediglich eine Hilfskonstruktion darstellt, die die Übersicht erleichtern soll.

Nordamerika wird im einzelnen in die folgenden Kulturräume gegliedert (*siehe Karte rechts und Seiten 44/45*): Arktis, Subarktis, Südkanadische Region, östliches Waldland, Große Ebenen (Great Plains), Präriegebiet, Südwesten, Nordostmexiko, Nordwestküste und Kalifornien, Plateau-Region und Großes Becken (Great Basin). Im Falle der Subarktis erfolgt eine weitere Aufspaltung in ein West- und Ostareal, um die Na-Dene und Algonkin sprechenden Völker voneinander zu unterscheiden, und auch die Großen Ebenen hat man in eine nördliche und in eine südliche Region unterteilt. Hinsichtlich der Bezeichnungen und Grenzziehungen für diese Kulturräume übernehmen wir die Vorgaben, die im *Handbook of North American Indians* gemacht werden. (Einige Bände – über die Nordwestküste, das Große Becken, die Plateau-Region sowie die Great Plains – befanden sich allerdings während des Entstehens dieses Buches noch im Planungsstadium, so daß wir uns für diese Gebiete auf ältere Werke stützen mußten.)

Was die nordamerikanischen Eingeborenensprachen betrifft, so sind in der Vergangenheit verschiedene Versuche unternommen worden, diese zu Familien und Klassen zusammenzufassen. Die Versuche waren in dem Sinne erfolgreich, als deren Ergebnisse veröffentlicht wurden und dann von anderen Wissenschaftlern weiterverwendet werden konnten. Genauere Analysen dieser Klassifizierungssysteme haben aber immer wieder ergeben, daß sie Irrtümer aufweisen und daß es ihnen an Beweiskraft mangelt. In der hier gebrauchten Klassifikation halten wir uns an die konservativste aller gegenwärtig vorhandenen Einteilungen. Danach bestehen 21 Sprachfamilien und 32 iso-

Die Eingeborenensprachen Nordamerikas I
Obwohl das Territorium des nördlichen Nordamerika riesige Ausmaße besitzt, kann man es doch in nur vier große Kulturräume gliedern, in denen drei Haupt-Sprachfamilien dominieren. Die Arktis ist die Domäne der Sprecher des Eskimo-Aleutischen, die östliche Subarktis wird beherrscht von den Sprechern der Algonkin-Ritwa-Sprachen, während die westliche Subarktis die Heimat der Träger der Na-Dene-Sprachen ist. An der Nordwestküste schließlich sind Sprachen in Gebrauch, die ebenfalls zur Na-Dene-Gruppe sowie zu einigen kleinen Sprachfamilien gehören, über deren Abstammungslinien man bis heute nur wenig weiß.

Links: Das Gebiet um Juneau ist typisch für die zerklüftete Nordwestküste. In den Tälern finden sich vielfach Gebirgsgletscher anstelle von Flüssen, Reste der Kordilleren-Eisplatte, die einst die ganze Region bedeckte.

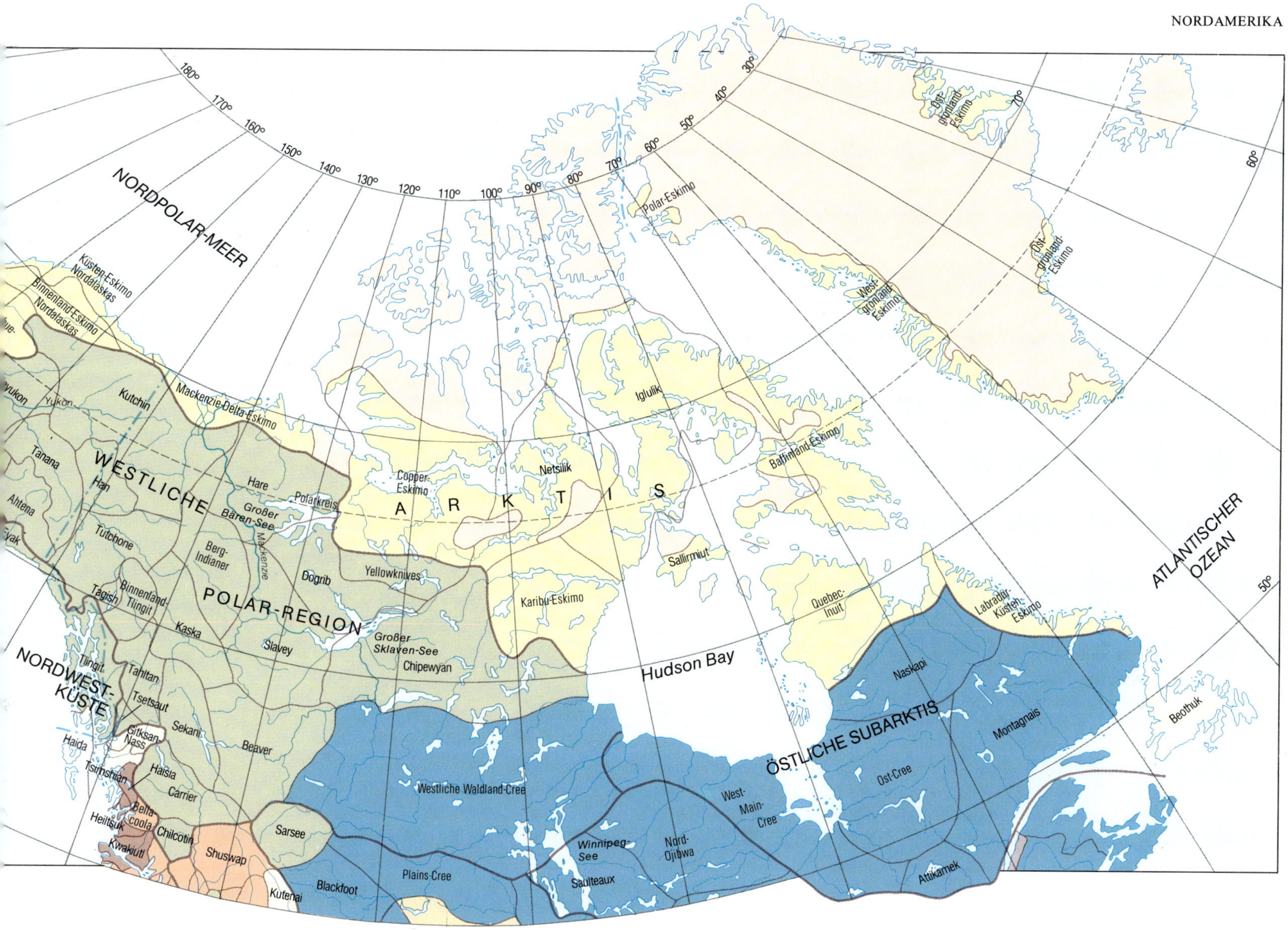

lierte Sprachen, d. h. solche, von denen entweder zu wenig bekannt ist, oder die so ausgefallen sind, daß sie sich einer Klassifizierung entziehen. Unter diesen 21 Sprachfamilien gibt es drei Gruppen (Hoka, Penuti und Oregon-Penuti), deren Mitglieder nur äußerst geringe verwandtschaftliche Beziehungen untereinander aufweisen. Zukünftige linguistische Untersuchungen könnten deshalb sehr wohl ergeben, daß man sie besser in eine Anzahl kleinerer und weniger zusammenhängender Sprachfamilien aufspaltet. So könnte das Hoka in sechs separate Familien und in fünf isolierte Sprachen zerfallen sowie das Penuti in drei Familien und zwei isolierte Sprachen, während das Oregon-Penuti möglicherweise aus vier isolierten Sprachen besteht, wodurch sich rein rechnerisch 30 Sprachfamilien und 43 isolierte Sprachen ergeben würden. Andererseits werden weitere Forschungsarbeiten mit ziemlicher Sicherheit das Ergebnis erbringen, daß einige jetzt als eigenständig geltende Sprachfamilien sich zu größeren Familien zusammenfassen lassen, doch ist auszuschließen, daß es zu einer vollständigen Aufhebung des heute üblichen Klassifikationsschemas kommt.

DIE ARKTIS

Die Wissenschaftler stimmen darin überein, daß die erste Besiedlung der westlichen Hemisphäre über das heutige Alaska erfolgte und daß auch spätere Ankömmlinge dieselbe Route benutzten. Ein großer Teil der Wanderungsbewegungen muß über breite Kontinentalshelfgebiete geführt haben, die sich heute unter dem Meer befinden und deshalb für Archäologen unzugänglich sind. Ferner besteht darüber Konsens, daß die Evolution zum *Homo sapiens* der Alten Welt stattgefunden hat und daß erst nach Abschluß dieses Evolutionsprozesses (vor über 40000 Jahren) kleine Gruppen von Menschen in den amerikanischen Kontinent vorgedrungen sind. Der archäologische Nachweis für die ersten Bewohner Amerikas fällt folglich nur sehr karg aus; die Fundstätten liegen weit verstreut und sind relativ schwer zu identifizieren.

Die Archäologie der arktischen Regionen entwickelte sich in drei nationalen Umfeldern – Alaska, Kanada und Grönland –, wobei es unterschiedliche wissenschaftliche Traditionen gibt. Dennoch kann man trotz der verschiedenen Klassifizierungen und Interpretationen zu einer Synthese gelangen, wenn man eine Einteilung in fünf umfassende Entwicklungsstadien vornimmt, die durch lose Anfangs- und Enddaten definiert sind.

Stadium I

Das Stadium I begann grob gesprochen um 25000 v. Chr. und endete um 5000 v. Chr. Der vielleicht älteste Beleg für die Existenz von Menschen sind die schon erwähnten (*vgl. Seite 30*) Artefakte aus Knochen (Radiokarbon-Daten: 29100–25750 v. Chr.), die in Old Crow, im Yukon-Gebiet, und in einigen ähnlichen Stätten in der Nähe davon entdeckt wurden. Allerdings sind diese und andere frühe

STÄMME DER NORDWESTKÜSTE
1 Pentlatch
2 Sechelt
3 Squamish
4 Halkomelem
5 Nooksack
6 Straits
7 Nitinat
8 Makah
9 Quileute
10 Chemakum
11 Luchootseed
12 Twana
13 Quinault
14 Untere Chehalis
15 Obere Chehalis
16 Cowlitz
17 Kwalhiokwa
18 Klatskanie
19 Untere Chinook
20 Obere Chinook
21 Tillamook
22 Kalapuya
23 Alsea
24 Siuslaw
25 Coos
26 Südwest-Oregon-Athapasken
27 Takelma
STÄMME KALIFORNIENS
28 Tolowa
29 Karok
30 Shasta
31 Yurok
32 Chilula
33 Hupa
34 Wiyot
35 Whilkut
36 Chimariko
37 Mattole
38 Nongatl
39 Wintun
40 Yana
41 Nomlaki
42 Lassik
43 Sinkyone
44 Wailaki
45 Cahto
46 Yuki
47 Konkow
48 Patwin
49 Miwok
50 Wappo
51 Küsten-Miwok
52 Yokuts
53 Monache
54 Tubatulabal
55 Kitanemuk
56 Tataviam
NORDWEST-KÜSTE
PLATEAU
NÖRDLICHE PLAINS
GREAT BASIN
CALIFORNIA
PAZIFISCHER OZEAN
PRÄRIE
SÜDWESTEN
SÜDLICHE PLAINS
NORDOST-MEXIKO
Wenig bekannte Stämme der Golfküstenebenen und weiter landeinwärts
Bellacoola
Heiltsuk
Kwakiutl
Comox
Nootka
Carrier
Chilcotin
Lillooet
Shuswap
Thompson
Nicola
Okanagon
Beaver
Sarsi
Kutenai
Sanpoil
Kalispel
Columbia
Spokan
Coeur D'Alene
Flathead
Klikitat
Yakima
Palus
Tenino
Umatilla
Cayuse
Nez percé
Molala
Klamath
Modoc
Achumawi
Atsugewi
Maidu
Pomo
Nisenan
Washo
Miwok
Costano
Northern Valley Yokuts
Esselen
Salina
Southern Valley Yokuts
Owens-Valley-Paiute
Chumash
Kawaiisu
Serrano
Gabrielino
Chemehuevi
Luiseño
Cahuilla
Cupeño
Ipai
Tipai
Mohave
Halchidhoma
Yavapai
Quechan
Maricopa
Cocopa
Paipai
Kiliwa
Nakipa
Walapai
Havasupai
Hopi
Colorado
Westliche Waldland-Cree
Plains-Cree
Winnipeg-See
Saulteaux
Blackfoot
Gros Ventre
Assiniboin
Plains-Ojibwa
Crow
Hidatsa
Mandan
Arikara
Yanktonai
Teton
Santee
Cheyenne
Yankton
Ponca
Missouri
Omaha
Pawnee
Oto
Iowa
Arapaho
Kansa
Missouri
Osage
Kiowa
Kiowa-Apache
Comanche
Wichita
Snake
Nördliche Paiute
Nördliche Shoshone und Bannock
Östliche Shoshone
Westliche Shoshone
Ute
Südliche Paiute
Navajo
Rio Grande
Jemez
Tewa
Nord Tiwa
Jicarilla-Apache
Keres
Tano
Pecos
Zuñi
Acoma
Laguna
Süd-Tiwa
Tompiro
Piro
Westliche Apache
Chiricahua-Apache
Mescalero-Apache
Papago und Obere Pima
Jocome und Jano
Suma
Jumano
Opata
Eudeve
Seri
Jova
Untere Pima
Yaqui
Guarijio
Tarahumara
Concho
Rio Grande
Tubar
Mayo
Toboso
Cochimi
Guaycura
Guasave
Tepehua
Pericu
Zacatec
Pame
Lipan
Tonkawa
Atakapa
Karankawa
Ca
135°
50°
130°
125°
120°
115°
110°
105°
100°
95°
45°
40°
35°
30°
25°
20°
15°

Die Eingeborenensprachen Nordamerikas II

Auf der Karte sind die ethnischen Grenzen markiert, wie sie ursprünglich von den europäischen Entdekkern angetroffen und dokumentiert wurden. Während die Wohngebiete vieler Küstenstämme im 16. Jahrhundert korrekt wiedergegeben sind, haben zahlreiche Stämme im Landesinnern zweifelsohne ihre Wohngebiete verlagert, bevor sie sich in späteren Jahrhunderten in den hier verzeichneten (und von den Europäern dokumentierten) Territorien etablierten. Beispielsweise lebten die meisten Träger der Plains-Kulturen vor der Einführung und Verbreitung des Pferdes im 17./18. Jahrhundert am Rande der Ebenen und Prärien Zentral-Nordamerikas und nicht innerhalb davon, wie die Karte zeigt.

Obwohl es im östlichen Waldland eine Fülle archäologischer Stätten gibt, scheinen weite Teile dieser Region bereits durch den Ausbruch von Epidemien und die beginnende Emigration entvölkert gewesen zu sein, noch bevor die ersten Europäer tatsächlich hier eintrafen und Aufzeichnungen irgendwelcher Art entstanden. Das gleiche trifft auch für Nordost-Mexiko und einige Gegenden des Südwestens zu.

Die Linguisten fassen heute die Eingeborenensprachen Nordamerikas in 21 Sprachfamilien zusammen (die Eskimo-Aleutische Familie erscheint auf der Karte Seite 42/43), darunter sind wenigstens drei, die höchstwahrscheinlich eine weitere Aufspaltung erfordern (*vgl. Seite 43*). Daneben gibt es 32 isolierte Sprachen, die sich der Klassifizierung in Familien entziehen. Einige von ihnen, etwa das Beothuk, starben so frühzeitig aus, daß zu wenig Wörter für eine schlüssige linguistische Analyse bekannt sind. Andere wie das Zuni werden zwar noch verwendet, stellen aber die Sprachgeschichtsforscher vor bislang ungelöste Probleme.

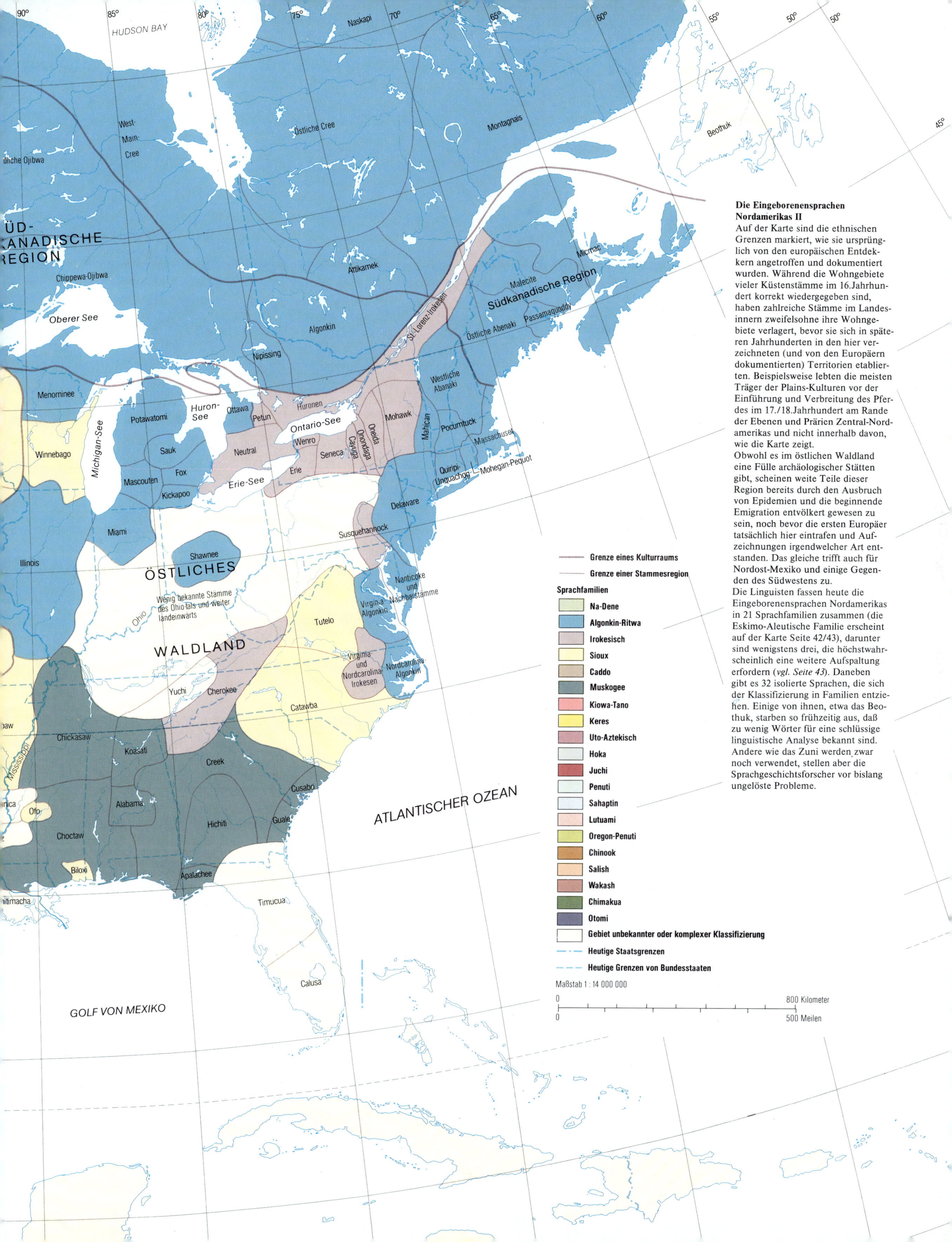

Funde unter den Forschern stark umstritten. Das älteste unstrittige Beweismaterial für den arktischen Raum liegt in Form einiger Steingeräteinventare aus Alaska vor, die zwischen 9000–6000 v. Chr. datieren und im allgemeinen als Paläoarktische Tradition bezeichnet werden. Es handelt sich dabei u. a. um keilförmige Kernstücke, Klingen und Mikroklingen, die man in Assoziation mit den Knochen ausgestorbener Bison-, Pferd- und Elcharten sowie einiger neuzeitlicher Spezies angetroffen hat. Bei der verwandten Anangula-Tradition, die ihren Namen nach der Anangula-Insel in den östlichen Aleuten trägt, hatten höchstwahrscheinlich bereits Anpassungen an maritime Nahrungsquellen stattgefunden. Während an den meisten paläoindianischen Plätzen zweiseitig bearbeitete Geräte ans Licht kamen, dominiert auf Anangula der einseitig bearbeitete Gerätetyp; dies ist auch der Fall bei dem sehr ähnlich gearteten Artefaktebestand des Fundplatzes Gallagher Flint.

Das Material in den Ausgrabungsorten, die aus den späteren Jahrtausenden des Stadiums I stammen, ähnelt im großen und ganzen den gleichaltrigen Funden aus Zentralsibirien. Diese Ähnlichkeit hat einige Archäologen veranlaßt, alle frühen Funde von jenseits und diesseits der Bering-Straße einer gemeinsamen Beringia-Tradition zuzurechnen.

Stadium II

Obwohl das Jäger- und Sammlertum in der Arktis niemals durch fortschrittlichere Methoden der Nahrungsproduktion abgelöst wurde, führten dennoch regionale Unterschiede hinsichtlich der Nahrungsquellen frühzeitig zu Differenzierungen im Gerätebestand. Bereits um 4000 v. Chr. war in den Küstengebieten eine solche Anpassung an die speziellen Lebensbedingungen erfolgt, und auch die weiter im Landesinneren, in Tundra- und Waldgebieten, beheimateten Menschen paßten ihre Geräte den jeweils vorhandenen Ressourcen an, wie Funde aus Onion Portage und anderen Stätten belegen. Manche Archäologen glauben, daß diese Inlandtradition, für die man die Bezeichnung Nordarchaische Tradition geprägt hat, ihren Ursprung in früheren im Süden entstandenen paläoindianischen Entwicklungen habe, während andere Forscher meinen, sie sei aus einer lokalen Vorstufe herausgebildet worden. Es ist möglich, daß die Träger der Nordarchaischen Tradition die Vorfahren der als historisch geltenden Athapaskisch sprechenden Völker des westlichen Nordamerika waren, aber bis jetzt besteht unter den Archäologen noch wenig Einigkeit darüber, was die Richtigkeit dieser Hypothese anbetrifft.

Stadium III

Zwischen 2500 und 1900 v. Chr. führte das Stadium II in das Stadium III über, wobei Nordalaska und die Aleutische Inselgruppe die Regionen waren, in denen der Wandel zuerst auftrat. Mit Beginn dieses Stadiums stellten die Eskimo und nicht die Indianer das bestimmende Element in der arktischen Prähistorie dar, und zur selben Zeit erfolgte eine allmähliche Abspaltung der aleutischen Kultur, die in der Folge in eigenständigen Bahnen verlief.

Das Stadium III in Nordalaska zeichnet sich durch das Auftreten der Arktischen Kleingerätetradition aus, zu deren Bestand hochentwickelte Mikroklingen gehörten, die als Schneiden für aus mehreren Teilen zusammengesetzte Knochen-, Elfenbein- und Holzgeräte dienten. Diese Kulturtradition, die ihre Wurzeln sehr wohl in Ostsibirien gehabt haben könnte, dehnte sich rasch bis nach Grönland aus. Zu jener Phase gab es die Tranlampen noch nicht, die charakteristisch für die historischen Eskimo-Kulturen werden sollten. Die damaligen Menschen machten etwa zu gleichen Teilen Jagd auf Meeres- und Landtiere, und sie lebten in solide gebauten halbunterirdischen Häusern.

Aus der Arktischen Kleingerätetradition gingen während der Ausbreitung nach Osten mehrere Untertypen hervor. So können die Geräte der Independence-I-Kultur (Kanada und Grönland) unter Umständen erheblich von denen der sogenannten Prä-Dorset- (Kanada) oder Sarqaq-Kultur (Grönland) abweichen. Diese Entwicklungen begannen um 1900 v. Chr. und dauerten verschiedenenorts bis 800 v. Chr. an.

Stadium IV

Der Beginn von Stadium IV wird durch das Verschwinden der Arktischen Kleingerätetradition markiert, da die Eskimo sich immer mehr auf die Ausbeutung der maritimen Nahrungsquellen, insbesondere auf die Jagd nach Meeressäugern, spezialisierten. Die Veränderung setzte zuerst um 1600 v. Chr. in Nordalaska ein. Hier beinhaltete Stadium IV eine Abfolge verschiedener Phasen: der Choris-, Norton- und Ipiutak-Tradition. Während dieser Periode gab es auch die viel Verwirrung stiftende Old-Whaling-Kultur, die aus dem Nichts entstand und dann

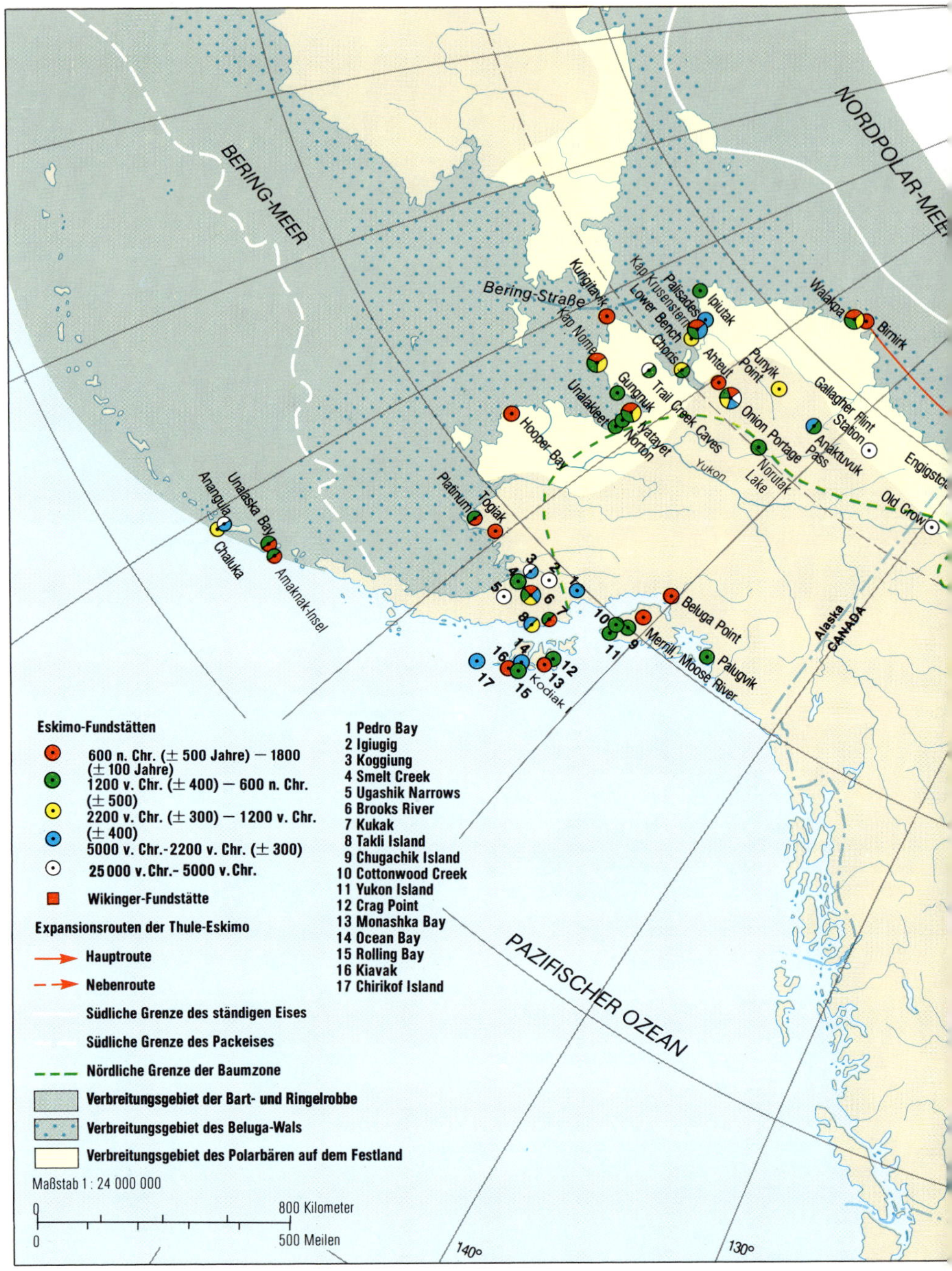

Die Archäologie der Arktis
Die Eskimo und Aleuten blieben während der gesamten Prähistorie im allgemeinen jenseits der Baumzone in einer öden maritimen Region, die zwischen dem ewigen Eis und der südlichen Grenze der schwimmenden Eisfelder liegt. Ihren Bedarf an tierischem Eiweiß befriedigten sie durch den Fang von Robben, Beluga-Walen und anderen Meeressäugern, die auch den Tran zum Kochen und für die Lampen lieferten. Die Chronologie der arktischen Prähistorie kann man für die Westarktis am längsten und detailliertesten zurückverfolgen. Die Aleuten trennten sich von ihren Verwandten, den Eskimo, bereits sehr früh und entwickelten auf ihren dem Südwesten Alaskas vorgelagerten Inseln eine spezialisierte maritime Kultur. In den Küstengebieten des westlichen und nördlichen Alaska bildeten sich schließlich die späteren Eskimo-Traditionen heraus. Die arktische Prähistorie Kanadas und Grönlands stand zunächst im Zeichen der nach Osten gerichteten Expansion der Dorset-Eskimo, später dann einer ähnlich gearteten Ausbreitung der Thule-Eskimo, die ihre Vorgänger vollständig absorbierten.

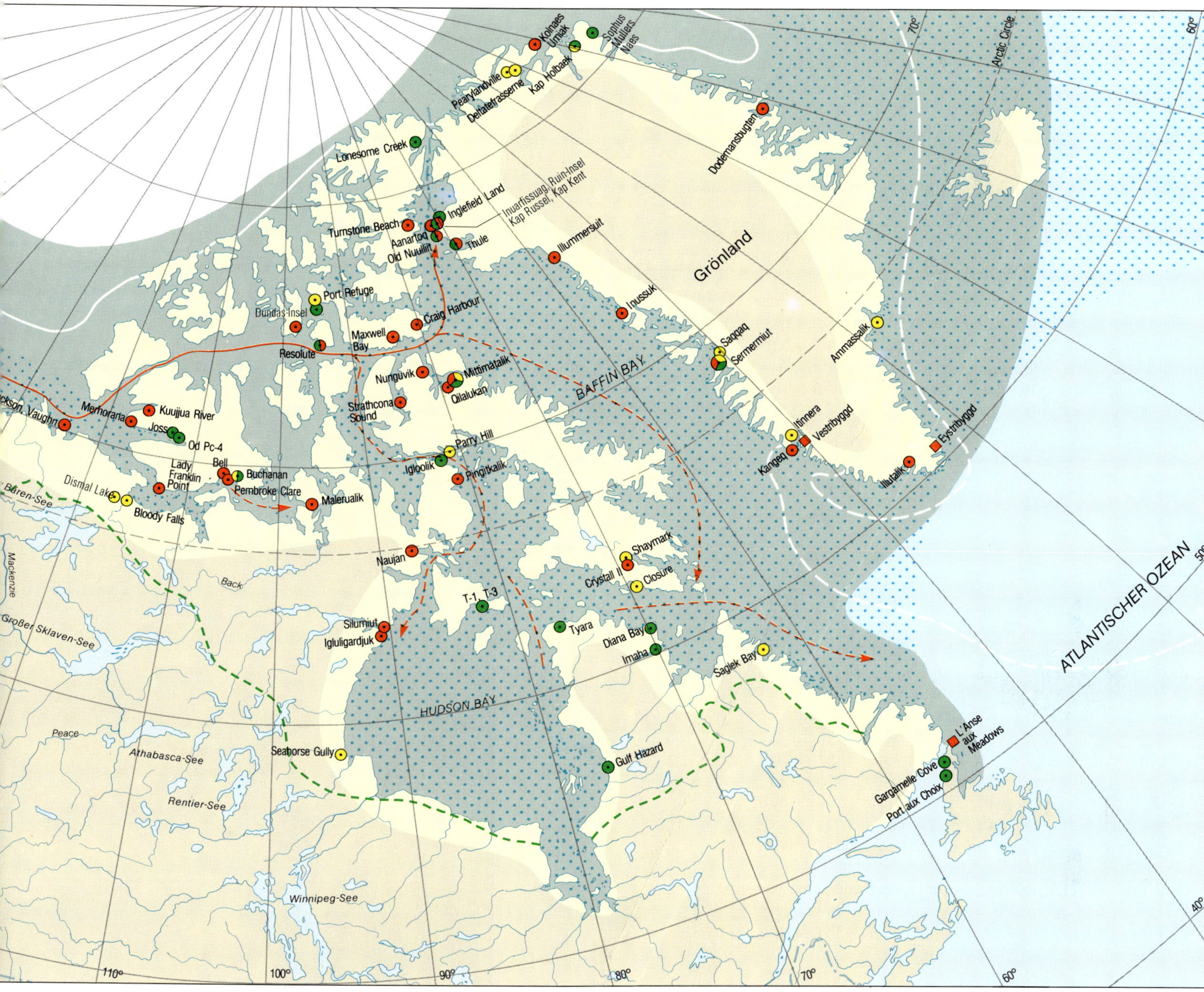

ein Jahrhundert später bei Kap Krusenstern wieder verschwand. Südlich der Bering-Straße wird Stadium IV allein von der Norton-Tradition bestimmt. Die Inselbewohner der Aleuten entwickelten sich weiterhin isoliert von den anderen Kulturen.

Einige Archäologen nehmen für Grönland eine Independence-II-Phase an, die zu dieser Zeit aus Independence I hervorgegangen sein soll. Verbreiteter in der östlichen Arktik ist aber die Dorset-Kultur, die in der Prä-Dorset-Kultur Kanadas und Grönlands wurzelt und deren Anfänge auf 800–600 v. Chr. veranschlagt werden. An der Küste gelegene Fundstätten, Knochenreste und knöcherne Harpunenköpfe deuten allesamt auf die Abhängigkeit der Dorset-Leute von Meeressäugetieren hin, speziell von Seehund und Walroß. Daneben stieß man auf Lanzen, Speere und Pfeile sowie kleine steinerne Lampen, während die grobe Keramik, die an Plätzen der Norton-Leute Alaskas entdeckt wurde, nicht vorkommt. Dagegen tauchen hier erstmals einige der charakteristischen Errungenschaften der historischen Eskimo-Kultur auf, etwa die Schneemesser für den Bau der Schnee-Iglus, Eissporen (*ice creeper*) sowie kleine Schlittenkufen. Ferner deuten einzelne Relikte darauf hin, daß die Kajaks der Dorset-Leute bereits im wesentlichen auf dem hohen technischen Stand späterer Zeit waren.

Stadium V

Dieses Stadium beginnt schon 100 n. Chr., rechnet man die Entwicklungen in Sibirien mit dazu. In der amerikanischen Arktis jedoch setzte es erst um 900 n. Chr. oder noch später ein. In Nordalaska bildete sich aus der Norton-Kultur die Birnik-Kultur heraus, aus der wiederum die Thule-Kultur entstand. Diese wurde von den anderen in Alaska lebenden Eskimo-Gruppen übernommen, aber die wohl bedeutendste Auswirkung war ihre schnelle Ausbreitung in die östliche Arktis. Die Dorset-Eskimo wurden von den Thule-Eskimo in einem vielschichtigen Prozeß verdrängt, absorbiert oder akkulturiert, ein Prozeß, der auch zum Verschwinden der Dorset-Sprache(n) führte. Einige Gelehrte glauben, daß die Sagdlirmiut-Eskimo auf Southampton Island und die Ostgrönland-Eskimo die Nachfahren der stark akkulturierten Träger der Dorset-Kultur sind.

Die Thule-Kultur, deren Expansion wesentlich zur großen Einheitlichkeit der historischen Eskimo-Kulturen beitrug, verdankte ihren Siegeszug der technischen Überlegenheit über die anderen Entwicklungen; die Thule-Leute verwendeten zwei Arten von fellbespannten Holzrahmenbooten – die (offenen) Umiaks und die (geschlossenen) Kajaks –, Hundeschlitten mit Aufbau, fortschrittliche Harpunen, Pfeil und Bogen, mit Tran betriebene Lampen, Eis-Iglus sowie Dutzende anderer gut an die arktischen Verhältnisse angepaßte Errungenschaften. Die klimatisch günstigen Bedingungen, die die Wikinger um 1000 n. Chr. gen Westen ziehen ließen, erlaubten auch den Thule-Eskimo die Ausdehnung nach Osten – möglicherweise in Reaktion auf die geänderten Wanderungsbewegungen der Wale –, wo die beiden Kulturen schließlich in Grönland aufeinandertrafen und um die Ausbeutung der Nahrungsquellen miteinander konkurrierten. So hatten mit Beginn des 2. Jahrtausends n. Chr. die unmittelbaren Vorläufer der modernen Eskimovölker sich über die ganze arktische Region verbreitet.

Der Schlangen-Hügel (*Serpent Mound*) in Ohio windet sich entlang einer vorspringenden Bergspitze, der Schwanz rollt sich zu einer eng gewundenen Spule. Die Gesamtlänge des Schlangenkörpers beträgt fast 400 Meter. Wie auf dieser alten Fotografie deutlich zu erkennen ist, umschließt der Rachen der Schlange einen ovalen Erdring. Die genaue Altersbestimmung und Zuordnung der Anlage fällt schwer, sie kann entweder dem Adena- oder dem Hopewell-Komplex zugerechnet werden.
In der Nähe gibt es bekanntermaßen Adena-Mounds, doch die Größe und Komplexität des Bauwerks ist für viele Archäologen eher mit der Hopewell-Kultur vereinbar. Heute können Besucher von einem Turm aus das Schlangen-Monument betrachten, der östlich des (inzwischen abgerissenen) Hauses errichtet wurde, das man auf der Fotografie in der Nähe der Schwanzspule erkennt.

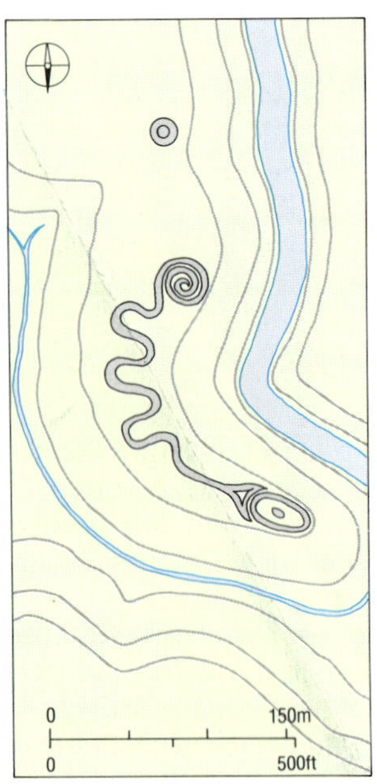

DAS ÖSTLICHE WALDLAND

Gegen Ende des Archaikums gingen die Indianer in einigen Teilen Nordamerikas dazu über, rudimentären Gartenbau zu betreiben. Diese halb-domestizierten Pflanzen, Sonnenblume, Gänsefußgewächse, Knöterich, Hagedorn, Grasland-Holunder, Kürbisgewächse und vielleicht auch einige frühe Stammformen des Mais, brachten bei weitem nicht den Ertrag wie die Züchtungen späterer Zeit, nichtsdestotrotz aber nahm ihre Bedeutung für die Ernährung ständig zu. Die Anfänge der Gartenbaukultur, die an einigen Plätzen im Mississippi-Einzugsgebiet gegen 2500 v. Chr. einsetzten, liefen parallel zum traditionellen intensiven Jäger- und Sammlertum. Die daraus resultierende neue Existenzform haben einige Archäologen als »Anbau-Ökosystem-Lebensweise« bezeichnet.

Obwohl die Nutzung von Samen große Bedeutung besaß, wurden doch nicht alle Pflanzen zu jener Phase allein wegen ihrer Samen und Kerne kultiviert. So gab es unter den Sonnenblumen wenigstens eine Art, die man aufgrund ihrer Knollen schätzte (später zu Unrecht als »Erd-Artischocke« bezeichnet), und auch die tropischen Kürbisarten (Gourd, Flaschenkürbis und Squash, Algonkin-Kürbis), die über Mexiko nach Nordamerika kamen, verdankten ihre Beliebtheit gleichermaßen dem Fruchtfleisch wie den Kernen. Der geringe Ertrag, den diese frühen Anbaupflanzen zeitigten, legt den Schluß nahe, daß sie vor allem dazu dienten, einen Ausgleich zu schaffen, wenn Jagdbeute und gesammelte Wildpflanzen zeitweise nicht ausreichend zur Verfügung standen. Sie waren deshalb von entscheidendem Wert für Menschen, die in ihrer Mehrzahl bedroht waren von zwar seltenen, dann aber tödlich endenden Hungerperioden. Diese Bedrohung wurde möglicherweise akuter, als die einzelnen Indianergruppen sich immer mehr auf festumrissene Territorien zu beschränken hatten.

Die Adena-Kultur

Das neue Anbau-Ökosystem war die Basis, aus der die Adena- und die spätere Hopewell-Kultur entstanden. Erstere ist spätestens 700 v. Chr. im Ohio-Tal nachweisbar, möglicherweise aber auch bereits 400 Jahre früher. Spätarchaische Entwicklungen wie der Glacial-Kame- und der Red-Ocher-Komplex scheinen die Herausbildung der Adena-Kultur beeinflußt zu haben, denn man erkennt in ihnen die Vorbilder eines rudimentären Anbaus und eines über große Distanzen führenden Tauschhandelssystems. Im Adena-Kernland – in Südohio und in den angrenzenden Gebieten Westvirginias, Pennsylvanias, Kentuckys und Indianas – wurden über 200 Stätten dieser Kultur entdeckt. Für Ohio sind Erdhügel (Mounds) charakteristisch, die oft von kreisförmigen, quadratischen oder achteckigen Erdwällen eingefaßt waren. Diese Erdwälle scheinen mehr als Einfriedungen kultischer Plätze gedient zu haben, denn als Verteidigungswerke. Manchmal entstand ein Graben im Innern der Aufschüttungen dadurch, daß man dort Erde aushob, um auf diese Weise Baumaterial zu gewinnen.

Die Adena-Leute errichteten auch Grabhügel (Burial Mounds), unter denen der größte wahrscheinlich jener in Miamisburg, Ohio, ist. Die Gräber innerhalb dieser Hügel waren teils einfache, mit Lehm ausgeschlagene Wannen oder aber große aus Holzbalkenkonstruktionen bestehende Gewölbe, die hinreichend Platz boten, um bis zu drei Verstorbene aufzunehmen. Die Toten aus den einfacheren Gräbern waren oftmals vor der Bestattung verbrannt worden. In den etwas reicheren Gräbern gibt es Hinweise darauf, daß man die Leichname mit rotbrauner Tonfarbe oder mit Graphit eingerieben hat, außerdem enthielten sie hochwertigere Beigaben. Einige kleinere Mounds, die entweder innerhalb oder außerhalb der Erdwälle standen, scheinen in einem einzigen Arbeitsgang für eine Einzelperson angelegt worden zu sein. Andere wiederum, vor allem jene mit den Gewölbekonstruktionen, sind wohl offengehalten worden, so daß bei Bedarf neue Gräber hinzugefügt werden konnten. Schließlich wurden sie geschlossen und fielen mit der Zeit unweigerlich unter dem Gewicht der Erdmassen in sich zusammen. Hin und wieder wurden offenbar auch Mounds über verbrannten Bauwerken errichtet, deren Pfostenreste noch heute unter der Oberflächenschicht nachweisbar sind.

Die Adena-Frauen stellten sandgemagerte Keramikgegenstände her, die ab und zu eingeritzte Rautenmuster aufwiesen. Diese Keramik spielte allerdings beim Bestattungsbrauchtum keine Rolle; zu den Grabbeigaben gehörten normalerweise spulenförmiger Halsschmuck, gravierte Täfelchen und röhrenförmige Pfeifen. Alle diese Dinge bestanden in der Regel aus gebändertem Schiefer oder anderem feinfaserigem Gestein, das sich auf Hochglanz polieren ließ, doch daneben gab es auch Kupferschmuck. Die Täfelchen, die eingravierte Ornamente aus gekrümmten Linien oder abstrakte zoomorphische Abbildungen (gewöhnlich einen Raubvogel) tragen, haben wahrscheinlich dazu gedient, Muster auf Gewebe zu bringen oder vielleicht auch auf Häute zu drucken.

Die röhrenförmigen Pfeifen sind ein wichtiger Artefaktetyp, denn sie zeigen, daß es heimischen Tabak lange vor dem Zeitpunkt gegeben hat, da die winzigen Tabaksamen zum erstenmal den direkten botanischen Nachweis für die Existenz dieser Pflanze liefern, und daß das Rauchen seinen festen Platz in der Adena-Gesellschaft besaß. Das Rauchen breitete sich offensichtlich samt den zugehörigen Utensilien von seinem Ursprungsgebiet Südamerika in nördliche Richtung aus. Die winterharte Tabakpflanze, die die Indianer im 16. Jahrhundert verwendeten, war sehr viel stärker als die mildere Sorte, welche die Europäer nach 1600 bevorzugten. Die Tabakpflanze wächst immer wieder von selbst nach, und sie paßte augenscheinlich gut in die Reihe der Pflanzenarten, die von den Adena-Leuten gezogen wurden. Der starke Tabak konnte eine fast narkotisierende Wirkung erzeugen und diente zweifellos neben alten schamanistischen Ritualen auch sozialen und politischen Zwecken, wofür er in historischer Zeit so bekannt geworden ist.

Die Adena-Handwerker importierten in Nordmichigan gefundenes Kupfer, das sie durch Kalthämmern zu Armspangen, Perlengehängen, Ringen, Halsketten und gelegentlich auch zu Beilen verarbeiteten. Diese und andere Luxusgüter fungierten als Rangabzeichen, die alle miteinander darauf hindeuten, daß die Adena-Kultur sich im Frühstadium einer Gliederung in soziale Klassen befand. Die Gesellschaft beruhte wahrscheinlich noch immer fest auf dem System der Blutsverwandtschaft, doch sowohl die Praktizierung des Fernhandels als auch die ungleiche Behandlung der Toten legen den Schluß nahe, daß die Klan-Oberhäupter hochgestellte Persönlichkeiten waren und die Federführung bei Tauschgeschäften innerhalb der blutsverwandten Gruppen besaßen. Dieses soziologische Modell ist von einigen historischen Indianer-Gesellschaften her gut bekannt.

Die Hopewell-Indianer

Die Hopewell-Indianer, die wahrscheinlich in den letzten vorchristlichen Jahrhunderten in das Ohio-Tal vordrangen, übernahmen alle Grundzüge der Adena-Kultur und führten sie zu neuen Höhen, was Größe und Prachtentfaltung anbelangt. Die meisten Ausgrabungsarbeiten an Hopewell-Stätten erfolgten allerdings im 19. Jahrhundert, als die archäologischen Techniken noch auf einem niedrigen Niveau standen, so daß nur für einen geringen Teil dieser Stätten exakte zeitliche Einordnungen vorliegen. Viele von ihnen wurden seither durch Plünderungen oder Landbestellung zerstört, und auch zahlreiche der entdeckten Artefakte sind unwiederbringlich verloren. Ferner hat man zwar häufig die Hügel untersucht, die dazugehörigen Dörfer aber ignoriert. So kommt es, daß selbst gegenwärtig noch immer viel zu wenig über die Siedlungsformen und das Alltagsleben der Träger des Hopewell-Kulturkomplexes bekannt ist.

Die Grabhügel waren oftmals in zwei Abschnitten erbaut, worin sie den Adena-Mounds ähneln. Zuerst entstanden die Grabgewölbe aus Baumstämmen, die man dann mit Erdaufschüttungen überdeckte. Die Hopewell-Hügel können bis zu 12 Meter Höhe und 30 Meter Breite an der Grundfläche erreichen und waren oftmals durch Erdwälle eingefaßt, die teilweise über 500 Meter Durchmesser oder Länge besaßen und an Kunstfertigkeit alles in den Schatten stellten, was die Adena-Leute jemals geschaffen hatten. Zwei oder mehr dieser Umfriedungen sind mitunter durch Dämme miteinander verbunden. Neben den Grabhügeln, die zuweilen in unregelmäßiger Anordnung verstreut innerhalb eines Areals großer Erdaufschüttungen liegen, so etwa in Mound City, Ohio, gibt es riesige Zeremonial-Komplexe, beispielsweise jenen in Newark, Ohio. Auch der Schlangen-Hügel (*Serpent Mound*) in Ohio, ein sogenannter »Bildnis- oder Bilder-Hügel« (*Effigy Mound*) scheint zu kultischen Zwecken und nicht als Begräbnisstätte errichtet worden zu sein.

Die Funde in den Hopewell-Mounds von Ohio waren bei weitem kostbarer als die in Adena-Mounds entdeckten. Man stieß auf spulenförmige Ohrgehänge, Schmuckstücke aus Kupferglimmer in Form von Köpfen und Schlangen, Silhouetten, künstliche Nasen (höchstwahrscheinlich für die Toten), Halsketten, Flußperlen, Schmuckgehänge sowie auf figürlich gestaltete Pfeifen. Dünne Kupfertäfelchen wiesen reliefartige Muster auf, dickere Täfelchen wurden zu Brustharnischen verarbeitet, und aus schweren Kupferklumpen entstanden Äxte, Breitbeile, Meißel und Ahlen. Weitere gebräuchliche Materialien waren Meteoreisen (für Äxte und Beile) und gelegentlich auch Gold und Silber, woraus man feine Blättchen fertigte, die als Überzug für Ohrgehänge und andere Gegenstände aus weniger edlem Material dienten. Galenit-Würfel, Quartz- und Chloritkristalle wiederum fanden als Amulette Verwendung. Die Silhouetten bestanden aus Kupfer oder Glimmer und zeigten u. a. Schlangen, Hände, Köpfe, Swastikas und Vogelkrallen.

Die Steinwerkzeuge der Hopewell-Indianer wurden aus verschiedenen Arten des Kieselschiefers sowie aus Chalzedon und Obsidian hergestellt. Aus einfachen Prototypen schufen die Handwerker wunderschöne Geräte, die möglicherweise nur als Zierrat fungierten und nicht für den täglichen Gebrauch gedacht waren. Auf ähnliche Weise entwickelten sich aus der Gebrauchskeramik einige kunstvolle Zeremonialgefäßtypen mit eingeritzten geometrischen und krummlinigen Ornamenten. Die Hopewell-Keramiker fertigten ferner Statuetten in Form menschlicher Bildnisse an, die äußerst fein gearbeitet waren, sich aber von den in Mexiko und im Südwesten angetroffenen Exemplaren stark unterschieden. Mit Hilfe dieser Figürchen gelang es den Archäologen, Idealtypen der Hopewell-Kleidung und -Frisuren zu rekonstruieren.

Eine weitere bemerkenswerte Errungenschaft sind die sogenannten Plattformpfeifen. Sie bestehen aus einem gebogenen Rauchrohr mit Mundstück, auf dem der Pfeifenkopf aufsitzt. Die Pfeifenköpfe wurden zumeist als Tierabbildungen gestaltet – darunter Frösche, Kröten, Wasservögel, Eulen, Falken, Raben, Bären –, doch daneben gibt es sie auch in Form von Menschenköpfen. Als Material dienten verschiedene Gesteinsarten sowie manchmal eine kompakte Kohleart und roter Catlinit.

Um die vielfältigen und qualitativ unterschiedlichen Grundstoffe für all diese Geräte und Schmuckstücke in ihren Besitz zu bringen, schufen die Hopewell-Indianer ein Handelsnetz, das fast den ganzen nordamerikanischen Kontinent umfaßte. Obsidian und die Zähne des Grizzlybären wurden aus dem Gebiet des heutigen Yellowstone-Parks in Wyoming importiert, Catlinit kam aus Minnesota, Chalzedon aus Norddakota, Glimmer, Quartzkristall und Chlorit aus der Appalachen-Region, Galerit aus Illinois, Kupfer aus Michigan, Muschelschalen, Schildkrötenpanzer, Haifischzähne und Barakuda-

Adena-, Hopewell- und verwandte Kulturen
Der Adena-Kult hatte sein Zentrum in Ohio, aber seine Einflüsse sind auch in weit entfernten Stätten Vermonts, New Jerseys und Marylands nachweisbar. Man glaubte früher einmal, daß diese Stätten durch die Auswanderung von Adena-Kolonisten aus Ohio entstanden seien, hält es heute aber für wahrscheinlicher, daß sie das Werk von ortsansässigen Menschen darstellten, die in den Bannkreis des Adena-Handelsnetzes geraten waren. Es ist durchaus denkbar, daß Adena-Fertigprodukte in diesen entfernten Regionen im Austausch für Rohmaterialien gehandelt wurden. Die Adena-Kultur in Ohio erlebte ihre Blüte um 100 v. Chr., und ihr Zerfall setzte um 400 n. Chr. ein, während sie sich in Westvirginia möglicherweise bis 700 n. Chr. erhalten hat. In Südohio wurde sie allerdings bereits ab 200 v. Chr. allmählich von der Hopewell-Kultur verdrängt. Wenn auch einiges dafür spricht, daß die kulturelle Beeinflussung der Ohio-Hopewell aus Illinois kam, so besteht kein Zweifel darüber, daß Ohio das Zentrum des weitläufigen Kulturphänomens war, das als Hopewell-Interaktionssphäre bezeichnet worden ist.

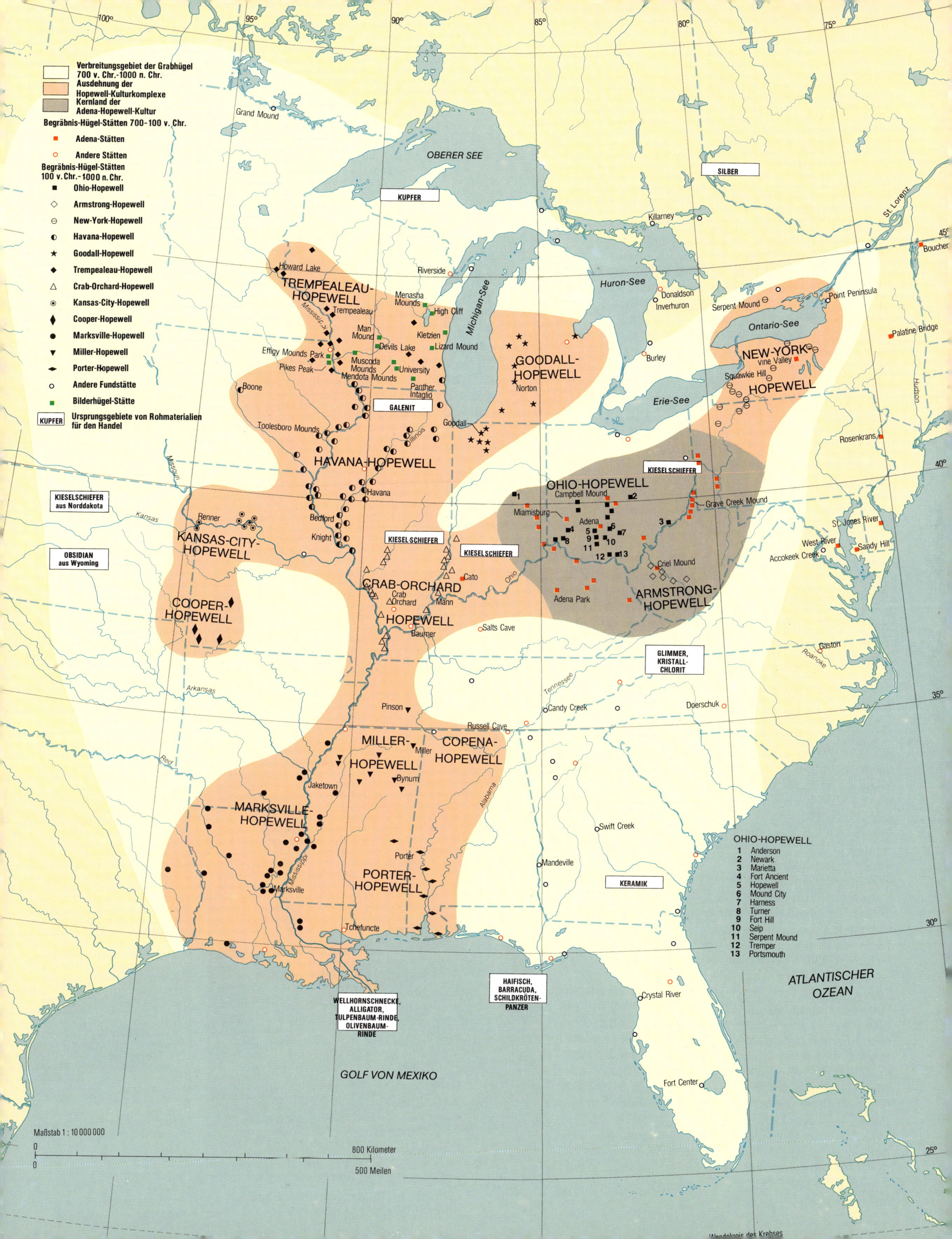

Verbreitungsgebiet der Grabhügel 700 v. Chr.-1000 n. Chr.
Ausdehnung der Hopewell-Kulturkomplexe
Kernland der Adena-Hopewell-Kultur
Begräbnis-Hügel-Stätten 700-100 v. Chr.
Adena-Stätten
Andere Stätten
Begräbnis-Hügel-Stätten 100 v. Chr.-1000 n. Chr.
Ohio-Hopewell
Armstrong-Hopewell
New-York-Hopewell
Havana-Hopewell
Goodall-Hopewell
Trempealeau-Hopewell
Crab-Orchard-Hopewell
Kansas-City-Hopewell
Cooper-Hopewell
Marksville-Hopewell
Miller-Hopewell
Porter-Hopewell
Andere Fundstätte
Bilderhügel-Stätte
KUPFER
Ursprungsgebiete von Rohmaterialien für den Handel
100°
95°
90°
85°
80°
75°
45°
40°
35°
30°
25°
Grand Mound
OBERER SEE
KUPFER
SILBER
Killarney
St. Lorenz
Boucher
Howard Lake
TREMPEALEAU-HOPEWELL
Riverside
Huron-See
Donaldson
Inverhuron
Serpent Mound
Point Peninsula
Ontario-See
Palatine Bridge
Mississippi
Trempealeau
Menasha Mounds
High Cliff
Man Mound
Kletzien
Devils Lake
Lizard Mound
Michigan-See
Effigy Mounds Park
Muscoda Mounds
Pikes Peak
Mendota Mounds
University
GOODALL-HOPEWELL
Norton
Burley
NEW-YORK-HOPEWELL
Vine Valley
Squawkie Hill
Boone
Panther Intaglio
GALENIT
Erie-See
Hudson
Toolesboro Mounds
Illinois
Goodall
Missouri
HAVANA-HOPEWELL
Rosenkrans
KIESELSCHIEFER
KIESELSCHIEFER aus Norddakota
Havana
OHIO-HOPEWELL
Campbell Mound
Kansas
Renner
Bedford
Miamisburg
Adena
Grave Creek Mound
KANSAS-CITY-HOPEWELL
Knight
KIESEL SCHIEFER
KIESELSCHIEFER
St. Jones River
OBSIDIAN aus Wyoming
West River
Sandy Hill
Accokeek Creek
Criel Mound
CRAB-ORCHARD
Cato
Ohio
Crab Orchard
Mann
COOPER-HOPEWELL
HOPEWELL
Adena Park
ARMSTRONG-HOPEWELL
Baumer
Salts Cave
GLIMMER, KRISTALL-CHLORIT
Gaston
Roanoke
Arkansas
Tennessee
Pinson
Candy Creek
Doerschuk
Russell Cave
MILLER-HOPEWELL
Miller
COPENA-HOPEWELL
Red
Bynum
Jaketown
Alabama
MARKSVILLE-HOPEWELL
Swift Creek
Porter
Mandeville
PORTER-HOPEWELL
Marksville
KERAMIK
Tchefuncte
OHIO-HOPEWELL
1 Anderson
2 Newark
3 Marietta
4 Fort Ancient
5 Hopewell
6 Mound City
7 Harness
8 Turner
9 Fort Hill
10 Seip
11 Serpent Mound
12 Tremper
13 Portsmouth
HAIFISCH, BARRACUDA, SCHILDKRÖTEN-PANZER
WELLHORNSCHNECKE, ALLIGATOR, TULPENBAUM-RINDE, OLIVENBAUM-RINDE
Crystal River
ATLANTISCHER OZEAN
GOLF VON MEXIKO
Fort Center
Maßstab 1 : 10 000 000
0
800 Kilometer
0
500 Meilen
Wendekreis des Krebses

Kiefer von der Golfküste. Silber- und Goldklumpen importierte man aus Ontario. Zu den einheimischen Rohmaterialien gehörten Ohio-Pfeifenton, gebänderter Schiefer, Flint-Ridge-Kieselschiefer sowie die Tone für Figuren und Zeremonialgefäße.

Das weitgespannte Handelsnetz der Hopewell-Leute spiegelte sich auch in der Tatsache, daß die indianischen Gruppen an den Herkunftsorten der Rohmaterialien und in den angrenzenden Gebieten den Grabhügelbau, den Pomp und höchstwahrscheinlich auch die Praktiken des Toten-Kults übernahmen, so daß sich diese Erdaufschüttungen zu Tausenden und Abertausenden von den Great Plains bis in die meisten Teile der Waldgebiete des Ostens hinzogen. Insgesamt hat man in 13 gesonderten Regionen Entwicklungen angetroffen, die von der Hopewell-Kultur in Ohio beeinflußt worden sind.

Alle Hopewell-Stätten sind durch eine augenfällige Konsumfreudigkeit und Verschwendung charakterisiert. Das Handelssystem wurde zumindest partiell allein deswegen aufrechterhalten, weil ein ständiger Bedarf nach Luxusgegenständen für das aufwendige Bestattungsbrauchtum herrschte. So stammt etwa mehr als die Hälfte des in ganz Ohio gefundenen Obsidians aus einem einzigen Grab auf der Hopewell-Farm, Ross County, Ohio, die als Type Site dieser Kultur ihren Namen gab. Der Totenkult erzeugte eine immense Nachfrage nach Gütern, die im Hopewell-Handelssystem umgeschlagen wurden, eine Nachfrage, die bei weitem nicht erreicht worden wäre, hätte man die Güter als Wertanlage gehortet und auf die Nachkommen weitervererbt.

Die Hopewell-Kultur begann um 400 n. Chr. zu zerfallen, und obwohl sie möglicherweise in einigen zentralen Gebieten bis 600 n. Chr. bestanden haben mag, zerbrach damit auch allmählich das Handelsnetz, das sie am Leben erhalten hatte. Die Gründe für diesen Niedergang sind allerdings bislang noch nicht vollständig bekannt. Vielleicht wurden neue Züchtungen domestizierter Pflanzen aus Mexiko eingeführt und das Anbau-Ökosystem als tragendes Element der Hopewell-Gemeinwesen geriet durch ein anpassungsfähigeres Ökosystem unter Druck. Aufkommende Rivalitäten bei der Inbesitznahme der fruchtbaren Flußtälerregionen, die die Basis für die neue intensive Gartenbauweise bildeten, könnten mit der Aufrechterhaltung des altersschwachen Hopewell-Handelsnetzes unvereinbar gewesen sein. Eine andere Erklärung ist, daß allmählich eintretende klimatische Veränderungen, die möglicherweise größere Trockenheit brachten, sich negativ auf die generelle Nahrungsproduktion auswirkten und den Bewegungsspielraum der Hopewell-Indianer einschränkten.

Während die Kultur in ihrem Zentrum im Niedergang begriffen war, kam es in den den von den Hopewell beeinflußten Teilen Iowas, Minnesotas und Wisconsins zur Entstehung von »Bilder-Hügeln« *(Effigy Mounds)*, die in Form von Panthern, Bären, Vögeln und Menschen gestaltet waren. Die Vogel-Hügel um Madison in Wisconsin zeichnen sich durch riesige Flügelspannweiten aus, die in einem Fall sogar 190 Meter betragen. Der anthropomorphe *Man Mound* maß 65 Meter vom Kopf bis zu den Füßen, bevor diese im Zuge von Straßenbauarbeiten abgeschnitten wurden. Innerhalb der *Effigy-Mound*-Anlagen liegen Gruppen von Grabmälern, die aber kaum Beigaben aufwiesen. Wären nicht die interessanten Formen der Mounds selbst, würde man diese Stätten nur als eine weitere Sekundärerscheinung am Rande des Hopewell-Einflußgebietes bezeichnen.

In Ohio benutzten die Nachfahren der Hopewell-Indianer ihre architektonischen Kenntnisse der Errichtung von Erdaufschüttungen und wandten sich dem Bau von

Die Hopewell-Kunst

Das Herzland der Hopewell-Kultur lag im Flußtal des Scioto in Südohio, wo zwischen 100 v. und 600 n. Chr. riesige Mounds und andere Erdaufschüttungen entstanden. Geometrische irdene Bauwerke hatten die Funktion von Zeremonialstätten, und viele der größeren besaßen eine stattliche Anzahl von Begräbnishügeln. Die meist sehr kunstvollen Gegenstände, für die die Hopewell-Handwerker berühmt waren, wurden als Grabbeigaben gefertigt; die dazu notwendigen Rohmaterialien mußten aus entfernten Regionen beschafft werden.

Leider hat man zahlreiche Begräbnishügel wegen ihrer Grabbeigaben geplündert, so daß nur sehr wenige Gegenstände angemessen beschrieben oder datiert worden sind. Die Karte auf Seite 51 zeigt die Lage der bedeutenderen Hopewell-Stätten sowie der Herkunftsgebiete der Rohmaterialien. Gelegentlich wurden verarbeitete Hopewell-Produkte an Orten in der Nähe der Rohmaterialvorkommen entdeckt, was den Schluß nahelegt, daß die Hopewell-Kultur nicht so sehr eine singuläre Erscheinung war, sondern vielmehr ein übergreifendes Phänomen, das Guppen miteinander in Verbindung brachte, die sozial und sprachlich gesehen nicht zusammengehörten.

Ganz unten links: Diese 29 Zentimeter hohe Hopewell-Silhouette in Form einer Hand stammt aus Mound 25 in der Type Site in Ross County, Ohio und wurde aus einer Glimmerplatte gefertigt.

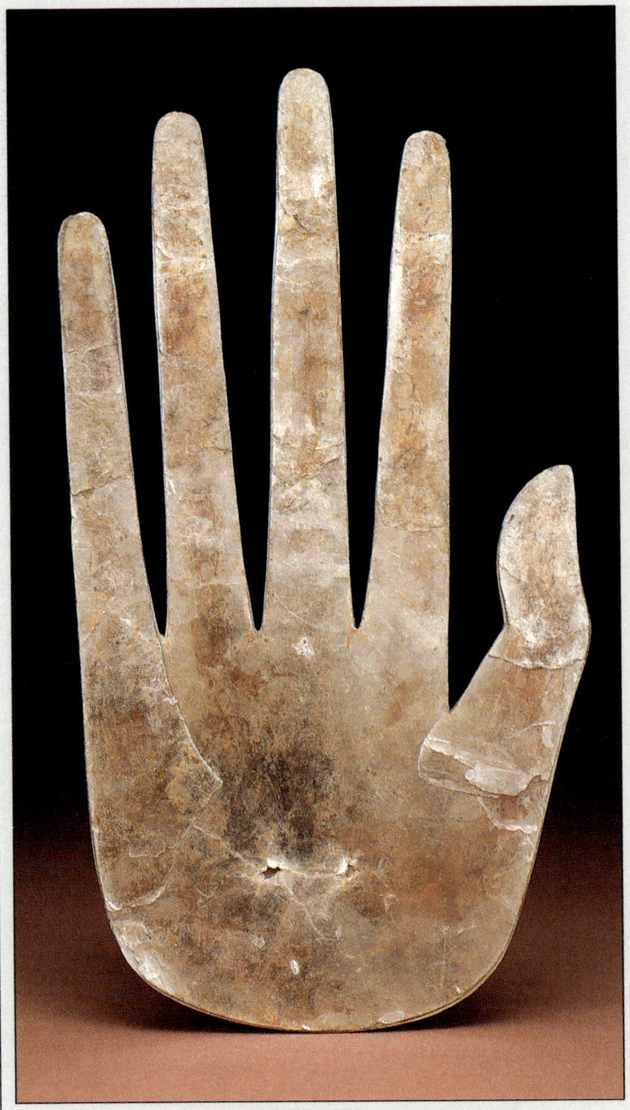

Unten Mitte: Die panthergestaltige Speckstein- (Steatit-)Pfeife (Länge 16 Zentimeter) wurde 1916 in der Fundstätte Mann in Indiana entdeckt. Der damals fehlende rechte Vorderlauf trat schließlich mehr als 20 Jahre später bei einer sorgfältigen Ausgrabungsaktion zutage. Die stilisierte Figur zählt nicht zu den Standardformen der Ohio-Hopewell-Kultur, sondern gehört der zeitgleichen Allison-/Copena-Kultur an. Wie die meisten anderen Pfeifen auch, besitzt sie eine Aushöhlung für den Tabak im Rücken der Figur. Der Rauch wurde durch eine Öffnung in der kleinen Plattform eingesogen, auf der die beiden Hinterläufe des Tieres aufgesetzt sind.

Links: Diese kupferne Falken-Silhouette kam aus Hügel 7 in Mound City, Ohio, ans Licht, einer archäologischen Stätte, die heute als Nationalmonument unter Naturschutz steht. Einheimisches Kupfer wurde aus eiszeitlichen Ablagerungsschichten in Nordmichigan gewonnen und nach Ohio verschifft, wo man es auf spezielle Weise hämmerte und zu Platten verarbeitete. Raubvögel waren ein beliebtes Subjekt in der Hopewell-Kunst, die hier abgebildete Silhouette ist knapp über 30 Zentimeter lang.

Ganz unten rechts: Eine Plattform-Pfeife in Form eines Bibers, Fundort: *Bedford Mound,* Illinois, 1955. Sie ist aus Pfeifenton gearbeitet, ganze 4,5 Zentimeter lang und mit Flußperlen- und Knochen-Intarsien verziert.

Die Mississippi-Kultur und verwandte Traditionen
Das bedeutendste Zentrum der Mississippi-Kultur war der Mittlere Mississippi, aber regionale Varianten entwickelten sich über die gesamte südöstliche Region, während im Nordosten die aus der Hopewell-Kultur herrührende Fort-Ancient-Kultur eine Barriere darstellte.

Schutzwällen zu. Die daraus resultierende Fort-Ancient-Kultur stellte eine Parallelentwicklung zur Mississippi-Kultur dar, die als nächste weitverbreitete Kulturstufe in der Prähistorie des östlichen Waldlandgürtels folgte.

Die Tempelhügel-Erbauer, 800–1500 n. Chr.

Von 400-800 n. Chr. gab es im Gebiet des östlichen Waldlands keine übergreifende kulturelle Entwicklung, doch bestanden weiterhin lokale Kulturtraditionen, die teilweise sogar zur Hochblüte gelangten. Dazu rechnen die *Point Peninsula Tradition* New Yorks, die *Weeden Island Tradition* Floridas, die *Gulf Tradition* Louisianas und die genannte »Bilder-Hügel«-Tradition *(Effigy Mound Tradition)* Wisconsins. Das weitgefächerte Hopewell-Handelssystem, das viele dieser Lokalkulturen miteinander in Verbindung gebracht und sogar in den Hopewell-Kult einbezogen hatte, war indes verschwunden. Um das Jahr 800 setzte dann aber eine neue prägende Entwicklung ein, die durch den Bau von Tempelhügeln charakterisiert ist und allgemein als Mississippi-Kultur bezeichnet wird.

Rechts: Eine Statuette einer knieenden Katze, die etwas über 15 Zentimeter in der Höhe mißt. Sie zählt zu den wenigen hölzernen Fundstücken, die sich in der Feuchtigkeit der Stätte Key Marco in Collier County, Florida, erhalten haben, und wird der spätprähistorischen Calusa-Kultur zugerechnet, die unmittelbar vor der Entdeckung Amerikas durch die Europäer jenseits der Einflußsphäre der Mississippi-Kultur blühte.

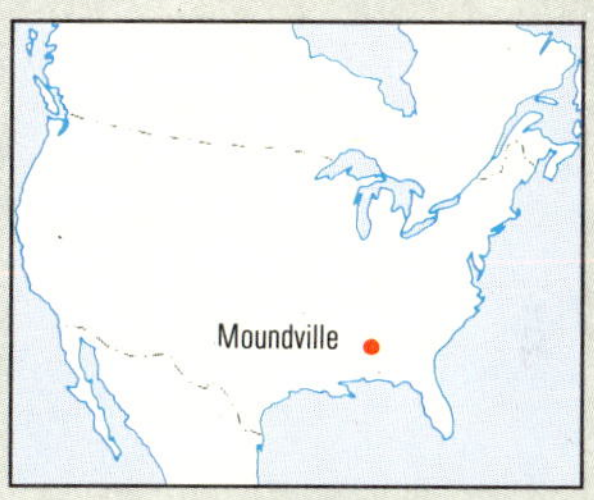

Moundville

Obwohl diese Fundstätte der Mittleren Mississippi-Kultur in Alabama kleiner als Cahokia ist, stammen doch einige der schönsten Kunstgegenstände der gesamten Mississippi-Kultur von hier. Die Anlage erstreckt sich über 120 Hektar und weist 20 Tempelplattformen auf. Der größte Mound besteht aus mehr als 112 000 Kubikmetern Erde. Drei Teiche innerhalb des Areals dienten offensichtlich der Fischhaltung, eine zusätzliche Nahrungsquelle für die etwa 3000köpfige Bevölkerung des Orts.
Mit dem Bau von Moundville begann man offenbar um 1200 n. Chr., also relativ spät verglichen mit dem zentral gelegenen Cahokia, doch blühte es auch noch nach 1300, als Cahokia bereits im Verfall begriffen war.

Oben: Im hinteren Teil dieser Rekonstruktion Moundvilles erkennt man die Hauptgebäude, die besagten Fischteiche und die Palisaden.

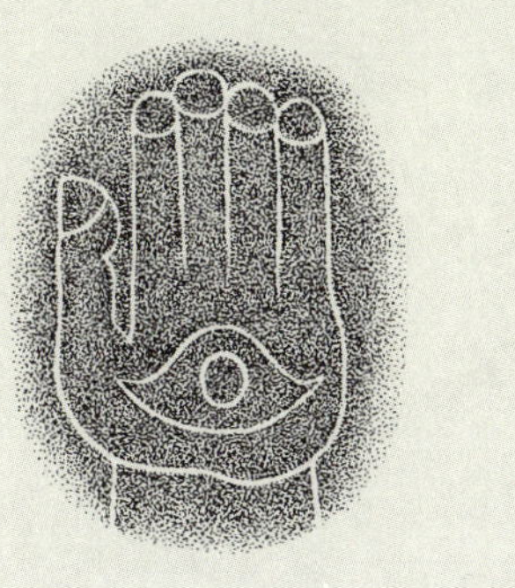

Links: Das Auge in der Hand, hier als Detail von einer Steinpalette aus Moundville, ist eines von vielen zum Symbolismus des Südöstlichen Zeremonialkomplexes gehörenden Motiven (*vgl. Seite 58*), allerdings wird die Bedeutung dieses wie auch anderer Symbole von den Archäologen nach wie vor kontrovers diskutiert.

Diese Hügel, die eine Höhe von 12–30 Metern erreichten (der größte von ihnen, der *Monks Mound*, mißt sogar 32 Meter und seine Grundfläche übertrifft die der Cheops-Pyramide), waren um eine *plaza* angelegt, bestanden aus festgestampftem Erdreich und ihre Vorderfronten waren oftmals durch Terrassen gegliedert.

Die Mississippi-Kultur basierte auf der Einführung neuer Maissorten aus Mexiko. Frühere Arten echter Kulturpflanzen – etwa 12- und 14zeilige Maissorten – waren allem Anschein nach auf die Teile des östlichen Waldlands beschränkt geblieben, die 200 und mehr Wachstumstage pro Jahr aufwiesen. Zu den jetzt übernommenen Arten zählten offensichtlich einige, die während relativ kurzer Wachstumsperioden von 120 frostfreien Tagen gedeihen konnten, beispielsweise eine winterharte 8zeilige Maissorte. Hinzu kam spätestens um 1000 n. Chr. die Gemeine Bohne, die eine wichtige Protein-Zusatzquelle darstellte, so daß die Bevölkerung in dichtbesiedelten Gebieten nicht länger Mangelsituationen ausgeliefert war, weil sie nur auf tierisches Eiweiß wildlebender Spezies zurückgreifen konnte. Fleisch bildete immer noch einen wichtigen Nahrungsbestandteil, besaß aber nicht mehr

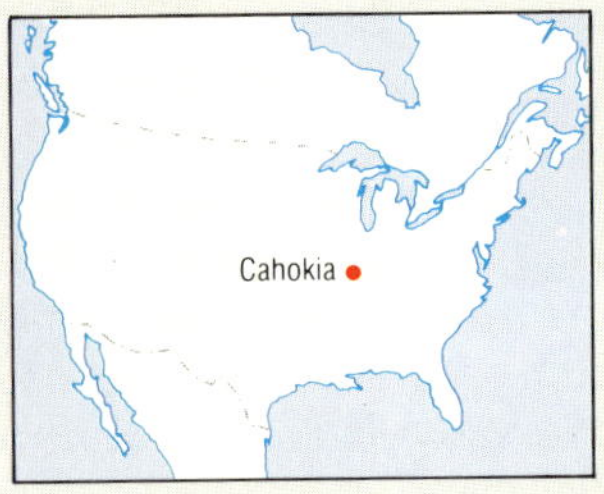

Cahokia

Cahokia, das östlich von St.Louis in Illinois liegt, ist die größte prähistorische Stadt nördlich von Mexiko. Sie wurde um 600 n. Chr. gegründet, und hier finden sich auf einem Areal von rund 13 Quadratkilometern über 100 Mounds. Zur Blütezeit der Stadt, zwischen 1050 und 1250, betrug die Bevölkerung schätzungsweise 10 000 Menschen. Im Zentrum von Cahokia steht der riesige *Monks Mound,* der an der Basis 316 Meter lang und 241 Meter breit ist und eine Höhe von mehr als 30 Metern erreicht. Er besteht aus über 600 000 Kubikmetern Erdreich und wurde in Etappen von den Indianern der Mittleren Mississippi-Kultur errichtet, die das Baumaterial in Körben herbeischleppten, die jeweils 18 Kilogramm Erde faßten. Der *Monks Mound,* der nach Trappistenmönchen benannt ist, welche im 18. Jahrhundert die Terrassen des Hügels für den Gemüseanbau nutzten, besaß bis zur sogenannten Moorehead-Phase Cahokias (1150–1250) eine sakrale (vielleicht auch astronomische) Funktion.

Neben dem *Monks Mound* setzt sich das Zentrum der Stadt aus 16 kleineren Erdhügeln zusammen, die an drei Seiten von Palisaden umgeben sind, während der Cahokia Creek die Begrenzung zur vierten Seite hin bildet. Die Mehrzahl der Mounds liegt jedoch außerhalb der umfriedeten Kernzone. In einem von ihnen fand man das Grab einer hochgestellten Persönlichkeit mit zahlreichen Pfeilspitzen, polierten Steinen, Glimmer und sechs geopferten männlichen Gefolgsleuten sowie ein separates Massengrab mit 53 Frauen.

Oben: Diese Symbol-Flasche in Form einer stillenden Frau wurde in der Cahokia-Region gefunden und wird einem Künstler dieses Zentrums der Mittleren Mississippi-Kultur zugeschrieben. Das Gefäß ist 15 Zentimeter hoch.

Rechts: Die Rekonstruktionszeichnung zeigt die Ansicht Cahokias von Westen. Die Palisade, deren genaue Lage durch Ausgrabungen ermittelt wurde, umschloß um 1200 n. Chr. einen Raum von 120 Hektar. Cahokia war der Mittelpunkt von mindestens 50 Siedlungen im fruchtbaren, etwa 200 Quadratkilometer großen American-Bottom-Gebiet im Mississippi-Tal.

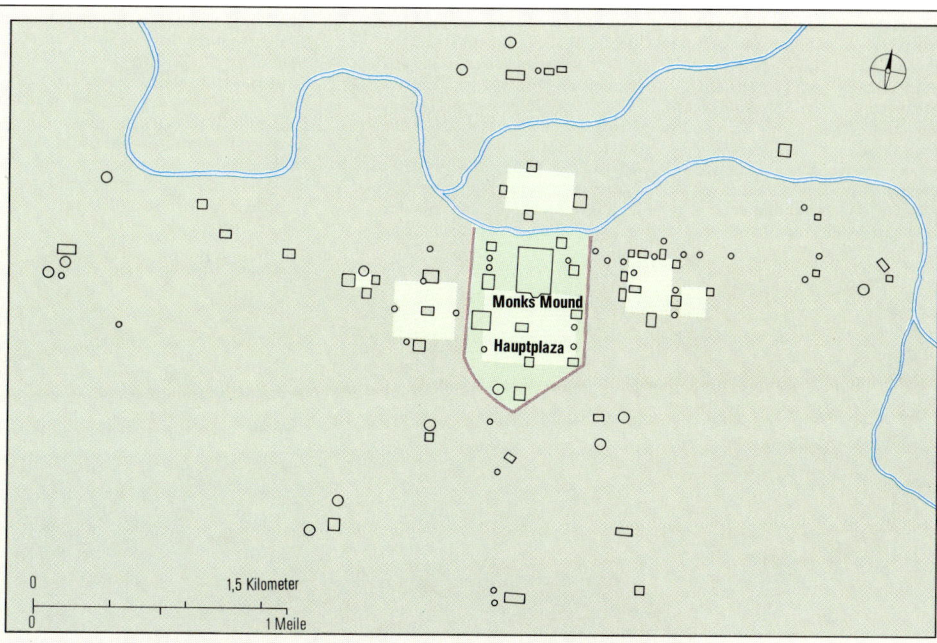

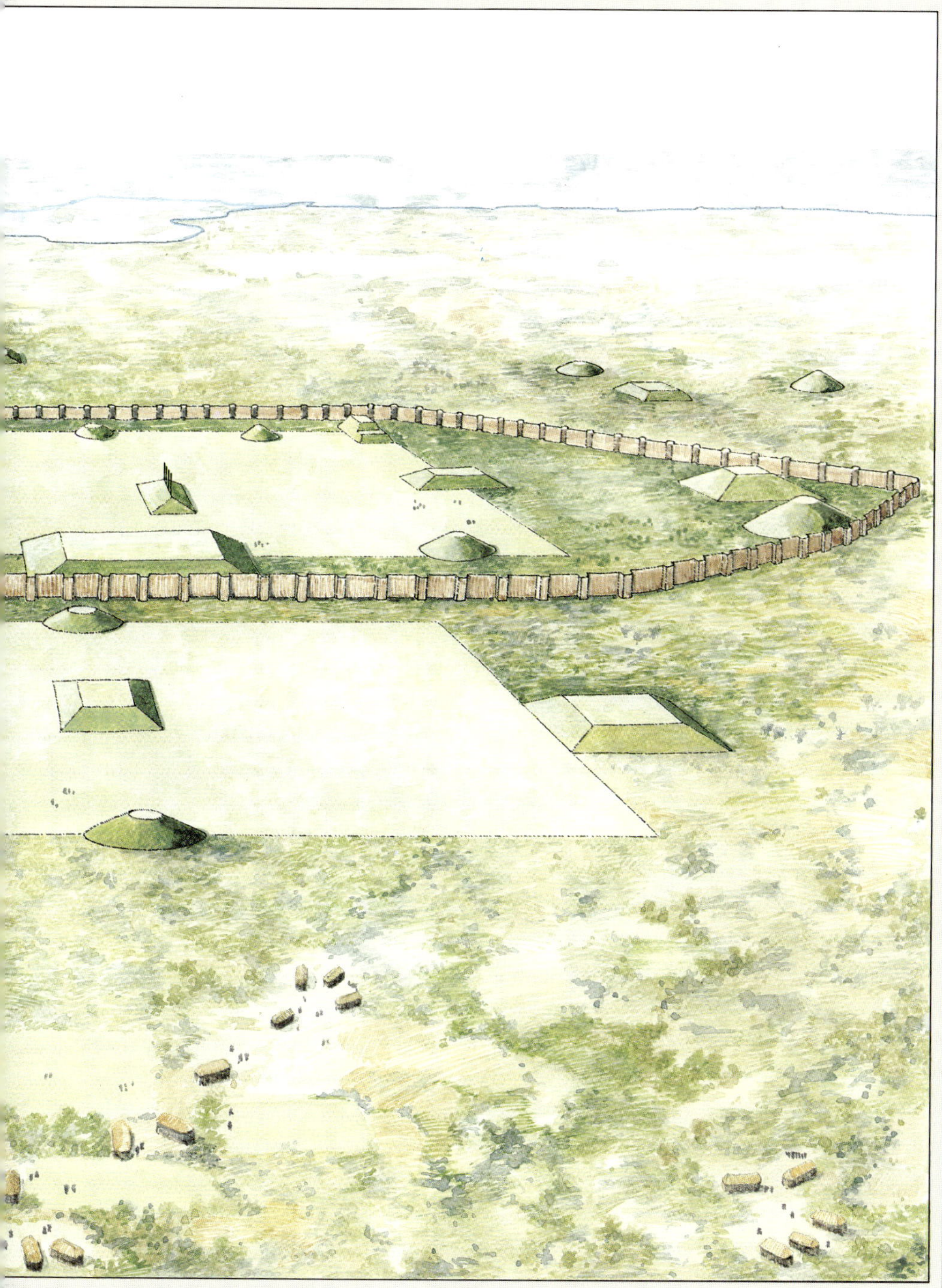

eine derart entscheidende Bedeutung wie früher. Mit der Bohne war das Trio der »drei Pflanzenschwestern«, Mais, Bohne und Kürbis, als die hauptsächlichsten Anbauarten der Gartenbaukulturen der ausgehenden Prähistorie komplett. Bohne und Mais ergänzen einander auf fast ideale Weise. Dem Mais fehlen zwei lebensnotwendige Aminosäuren, aber in Kombination mit Bohnen verzehrt, die beide Bausteine in Fülle besitzen, war der Proteinbedarf der Menschen hinreichend gedeckt.

Während die Bevölkerungsdichte zu Zeiten der Hopewell-Indianer maximal 40 Personen pro 100 Quadratkilometer betragen haben kann, wie man durch Forschungsarbeiten in Illinois festgestellt hat, konnte das Ökosystem, das die Ausbreitung der Mississippi-Kultur begünstigte, eine fünfmal so große Bevölkerungsdichte verkraften. Darüber hinaus war das Mississippi-Ökosystem auf die reichen und fruchtbaren Tiefländer der wichtigsten Flußläufe im Innern Nordamerikas zentriert, also auf erstklassige Böden, die in nur geringem Maße zur Verfügung standen. Die dichte Besiedlungsstruktur führte zusammen mit der Knappheit erstrebenswerten Landes dazu, daß es zu einer aggressiven Ausbreitung des neuen Systems auf Kosten des alten kam. Während die Hopewell-Indianer ihre Kultur über das Handelsnetz verbreitet hatten, scheint es bei der Expansion der Mississippi-Tradition nicht selten zu Kolonialisierung und zwangsweiser Aneignung erstklassiger Böden durch jene Gemeinwesen gekommen zu sein, die deutliche Anpassungsvorteile gegenüber den Vorbesitzern besaßen. Eine bedeutende technische Errungenschaft der Mississippi-Kultur war das Aufkommen richtiger Hacken, ein Hinweis darauf, daß in dem neuen Ökosystem Anbaupflanzen eine sehr viel größere Rolle spielten als in früherer Zeit. Ferner wurde gegen Ende der Prähistorie des östlichen Waldlands das Atlatl (die Speerschleuder) als wichtigste Jagdwaffe völlig durch Pfeil und Bogen verdrängt.

Die Mississippi-Siedlungen waren größer als die aller vorangegangenen Kulturen. Sie können mit Fug und Recht als Städte bezeichnet werden, manchmal sogar als präindustrielle Städte, in denen sich oftmals Tempelhügel erhoben und die andere urbane Züge aufwiesen, die mexikanischen Einfluß verraten. Die Ernährung der Bevölkerung in diesen Zentren wurde durch intensiven Feldbau sichergestellt, wobei hauptsächlich die fruchtbaren Alluvialtäler von Mississippi, Ohio, Tennessee, Arkansas, Red und ihrer größeren Nebenflüsse genutzt wurden. Der Brennpunkt dieser Kultur lag am Mittellauf des Mississippi, doch entwickelten sich regionale Varianten im gesamten Gebiet des Südostens, etwa (von West nach Ost) die Caddo-Mississippi-, Plaquemine-Mississippi- und Süd-Appalachen-Mississippi-Kultur. Eine weitere Variante, die Oneota-Kultur, entstand in der Prärie-Region nordwestlich der Mittleren Mississippi-Kultur, während die aus der Hopewell-Tradition hervorgegangene Fort Ancient-Kultur der Ausbreitung nach Nordosten einen Riegel vorschob.

Gesellschaft und Wirtschaft der Mississippi-Kultur

Charakteristisch für die Städte dieser Kultur ist, daß sie an der Spitze abgeflachte Tempelhügel aufwiesen – die Zahl variiert von 1–20 –, die als Plattformen für Tempel und andere öffentliche Bauten dienten, die gelegentlich von den Häuptlingen als Residenzen genutzt wurden. Um diese Tempel- oder Residenzbezirke gruppierten sich die Wohnhäuser der Elite.

Die umliegenden Maisfelder wurden in einigen Fällen zweimal pro Jahr bestellt, und die Ernte wurde dann eingebracht, wenn der Mais noch zart und grün war, so daß er sofort verzehrt werden mußte. Auf anderen, nur einmal

Der *Southern* Cult

Der *Southern Cult* war am stärksten in dem Gebiet vertreten, das sich östlich der Caddo-Mississippi-Region nach Süden bis nach Georgia hinzieht, doch einzelne Elemente dieses Phänomens wurden auch weiter nördlich entdeckt.
Ganz unten links: Die entblößten Zähne der Muschel-Skulptur lassen vermuten, daß es sich um einen Trophäenkopf handelt. Das Auge mit Tränenspur ist ein bekanntes Motiv des Südöstlichen Zeremonialkomplexes, während der vorstehende Haarknoten als Frisurstil weiter zurückreicht, möglicherweise bis in die Zeit der Hopewell-Indianer. Das Kleinod ist nur sechs Zentimeter hoch.
Unten links: Die Muschelscheibe besitzt am oberen Ende zwei Löcher und wurde wohl als Halsschmuck getragen. Dargestellt ist ein männliches Profil, das aufgemalt oder eintätowiert worden ist.
Unten: Dieses Männerprofil aus gehämmertem Kupfer stammt aus dem *Craig Mound,* der zur Fundstätte Spiro in Oklahoma gehört. Das Kunstwerk mißt 24 Zentimeter in der Höhe und weist neben anderen Elementen des Südöstlichen Zeremonialkomplexes insbesondere das Auge mit Tränenspur auf.

Häufig anzutreffende Dekormotive des *Southern Cult* waren das Sonnenaufgangsmotiv, ein kunstvoll gestaltetes Kreuz, ein menschliches Auge in der offenen Handfläche, ein gefiederter Pfeil, ein halbgeöffnetes sowie ein weinendes Auge und mehrere andere abstrakte Muster. Obwohl diese Designs für gewöhnlich auf Muschelschalen graviert sind, tauchen sie auch auf Holz, gemeißeltem Stein und Splitterstein, bemalten Textilien und geprägten Scheiben heimischen Kupfers auf. Der gesamte Südöstliche Mississippi-Zeremonialkomplex trägt Züge mexikanischen Einflusses, aber auch Hopewell- und andere Elemente sind vertreten, die dem Erbe der östlichen Waldland-Kultur entstammen. Objekte mit den charakteristischen Dekormotiven brachte man am häufigsten in großen Fundstätten ans Licht; sie stehen eindeutig mit den Zeremonien in Verbindung, die entweder unmittelbar auf den oder rund um die irdenen Tempelhügel abgehalten wurden.

Der *Southern Cult* gelangte erst nach 1000 n. Chr. zu voller Entfaltung und existierte bis zur Ankunft De Sotos 1539/40. Seine Träger zählten allerdings zu den ersten Nordamcrikanern, die durch Fpidemien umkamen, so daß wir keinerlei Beschreibungen ihrer Lebensweise und ihrer Riten besitzen. Eine wichtige Sonderstellung nimmt hierbei aber die Natchez-Kultur ein. Französische Entdecker hatten zwischen 1698–1732 Gelegenheit, Grand Village und Emerald Mound zu besuchen, während die Plaquemine-Mississippi-Kultur noch blühte, und die von ihnen gelieferten Informationen sind häufig von Archäologen herangezogen worden, um ihre eigenen Funde zu beleuchten.

Rechts: Die gravierte Steinpalette (Fundort Moundville , Alabama), die einen Durchmesser von über 30 Zentimetern besitzt, zeigt zwei gehörnte Klapperschlangen mit doppelt verknoteten Leibern, die das Auge-in-der-Hand-Symbol umgeben.

Oben rechts: Ein häufig angesprochenes Thema im Südöstlichen Zeremonialkomplex ist der Tod. Dieses 16 Zentimeter hohe Symbolgefäß stammt aus der Nähe von Paducah, Kentucky. Es stellt einen Trophäenkopf dar, dessen Augen geschlossen und dessen Lippen zurückgezogen sind, um die Zähne bloßzulegen. Die Löcher in den Ohren und am Haaransatz tauchen auch bei anderen Gefäßen dieser Art auf, doch ist ihre Bedeutung nicht bekannt.

Rechts: Dieser Ausschnitt von einer gravierten Muschelschale zeigt einen Mann, der in einem mit Kultgegenständen beladenen Einbaum paddelt.

jährlich bestellten Feldern ließ man den Mais ausreifen und trocknen, um ihn anschließend zu lagern. Zusammen mit dem Mais zog man Bohnen, die sich als Stütze an den Maisstielen hochrankten, und an den Rändern der Felder wuchsen Kürbisarten, Sonnenblumen und andere lokale Zuchtpflanzen. Ein derart intensiv betriebener Anbau war möglich, weil tiefverwurzelte Gräser (Gramineen) sich nicht von selbst in den oftmals überfluteten Tiefländern aussäen konnten. Während hier Grabstöcke und Hacken als Geräte ausreichten, um gute Ernteergebnisse zu erzielen, blieb in den angrenzenden höher gelegenen Gebieten der Boden weitgehend unbestellt, bis aus Europa der Pflug und die dazugehörigen Zugtiere eingeführt wurden. Die Träger der Mississippi-Kultur betrieben im Gegensatz zu den Gepflogenheiten in Mexiko und im Südwesten der USA keine künstliche Bewässerung. Anstatt in Regionen vorzudringen, in denen Bewässerungsbau erforderlich gewesen wäre, machten sie sich untereinander das beste zur Verfügung stehende Schwemmland in Flußtälern streitig, wobei es allem Anschein nach zu kriegerischen Auseinandersetzungen gekommen ist.

Die Mississippi-Gesellschaften wiesen höchstwahrscheinlich eine Gliederung nach Klassen auf, mit Führungspositionen, die wohl auf Lebenszeit galten und in gewisser Weise erblich waren. Kleinere Gemeinwesen spielten die Rolle von Satelliten der größeren, und politisch dominierende Städte besaßen im Vergleich zu anderen ungleich zahlreichere und entwickeltere öffentliche Einrichtungen. In Cahokia und in Moundville, zwei gut erforschten Zentren der Mississippi-Kultur, scheint das Häuptlingstum einen erstaunlich hohen Stand erreicht zu haben, so daß einige Gelehrte annehmen, es habe hier eine staatliche Organisation mit zwei oder mehr Ebenen subalterner Funktionsträger gegeben. Doch sind dies weitgehend nur Vermutungen, die durch zukünftige wissenschaftliche Arbeiten erst näher belegt werden müßten.

Zu den tragbaren Gerätschaften der Mississippi-Kultur zählen polierte Steinäxte, Schüsseln und Pfeifen. Bei den Äxten finden sich oft sowohl Klinge als auch Schaft, beide gefertigt aus einem einzigen kompakten Steinstück. In der Keramikherstellung werden die plastischen Dekortechniken früherer Perioden fortgesetzt, aber es treten auch neue Elemente in Form von Trophäengefäßen, langhalsigen Wasserkrügen und rundbödigen Kannen hinzu, die mexikanischen Einfluß nahelegen. In Stätten aus der Spätphase der Mississippi-Kultur kommen zuweilen auch bemalte Gefäße vor, die im allgemeinen im östlichen Waldland äußerst selten auftauchen. Viele sind zweifarbig und einige weisen Negativmalerei auf, die dadurch entstand, daß man über den ersten Farbanstrich ein Wachsdesign legte, bevor das Gefäß in die zweite Farbe getaucht wurde. Beim Erhitzen wurden dann das Wachs und der darüberliegende zweite Farbüberzug weggebrannt, so daß das Design in der ersten Farbe erscheint.

Ein weiterer bedeutender Kunstzweig war das Gravieren von Muscheln, wobei man ganze Muschelscheiben oder -plaketten mit charakteristischen Mustern versah. Eine Serie sehr spezifischer Motive trat in den Ausgrabungsorten der südöstlichen Varianten der Mississippi-Kultur zutage. Dieser Motiv-Komplex, der erstaunlich selten in Stätten der Mittleren Mississippi-Kultur vorkommt, wird als Südöstlicher Mississippi-Zeremonialkomplex *(Southern Cult)* bezeichnet *(siehe Seite 58).*

Die Stätten der Mittleren Mississippi- und der Oneota-Kultur wurden wahrscheinlich von den Vorfahren der Sioux sprechenden Indianer gebaut, die noch heute vereinzelt in dieser Region leben. Um 1450 n. Chr. hat es seltsamerweise einen »menschenleeren Raum« im Zentrum des Mittleren Mississippi-Komplexes gegeben. Dieses

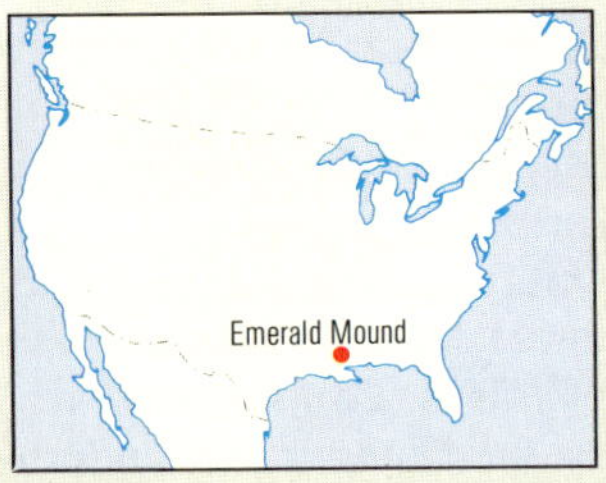

Emerald Mound

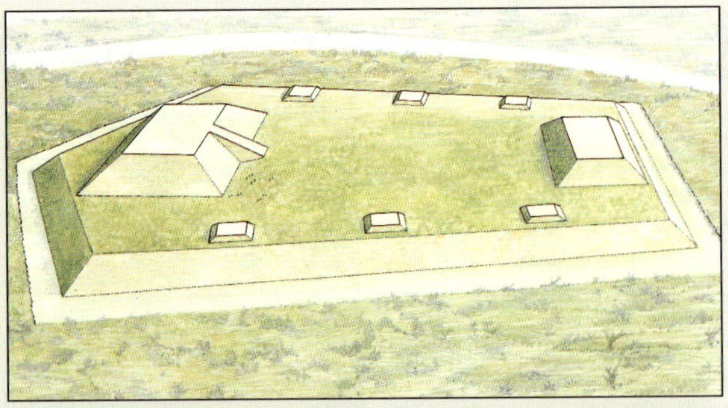

Emerald Mound lag im Zentrum einer der bedeutendsten Städte der historischen Natchez-Indianer, Trägern der Plaquemine-Variante der Mississippi-Kultur, die auch von einigen anderen Stämmen im unteren Mississippi-Tal repräsentiert wurde. Die Stätte befindet sich in der Nähe der heutigen Stadt Natchez, dem südlichen Endpunkt des Natchez Trace, ursprünglich ein Indianerpfad, der diese Region mit Nashville in Tennessee verband.

Französische Entdeckungsreisende, welche die Natchez Ende des 17./Anfang des 18.Jahrhunderts besuchten, haben Aufzeichnungen über deren Gesellschaftsstruktur und kultisches Brauchtum hinterlassen. Ihre Gemeinwesen sind gelegentlich als Modell zum Verständnis der prähistorischen Mississippi-Kulturen des östlichen Waldlands herangezogen worden. Die Natchez wurden von einem Häuptling, der »Großen Sonne«, regiert, und bei dessen Tod ging die Führungsrolle auf einen Sohn der Schwester des Häuptlings über. Die gesamte Gesellschaft war in vier streng voneinander unterschiedene Klassen gegliedert, allerdings gab es eine gewisse Möglichkeit, auf der sozialen Stufenleiter aufzusteigen. Charakteristisch für die Natchez war auch ein kompliziertes Begräbnisritual, das von kunstvollen Zeremonialtänzen, Selbstmorden und Menschenopfern umrahmt wurde.

Rechts oben: Emerald Mound (hier eine Planskizze) ist eine natürliche Erhebung, die abgeflacht und auf die Maße 133 mal 235 Meter gebracht wurde. Die so entstandene Plattform bildete die Grundfläche für zwei kegelförmige Pyramiden, deren größere knapp zehn Meter Höhe aufweist und sich damit fast 20 Meter über der umliegenden Landschaft befindet. An den Seiten standen jeweils drei kleinere Bauwerke, so daß dadurch eine große *plaza* inmitten der Gebäude entstand, auf der Spiele und öffentliche Rituale veranstaltet wurden.

Rechts: Diese in Emerald Mound gefundene Stein-Pfeife von 17 Zentimetern Länge stellt einen knienden Gefangenen dar.

Phänomen kann wegen des frühen Zeitpunkts nicht von aus Europa eingeschleppten Epidemien herrühren, sondern muß einen Bevölkerungskollaps oder zumindest einen gravierenden Bevölkerungsrückgang zur Ursache gehabt haben, der auf interne Faktoren zurückzuführen ist. Aufgrund neuerer Forschungsergebnisse glaubt man, daß die meisten präindustriellen Städte in der Neuen Welt wahre Infektionsherde waren. Tuberkulose beispielsweise rechnete zu den heimischen Krankheiten, die überwiegend in dicht und langfristig bewohnten Siedlungen grassierten, ebenso gab es Krankheitserreger, die mit dem nicht vorhandenen Abfallbeseitigungssystem in Zusammenhang standen, dazu gehören nicht zuletzt endemische Darmparasiten. Es hat den Anschein, als ob die Ballungsräume von einem stetigen Neuzuzug abhängig gewesen sind, da sonst die Geburtenrate nicht mit der erhöhten Sterblichkeitsziffer hätte Schritt halten können. Wenn dieses zutrifft, dann muß der Niedergang der Städte im Zentrum der Mittleren Mississippi-Kultur als natürliche Folgeerscheinung der Erschöpfung des Menschenreservoirs im Hinterland angesehen werden, aus dem sich die potentiellen Stadtbewohner rekrutierten.

Die Irokesen

Die indianischen Gruppen, Stämme und Völker, die am Rande der hochstehenden Mississippi-Kultur lebten, setzten vielfach eine gemischte Wirtschaftsform des Jäger- und Sammlertums, des Fischfangs und des alten Anbausystems fort, das auf der Nutzung von zwei Kürbissorten und einer Anzahl heimischer Pflanzen wie Gänsefuß und Sonnenblume beruhte. Allerdings übernahmen die meisten Gemeinwesen, die in irgendeiner Form Landwirtschaft betrieben, nach und nach auch die winterharten Sorten von Mais und Bohne. Diese konnten in den nördlichen Regionen gedeihen, die über mindestens 120 frostfreie Tage im Jahr verfügten. Nördlich dieser Linie war selbst rudimentärer Anbau selten anzutreffen. Im Laufe der letzten Jahrhunderte der Prähistorie wurde dann das alte Anbausystem vollständig von dem auf Mais, Bohne und Kürbis basierenden System verdrängt.

Da außerhalb des Verbreitungsgebietes der Mississippi-Kultur aber keine alluvialen Flußebenen zur Verfügung standen, entwickelte sich in diesen Regionen ein extensiver Hochland-Anbau. Die Indianer im Nordosten beispielsweise praktizierten die sogenannte Schwendwirtschaft, auch als Brandrodung bezeichnet. Die Maisaussaat erfolgte nur einmal jährlich, und zwischen den Mais setzte man Bohnen und Kürbis. Sobald die Felder nach einigen Jahren unfruchtbar oder schädlingsverseucht waren, gab man sie auf und nahm neue Brandrodungen vor. Dieses System brachte es mit sich, daß etwa alle 20 Jahre eine Standortveränderung der Dörfer notwendig wurde. Als Ergänzung zu den Feldfrüchten dienten in der Natur vorhandene pflanzliche und tierische Nahrungsquellen, darunter vor allem das Rotwild. Den großen Städten der Mississippi-Kultur vergleichbare Zentren konnten natürlich unter solchen Bedingungen nicht entstehen, doch hatte diese Existenzform bis zur Ankunft der europäischen Kolonisten Bestand.

Ein gutes Beispiel für das Hochland-Ökosystem sind die nordwestlich bzw. nordöstlich der Mittleren Mississippi-Kultur gelegenen Oneota- und Irokesen-Siedlungen. Allerdings war die Oneota-Kultur zur Zeit des Vordringens der Weißen in den äußersten Westen durch europäische Einflüsse bereits soweit verändert worden, daß wir ihr ursprüngliches Ökosystem nicht aufgrund historischer Quellen beurteilen können. Über die Irokesen dagegen gibt es sehr gut dokumentierte Berichte aus der Phase

Rechts: Die Irokesen-Dörfer der ausgehenden Prähistorie waren normalerweise mit Palisaden umgeben. Diese Rekonstruktion zeigt das historische Mohawk-Dorf Caughnawaga, das um 1690 gebaut wurde. Zu jener Zeit waren die Siedlungen als Folge von Epidemien bereits kleiner geworden, und kürzere Langhäuser mit drei Herdstellen bildeten jetzt die Regel. Caughnawaga gehört zu den wenigen vollständig erhalten gebliebenen Dörfern der Irokesen.

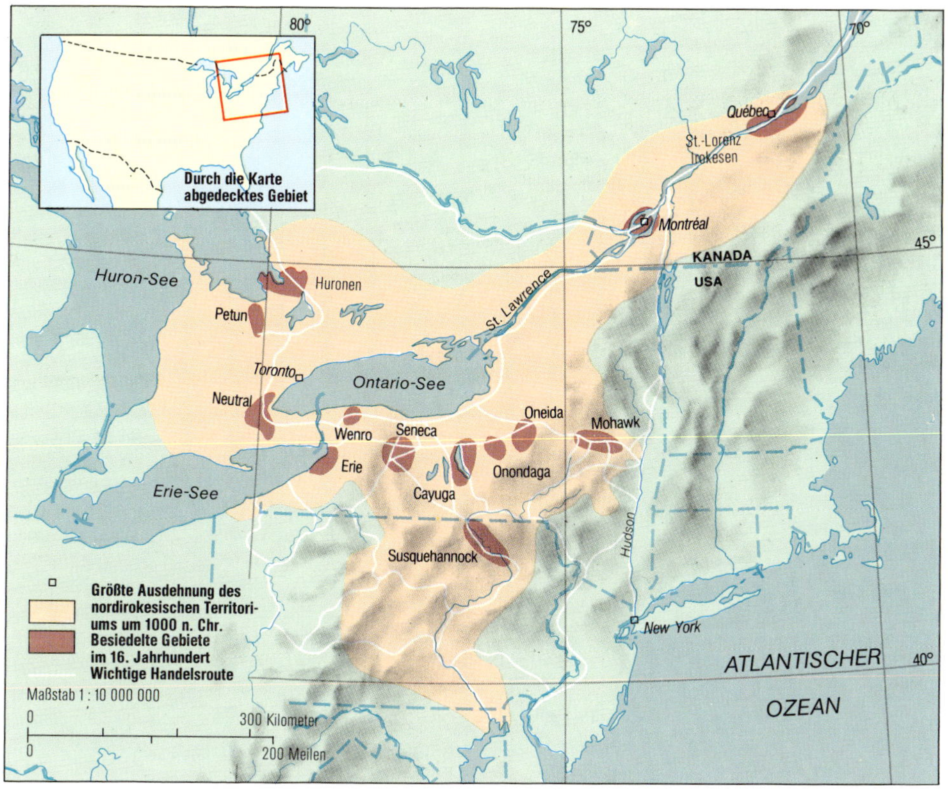

Oben: Die Nördlichen Irokesen
Die Vorfahren der Völker, die später als Nördliche Irokesen bezeichnet wurden, kamen wahrscheinlich zwischen 1700 und 700 v. Chr. in den amerikanischen Nordosten. Das linguistische Beweismaterial deutet darauf hin, daß sie sich von ihren Verwandten, den Cherokee, irgendwann in dieser Periode abgespaltet haben. Die größte Ausbreitung erreichten die Nördlichen Irokesen um 800 n. Chr., und gegen 1600 n. Chr. hatte die fortgeschrittene Technik der Gartenbaukultur es ihnen ermöglicht, sich auf kleinere Territorien zurückzuziehen, was allerdings auch durch kriegerische Auseinandersetzungen bedingt war.

vor der drastischen Wandlung ihrer Wirtschaftsform.

Die Irokesen hatten das Hochland-Okosystem um 1000 n. Chr. übernommen. Der Übergang zu größerer Abhängigkeit von Feldfrüchten führte schnell dazu, daß die Menschen begannen, sich auf drei Ebenen zusammenzuschließen. Auf der untersten Ebene kam es zum Zusammenleben von mehreren Kleinfamilien in Großhäusern, wobei es sich bei diesen Familien höchstwahrscheinlich um Blutsverwandte der weiblichen Linie (Matri-Lineage) handelte. Die Frauen waren mit Sicherheit traditionell für die Bodenbestellung verantwortlich, und die zunehmende Bedeutung des Pflanzenanbaus stärkte folgerichtig ihre Stellung in Ernährungs- und Haushaltsfragen. Der zweite Bereich, der immer stärker zur Bevölkerungsballung tendierte, war das Dorf. In den wachsenden Dörfern wurden in unmittelbarer Nachbarschaft zueinander die charakteristischen hölzernen Langhäuser mit Giebel- oder Tonnendach errichtet. Für die Regelung der lokalen Belange gab es Räte, die aus den Lineage-Vorständen bestanden, und die Blutsverwandtschaftsbeziehungen, ob real oder fiktiv, wurden erweitert, um die Gemeinschaftsarbeit zu erleichtern und die Ordnung aufrechtzuerhalten.

Auf der dritten Ebene begannen die Dörfer der Irokesen sich einander im Zuge der regulären Standortveränderungen anzunähern. Als die ersten europäischen Entdeckungsreisenden auf die Irokesen trafen, hatten diese sich von einer Reihe sehr verstreut liegender Kleinkommunen zu Stammesverbänden zusammengeschlossen. Zu den zwölf irokesischen Völkern, die aus diesem Prozeß der Stammesbildung hervorgegangen waren, gehörten die St.-Lorenz-Irokesen, die Mohawk, Oneida, Onondaga, Cayuga, Seneca, Susquehannok, Wenro, Erie, Neutral, Petun sowie die Huronen.

Die kriegerischen Auseinandersetzungen, die die Ausbreitung der Mississippi-Kultur begleiteten, griffen auch auf die Irokesen über. Viele ihrer Dörfer waren von Palisaden umgeben, und die häufigen Kriegszüge könnten sehr wohl das Zusammenrücken der Siedlungen und das Entstehen von Stammesverbänden erklären. Trotz der untereinander bestehenden Konkurrenz verband die Dörfer und die Stammes-Regionen ein Netz von Handelswegen. Dazu gehörten sowohl Kanurouten als auch Überlandpfade. Als europäische Waren im 16. Jahrhundert in den Stützpunkten an der Küste auftauchten, gelangten sie schnell auf den bereits vorhandenen Routen ins Landesinnere. Der Pelzhandel, der sich aus diesen frühen Kontakten entwickelte, integrierte die Irokesen in das Weltwirtschaftssystem und setzte neue Kräfte im Bereich von Handel, Wettbewerb und Kriegführung frei, die die Kolonialgeschichte des amerikanischen Nordostens nachhaltig beeinflussen sollten.

Die Liga der Irokesen war ursprünglich ein formeller Waffenstillstandspakt zwischen den Irokesen im engeren Sinne – den Mohawk, Oneida, Onondaga, Cayuga und Seneca. Es ist möglich, daß die Liga zunächst gegründet wurde, um die immer heftiger werdende Gewalttätigkeit unter den einzelnen Stämmen unter Kontrolle zu bringen. Für die fünf Mitglieder hatte sie möglicherweise auch den Sinn, einen Vorteil gegenüber den anderen Irokesenstämmen und den nicht-irokesischen Nachbarn in den ununterbrochen geführten Kriegszügen zu erlangen. Ob die Liga vor oder nach dem ersten Kontakt mit den Europäern entstand, ist noch nicht erforscht, doch falls sie danach entstand, könnte dieser Kontakt nur eine sehr geringe oder überhaupt keine ursächliche Rolle gespielt haben. Später jedoch wurde die Liga zum Motor für die Gründung der Irokesen-Konföderation, einer politischen Allianz, die sowohl durch den Handel mit den Europäern angeregt wurde als auch wegen der Konkurrenz zwischen den einzelnen europäischen Mächten in Nordamerika dringend notwendig war. Zu keiner Zeit jedoch stellte die Liga oder die Konföderation eine wirkliche vom Häuptlingstum getragene politische oder gar staatliche Organisation dar. Es spricht viel dafür, daß keine der Hochland-Gartenbau-Kulturen am Rande der Mississippi-Kultur über die auf der Blutsverwandtschaft basierende hierarchische Stammesorganisation hinausgelangte. Erbliche Stellungen entwickelten sich nur insoweit, als die Führer traditionellerweise aus den hochgestellten Klanen hervorgingen. Die politische Organisationsform der Dörfer und die Beziehungen zwischen ihnen blieben trotz äußeren Anscheins fester formaler Strukturen eine Sache von gegenseitiger Übereinkunft.

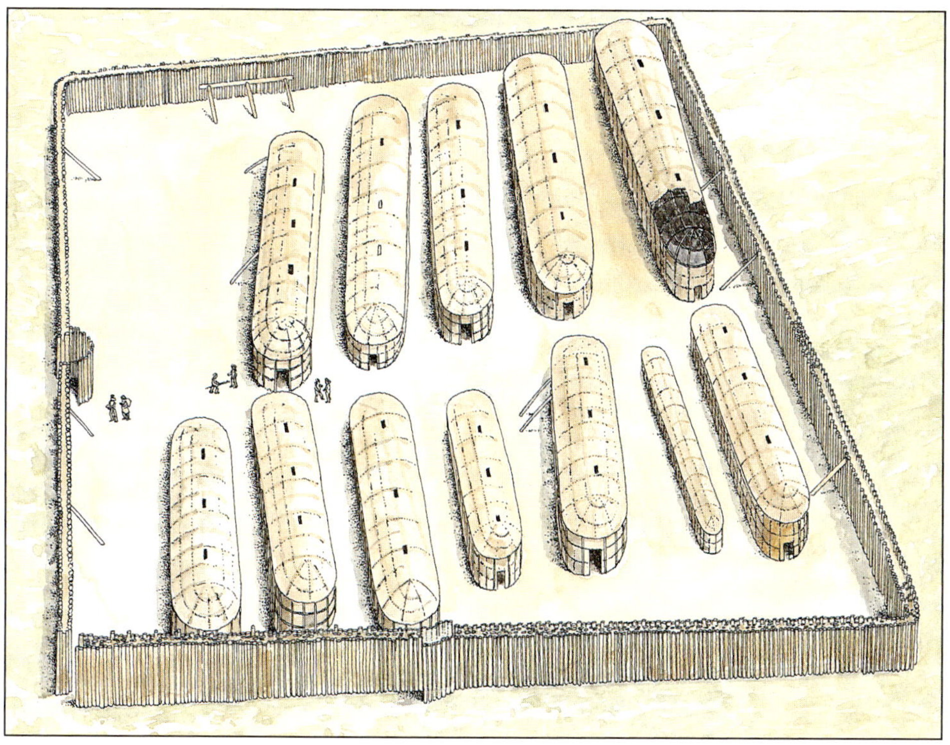

Das Beispiel der Irokesen zeigt, welche Entwicklungen an der Peripherie des Mississippi-Komplexes stattfanden. Das von ihnen praktizierte System der Landwirtschaft und der Stammesorganisation war angemessen angesichts der in ihrer Region weniger günstigen Bedingungen für den Gartenbau. Doch das Schicksal der Irokesen macht auch deutlich, daß diese Form der Umweltanpassung nicht mehr ausreichte, als sie mit den eingedrungenen Weißen in Konkurrenz gerieten. Die europäischen Kolonisatoren praktizierten alle drei Zweige einer entwickelten bäuerlichen Wirtschaft: Gartenbau, Viehzucht und Forstwirtschaft. Ihre eingeführten Zugtiere, die allen potentiell domestizierbaren Tieren des amerikanischen Kontinents überlegen waren, ermöglichten nicht nur das Umpflügen und die intensive Nutzung von Böden, die den lediglich mit Hacken und Grabstöcken arbeitenden Indianern nicht zugänglich waren, sondern sie lieferten auch wertvollen Dünger. Die Europäer zäunten ihre Felder ein und lebten in ständigen Siedlungen, während die Indianer, die von der Brandrodung abhingen, ihre Dörfer von Zeit zu Zeit verlagern mußten. Aufgrund dieser Überlegenheit und zudem mit dem Vorzug nationalstaatlicher, auf bestimmte Territorien festgelegter Organisationsformen ausgestattet, verfügten die Weißen gegenüber den Indianern über weit bessere Möglichkeiten der Umweltanpassung. Sie hätten sich auch dann durchgesetzt, wenn die aus der Alten Welt eingeschleppten Epidemien nicht den Weg für die Kolonisierung geebnet hätten. Pocken und andere eurasische Infektionskrankheiten reduzierten die Urbevölkerung Amerikas manchenorts um bis zu 95 Prozent, und dies in einigen Fällen noch bevor die ersten Kolonisten tatsächlich eintrafen.

PRÄRIEN UND GREAT PLAINS
250 v. Chr.–1500 n. Chr.

Im klimatisch gemäßigten Zentrum des nordamerikanischen Kontinents dominieren weite Graslandebenen.

Hier war einst die Heimat des Bisons, aber zu den Jagdtieren zählten auch die Gabelantilope, der Langohr- und der Weißschwanz-Hirsch, das Wapiti sowie der Schwarz- und Grizzly-Bär. Auf den höher gelegenen Great Plains, die wegen vorhandener Klimaunterschiede in einen Nord- und einen Südabschnitt gegliedert werden, ist das Klima generell trockener als in dem nach Osten angrenzenden Präriegebiet. Während die Vegetation der Great Plains größtenteils aus niedrigen Steppengräsern besteht, herrschen in den Prärien Langgrasbestände vor. Die Präriezone erstreckt sich ostwärts durch Südwisconsin und weite Bereiche von Illinois bis hin zum nordöstlichen Staat Indiana.

Die Flora der Great Plains lieferte den archaischen Jä-

Links: Vor Einführung des Pferdes jagten die Nomaden der Great Plains die Bisons zu Fuß, wobei sie sich Methoden wie des Kesseltreibens, der Treibjagd und – vereinzelt – des Anlegens von Grasbränden bedienten. Bei der Treibjagd wurden die Bisonherden durch lange zusammenlaufende Linien, gebildet aus Felsbrockenhaufen, Strauchwerk und schreienden Jägern, in Richtung eines Felsvorsprungs getrieben (links sieht man einen solchen »Büffelsprung«), wo sich infolge der entstehenden Panik mit Sicherheit einige Tiere zu Tode stürzten. Die Analyse der Schlachttechniken hat ergeben, daß der größte Teil des Fleisches der Verwesung anheimgegeben wurde.

Oben: Mit dem Einsetzen des Reiternomadentums auf den Great Plains veränderten sich die Lebensweisen der Indianer in dieser Region grundlegend, und es kam zu einer zuvor nicht gekannten kulturellen und sprachlichen Komplexität. Das Reiternomadentum charakterisiert in den Augen vieler Menschen den Indianer schlechthin, doch wird dabei vergessen, daß es sich um eine sehr junge Erscheinung handelt, die zudem in den meisten Gebieten kaum mehr als ein Jahrhundert währte.

ger- und Sammlergesellschaften die verschiedensten Arten von Samen, Früchten und Knollen. Einige dieser Arten gehörten zu den halbkultivierten Pflanzen, die von den frühen Bodenbauern des östlichen Waldlands gezogen wurden. Da die Bedingungen in den Great Plains jedoch nicht sehr günstig waren, mußten erst andernorts Anbaumodelle entwickelt und dann von Gruppen über die Flußauen der Prärie verbreitet werden. Ein wichtiges Merkmal der nach-archaischen Prähistorie war hier denn auch, daß die im Osten gelegenen Kulturen in diese Region ausstrahlten. Daneben hat es offensichtlich kleinere Einwanderungen aus dem Südwesten gegeben.

Obwohl nach allgemeiner Vorstellung der nordamerikanische Indianer schlechthin identisch ist mit dem Reiterkrieger der Great Plains und Prärien, entstand diese Lebensform erst in jüngerer Zeit. Das heimische amerikanische Pferd starb zusammen mit der Megafauna des Pleistozäns vor 10 000 Jahren aus, und die zu Fuß jagenden Indianer machten erst wieder mit dem Pferd Bekanntschaft, als dieses im 16. Jahrhundert durch die Spanier eingeführt wurde. Das Pferd erleichterte die Jagd auf die riesigen Bisonherden ganz enorm, was dazu führte, daß viele Gartenbauer ihre Dörfer verließen und ein Leben als nomadische Jäger begannen.

Die archaischen Jäger und Sammler der Great Plains und Prärien waren zahlenmäßig nicht sehr stark gewesen, so daß die aus dem Osten kommenden Ackerbauern, die entlang der Nebenflüsse des Mississippi nach Westen zo-

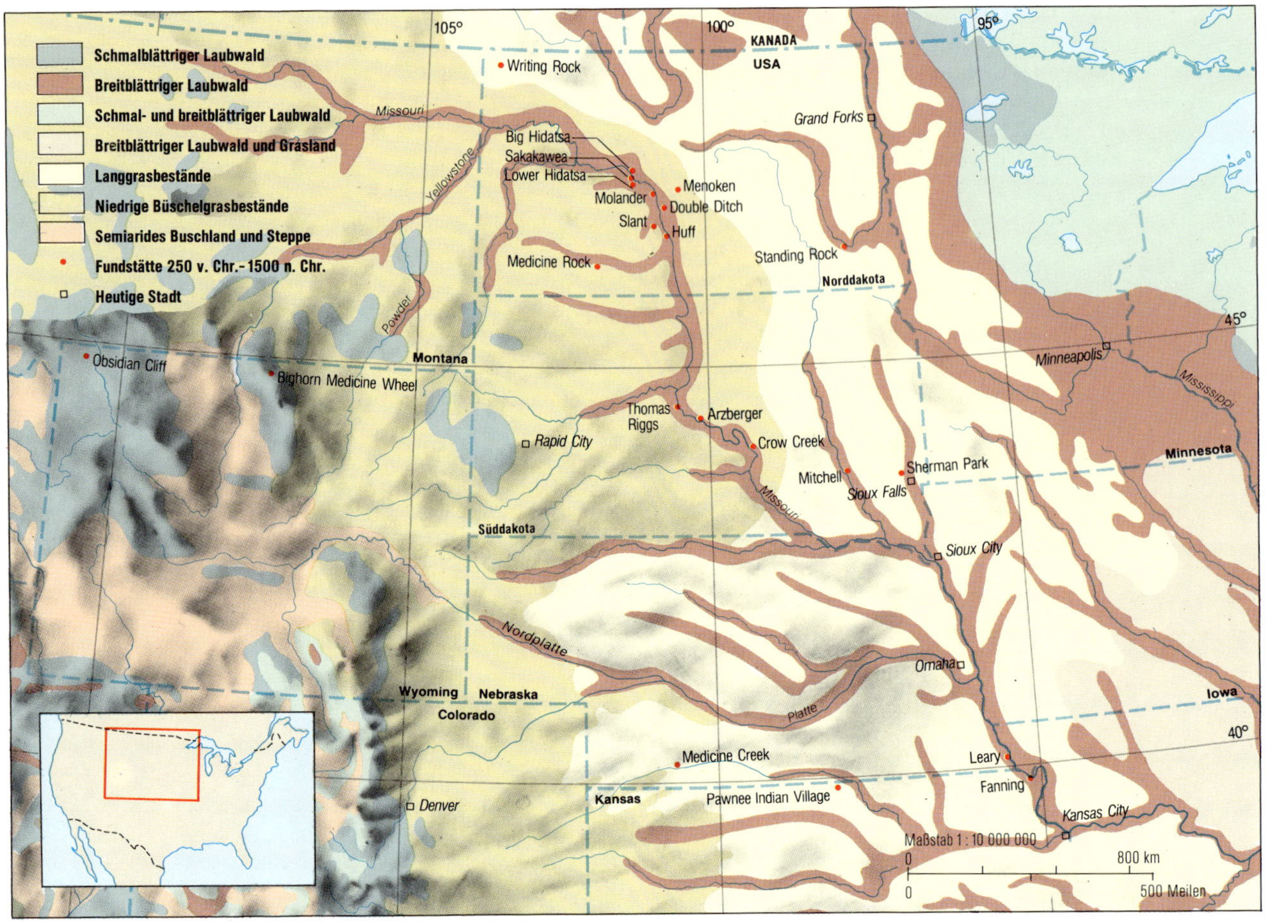

Ackerbauern und Jäger der Great Plains Das Tal des Missouri war ein bedeutendes Zentrum der Prärie-Dorf-Entwicklung. In seinem Süddakota-Abschnitt gibt es zahlreiche Fundorte aus der Anfangsphase der Mittleren Missouri-Tradition, während die Stätten der sogenannten Erweiterten Mittleren Missouri-Tradition in ihrer Mehrzahl im Norddakota-Abschnitt liegen. Die Dörfer bestanden aus kompakten Ansammlungen langgestreckter rechteckiger Häuser für mehrere Familien. Die während der späten Prähistorie einsetzende Dürreperiode und die daraus resultierenden Bevölkerungsverschiebungen führten zur Zusammenlegung der Dörfer in einem kleineren Abschnitt des Missouri-Tals, aus deren Bevölkerung schließlich die historischen Stämme Hidatsa und Mandan hervorgingen. Im zentralen Plainsgebiet gelten als Prärie-Dorf-Kulturphasen die Upper-Republican- in Nebraska, die Smoky-Hill- und Pomona-Tradition in Kansas und Nebraska; sie fallen in die Zeit von 1000–1400 n. Chr.

gen, auf keinen nennenswerten Widerstand stießen. Die erste Einwandererwelle in die Prärien traf während der Prärie-Waldlandperiode ein, zwischen 250 v. Chr. und 950 n. Chr. Diese Gruppen waren zumindest von der Hopewell-Kultur beeinflußt, wenn sie nicht gar Träger dieser Kultur waren. Hopewell-Fundstätten unweit des modernen Kansas City belegen, daß Mais zu den Anbaufrüchten der Präriebewohner gehörte. Die Spielart der Cooper-Hopewell-Kultur weiter im Süden ist weniger erforscht, doch scheint sie nicht unähnlich der Kansas-City-Variante gewesen zu sein. Die Hopewell-Siedlungen der Prärie nahmen meist ein Gebiet von 3–4 Hektar ein, und Gegenstände aus Kupfer, Obsidian und Stein deuten darauf hin, daß die Menschen am Hopewell-Handel teilnahmen, wenn auch nicht bekannt ist, was sie selbst in diesen Handel einbrachten . Aus dem Gebiet der Great Plains wurden von den Ohio-Hopewell-Gemeinwesen Obsidian und hochwertiger Chalzedon importiert, wobei die Transportroute für die Rohmaterialien wahrscheinlich den Missouri flußabwärts verlief und die in Kansas City lebenden Hopewell-Indianer diesen Handel kontrollierten.

Andere Prärie-Waldland-Komplexe weiter im Westen besaßen ein einfacheres Kulturinventar. Einige von ihnen wurden in Kansas und Nebraska entdeckt, und durch Forschungsarbeiten aus jüngster Zeit ist sogar eine Verbreitung bis nach Ostcolorado nachgewiesen worden. Das Fundmaterial aus dem südlichen Plainsgebiet ist verhältnismäßig dürftig. Obwohl hin und wieder Waldland-Keramik zutage tritt, muß man doch vom Fortbestand einer archaischen Lebensweise ausgehen. Im nordwestlichen Teil der Plains dauerte das archaische Jäger- und Sammlertum ebenfalls an, insbesondere setzte sich die gemeinschaftliche Bisonjagd während der ganzen Prärie-Waldland-Periode und sogar noch darüber hinaus fort.

Begräbnishügel tauchen im Ostteil der beiden Staaten Süd- und Norddakota sowie in Südmanitoba auf, dem am weitesten nordwestlich gelegenen Gebiet dieser Kulturerscheinung. Einige bestehen aus linearen Aufschüttungen, andere wiederum sind kegelförmige Hügel. Sie enthielten oftmals Bestattungsgruben mit Baumstammkonstruktionen und, als besonderes Charakteristikum, Bison-Skelette oder -Schädel. Die Tradition des Grabhügelbaus als ein aus der Hopewell-Kultur hervorgegangenes Phänomen scheint über Minnesota hierher gelangt zu sein. Die Schöpfer der Mounds im Nordosten der Plains waren höchstwahrscheinlich die Vorfahren der historischen Dakota-, Assiniboin- und Cheyenne-Indianer.

In der Spätphase der Prärie-Waldland-Periode kamen Pfeil und Bogen auf die Great Plains. Das Ursprungsgebiet dieser neuen Jagdwaffe war vermutlich das von den Athapasken (Dene) bewohnte Westkanada, die sie ihrerseits durch die Eskimo kennengelernt hatten. Die Einführung von Pfeil und Bogen mag sogar in Zusammenhang stehen mit der erfolgreichen Expansion der nordathapaskischen Stämme nach Süden, die durch die westlichen Plains-Regionen führte und schließlich im Südwesten endete.

Die Prärie-Dorf-Periode

Auf die Prärievariante der Waldlandtradition folgte die Prärie-Dorf-Tradition, die von 900–1850 n. Chr. dauerte und von der Mississippi-Kultur beeinflußt war. Die neuen Dorfgemeinschaften wiesen gegenüber der Waldland-Periode eine Reihe von Verbesserungen auf. So waren die Siedlungen verhältnismäßig weitläufig, solider, manchmal durch Trockengräben und Palisaden geschützt und normalerweise mit zahlreichen unterirdischen Vorratsgruben ausgestattet. Ferner gab es Großhäuser für mehrere Familien, und zum komplexeren Geräteinventar zählten jetzt vielseitigere Formen von Keramikerzeugnissen sowie Hacken und andere Gerätschaften aus den verschiedensten Materialien.

Das in der Prärie praktizierte Gartenbausystem war eindeutig gekennzeichnet durch die Verwendung veredelter

Arten von Mais und Bohne, aber auch durch die Nutzung weiterer Kulturpflanzen. Die Bodenbestellung beschränkte sich auf die fruchtbaren Alluvialränder größerer Flüsse, ahmte in dieser Hinsicht also die intensive Wirtschaftsform der Mittleren Mississippi-Kultur nach, während andere Merkmale eher Ähnlichkeit mit den auf Brandrodung basierenden Hochland-Anbausystemen hatten. Die Dorfgemeinschaften der Prärie erreichten möglicherweise niemals den Status von Häuptlingstümern, noch viel weniger die staatenähnliche Organisation einiger Zentren der Mississippi-Kultur.

Der Brennpunkt der Prärie-Dorf-Tradition befand sich im Flußtal des Missouri. In dem in Süddakota gelegenen Abschnitt gibt es über 35 Fundorte aus der Anfangsphase der Mittleren Missouri-Tradition, und die Stätten der sogenannten Erweiterten Mittleren Missouri-Tradition sind größtenteils entlang des durch Norddakota verlaufenden Abschnitts des Missouri anzutreffen. Die Dörfer bestanden aus kompakten Ansammlungen langgestreckter rechteckiger Mehrfamilienhäuser. Die während der Spätphase der Mittleren Missouri-Tradition einsetzende Dürreperiode und die daraus resultierenden Bevölkerungsverschiebungen führten zur Zusammenlegung der Dörfer in einem kleineren Abschnitt des Missouri-Tals, aus denen in historischer Zeit schließlich die Siedlungen der Hidatsa und Mandan hervorgingen, wobei die Zusammenhänge allerdings nicht bis in letzte Einzelheiten geklärt sind.

Die Dorftradition (1000–1400 n. Chr.) im zentralen Präriegebiet wird in die Upper-Republican-Phase in Nebraska sowie die Smoky-Hill- und Pomona-Phase in Kansas und Nebraska gegliedert. Die Häuser dieser Tradition waren quadratische oder rechteckige Bauten, die in unregelmäßiger Anordnung in Form kleiner nichtbefestigter Ansammlungen entlang der Steilufer der Flüsse errichtet wurden. Im Zentrum dieser Holzbauten lag die Feuerstelle, deren Rauch durch ein Loch in der Mitte des Daches abzog. Offensichtlich mußten wegen einer Trockenperiode viele Siedlungen während des 13. Jahrhunderts aufgegeben werden, insbesondere jene, die am weitesten westlich in den trockeneren Hochebenen lagen. Die Bevölkerung strömte in einem Konsolidierungsprozeß flußabwärts, was zur Herausbildung der sogenannten Coalescent-Tradition führte, die sich ihrerseits zwischen 1450 und 1680 Missouriaufwärts ausdehnte und einige ihrer kulturellen Neuerungen verbreitete, so daß Rundhaus mit vier in der Mitte aufgerichteten Stützpfeilern. Nur die Pawnee-Indianer blieben als historische Nachfahren der Coalescent-Tradition zurück, während ihre nahen Verwandten, die Arikara, sich den Mandan und Hidatsa in der Mittleren Missouri-Region anschlossen.

Gegen Ende der Prähistorie gaben wie gesagt viele Gartenbauer ihre seßhafte Lebensweise auf und wurden Reiternomaden. Die Veränderung der kulturhistorischen Landschaft der Great Plains und Prärien erfolgte schnell und dramatisch. Die Oneota-Gruppen wandelten sich zu Sioux sprechenden Stämmen, die in historischer Zeit als Oto, Missouri und Iowa hervorgetreten sind. Desgleichen kam es zur Abspaltung der Wichita von den Trägern der Caddo-Mississippi-Kultur und der Crow von den Hidatsa. Die Pawnee-, Quapaw-, Kansa-, Osage-, Ponca- und Omaha-Gruppen verließen allesamt die Randgebiete des östlichen Waldlandgürtels und wandten sich zumindest zeitweilig der Bisonjagd mit Pferden zu. Im Norden der Prärie zogen verschiedene Indianerstämme mit den Assiniboin und den Cheyenne aus festen Siedlungen in bewegliche Tipi-Zeltdörfer um. Die Arapaho, Schwarzfuß, Nez Percé, Comanchen und einige Shoshonen- und Apachen-Stämme gaben das archaische Jäger- und Sammlertum zugunsten des einträglicheren und interessanteren Lebens als Pferdenomaden auf, und auch die Kiowa, deren Vorfahren höchstwahrscheinlich archaische Wildbeuter auf den Great Plains gewesen waren, übernahmen nun diese neue Existenzform. Zu guter Letzt gehörten die Mandan, Hidatsa und Arikara zu den letzten Vertretern der spätprähistorischen Gartenbaukultur. Sie blieben in ihren Dörfern und handelten das Bisonfleisch ein, das die zu Reiternomaden gewordenen Stämme aus den umliegenden Prärieregionen lieferten.

Die archäologischen Stätten, die den Reiternomaden zugeordnet werden, kann man oftmals nur als Tipi-Zelt-Kreise erkennen. Bemerkenswerte Ausnahmen stellen kreisrunde Zeremonialplätze dar, die verstreut von Wyoming bis nach Alberta anzutreffen sind. In den Bighorn-Mountains Wyomings liegt die größte dieser Stätten, ein aus Felsen bestehender Kreis mit 28 Speichern und einem Felshügelgrab als Nabe. Diese Monumente scheinen Überreste der Sonnentanz-Zeremonialplätze zu sein, offene Anlagen, die es in mehreren historischen Indianerkulturen gab. Der Sonnentanz wurde oftmals während der Sommersonnenwende praktiziert, und es läßt sich nachweisen, daß die Zeremonialstätten so ausgerichtet waren, daß sie auf den Punkt am Horizont wiesen, an dem an diesem Tage die Sonne aufging.

Sonnen-Symbole, die in ganz Nordamerika gefunden wurden, trifft man besonders häufig in Stätten aus späterer Zeit an, doch sind auch frühere Beispiele als Petroglyphen (geritzte Darstellungen) oder als Piktographen (gemalte Darstellungen) an Felsaußenwänden erhalten geblieben.

Unten: Die *medicine wheels* der Plains-Hochebenen sind offensichtlich riesige Sonnensymbole und zugleich eingefriedete Plätze, auf denen der Sonne gewidmete Zeremonien stattfanden. Die Hauptspeiche dieser riesigen Räder wies oftmals in Richtung Sonnenaufgang am Tage der Sommer-Sonnenwende. Zeremonialplätze aus historischer Zeit (*unten rechts*) halten an der Tradition der Rundform fest; bei ihnen liegt häufig der Eingang in Richtung der aufgehenden Sonne.

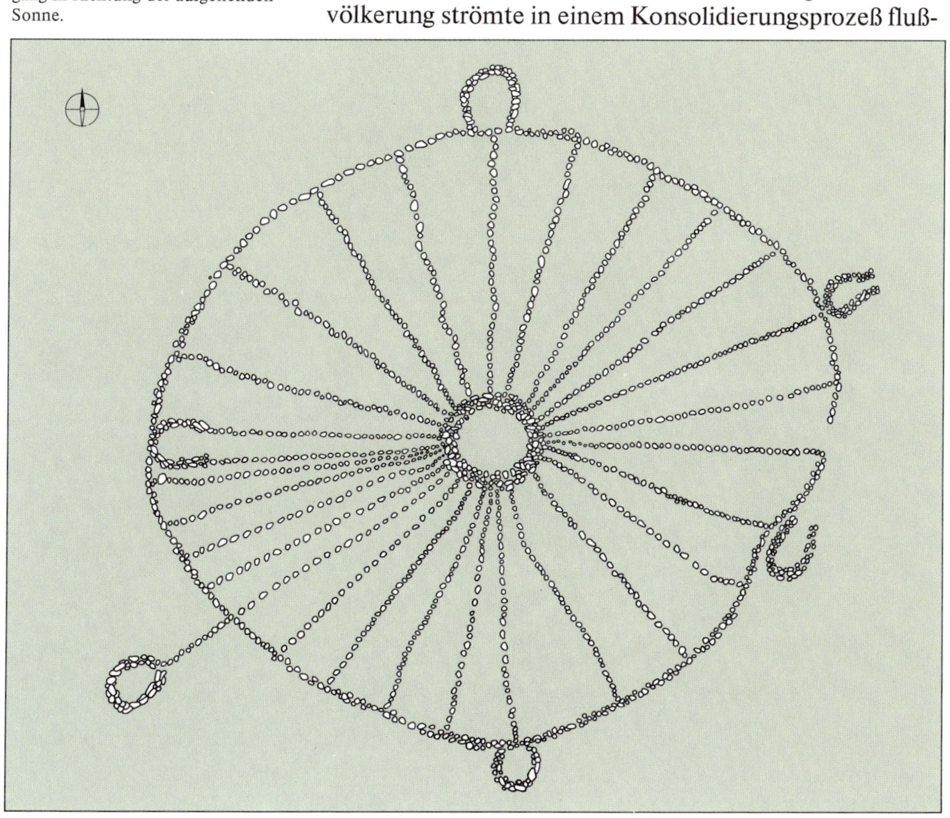

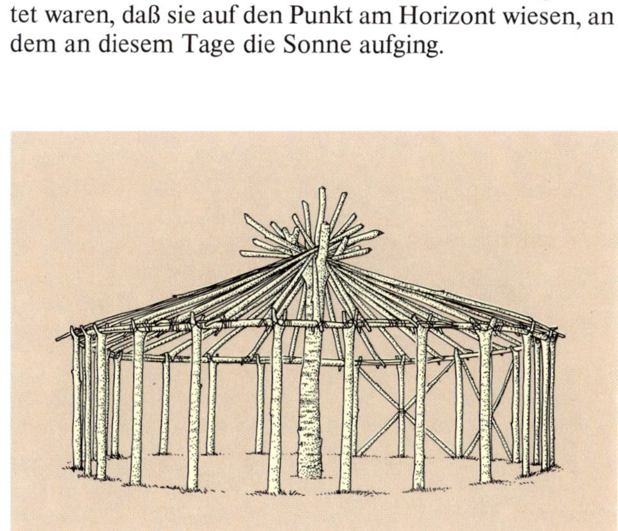

DIE TROCKENSTEPPE DES WESTENS
1000 v. Chr.–1800 n. Chr.

Links: Für die Bryce-Canyon-Region in der westlichen Trockensteppe sind die atemberaubenden Pink Cliffs kennzeichnend, aber es gibt hier auch einen Landschaftstyp, der ansonsten häufiger im Great Basin anzutreffen ist. Wacholder-, Piñon- und gelegentliche Gelbkiefer-Haine wechseln mit Wüsten-Buschwerk auf den Bergkämmen ab, und Weiden, Birken, Ahorn und Baumwollsträucher wachsen in den kälteren und feuchteren Canyons. Während des Winters türmt sich der Schnee in dieser Region meterhoch, so daß die prähistorischen Indianer Zuflucht in festen Winterquartieren nehmen mußten.

Unten: Die Trockensteppe des Westens

Diese Trockensteppe besteht aus zwei unterschiedlichen Teilen – dem Großen Becken (Great Basin) und der Plateau-Region. Die Flüsse des Great Basin fließen von den Randgebirgen kommend landeinwärts in salzhaltige Seen, wo das Wasser stehenbleibt und verdunstet. Der größte von ihnen ist der Große Salzsee (Great Salt Lake) in Utah. Wegen der spärlichen Regenfälle weist das Great Basin nur viele seichte Seen und während der längsten Zeit des Jahres ausgetrocknete Flußläufe auf. Vor Einführung moderner Bewässerungs- und Transportsysteme gab es hier wenig Nahrung, so daß nur eine dünne Besiedlung und die Lebensweise des Wildbeutertums möglich war. Trotz der Beschränkungen, die die schwierigen Umweltbedingungen den Menschen abverlangten, entwickelte sich in Utah als Ausnahmeerscheinung die Fremont-Tradition, die möglicherweise bereits 400 v. Chr. aus der Anasazi-Kultur hervorging. Sie verschwand aber im Zuge des allgemeinen Niedergangs der Südwest-Traditionen um 1300 so gut wie spurlos. (Die Fremont-Kultur wird auch in dem Abschnitt über den Südwesten behandelt.)

An anderen Stellen erstreckt sich das Great Basin nach Südost-Oregon, den südlichsten Teil von Idaho, an den Ostrand Kaliforniens und fast an die Südspitze von Neva-

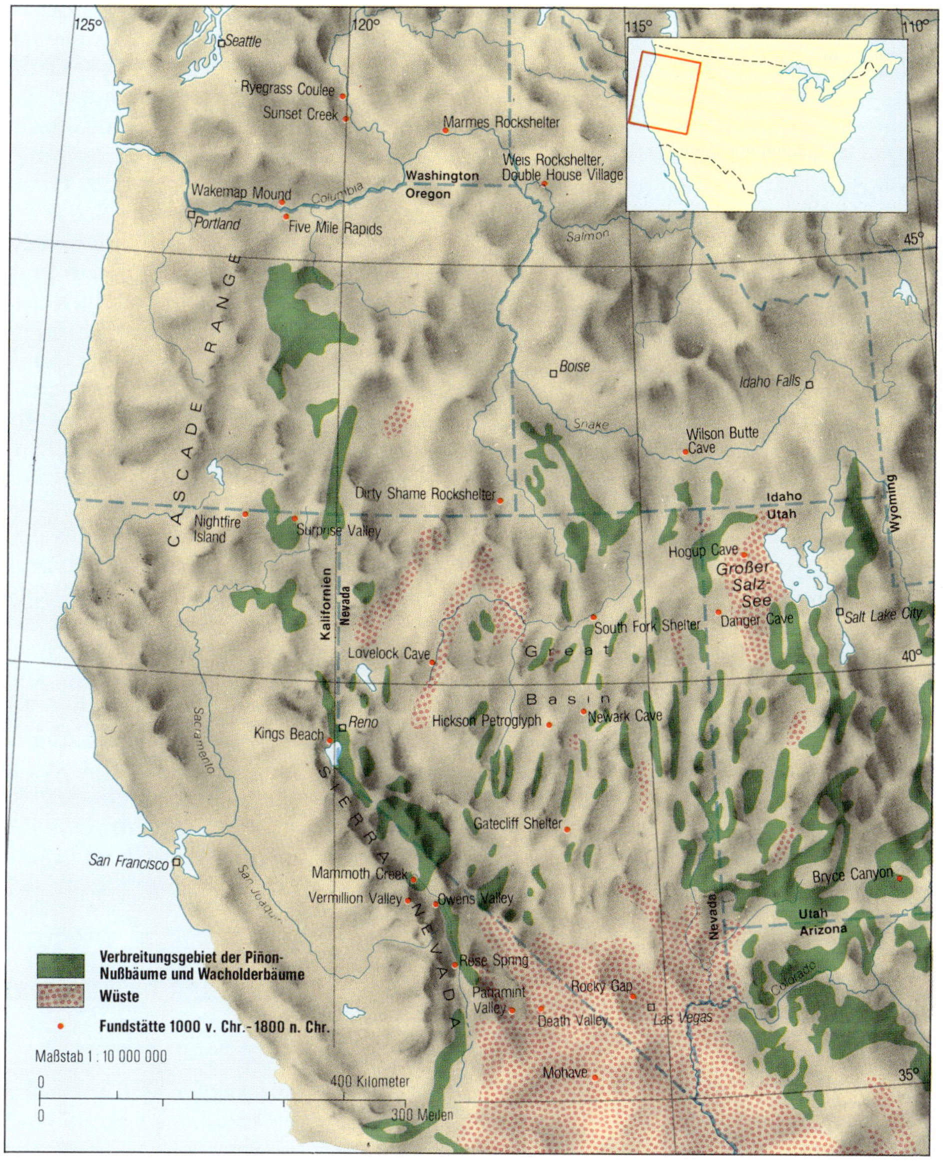

da. Zu prähistorischer Zeit entstand in diesem riesigen Landstrich keine der Fremont vergleichbare Tradition, alle hiesigen Kulturen blieben im wesentlichen bis zum Ende der Prähistorie archaischer Natur.

Als Plateau-Region bezeichnet man den intermontanen Raum unmittelbar nördlich des Great Basin. Er wird in der Hauptsache von zwei großen Flußläufen entwässert, dem Columbia und dem Fraser. Die Plateau-Region umfaßt den weitesten Bereich Idahos, Nordost-Oregons, sowie Ost-Washingtons und reicht bis nach British Columbia. Der Hauptunterschied zu den kulturellen Entwicklungen des Great Basin besteht darin, daß die Gesellschaften des Plateaus Zugang zu den hauptsächlichsten Fluß-Nahrungsquellen besaßen, die dort nicht oder kaum verfügbar waren.

Das Great Basin

Die lange prähistorische kulturelle Abfolge in diesem Gebiet konnte durch sorgfältige Ausgrabungsarbeiten an Fundorten wie Danger Cave und Hogup Cave nachgewiesen werden. Aus den trockenen Höhlen kamen nicht nur Wurfspitzen, Mahlsteine und Knochengeräte zum Vorschein, sondern auch Fragmente von Fangnetzen, spiralförmig gewundenen oder geflochtenen Körben und anderen Gegenständen aus Rohfasern. Aufschlüsse über die Nahrungsgewohnheiten gaben sowohl Samen und andere Stoffe im versteinerten menschlichen Kot als auch erhalten gebliebene Pflanzenreste. Ferner stieß man auf Knochen von Bison, Antilope, Schaf und Hirsch, doch sind diese im Vergleich zu den Knochen kleinerer Nagetiere wie Hasen und Kaninchen nicht sehr zahlreich. Es ist ganz deutlich, daß hier gegen Ende der Prähistorie die archaische Tendenz zur verstärkten Jagd auf eine Fülle von Kleintieren weiter fortgeschritten war als in den meisten übrigen Regionen Nordamerikas. In früheren Jahrtausenden hatte man Wasservögel und andere am Ufer der Flüsse lebende Vögel gefangen, aber in Fundstätten nach 1200 v. Chr. tauchen diese Arten nicht mehr häufig auf, ein Hinweis darauf, daß die Marschen immer mehr austrockneten und die Menschen durch diese schwierigen Umweltbedingungen zusehends unter Druck gerieten.

Aus Dokumenten des 19. Jahrhunderts geht hervor, daß die Bewohner des Great Basin oftmals während eines Jahres zwischen den an Flußläufen gelegenen Siedlungen in den Ebenen und den Piñon-Hainen an den Berghängen umherwanderten. Piñon-Nüsse wurden im Herbst gesammelt, dann gelagert und während des Winters verzehrt. Untersuchungen in Zentralnevada haben ergeben, daß diese Existenzform bis mindestens in das Jahr 2500 v. Chr. zurückreicht.

In Utah wurden die auf der archaischen Wirtschaftsstruktur basierenden Gruppen von den Trägern der Fremont-Tradition verdrängt. Einige eingesessene Gruppen haben möglicherweise in ökologischen Randzonen als Wildbeuter zwischen den Fremont-Dörfern überlebt, doch die meisten von ihnen wurden entweder aus ihren Wohngebieten vertrieben oder absorbiert. Mit dem Niedergang der Fremont-Kultur um 1300 ließen sich in Utah die Vorfahren der Schoschonen, Ute, Paiute und anderer Sprecher des numischen Zweigs der Uto-Aztekischen Sprachfamilie nieder. Sie breiteten sich von ihrem Kerngebiet in der Wüste Südost-Kaliforniens und von Süd-Nevada nach Nordosten aus. Einige Gruppen behielten ihre nomadisierende Lebensweise bei und wurden schließlich nach Einführung des Pferdes auf den Great Plains und Prärien die Hauptträger der neuen Tradition des Pferdenomadentums.

Die Expansion der numischsprachigen Stämme ist ein schwer zu erklärendes Phänomen, denn in kulturell-ökologischer Hinsicht waren sie eindeutig vielen der Stämme unterlegen, deren Platz sie einnahmen. Möglicherweise verlangte die einsetzende Dürre stärkere Formen der Anpassung und schuf härtere Existenzbedingungen, auf die sich die numischsprachigen Stämme besonders gut einstellen konnten, weil sie aus den Wüstenregionen Kaliforniens und Nevadas stammten. So konnten sie ohne Schwierigkeiten die Lücke füllen, als die Gemeinwesen der Fremont-Kultur und anderer Gruppen von der Bildfläche verschwanden.

Die Plateau-Region

Die langfristige kulturelle Entwicklung auf den Plateaus wurde größtenteils dadurch geprägt, daß sie gegenüber dem Great Basin über mehr Feuchtigkeit sowie über bedeutende, ins Meer mündende Flußsysteme verfügten. Der Columbia und der Fraser bewässerten ein Flußnetz, das großen Schwärmen pazifischer Lachsarten als Laichplatz diente. Lachs und andere Flußfische ergänzten hier die Nahrungsquellen, die auch im Great Basin zur Verfügung standen. Um das erste vorchristliche Jahrtausend hatten sich viele Gruppen des Plateaus in halbfesten Dörfern aus halbunterirdischen Behausungen niedergelassen – soliden Bauten, die für die mehr nomadisch ausgerichteten Gruppen des Great Basin nicht geeignet waren. Diese Siedlungsform überlebte auf den Plateaus bis zum Eintreffen der Europäer.

Im Columbia-Flußnetz war der Lachsfang in älterer Zeit wahrscheinlich nicht oder kaum entwickelt gewesen. Die steil in den Abgrund stürzenden Wassermassen des Columbia an der Stelle, an der er das Kaskadengebirge durchbricht, haben wohl für ein Ausbleiben der wandernden Lachsschwärme über lange Perioden gesorgt, so daß die frühen sahapintisprachigen Stämme gezwungen waren, sich Formen der Nahrungsgewinnung zuzuwenden, die mehr denen des Great Basin als denen des Fraser-Flußsystems glichen. Währenddessen behielten die Stämme der Salish-Sprachfamilie in der Fraser-Region eine stark von diesem Flußsystem geprägte Wirtschaftsform bei und unterhielten relativ enge Kontakte mit ihren sprachverwandten Brüdern weiter flußabwärts an der Nordwestküste. Erst der Kaskaden-Erdrutsch um 1265 n. Chr. öffnete den Lachsschwärmen wieder die Nebenflüsse des Oberen Columbia.

Die historischen Klamath und Modoc lebten in einem keilförmig sich erstreckenden Plateau-Ausläufer zwischen Kalifornien, Great Basin und Nordwestküste. Zu historischer Zeit lag das Zentrum ihres Territoriums am Klamath-See in Oregon. Charakteristisch für sie war, daß sie in geräumigen halbunterirdischen Erdbauten wohnten, die sie jeden Sommer verließen und teilweise demontierten, damit sie auslüften und austrocknen konnten. Während des Sommers lebten die Klamath und Modoc in Hütten aus Strauchwerk. Dieses interessante System trifft man auch in Fundstätten des Surprise Valley in Kalifornien an, die aus der Phase zwischen 4000–3000 v. Chr. stammen. Daß dieses Phänomen hier in der Folge verschwand, kann mit dem Rückzug der kulturellen Vorfahren der Klamath und mit der Expansion der frühen numischsprachigen Stämme in Zusammenhang stehen.

Weder die Ursprünge noch das schließliche Schicksal der Fremont-Kultur sind vollständig geklärt. Jedoch zeigen Statuetten wie die *unten* abgebildete (Höhe zehn Zentimeter) deutlich die Beziehungen, die diese kurzlebige und marginale Entwicklung zu den Anasazi- und Hohokam-Traditionen im Südwesten besaß.

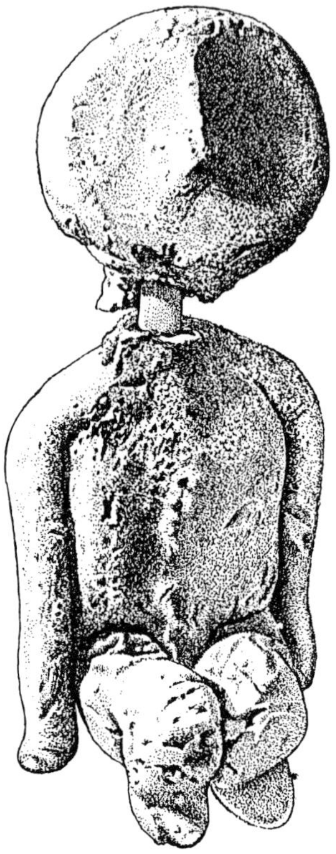

DER PRÄHISTORISCHE SÜDWESTEN

Die Archäologen unterscheiden drei Haupt- und zwei Nebentraditionen im prähistorischen Südwesten. Zur Zeit ihrer größten Ausbreitung erstreckten sich diese Traditio-

Rechts: Der prähistorische Südwesten Die späte Prähistorie dieses Kulturraums wird von fünf Traditionen bestimmt, von denen drei – Anasazi, Hohokam und Mogollon – als Haupttraditionen, die beiden anderen – Patayan und Fremont – als Nebentraditionen gelten. Die Karte veranschaulicht die jeweils maximale Ausdehnung der einzelnen Traditionen. Hierbei muß betont werden, daß diese größten Ausdehnungen nicht gleichzeitig erreicht wurden, daß also die in der Karte erscheinenden Überlappungszonen nicht de facto existierten, obwohl es in einigen Fällen durchaus zu Überlappungen gekommen ist. Ferner erreichte keine der Traditionen ihre hier verzeichnete maximale Ausdehung zu einem bestimmten Zeitpunkt: Expansion und Rückzug erfolgten vielmehr in verschiedener Zeit in verschiedene Richtung. Bei den aufgeführten Stätten dieser fünf Traditionen handelt es sich jeweils um solche, die entweder gegenwärtig für die Öffentlichkeit zugänglich sind oder (obzwar nicht zugänglich) doch einen so prominenten Platz in der archäologischen Literatur einnehmen, daß sie erwähnt werden müssen.

nen über den weitesten Bereich Arizonas, New Mexicos und Utahs sowie über Teile Colorados, Kaliforniens und Nevadas. In Mexiko traten sie im Gebiet von Sonora und Chihuahua auf. Die drei Haupttraditionen werden als Hohokam, Mogollon und Anasazi bezeichnet, die beiden Nebentraditionen sind die Patayan – und die (schon erwähnte) Fremont-Kultur.

Im Südwesten hat man sich über Jahrzehnte der Technik der Baumring-Datierung (Dendrochronologie) bedient und ist zu äußerst präzisen Zeitbestimmungen gelangt. Die Dendrochronologie erwies sich als besonders erfolgreich in Stätten der Anasazi- in geringerem Maße auch in jenen der Mogollon-Kultur. Der Grund hierfür liegt darin, daß sich diese Methode besonders gut für Gebiete mit Wüstenklima eignet, weil dort die Baumringe sehr genau die Klimaschwankungen widerspiegeln und weil andererseits das Holzmaterial gut erhalten ist. Am schlechtesten ist es um die Chronologie der Hohokam-Kultur bestellt, weil in vielen in Frage kommenden Stätten keine geeigneten Holzfragmente überdauert haben. In diesen Fällen mußten die Archäologen auf die Radiokarbon-Messung, die archäomagnetische Methode und auf die Obsidian-Datierung zurückgreifen.

Die prähistorischen Traditionen des Südwestens entstanden vor über 2000 Jahren aus archaischen Anfängen. Keramik und Gartenbau wurden aus Mexiko übernommen, und die hieraus resultierende seßhafte Lebensweise begann sich bereits um 300 v. Chr. zu entwickeln. Schließlich breitete sich eine jede Kultur bis an eine bestimmte Grenze aus, was aber nicht ausschloß, daß es in einigen Gebieten zu Überlappungen kam.

Die Hohokam-Tradition

Die Festlegung der Entstehungszeit der Hohokam-Kultur gestaltete sich aufgrund der problematischen Datierungstechniken sehr kompliziert und ist weiterhin unter Wissenschaftlern umstritten. Ausgrabungen in Snaketown führten einige Archäologen zu der Annahme, daß diese Tradition bereits 300 v. Chr. nachweisbar sei, während andere ein Entstehungsdatum vor 300 n. Chr. oder sogar 500 n. Chr. für sehr unwahrscheinlich halten.

Das Zentrum der Hohokam lag im Süden der Wüste Arizonas, wo in späterer Zeit die Heimat der Pima Alto- und Papago-Indianer war. Diese Indianergruppen sieht man im allgemeinen als die heute noch lebenden Nachfahren der Hohokam an. Es könnte durchaus sein, daß sich die Hohokam-Kultur von Mexiko ausgehend im Südwesten festsetzte und daß ihre Träger mexikanische Kulturelemente einführten. Diese Möglichkeit wird jedoch inzwischen immer häufiger von Archäologen in Zweifel

Seite 70/71: Montezuma's Castle ist in Wirklichkeit kein Schloß, noch steht es in irgendeiner Beziehung zu dem Azteken-Herrscher, der durch Cortés den Tod fand. Dieses mit einem Phantasienamen versehene Klippenhaus liegt in Verde Valley in Zentralarizona und zählt zu den vielen Stätten im Südwesten, die besichtigt werden können. Montezuma's Castle sowie einige Orte in der Nähe davon wurden von den Trägern der sogenannten Sinagua-Kultur errichtet, die in späterer Zeit ihre Siedlungsplätze im Verde Valley wegen einer Verschlechterung der Umweltbedingungen aufgeben mußten.

gezogen, die eine komplexere Entstehungsgeschichte annehmen, die eine kulturelle Evolution vor Ort sowie Handelsbeziehungen und rituelle Einflüsse von Süden her einschloß.

Die Hohokam betrieben künstliche Bewässerung, um Feldfrüchte in der Wüste anbauen zu können. Diese Technik ist zwar doppelt so aufwendig wie Terrassierung und viermal so aufwendig wie Pflügen entlang der Höhenlinien, doch immer noch ertragreich genug, um die Anstrengungen zu rechtfertigen. Ernten waren zweimal pro Jahr möglich, die erste im März/April, wenn der Schnee in den fernen Bergen zu schmelzen begann, die zweite im August, wenn der aus dem Gebirge kommende Regen niederging.

Für Hohokam-Stätten ist vielfach die Rot-auf-Ocker-Keramik charakteristisch. Die Gefäße besitzen nicht selten breite Ausbuchtungen, die zumindest teilweise dazu dienten, große Flächen für die Farbdekorationen zur Verfügung zu haben. Zu den anderen typischen Funden gehören Steinäxte mit tiefen Auskehlungen für den besseren Sitz der Stiele, steinerne Paletten, tief ausgekerbte Wurfspitzen, Kupferglocken und Muschelschmuck. Die Steinpaletten wurden möglicherweise mit einem dünnen Wasserfilm überzogen und als Spiegel verwendet oder schlicht für das Zermalen von Farbstoffen benutzt. Die Kupferglocken stellte man im Wachsausschmelzverfahren her; sie sind einer der Beweise dafür, daß mit Mexiko Handelsbeziehungen aufrechterhalten wurden.

Die Hohokam-Stätten aus der Zeit nach 600 n. Chr. weisen dann auch Ballspielplätze und niedrige Plattformhügel auf, beides ebenfalls Indizien für mexikanischen Einfluß. Sowohl Snaketown als auch Pueblo Grande besitzen imposante Plätze dieser Art. Die Plattformhügel sind gewöhnlich nur einen Meter hoch (selten mehr als drei Meter), rechteckig und bis zu 30 Meter lang. Diese Bauten waren vielfach in zentralliegenden Siedlungen konzentriert, etwa in Mesa Grande, woraus gefolgert werden kann, daß größere Gemeinwesen sowohl die Kontrolle über kleinere Dörfer der Umgebung ausübten als auch über das Netzwerk von Bewässerungskanälen, die allen Gruppen zur Verfügung standen. Hieraus wiederum hat man geschlossen, daß die Hohokam-Gemeinwesen in Häuptlingstümer organisiert gewesen sein müssen und keine isolierten, unabhängigen Dörfer bestanden.

Die am Nordrand des Hohokam-Territoriums lebenden Menschen in Verde Valley, in Zentralarizona, entwickelten eine Mischkultur, die auf den drei Haupttraditionen des Südwestens beruhte. Diese Sinagua genannte Kultur kam nach 1100 n. Chr. zur Entfaltung, als sich in einem kleinen Umkreis fruchtbare Lavaasche von einem Vulkanausbruch abgelagert hatte. Die durch die Eruption des Sunset-Kraters angeregte Kulturblüte ist für die Fundstätte Tuzigoot und Montezuma Castle nachweisbar (die letztere Bezeichnung ist eine von den Spaniern eingeführte irreführende Anspielung auf das Schloß des Azteken-Herrschers Mon[c]tezuma). Doch offensichtlich waren die Sinagua-Leute überfordert, als sich die Fruchtbarkeit der Böden schließlich wieder erschöpft hatte, und so wurde die Region nach 1300 im großen und ganzen aufgegeben. Viele Sinagua-Gruppen zogen in das Hohokam-Gebiet, wo es zu einer kulturellen Vermischung kam, die als Salado-Tradition bezeichnet wird. Der Ausgrabungsort Casa Grande in Arizona kann als Beispiel für diesen kulturellen Fusionsprozeß herangezogen werden. Während die Hohokam ihre Toten weiterhin verbrannten und die Asche in den charakteristischen Rot-auf-Ocker-Keramikgefäßen beisetzten, benutzten die Salado-Leute rote, schwarze und weiße mehrfarbige Gefäße für die Bestattung ihrer nicht eingeäscherten Toten.

Die traditionellen Hohokam-Siedlungen bestanden aus flachen Grubenhäusern mit Wänden aus Flechtwerk mit Lehmbewurf, die bis in den Caliche-Untergrund (lößartiger, wasserundurchlässiger Lehm) eingelassen wurden, der in den meisten Teilen dieser Region unter der Sandoberfläche liegt. Nach 1300 wandelten sich die Hohokam-Dörfer unter Salado-Einfluß zu rechteckigen, von Trockenlehmziegelmauern eingefriedeten Arealen. Die Außenmauern dieser Dörfer umschließen aus luftgetrockneten Calicheck-Adobe-Ziegeln (Schlammziegeln) errichtete Bauwerke, die ganz über dem Boden stehen. Der Hauptkomplex (Great House) von Casa Grande bestand aus mehreren übereinanderliegenden Schichten von Trockenlehmziegeln, war an der Basis massiv und lief gegen die Spitze konisch zu. Er wies im Inneren vier Stockwerke auf, obwohl der Zentralraum im Untergeschoß zur Verbesserung der Statik mit festen Trockenlehmziegeln ausgefüllt war. Die Archäologen haben als mögliche Erklärung hierfür, daß die Salado-Leute Mauerwerk aus Steinmaterialien (die es in der Hohokam-Region nicht gab) gewöhnt waren, wie die in Tuzigoot angetroffenen Bauten beweisen, und daß sich deshalb ihr mangelndes Vertrauen in die von den Hohokam übernommene Technik der Verarbeitung von Trockenlehmziegeln in der Massivbauweise der Häuser äußerte.

Um 1450 brach das politische System der Hohokam infolge von Mißernten und möglicherweise auch Apachen-Überfällen zusammen. Als die Spanier die ersten Inlandsvorstöße unternahmen, waren die Häuptlingstümer verschwunden und ebenso das von ihnen geschaffene und aufrechterhaltene Bewässerungssystem. Die Nachfahren der Hohokam hatten sich in kleine verstreut liegende Dörfer zurückgezogen und sorgten in voneinander unabhängigen Gartenbaugruppen für ihren Unterhalt.

Die Mogollon-Tradition

Obwohl keineswegs gesichert, ist das Alter der Mogollon-Tradition doch weniger umstritten als das der Hohokam-Kultur. Viele Archäologen setzen den Ursprung im 3. Jahrhundert n. Chr. an. Später, nach dem ersten Auftreten der Rot-auf-Weiß Keramik, expandierten die Mogollon-Niederlassungen entlang der Nebenkanalisationswege. Die Siedlungen zeichneten sich durch größere Ansammlungen kleinerer Häuser aus, so daß man von einer Veränderung in der Wohnstruktur ausgehen muß. In Mimbres Valley gewonnene Datierungen bezeugen, daß diese Ausbreitung in der zweiten Hälfte des 9. Jahrhunderts erfolgte.

Eine eingehende Untersuchung von Casas Grandes im mexikanischen Staat Chihuahua hat ergeben, daß diese riesige Stadt im Bereich der Mogollon-Tradition lag. Die dort arbeitenden Archäologen gehen davon aus, daß die Hauptbautätigkeit um 1060 begann, nach 1261 abebbte und 1350 ganz endete. Ferner hat die Lage der Stadt einige Wissenschaftler zu der Annahme verleitet, daß hier ein Einfallstor für die mexikanischen Pochteca geschaffen worden war, eine Klasse von Langstreckenhändlern, die als Vorhut der imperialistischen Azteken-Expansion im 16. Jahrhundert gilt. Obwohl die Lösung dieser wissenschaftlichen Kontroverse notwendig für das Verständnis der allgemeinen Entwicklungstendenzen im Südwesten ist, muß man doch erst weitere Forschungsergebnisse abwarten, ehe man sich ein klares Bild machen kann.

Vor 1000 n. Chr. bewohnten die Mogollon-Leute im allgemeinen halbunterirdische Grubenhäuser, während danach zunehmend mehrstöckigen, oberirdischen Häusern der Vorzug gegeben wurde. Dieser Trend begann sich zunächst im Nordteil des Mogollon-Territoriums bemerkbar zu machen, wo starke Anasazi-Einflüsse herrschten.

Der Wandel steht möglicherweise in Zusammenhang mit dem Verschwinden der Männer-orientierten Wohnform (Viri-Patrilokalität) und dem Auftauchen der Frauen-orientierten Wohnkultur (Uxori-Matrilokalität), die auch von den historischen Pueblo-Gemeinwesen bekannt ist. Das Entstehen von unterirdischen Kivas für kultische Zwecke unterstreicht diese Interpretation. Die Kivas sind Nachläufer der älteren Grubenhäuser, die als Zeremonialstätten für männliche Blutsverwandte dienten, die in der Frauen-orientierten Wohnkultur nicht zusammenleben konnten. Einige werden wegen ihrer Größe als »Große Kivas« bezeichnet und betragen gelegentlich bis zu zehn Meter im Durchmesser. Allerdings gibt es in jedem Dorf nur eine derartige Anlage, was den Schluß nahelegt, daß sie als Kulträume für das gesamte Gemeinwesen fungierten und nicht nur einzelnen Gruppen männlicher Klanmitglieder zur Verfügung standen. Kleinere Kivas waren dagegen offenbar den männlichen Mitgliedern eines bestimmten Klans vorbehalten.

Zur gleichen Zeit entstand im Tal des Mimbres eine charakteristische Schwarz-auf-Weiß-Keramik, die sich durch geometrische Designs auszeichnet, aber auch stilisierte Menschen- und Tierdarstellungen aufweist. Diese Gefäße wurden meist als Grabbeigaben benutzt, und als solche wurden sie rituell »getötet«, indem man sie zerbrach oder durchlöcherte.

Um 1100 n. Chr. begann die Mogollon-Kultur zu zerfallen. Dieser Niedergang kam möglicherweise um 1250 kurz zum Stillstand, beschleunigte sich dann aber wieder während des 14. Jahrhunderts. Wie auch andere bedeutende Traditionen des Südwestens brach diese Tradition in sich zusammen, als klimatische Veränderungen das stets anfällige System der Nahrungsmittelproduktion zerstörten. Trockenheit, Mißernten und möglicherweise auch plündernde Apachen verdrängten die übrig gebliebenen Mogollon-Gruppen in einige wenige Enklaven. Einige Mogollon-Leute bildeten möglicherweise auch Gemeinschaften mit Überlebenden der Anasazi- oder Hohokam-Traditionen. Die Zuni-Pueblos jedenfalls scheinen teilweise von Nachfahren der Mogollon bewohnt gewesen zu sein.

Die Anasazi

Obwohl sich viele Archäologen auf 3000 v. Chr. als Einführungsdatum des Maises im Südwesten geeinigt haben, muß aufgrund jüngerer Forschungen davon ausgegangen werden, daß ein Datum um 750 v. Chr. realistischer ist. Um 185 v. Chr. tauchten im Vierländereck von Arizona, New Mexico, Utah und Colorado erstmals Dörfer in Grubenbauweise auf. Zu dieser Zeit fertigten die Träger der Anasazi-Tradition keine Keramik, und so nennt man die frühen Perioden dieser Tradition Korbmacher(Basketmaker)-Phase I, II (100 v. Chr.–400 n. Chr.) und III (400–700 n. Chr., auch als Modifizierte Korbmacher-Phase bezeichnet). Im Anschluß daran beginnt die Pueblo-Phase I, und die darauffolgenden Perioden der Anasazi-Kultur sind durch Baumringdatierung (Dendrochronologie) genau einzuordnen.

Die ersten Grubenhäuser der Anasazi sind noch flach und von sehr grober Bauweise. Als man die Häuser in späterer Zeit immer tiefer in die Erde verlegte, verwandelte sich das ehemalige Rauchloch dann in den Eingang eines vollständig unterirdischen Baus. Diese Häuser der späteren Phase mußten mit Lüftungsschächten versehen werden, damit Zugluft eindringen und den Rauch durch den Eingang in der Decke zum Abzug brachte. Kleine Windmauern (Deflektoren) regelten die Belüftung in den zusehends nach festen Regeln errichteten Wohnstätten. Es war sogar Vorschrift, daß der Fußboden an einer genau

Die Mimbres-Keramik

Unten links: Die ersten Schwarz-auf-Weiß-Schalen tauchen im achten Jahrhundert n. Chr. auf. Der sogenannte Stil III, für den dieses Stück aus der Fundstätte Mattocks ein Beispiel ist, entwickelte sich erst drei Jahrhunderte später. Hintergrund und Motiv fließen in dieser Abbildung von Mensch und Vogel absichtlich ineinander.

Ganz unten links: Die meisten Mimbres-Gefäße wurden als Grabbeigaben gefertigt, und die Mehrzahl von ihnen wurde rituell »getötet«, indem man Löcher in den Gefäßboden schlug, denn nur so konnten sie die Verstorbenen ins Jenseits begleiten. Auf der hier gezeigten Schale ist ein Mann zu sehen, der einen rasselähnlichen Gegenstand durch die Luft wirbelt.

Die Mimbres-Kultur war ein relativ kleiner und isolierter Zweig der bedeutenden Mogollon-Tradition des Südwestens. Ihr Zentrum lag am Flußlauf des Mimbres im südwestlichen Teil New Mexicos, und ihre Träger, die vom Maisanbau, dem Sammeln von Wildpflanzen sowie der Jagd vor allem auf Antilopen, Hirsche und Kaninchen lebten, sind berühmt für ihre Töpferwaren, die zu den schönsten Keramiken des präkolumbischen Südwestens zählen. Es gibt zwei unterschiedliche Dekorstile, zum einen stilisierte Darstellungen von Tieren und Fabelwesen, zum anderen geometrische Motive, die eine erstaunliche Exaktheit der Pinselführung erkennen lassen. Die Grabkeramik der Mimbreños setzt sich zum überwiegenden Teil aus Schalen und Schüsseln zusammen, die über die Gesichter der Toten gestülpt wurden.

Unten: Die auf dieser Schale (Stil III) abgebildete Figur vereint in sich Züge eines Menschen, einer Fledermaus und eines Hirsches, möglicherweise Hinweise auf eine schamanistische Verwandlung. Die Bemalung ist sowohl rot als auch orangefarben auf weißem Untergrund.

Unten: Die beiden stark stilisierten Bergschafe verdeutlichen, warum die Mimbres-Schalen den abstrakt geprägten Geschmack moderner Kunstkenner ansprechen. Leider hat die Nachfrage nach solchen Stücken zur Plünderung vieler Stätten geführt. Die Schale, ebenfalls Stil III, mißt 24 Zentimeter im Durchmesser.

Ganz unten: Diese Stil-III-Schale trägt die Abbildung einer Fledermaus, deren Körper mit geometrischen Mustern verziert ist. Die schöne Schale mußte nur leicht restauriert werden und scheint kein Loch als Zeichen der rituellen »Tötung« aufzuweisen.

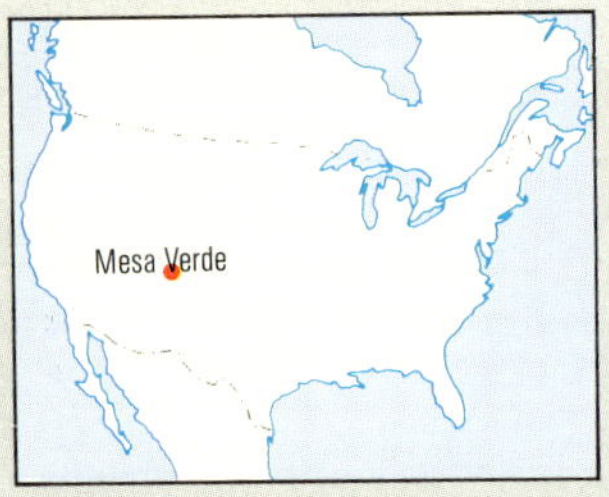

Mesa Verde und Canyon de Chelly

Mesa Verde, ein Nationalpark in Colorado, und der Canyon de Chelly, ein Nationalmonument in Arizona, sind wichtige Anasazi-Fundstätten in jenem Gebiet des Südwest-Plateaus, das als Vierländereck bekannt ist. In beiden Fällen haben sich die Flüsse tief in das Plateau gegraben, so daß steile Klippen entstanden, die oftmals schützende Felsvorsprünge bilden. Ab dem zwölften Jahrhundert errichteten die Anasazi neue Dörfer mit Vorliebe an diesen geschützten Stellen und schufen so die charakteristischen Klippenhäuser (*cliff dwellings*).

Als kleine viereckige Behausungen zu Klippenhauskomplexen zusammenwuchsen, wurden die zuerst näher an die Felswand gebauten Wohnungen zu Vorratsräumen umfunktioniert, ferner umfaßte jeder Komplex eine Reihe von runden unterirdischen Kivas, die als Treffpunkt für die männlichen Mitglieder der matrilinearen Klane dienten. Die Klippenwohnungen wurden überwiegend Anfang des 14. Jahrhunderts aufgegeben, und die abwandernden Anasazi überließen weite Teile des Südwestens den nomadisierenden Navajo und Apachen.

Die größten Klippenpueblos in Mesa Verde (»Grüner Tisch«), ein im 17. Jahrhundert durch die Spanier geprägter Name, sind Cliff Palace, Spruce Tree House, Long House und Spring House. Die Siedlungen im Canyon de Chelly sind generell kleiner als die von Mesa Verde und stammen in ihrer Mehrzahl aus dem elften und zwölften Jahrhundert.

Seite 76/77: Cliff Palace, hier im Winter aufgenommen, besteht aus über 200 Räumen und 23 Kivas. Einige der runden Kivas, heute ohne Dächer, sind auf der Fotografie zu erkennen. Als sie noch überdacht waren, bildeten sie einen Teil des offenen Raums vor den Gebäuden. Die Dächer der unteren Stockwerke konnten von den Bewohnern der zurückgesetzten oberen Stockwerke als Balkone verwendet werden.

Unten: Das Zentrum des Mesa-Verde-Komplexes liegt 32 Kilometer südlich des Parkeingangs. Die Routen sind so angelegt, daß der Besucher sowohl die Ruinen auf der Canyon-Höhe als auch jene an den Steilhängen besichtigen kann, die das Plateau durchschneiden. Die Führung beginnt gewöhnlich am Spruce Tree House, das sich in der Nähe des Museums und zentralen Verwaltungsgebäudes befindet.
Reste der terrassierten Felder und Begrenzungslinien kann man heute noch auf der abgeflachten Plateau-Höhe erkennen. Um das zweite Jahrhundert v. Chr. tauchten in diesem Teil des Südwestens nach und nach die ersten Erdgrubenhäuser auf, gegen 700 n. Chr. hatte man dann begonnen, ebenerdige Häuser auf der Plateau-Höhe anzulegen, die rund 450 Jahre später fast allesamt zugunsten von Bauten entlang der Canyonwände aufgegeben wurden.

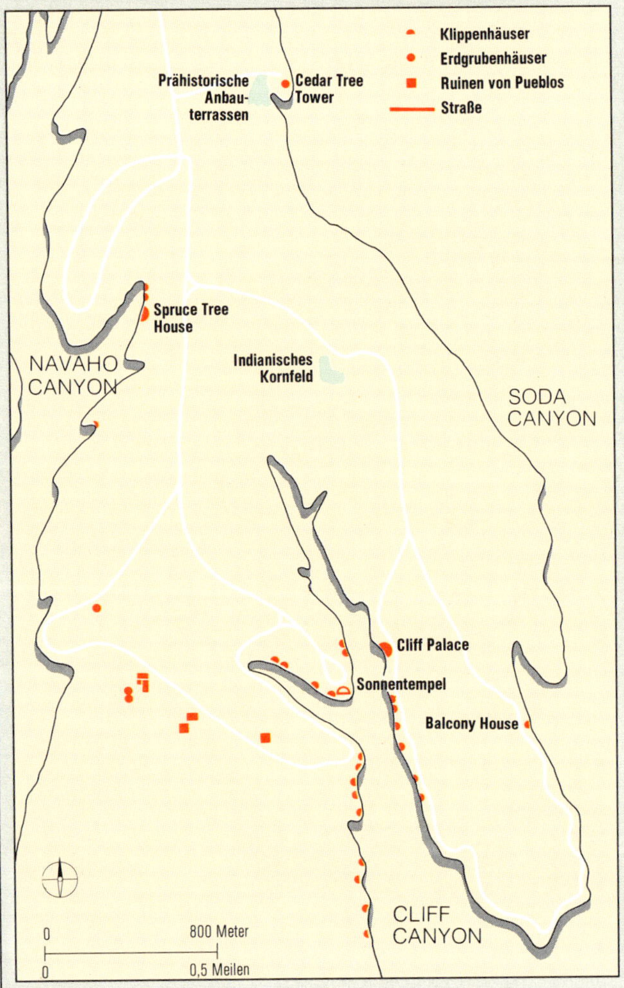

Unten: Diese Ansicht von Cliff Palace zeigt eine Mischung aus trapezförmigen und schlüssellochartigen Eingängen sowie die Pilaster eines unbedachten Kivas im Vordergrund. Cliff Palace besaß mehr als die gewöhnliche Zahl von Kivas pro Wohneinheit, was die Archäologen zu der Annahme veranlaßt hat, dieses Dorf habe als kultisches Zentrum für die Bewohner von Mesa Verde gedient.

Rechts: White House im Canyon de Chelly wurde in eine Felsnische hineingebaut.

bestimmten Stelle ein Loch, *sipapu,* aufwies, das als Symbol für die Öffnung galt, aus der die Menschheit einst aus der Unterwelt emporgestiegen sein sollte.

Nach 500 n. Chr. entwickelten die Anasazi ihre charakteristische, von den Hohokam- und Mogollon-Traditionen beeinflußte Schwarz-auf-Weiß-Keramik. Gleichzeitig begann man, die Grubenhäuser durch überirdische Bauten aus Steinmauerwerk zu ersetzen. Wie auch bei den Mogollon wurden die Grubenhäuser als Kivas beibehalten, die von den männlichen Klanmitgliedern für zeremonielle Zwecke und soziale Belange benutzt wurden. Außerdem breitete sich diese Kultur während der Umstellungsperiode immer weiter vom ursprünglichen Herzland aus und hatte gegen das Jahr 1100 schließlich ihren Höhepunkt erreicht.

In Mesa Verde tauchen überirdische Wohnungen um 700 n. Chr. auf, und bis zum Jahre 950 bestand die Mehrzahl der Mesa-Verde-Dörfer aus kompakten mehrstöckigen Gemeinschaftsbauten, die sich über den Klippen erhoben. Um 1150 hatte man dann aber hier alle Dörfer an sichere Plätze zwischen die Klippen verlegt. Riesige natürliche Felsvorsprünge erlaubten die Errichtung von Wohnkomplexen wie Cliff Palace, einer aus über 200 Räumen und 23 Kivas bestehenden Anlage. Der relativ hohe Prozentsatz von Kivas im Vergleich zu Wohnräumen läßt wohl darauf schließen, daß Cliff Palace für viele umliegende Klippendörfer von Mesa Verde den zentralen Zeremonialplatz darstellte.

Die Aufgabe der Wohnstätten im nordamerikanischen Südwesten wurde jahrzehntelang mit der verheerenden Dürreperiode von 1276–1299 in Verbindung gebracht, doch wird diese These heute nicht mehr allgemein aufrechterhalten. Dennoch steht fest, daß die Anasazi- und andere Traditionen um 1300 einem augenfälligen Auszehrungsprozeß zum Opfer fielen. Erst nach diesem Verfall der Anasazi-Kultur folgten Invasionen fremder Stämme, und bis etwa 1500 gibt es kaum starke Anhaltspunkte dafür, daß Überfälle der Navajo und Apachen stattgefunden haben. Es dauerte dann allerdings nur einige Jahrzehnte, bis auch die Spanier die indianischen Dörfer des Südwestens ihrer Herrschaft unterwarfen. Dennoch leben die Nachfahren der bedeutendsten Traditionen dieser Region heute noch als starke Gemeinwesen fort.

Die Fremont-Tradition

Die Anfänge dieser in Utah beheimateten Rand-Kultur liegen möglicherweise bereits um 400 n. Chr., doch ob dabei die Wanderung der Anasazi nach Utah eine Rolle spielte oder ob es sich um eine lokale Entwicklung handelte, die lediglich dem Einfluß der Anasazi unterlag, ist bislang noch umstritten, wenn auch die meisten Archäologen die zweite Möglichkeit favorisieren. Die Träger der Fremont-Kultur sind möglicherweise die dort ansässigen uto-aztekischen Vorfahren noch existierender Stämme wie der Schoschonen gewesen. Ein Wissenschaftler hat sogar die These aufgestellt, daß sie Na-Dene-sprachige Indianer waren und mit den Navajo und den Apachen verwandt seien und daß sich ihre Sprachfamilie von Kanada nach Süden ausgebreitet habe. Einige der Fremont-Siedlungsplätze wurden bereits um 950 n. Chr. verlassen, um 1150 war die Kultur einem Schrumpfungsprozeß unterworfen, und nach 1300 bestanden nur noch wenige Niederlassungen. Das weitere Schicksal der Fremont-Leute ist in völliges Dunkel gehüllt.

Die Patayan-Tradition

Die Träger dieser Tradition, die gelegentlich auch als Hakataya bezeichnet wird, scheinen hoka-(insbesondere yuma)sprachige Indianer der Colorado-Region gewesen

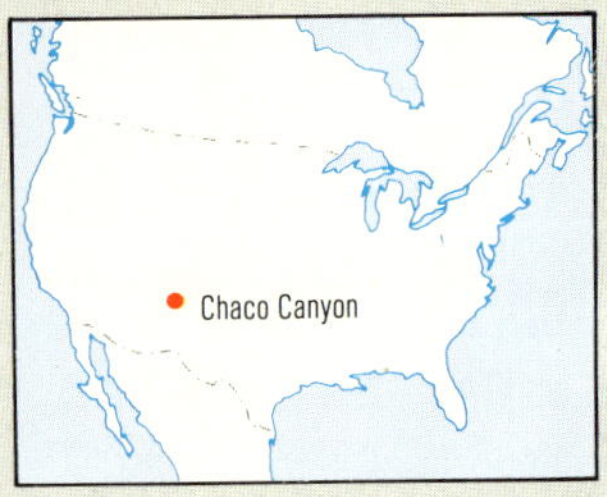

Chaco Canyon

Das Chaco-Phänomen erstreckte sich über 53 000 Quadratkilometer im San-Juan-Einzugsgebiet und in den umliegenden Hochländern. Große, architektonisch gestaltete Städte sind im Chaco Canyon konzentriert (heute als Nationalmonument unter Naturschutz), aber es gab auch bedeutende Satelliten-Siedlungen, etwa jene von Aztec und Salmon. Insgesamt beläuft sich die Zahl der bekannten Städte mit öffentlichen Bauwerken in diesem Chaco-Netzwerk auf 125, von denen viele durch prähistorische Straßen untereinander verbunden waren. Die eindrucksvollsten archäologischen Stätten im Chaco Canyon sind große D-förmige Niederlassungen, zu denen Pueblo Bonito, Chetro Ketl, Hungo Pavi und Pueblo Alto zählen. Die Chaco-Siedlungen erlebten ihre Blüte zwischen 950 und 1300 n. Chr., und sie blieben auch dann noch Mittelpunkt eines weitverzweigten Handelsnetzes, als die Grenzen der Anasazi-Tradition sich verschoben hatten. Der Chaco Canyon lag im zehnten und elften Jahrhundert am Nordrand, im zwölften Jahrhundert dagegen an der südlichen Peripherie dieses Handelsnetzes. Einige Archäologen glauben, daß der Canyon sowohl ein Kultzentrum als auch ein wichtiger Umschlagplatz für Nahrungsmittel und Luxusgüter, insbesondere Türkis, war. Andere Archäologen dagegen führen die Ausbreitung des Chaco-Phänomens weniger auf Handelsgründe als vielmehr auf eine Bevölkerungsexpansion mit dem Ziel zurück, neue Wohngebiete zu erschließen. Hauptstreitpunkt ist die Frage, ob die Satelliten-Siedlungen ursprünglich unabhängige, in das Handelssystem integrierte Städte oder aber von den Chaco-Leuten gegründete Kolonien waren. Damit in Zusammenhang steht die Frage, ob das Straßennetz in erster Linie dazu geschaffen worden war, um Nahrungsmittel für den täglichen Bedarf oder Luxusgüter an die jeweiligen Orte zu befördern.

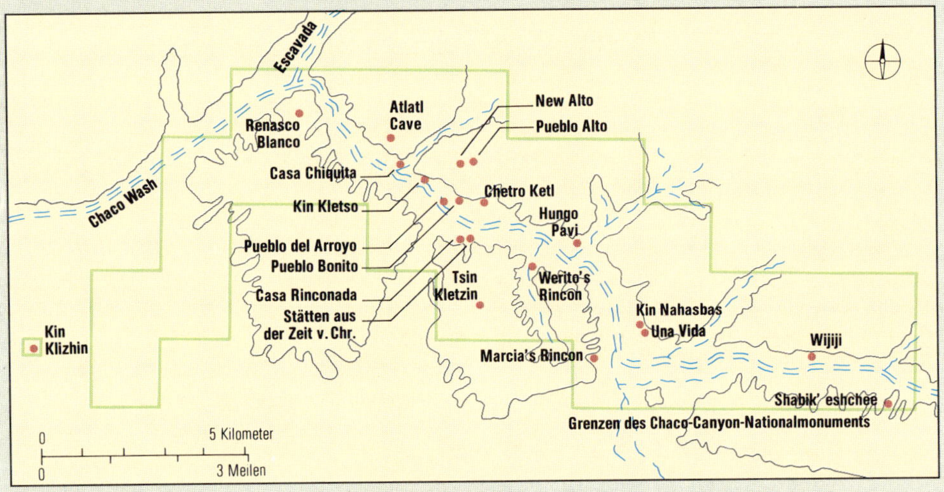

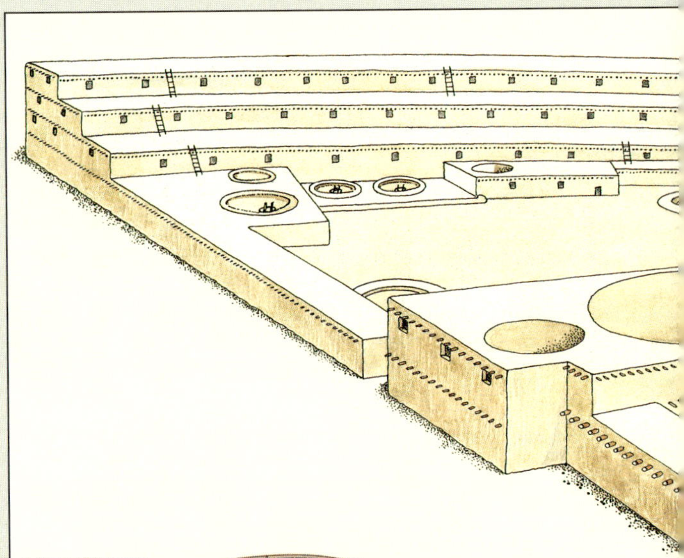

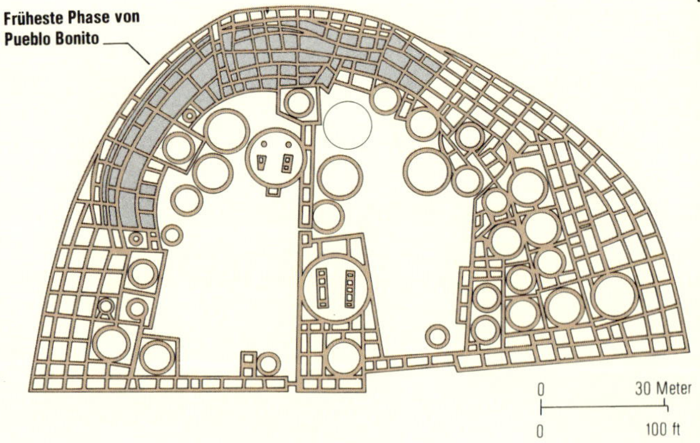

Oben: Der Plan und die Rekonstruktion von Pueblo Bonito vermitteln eine gewisse Vorstellung vom Wachstum und der Entwicklung dieser prähistorischen Stadt. Den Schutzwall überwand man mit Hilfe von Leitern, und die tiefer gelegenen inneren Räume wurden höchstwahrscheinlich vorrangig als Vorratslager genutzt.

Der Chaco Canyon (*oben*) befindet sich in einem abgeschiedenen Teil im Nordwesten New Mexicos, doch war er einst einer der Mittelpunkte der Anasazi-Kultur. Im Norden von Chaco Wash liegen im Schutze der steil abfallenden Klippen des Canyons riesige D-förmige Pueblos. Die einzelnen Pueblos waren untereinander durch Fußpfade verbunden, welche nicht selten steile Treppen aufwiesen, wodurch es den Chaco-Baumeistern gelang, fast schnurgerade Verbindungswege zu schaffen.
In den Chaco-Ruinen hat man eine Vielzahl bemerkenswerter Schwarz-auf-Weiß-Keramik-Gefäße entdeckt (*rechts*). Die Keramiken sind unglasiert und porös, die reinen Farben entstanden durch chemische Prozesse beim Brennen. Alle Gefäße wurden von Hand aufgebaut ohne die Benutzung einer Töpferscheibe.

Pueblo Bonito (*unten*) ist auf dieser Abbildung von der Höhe der Canyon-Klippe im Hintergrund der Siedlung aufgenommen. In der Bildmitte oben erkennt man die »Große Kiva«, andere Kivas, einige fast ebenso groß, liegen dicht beieinander in der Nähe der Wohnräume, die rund um die gewundene rückwärtige Mauer des Pueblo gebaut sind. Heute wird diese Mauer, die einst vier Stockwerke hoch war, durch Stahlpfeiler abgestützt. Die Ruinenstadt bedeckt eine Fläche von annähernd einem Hektar und besaß mindestens 800 Wohnräume. Die Bevölkerung zählte möglicherweise über 1200 Personen.

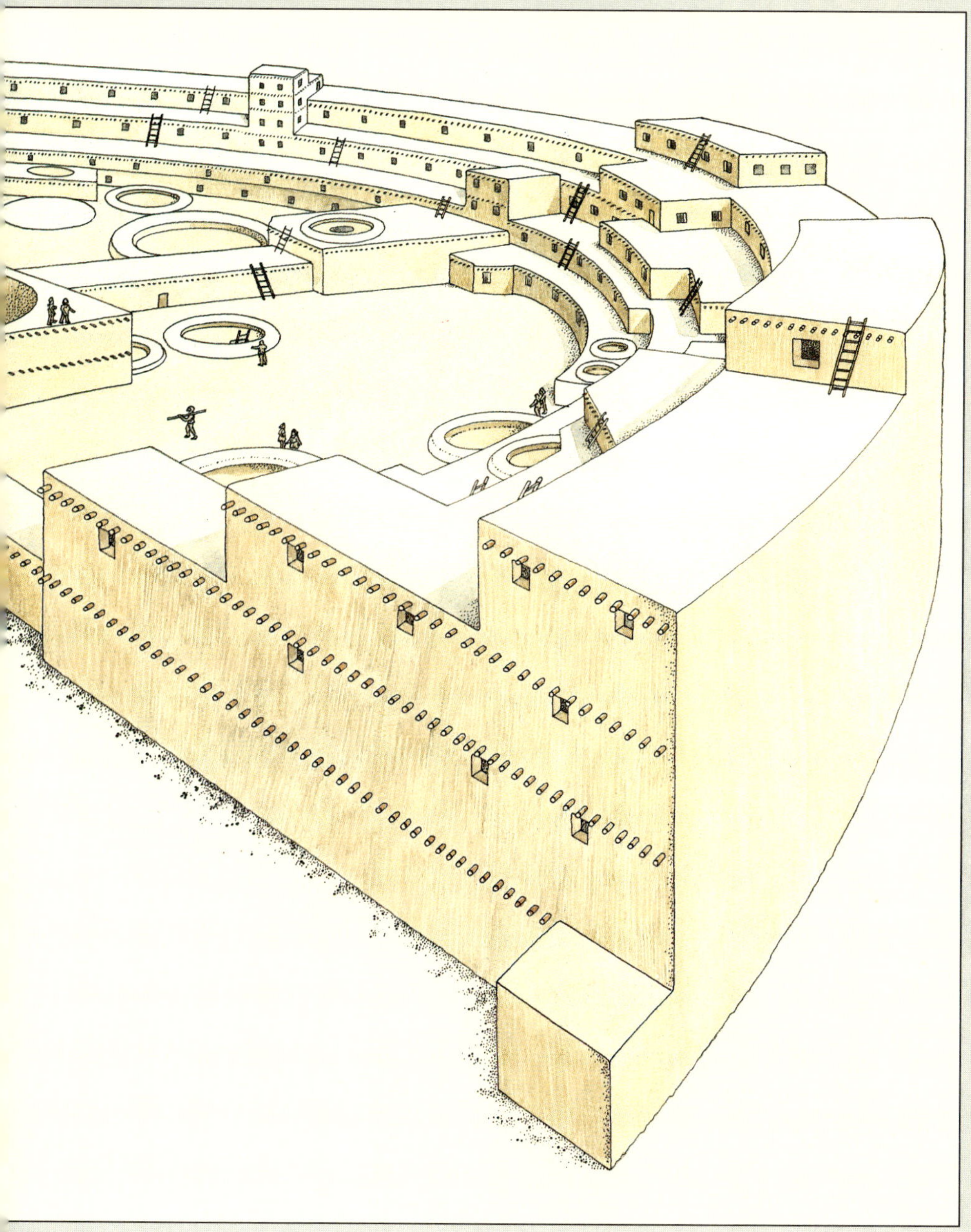

zu sein. Zu ihren heutigen Nachfahren gehören die Yuman Westarizonas und Südostkaliforniens. Die frühesten Keramiken stammen aus der Zeit um 500 n. Chr., doch bildete sich diese Tradition nicht in großen Dörfern heraus, wie es bei den Haupttraditionen des Südwestens der Fall war. Man hat mehrere lokale Varianten ermittelt, eine davon entwickelte sich zur Sinagua-Kultur in Verde Valley, Zentralarizona, welche bereits im Zusammenhang mit der Hohokam-Tradition erwähnt worden ist.

KALIFORNIEN
500–1800 n. Chr.

Der Kulturraum Kalifornien ist fast identisch mit dem heutigen amerikanischen Bundesstaat. Obwohl nicht besonders groß, verfügt er doch über eine ungewöhnliche umweltbedingte Verschiedenartigkeit, die sich zum einen aus den beträchtlichen Breitengradunterschieden von zehn Grad auf der Länge von 1100 Kilometern von Nord nach Süd, zum anderen aus den unterschiedlichen Höhenlagen erklärt: Gebiete auf Meereshöhe alternieren mit 4400 Meter hohen Bergen. Ein weiterer Grund ist die Topographie, welche heftige Regenfälle an einigen nach Westen weisenden Hügelketten bewirkt, während die weiter im Landesinneren gelegenen Täler von Niederschlägen abgeschirmt werden. So wechseln dichte Rotholzwälder mit Eichenhainbeständen, wüstenähnliche Zonen mit Dornengestrüppregionen einander ab. Die bemerkenswerte Vielfalt hat zu einer Fülle von ökologischen Mikrosystemen in den verschiedenen Teilen Kaliforniens geführt, von denen viele reich an natürlichen Nahrungsquellen sind. Diese Umweltbedingungen machten die Entwicklung selbst einfachen Bodenbaus nicht erforderlich und unterstützten die bei den einzelnen Gemeinwesen vorherrschende Tendenz, sich auf kleine Territorien zu beschränken.

Kalifornien lockte, wie auch heute noch, Einwanderer verschiedenster Herkunft an und bot ihnen eine neue Heimat. Gegen Ende der Prähistorie war eine komplexe Reihe von über 500 kleinen Stammesorganisationen entstanden, die sich durch ihre Sprache, ihre Wirtschaftsform, Technologie, Religion und Sozialordnung erheblich voneinander abhoben. Doch alle führten, bis die Region von den Spaniern kolonialisiert wurde, eine im wesentlichen archaische Lebensweise. Das Wildbeutertum konnte in diesem so reich gesegneten Land derart erfolgreich betrieben werden, daß Kalifornien über eine relativ große Eingeborenenbevölkerung verfügte. Der Kontrast zur Bevölkerungsdichte anderer Regionen Nordamerikas war möglicherweise nicht so groß wie früher einmal angenommen, doch war er immer noch erheblich.

Die ganze Komplexität der kalifornischen Prähistorie kann hier nicht *en detail* vorgeführt werden, sondern wir müssen uns auf die Darlegung der grundlegenden Entwicklungstendenzen beschränken. In archaischer Zeit, möglicherweise um 2000 v. Chr., begannen die Indianer Kaliforniens, sich von sehr allgemeinen Formen der Anpassung an die Umwelt abzuwenden und widmeten sich immer mehr der Ausbeutung spezifischer, lokal in reichem Maße vorhandener Nahrungsquellen. Wenn an einem Ort Eicheln die Hauptnahrungsquelle bildeten, dann konnte sie an einem anderen aus Meeressäugetieren und an einem dritten aus Fisch bestehen. Diese Spezialisierung war eine Parallelerscheinung zu den andernorts in den gemäßigten Zonen Nordamerikas betriebenen rudimentären Anbaumethoden der indianischen Stämme und Völker des Spätarchaikums.

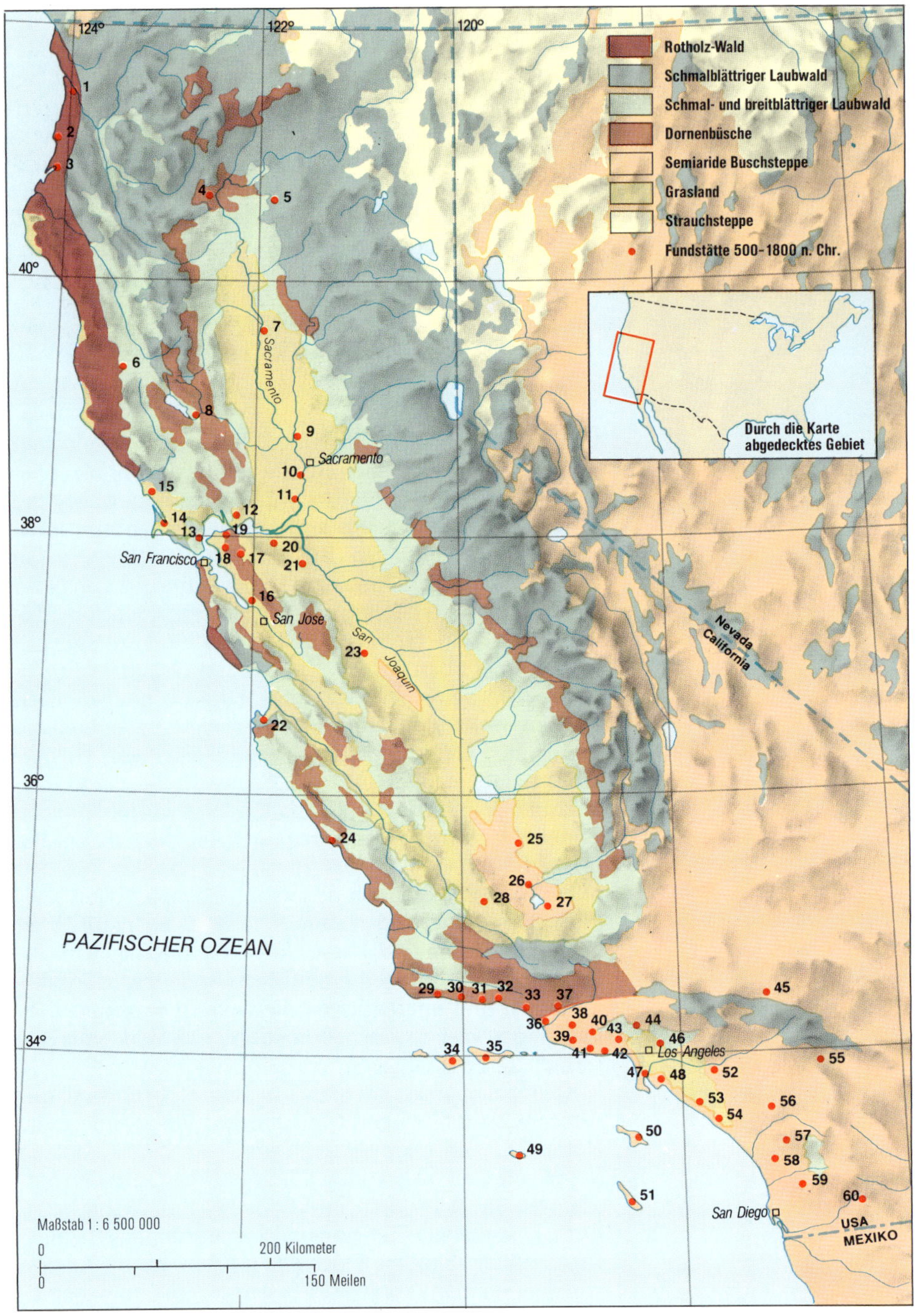

Links: Kalifornien
Für Kalifornien ist eine große Landschafts- und Vegetationsvielfalt charakteristisch. Hieraus resultierte über die Jahrtausende das Entstehen zahlreicher kleiner Gemeinwesen, die sich an die spezifischen Umweltbedingungen anpaßten. Auf der Karte sind von der Fülle der prähistorischen Siedlungen nur die wichtigsten verzeichnet.

1 Stone Lagoon
2 Tsurai, Patrick's Point
3 Gunther Island
4 Whiskeytown Reservoir, Trinity Reservoir
5 Karlo Site, Tommy Tucker Cave
6 Mendocino 500
7 Case Site, Bambauer Site, Finch Site
8 Rattlesnake Island
9 Miller Mound, Howell's Point Mound, Sandhill Mound
10 Mustang Mound
11 Cantrell, Johnson, Bennett, Mosher und Windmiller Mounds
12 Goddard Mound, Wooden Valley, Cappell Valley
13 Tiburon
14 Point Reyes
15 Bodega Bay
16 Coyote Hills
17 Alamo, Danville
18 Ellis Landing, West Berkeley Mound, Emeryville Shellmound
19 Fernandez, Veale Sites
20 Hotchkiss Mound, Orwood Mound 2
21 Ott Mounds
22 Monterey
23 Menjoulet
24 San Simeon Creek
25 Kern
26 Elk Hills
27 Buena Vista Hills
28 Salisbury Potrero
29 Gaviota, Refugio
30 Dos Pueblos, El Capitan
31 Goleta Slough
32 Burton Mound
33 Rincon Point
34 Santa Rosa Island
35 Santa Cruz Island
36 Shishilop, Pitas Point
37 Soule Park, Mutah Flat
38 Conejo Rock Shelter, Ventura 70
39 Big Sycamore, Little Sycamore und Deer Canyons
40 Century Ranch, Medea Village, Medea Creek
41 Zuma Creek, Arroyo Sequit, Lechuza Canyon
42 Malibu Canyon, Paradise Crove, Corral Canyon, Point Dume, Trancas Canyon
43 Topanga Canyon, Mulholland
44 Chatsworth, Encino, Big, Tujunga
45 Las Flores Ranch
46 Yang-na
47 Malaga Cove
48 Bixby Slough
49 San Nicolas Island
50 Santa Catalina Island
51 San Clemente Island
52 Santiago Canyon, Black Star Canyon
53 Newport Bay, Big Canyon
54 Goff's Island, Cotton Point
55 Snow Creek
56 Temecula Creek, Vail Ranch
57 Pauma
58 Rancho San Luis Rey
59 San Vicente
60 Pine Valley, Dripping Springs

Oben: Die Pomo-Indianer Kaliforniens waren berühmt für die Herstellung ihrer exquisiten Geschenk-Körbe. Obwohl im nahegelegenen Südwesten bereits jahrhundertelang feine Keramiken gefertigt wurden, zogen es die Eingeborenen Kaliforniens vor, ihre künstlerischen Talente auf die Entwicklung der Korbflechterei zu konzentrieren. Die Korbspulen nähte man mit sehr dünnen Fäden zusammen, und in die Außenflächen arbeitete man die Federn von Kolibris, Spechten, Wachteln und anderen kleinen Vögeln ein. Weitere, anschließend hinzugefügte Federschichten ergaben dann das endgültige Feder-Mosaik.

Um 500 n. Chr. hatte dieser Prozeß wie gesagt ca. 500 in ihrer Lebensweise spezialisierte kleine Stämme hervorgebracht, wobei zu jener Phase bewußte Nahrungsmittelüberproduktion, Nahrungsspeicherung, Handel und Umverteilung bereits gut entwickelt waren. Mit diesen Mitteln konnten die Indianer sowohl vorhersehbaren saisonalen als auch unvorhergesehenen kurzfristigen Nahrungsmittelknappheiten entgegenwirken. Die Überschußproduktion konnte zum eigenen Verbrauch oder für den Handel mit Gruppen verwendet werden, die sich mit einem plötzlichen Engpaß konfrontiert sahen oder über keine derartigen Nahrungsquellen verfügten. Das aufkommende Muschelgeld als Zahlungsmittel trug wesentlich dazu bei, daß dieses System reibungsloser funktionierte.

In anderen Regionen, in denen eine große landschaftliche Vielfalt gleichartige Formen der Überschußproduktion und Umverteilung hervorbrachte, ging dieser Prozeß oftmals Hand in Hand mit regionaler politischer Kontrolle. Dies war der Fall im Hochland von Südamerika, wo die Höhenunterschiede lokale Spezialisierungen in der Nahrungsmittelproduktion ermöglichten. Hier entstanden Häuptlingstümer und staatliche Organisationen, um Handel und Umverteilung unter Kontrolle zu bekommen, und der Terminus »Reich« für diese Organisationsformen ist angemessen, um den Endpunkt dieser Entwicklung zu kennzeichnen. Seltsamerweise kam es in Kalifornien nicht zu einem ähnlichen Prozeß, was mit dem Fehlen einer Gartenbaukultur und den daraus resultierenden fehlenden Landbesitzverhältnissen oder Wasserbausystemen in Zusammenhang stehen kann. Wie hier trotzdem die Umverteilung funktionieren und beträchtlicher Reichtum angesammelt werden konnte, ist für die Anthropologen immer noch eine Frage von großem Interesse.

Die politische Führung in Kalifornien lag gewöhnlich in Händen eines lokal einflußreichen Mannes. Ein solches Individuum stieg oftmals kraft seiner starken Persönlichkeit zu hohen Würden auf. Nicht selten oblag ihm die Organisation und Leitung der lokalen Produktionsgruppen. Gewöhnlich war er selbst ein reicher Mann, der sich der Loyalität seines Gemeinwesens versicherte, indem er diesen Reichtum entweder in Form von Bestechungsgeldern oder Almosen verteilte oder indem er die Patenschaft für Feste und religiöse Zeremonien übernahm.

Auch der Handel mit Nachbargemeinden lief durch die Hände dieser Männer. Keiner jedoch scheint seine Machtposition entscheidend über sein lokales Einflußgebiet ausgedehnt zu haben.

Aus der Verschiedenartigkeit von 500 spezialisierten Stämmen in Kalifornien ergab sich eine verwirrende Reihe sehr spezifischer Geräte-Typen. Die Küstenkulturen, die nicht auf Samen und Nüsse zurückgreifen konnten, ernährten sich von Muscheln, Abalone und Meeressäugern. In ihren Wohnstätten wurden Halsketten, Ohrgehänge, Angelhaken und Amulette aus Muschelschalen gefunden. Im Landesinneren beheimatete Stämme, die in ihrer Ernährung von Samen und in einigen Regionen besonders stark von Eicheln abhingen, brachten entwickelte Mörser, Stößel und Malsteine hervor. Keramik, die man im nahegelegenen Südwesten antreffen konnte, spielte keine Rolle. Statt dessen verwendete man Körbe, die wiederum in so vielen Formen vertreten waren, wie es lokale Stämme gab, die sie produzierten. Die vielleicht berühmtesten sind die kunstvollen Pomo-Körbe mit ihren Außenseiten-Dekorationen in Form von Kolibri- und Specht-Darstellungen und anderen Mosaiken aus Vogelfedern. Die Canalino, Vorfahren der historischen Chumash, die auf Meeressäuger Jagd machten, meißelten steinerne Kugeln, die sie möglicherweise als Öllampen verwendeten, und bauten riesige Kanus aus Holzplanken. Die Chumash sind auch berühmt wegen ihrer großen bunten Bilddarstellungen, von denen viele heute noch an Felsaußenwänden im Küstenbereich Südkaliforniens erhalten geblieben sind. Pfeil und Bogen wurden vor Ende der letzten prähistorischen Phase nach Kalifornien eingeführt, und jede Lokalkultur scheint ihre eigene Reihe unterschiedlicher Wurfspitzentypen gefertigt zu haben. Allein diese wenigen Beispiele sollten hinreichen, um die bemerkenswerte Komplexität des kalifornischen Kulturraums in der Prähistorie zu beleuchten.

DIE NORDWESTKÜSTE
3000 v. Chr.–1800 n. Chr.

Verglichen mit Kalifornien gibt es hier wenig Unterschiede in der Vegetation. Die parallel zur Küste verlaufenden Gebirgszüge haben einen Regenwald entlang des gesamten Küstenstreifens von Alaska bis zur Nordgrenze Kaliforniens hervorgebracht. Aus Meeresströmungen und relativ warmen Luftmassen resultiert, daß die Nordwestküste von Herbst bis Frühjahr über reichlich Sprühregen verfügt, was das natürliche Wachstum fördert und dafür verantwortlich ist, daß die Ströme reichlich Wasser führen. Die Hauptflüsse Columbia und Fraser, die aus Quellgebieten im Landesinneren kommend die Gebirge durchbrechen, aber auch die kleineren Flüsse, die im Gebirge entspringen, beherbergen während der Frühjahrs- und Sommermonate allesamt wandernde Fischschwärme. Das Fruchtbarkeitsniveau an der Nordwestküste ist fast gleichbleibend hoch, und als Folge davon entstanden hier in historischer Zeit Kulturen, die für ihre erstaunliche Bevölkerungsdichte, ihr hochentwickeltes Zeremonialwesen (totemistische Kulte, Verdienstfeste) und die Bedeutung bekannt waren, die sowohl materiellem Reichtum als auch der hieraus herrührenden Wertschätzung hoher sozialer Stellung beigemessen wurden.

Die Träger der archaischen Kulturen hatten sich spätestens 7700 v. Chr. an der Nordwestküste festgesetzt. Möglicherweise war diese Region wegen der eiszeitlichen Gletscher früher abgeschnitten gewesen oder aus anderen Gründen zu unwirtlich, um vor diesem Zeitpunkt Menschen anzulocken. Es ist auch denkbar, daß im Zuge der Anhebung des Gebiets auf Meereshöhe während des Post-Pleistozäns einige ältere Stätten vernichtet worden sind. Nach 3000 v. Chr. setzte in allen Teilen der Nordwestküste eine Entwicklung in Richtung auf die gegen Ende der Prähistorie vorherrschenden Kulturerscheinungen ein. Die Bedeutung von Meeresschalentieren dokumentiert sich in der allmählichen Entstehung von riesigen Muschel- und Schalenhaufen. Knochen- und Fischschieferwerkzeuge, die typisch für die Nordwestküsten-Kulturen sind, tauchen zuerst um 3500 v. Chr. in Stätten rund um Prince Rupert auf. Um Christi Geburt sind dann steinerne Lippenpflöcke, steinerne Knüttel und Fischschieferspitzen allgemein verbreitet. Diese werden später durch aus verschiedenen Materialien bestehende Gerätschaften ersetzt, für die man immer häufiger Knochen und Muschelschalen verwendete.

In den letzten 2000 Jahren stand bei der Nahrungsmittelbeschaffung die Ausbeutung von Fischschwärmen, die Jagd auf Meeressäuger und das Sammeln von Mollusken im Vordergrund, doch auch herkömmlichere Methoden des Fischfangs, der Vogeljagd und der Jagd auf Landsäugetiere wurden weiterhin betrieben. Die Vorratswirt-

Unten: Die Nordwestküste
Gegenüber Kalifornien weist die Nordwestküste, die von hohen Bergen unmittelbar östlich der Küstenlinie beherrscht wird, eine geringere vegetationsbedingte Verschiedenartigkeit auf. Die meisten Flüsse sind nur relativ kurze Bergströme. Allein zwei von ihnen, Fraser und Columbia, durchdringen das Gebirgsmassiv und bewässern die im Landesinnern gelegene Plateau-Region. Obwohl die archäologische Forschung die Behauptung widerlegt hat, daß die Nordwestküste erst in jüngeren Jahrtausenden besiedelt worden sei, bleibt doch als Tatsache bestehen, daß die Erschließung des Inlands äußerst schwierig war. Die Topographie begünstigte Reisen per Boot und die Entwicklung sprachlich voneinander unterschiedener Kultur-Enklaven entlang der Küstenlinie.

schaft begünstigte das Entstehen großer fast permanenter Siedlungen. Die riesigen Zedern der Region lieferten gleichmäßig genarbte Baumstämme, welche die Indianer mit Keilen und schweren Schlegeln zu Holzplanken spalten konnten, die das wichtigste Baumaterial für die Häuser an der Nordwestküste wurden.

Um 500 n. Chr. waren Wohlstand und feste soziale Rangordnungen an der Nordwestküste die Regel geworden. Der natürliche Reichtum der Region sorgte für große Nahrungsmittelüberschüsse, doch die Existenzbedingungen waren überall so gleichmäßig gut und die Palette an Nahrungsquellen, die in fast jedem Gebiet verfügbar war, so groß, daß Handel und Umverteilung sich zwischen den einzelnen Gemeinwesen niemals stark genug entwickelten, um die Entstehung höher organisierter politischer Systeme zuzulassen.

Bemerkenswert für die Nordwestküsten-Indianer ist der reiche materielle Kulturbesitz. Die Wolle der Bergziege wurde dazu benutzt, phantasievolle Chilkat-Decken zu weben, und Muschelschalen, Kupfer und Knochen dienten zur Dekoration von Pfeifen, Gabeln oder zur Herstellung von kunstvollen rituellen Gegenständen, während die Verwendung von Fischschiefer und anderem Steinmaterial merkwürdigerweise nach und nach aufgegeben wurde. Gegen Ende der Prähistorie begann dann Eisen aufzutauchen, das man an angetriebenen Wrackteilen gefunden hatte. Die hieraus gefertigten Schneidewerkzeuge begünstigten das Entstehen dekorativer Holzschnitzereien, für die die Kulturen an der Nordwestküste am besten bekannt sind. Die Wappenpfähle mit Darstellungen der Ahnentiere (»Totempfähle«), geschnitzte Truhen, Hauspfähle, Plankenboote und Masken scheinen eine relativ späte Entwicklung zu sein, möglicherweise traten sie auf, als das Interesse an der Bearbeitung von Steinen nachließ. Geschnitzte Holzgegenstände fungierten zusammen mit Kupferplatten, Flechtarbeiten und Textilwaren als Hinweis auf Wohlstand und sozialen Status. Am Endpunkt dieser Entwicklung stand möglicherweise die Herausbildung der Potlatch-Zeremonie, für die extravagante Geschenkverteilungen oder die absichtliche Vernichtung von zu diesem Zweck gehorteten Gütern kennzeichnend waren, wodurch die Übernahme von neuen Ämtern und gesellschaftlichen Positionen abgesegnet wurde.

Die meisten bekannten Wohnsiedlungen an der Nordwestküste stammen aus jüngerer Zeit. Dies gilt vor allem für den Südteil der Region. Besonders beeindruckend sind die Stätte Ozette auf der Halbinsel Olympus sowie die in der Nähe gelegenen Stätten am Hoko River. Trotz des jungen Alters vieler dieser Orte muß man aber wegen der Vermischung offensichtlich miteinander nicht verwandter Sprachfamilien der Nordwestküste davon ausgehen, daß hier lange Perioden separater Entwicklung stattgefunden haben. Die Tlingit in Südalaska dürften sich von anderen Na-Dene-Sprechern im Inneren Kanadas abgespalten haben und über die Berge zur Küste gezogen sein. Die Sprecher des Küsten-Salish an der Küste der Staaten Washington und British Columbia besitzen ganz offensichtlich gemeinsame Wurzeln mit den Salish des weiter im Landesinneren gelegenen Fraser-Flußsystems, während die Vertreter der kleinen Sprachfamilien Wakask, Chimakum-, Oregon-Penuti, Chinook, Haida und Tsimshian keinerlei Verbindungen zur übrigen Prähistorie Amerikas aufzuweisen scheinen. Linguisten und Archäologen werden die Umstände allmählich zu klären haben, gegenwärtig besteht indes eine tiefe Kluft zwischen der zeitlich sehr dünnen archäologischen Abfolge und den tiefen Einschnitten in der Entwicklungsgeschichte, wovon die starken Sprachgegensätze Zeugnis ablegen.

Links: Die Totem-Pfähle der Nordwestküste verdanken ihre Entstehung den verschiedensten Motiven. Einige beschnitzte Pfähle besaßen heraldischen Charakter und stellten in einer farbenprächtigen Mischung aus Mythos und Geschichte die Ursprünge der Familie oder des Klans dar, in dessen Besitz sie sich befanden. Andere berichteten von wichtigen historischen Ereignissen oder wurden zum Gedenken an die Toten errichtet. Auch gab es einige, die als einfache Hauspfosten fungierten und durch Schnitzereien in Kunstwerke verwandelt worden waren, wenn man sich nicht mit reinem Funktionalismus zufriedengeben wollte. Zu nennen sind ferner die Potlatch-Pfähle, die der statusverleihenden Potlatch-Zeremonien gedachten, für die die Nordwestküste so berühmt ist. Schließlich dienten einige wenige ganz speziellen Zwecken, zum Beispiel sollten sie einen Schurken lächerlich machen und an den Pranger stellen.

VIERTER TEIL

MESOAMERIKA

Klima und Vegetation Mesoamerikas
Die geographische Struktur Mesoamerikas ist außerordentlich vielfältig, wobei vor allem der starke Kontrast zwischen Hoch- und Tiefländern ins Auge fällt. Das zentralmexikanische Hochland wird durch die zusammenlaufenden Gebirgszüge der westlichen und östlichen Sierra Madre gesäumt, die nach Norden eine hohe, relativ trockene Steppenwüste einschließen, wo Ackerbau schwierig, wenn nicht gar unmöglich war. Im Süden ist das Hochland von der in ostwestlicher Richtung verlaufenden Cordillera Volcánica begrenzt, deren Hochbekken und Flußtäler in der späten Phase vor der Conquista eine dichte Besiedlung aufwiesen.
Das Tiefland besteht hauptsächlich aus der breiten Küstenebene, die sich von der Nordküste des Golfs von Mexiko nach Süden erstreckt, am Isthmus von Tehuantepec entlang verläuft und sich zur Halbinsel Yucatán ausweitet. Ein schmalerer Tieflandstreifen folgt der Pazifikküste nach Süden.
Da Mesoamerika fast vollständig in den Tropen liegt, gibt es deutlich ausgeprägte Trocken- und Regenzeiten. Die Trockenzeit dauert gewöhnlich von November bis Ende Mai, wenn die Regenperiode einsetzt. Gegen Mitte des Sommers lassen die Niederschläge allgemein nach, um dann von September bis einschließlich Oktober ihr Maximum zu erreichen.

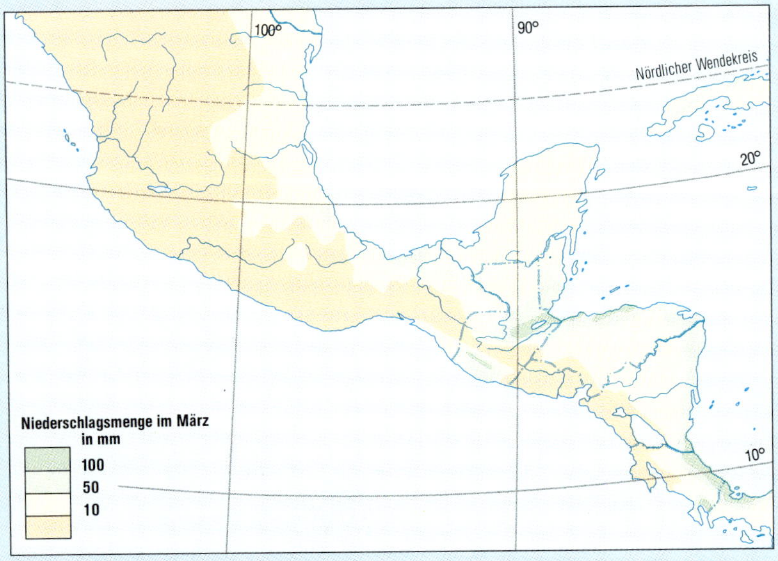

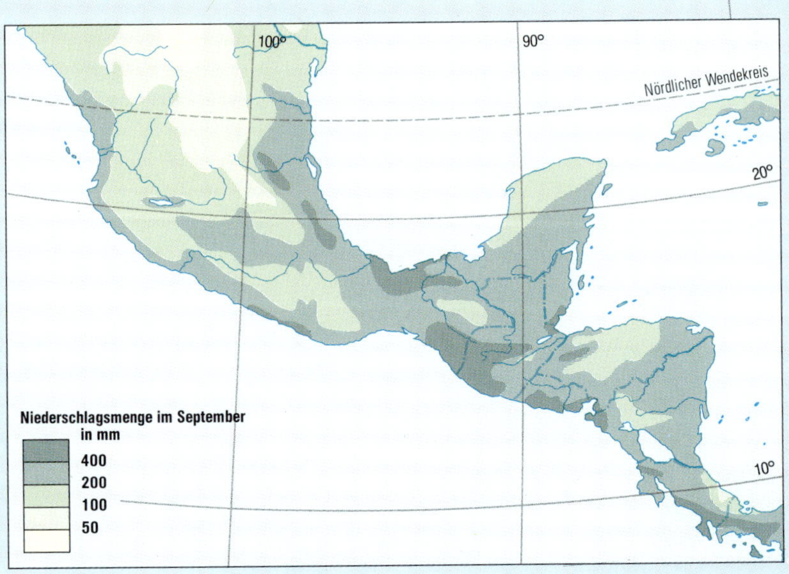

GEOGRAPHIE UND KULTURELLE ENTWICKLUNG

Die Cordillera Volcánica erstreckt sich quer durch Zentralmexiko. Fruchtbare vulkanische Böden und regelmäßige Regenfälle erlaubten in den Flußtälern und Hochbecken innerhalb und im Umkreis des Gebirgszugs eine ertragreiche Landwirtschaft, die den Aufstieg des Staates Teotihuacán und des Aztekenreiches ermöglichte. Xochicalco (*unten*) liegt südlich der Cordillera, die im Hintergrund zu sehen ist. Die Blütezeit der Stadt fiel in das achte Jahrhundert, als Teotihuacán im Norden an Bedeutung verlor. Sie stellte ein Bindeglied zwischen den Maya-Kernländern und Zentralmexiko dar und dürfte unter der Herrschaft der Maya gestanden haben.

»Mesoamerika« ist ein Begriff, den der Anthropologe Paul Kirchhoff einführte, um jene Gebiete Mittelamerikas (Zentral- und Südmexiko, Guatemala, Belize sowie die westlichen Teile von Honduras und El Salvador) zu bezeichnen, die zur Zeit der spanischen Eroberung eine hohe Zivilisation besaßen. Unter »Zivilisation« versteht man einen bestimmten Grad soziopolitischer Entwicklung, der eine Stadtkultur ebenso voraussetzt wie eine die breite Öffentlichkeit einbeziehende Kunst und Architektur von beachtlichem Ausmaß. Tatsächlich lebten die Mesoamerikaner in Städten, die partiell schon sehr groß waren, obwohl es zugleich immer auch eine zahlenmäßig starke ländliche Bevölkerung gab. Kirchhoff stellte einen Katalog charakteristischer kultureller Kriterien zusammen, die seiner Meinung nach in ihrer Gesamtheit für Mesoamerika typisch waren und den Gegensatz zu den anderen großen Kulturräumen der Neuen Welt markierten, wie beispielsweise den Südwesten Nordamerikas, die »Zwischenzone« (Kolumbien, Westvenezuela und Nordekuador) und die Andenregion.

Diese Auflistung umfaßte Pyramiden und Tempel, die weitverbreiteten Menschenopfer ebenso wie rituelle Übungen durch Aderlaß, einen sehr komplizierten heiligen Kalender, der darauf beruhte, daß ein Zyklus von 260 Tagen mit einem Sonnenjahr von 365 Tagen kombiniert wurde, eine Hieroglyphenschrift (einmalig für Mesoamerika), ein komplexes Götterpantheon, ein Ballspiel auf speziell dafür angelegten Plätzen sowie große und gutorganisierte Märkte.

Wie überall in der Welt basierten solch hochstehende Kulturmerkmale auf einer florierenden Landwirtschaft, die in diesem Fall auf eine sehr alte Tradition zurückblickte, denn die Mesoamerikaner hatten Mais, Bohnen, Kürbis und Chili schon über 6000 Jahre lang angebaut, bevor die Spanier eintrafen. Die Feldbestellung erfolgte in vielfältiger Weise, je nach den vorhandenen Boden- und Klimaverhältnissen. Eine der fortgeschrittensten Methoden war die Anlage von erhöhten Feldern oder *chinampas*: In Sumpfgebieten wurden auf Schilfgeflecht Lagen von Schlamm zu künstlichen Inseln aufgeschichtet und durch die Wurzeln rasch wachsender Bäume oder Sträucher im Grund verankert. Man hatte früher angenommen, daß diese Art der Agrarwirtschaft nur von den Azteken praktiziert wurde, weiß aber heute, daß sie bei den Ureinwoh-

Die Indianersprachen Mesoamerikas
Mehr als 200 verschiedene Sprachen waren in diesem Raum einstmals in Gebrauch. Die linguistische Forschung hat die meisten in 22 Sprachfamilien gegliedert, von denen 19 zu vier Phyla (Gruppen verwandter Sprachfamilien mit gemeinsamem Ursprung) zusammengefaßt werden können.
Die drei übrigen Familien – Taraskisch, Huave, Xinca-Lenca – sind augenscheinlich mit keiner anderen verwandt: Taraskisch war die Sprache eines mächtigen Königreichs in Westmexiko, Huave traf man an der Südküste des Isthmus von Tehuantepec sowie Xinca-Lenca in Guatemala und Honduras an.
Am weitesten verbreitet in Mesoamerika ist die Familie des Uto-Aztekischen,

nern ganz Lateinamerikas, einschließlich des Maya-Gebietes, stark verbreitet war.

Kulturen, die zeitlich und räumlich derart weit auseinanderliegen wie die der Azteken und der klassischen Maya, weisen natürlich viele Unterschiede auf, doch gibt es auch zunehmend Zeugnisse für grundlegende Gemeinsamkeiten, die allen mesoamerikanischen Zivilisationen eigen sind. So war man generell im Besitz des 260 Tage umfassenden Kalenders mit seinen 20 Tages-Zeichen und 13 Koeffizienten, was ebenso auf eine Wechselbeziehung zwischen diesen Kulturen über einen langen Zeitraum hin schließen läßt wie auf einen bestimmten Grad an genetischer Verwandtschaft. Es existieren zum Beispiel eine Fülle von Fakten, die die Anwesenheit von zentralmexikanischen Völkern wie der Teotihuacaner und der Tolteken in den von den Maya bewohnten Tiefländern belegen, und neuere Forschungsarbeiten zeigen wiederum eine starke Präsenz der Maya in verschiedenen Hochregionen Zentralmexikos. Wir kennen Reliefdarstellungen von Delegationen der Teotihuacaner in Monte Albán im mexikanischen Staat Oaxaca, während es in der mächtigen Stadt Teotihuacán für die Kaufleute aus Oaxaca ein eigenes Viertel gab.

Heute wird von den Wissenschaftlern durchgehend akzeptiert, daß diese grundsätzlichen Ähnlichkeiten zumindest partiell auf eine gemeinsame kulturelle Herkunft aus der ersten Hochkultur Mesoamerikas zurückzuführen sind, jener der Olmeken. Die Olmeken, die ihre Blütezeit zwischen 1200–400 v. Chr. hatten und von der Golfküste südlich von Veracruz und Tabasco stammten, waren die ersten, die riesige Tempelpyramiden erbauten und eine in sich geschlossene, auf ein komplexes Göttersystem ausgerichtete Religion und Kunst hervorbrachten. Sie traten als die große zivilisatorische Kraft auf und spielten für Mesoamerika eine ähnliche Rolle wie die Sumerer für Mesopotamien oder die Chinesen für Ostasien. Wo auch

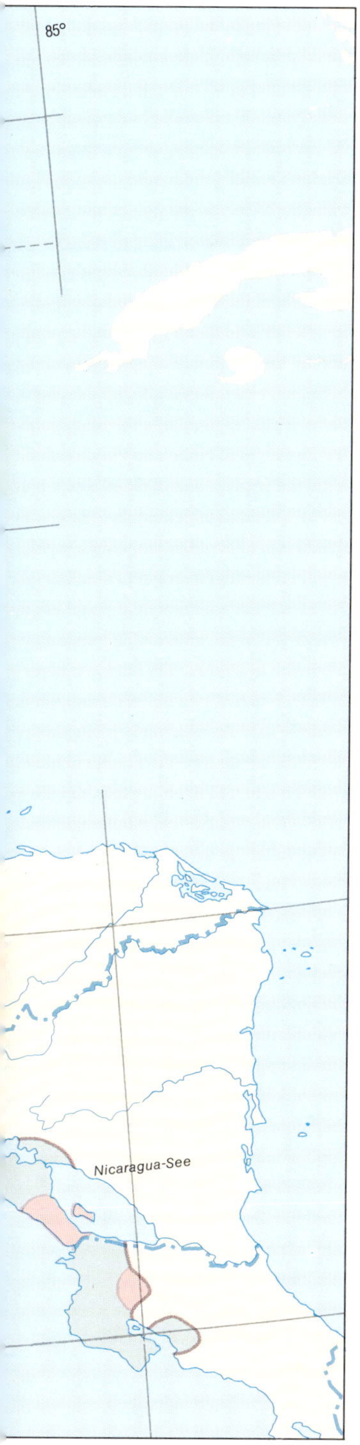

deren wichtigste Sprache das Nahuatl bildete, die *lingua franca* des Aztekenreichs. Das nahverwandte Nahuat wurde in Veracruz und von den Pipil in Guatemala und Honduras verwendet. Die geschlossenste Sprachfamilie ist Maya mit einer nahezu durchgehenden Verbreitung in den Hochländern von Guatemala und Chiapas sowie auf der Halbinsel Yucatán. Das einzige Einsprengsel ist das Huaxtekische oben am Golf von Mexiko. Wie es sich von den übrigen Maya-Sprachen abspaltete, bleibt unklar.

Rechts: Der Tempel des Jaguars in Tikal (*siehe Seite 116*). Die Maya-Kultur der Yucatán-Halbinsel erlebte ihren Aufstieg inmitten tropischer Regenwälder.

immer sie selbst oder ihr Einfluß (beziehungsweise ihr Erbe) wirksam wurden, dort entstand ein Zentrum mesoamerikanischer Kultur.

Die Landesnatur

Obwohl ganz Mesoamerika dem tropischen Bereich angehört, weist es eine vielfältige natürliche Gliederung auf. Von gut bewässerten, dschungelbedeckten Tiefebenen bis zu eisigen, über 5000 Meter hohen Berggipfeln gibt es gegensätzlichste Landschafts- und Klimazonen. Diese bemerkenswerten regionalen Unterschiede fanden zwangsläufig ihren Niederschlag im Artenreichtum an Feldfrüchten und deren Erntezeiten sowie in den Naturprodukten, die für den lokalen Gebrauch und den Handel verfügbar waren. Als Folge davon kannte das vorkolumbische Mesoamerika schon früh Märkte und einen weitgespannten überregionalen Warenaustausch. Funde aus dem Tehuacán-Tal im mexikanischen Staat Puebla legen sogar nahe, daß solche Verflechtungen tief in die präkeramische Zeit zurückreichen könnten.

Die Landschaft Mesoamerikas ist vor allem durch den Kontrast von Hochländern mit Tiefebenen charakterisiert. In Mexiko umschließen die Sierra Madre Oriental und die Sierra Madre Occidental eine ausgedehnte Hochebene, die im wesentlichen aus Savanne besteht und Pflanzen wie Mezquite (Grammagras), Joshuabäume sowie verschiedene Kakteen und Agaven aufweist. Bodenbau war hier schwierig, wenn nicht gar unmöglich, so daß die Bewohner, den Azteken als Chichimeken bekannt, nomadische Jäger und Sammler waren. Die Sierra Madre Occidental dagegen ist relativ gut bewässert und erlaubte damit eine Ausbreitung der mesoamerikanischen Kultur ziemlich weit nach Norden. Durch diesen Korridor nahmen solche Einflüsse und vielleicht auch der Handel ihren Weg zu Ansiedlungen im Südwesten Nordamerikas, beispielsweise nach Casas Grandes im heutigen mexikanischen Staat Chihuahua.

Im Süden, wo sich die beiden Sierra Madres vereinigen, verläuft in ostwestlicher Richtung eine vulkanische Bergkette (die Cordillera Volcánica) mit Dutzenden von erloschenen oder noch aktiven Vulkanen. Diese imposante Hochfläche, die ursprünglich mit Kiefern- und Eichenwäldern (und auf den höheren Gipfeln mit alpiner Flora) bedeckt war, beherrscht die Landschaft Zentralmexikos. Wenn es auch breite Flußtäler wie das des Río Lerma gibt, so waren doch für die kulturelle Entwicklung die Hochbecken weit wichtiger, welche die Cordillera Volcánica durchziehen. Am eindrucksvollsten unter diesen ist das Tal von Mexiko (Valle de Mexico), ein Gebiet von etwa 8000 Quadratkilometern, in dem sich einst ein großer See erstreckte – der Mondsee –, der aber heute durch die nach der spanischen Eroberung erfolgte Trockenlegung und die Ausläufer des modernen Mexico City nahezu völlig verschwunden ist. Die Völker, die dieses Tal bewohnten, spielten in der mesoamerikanischen Geschichte häufig die dominierende Rolle, vom frühklassischen Teotihuacán-Staat bis zum mächtigen Aztekenreich. Von Bedeutung war auch die Senke, in der der Pátzcuaro-See liegt. Hier begründeten die Tarasken ihr Reich und errichteten ihre Hauptstadt Tzintzuntzan.

Südwestlich der Cordillera Volcánica ist die Landschaft außerordentlich zergliedert und von vielen, relativ isolierten Tälern durchzogen. Das gilt besonders für Oaxaca im Südosten Mexikos, wo in Zeiten vor der Conquista eine Vielfalt von Kulturen und Sprachen entstand. Das Tal von Oaxaca, eigentlich die Verschmelzung von drei Flußtälern, war der Sitz der zapotekischen Zivilisation von Monte Albán.

Der Isthmus von Tehuantepec, der Mesoamerika gleichsam in der Mitte abschnürt und von Meereshöhe auf höchstens 250 Meter ansteigt, stellt eine bequeme Route zwischen den Tiefebenen an der Küste des Golfs von Mexiko und denen am Golf von Tehuantepec dar. Er fungierte als Verbindungsglied zwischen dem Gebiet der Maya und dem übrigen, westlich davon gelegenen Teil Mesoamerikas. Nördlich des Isthmus bildeten sich mehrere große vorkolumbische Zivilisationen heraus, darunter die frühe Olmeken-Kultur.

Die zerklüfteten Hochflächen von Chiapas und Guatemala, die sich nach Süden an den Isthmus anschließen, sind teils metamorphischen, teils vulkanischen Ursprungs. Die Postkartenschönheit der Vulkankette Guatemalas wird zu Recht gerühmt. Wegen der ertragreichen vulkanischen Böden und der Fruchtbarkeit der Becken und Täler in diesen Maya-Hochländern war und ist die Bevölkerungsdichte sehr groß. Anstelle von Brandrodungsfeldbau, üblich bei vielen Maya in den nördlicheren Tiefebenen, wird auf den Hochlandfeldern vorzugsweise Dauerfeldbau mit nur kurzen Brachphasen betrieben, so daß die landwirtschaftliche Produktion auf einem hohen Niveau steht.

Wie ein »großer grüner Daumen« ragt die Halbinsel Yucatán in den Golf von Mexiko hinein – ein gewaltiger Kalksteinsockel, der über mehrere Jahrmillionen aus dem Meer emporgewachsen ist. Hügeliger und feuchter im Süden, flacher und trockener im Norden, ist es das Gebiet, wo in klassischer Zeit die großartige Maya-Kultur des Tieflands entstand. Die Struktur Yucatáns bestimmt der Kalksteinkarst, entsprechend sind Flüsse selten (die Flußsysteme von Usumacinta und Belize bilden Ausnahmen), dafür trifft man auf zahllose Höhlen und tiefliegende Becken, wo sich Wasser sammelt. Am bekanntesten sind die kreisrunden Wasserlöcher, die sogenannten *cenotes* im Norden Yucatáns. Sie wurden von den Maya lange als Trinkwasserreservoire genutzt – und waren manchmal auch letzter Bestimmungsort der Menschenopfer, die dem Regengott dargebracht wurden.

Da das gesamte Gebiet von Mesoamerika südlich des Wendekreises des Krebses liegt, entsprechen die jährlichen Niederschläge tropischem Muster, und die landwirtschaftlichen Praktiken hatten sich dieser Tatsache anzupassen. Es gibt eine stark ausgeprägte Trockensaison (im Raum der Olmeken ist sie weniger markant), die von Ende November bis Ende Mai dauert. Während dieser Saison regnet es im Tiefland nur spärlich und in den Hochländern so gut wie überhaupt nicht. Die Regenfälle beginnen im späten Mai oder in den ersten Tagen des Juni. Die Bauern des Tieflands mußten um diese Zeit schon ihre Felder gerodet und bestellt haben. Gegen Ende Juli oder Anfang August läßt der Regen vorübergehend etwas nach, um dann spätestens im September/Oktober mit Macht erneut einzusetzen.

Die landschaftliche Vielfalt Mesoamerikas ist zum Teil in der ungleichmäßigen Verteilung dieser Niederschläge begründet, die auch wichtigen Einfluß darauf hatten, daß gewisse Regionen frühe und hochstehende Zivilisationen hervorbrachten, während andere nur von marginaler Bedeutung blieben. So fangen das Gebiet der Olmeken im Süden des mexikanischen Staates Veracruz sowie das südliche Maya-Tiefland eine hohe jährliche Niederschlagsmenge auf, besonders im September, und diese Gebiete waren die Zentren sehr früher kultureller Aktivitäten. Guerrero (ein südmexikanischer Staat) hingegen ist äußerst trocken und konnte solche Völker wie die Olmeken erst interessieren, als Bewässerungstechniken erfolgversprechenden Bodenbau ermöglicht hatten. Vom kulturellen Gesichtspunkt aus gesehen trat diese Region immer nur am Rande in Erscheinung.

DIE KULTURABFOLGE MESOAMERIKAS

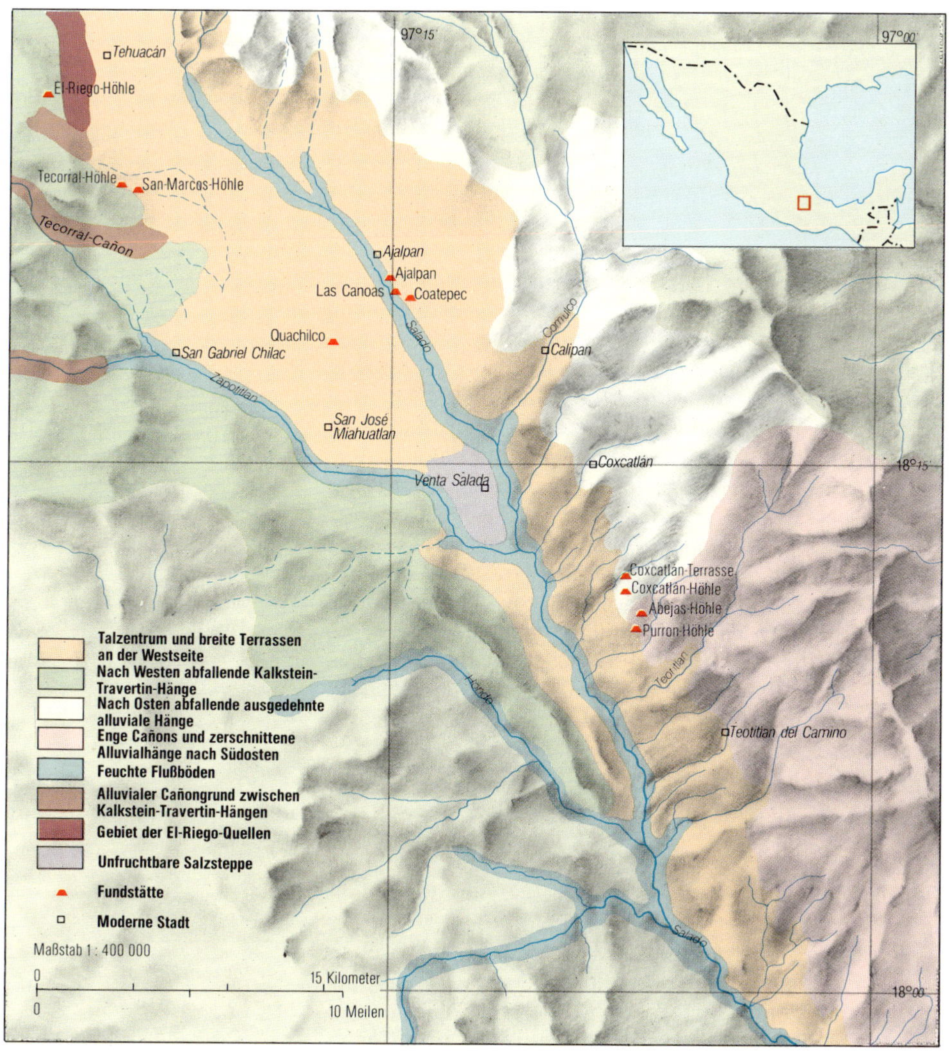

Das Tal von Tehuacán
Die besten Belege für die Anfänge des mesoamerikanischen Bodenbaus und für den Übergang vom Jäger-Sammlertum zur seßhaften Lebensweise als Dorfbewohner kommen aus dem Tal von Tehuacán. Aufgrund seiner außerordentlichen Trokkenheit ermöglichte es die Erhaltung alter Pflanzenreste in Höhlen und unter Felsvorsprüngen, wo Menschen Schutz gesucht hatten. Um 5000 v. Chr. tritt eine primitive Form von kultiviertem Mais in Erscheinung, aber auch andere Nahrungspflanzen wurden angebaut. Während der archaischen Periode bewohnten nur kleinere Gruppen das Tal, die in bestimmtem Wechsel durch die ökologischen Zonen entsprechend der Reife- und Erntezeiten der verschiedensten Wildpflanzen und -früchte zogen. Der Anbau früh kultivierter Pflanzen fand wahrscheinlich auf den feuchten Flußböden statt, da anderswo der Bodenbau vor Einführung der Bewässerungswirtschaft in der formativen Periode weitgehend unmöglich war.

Das Ende des Pleistozäns in Mesoamerika brachte für die Bewohner eine gründliche Veränderung der Lebensbedingungen, zumindest in den Hochländern von Mittel- und Südmexiko. Als das Eis seinen Rückzug antrat, stiegen die Temperaturen auf die jetzigen Werte, möglicherweise sogar noch höher. Große Teile des heutigen Staates Mexiko wurden trockener, dort, wo es bisher üppiges Grasland gab, entstanden Wüsten. Wie sich dieser Klimawechsel auf die feuchteren Tiefebenen auswirkte, wissen wir nicht genau. Doch in weiten Bereichen Mesoamerikas verschwanden die großen Herden von Weidetieren wie Mammuts, Mastodons, Pferde und Riesenbisons. Zurück blieb eine bescheidenere Fauna wie Rehwild, Kaninchen und Hasen.

Es muß daran erinnert werden, daß diese frühen Mesoamerikaner bei der Ernährung ganz sicher mehr auf ihre Talente als Sammler von Wildfrüchten und -pflanzen angewiesen waren, denn auf ihre jägerischen Fähigkeiten. Der mesoamerikanische Raum, gleich ob Hoch- oder Tiefland, war immer reich an wildwachsender pflanzlicher Nahrung, von der stets ausgiebig Gebrauch gemacht wurde. Das Bemühen, größere Früchte zu ernten, üppigere Getreideerträge und eine reichere Ausbeute bei den Knollenfrüchten zu erzielen, hatte unbewußt eine Reihe von Pflanzenbeständen begünstigt, die sich für gezielten Anbau eigneten.

An dieser Stelle wäre zu fragen, was eine Zuchtpflanze von einer wildwachsenden unterscheidet? Der berühmte russische Pflanzenbiologe N. I. Vavilov hat einmal Kultivierung als vom Menschen gesteuerte Evolution definiert. Die ertragreichsten Arten von Zuchtgetreide sind heute vollständig auf den Menschen angewiesen, da sie ohne menschlichen Eingriff ihre Samen nicht mehr verbreiten können. Der Mais ist ein typischer Fall: Die Kolben sind völlig von Deckblättern umschlossen, die abgestreift werden müssen, bevor die Körner zu lebensfähigen Vorfahren künftiger Generationen werden können. Ein anderes Beispiel ist der Maniok- oder Cassavestrauch (Tapioka): In den niedrigen Höhenlagen, in denen er im allgemeinen wächst, bringt er keine Samen hervor und muß durch Stecklinge vermehrt werden.

Der neue Entwicklungsabschnitt, in den die Bevölkerung Mesoamerikas nach etwa 7000 v. Chr. eintrat, wird als archaische oder frühe Bodenbaustufe bezeichnet. Sie dauerte bis zum Einsetzen der formativen Periode nach 2000 v. Chr., als eine seßhafte Lebensweise zur Norm wurde und im gesamten mesoamerikanischen Gebiet Dörfer entstanden. Die archäologischen Zeugnisse des archaischen Abschnitts stammen aus den Hochländern, doch sollte man nicht vergessen, daß die Bedingungen im tropischen Tiefland der Konservierung organischer Stoffe entgegenstehen, so daß deshalb hier keinerlei Spuren von dem entscheidenden Prozeß zurückblieben, als der Mensch damit begann, das Wachstum der Pflanzen und Früchte zu dirigieren und zu korrigieren, woraufhin sich eine ganz neue Existenzform herausbildete.

Das Tal von Tehuacán

Die Anfänge der Landwirtschaft in Mesoamerika zu untersuchen, war in der Hauptsache das Werk eines einzigen Mannes: Richard S. MacNeish. Sein frühes Arbeitsfeld in Höhlen und Felsschutzdächern in Tamaulipas, Mexiko, befand sich zwar jenseits der nördlichen Grenze Mesoamerikas, zeigte aber, daß in den Jahrhunderten zwischen dem Abschluß der Eiszeit und dem Einsetzen der formativen Periode kleine Gruppen von Indianern dazu übergingen, Einfluß auf die Entwicklung von wichtigen Nahrungspflanzen zu nehmen, dazu zählten Mais, verschiedene Kürbisarten und Chilischoten. Die früheste aller Kulturpflanzen war der Flaschenkürbis, der sich nicht für die Speisetafel eignete, aber als Behälter und wahrscheinlich auch als Schwimmer für Fischnetze verwendet wurde.

Die Ursprünge des Maises (*Zea mays*) werden noch immer kontrovers diskutiert. Einst hatten Archäologen und Botaniker geglaubt, daß ihn der Mensch durch künstliche Auslese aus einem anderen, eng verwandten Gras, *teosinte*, entwickelt habe, das als unliebsames Unkraut wild in den indianischen Maisfeldern in Süd- und Westmexiko und in Guatemala wächst. Eine spätere botanische Forschungsrichtung unter der Führung von Paul C. Mangelsdorf kam zu dem Schluß, daß *teosinte* nicht der Ahnherr des Mais sei, sondern ein Abkömmling, nämlich das Ergebnis einer Kreuzung zwischen frühem Kulturmais und einem Gras, das zur Gattung *Tripsacum* gehöre. Der Vorfahre des Mais müßte demzufolge eine jetzt ausgestorbene wilde Maisart sein, die die Fähigkeit besaß, ihre Samen ohne die heute notwendige Vermittlung durch Menschenhand zu verbreiten.

Bei dem Versuch, weitere Zeugnisse zu entdecken, die dieses Problem klären könnten, und auch um etwas mehr Licht in die archaische Periode zu bringen, begann MacNeish das Tehuacán-Tal im mexikanischen Staat Puebla zu erforschen. Es befindet sich in einer ariden Region, in deren knochentrockenen Höhlen und Felsschutzdächern ansonsten leicht verderbliche Nahrungsmittelreste erhalten bleiben konnten. MacNeish stellte eine lange Folge von Belegungsschichten fest und untersuchte die Beziehungen, die diese frühen, als Schar zusammenlebenden Menschen zu ihrem jeweiligen Lebensraum eingegangen sind. Während der El-Riego-Phase (ca. 7000–5000 v. Chr.) waren die felsgeschützten Lagerplätze und Höhlen von halbnomadischen Kleingruppen besetzt, die je nach Jahreszeit durch eine Reihe von sehr eng begrenzten Gebieten wanderten (ziemlich ähnlich den Wüstenkulturstämmen Nordamerikas), um die saisonal reifenden Samen und andere pflanzliche Nahrung zu ernten. Sie bauten auch in geringem Maß Avocados, Chilischoten, Amarant (ein Fuchsschwanzgewächs), Kürbisse sowie Baumwolle an.

Ungefähr um 5000 v. Chr., zu Beginn der bis 3400 v. Chr. dauernden Coxcatlán-Phase, erscheint der Kulturmais – als eine äußerst primitive und wahrscheinlich wenig produktive Sorte – in der Abfolge der Tehuacán-Schichten. Wo genau die Kultivierung ihren Ausgang nahm, ob in Südamerika oder Zentralamerika, bleibt im dunkeln. Zusammen mit den Kolben von Zuchtmais fanden sich winzige Kolben, die man anfangs für Wildmais hielt – der langersehnte Ahnherr. Einige Botaniker jedoch, wie beispielsweise Walton Galinat, nehmen an, daß es sich dabei um *teosinte* handelt. Auf dieser Linie liegt auch die jüngste botanische Meinung: daß der Mais aus einer Mutation des *teosinte*-Grases entstand, und daß diese Launen der Natur von den mesoamerikanischen Indianern ausgesondert wurden. Wir brauchen nicht zu betonen, daß der Staub, den diese Kontroversen aufgewirbelt haben, sich noch nicht gelegt hat.

Während der Coxcatlán-Phase nahm die Bedeutung von Anbaupflanzen merklich zu – ihr Anteil an der Ernährung wurde auf bereits 14 Prozent veranschlagt. Man begann Handmahlsteine (*metates*) und Handreibsteine (*manos*) herzustellen, um die pflanzliche Nahrung zu zerkleinern, und man vertraute immer weniger der Ausbeute bei der Jagd auf Wild. Aus der darauffolgenden Abejas-Phase (3400–2300 v. Chr.) stammen dann sehr schöne Schalen und halslose Krüge aus Stein, deren Formen schon eine Vorahnung von der Töpferware späterer Zeit geben. Mit der zunehmenden Fähigkeit, gezielten Anbau und Vorratshaltung zu betreiben, wurden die Menschen immer seßhafter. So fand sich auf dem Talgrund ein Dorf der Abejas-Phase, das aus kreisrunden Grubenhäusern bestand. Das wichtigste Kennzeichen für ein seßhaftes Leben sind Töpferwaren, weil sie zu zerbrechlich sind, um rund ums Jahr von einem Lager zum anderen transportiert zu werden. Die ersten solchen Erzeugnisse tauchen in der nur schwach dokumentierten Purrón-Phase (ca. 2300–1500 v. Chr.) auf, der letzten archaischen Siedlungsschicht des Tehuacán-Gebiets.

Die archaische Periode an anderen Orten

Da die archaische Abfolge von Tehuacán so vollständig und gut erforscht ist, besteht eine Tendenz, dieses Tal für den Platz in Mesoamerika zu halten, wo Mais und andere Pflanzen zuerst kultiviert wurden. Ihr gezielter Anbau dürfte jedoch zu verschiedenen Zeiten an verschiedenen Orten stattgefunden haben. Mais zum Beispiel könnte überall von Zentralmexiko bis Panama von Menschen gezüchtet worden sein. Auch sollte man nochmals erwähnen, daß über den Beitrag, den das Tiefland bei diesem Prozeß leistete, kaum etwas bekannt ist.

In Oaxaca haben Kent Flannery und seine Mitarbeiter von der University of Michigan Höhlen und Lagerstätten unter freiem Himmel angetroffen, die in der archaischen Periode benutzt wurden. Man stieß auf Überreste von Flaschenkürbis und anderen Kürbissen sowie auf Pollen, die allem Anschein nach von *teosinte*-Gräsern stammen. (Letztere sind mit archäologischen Schichten assoziiert, die sich auf 7400–6700 v. Chr. datieren lassen.)

Es wäre durchaus möglich, daß in der Küstenebene, besonders in der Region um den Golf von Mexiko, Maniok oder Cassave eine vergleichbare Rolle spielten wie im Hochland der Mais. Aufschlußreich ist in diesem Zusammenhang, daß der Archäologe Jeffrey Wilkerson in dem präkeramischen Dorf Santa Luisa im Norden des Staates Veracruz keine *metates* und *manos* finden konnte – die Zubereitung von Maniok bedarf solcher Geräte nicht. In Belize hat Richard MacNeish kürzlich bedeutende Siedlungsplätze entdeckt. Sie liegen im Nordteil des Landes, und ihre Schichten stammen aus dem Zeitraum zwischen der paläo-indianischen Periode und dem Beginn der formativen Periode. Pflanzenreste wurden hier nicht zutage gefördert, allerdings gibt es in den jüngeren archaischen

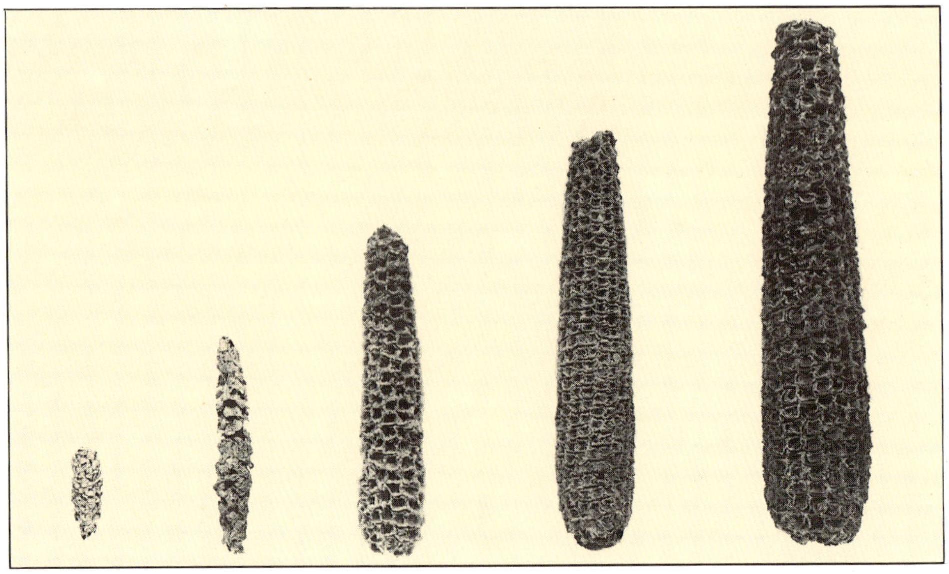

Oben: Erhaltene Reste von Kolben, Hülsen und Grannen aus der San-Marcos-Höhle im Tal von Tehuacán ermöglichen uns eine Vorstellung der wilden Maispflanze. Die Hülsen umschlossen die Körner bis zur Reife und wurden dann abgeworfen.

Links: 5000 Jahre umfaßte die Entwicklung des Mais vom winzigen wilden Maiskolben bis zu der rechts gezeigten neuzeitlichen Art von etwa 1500 n. Chr. Der Mais von heute ist viel größer und ertragreicher als die Wildform, ansonsten haben sich die botanischen Merkmale nur geringfügig geändert.

Links Mitte: Kakteen und Dornbüsche, gesehen von der Coxcatlán-Höhle. Die Radiokarbon-Datierung organischer Reste erbrachte mehr als 10 000 Jahre der Besiedlung der Höhle in 28 Ausgrabungsschichten.

Schichtungen eine zunehmende Zahl an Mahlgeräten.

Der Hand in Hand gehende Prozeß von Pflanzenkultivierung und Seßhaftwerdung, der in der formativen Periode einsetzte, brachte für das Leben der Indianer die tiefstgreifende Veränderung vor der spanischen Eroberung. Er führte zur Anlage von Dörfern und kleineren Städten, schließlich sogar von Großstädten und einer entsprechenden Zivilisation.Die fortlaufende Selektion von immer fruchtbareren Spielarten von Mais, Bohnen, Kürbissen und anderen Pflanzen bedeutete, daß sowohl die Ertragsfähigkeit des Bodens als auch die Bevölkerung ständig zunahmen. Am Ende des Archaikums hatte sich die seßhafte Lebensweise durchgesetzt, ebenso waren nahezu sämtliche Fertigkeiten ausgebildet, die für die um 2000 v. Chr. beginnende formative Periode charakteristisch sind. Man kannte bereits eine große Vielfalt an Geräten zur Aufbereitung der Nahrung, Töpferwaren, gelegentlich auch Tonfiguren sowie geflochtene Körbe, Dekken und Netze. Hinzu kamen besondere Bestattungsbräuche, und statt in Höhlen lebten die Menschen jetzt in aus Hütten oder Grubenhäusern bestehenden Dörfern.

DIE FORMATIVE PERIODE

Eine frühere Generation von Archäologen hielt eine einfache Töpferware für die ältesten bekannten Überreste der mesoamerikanischen Kultur: Scherben von Schalen und Krügen neben handgeformten nackten weiblichen Tonfiguren. Damals bestand zwar noch keine Möglichkeit, diese Funde exakt zu datieren, doch wußte man, daß sie für Dorfkulturen typisch waren, die unter den Ruinen der großen klassischen Städte Mexikos und der Maya-Region liegen. Man nannte sie wegen ihres hohen Alters »archaisch« oder »vorklassisch«. Bekannt war, daß die Träger dieser Kultur Pflanzer waren, und so kam der Eindruck auf, daß die vorklassische Ära das neuweltliche Äquivalent zum Neolithikum Eurasiens sei. Heute wird immer deutlicher, daß diese Periode, die man jetzt allgemein als die »formative« bezeichnet, weitaus stärkere Differenzierungen aufwies, als es solch eine vereinfachte Sicht suggeriert. In der Tat ist inzwischen bekannt, daß es während dieses Zeitraums neben einfachen Dorfbewohnern auch hochentwickelte Gesellschaftsformen mit Herrschern und Priestern an der Spitze gegeben hat. Durch die Radiokarbon-Methode wurden wir in die Lage versetzt, die formative Periode zeitlich genauer eingrenzen zu können. Man sollte aber bedenken, daß es sich hierbei um Radiokarbonjahre handelt und daß die Datenangaben nach Kalenderjahren um etwa 300 Jahre davon abweichen. So beginnt die Olmeken-Kultur etwa um 1500 v. Chr. nach Kalenderjahren, aber annähernd 1200 v. Chr. nach Radiokarbonjahren.

Während paläo-indianische und archaische Zeugnisse in Mesoamerika nur schwer zu entdecken sind, wurden formative Stätten so gut wie überall gefunden. Eine derartige Fülle an archäologischen Überresten setzt eine wahre Bevölkerungsexplosion voraus, die nicht zuletzt in der enormen Verbesserung der Maissorten begründet war. Das gelang hauptsächlich durch die Weiterentwicklung hybrider Formen und die Einkreuzung des *teosinte*-Gens in Zuchtmaisarten, woraus weit größere Kolben und dadurch reichere Erträge resultierten. In ganz Mesoamerika wurden jetzt Weiler, Dörfer und sogar kleine Städte mit strohgedeckten Hütten eher zur Regel als zur Ausnahme, und auch die Herstellung von Töpferwaren, Tonfiguren und handgewebten Baumwolltextilien war allgemein verbreitet.

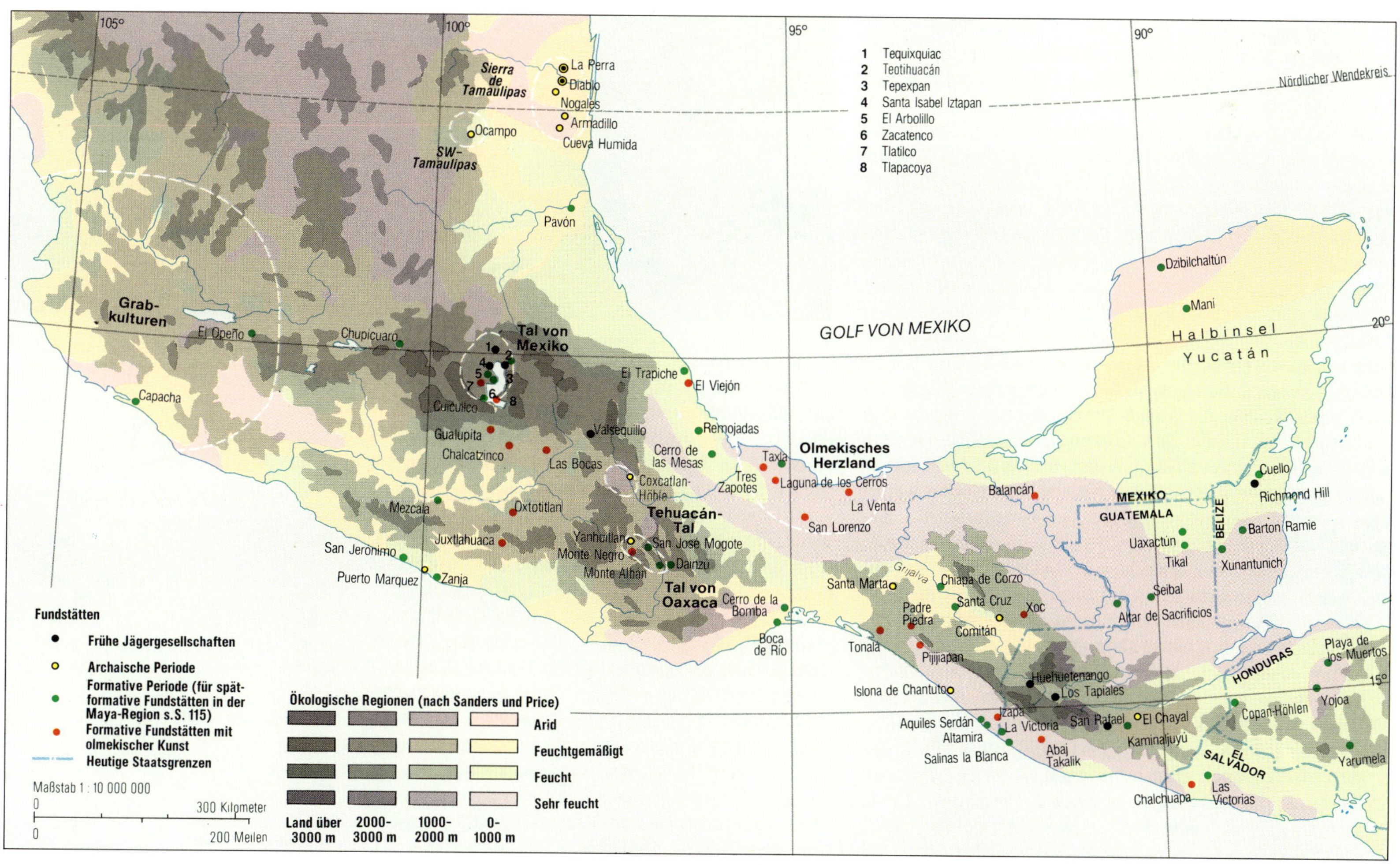

Unten: Die archaische und formative Periode
Jeder Versuch, frühe Siedlungsmuster mit günstigen Umweltbedingungen in Beziehung zu setzen, bleibt nicht zuletzt wegen der Zufälligkeit archäologischer Entdeckungen fragwürdig. Aber dessenungeachtet bestätigen Belege für den Anbau von Pflanzen, die man in Tamaulipas und Tehuacán gefunden hat, die Anpassungsfähigkeit der frühen mesoamerikanischen Menschen, als um 7000 v. Chr. ein arides Klima einsetzte.
Die auf Bodenbau gegründete seßhafte Lebensweise, die später in der formativen Periode aufkam, entwickelte sich vor allem in den feuchteren Gebieten: an den Pazifik- und Golfküsten, im Maya-Tiefland und in den fruchtbaren Hochtälern von Oaxaca und Mexiko.

Umstritten ist noch immer die Frage, wo genau der Übergang von der archaischen zur formativen Gesellschaftsform stattgefunden hat. Archäologen, die vor allem im Hochland gearbeitet haben, betrachteten Zentralmexiko, besonders das Tal von Mexiko, als *fons et origo* (Quelle und Ursprung) der formativen Periode, wohingegen andere die feuchten, heißen Landstriche entlang der pazifischen Küste von Chiapas und Guatemala ins Auge fassen. Kürzlich hat ein Archäologe das nördliche Belize als Ausgangsort benannt, doch sind bisher nur wenige Kollegen bereit, ihm in dieser Auffassung zu folgen. Einigkeit besteht hingegen darüber, was die zeitliche Gliederung der formativen Periode betrifft. Sie zerfällt - nach Radiokarbonjahren - in eine Frühphase (ca. 2000/1600 v. Chr. - ca. 900 v. Chr.), eine mittlere Phase (ca. von 900 v. Chr. - 300 v. Chr.) und in eine Spätphase, die von ca. 300 v. Chr. bis zum Beginn der klassischen Periode reicht, die in Zentralmexiko ab Christi Geburt und im Maya-Tiefland ab 290 n. Chr. begann.

Die pazifische Küste

Ein großer Teil der pazifischen Küste ist felsig und steilabfallend mit einigen von der Natur begünstigten Buchten wie Acapulco. Wendet man sich jedoch nach Südosten über den Isthmus von Tehuantepec hinaus, so weitet sie sich über den mexikanischen Staat Chiapas bis Guatemala zu einer breiten Ebene. Dieses extrem heiße, aber fruchtbare Flachland zählt zu den ergiebigsten archäologischen Fundorten der Welt. Überall trifft man auf Gruppen von Erdhügeln, die mitunter mit faustgroßen Flußkieseln bedeckt sind. Obwohl diese Ebene von den Archäologen weitgehend vernachlässigt wurde - vielleicht wegen der außerordentlichen Hitze -, war sie dennoch ein sehr frühes Zentrum seßhaften Dorflebens und darüber hinaus ein Durchzugsgebiet für Völker und Kultureinflüsse während der ganzen formativen Periode und sogar auch später noch. Während der Frühphase bis zum Aufstieg der Olmeken an der Golfküste stellten das südliche Chiapas sowie das benachbarte Guatemala die wahrscheinlich innovativste Region Mesoamerikas dar.

Die frühesten Keramiken dieser Region (den weit späteren Azteken unter dem Namen Xoconochco bekannt) zeichnen sich durch Formenvielfalt und reichen Dekor aus. Die formative Schichtenabfolge beginnt mit der Barra-Kultur, in der sehr dünnwandige halslose Krüge der roten Töpferware (*tecomates*) vorherrschen, die in verschiedenen plastischen Dekortechniken gearbeitet sind. Man vermutet, daß die Barra-Kultur um etwa 1600 v. Chr. zu datieren ist und daß auf sie die besser bekannte Ocós-Kultur von 1500 v. Chr. folgte. Die Ocós-Stätten liegen günstig, sie genießen sowohl die Vorzüge der Küste als auch des Inlands. Auf diese Weise konnte man in den Flußmündungen, die den Gezeiten ausgesetzt waren, und in den Lagunen Fische, Krustentiere und Schildkröten fangen, aber auch auf den fruchtbaren Böden weiter landeinwärts Mais und andere Nahrungspflanzen anbauen. Ein Beispiel für solch eine Siedlung ist La Victoria, ein kleines Dorf von zehn oder zwölf Häusern, das sich direkt neben einer damaligen Flußmündung befand.

Die Ocós-Keramiken, weitgehend *tecomates* und Schalen mit flachem Boden und abgeschrägter Wandung, sind mit einer erstaunlichen Vielfalt von Techniken verziert. Beispielsweise wurden mit dem gebogenen Rand einer Muschel wellige Zickzacklinien in den noch nassen Ton gezogen oder man dekorierte das Gefäß mit einem irisierenden rosafarbenen glasurähnlichen Überzug *(slip)* - eine Technik, die sonst nur aus Ekuador bekannt ist und vermutlich von dort aus durch den Seehandel verbreitet wurde. Von gleich hohem künstlerischem Rang sind die fein ausgearbeiteten Ocós-Figurinen, die ein außergewöhnliches Panoptikum grotesker Menschen- und Tierdarstellungen bilden. Die bekanntesten stammen von der großen Ocós-Fundstelle Aquiles Serdán an der Küste von Chiapas; sie dürften wohl den frühesten Kunstschatz in Mesoamerika repräsentieren.

Auf die Ocós-Kultur folgten mehrere andere Dorfkulturen, die merkwürdigerweise weit einfachere Keramiken und Statuetten aufweisen. Gleichzeitig mit der frühesten olmekischen Kultur an der Golfküste bestand die Kultur von Cuadros, die wegen der entdeckten Funde von versteinerten Maiskolben die Aufmerksamkeit der Archäologen auf sich gezogen hat. P. C. Mangelsdorf konnte diese Maiskolben der primitiven Nal-Tel-Sorte zuordnen, die heute noch in Yucatán angebaut wird. Töpferwaren aus Cuadros und damit verwandte Produkte finden sich über die pazifische Küste und Guatemala verteilt, sie wurden sogar in Chiapas im westlichen El Salvador angetroffen. Diese Streuung ist sicherlich durch die Ausbreitung der Olmeken-Kultur, vielleicht auch des Volks der Olmeken

Oben: Buschlandschaft im Hochland von Südmexiko zwischen dem Tal von Oaxaca und dem Tal von Tehuacán. Böden dieser Art mußten kultiviert werden, als die nomadische Existenzform von einem seßhaften Dasein abgelöst wurde.

selbst, ausgelöst worden. Auf die Cuadras-Kultur folgt die Conchas-Kultur, welche die Küsten-Inland-Tradition bis zur mittleren formativen Phase fortsetzt und starke Bindungen zur Las-Charcas-Kultur des guatemaltekischen Hochlandes und zur mexikanischen Golfküste aufweist.

Das Hochland von Guatemala

Guatemala City liegt in einem breiten, fruchtbaren Tal, das von Hügeln und Bergen vulkanischen Ursprungs gesäumt wird. Der westliche Teil der Stadt, einst eine der ergiebigsten Fundstätten des Landes, ist heute durch Bebauung für die archäologische Forschung verloren. Die Region, der der bahnbrechende guatemaltekische Archäologe Antonio Villacorta den Namen Kaminaljuyú (»Hügel der Toten«) gegeben hat, besitzt eine lange kulturelle Abfolge, zu der auch Las Charcas, eine dörfliche Ansiedlung der mittleren formativen Phase, gehört. Sie ist sehr gut bezeugt durch eine Reihe flaschenförmiger Vorratsgruben, die in den vulkanischen Tuff eingeschnitten wurden und einige schöne weiße sowie rot auf weißem Grund bemalte Keramiken, Tonfiguren und Speisereste wie Maiskolben und Avocadokerne enthielten. Über die Entwicklungsstufe, die die Siedler von Las Charcas erreicht haben, läßt sich wenig sagen, aber es gibt ein, zugegeben schwaches, Indiz, daß sie Erdhügel aufschütteten, um darauf Tempel aus vergänglichem Material zu errichten. Da sie zeitgleich mit der großen Olmeken-Kultur von La Venta waren, wäre dies allerdings kaum erstaunlich.

Das Maya-Tiefland

Wir wissen heute vor allem dank MacNeishs Forschungen, daß das Maya-Tiefland bereits in der archaischen Periode bewohnt war, weshalb die reichen Belege für eine formative Bevölkerung auf der Petén-Yucatán-Halbinsel nicht überraschen. Strittig blieb dagegen die Behauptung von Norman Hammond, der in der Swasey-Kultur von Cuello im nördlichen Belize eine Besiedlung des Maya-Tieflandes in der formativen Frühphase entdeckt haben will. Laut Hammond ist diese Besiedlungsschicht älter als alle anderen an der pazifischen Küste entdeckten und geht der Olmeken-Kultur der Golf-Küste voraus. Gegen diese These spricht u. a., daß die Keramiken in ihrem Aussehen der mittleren oder sogar späten formativen Phase entsprechen. Gleichwohl wirft die Swasey-Kultur einiges Licht auf die Ernährungsgewohnheiten der frühen Maya im Tiefland, denn erhalten blieben Puffmaiskolben, Yams und möglicherweise Maniok.

Auf weit sichererem Boden stehen wir mit der Kulturabfolge im Petén, die mit der mittleren formativen Xe-Phase, vielleicht um 800 v. Chr., beginnt. Daran schließt sich unmittelbar die Mamon-Phase an, in der es auf der Petén-Yucatán-Halbinsel erstmals zu einer größeren Bevölkerungsdichte und zur Errichtung von Dörfern auf jedem verfügbaren Stück trockenen Bodens kam. Orangerote Keramiken, wie sie für das Maya-Tiefland in der ganzen formativen Periode typisch sind, zeichnen diese Phase aus. Wahrscheinlich gab es auch stuckbedeckte Tempelplattformen, doch sind diese schwer freizulegen, weil sich darüber die Bauten der spätformativen und klassischen Zeit türmen.

Das Grijalva-Becken in Chiapas

Ehe der Río Grijalva durch eine mächtige Schlucht seinen Weg zur Golfküstenebene nimmt, durchfließt er im mexikanischen Staat Chiapas eine heiße, relativ trockene Senke, die trotz ihrer augenscheinlichen Dürre der Mittelpunkt vieler Siedlungen während der formativen Periode war. Unter diesen Stätten des Grijalva-Beckens ist Chiapa de Corzo am genauesten untersucht. Der Ort wies eine ununterbrochene Siedlungsfolge bis hin in die Kolonialära auf. Von 1500 – ca. 800 v. Chr. mahlten die Bewohner der frühen formativen Phase in diesem Gebiet ihren Mais auf Mahlsteinen, stellten Töpferwaren her, die zumeist aus kugelförmigen, halslosen Gefäßen (*tecomates*) bestanden und formten von Hand Tonfigürchen. Der gesamte Komplex der Töpferarbeiten ist eng mit den Ocós- und Conchas-Phasen der Pazifikküste verknüpft, mit der gleichen Betonung des Zickzack-Dekors. Indessen gab es zu dieser Zeit auch kulturelle Beziehungen zu den hochstehenden Olmeken der Golfküste: eine der Tonstatuetten aus Chiapa de Corzo ist mit Sicherheit olmekisch, und an einer Ausgrabungsstätte stromabwärts, die heute vom Wasser des Malpaso-Staudamms überflutet wird, fanden sich Keramiken, die eng mit der San-Lorenzo-Phase der Olmeken-Kultur verwandt sind.

Oaxaca

Früher vertrat man die Auffassung, daß das Tal von Oaxaca, Heimat der zapotekischen Kultur, vor Monte Albán I (einem Kultplatz der mittleren formativen Phase) von einem großen See bedeckt war, der frühe Besiedlung ausschloß. Als Folge davon wurde hier nicht nach wirklich alten Stätten auf dem Talboden gesucht, bis ein archäologisches Projekt der University of Michigan anlief. Tatsächlich konnte jetzt eine lange formative Siedlungsfolge für das Tal festgestellt werden, die in der Errichtung des zitadellenartigen Zeremonialzentrums Monte Albán mündete, das den größten Teil von Zentral-Oaxaca beherrschte.

Während der frühformativen San-José-Phase (1150–850 v. Chr.), die deutliche Zeichen eines Kontakts mit den Olmeken von Veracruz zeigt, bestand die Dorfanlage von San José Mogote, nordwestlich vom Monte Albán, aus 80–100 Häusern mit strohgedeckten Dächern und mit Lehm verputzten, getünchten Wänden. Zur Aufgabe der Frauen gehörten Spinnen, Weben, Säen sowie die Zubereitung der Nahrung, während die Männer Eisenerzspiegel (ein viel gehandeltes Prestige-Objekt in der frühen formativen Phase) sowie Schmuckstücke aus Muscheln und Glimmer herstellten. Die Ernährungsgrundlage des Dorfs beruhte auf dem Anbau von Feldfrüchten wie Mais, Chilipfeffer und Kürbis. Aus dem Tiefland wurden möglicherweise Avocados eingeführt.

Einige der Töpferwaren aus San José Mogote sind mit Sicherheit von olmekischen Vorbildern angeregt; ihre eingeritzten oder eingeschnittenen Muster beziehen sich auf das Repertoire der olmekischen religiösen Ikonographie. Worin genau aber der Einfluß der Olmeken auf das Tal von Oaxaca bestand, ist erst noch zu ermitteln, doch Flannery und seine Mitarbeiter sehen weniger eine tatsächliche olmekische Präsenz, als vielmehr das Modell eines dörflichen Stammes, der der angesehenen Hochkultur von Veracruz nacheifert.

Das Tal von Mexiko

Der große See (der Mondsee), der einst weite Teile des Hochtals von Mexiko bedeckte, muß mit seinen sumpfigen Schilfrändern eine wichtige Nahrungsquelle für die in der Nähe ansässigen Menschen gewesen sein. Er versorgte sie reichlich mit Fisch und Wassergeflügel, und vielleicht auch mit den proteinreichen Algen, die von den späteren Azteken so hoch geschätzt wurden. Diese üppigen natürlichen Ressourcen und die Fruchtbarkeit der Talböden gestatteten sogar schon in der frühen formativen Phase die Ansiedlung einer recht beachtlichen landbauenden Bevölkerung.

Die größte und bedeutendste Niederlassung, die sich in dem Tal entfaltete, war Tlatilco. (Diese Stätte wird im Abschnitt über die Olmeken beschrieben, deren kulturelle

Präsenz hier außergewöhnlich stark gewesen ist.) Olmekische Gruppen aus dem südlichen Veracruz können sehr wohl unter den Bewohnern des Ortes gewesen sein, über dessen chronologische Einordnung man sich lange getäuscht hat, da es für eine frühere Generation von Archäologen nicht vorstellbar war, daß eine so komplexe und hochentwickelte Kultur den einfachen Dorfanlagen – Zacatenco und El Arbolillo – vorausgehen konnte, die damals als früheste bäuerliche Siedlungen im Tal von Mexiko angesehen wurden.

Zacatenco und El Arbolillo gehören aber in der Tat größtenteils erst zur mittleren formativen Phase und datieren damit später als Tlatilco. Es handelt sich um Dörfer von bescheidenem Umfang, die oberhalb des nordwestlichen Ufers des Texcoco-Sees lagen, dem größten der Gewässer, die den Mondsee ausmachten. Ihre Überreste traten bei Grabenziehungen in den 20er Jahren unseres Jahrhunderts zutage. Bezeichnend für die frühesten Siedlungsschichten sind Keramiken, die weit schlichter wirken als jene von Tlatilco, sowie Tausende von nackten oder wenig bekleideten weiblichen Figurinen, deren Funktion noch umstritten ist – möglicherweise standen sie in Zusammenhang mit einem Fruchtbarkeitskult. Im Umkreis der Häuser – mit senkrechten Pfählen, die den Lehmputz hielten, und strohgedeckten Dächern – entdeckte man große Mengen an verstreuten Haushaltsabfällen. Darunter waren auch Knochen von Wildtieren, die in den angrenzenden Bergen mit Lanzen erlegt wurden, die Obsidianspitzen trugen. In Zacatenco und El Arbolillo gibt es keinerlei Spuren von den Olmeken: augenscheinlich verschwand nach 900 deren Einfluß, woraufhin ein kultureller Niedergang einsetzte. Erst mit dem Aufstieg der Teotihuacán-Kultur um die Zeit von Christi Geburt gewann das Tal seine frühere Bedeutung zurück.

Während der spätformativen Phase (nach 400 oder 300 v. Chr.) kam es auf der südwestlichen Talseite (heute am Stadtrand von Mexico City) mit der Errichtung einer großen steinverkleideten Rundpyramide in Cuicuilco zu einem kurzen Höhepunkt. Diese 27 Meter hohe Tempelplattform, die einst von einem konischen Bau gekrönt war, könnte das Zentrum eines Kultes für den »Alten Feuergott« gewesen sein, denn hier angetroffene Tongefäße zum Verbrennen von Weihrauch wiesen die Gestalt dieser bedeutenden Gottheit auf. Cuicuilco war jedoch kein langes Leben beschieden: ein gewaltiger Ausbruch des Xictli-Vulkans bedeckte den Tempel mit einer dicken Lava-Schicht und zwang die Bewohner des darum gruppierten Dorfes zur Flucht.

DIE OLMEKEN

Der Aufstieg der mesoamerikanischen Kultur vollzog sich im sumpfigen Tiefland im Süden des mexikanischen Staates Veracruz sowie im benachbarten Tabasco, beides Küstenregionen am Golf von Mexiko. Hier liegt der Kernraum der Olmeken mit den meisten größeren olmekischen Fundstätten sowie praktisch allen bekannten Steinmonumenten.

Die Gegend ist im Grunde eine Küstenebene, die gelegentlich durch niedrige Hügel gegliedert wird; die einzige bedeutende Erhebung stellen die vulkanischen Tuxtla-Berge dar, von denen die Olmeken den Basalt für ihre Skulpturen bezogen. Dieses Gebiet gehört zu den feuchtesten Teilen Mesoamerikas. Die heftigsten Niederschläge fallen im späten Mai bis November, doch gibt es keine fest ausgeprägte Trockensaison, da die winterlichen Nordwinde zwischendurch häufig Regen und Nieselwetter bringen. Infolge der klimatischen Bedingungen können hier Mais und andere Feldfrüchte das ganze Jahr über angebaut werden. Einer der bezeichnendsten Wesenszüge der olmekischen Landschaft ist die umfassende Überflutung während der Regenzeit. Dann bedeckt das Wasser der angestiegenen Flüsse alle niedrigliegenden Gebiete, und bei seinem Abfließen bleibt eine fruchtbare Schlammschicht an den Uferdämmen zurück. Wahrscheinlich ließ diese nilähnliche Konstellation, verbunden mit einer rasch zunehmenden Bevölkerungsdichte, die differenzierte Olmekenkultur entstehen.

Die genaue Zahl von olmekischen Siedlungen im Kernraum ist unbekannt, denn durch die dichte Vegetation wird eine Bestandsaufnahme sehr erschwert, doch scheinen die meisten auf niedrigen Hügeln oder Plateaus nahe der Flußdämme und über der zum Überflutungsbereich gehörenden Savanne angelegt worden zu sein. Da alle Steinmaterialien von weit her beschafft werden mußten und daher nur für Bildwerke, Abflußgräben und Mahlgeräte Verwendung fanden, gibt es keine Steinarchitektur, sondern lediglich vergängliche Bauten aus Pfählen und Strohdächern.

Die chronologische Einordnung der Olmeken war lange Zeit Gegenstand von Kontroversen, da die meisten Mayaforscher sich weigerten zu glauben, daß der vielschichtige Kunststil mit den riesigen Basaltmonumenten und den wunderschön geschnitzten Jadearbeiten vor der klassischen Mayazeit liegen sollte. In den letzten drei Jahrzehnten haben aber ausgedehnte Ausgrabungen und eine große Reihe von Altersbestimmungen nach der Radiokarbon-Methode überzeugend bewiesen, daß die olmekische Kultur in die formative Periode zu datieren ist. Tatsächlich können wir nun zwei »Horizonte« unterscheiden: der erste fällt in das spätere Stadium der frühformativen Phase (d.i. 1200–900 v. Chr.), der zweite in die mittlere formative Zeit (ca. 900–300 v. Chr.). In der spätformativen Phase ist die Olmekenkultur im wesentlichen verschwunden.

Unten: Die olmekische Kultur erkennt man vor allem an dem ausgeprägten Stil ihrer Skulpturen, der die Einfachheit der Linie mit mächtigen massiven Formen verbindet. Die sich daraus ergebende monumentale Wirkung wird an Arbeiten jeder Größenordnung sichtbar, vom Kolossalkopf (*gegenüber*) bis zu dieser winzigen Jadebüste.

Das olmekische Herzland
Der Kernraum der Olmeken ist ungewöhnlich arm an vielen Rohstoffen, die vielleicht gerade deshalb von der herrschenden Schicht in San Lorenzo hochgeschätzt wurden. So findet man zum Beispiel Obsidian, der in Mesoamerika eine ähnliche Rolle gespielt hat wie der Stahl in der westlichen Zivilisation, nur weit entfernt in vulkanischen Gebieten Mexikos und Guatemalas. Zu den anderen begehrten Rohstoffen, die eingeführt werden mußten, zählte das Eisenerz.

Rechts: Monument 17, einer der acht Kolossalköpfe, die in San Lorenzo entdeckt wurden. Er ist aus einem Basaltblock gehauen, der von den Hängen des Cerro Cintepec in den Tuxtla-Bergen stammt, und stellt einen olmekischen Herrscher dar. Jeder dieser Kolossalköpfe war mit einem individuellen Kopfschmuck verziert; in diesem Fall handelt es sich um eine netzartige Bedeckung aus Schnüren mit durchbohrten Eisenerzperlen. Ein Lager solcher Perlen fand sich während der Ausgrabungen unmittelbar neben dem Kopf.

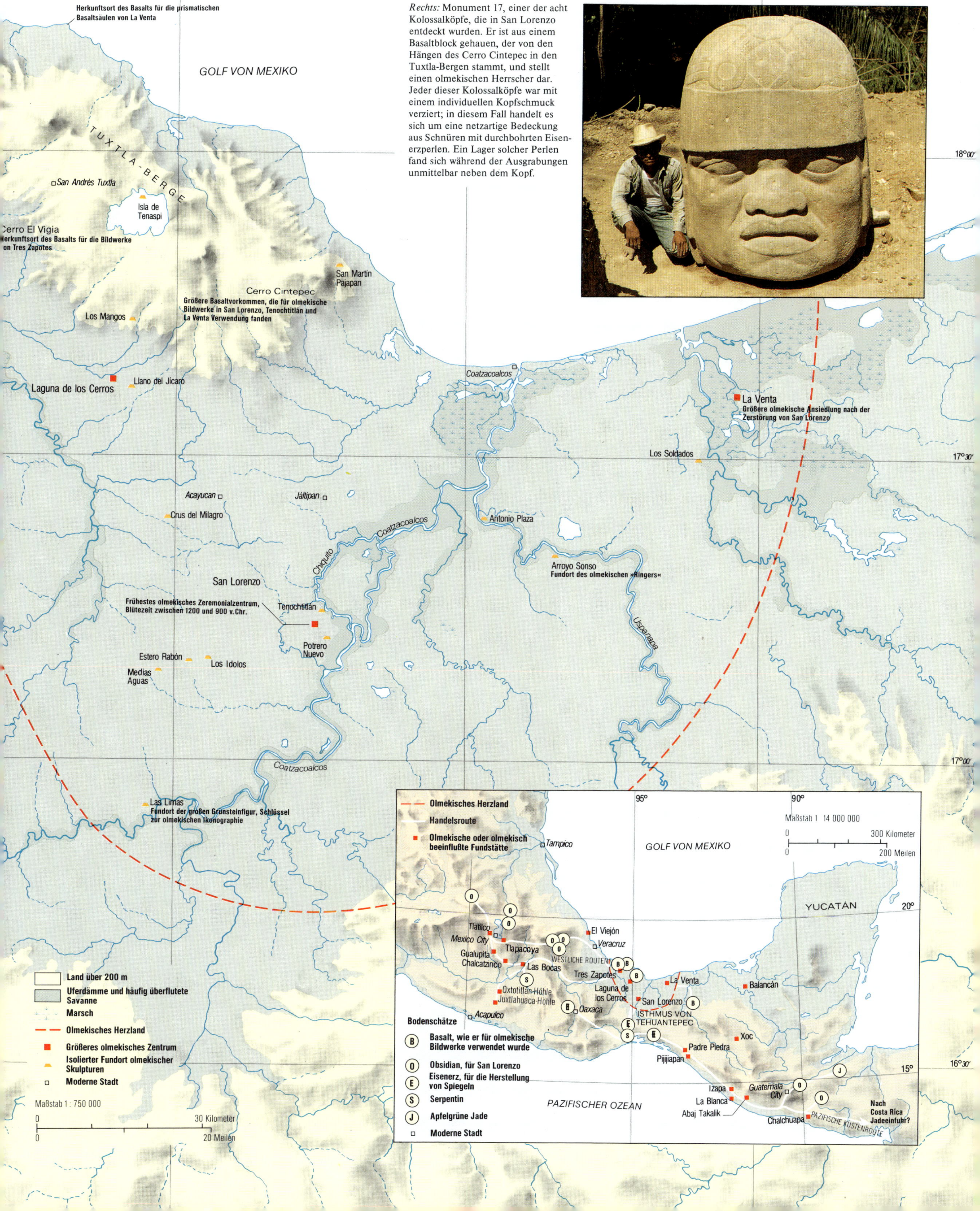

Das Pantheon der Olmeken

Ganz unten links: Die in die Schultern und Knie der Las-Limas-Statue eingravierten Gottheiten. Oben links sieht man eine Gottheit, die sonst nur von den gravierten Schalen aus dem mexikanischen Hochland bekannt ist, vielleicht Xipe Totec, der Schutzgott des Frühlings in den späteren Kulturen. Die Gestalt oben rechts stellt den Harpyiengott mit der Haube des Adlers als Augenbraue dar, die beiden anderen sind der Haifischgott (unten rechts) mit halbmondförmigem Auge und vorstehendem Zahn sowie vermutlich die Gefiederte Schlange (unten links), die durch gekreuzte Streifen im Auge gekennzeichnet ist.

Die ersten künstlerischen Leistungen in Mesoamerika schufen die Olmeken. Außer Menschendarstellungen (wie den Kolossalköpfen) war ihre Kunst im wesentlichen religiös geprägt und konzentrierte sich auf übernatürliche Wesen verschiedenster Art, die Merkmale der Tierwelt mit denen des Menschen verbanden und in verwirrender Komplexität ineinander verschmolzen. Erst seit neuester Zeit können wir uns das umfangreiche Pantheon der Olmeken vergegenwärtigen, denn früher nahm man an, daß ihr einziger Gott der charakteristische »Werjaguar« war, der die Züge eines knurrenden Jaguars mit denen eines Kindes vereinte.

Dank der zufälligen Entdeckung einer großen Statue aus Grünstein 1965 in Las Limas, Veracruz, steht heute mit Sicherheit fest, daß es viele olmekische Götter gegeben hat. Jeder besaß seine eigenen Attribute, doch wurden diese freizügig mit denen anderer übernatürlicher Wesen ausgetauscht. Die Las-Limas-Statue zeigt einen jungen Mann im Schneidersitz, der das vertraute Werjaguar-Baby im Arm hält. Vier andere Gottheiten mit mysteriösen, von oben gespaltenen Köpfen, wie sie für die olmekischen Götter typisch sind, sind in den Schultern und Knien der Figur eingraviert. Diese Gottheiten gaben die ersten Hinweise auf die Struktur der Maya-Ikonographie, sagten aber nicht unbedingt etwas über ihre Bedeutung aus.

Die furchterregenden Tiere, die in der olmekischen Ikonographie vorherrschen, könnten vielleicht Totemtiere gewesen sein. Ihr natürliches Vorkommen weist darauf hin, daß der Kult in einem tropischen Urwald nicht weit von einer Meeresküste seinen Ursprung gehabt haben muß. Es handelt sich um die Harpyie, die in den Wipfeln des Urwalds von Affen lebt, den Jaguar, den Kaiman aus der Familie der Alligatoren, die Schlange und den Hai.

Rechts: Ein olmekischer Drache aus Jade. Dieses proteische Ungeheuer, wahrscheinlich eine Erdgottheit, zeigt die Tendenz der olmekischen Ikonographie, verschiedene Göttermerkmale zu kombinieren: Hier ist das eigentliche Tier ein Kaiman, aber er hat den nach unten gezogenen Mund des Werjaguars, eine menschliche Nase und Harpyienhauben als Augenbrauen. Der Drache könnte der wichtigste der olmekischen Götter gewesen sein, denn er erscheint gleichermaßen in der Monumentalkunst, in kleinformatigen Jadeschnitzereien und, sozusagen in stenographischer Form, als Gravur auf Haushalts- und Bestattungskeramiken sowohl im Hoch- wie im Tiefland.

Links: Die Grünsteinstatue (Höhe 55 Zentimeter) aus Las Limas, Veracruz, stammt vermutlich aus der Periode zwischen 800–400 v. Chr.. Wahrscheinlich handelt es sich um eine Darstellung, die den Machtantritt eines jungen Mannes oder Knaben feiert. Die schlaffe Werjaguar-Figur in seinen Armen könnte seine königliche Herkunft symbolisieren, denn gleiche Kindergottheiten werden von Herrschern in den Frontnischen olmekischer Throne getragen.

Rechts: Harpyiengott aus Jade, Höhe 5,8 Zentimeter. Die Olmeken waren die kunstfertigsten Jadeschnitzer Mesoamerikas, wie dieses Meisterwerk der mittleren formativen Phase bezeugt. Das antropomorphe Element, das allen olmekischen Tiergottheiten eigen ist, tritt auch hier in Erscheinung. Nur der Schnabel über dem werjaguarähnlichen Mund und die stilisierte Haube verraten seine Raubtiernatur.

Rechts: Monument 52 (Höhe 90 Zentimeter) aus San Lorenzo ist die Abbildung des kindlichen Werjaguar-Gottes. Er ist bis in die kleinsten Details mit der Figur identisch, die von der Las-Limas-Statue getragen wird. Die Skulptur entdeckte man in einem unterirdischen steinernen Kanalsystem, so daß sie mit Wasser in Verbindung gebracht und vielleicht als Regengottheit interpretiert werden kann.

Unten. Haifischgott aus olmekischer blaugrüner Jade von der Pazifikküste Guatemalas. Mittlere formative Phase, ca. 900–300 v. Chr.

Oben: Tonschale aus Tlapacoya, Tal von Mexiko, Höhe 13 Zentimeter, Spätstadium der formativen Phase, 1200–900 v. Chr. Außen eingeritzt und eingeschnitzt ist der gleiche Götterkopf, den man auf der rechten Schulter der Figur von Las-Limas sieht – mit gekreuzten Streifen durch das Auge und jaguarähnlichem Mund.

Links: Kniende Steinfigur eines Schamanen, der sich in einen Jaguar verwandelt.

La Venta

La Venta befand sich auf einer Insel im Sumpfgebiet des Río Tonalá, am östlichen Rand des olmekischen Kernlandes. In der Mitte der Insel liegt der Komplex A, eine nur unvollständig erforschte Anhäufung von großen Erdhügeln und Opfergaben mit Radiokarbon-Datierungen der mittleren formativen Phase (ca. 900–300 v. Chr.). Der Komplex, der die übliche lineare Gebäudeanordnung aufweist, wird von der sogenannten »Großen Pyramide« beherrscht, eigentlich ein 30 Meter hoher Erdhügel in Form eines mit Kannelierungen versehenen Kegelstumpfs, dessen Volumen man auf über 100 000 Kubikmeter Erde schätzt. Die Pyramide umschließt vermutlich ein olmekisches Grab, doch ist sie nie untersucht worden. Nördlich davon erstreckt sich ein langer Platz, der von gleichlangen Erdaufschüttungen eingefaßt ist – vielleicht ein Ballspielplatz –, und dahinter gibt es einen von prismatischen Basaltsäulen umschlossenen Hof.

Rechts: Die baulichen Überreste La Ventas (hier der Lageplan), das der Nachfolger San Lorenzos in politischer Hinsicht gewesen zu sein scheint, sind auf den ersten Blick wenig beeindruckend, erst die Steinskulpturen und die fein gearbeiteten Jadegegenstände bezeugen den Einfallsreichtum und die handwerkliche Perfektion der Künstler. Die monumentalen Steinplastiken befinden sich jetzt in einem öffentlichen Park in Villahermosa, Tabasco, um ihrer Zerstörung durch die expandierende petrochemische Industrie vorzubeugen. Schließlich stießen die Archäologen im nördlichsten Teil des Komplexes A auf einen Grabhügel, der ein reich ausgestattetes Grab enthielt und ebenfalls von Basaltsäulen flankiert war.

Unten: Der Altar 4 zeigt eine Figur, die einen Strick in Händen hält, der um die Altarecke zu einem gefesselten Gefangenen verläuft.

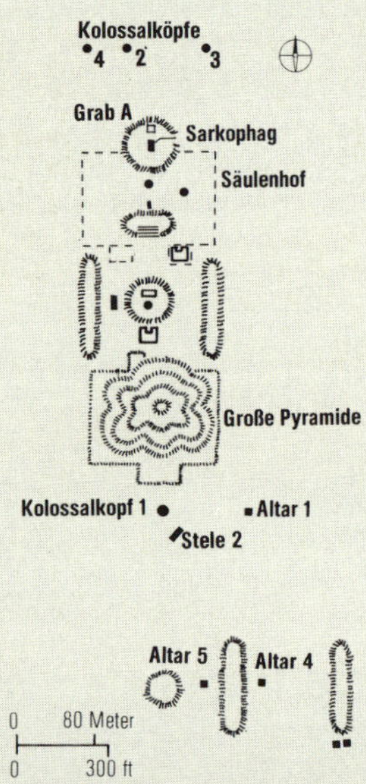

Rechts: Die Opfergabe 4 besteht aus einer Figurengruppe aus Jade und Serpentin, die in einer zeremoniellen Anordnung gefunden wurde; die eng nebeneinander aufgerichteten Beile dürften einen Hintergrund aus Basaltsäulen symbolisieren. Die Opfergabe lag unter der Oberfläche, aber die Stelle war offensichtlich markiert – möglicherweise, um die Figuren bei Bedarf besichtigen zu können.

San Lorenzo

Von den olmekischen Stätten im Kernland wurden nur sehr wenige genau untersucht. Die einzige, die man in allen Einzelheiten kartographiert hat und von der wir eine gute archäologische Abfolge kennen, ist San Lorenzo Tenochtitlán – eigentlich ein Komplex von drei Fundstellen in der Nähe eines Seitenarms des Río Coatzacoalcos, der weite Teile im Norden des Isthmus von Tehuantepec entwässert. Obwohl San Lorenzo selbst schon 1500 v. Chr. besiedelt war, erhielt es seine gegenwärtige Gestalt zwischen 1200 und 900 v. Chr. und stand damals, während der sogenannten San-Lorenzo-Phase, auch auf seinem machtpolitischen und kulturellen Höhepunkt.

San Lorenzo liegt auf einer 50 Meter hohen Plattform oder *mesa*, die sich in nordsüdlicher Richtung über 1,25 Kilometer erstreckt. Die von Archäologen der Yale University vorgenommenen Ausgrabungen ergaben, daß die *mesa* zum Teil künstlich angelegt wurde und daß diese Erdaufschüttungen an manchen Stellen bis in eine Tiefe von 7 Meter reichen. Direkt aus der *mesa* wurden an der Nordwest-, West- sowie Südseite kammartige Erdrücken aufgerichtet. Man nimmt an, daß für diese gigantische Konstruktion Zehntausende Kubikmeter Erde, Lehm und Sand von den Arbeitskräften herangeschleppt werden mußten.

Am auffälligsten für San Lorenzo – wie auch für andere olmekische Zentren an der Golfküste – sind die Zahl, die Größe und die Schönheit der Monumentalskulpturen. Die olmekischen Bildhauer schufen einen charakteristischen Stil, der es mit allen anderen künstlerischen Leistungen in der Welt aufnehmen kann. Die Großskulpturen bestehen sämtlich aus Basalt, der mühsam von den Tuxtla-Bergen, etwa 80 Kilometer nord-nordwestlich von San Lorenzo, herangebracht wurde. Unter anderem handelt es sich dabei um acht kolossale Köpfe, deren größter eine Höhe von 2,3 Meter erreicht und wahrscheinlich mehr als 20 Tonnen wiegt. Man ist sich im Prinzip sicher, daß diese Basalthäupter Porträts olmekischer Herrscher darstellen. Ihre Gesichter mit den wulstigen, aufgeworfenen Lippen und flachen Nasen erinnern an Physiognomien, wie wir sie von einigen Völkern Südostasiens her kennen, doch ist jeder Kopf individuell gestaltet, ebenso das Emblem auf den Helmen, die vermutlich bei den rituellen Ballspielen getragen wurden. Daß das Ballspiel bei den Olmeken verbreitet war, wissen wir von Tonfigurinen.

Unter den übrigen Steinmonumenten finden sich »Altäre«, große rechteckige Tischplatten, deren Stirnseiten Reliefs von Herrschern zeigen. Sie sitzen mit gekreuzten Beinen in einer Nische, jeder hält entweder ein sogenanntes »Jaguar-Baby« in den Armen oder bindet, einen Strick ergreifend, Kriegsgefangene. Höchstwahrscheinlich sollten damit symbolhaft die königliche Erbfolge und kriegerische Heldentaten gefeiert werden. Eine Unmenge anderer Skulpturen weisen auf die Gleichsetzung der Herrscher von San Lorenzo mit dem Pantheon der Götter hin. Man stieß auf eine außerordentlich komplexe Serie von grotesken, übernatürlichen Wesen, die menschliche und tierische Merkmale in sich vereinen und zumeist durch die normativen olmekischen Stilmerkmale wie die wulstigen Lippen und die kindlichen Gesichtszüge gekennzeichnet sind.

Ein anderer bemerkenswerter Aspekt von San Lorenzo, das sicherlich eine Zeremonialstätte im strengsten Sinne war, ist das ungewöhnliche System aus Steindrainagen, U-förmigen Basaltstücken, die aneinandergelegt und unter einer Steinabdeckung montiert sind. Man nimmt an, daß sie Wasser aus künstlichen Teichen abgezogen haben, die wahrscheinlich als rituelle Bäder dienten. Da die Olmeken keine Metallwerkzeuge zur Bearbeitung von Stein kannten, muß die Erstellung eines solchen Systems einen ungeheuren Arbeitseinsatz erfordert haben. San Lorenzo könnte ein kultisches Zentrum gewesen sein, das im gesamten frühformativen Mesoamerika verehrt wurde, und hier müssen die mächtigsten der olmekischen Herrscher und Priester gelebt haben. Es ist unmöglich, die Bevölkerungsrate der gesamten Region zu schätzen, doch läßt das Vorhandensein von mehr als 200 aus Erde aufgeschütteten Hauswällen auf über 1000 Bewohner innerhalb des Zeremonialkomplexes schließen. Zahlreiche *manos* (Handreibsteine) und *metates* (Mahlsteine) weisen darauf hin, daß der Mais, der an den Uferdämmen und in den höher gelegenen Regionen angebaut wurde, die ökonomische Grundlage bildete; ihren Fleischbedarf befriedigten die Menschen durch den Fang von Seehechten und die Schlachtung von Tauben und einer domestizierten Hundeart. Als nahezu sicher kann gelten, daß sie auch Kannibalen waren, denn in den Küchenabfallgruben gibt es menschliche Überreste, die wohl von geschlachteten Gefangenen stammen.

Dem Herzland der Olmeken mangelt es an vielen Rohstoffen, die von der Eliteschicht San Lorenzos sehr geschätzt wurden. Obsidian zum Beispiel wird nur fern vom olmekischen Kerngebiet in vulkanischen Gegenden Mexikos und Guatemalas gefunden. Die Analyse von Spurenelementen belegt, daß San Lorenzo wahrscheinlich mehrere Tonnen dieses vulkanischen Gesteinsglases, das für das Schneiden von Werkzeugen so nützlich war, von dort eingeführt hat. Ein anderes importiertes Material war Eisenerz, das sich glänzend polieren ließ, denn es wurde zu konkaven Parabolspiegeln verarbeitet, die offensichtlich rituellen Zwecken dienten.

Der überwiegende Teil an Keramiken der San-Lorenzo-Phase besteht aus halslosen Krügen, die man zum Kochen von Mais verwendete, doch daneben gibt es auch Gefäße, die mit Symbolzeichen der olmekischen Gottheiten verziert sind; bezeichnenderweise erscheinen diese Haushaltsgefäße, wenn sie außerhalb des Kernraums, etwa im mexikanischen Hochland angetroffen werden, in Grabstätten von sehr hochgestellten Personen. Dasselbe läßt sich von den großen, weißen Keramikfiguren sagen, die »Babies« darstellen. Diese nackten, geschlechtslosen Wesen bildeten offensichtlich das Herzstück eines nicht bekannten Kultes, der zeitlich auf die Periode von 1200–900 v. Chr. begrenzt war.

Um 900 v. Chr. fiel San Lorenzo einer weitgehenden Zerstörung anheim. Zu dieser Zeit wurden alle greifbaren Steinmonumente absichtlich verstümmelt, die Reste auf die Kämme der Erdrücken geworfen und sorgsam mit Erde überdeckt. Als mögliche Ursachen dafür hat man eine Invasion des Gebiets, eine Revolution oder eine periodische rituelle Zerstörung ins Feld geführt, aber da uns von den Olmeken keine schriftlichen Quellen vorliegen, werden die tatsächlichen Vorgänge wohl für immer im dunkeln bleiben. Auf jeden Fall gewann San Lorenzo nie wieder seine einstige Bedeutung zurück, obwohl es bis zur spanischen Eroberung sporadisch besiedelt war.

La Venta

Das mittelformative La Venta (*siehe Seite 98*) besitzt einige Merkmale, die in dem zeitlich früheren San Lorenzo nicht auftauchen. Zum einen hatten die Olmeken zu jener Phase mehrere große Jadevorkommen entdeckt, ein Material, das bis zur Conquista die Hauptquelle mesoamerikanischen Reichtums bleiben sollte. Serpentin war zwar schon in der San-Lorenzo-Phase bekannt gewesen, aber die drei großen, zugeschütteten Mosaikfußböden des Komplexes A, die jeweils aus über 485 Serpentinblök-

Olmekische Höhlenmalereien im Staat Guerrero verbinden Mensch-Tier-Motive mit der Ikonographie der Regen-, Fruchtbarkeits- und Ursprungsmythen. Diese Szene eines Herrschers mit einem Gefangenen stammt aus einer Höhle bei Juxtlahuaca. Die Beziehungen zwischen der Golfküste und dem Hochland setzten etwa um 1000 v. Chr. ein; man geht davon aus, daß die Höhlenmalereien von Guerrero zwischen 900 und 700 v. Chr. zu datieren sind.

ken bestehen und stilisierte Werjaguarmasken zeigen, finden sich nur in La Venta. Entlang der von Nord nach Süd verlaufenden Mittelachse des Komplexes A traten verschiedene Votivopfer ans Licht, darunter kreuzförmig angeordnete Lager von Jadeäxten und konkave Eisenerzspiegel sowie die aufsehenerregende Opfergabe Nr. 4: sie setzt sich aus einer Anzahl Äxte sowie Figurinen aus Jade und Serpentin zusammen, die zu einem gefälligen Genrebild gruppiert sind.

Wie San Lorenzo fiel auch La Venta einer plötzlichen Zerstörungswut zum Opfer, als die kolossalen Köpfe, »Altäre« (eher Thronen ähnlich) und andere Skulpturen in fast gleicher Weise verstümmelt wurden. Die olmekische Kultur wurde in ihrem Kerngebiet weitgehend ausgelöscht, obwohl Tres Zapotes an den Westflanken der Tuxtla-Berge eine nacholmekische Kultur weiterführte. Sie stimmt in vielen Zügen mit der Izapan-Kultur überein, die als Proto-Maya gilt und sich in der spätformativen Phase in Chiapas und Guatemala entwickelte. Gemeinsam ist ihnen u.a. die Schaffung schriftlicher Aufzeichnungen und des Kalenders.

Olmekische Stätten außerhalb des Kernraums

Daß sich der olmekische Kunststil und Einfluß weit über die Grenzen von Veracruz und Tabasco ausgedehnt hatten, war seit langem durch – legale wie illegale – Ausgrabungen im mexikanischen Hochlandgebiet belegt. Einige der eindrucksvollsten dieser Funde gehören zum San-Lorenzo-Horizont und stammen aus reichen Grabstätten unter den Häusern in großen Dörfern oder Städten. Am bekanntesten ist Tlatilco an der nordwestlichen Peripherie von Mexico City, wo Hunderte von verschwenderisch ausgestatteten Begräbnisplätzen unter den Böden der Häuser freigelegt wurden: Seite an Seite mit offensichtlich lokalen Keramikprodukten stieß man auf die weißgrundigen olmekischen Figurinen und »Jaguar-Babies« sowie auf verzierte Keramikgefäße, die durchaus in San Lorenzo hergestellt worden sein könnten. Sie wurden möglicherweise an Klientel-Herrscher geliefert. Andere olmekisch beeinflußte Stätten liegen in den mexikanischen Staaten Puebla (vor allem Las Bocas), Guerrero und Morelos.

Chalcatzingo, etwa 120 Kilometer südöstlich von Mexico City, zählt zu den faszinierendsten Ausgrabungsorten ganz Mesoamerikas. Hier, im östlichen Teil des Staates Morelos, erheben sich unvermittelt drei hohe Berggipfel aus dem nahezu flachen Talboden. Am Fuß des Hauptgipfels, entlang der äußersten Kante des Geröllhangs, entdeckte eine mexikanische Forscherin 1934 eine Serie von Flachreliefs auf riesigen Felsblöcken, die sie sofort als olmekisch identifizierte. Die Ähnlichkeit mit den Bildwerken, die man damals von La Venta her kannte, war unverkennbar. Archäologische Arbeiten unter der Leitung der University of Illinois brachten das Ergebnis, daß die älteste Inbesitznahme von Chalcatzingo in die frühformative Phase fällt und daß die damaligen Keramiken und Figuren denen von Tlatilco ähnlich sind. Seinen Höhepunkt (mit der Entstehung der Flachreliefs) erlebte das Heiligtum jedoch in der mittleren formativen Phase, also eher zeitgleich mit La Venta denn mit San Lorenzo.

Das größte der Reliefs, Relief 1, zeigt eine Frau im Rock mit hochgetürmtem Kopfschmuck auf einem Thron innerhalb einer höhlenartigen Umrahmung, die durch den geöffneten Rachen der olmekischen Schlange geformt wird, der Hauptgottheit dieser Kultur. Über der Frau, die mit Sicherheit einen weiblichen Herrscher von Chalcatzingo repräsentiert, fallen aus drei stilisierten Regenwolken phallische Tropfen als Fruchtbarkeitssymbole. Das nahegelegene Relief 2 stellt einen halb liegenden, gebundenen Gefangenen mit aufgerecktem Penis dar, der von zwei olmekischen Kriegern bedroht wird, die Jaguarmasken tragen, vielleicht eine Eroberungsszene, während ein anderes Relief zwei springende Jaguargottheiten, die nackte Männer angreifen, zum Thema hat.

Sporadische Funde von Objekten im olmekischen Stil wurden auch seit Jahren im südmexikanischen Staat Guerrero gemacht. In der Tat stammt eine so große Menge blaugrüner olmekischer Jadearbeiten aus dieser Region, daß der 1957 verstorbene Archäologe Miguel Covarrubias vorschlug, Guerrero als Ausgangspunkt der Olmekenkultur anzusehen. Das ist jedoch höchst unwahrscheinlich, denn das Gebiet bietet nichts außer öden Tälern und zerklüfteten, ausgedörrten Bergen. Wenn auch eine olmekische Präsenz außer Zweifel steht, so hätten sie sich hier bestimmt erst fest niedergelassen, nachdem sie die Kunst der Bewässerung beherrschten.

Bis 1966 war in Guerrero keine einzige Fundstelle als wirklich olmekisch klassifiziert worden. Im Juli dieses Jahres untersuchten dann aber Gillett Griffin von der Princeton University und Carlo Gay, ein pensionierter italienischer Industrieller, die bemerkenswerten, schon seit Jahren bekannten Höhlenmalereien von Juxtlahuaca und stuften sie zweifelsfrei als olmekisch ein. Juxtlahuaca liegt in den knochentrockenen Bergen des östlichen Zentral-Guerrero und ist eine Höhle, die ungefähr 1,25 Kilometer

Links: Danzantes: eine Steinplatte aus Monte Albán mit Flachrelief. Für die Zapoteken symbolisierte eine nackte menschliche Gestalt in zusammengekrümmter Haltung einen erschlagenen Gefangenen. Mit über 300 solcher Platten wurde die Plattform des Bauwerks L verkleidet, eines der frühesten Gebäude von Monte Albán. Sie sollten die Erinnerung an Eroberungen wachhalten. Zu einem späteren Zeitpunkt der Monte-Albán-Kultur verwendete man mindestens 100 dieser Reliefs ganz profan als Baumaterial für neue Gebäude.

Rechts: Der verlängerte Kopf, die sorgfältig umrandeten Augen, die lange scharfe Nase und die wie erstarrt wirkende Haltung sind charakteristisch für die hohlen Terrakotta-Figuren des Typs »Ameca-Grau« aus Jalisco. Eine große Zahl solch weltfremd-schwärmerischer Menschen- und Tierdarstellungen, wie sie für die westmexikanischen Grabbeigaben typisch waren, wurden bedauerlicherweise von Plünderern aus den Gräbern gestohlen, bevor wissenschaftliche archäologische Untersuchungen durchgeführt werden konnten.

leicht abfallend in einen dieser Berge hineinführt. Die Malereien bedecken zwei Kammern nahe dem Höhlenende und müssen der Mittelpunkt eines Ritus gewesen sein, der mit dem Totenkult und der Unterwelt zusammenhing. Das Hauptstück der Malerei in schwarz und verschiedenen Erdfarben zeigt anscheinend einen Gefangenen, der sich unter einem imposanten Olmekenherrscher duckt. Dieser hat einen schwarzen Bart und ist mit einer quergestreiften Tunika sowie Jaguargamaschen und Armschutz bekleidet. In der letzten Kammer erscheint eine große, rotfarbene Schlange auf einer Platte, die sich von der Höhlenwand abhebt. Mit den gekreuzten Streifen im Auge und dem grünen Federbusch auf dem Kopf erweist sie sich als eine der bedeutsamsten mesoamerikanischen Gottheiten, als die »Gefiederte Schlange« selbst.

Die Kontroversen über den Primat der olmekischen Kultur des Kernraums sind heute beigelegt. Olmekische Gegenstände und olmekischer Einfluß fanden ihren Weg von Zentralmexiko bis hinunter nach Costa Rica. Ob durch Nachahmung oder Eroberung, Handel oder missionarischen Eifer (oder eine Kombination aller dieser Möglichkeiten), das olmekische Vorbild einer Gesellschaft, die von einer sich dem Götter- und Ahnenkult widmenden elitären Klasse regiert wird, wurde in vielen Gebieten außerhalb des Herzlands die Regel. Einige Völker, wie die Bewohner des Tals von Oaxaca, haben wohl fast autochthone Entwicklungen durchgemacht, während andere, darunter die frühen Maya, direkte Nachfolger der Olmeken gewesen zu sein scheinen.

Die frühe zapotekische Kultur

Monte Albán (*siehe Seite 112/113*) ist ein Ausgrabungsort auf einem Berg in strategisch günstiger Lage, dort, wo die drei Arme des Tals von Oaxaca sich vereinigen. Es war von seiner Gründung um 500 v. Chr. bis zu seinem Niedergang nach 800 n. Chr. das kulturelle, politische und militärische Zentrum der Zapoteken. Seine frühesten Herrscher, während der mittleren formativen Monte-Albán-Phase I, hatten den Berggipfel plateauartig eingeebnet und durch eine Reihe weiter Plätze gegliedert. Eine Tempelplattform, die an eine dieser *plazas* angrenzt, war mit außergewöhnlichen Steinplatten verkleidet, in die Flachreliefs gearbeitet sind. Sie zeigen unbekleidete männliche Figuren in wenig erhabenem, aber klarem Relief, mit geschlossenen Augen, offenen Mündern und oft mit verstümmelten Genitalien, von denen in Blumenmustern Blut fließt. Lange Zeit wurden sie ihrer pantomimischen Haltung wegen als *Danzantes* (»Tänzer«) bezeichnet. Es besteht aber heute kaum Zweifel, daß sie Porträts von Herrschern darstellen, die in Monte Albáns Eroberungskriegen hingerichtet wurden. Den Herrschern sind Hieroglyphen zugeordnet, die ihre Namen nennen müßten, ferner gibt es sorgfältig ausgearbeitete Inschriften, darunter Aufzeichnungen im 52-Jahr-Zyklus, der sogenannten *Calendar Round.* Hierbei handelt es sich um eine Kombination des 260 Tage umfassenden rituellen oder Wahrsagejahres mit dem 365 Tage umfassenden Sonnenkalender, wobei jedes Datum des einen Systems nur einmal in 52 Jahren mit dem des anderen zusammenfällt. Dies sind die frühesten Zeugnisse einer vollentwickelten Schrift in Mesoamerika, denn die Olmeken benutzten – am Ende ihrer Kulturperiode – nur sehr rudimentäre Schriftzeichen.

Monte Albán II ist eine spätformative Siedlungsanlage, die sich aus Monte Albán I entwickelt hat. Die auffälligste Konstruktion an der Hauptfundstätte von Monte Albán II ist das Gebäude J: ein Steinbau mit einem Grundriß wie eine große Pfeilspitze. Das Innere durchziehen düstere Gänge, die mit einem Kraggewölbe (dem sogenannten »falschen« Gewölbe) überbaut sind. Die Herrscher von Monte Albán II unternahmen noch weitreichendere Kriegszüge als die von Monte Albán I und unterwarfen u. a. auch das Land der Cuicateken. Diese Triumphe feiern an den Wänden des Gebäudes angebrachte Platten. Sie tragen lange hieroglyphische Inschriften, die die Namen der eingenommenen Städte sowie das Datum der Siege angeben. Ein passendes Etikett für die Skulptur des vorklassischen Monte Albán wäre vielleicht »Eroberungskunst«, denn die Zapoteken schufen einen der größten Staaten im frühen Mesoamerika.

DIE GRABSKULPTUREN WESTMEXIKOS

Zu den üblichen Objekten in den Museumskollektionen vorkolumbischer Kunst zählen große, hohle Tonfiguren, die Menschen und Tiere darstellen und zumeist in einem so lebendigen, naturalistischen Stil ausgeführt sind, daß sie unmittelbar die Sympathie der Betrachter gewinnen. Sie alle scheinen von Gräbern in den westlichen mexikanischen Staaten Colima, Nayarit und Jalisco zu stammen, doch ist bedauerlicherweise bisher noch kein professioneller Archäologe in der Lage gewesen, ein unversehrtes Grab zu finden und den Bestand aufzunehmen. Die vorhandenen Beschreibungen beziehen sich samt und sonders auf geplünderte Ruhestätten.

Die Gräber wurden meist von oben in den vulkanischen Kalktuff geschnitten, manchmal sind sie durch tiefe Schächte zu erreichen. Da die Grabräuber kein Interesse an den Skeletten hatten, blieben diese oftmals an ihrem ursprünglichen Platz zurück und belegen damit eindeutig, daß jedes Grab, manchmal aus mehreren Kammern bestehend, über einen längeren Zeitraum von Familien oder Sippen zur Bestattung ihrer Toten benutzt wurde.

Wegen der fehlenden archäologischen Informationen über den Fundzusammenhang bleibt die exakte Datierung der Figuren weiterhin im dunkeln, doch gehören sie wahrscheinlich in ihrer Gesamtheit dem Ende der formativen Periode an. Am ältesten sind wohl die wunderbar stilisierten »Chinesco«-Figuren aus Nayarit mit den schrägen Augen und stark verlängerten Körpern in sitzender Haltung. Wie alle mehr oder weniger menschlichen Sta-

tuetten aus Westmexiko treten sie als männlich-weibliche Paare in Erscheinung – vielleicht stellen sie Ahnen dar. Der spätere Nayarit-Stil kennt auch »Krieger«, komplette Dorfszenen mit Tempeln, Häusern, Menschen sowie Ballspielplätze mit Spielern und Zuschauern. Die vom künstlerischen Standpunkt her eindrucksvollsten Plastiken stammen aber aus den Schachtkammergräbern in Colima. Sie zeigen u. a. Menschen bei den unterschiedlichsten Aktivitäten – beispielsweise beim Tragen von Tonwaren zum Markt –, und auch Hunde von jener besonderen unbehaarten Rasse, die, mit Mais gemästet, im alten Mexiko die Speisekarte bereicherten.

Lange wurde angenommen, daß die westmexikanische Grabskulptur eine Genrekunst sei, die das Hier und Jetzt in einer Weise wiedergab, die die verehrten Toten im Jenseits erfreuen sollte. Doch hat der Anthropologe Peter Furst diese Interpretation neuerdings in Frage gestellt, indem er darauf hinwies, daß die Grabkunst von zwei wichtigen Themen beherrscht wird: dem Schamanismus und der Welt der Toten. So sind etwa die sogenannten »Krieger« eigentlich in einer Haltung wiedergegeben, wie sie von den Schamanen Amerikas eingenommen wird, wenn sie einen Kampf gegen böse Geister oder andere Schamanen führen, wohingegen die zweistöckigen Nayarit-Häusergruppen offensichtlich eine Oberwelt der Lebenden und eine Unterwelt der Verstorbenen abbilden. Und man sollte auch erwähnen, daß nach mexikanischem Glauben

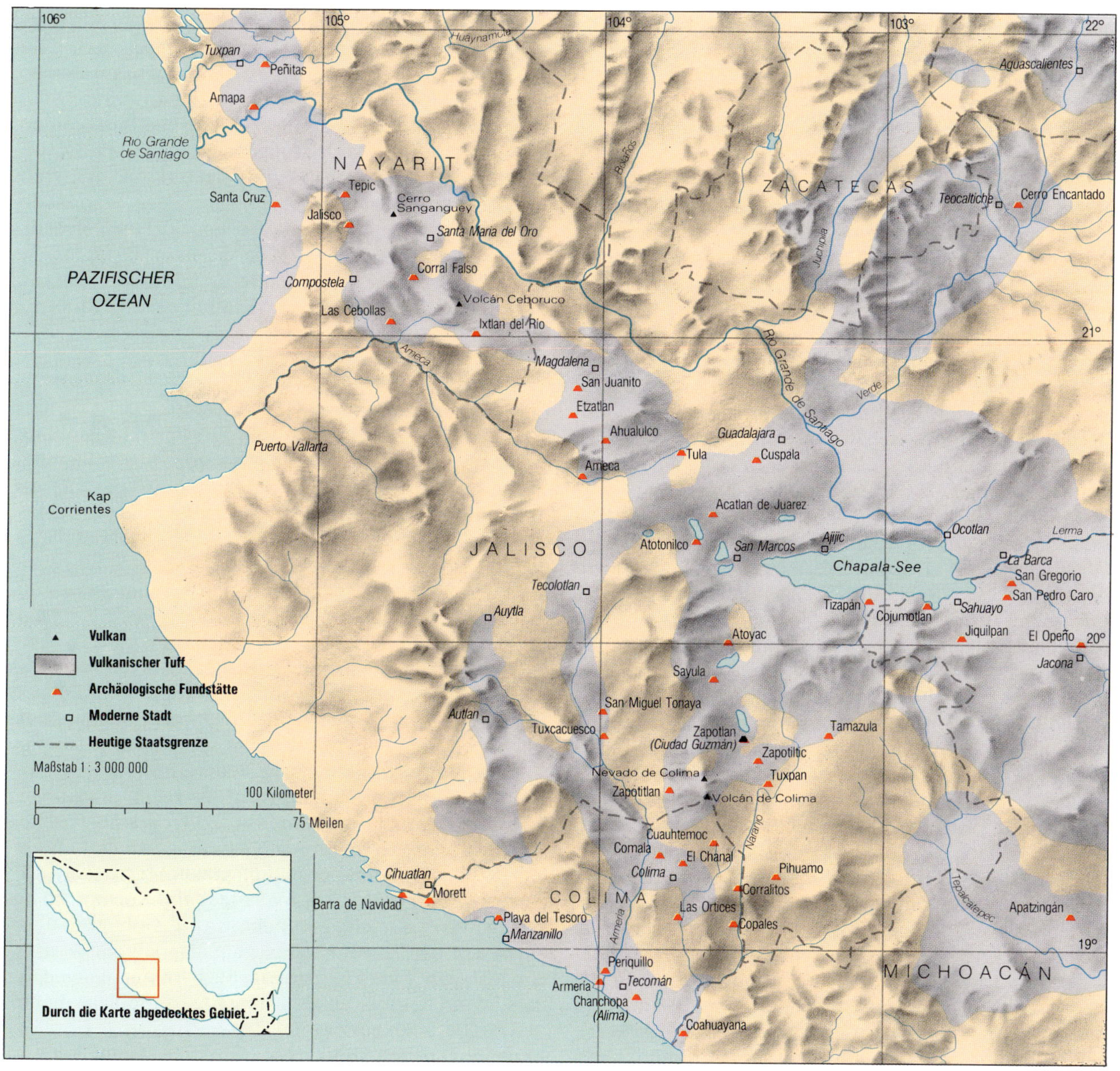

Rechts: Gräberfunde in Westmexiko
Man weiß, daß viele Tausende großer Tonfiguren aus Gräbern stammen, welche über Schächte zu erreichen waren, die man tief in das vulkanische Tuffgestein der westlichen mexikanischen Staaten Colima, Jalisco und Nayarit eingeschnitten hatte. Diese Gräber, die oft mehrere Kammern besaßen, sind zwar niemals zufriedenstellend datiert worden, können aber vermutlich der spätformativen Phase zugerechnet werden. Colima-Grabfiguren sind besonders schön gearbeitet. Sie stellen oftmals Keulen und Speere schwingende »Krieger« dar. Man hat vermutet, daß es sich dabei um Schamanen handeln könnte, die diese Kampfhaltung einnehmen, um böse Geister oder rivalisierende Schamanen abzuwehren. Jalisco ist ein sehr großer Staat, der archäologisch nur wenig erforscht ist. Seine Grabfiguren weisen die verschiedensten Stilmerkmale auf und dürften einen langen Zeitabschnitt abdecken.
Die ältesten Grabfiguren sind vermutlich jene im »Chinesco«-Stil von Nayarit, und aus diesem Staat stammen auch Modelle von einzelnen zweistöckigen Häusern und sogar ganzen Dörfern.

Hunde die Seelen ihrer Herren über die dortige Spielart des Flusses Styx auf der gefürchteten Reise in die Unterwelt geleiteten. Doch von solchen Interpretationsschwierigkeiten einmal abgesehen, erlauben diese Figuren einen nahezu einzigartigen Einblick in die Gesellschaft des frühen Mesoamerika.

DAS KLASSISCHE TEOTIHUACÁN UND SEIN REICH

Nach dem Abklingen des olmekischen Einflusses fiel das Tal von Mexiko in eine relative kulturelle Rückständigkeit zurück. Das sollte sich aber schlagartig zu Beginn der christlichen Zeitrechnung ändern, als der Aufstieg von Teotihuacán begann. Die Gründung dieser größten aller präkolumbischen Städte der westlichen Hemisphäre bezeichnet den Beginn der klassischen Ära in Mesoamerika, zumindest was Zentralmexiko anbelangt. (Im Maya-Tiefland setzt die klassische Periode mehr als zwei Jahrhunderte später ein.) Keine Stadt, kein Staat, kein Volk hat auf das übrige Mesoamerika größeren Einfluß ausgeübt als Teotihuacán, nicht einmal die Olmeken, Tolteken oder Azteken. Es ist nahezu sicher, daß Teotihuacán die Metropole eines Reiches war, welches das der Azteken an Macht übertraf. Das soll nicht heißen, daß es innerhalb seines Territoriums keine unabhängigen Gebiete gegeben hat, wie sie bei den Azteken existierten. Die Zapoteken des klassischen Monte Albán beispielsweise scheinen ihre politische Selbständigkeit bewahrt zu haben und verkehrten mit Teotihuacán auf diplomatischer Ebene, doch selbst ihre Kultur ist von Teotihuacán geprägt.

Die Stadt Teotihuacán

Diese bedeutende Metropole (*siehe Seite 106/107*) liegt im Tal von Teotihuacán, einer gut bewässerten Ebene an der Nordostseite des Hochtals von Mexiko, wo der San-Juan-Fluß und seine Nebenarme in den Texcoco-See münden. Der Ackerbau in dieser ohnehin begünstigten Region profitierte noch zusätzlich davon, daß hier einige starke, nie versiegende Quellen entspringen. William Sanders und seine Mitarbeiter haben lange die Vorstellung favorisiert, daß die Teotihuacaner kurz nach Christi Geburt Bewässerungswirtschaft eingeführt haben, allerdings sind die Belege für Kanäle aus dieser frühen Zeit nur sehr spärlich.

Teotihuacán ist eine der am besten und umfassendsten erforschten archäologischen Stätten in der Neuen Welt. Wichtigen Anteil an dieser Arbeit hatte René Millon von der University of Rochester, der das Projekt einer kartographischen Erfassung der Stadt leitete. Heute wissen wir, daß die Stadtzone über 20 Quadratkilometer bedeckt. Zwar gibt es im nordöstlichen Teil einige Siedlungen, die aus der spätformativen Phase stammen, das größte Areal scheint aber in einer einzigen gewaltigen Anstrengung konzipiert und errichtet worden zu sein. Obwohl man über die Größe der Einwohnerschaft nur Vermutungen anstellen kann – denkbar scheint eine Zahl zwischen 125 000 und 250 000 –, lag die Bevölkerungszahl auf jeden Fall viel höher als in den meisten zeitgenössischen Städten der Alten Welt. Das grundlegende Modell einer Wohneinheit in Teotihuacán war ein einstöckiger, von einer hohen Außenmauer umgebener quadratischer Komplex für mehrere Familien, dessen Seitenlänge 50–60 Meter betrug. In den Quartieren der Wohlhabenderen, die sich gewöhnlich näher zur Straße der Toten befanden als die anderen, führten überdachte Wohn- und Schlafbereiche auf Binnenhöfe, einem römischen Atrium ähnlich. Sie wurden im allgemeinen von niedrigen Plattformen in Talud-Tablero-Technik flankiert, auf welchen Familien- oder Sippenrituale stattgefunden haben mögen. In diesen Wohnkomplexen der Ober- und Mittelklassen waren die Innenwände mit stilisierten, sich wiederholenden mythologischen Figuren und Szenen bemalt. Das bekannteste Fresko ist das sogenannte »Paradies des Tlaloc« (des Regengottes) im Tepantitla-Palast, von dem man annimmt, daß es den Himmel darstellt. Die Vielfalt tanzender und spielender Figuren in einer Landschaft mit Bäumen, Blumen und Schmetterlingen ist zu Recht berühmt. In diesen Himmel gelangte, wer das Glück hatte, den Tod im Wasser gefunden zu haben (Ertrunkene, vom Blitz Erschlagene oder Wassersüchtige). Es spricht allerdings mehr dafür, daß das Fresko ein Reich darstellt, über das eine weitverbreitete Spinnengottheit herrschte.

Abseits von den Residenzen der Elite lagen die weniger eindrucksvollen Wohnungen der städtischen Handwerker und kleineren Kaufleute. Ausgrabungen haben gezeigt, daß sie mit ihren winzigen Räumen und den schmalen Gäßchen zwischen den einzelnen Wohnquartieren eher mit den städtischen Unterkünften im mittelalterlichen Europa zu vergleichen sind.

In Teotihuacán, dem einige der bedeutendsten Obsidianbrüche unterstanden, wurden Hunderte von Obsidian-Werkstätten entdeckt, denn dieses Material war eine der wichtigsten lokalen Ressourcen und im alten Mesoamerika unentbehrlich zur Herstellung scharfer Werkzeuge. Ebenso produzierte die Stadt hervorragende Keramiken, die man in weite Teile Mesoamerikas exportierte. Typisch für diese hochwertigen Teotihuacán-Keramiken, die von den fremden Oberschichten im Kulturkreis von Teotihuacán nachgeahmt oder direkt eingeführt wurden, sind die zylindrischen Dreifußgefäße mit Deckel. Sie weisen oftmals Stukkaturen auf und zeigen als Dekor mythologische Szenen im Stil der einheimischen Wandmalereien. Dünnwandige Orangeware, vielleicht im Gebiet des heutigen Staats Puebla gefertigt, erscheint als Opfergabe für die Toten sogar im weitentfernten Maya-Gebiet und ist ein weiteres Beispiel für den Einfluß der Stadt auf ganz Mesoamerika.

Wirtschaft und Kultur

Eine vorrangige Frage der Mesoamerikanisten ist die nach der ökonomischen Basis, die die Entwicklung Teotihuacáns ermöglichte und es befähigte, eine so überwältigende Vorherrschaft zu erlangen. Vom Standpunkt der Agronomen läßt sich sagen, daß das Tal von Teotihuacán, selbst wenn man Bewässerungsverfahren angewendet hätte, niemals eine so große Bevölkerung, wie die Stadt sie damals besaß, hätte versorgen können. Es gibt jedoch auf den Karten, die René Millon anfertigte, klare Hinweise auf *chinampas* in einem Teil Teotihuacáns, was das Problem lösen könnte. In aztekischer Zeit waren *chinampas* (fälschlicherweise als schwimmende Gärten bezeichnet) rechteckige Landparzellen, die entstanden, als durch die sumpfigen Ufergebiete des großen Sees Kanäle gestochen wurden. Durch die periodische Bedeckung mit dem nährstoffreichen Grundschlamm entstand ein unglaublich fruchtbarer Boden, der den »Brotkorb« der aztekischen Metropole füllte. (Noch heute gibt es *chinampas* im Gebiet der Stadt Xochimilco im Süden von Mexico City, wobei die Ausrichtung des Kanalnetzes von Xochimilco bezeichnenderweise völlig mit dem von Teotihuacán übereinstimmt.) Es scheint wahrscheinlich, daß das gesamte Hochtal von Mexiko, einschließlich seiner *chinampas*, dem alten Teotihuacán als Versorgungsgrundlage diente.

Auch besteht kein Zweifel, daß die Stadt enge Handelsbeziehungen zum übrigen Mesoamerika pflegte. Tausen-

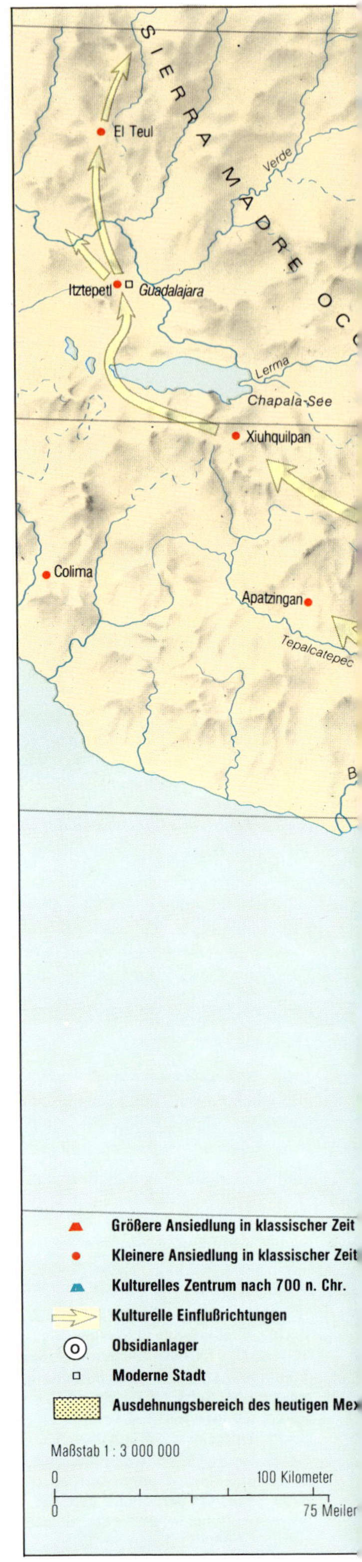

Mesoamerikanische Kulturen in der klassischen Periode
Die klassische Blütezeit setzte im zweiten Jahrhundert n. Chr. ein. In dieser Periode hatten die herrschenden Eliten ihre Macht gefestigt und begonnen, politischen wie kulturellen Einfluß auf die angrenzenden Gebiete zu nehmen. Im Gegensatz zu dieser intellektuellen Elite hatte sich das Leben für die Masse der armen Landbevölkerung seit der formativen Periode kaum verändert.
Kein Zentrum war erfolgreicher als Teotihuacán, eine Stadt, die in einem fruchtbaren Winkel des Hochtals von Mexiko lag und ein weitverzweigtes Handelsnetz über große Teile Mesoamerikas, einschließlich der Maya-Län-

der, aufbaute. Hand in Hand mit den Handelstransaktionen kam ein kultureller Austausch zustande: Die Kunst Teotihuacáns dominierte den Stil der übrigen aufstrebenden Kulturen dieser Zeit, und im Gegenzug nahm Teotihuacán künstlerische Anregungen von der Golfküste und Monte Albán auf. Als Teotihuacán im siebten Jahrhundert zerstört wurde, wandelte sich auch die Beziehung der Hochlandmexikaner zu den Maya, die bis dahin von den ersteren beherrscht worden waren. Zeugnisse von Ausgrabungsorten wie Cacaxtla und Xochicalco verraten eine starke Präsenz der Maya in der Periode, die dem Zusammenbruch Teotihuacáns folgte.

de von Handwerkern waren damit beschäftigt, Obsidianklingen, -messer, -pfeilspitzen und andere dringend benötigte Gerätschaften für die auswärtigen Märkte herzustellen, besonders aus dem feinen grünlichen Obsidian der Pachuca-Minen, über die Teotihuacán die Kontrolle ausübte. Archäologische Forschungen zeigen, daß auswärtige Kaufleute und vielleicht auch Handwerker sich hier niedergelassen hatten. So brachte das Projekt von René Millon ein rein oaxanisches Viertel (einschließlich der zapotekischen Idole aus grauer Tonware) ans Licht, und die schwedischen Ausgrabungen in den 30er Jahren förderten in einem anderen Teil der Stadt polychrome Keramik aus der frühen klassischen Maya-Zeit zutage, die im Tiefland des Petén gefertigt worden war.

Es sollte nachdrücklich betont werden, daß zwar vereinzelte Teotihuacán-Hieroglyphen, die sich wahrscheinlich zumeist auf Kalenderdaten beziehen, identifiziert wurden, daß aber darüber hinaus keine schriftlichen Zeugnisse dieser Kultur erhalten sind. Deshalb basiert jede Rekonstruktion der politischen Ordnung wie der gesellschaftlichen Verhältnisse in Teotihuacán allein auf Vermutungen, Vermutungen, die davon abhängen, bis zu welchem Grad man bereit ist, das (bis in Einzelheiten dokumentierte) aztekische Staatsmodell in die Vergangenheit zurückzuprojizieren. Waren die Azteken auf dem Umweg über die Tolteken die Erben der Teotihuacán-Kultur? Sprachen die Bewohner von Teotihuacán eine Vor- oder Urform von Nahua oder Nahuatl, der aztekischen Sprache? Wir wissen, daß der aztekische Staat eine expansive Politik verfolgte und daß die Hauptstütze sei-

Teotihuacán

Rechts: Plan des Zeremonialzentrums von Teotihuacán. Bei der Kartographierung der Stadt identifizierte man über 5000 Gebäude, von denen man 2300 für Wohnhäuser hielt. Die intensive Bebauung setzte um 400 n. Chr. ein, als Teotihuacán seine endgültige Flächenstruktur erhielt.

Die Hauptachse Teotihuacáns ist die Straße der Toten, die annähernd in Nordsüd-Richtung verläuft (mit einer Verschiebung um 15°03′ von Nord nach Ost, offensichtlich aus astronomischen Gründen). Luftaufnahmen haben gezeigt, daß sich im rechten Winkel dazu eine Ostwest-Straße erstreckt. Das Stadtzentrum, das durch diese beiden Avenuen bestimmt wird, würde sich somit genau vor dem großen umfriedeten Quadrat (bekannt als *Ciudadela* »Zitadelle«) befinden, das möglicherweise den königlichen Palast darstellt. Teotihuacán war folglich ebenso in Stadtviertel gegliedert, wie wir sie von der viel späteren aztekischen Metropole Tenochtitlan kennen.

Das eindrucksvollste Bauwerk von Teotihuacán – über viele Kilometer weit im Land sichtbar – ist die Sonnenpyramide. In den letzten 60 Jahren legten die Archäologen Stollen durch den Bau, und es zeigte sich, daß er zum größten Teil am Ende der spätformativen Phase errichtet wurde. Die Arbeiter mußten dazu Millionen von ungebrannten, luftgetrockneten Lehmziegeln und körbeweise Bruchstein als Füllmaterial herangeschleppt haben. In ihrer endgültigen Form strebte die Sonnenpyramide in vier großen Rängen oder Stufen zum 70 Meter hohen Gipfelplateau, auf dem sich wahrscheinlich ein Tempelbau mit flachen Dach befand. Ob dieser Tempel wirklich der Verehrung der Sonne diente, wie die Azteken annahmen, ist nicht bekannt, doch läßt eine kürzlich gemachte Entdeckung unter der Pyramide vermuten, warum sie ausgerechnet hier gebaut wurde. Es erwies sich nämlich, daß direkt unter ihrem Zentrum in alter Zeit eine natürliche Höhle zu einer kleeblattförmigen Kammer erweitert worden war, die durch einen Tunnel erreicht werden konnte. Aus ethnohistorischen Gründen wurde vorgeschlagen, daß die frühesten Teotihuacaner dies als übernatürlichen »Platz des Auftauchens, Hervortretens« aufgefaßt haben könnten, als eine Art von Höhlenschoß, dem die Ahnherren der Stämme entstiegen.

Zu den weiteren Zeremonialbauten zählt der Mondtempel, der nicht ganz so eindrucksvoll wie die Sonnenpyramide ist. Er liegt am nördlichen Ende der Straße der Toten, und seine Außenfronten zeigen wie viele andere Gebäude der Stadt eine typische Technik der Teotihuacán-Architektur, die Talud-Tablero-Bauweise, bei der abwechselnd ein rechteckig vorspringendes Steinmörtelpaneel (Tablero) über einer abfallenden Böschung (Talud) aus dem gleichen Material verbaut wurde. Alle Außenfronten sind dick mit weißem Stuck verputzt und gewöhnlich rot oder mit polychromen mythologischen Szenen bemalt.

Die eingangs schon erwähnte *Ciudadela* besteht im Grunde aus einem breiten, vertieft angelegten Hof. Fast in seiner Mitte erhebt sich der imposante Tempel des Quetzalcoatl, an dessen Fassaden sich schmucklose Relieffiguren der Gefiederten Schlange und der Feuerschlange abwechseln, Ausdruck einer grundsätzlichen Opposition zwischen kraftvoller Frische und Leben einerseits und der heißen, glühenden Wüste andererseits.

Unten: Die Vorderfront der Sonnenpyramide ist nach Westen auf die Nordsüd-Achse ausgerichtet, welche von Erdhügeln gesäumt wird. Da diese bis in die 60er Jahre unseres Jahrhunderts weitgehend unausgegraben blieben, wurden sie für Begräbnisstätten gehalten, daher rührt fälschlicherweise der Name Straße der Toten. Die Archäologen entdeckten jedoch Plattformen – vermutlich Tempelbasen – und weite Zwischenräume, in denen Priester ihre rituellen Handlungen vollzogen. Gebäude direkt vor den Tempeln dienten wohl als Wohnstätten der Priester.

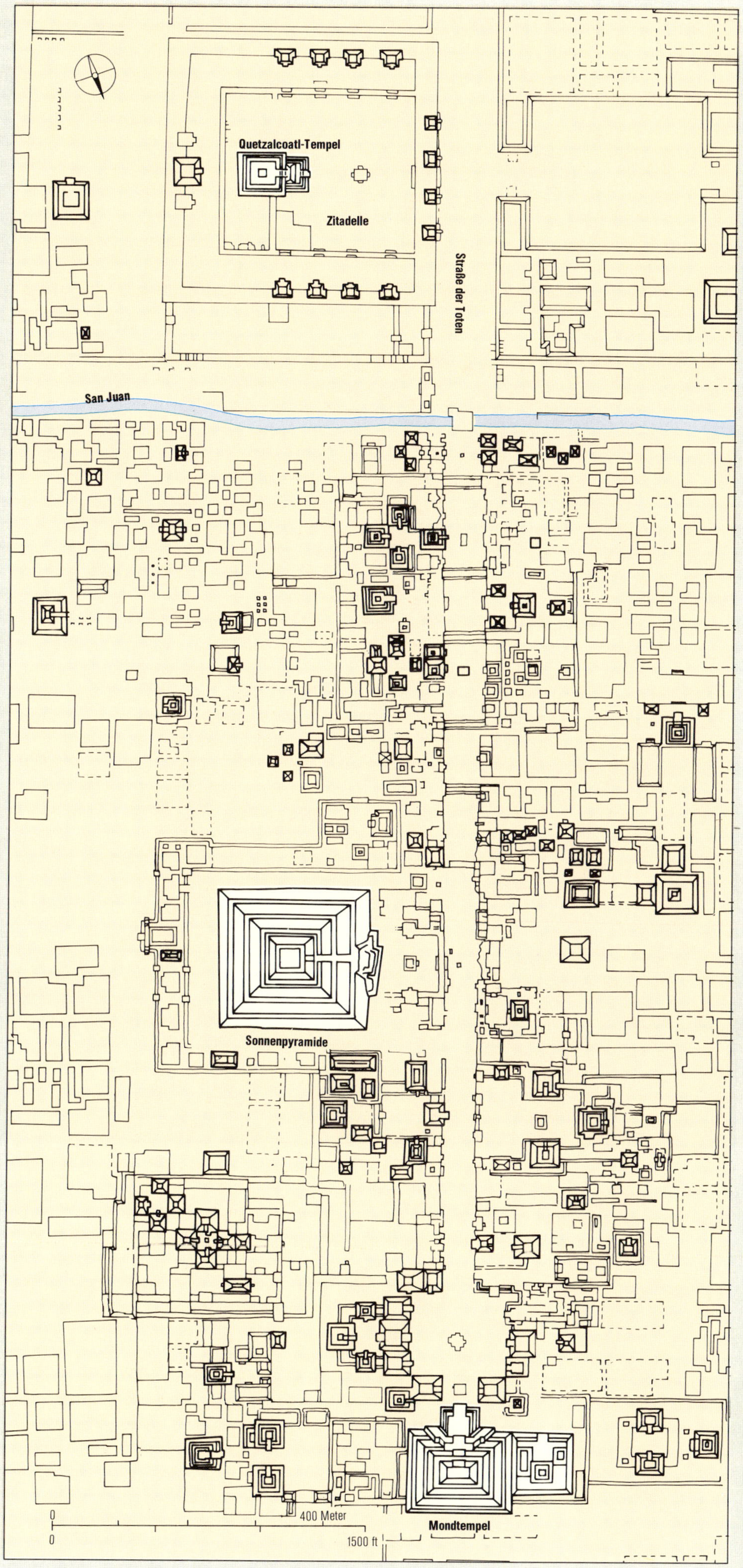

Oben: Stein- und Terrakotta-Masken zählen zu den typischen Kunstgegenständen Teotihuacáns. Oft lebensgroß oder nur wenig kleiner, dürften sie Mumienbündeln beigelegt worden sein und stellten möglicherweise Porträts von Verstorbenen dar. Hier sieht man eine schön gearbeitete Maske aus Jade.

Unten: Eine naturalistische Darstellung eines Adlers von der Basis der Plattform des Quetzalcoatl-Tempels.

Ganz unten: Dieses stuckierte und bemalte Dreifußgefäß zeigt den Kopf eines federgeschmückten Jaguars, ein in der Kunst Teotihuacáns verbreitetes Thema.

Das Ballspiel

Das Ballspiel wurde mit einem großen Kautschukball auf einem eigens geschaffenen Platz zwischen zwei Mannschaften ausgetragen. Die frühesten Ballspielplätze datieren aus olmekischer Zeit und waren einfache, bassinartige Anlagen mit Stützmauern aus Erde. In der klassischen Periode finden sich dann Plätze aus Mauerwerk mit abgesenkten Spielflächen in ganz Mesoamerika mit Ausnahme von Teotihuacán, wo tiefliegende Teile der Straße der Toten dieselbe Funktion erfüllt haben könnten. Man weiß, daß der Sinn des Spiels darin bestand, den Ball in einen Steinring zu befördern, daß der Ball während des Spiels nicht in der Hand behalten werden durfte und die härtesten Schüsse mit der Hüfte abgegeben wurden, aber von den weiteren Regeln und der Zählweise besitzen wir nur dürftige Kenntnis. Zum Schutz der Spieler dienten ein breiter, schwerer Gürtel aus Holz und Leder, Hüftpolster, Knieschützer, Handschuhe und mancherorts sogar Helme.

Das Ballspiel war weit mehr als ein athletischer Wettbewerb. Der Platz selbst läßt sich als kosmologisches Diagramm deuten, wobei der Ball das Symbol der Sonne ist. Ferner war das Spiel von der Vorstellung des Todes und der Opferung tief durchdrungen, und zu den abschließenden Zeremonien gehörte – besonders in Veracruz und der Maya-Region – anscheinend der Opfertod der Verlierer.

Oben links: Relieftafel vom Ballspielplatz in El Tajín, Veracruz, Mexiko, spätklassische Periode. Der Spielführer der unterlegenen Mannschaft wird über einen Opferstein gelegt und mit einem Messer getötet.

Links außen: Grünstein-»Joch«, klassische Kultur von Zentralveracruz. Die sogenannten »Joche« sind steinerne Nachbildungen der Schutzgürtel und wurden von den Spielern bei den Zeremonien nach Beendigung des Wettbewerbs getragen.

Links Mitte: Eine Basalt-*palma* mit der Darstellung eines gefesselten Gefangenen, klassische Kultur von Zentralveracruz.

Links: Diese Basalt-*hacha* ist in Form eines Geierkopfes gestaltet. Die *hachas* trug man offensichtlich wie die *palmas* an der Vorderseite der »Joche«.

Oben: Die Abrollung von einer spätklassischen Vase aus dem zentralen Maya-Gebiet zeigt zwei Spieler mit einem ins Überdimensionale vergrößerten Ball. Es mag sich hier um die Illustration einer Szene aus dem *Popol Vuh*, dem Epos der Quiché-Maya, handeln, in dem zwei Zwillingspaare der Reihe nach von den Herren der Unterwelt zu einem Ballspiel herausgefordert werden.

Links: Der Ballspielplatz in Xochicalco, Morelos, Mexiko, vom Ende der spätklassischen Periode zählt zu den frühesten, die Ringe an den vertikalen Mauern über den Spielflächen hatten. Ein Spieler, der den Ball durch einen Ring schoß, gewann nicht nur das Spiel, sondern auch die Kleidung und den Schmuck der gesamten Zuschauer.

ner Wirtschaft weniger die Erzeugung von Nahrungsmitteln und anderen lebensnotwendigen Dingen war, sondern die massiven Tributzahlungen, die unterdrückten Völkern aufgezwungen wurden. Das Vorhandensein des »Teotihuacán-Horizonts« in Mesoamerika legt auf sehr auffällige Weise dieselbe Lage der Dinge nahe, nur in noch viel größerem Maßstab.

Der Teotihuacán-Staat wurde nicht nur von ökonomischen Kräften bewegt, er besaß auch eine staatstragende Ideologie. Wenn auch die Olmeken schon ihre Götter und ihr Pantheon hatten, so lassen sich diese doch mit späteren mesoamerikanischen Gottheiten nur höchst indirekt identifizieren. Die Götter Teotihuacáns dagegen sind sehr gut wiederzuerkennen, wenn wir sie späteren mesoamerikanischen Religionssystemen, besonders dem aztekischen, gegenüberstellen. So tauchen beispielsweise Tlaloc, der Regengott, Chalchiuhtlicue, die Wassergöttin und Tlalocs Gemahlin, Mictlantecuhtli, der Herr der Unterwelt, Quetzalcoatl, die Gefiederte Schlange, sowie eine Unzahl anderer Götter als Bestandteil des Staatskults von Teotihuacán auf. Der mexikanische Gelehrte Ignacio Bernal hat zu Recht betont, daß wir es bei Teotihuacán mit der ersten durch und durch mesoamerikanischen Kultur zu tun haben.

Der Niedergang von Teotihuacán

Die Stellung der Stadt als dominierende Kulturmacht in Mesoamerika ging im siebten Jahrhundert n. Chr. zu Ende. Mangels schriftlicher Zeugnisse sind die ausschlaggebenden Faktoren hierfür umstritten. George Vaillant äußerte einst die Vermutung, daß eine biologische Umweltzerstörung durch massive Entforstung des mexikanischen Hochlands die Ursache gewesen sein könnte: Um die ungeheuren Mengen von Kalkstuck herzustellen, die für den Bau von Teotihuacán gebraucht wurden, mußte eine schwindelerregende Fülle von Holz verbrannt werden.

Sicher ist zumindest, daß weite Bereiche der Stadt durch Feuer vernichtet wurden, entweder als Folge einer Invasion oder inneren Aufruhrs. Besonders stark sind die diesbezüglichen Zeugnisse in den Wohngebieten der Elite entlang der Straße der Toten. Auch der eindrucksvolle Palast des Quetzalpapalotl, an der Westseite des Mondpalastes, fiel bis auf die Grundmauern den Flammen anheim. Allerdings war Teotihuacán bis in aztekische Zeit weiterhin bewohnt, zumindest in jenen Vierteln, die der Zerstörung entgangen waren. Als die aztekischen Könige ihre jährliche Pilgerfahrt nach Teotihuacán unternahmen, lag die Metropole größtenteils in Trümmern. Ihre Pracht und ihr Ruhm lebten nur in der mythologischen Tradition fort, wo von ihr erzählt wird: eine Stadt erbaut von Riesen, und so bedeutend, daß die Götter die Welt an diesem Ort noch einmal schufen.

DIE KLASSISCHE VERACRUZ-KULTUR

In den letzten Jahrhunderten vor Christi Geburt hatten die Überreste der olmekischen Kultur eine solche Umformung erfahren, daß die eigentliche Herkunft kaum noch zu erkennen war. In den großen, noch lange Zeit besiedelten Zentren wie Tres Zapotes an den Hängen der Tuxtla-Berge blieb der olmekische Skulpturen-Stil bis zu einem gewissen Grad erhalten, doch viel stärkere Bindungen gab es an den Izapa-Stil in Chiapas und Guatemala, einen Prototyp der Maya-Kultur. Als noch bedeutsamer erwies sich, daß die gebildete Elite von Veracruz gegen Ende des letzten vorchristlichen Jahrhunderts begonnen hatte, Kalenderdaten nach einem System zu berechnen, das als *Long Count* (»Lange Zählung« von einem einheitlich angenommenen Fixtag aus) bekannt ist. Dieser große Sprung nach vorn, an dem auch die Izapa-Kultur teilhatte, führte schließlich zum Kalender der klassischen Maya. Nach dem sechsten Jahrhundert n. Chr. wurde die *Long-Count*-Zählung außer im Maya-Tiefland allerdings nirgendwo sonst mehr benutzt.

Cerro de las Mesas

Cerro de las Mesas im Staat Veracruz, das durchgehend von der mittleren formativen bis zur nachklassischen Periode besiedelt war, wird erst jetzt von Barbara Stark von der Arizona State University kartographisch erfaßt. Es handelt sich um einen sehr großen Komplex von aufgeschütteten Tempelplattformen, doch hat man von der archäologischen Abfolge dieser Fundstätte bisher nur spärliche Kenntnisse. Untersuchungen, die Matthew Stirling vornahm, legen indes nahe, daß der Ort seine Blütezeit in der frühen klassischen Periode, grob geschätzt von 300–600 n. Chr., erlebte. Er dürfte damit parallel zur Hegemonie des Teotihuacán-Staats existiert haben.

Von der einstigen architektonischen Anlage Cerro de las Mesas ist wenig bekannt. Die Bauten bestanden hauptsächlich aus Erde und Ton, doch daneben gibt es eine große Zahl steinerner Monumente, die alle nicht-olmekisch sind. Zwei dieser Stelen zeigen in Verbindung mit Reliefs schreitender männlicher Figuren Daten des *Long-Count*-Kalenders, die auf das Jahr 468 n. Chr. beziehungsweise 533 n. Chr. weisen.

Daß die Herrscher des klassischen Cerro de las Mesas Reichtümer horteten, beweist die zufällige Entdeckung eines Verstecks von Gegenständen aus Jade und Serpentin, die unter einer Lehmtreppe vergraben waren. Zu diesem bedeutenden Schatzfund gehörten so schöne Objekte wie ein Jadekanu, in das olmekische Werjaguargesichter im La-Venta-Stil eingeritzt waren, Jadebeile von costaricanischer Herkunft sowie frühklassische Maya-Jadeplatten und Ohrspulen. Cerro de las Mesas ist außerdem berühmt – wie auch andere Fundorte der frühklassischen Periode in Zentralveracruz – für die großen hohlen Tonfiguren seiner Gottheiten. Besonders bemerkenswert ist ein androgynes Idol des Alten Feuergottes.

El Tajín und die klassische Veracruz-Kultur

Wenn etwas die klassische Veracruz-Kultur charakterisiert, so ist es das Ballspiel – ein ritueller Wettkampf, dessen Wurzeln in die olmekische Kultur zurückreichen. An der Golfküste war dieses über ganz Mesoamerika verbreitete Spiel wesentlich mit Menschenopfern und dem Kult der Unterwelt verbunden; wahrscheinlich zählte zu den Spielregeln, daß der Anführer der unterlegenen Mannschaft geopfert wurde.

Drei Arten von Steinobjekten tauchen in den Sammlungen der klassischen Veracruz-Kultur besonders häufig auf, und in allen drei Fällen erwies sich, daß sie zum Umkreis des Ballspiels gehörten. Da sind einmal die »Joche«, U-förmige Gegenstände (etwa 45 Zentimeter lang und 30 Zentimeter breit), die den Schutzgürtel aus Holz und Leder symbolisieren, der während des Spiels um die Taille getragen wurde. Ferner gehören dazu die *hacha* (»dünner Steinkopf«), die *palma*, einem Palmenblatt ähnelnde, vollplastische Steine. Die *hacha* und *palma* waren wohl während der rituellen Zeremonien nach dem Ballspiel vor den »Jochen« aufgestellt. Die Objekte zeigen reiche Schnitzereien, bei denen sich mythologische Unterweltmotive gegen einen Hintergrund von verflochtenen und verschnörkelten Windungen abheben, die das Kennzeichen des klassischen Veracruz-Stils sind. Dieser Stil wird

El Tajín

Oben: Ein Relief mit der Darstellung des Totengottes.

Rechts: Die Nischenpyramide (Höhe 18 Meter) ist wahrscheinlich das älteste Bauwerk in El Tajín und wohl 600 n. Chr. zu datieren. Die jeweils 60 Zentimeter tiefen Nischen erzeugen ein kontrastreiches Spiel von Licht und Schatten unter dem tropischen Himmel von Veracruz.

Unten: Ansicht von El Tajín mit der Nischenpyramide in der Mitte, die von anderen Pyramiden und Ballspielplätzen umgeben ist. Tajín Chico, ein später erbauter Abschnitt, liegt im Norden und besteht größtenteils aus noch nicht freigelegten Hügeln. Das Zeremonialzentrum bedeckt lediglich 60 Hektar innerhalb einer archäologischen Zone von 950 Hektar. Die Chronologie von El Tajín ist noch kaum erforscht, doch nimmt man an, daß es seinen Höhepunkt in der spätklassischen Periode hatte.

Der bemerkenswerteste Bau an diesem Ort ist die sogenannte Nischenpyramide. Alle vier Seiten sind stufenförmig angelegt und weisen insgesamt 365 quadratische Nischen auf. Der Legende nach enthielt jede ein Idol für jeden Tag des Jahres. Andere in El Tajín noch existierende Gebäude, möglicherweise Paläste oder Verwaltungsbauten, besaßen Flachdächer aus einer gegossenen Mörtelmasse. Dominierendes Motiv in der Dekoration der Tajín-Architektur war der Mäanderstreifen, der vielleicht Regenwolken symbolisieren sollte.

Von El Tajín sind mindestens drei steinerne Ballspielplätze bekannt. Den größten schmücken drei Steinreliefs an jeder nach innen gerichteten Mauerseite, alle in dem für die Veracruz-Kultur typischen ineinandergreifenden Schnörkelwerk. Bei den Reliefdarstellungen handelt es sich um Szenen von Menschenopfern auf den Ballspielplätzen. Ein anderes in El Tajín gefundenes Relief zeigt einen Gott, aus dessen Penis Blut fließt. Obwohl die klassische Veracruz-Ikonographie noch kaum ernsthaft erforscht wurde, ist klar, daß hier eine enge Verwandtschaft zur Vorstellung von der Unterwelt besteht, wie die Elite der klassischen Maya-Kultur sie geprägt hatte.

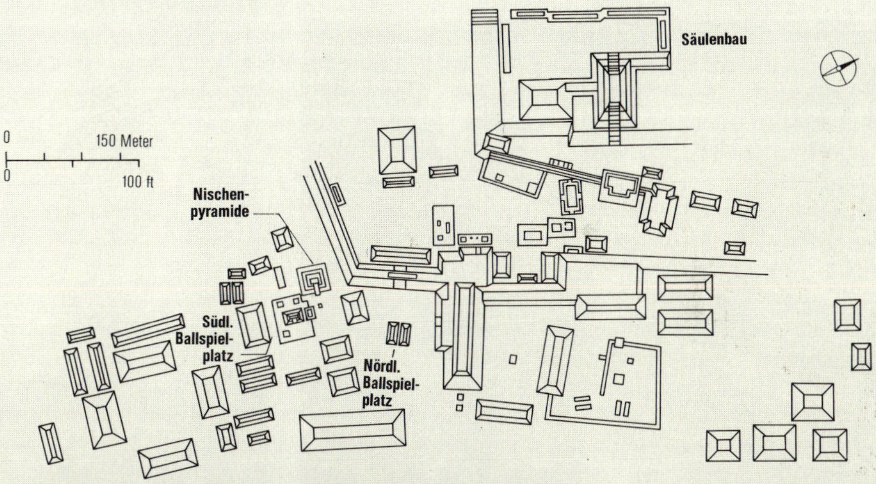

Oben: Der Erdhügel mit dem Säulenbau (wahrscheinlich aus der spätesten Phase) überragt die Plaza von Tajín Chico. Er ist benannt nach sechs Säulen aus 25 Zentimeter dicken, aufeinandergestapelten Steinscheiben, eine in Tajín einmalige Bauweise.

Links: Das Südwestrelief (1,7 Meter hoch und 2 Meter breit) des südlichen Ballspielplatzes. Der Vogelmensch in der Mitte erhebt seine Arme über eine halb liegende Gestalt, die als Opfer bestimmt ist. An den Seiten halten Musiker eine Rassel beziehungsweise ein Schlaginstrument, und zwischen dem reichen Schnörkelwerk über der Opferszene schwebt ein Skelett.

in der Literatur mit den Totonaken in Verbindung gebracht. Dabei mag es von Bedeutung sein, daß die im Staat Veracruz ansässigen Totonaken Anspruch darauf erhoben, Teotihuacán erbaut zu haben. Die Type Site der klassischen Veracruz-Kultur ist El Tajín im Land der Totonaken im Norden von Zentralveracruz. Diese fruchtbare Region in nicht sehr hoher Hügellandschaft ist für ihre Vanilleproduktion bekannt. El Tajín, ein weitläufiges Areal mit Steinarchitektur, größtenteils aus der spätklassischen Periode (600–900 n. Chr.), erinnert an einige der großen klassischen Zentren der Tiefland-Maya, während – ebenso wie in Cerro de las Mesas – Hinweise auf die Präsenz von Teotihuacán nicht so offensichtlich sind, vielleicht nur deshalb, weil an diesen Orten moderne Ausgrabungen fehlen. Für Matacapan in den Tuxtla-Bergen dagegen liegen eindeutige Beweise vor, daß die Teotihuacaner hier eine Wegstation eingerichtet hatten, vielleicht einen Posten, der den Fernhandel regelte. In der frühen klassischen Periode bauten sie mehrere Plattformen aus Erde und Lehm in der charakteristischen Talud-Tablero-Technik. Matacapan nimmt exakt die Anlage der Begräbnisplattformen eines viel weiter entfernten Außenpostens vorweg: Kaminaljuyú im Hochland von Guatemala.

Die Remojadas-Kultur

Das Tiefland von Zentralveracruz ist von mehreren Erdhügel-Gruppen durchzogen. Obwohl nur einige der Hügel archäologisch untersucht wurden, können die meisten wahrscheinlich der klassischen Periode zugeschrieben werden. In vielen Hügeln fanden sich tönerne Grabfiguren im sogenannten Remojadas-Stil. Die Ware ist oft mit

Oben: Ein lächelnder Knabe – eine der vielen Remojadas-Figurinen aus Zentralveracruz. Der Stil ist realistisch, kennt aber auch geometrische Muster. Andere Remojadas-Figurinen bilden Krieger, Ballspieler, Liebende und eine Vielzahl von unterschiedlichen Tieren ab.

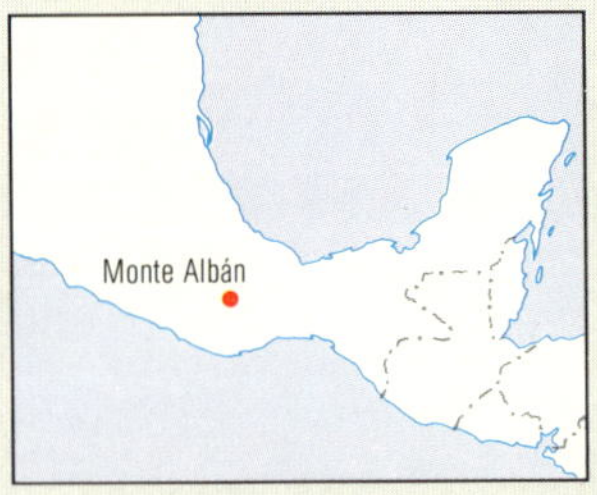

Monte Albán

Unten: Stele 6 stellt einen gefesselten Mann dar, der auf einer Ortsglyphe steht und aus dessen Mund ein Sprechschnörkel kommt. Es handelt sich um eine von 15 Stelen von Gefangenen oder Eroberern, die in der Schichtenfolge der Periode III (100–600 n. Chr.) zutage traten. Belege für ein sehr frühes Schriftsystem und Bezüge auf Eroberungen finden sich bereits in Periode I (500 v. Chr.–200 n. Chr.).

Monte Albán war in klassischer Zeit ein bedeutendes Zeremonialzentrum: mit Plazas, Terrassen, Tempelplattformen und einer sehr großen (noch nicht ausgegrabenen) Pyramide. Die Plattformen trugen anscheinend niedrige Tempel mit flachen Balkendächern, der Stil ähnelt dem von Teotihuacán, aber mit Unterschieden in den Details der Talud-Tablero-Technik. Während der Ausgrabungen in den 30er Jahren legten der Mexikaner Alfonso Caso und seine Mitarbeiter 170 unterirdische Gräber frei, von denen die meisten zur klassischen Periode (Monte Albán IIIA und B) gehörten. An den Wänden der am reichsten ausgestatteten Grabanlagen (besonders der Gräber 104 und 105) fanden sich Wandmalereien, die dem Stil von Teotihuacán verwandt sind.

Im klassischen Monte Albán entdeckte man eine größere Zahl von Stelen und Reliefs mit Hieroglyphen, die definitiv von der Monte-Albán-Schrift I und II abgeleitet, aber noch weitgehend unentziffert sind. Die Kalenderangaben dagegen konnten teilweise entschlüsselt werden: Sie geben offensichtlich die Tage innerhalb der 52jährigen *Calender Round* an (d. h. die Tagesangaben in der 260-Tagezählung zusammen mit dem Jahr im 52-Jahr-Zyklus) wie auch in einer 13-Tage-»Woche«. Die Daten scheinen sich zumeist auf Eroberungen zu beziehen. Oftmals stehen gefesselte Gefangene auf einem Zeichen, welches den Namen der von Monte Albán unterworfenen Stadt nennt. Eines der Reliefs stellt nach der Interpretation von Joyce Marcus einen Zug von Gesandten aus Teotihuacán dar, die den zapotekischen Machthabern Geschenke bringen. Offensichtlich waren die Beziehungen zu diesem mächtigen Reich freundschaftlicher Natur.

Unten: Die Bauten an der Hauptplaza von Monte Albán entstanden in der Periode III. Die Bevölkerung hatte damals ihren Höchststand erreicht und betrug möglicherweise 20 000 Menschen. Die breite Mehrheit der Einwohner lebte in Häusern, die auf Terrassen errichtet worden waren, die man in den Berg geschnitten hatte. Auf der Hauptplaza fanden die öffentlichen und zeremoniellen Veranstaltungen statt. Von der Periode IV an verblaßte der Glanz von Monte Albán, die Gebäude verfielen und die Bewohner wanderten ab, als die Siedlungen im Tal sich zu bedeutenden Zentren entwickelten.

Ganz unten: Aus den Gräbern von Monte Albán kamen zahlreiche, irrtümlich als »Urnen« bezeichnete Figurengefäße ans Licht. Hier wird eine Person durch eine Gesichtsmaske mit gespaltener Zunge charakterisiert. Der kegelförmige Hut (gelegentlich auch mit der Glyphe C anzutreffen), der Brustschild, das Perlenhalsband und das Lendentuch erscheinen normalerweise immer zusammen mit diesem Figurentyp.

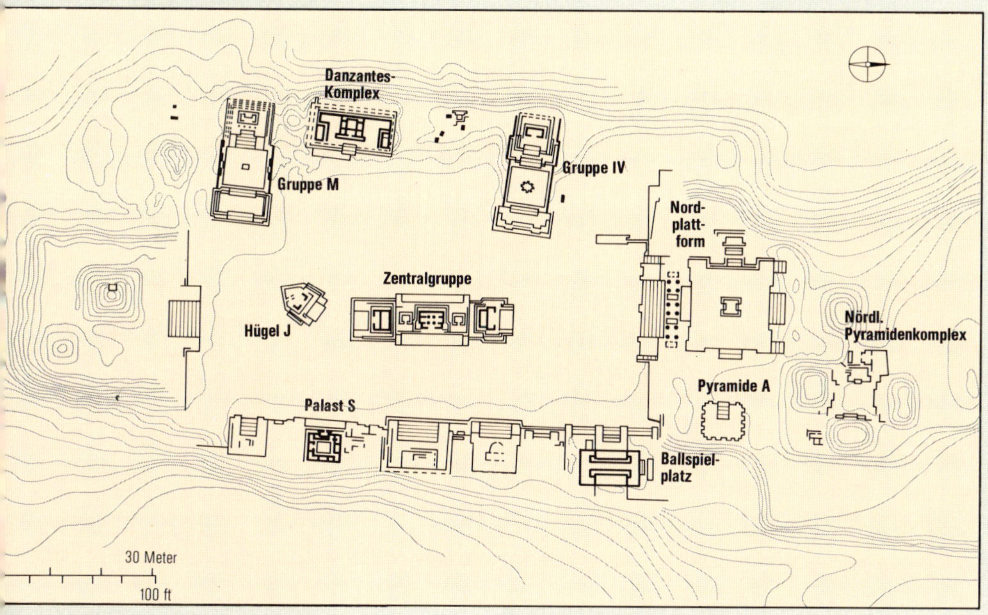

Unten: Ansicht der Südwestseite des Monte Albán. Während der Monte-Albán-Periode II (200 v. Chr. bis 100 n. Chr.) wurde ein großer Gipfelabschnitt des 400 Meter hohen Berges eingeebnet und mit der wesentlichen Bautätigkeit begonnen. Der in die Periode II datierte Hügel J (teilweise rechts im Bild sichtbar) besitzt die Form einer Pfeilspitze. Es kann sich um ein Observatorium handeln, obwohl seine Seiten mit 50 Steinplatten mit eingemeißelten Eroberungsglyphen verkleidet sind.

Bitumenfarbe oder *chapopote* verziert und in die Zeit von der späten formativen bis zur frühen postklassischen Periode zu datieren (nach 900 n. Chr.).

Am eindrucksvollsten sind große Hohlfiguren der Götter und Göttinnen, die von den klassischen Völkern in Veracruz verehrt wurden, vor allem jene der Cihuateteo, Frauen, die im Kindbett gestorben waren und eine Apotheose als schreckenerregende Kriegsgöttinnen erfahren hatten. Unserem Auge gefälliger sind die »lächelnden Figuren« dümmlich grinsender Knaben und Mädchen mit erhobenen Händen. Für sie gibt es keine überzeugende Erklärung, möglicherweise sollten sie die Wirkung halluzinogener Pflanzen zum Ausdruck bringen.

Die spätklassische Ausprägung der Remojadas-Kultur steht teilweise stark unter dem Einfluß der Maya, aber auch Teotihuacán dürfte eingewirkt haben, denn der Geograph Alfred Siemens entdeckte weitverbreitete Spuren von *chinampas* in diesem Raum. Die Ausrichtung (etwa 15° östlich vom geographischen Norden) ist dieselbe wie die der Stadt Teotihuacán selbst, doch fehlt noch immer eine Datierung dieser *chinampas.*

Die Zapoteken des klassischen Monte Albán

Das Hochtal von Oaxaca sah von der formativen bis zur klassischen Periode die ungebrochene Prachtentfaltung des zapotekischen Staates. Mindestens schon 400 v. Chr. war auf dem Bergmassiv des Monte Albán eine Siedlung etabliert worden. Während der formativen Periode gab es nur einige wenige rituelle und politische Zentren in dem Tal, zur klassischen Zeit waren es dann schon mehrere hundert. Der steil aufragende Monte Albán wurde vollständig abgeflacht und terrassiert, um die herrschaftlichen Gebäudegruppen errichten zu können.

Es handelt sich hier in der Tat um eine Stadtkultur, die der von Teotihuacán zwar nicht gleichwertig ist, aber bedeutend urbanisierter war als die zeitgleiche klassische Maya-Kultur. Jüngste archäologische Arbeiten haben ergeben, daß die Zapoteken der klassischen Periode die recht trockenen Talgebiete extensiv bewässerten und so einen beträchtlichen Bevölkerungszuwachs möglich machten.

Die Erforschung der religiösen Ikonographie von Monte Albán steckt noch in den Anfängen. Als Problem erweist sich hierbei, daß eine große Zahl der »Urnen« von Monte Albán in öffentlichen Sammlungen moderne Fälschungen sind (wie Thermolumineszenz-Tests ergaben). Ein spanisches Wörterbuch der frühen Kolonialzeit bringt zwar die Namen einiger zapotekischer Gottheiten, doch kann es sich nur um eine unvollständige Liste handeln. An exponierter Stelle unter den genannten Göttern steht Cocijo, der Regengott, aber auch ein Maisgott taucht auf. Die Götter, die auf den »Urnen« und Grabmalereien erscheinen, sind nicht leicht zu identifizieren, allerdings kommen mit Sicherheit der Alte Feuergott, der Maisgott und der Regengott vor. Daneben umfaßt das zapotekische Pantheon mehrere Gottheiten, wie sie für die klassische Mayazeit typisch sind, so den Jaguargott der Unterwelt und eine alte chthonische Gottheit, die bei den Maya Pauahtun hieß.

Die klassische Monte-Albán-Kultur begann nicht lange nach 700 n. Chr. zusammenzubrechen – wie Teotihuacán. Die Tiefland-Maya sollten bald ein gleiches Schicksal erfahren. In den letzten Jahrzehnten der klassischen Zeit wurde Monte Albán IIIB von Monte Albán IV abgelöst, das hauptsächlich durch die große und bedeutende Ausgrabungsstätte Lambityeco bekannt ist. Dort stieß man auf eine sehr kunstvolle Grabanlage mit Tonskulpturen eines alten Götterpaares. Interessanterweise entdeckte man in Fundorten von Monte Albán IV auch zwei Tonwaren, wie sie im Maya-Tiefland in den letzten Jahrhunderten der klassischen Periode gefertigt wurden, was eine Ausbreitung des Maya-Einflusses belegt.

DER AUFSTIEG DER MAYA

Es besteht kaum Zweifel, daß unter den Kulturen des vorkolumbischen Amerika die der Maya allen anderen deutlich überlegen war. Als sicherlich einzige Ureinwohner der Neuen Welt konnten sie das Interesse der Naturwissenschaftshistoriker beanspruchen, und europäische wie amerikanische Gelehrte wußten ihre Leistungen seit langem zu würdigen. Besondere Beachtung fand vor allem ihre Kunst, die nach westlichen Maßstäben erstaunlich »realistisch« erscheint, doch weiß man heute, daß die eigentlichen Grundlagen dieser Kunst von unseren Denkvorstellungen grundverschieden sind.

Ausgangspunkt für die Entstehung der Proto-Maya-Kultur waren die pazifische Küstenebene von Chiapas und Guatemala sowie das guatemaltekische Hochland um die heutige Hauptstadt Guatemala City. Hier gibt es eine Reihe von Ausgrabungsstätten, die monumentale Reliefs in einem Stil aufweisen, der weit älter ist als die früheste Kunst im Maya-Tiefland. Auch finden sich dort zuweilen *Long-Count*-Daten, lange bevor gleichartige Inschriften bei den klassischen Maya auftauchen.

Die Izapa-Kultur

Izapa, in der Küstenebene von Chiapas dicht an der guatemaltekischen Grenze gelegen, nimmt in der frühen Entwicklung der Maya-Kultur eine Schlüsselstellung ein. Auf einem weiten Areal erhebt sich eine große Zahl von Erdhügeln, die mit rundlichen Kieselsteinen verkleidet sind. Izapa war über einen langen Zeitraum seit der frühformativen Phase besiedelt, seinen Höhepunkt erlebte es während der spätformativen Phase, als viele Steindenkmäler geschaffen wurden. Darunter fällt auch das erste Beispiel der Kombination Stele/Altar, die für die klassischen Maya im Tiefland charakteristisch werden sollte.

Die monumentalen Steinreliefs an Orten, die mit Izapa in Beziehung standen, sind in einem überladenen und ganz barocken Stil gearbeitet, der sich von dem früheren und eher »klassischen« olmekischen Stil grundlegend unterscheidet, von diesem aber sicher abgeleitet ist. Einige der Reliefs zeigen kunstvoll arrangierte Szenen mit Göttern, die bestimmte Handlungen ausführen, andere Darstellungen beziehen sich deutlich auf den Mythos der Heldenzwillinge Hunahpú und Xbalanqué im *Popol Vuh*, dem heiligen Buch der Quiché-Indianer, einem der Stämme der Hochland-Maya.

Zwar weisen die Steinmonumente von Izapa keine Kalenderdaten noch sonst etwas Schriftähnliches auf, aber es war gewiß das bedeutendste Kulturzentrum in einer Region, die in nachklassischer und kolonialer Zeit für die Qualität ihrer Kakaobohnen bekannt war, die den Grundstoff für das von den Indianern so geschätzte Getränk lieferten. (Der Kakaobaum stand in derart hohem Ansehen, daß seine Bohnen zu aztekischer Zeit als Zahlungsmittel verwendet wurden.)

Kaminaljuyú

Am entscheidendsten für die Weitergabe der Izapa-Kultur an die Maya des Petén war wahrscheinlich die Region um Kaminaljuyú. Bevor das Gelände durch ungezügelte Bebauung zerstört wurde, gab es dort mehrere hundert große Plattformhügel mit angeschlossenen *plazas*, von denen die meisten aus der spätformativen Phase, einige aber auch aus der frühklassischen Zeit stammten.

Der bloße Umfang, den manche dieser Zentren einnahmen, übertrifft jede Vorstellung. Während der spätformativen Chicanel-Phase der Maya-Kultur entstand in El Mirador die größte aller Pyramiden in der westlichen Hemisphäre. Zusammen mit ihrem Unterbau erreicht sie eine Höhe von 70 Metern. Diese enormen, stuckbedeckten Plattformtempel weisen als eine generelle Gemeinsamheit riesige Göttermasken auf, welche die Treppenaufgänge flankieren.

Es liegen auch Zeugnisse vor, daß die Praktiken der Landbebauung, wie die Tiefland-Maya sie betrieben, um diese Zeit im Hochland intensiviert wurden. Zuvor war man meist von der Methode des Pflanzstockanbaus mit Brandrodung abhängig gewesen, das bedeutete, daß die durch die Asche fruchtbaren Felder beim Nachlassen der Ernteerträge verlassen wurden und neues Land gerodet, abgebrannt und mit dem Pflanzstock bearbeitet werden mußte (sogenannter Wanderfeldbau). Jetzt legte man aber offensichtlich zumindest einige *chinampas* an, und dies könnte eine Erklärung für die unbestrittene Bevölkerungsexplosion sein, für die zunehmend mehr Belege auftauchen. Auf jeden Fall führten der Bevölkerungsdruck und die Ablösung der Izapa- und Kaminaljuyú-Kultur zur Epoche der klassischen Maya, wie wir sie kennen.

Oben: Kaminaljuyú-Stele II, spätklassische Miraflores-Phase im Hochland von Guatemala. Stelen aus Cerro de las Mesas in Veracruz und Izapa an der Pazifikküste Guatemalas sind Darstellungen des »Langlippigen Gottes« und des Federkopfschmucks gemeinsam, womit bereits Motive der klassischen Tiefland-Maya vorweggenommen werden.

DIE KLASSISCHE MAYA-KULTUR

Die klassische Maya-Kultur hat als einzige eine voll entwickelte Schrift hervorgebracht. Auf ihren vielen Steinmonumenten ist eine Geschichte eingeschrieben, die heute, dank bemerkenswerter Fortschritte bei der Entzifferung der Hieroglyphen in den letzten Jahrzehnten, gelesen werden kann.

Die »typische« Maya-Kultur erlebte ihre Blüte im Tiefland der Petén-Yucatán-Halbinsel zwischen 300 und 900 n. Chr. und zeichnete sich durch die folgenden Merkmale aus: Hochragende, mit Stuck verzierte Tempelpyramiden aus Kalkstein, vielräumige Bauwerke, die man zuweilen als »Paläste« bezeichnet hat; Räume, die durch das Krag- oder »falsche« Gewölbe überspannt wurden; dammartig angelegte Straßen, die Gebäudegruppen in Städten – manchmal sogar Städte selbst – verbanden; gemauerte Ballspielplätze; Grabinschriften auf Stelen, auf den manchmal mit diesen kombinierten Altären sowie auf Wandplatten; Treppen, gelegentlich auch Häuser, die mit Hieroglyphen bedeckt sind; und schließlich sehr kunstvolle Bestattungen mit reichen Opfergaben im Unterbau der Gebäude.

Demgegenüber kannten die Hochland-Maya während der klassischen Zeitspanne überhaupt keine Schrift (obwohl sie sie in der spätformativen Phase schon beachtlich entwickelt hatten), keine Steinarchitektur und natürlich auch nicht das »falsche« Gewölbe. Ihre Kultur im guatemaltekischen wie auch weitgehend im Hochland von Chiapas ist grundverschieden von der des Tieflands und verdient in vieler Hinsicht kaum die Bezeichnung »Maya«. Wir werden uns jetzt der Maya-Kultur zuwenden, wie sie in einem der großen mesoamerikanischen Zentren in Erscheinung tritt.

Die frühklassische Kultur in Kaminaljuyú

Wie gesagt war Kaminaljuyú ein frühes Zentrum der formativen Periode und der sich herausbildenden Maya-Kultur. Seine strategisch günstige Lage über der Wasserschei-

Rechts: Die spätformative und protoklassische Periode der Maya-Kultur
Bei den alten Maya im südlichen Hochland und in der Zone zwischen dem Gebirge und der Pazifikküste entwickelte sich ein komplexes zeremonielles Leben. Hier gibt es eine Anzahl großer Erdhügel mit Skulpturen im Izapa-Stil, benannt nach dem Fundort Izapa in Chiapas. Einige dieser Skulpturen (etwa in Abaj Takalik und El Baul) tragen Daten im *Long-Count*-Kalendersystem, doch kennt man auch noch frühere Daten aus Tres Zapotes im olmekischen Gebiet und aus Chiapa de Corzo.
Nach etwa 200 v. Chr., in der spätformativen Phase, wurde die Kultur von Izapa über Kaminaljuyú in das nördliche Petén-Tiefland getragen, wo sich die Maya-Stämme ausbreiteten. Dort fehlen zwar offensichtlich frühe Denkmäler ihrer Kultur, aber im nordöstlichen Petén und im nördlichen Belize liegen mehrere wichtige Fundorte wie Tikal und El Mirador, wo die Treppenaufgänge der großen Tempelplattformen mit riesigen Stuckmasken der Maya-Götter verkleidet wurden. Datierte Steinmonumente tauchen im Tiefland indes erst gegen Ende der protoklassischen Periode auf (Stele 29 in Tikal, 292 n. Chr.).
Die charakteristischen Keramiken der spätformativen Phase in der Maya-Region sind die Usulután-Gefäße, eine orangefarben geschlämmte, mit gewellten Parallellinien verzierte Ware, die in Negativtechnik entstand. Produziert wurde sie vermutlich im südöstlichen El Salvador.

de von Atlantik und Pazifik machte es wahrscheinlich zu einem bedeutenden Umschlagplatz für den Transport wichtiger Grundstoffe wie beispielsweise des Obsidians in viele Gebiete des südöstlichen Mesoamerika. Während der frühklassischen Zeit, um 400–500 n. Chr., erregte es die Aufmerksamkeit der großen Stadt Teotihuacán im zentralmexikanischen Hochland, der damals stärksten Macht in diesem Raum.

Ein wesentlicher Teil Kaminaljuyús wurde nach dem architektonischen Vorbild von Teotihuacán neu gestaltet, obwohl die Handwerker mehr mit Lehm und vulkanischem Tuff als mit dem hochwertigen Baustein von Mexiko arbeiten mußten. Zwei Erdhügel, die in den frühen 40er Jahren von der Washingtoner Carnegie Institution untersucht wurden, werfen viel Licht auf die Präsenz von Teotihuacán im Hochland von Guatemala. Jeder der beiden Hügel bestand aus einer Reihe übereinandergesetzter Tempelplattformen mit frontalen Treppenaufgängen und war mit heute nicht mehr vorhandenen strohgedeckten Holzaufbauten gekrönt. Die Plattformen selbst hatte man in der üblichen Talud-Tablero-Technik angelegt. Anlaß für jeden An- und Umbau war die Bestattung einer hochgestellten Persönlichkeit unter der Treppe des neuen Bauwerks. Alfred V. Kidder und seinen Assistenten gelang es, in einer archäologischen Meisterleistung eine ganze Reihe unglaublich reich ausgestatteter Gräber freizulegen.

Es stellt sich natürlich die Frage, wer diese Menschen waren und warum Teotihuacán einen so starken Einfluß auf ihre Kultur nehmen konnte. Forscher wie William T. Sanders, die sich mit dem Problem am intensivsten befaßten, haben den Eindruck, daß die Bewohner Kaminaljuyús zu einer elitären Gruppe von Händler-Kriegern aus Teotihuacán gehörten, die die Maya-Hochlandregion unter ihre Kontrolle gebracht hatte. Vielleicht heirateten sie einheimische adlige Frauen, um ihren Machtansprüchen Legitimität zu verschaffen. Wenn diese Annahme stimmt, so war ihre Vorherrschaft nicht auf diesen Raum beschränkt, worauf u. a. zusammengesetzte Weihrauchgefäße im Teotihuacán-Stil von der pazifischen Küste Guatemalas hindeuten könnten.

Wie wir sehen werden, war die Präsenz von Teotihuacán auch im Maya-Tiefland sehr stark: Offensichtlich bestand für den größten Teil Mesoamerikas eine *Pax teotihuacana*, ein durch Gesetze und Sicherheiten von seiten des mächtigen Teotihuacán gewährleisteter Frieden.

Die frühklassische Periode im Maya-Tiefland

Der Beginn der frühklassischen oder Tzakol-Periode im Maya-Tiefland wird für gewöhnlich auf etwa 300 n. Chr. datiert, da die *Leydener Platte* – eine gravierte Jadetafel, die aus einem nachklassischen Fund an der karibischen Küste Guatemalas stammt – ein *Long-Count*-Datum (8.14.3.1.12) enthielt, das sich auf einen Tag im Jahr 320 n. Chr. bezieht. Anschließende Ausgrabungen in der Stadt Tikal, wo die *Leydener Platte* hergestellt worden war, brachten ferner die Stele 29 mit dem Datum 292 n. Chr. ans Licht. Somit wurde der Jahrhunderte früher außerhalb des eigentlichen Maya-Gebietes entwickelte »Maya«-Kalender in der Region des Petén gegen Ausgang des dritten Jahrhunderts n. Chr. schließlich von den Maya übernommen.

Tikal und Uaxactún, die Nachbarstadt im Norden, begründeten früh die kulturelle Vorrangstellung des nördlichen Petén. Unter den spätklassischen Gebäuden auf Tikals zentraler Akropolis liegen massive Bauwerke aus der Tzakol-Periode. Sie wurden über reichausgestatteten Gräbern für die Herrscher des frühklassischen Tikal errichtet, in denen sich als Beigaben Dutzende von Keramikgefäßen, darunter dünne Orangeware (*Thin Orange Ware*) aus Teotihuacán, befanden.

Neues Licht auf die Präsenz von Teotihuacán im frühklassischen Petén warf die Entdeckung der Stele 31, ein absichtlich verstümmeltes Monument, das man unter einem Tzakol-Bauwerk in Tikal vergraben hatte. Die Stele trägt einen langen und sehr wichtigen dynastischen Text, die Hauptfigur ist ein reichgeschmückter Maya-Herrscher, dem die Epigraphiker den Spitznamen »Himmelsstürmer« gegeben haben. In der Beuge seines linken Armes trägt er ein personifiziertes »Götterzeichen« (Emblemglyphe) von Tikal, und zu seinen beiden Seiten stehen zwei Krieger in der Kleidung von Teotihuacán mit rechteckigen Schilden, die mit Antlitzen im Tlaloc-Stil dekoriert sind. Über die Deutung dieses Objekts besteht kein Einvernehmen, aber viele Gelehrte sind überzeugt, daß um 435 n. Chr., dem Errichtungsdatum der Stele, Tikal und wahrscheinlich auch andere Maya-Zentren im Petén durch Gruppen von Händler-Kriegern aus Teotihuacán bedroht wurden.

Die Präsenz dieser Zentralmexikaner ist sogar im nördlichen Tiefland bezeugt, zum Beispiel im Ausgrabungsort Acanceh in Yucatán. Die Teotihuacaner importierten aus dem Tiefland große Mengen der hochgeschätzten blaugrünen *quetzal*-Federn sowie auch andere tropische Produkte, die es auf der mexikanischen Hochebene nicht gab. Als Gegenleistung lieferten sie den ausgezeichneten grünen Obsidian aus den Pachuca-Minen und wertvolle Gefäße wie stuckverzierte Schalen und Dreifußzylinder. Mit der Kontrolle über das gesamte Gebiet der Maya unter Einbeziehung der pazifischen Küstenebene scheint das Reich von Teotihuacán eine ebenso bedeutende merkantile wie politische Macht dargestellt zu haben.

Mit dem schließlichen Niedergang Teotihuacáns war dann aber auch sein Einfluß und seine Präsenz bei den Maya zu Ende. Sein Untergang muß in der ganzen mesoamerikanischen Welt zu einem Kontinuitätsbruch geführt haben. Von 534–593 n. Chr. wurden im südlichen Maya-Tiefland keine neuen Skulpturen gefertigt, keine neuen Bauten begonnen, was eine tiefe politische und ökonomische Krise anzeigt. Nach diesem Bruch aber entfaltet sich mit Beginn der spätklassischen Periode die Maya-Kultur zu neuer, glänzender Blüte.

Tikal

Die mitten im tropischen Regenwald des Petén gelegene Maya-Stadt Tikal nimmt eine Fläche von über 16 Quadratkilometer ein. Während man früher glaubte, daß Tikal wegen seiner steilaufragenden Tempelpyramiden und prachtvollen Paläste, die sich in der Mitte konzentrieren, nur zeremoniellen Zwecken gedient habe, ist heute nachgewiesen worden, daß es an die 3000 Wohngebäude besaß. Die Bevölkerung betrug zur Blütezeit schätzungsweise 50 000 Menschen. Die Bautätigkeit im Zeremonialzentrum begann in bescheidenem Rahmen in der formativen Periode, nahm in der frühklassischen Periode an Intensität zu und führte im achten und neunten Jahrhundert zu jener architektonischen Pracht, die heute noch zu sehen ist. Inschriften auf Stelen dokumentieren Beziehungen zu anderen Maya-Zentren, und während der frühklassischen Periode gab es enge Verbindungen mit Teotihuacán. In spätklassischer Zeit schwand Tikals Bedeutung wie die anderer Tieflandstädte, was mit dem Zusammenbruch der Maya-Kultur zu tun hat.

Unten: Die hohe künstlerische Leistung der Maya reichte von feingearbeiteten kleinen Gegenständen bis zur Monumentalarchitektur. Dieses figürliche Räuchergefäß stellt den »Alten Gott« dar, er ist durch fehlende Zähne und eingefallene Wangen gekennzeichnet und hält eine Platte mit einem Menschenkopf, wahrscheinlich ein Opfer. Das Räuchergefäß aus Grab 10 in der nördlichen Akropolis (Gruppe A) datierten die Archäologen auf 450 n. Chr. Das Grab enthielt nicht nur die Überreste eines Priesters und exotische Beigaben, sondern auch neun weitere Menschen, die wahrscheinlich den Opfertod starben.

Unten rechts: In dieser Luftaufnahme scheinen die Tempel auf dem Urwald wie auf einem Baldachin zu schweben. Die im achten Jahrhundert erbauten Pyramiden (Tempel I–IV) erheben sich über 45 Meter hoch.

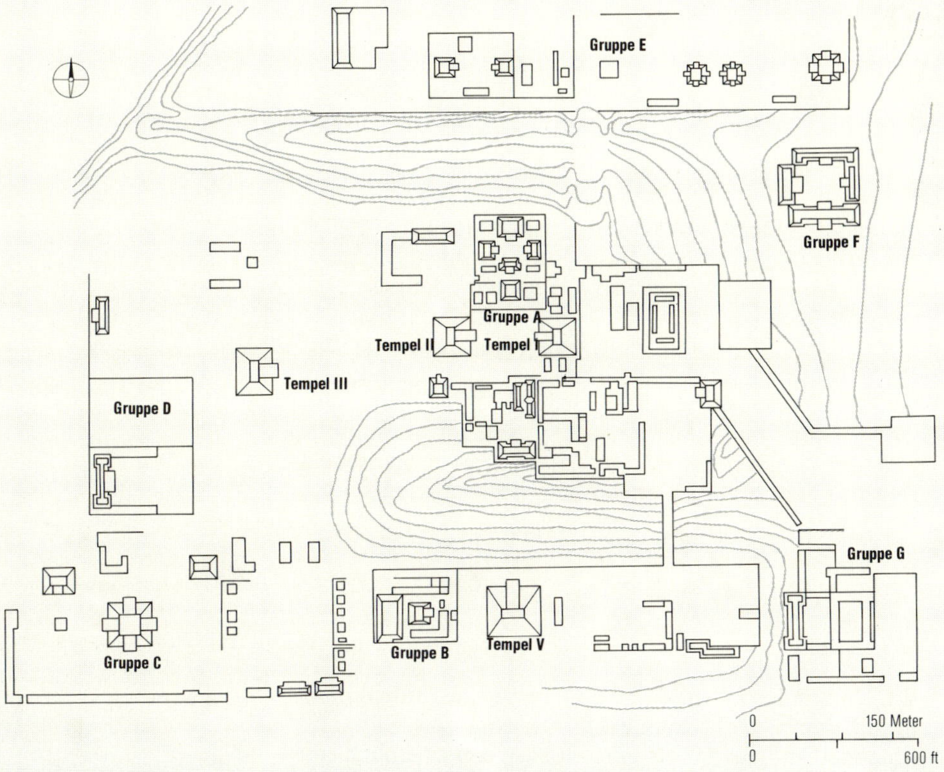

Links: Plan vom Zentrum Tikals. Die Tempel I und II flankieren die Große Plaza, die von kunstvollen Stelen gesäumt war und von der nördlichen Akropolis (Gruppe A), der komplexesten aller Gebäudegruppen, überragt wurde. Unter den meisten Bauwerken befinden sich reich ausgestattete Grabstätten, und das Zeremonialzentrum ist durch Dämme und Rampen mit abgelegeneren Schreinen und Tempeln verbunden.

Unten: Dieser Jadeanhänger, späte klassische Periode, gehörte zu den reichen Opfergaben in Grab 77 an der Westplaza. Er ist in Form eines menschlichen Gesichts gestaltet. Die Ohrspulen ähneln den beiderseits des Anhängers gezeigten Exemplaren.

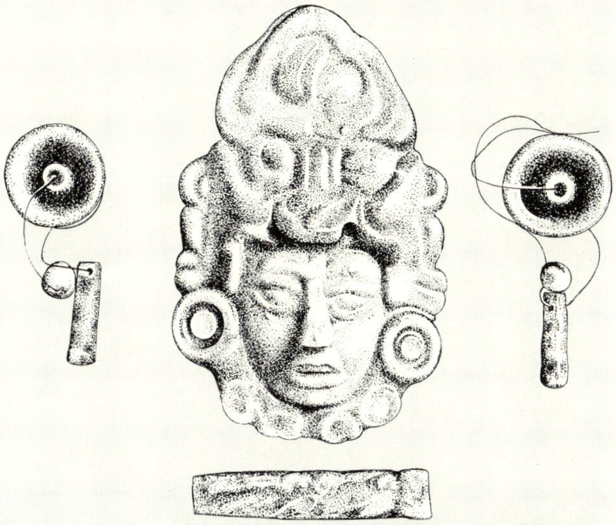

Schrift und Kalender der Maya

Die Maya verfügten über das einzige vollständige Schriftsystem des alten Amerika, d. h. nur sie konnten ihre Sprache vollständig in Schrift umsetzen. Es handelt sich um ein komplexes System aus ideographischen und phonetischen Elementen, das in seiner Struktur gewissen Schriften der Alten Welt wie der sumerischen, ägyptischen oder japanischen ähnelt. Da das System eine vollständige Silbenliste (d. h. ein Symbol für jede Silbe) enthielt, hätten die Maya theoretisch alles phonetisch schreiben können. Doch gleich den Japanern taten sie das nicht, weil die Begriffszeichen weiterhin ein außerordentliches Prestige und wahrscheinlich sogar religiöse Bedeutungen besaßen. Vielfach demonstrierten die Maya-Schreiber ihre Kunstfertigkeit, indem sie ideographische und phonetische Elemente abwechselnd benutzten, wobei sie sich oftmals den Umstand zunutze machten, daß es in den Maya-Sprachen viele Homonyme gibt: So konnten die Zeichen für »Himmel«, »vier«, »Schlange« und »Gefangener« füreinander eingesetzt werden, da alle vier Wörter *chan* (im Chol) oder *can* (im Yukatekischen) ausgesprochen werden. Die Hieroglyphenschrift der Maya findet sich auf den verschiedensten Materialien. Vom letzten Jahrzehnt des dritten Jahrhunderts n. Chr. bis zum Untergang der klassischen Periode besitzen wir Hunderte von Inschriften auf Stelen, Wandtäfelungen, Türstürzen und anderen Steinmonumenten. Heute ist bewiesen, daß es sich dabei um dynastische Aufzeichnungen handelt. Sie umfassen Geburten, Regierungsantritte, Heiraten, Siege und Todesfälle der Elite, die die Tieflandstädte beherrschte. Es muß auch Tausende von Handschriften gegeben haben – Bücher in Leporellofalzung aus mit Kreide grundiertem Rindenpapier –, aber ganze vier, aus der nachklassischen Periode, sind erhalten, wobei das vierte umstritten ist. Ferner tauchen Hieroglyphentexte auf einer großen Zahl von bemalten oder eingeritzten Begräbnisgefäßen auf. Einige dieser Texte entsprechen im Umfang denen auf den Steinmonumenten.

Die ziemlich blockförmigen Maya-Hieroglyphen werden (mit wenigen Ausnahmen) in Doppelspalten von links nach rechts und von oben nach unten gelesen. Wie auf den öffentlichen Monumenten des alten Ägypten sind die Steintexte äußerst wortkarg und halten sich gewöhnlich eng an die bildliche Darstellung eines wichtigen Ereignisses wie die Festnahme eines Gefangenen oder das zeremonielle Vergießen des Blutes. Als »Gerüst« der dynastischen Texte dient der *Long-Count-Kalender*, den die Maya zwar nicht erfanden, aber bis in letzte Feinheiten der Berechnung verbesserten.

Der *Long Count* besteht aus der kumulativen Summe von fünf verschiedenen Zeitzyklen, die mit numerischen Koeffizienten multipliziert werden. Diese Zyklen sind:

1 baktun	=	20 katun	=	144 000 Tage
1 katun	=	20 tun	=	7200 Tage
1 tun	=	18 uinal	=	360 Tage
1 uinal	=	20 kin	=	20 Tage
1 kin			=	1 Tag

Ein Datum des *Long count* wurde berechnet, indem man diese Summe dem Fixpunkt (13. August 3114 v. Chr.) des Kalenders hinzuaddierte, der höchstwahrscheinlich als Schöpfungsdatum unserer gegenwärtigen Ära galt. Bei-

Unten: In einer typischen *Long-Count*-Kalenderzählung in den klassischen Inschriften steht für jeden Zyklus eine (gewöhnlich ideographische) Glyphe. Die Zahlenwerte der Zyklen sind mit dem Strich- und Punkt-Koeffizienten zu multiplizieren, der der Zyklusglyphe vorausgeht. Die Summe des Ganzen ergibt die Zahl der Tage seit dem Beginn der Zählung.

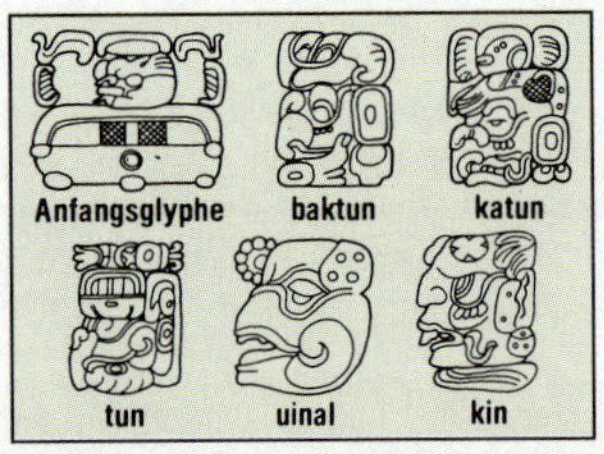

Unten: Das Zahlensystem der Maya operiert mit nur drei Symbolen: einer stilisierten Muschel für Null oder Vollendung, Abschluß; einem Punkt für eins und einem Strich für fünf. Das System war weitgehend vigesimal (Basis war die Zahl 20 und nicht die 10 wie bei unserem Dezimalsystem) und auf den Stellenwert bezogen. Anders als bei unserer horizontalen arabischen Zählung, ordneten die Maya die Zahlen vertikal an, mit den niedrigsten Werten unten und den höchsten an der Spitze.

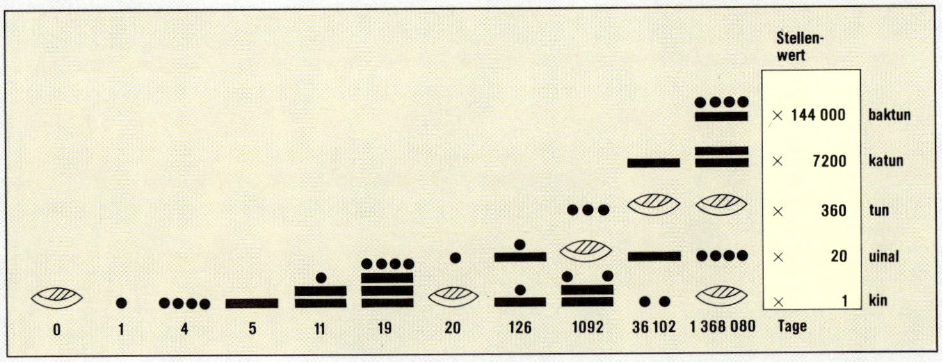

Rechts: Eine Kaninchengottheit als Schreiber: von einer Vasenbemalung des achten Jahrhunderts. In der Hand hält sie einen Schreibpinsel, mit dem sie auf einen Faltcodex mit Jaguarfelleinband schreibt.

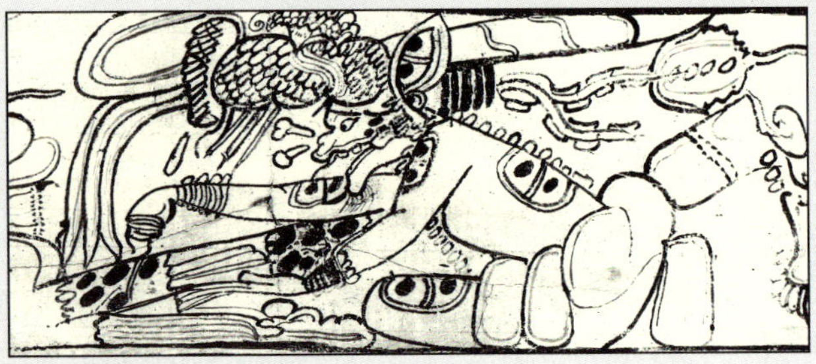

Links: Detail von einer spätklassischen Vase aus Yucatán, das einen Affenmenschgott mit einem Faltkodex zeigt.

Unten: Den Kern des Maya-Kalenders bildete die alte 260-Tage-Zählung, der sogenannte heilige Almanach. Er bestand aus den Koeffizienten 1–13, die mit 20 mit Namen bezeichneten Tagen kombiniert wurden, und diente in klassischer Zeit wohl in der Hauptsache zur Bestimmung besonders glückbringender Tage, gleich ob es sich um die Geburt oder den Regierungsantritt eines Herrschers handelte.

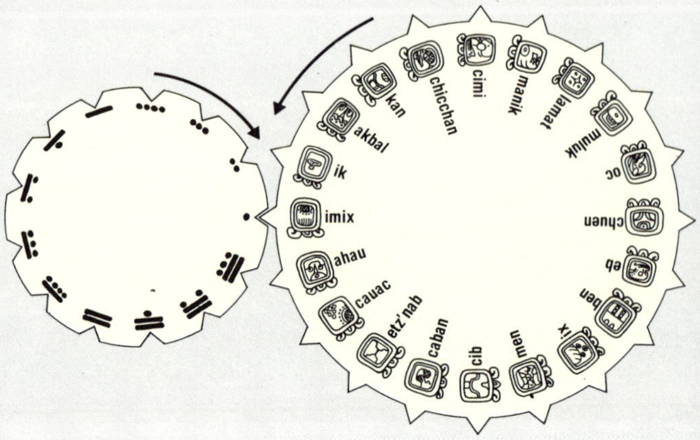

Rechts: Teil eines Türsturzes aus Yaxchilán mit eingeschnittenen Kalenderglyphen.

spielsweise entspräche das *Long-Count*-Datum 9.8.9.13.0 (9 baktun, 8 katun, 9 tun, 13 uinal, 0 kin) nach modernem Sprachgebrauch 1 357 100 Tagen seit dem Anfangspunkt. Dieser Tag fiele in der *Calender Round* auf einen Tag 8 Ahau (in der 260-Tage-Zählung) des Ritualkalenders und 13 Pop (in der 365-Tage-Zählung) des Sonnenkalenders. Dieses System war natürlich ideal für die Aufzeichnung historischer Ereignisse, denn diese konnten in einem Zyklus von nicht nur 52 Jahren, sondern von mehr als fünf Jahrtausenden fixiert werden.

Es wurde in der Vergangenheit oft behauptet, daß das Wissen um den Kalender, die Schrift und die Astronomie während der klassischen Periode in den Händen einer Priesterschaft lag. Doch heute steht fest, daß es sich in Wirklichkeit um eine Kaste von Schreibern (*ah dzib*) gehandelt haben muß, die ihre eigenen Schutzgottheiten – Itzamná, den Schöpfungsgott und legendären Erfinder der Schrift, sowie die Affenmenschgötter des *Popol Vuh* – besaßen. Die Schreiber hatten aller Wahrscheinlichkeit nach einen außerordentlich hohen Rang inne.

Parallel zum 260tägigen Kalender wurde ein Kalender benutzt, der auf einem »vagen« Sonnenjahr von 365 Tagen beruhte. Er war in 18 Monate zu je 20 Tagen sowie in einen Monat von 5 Tagen (sogenannter *uayeb*) eingeteilt. *Unten* sind die Zeichen für die Monate zu sehen. Obwohl die klassischen Maya wußten, daß das Sonnenjahr eigentlich $365\frac{1}{4}$ Tage hatte, arbeiteten sie nicht mit Schaltjahren. Aus der Verschiebung der beiden Zyklen entstand die *Calendar Round*, ein Intervall von 52 mal 365 Tagen. Dies war ein ganz Mesoamerika gemeinsamer Kalender, dessen Wurzeln bis zu den Olmeken zurückreichen.

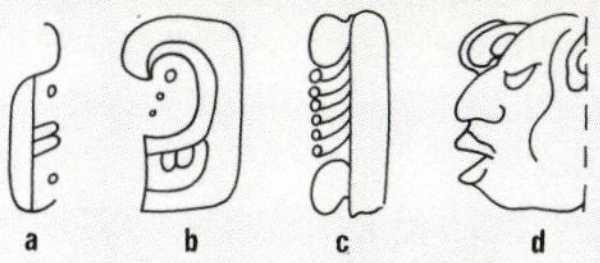

Links: Einige grammatische Zeichen: a) *u*: dritte Person Singular, possessiv; b) *-ah*: ein Verbsuffix; c) *ah*: ehrendes Präfix für männliche Personen; d) *na*: ehrendes Präfix für weibliche Personen.

Unten: Für die Schreibung von Namen gab es gewöhnlich mehrere Alternativen. Der Name des Herrschers von Palenque im siebten Jahrhundert, Pacal oder »Handschild«, beispielsweise erscheint in den folgenden Formen: a) ideographisch mit der Abbildung eines Handschildes, dem der Titel *mak'ina* vorangestellt ist; b) mit dem Bild eines Handschildes, dem *l (a)* als phonetische Verstärkung angehängt ist; oder c) syllabisch als *pa-ca-l(a)*.

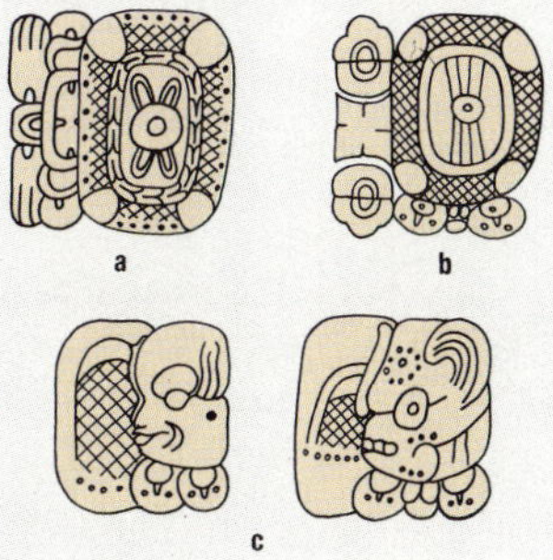

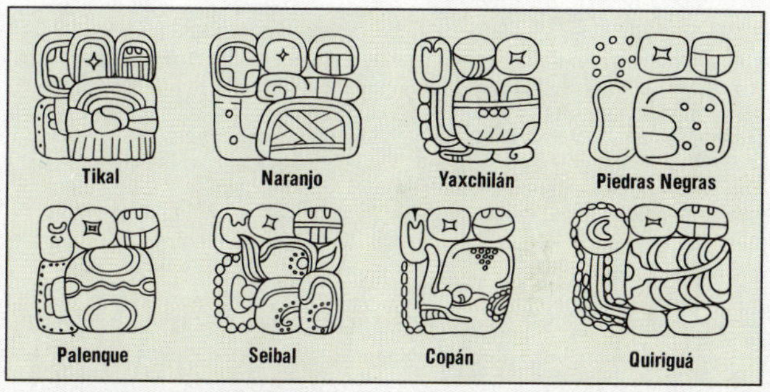

Oben: Jede politisch wichtige klassische Stadt im südlichen Maya-Tiefland wurde in den Inschriften durch eine oder mehrere Emblemglyphen dargestellt, die vermutlich die dynastischen Linien (das »Blut der Könige«) repräsentierten, die diese Orte regierten. Die Glyphen bestanden generell aus einem hervorgehobenen Hauptzeichen, darüber standen zwei Zeichen für *ahpo*, »Herrscher«.

Die *Relación* des Bischofs Diego de Landa von 1566 enthält ein sogenanntes »Alphabet«, zusammen mit Beispielen, wie es zu benutzen war. Inzwischen ist man jedoch zu der Erkenntnis gelangt, daß es sich partiell um eine Silbenliste handelt, die durch jüngste Forschungen noch bedeutend erweitert werden konnte. Wörter und Namen konnten völlig phonetisch geschrieben werden, oder man gab sie durch ein Begriffszeichen wieder, das durch ein oder mehrere Silbenzeichen verstärkt wurde. Drittens bestand die Möglichkeit, allein Begriffszeichen zu verwenden. Die Gelehrten sind sich über die Lesung von 40 bis 50 Silbenzeichen einig (*unten*), doch viele weitere harren noch der Identifizierung.

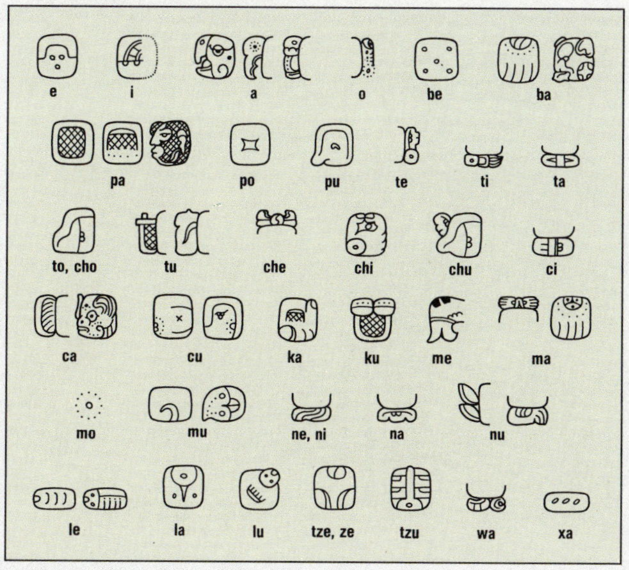

Rechts: Auf klassischen Monumenten sind häufig die Geburtsdaten von Herrschern und sogar die ihrer göttlichen Vorfahren verewigt. Der Regierungsantritt war durch aufwendige Rituale gekennzeichnet, zu denen Menschenopfer und vermutlich auch Selbstopfer gehörten. Das rituelle Blutvergießen, bei männlichen Herrschern vom Penis, bei ihren Königinnen von der Zunge, hatte eigene Bildzeichen.
Da die Kriegführung zwischen den Städten ein so bedeutsames Charakteristikum der klassischen Maya-Kultur darstellte, ist es nicht überraschend, daß eine Zahl von Glyphen, und zwar gleichermaßen ideographische wie phonetische, sich auf diese Aktivitäten beziehen. Andere kürzlich entdeckte Zeichen verweisen auf Abstammung, Titel und Heirat.

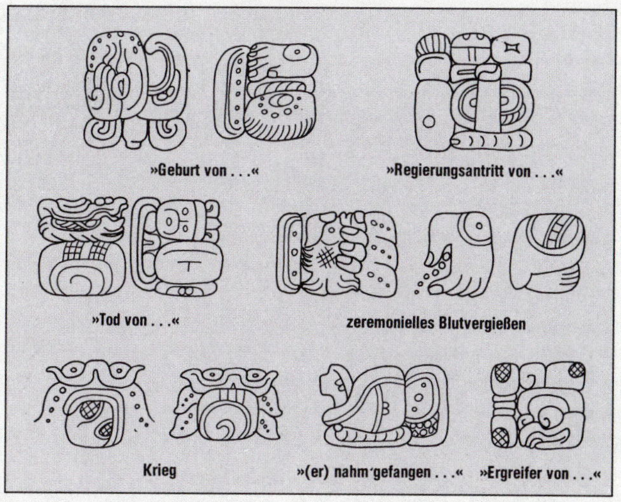

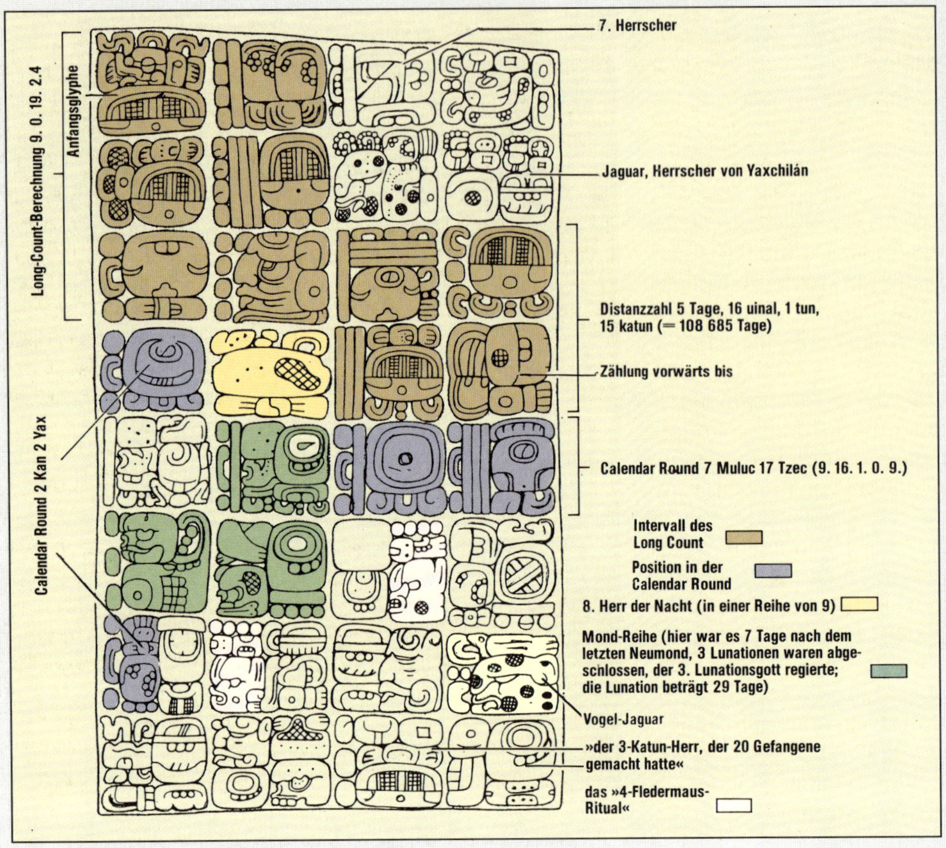

Oben: Der Türsturz 21 in Yaxchilán entspricht ziemlich genau dem typischen Muster einer spätklassischen dynastischen Aufzeichnung. Die Inschrift von der Regierungsperiode des Vogel-Jaguars von Yaxchilán setzt ein mit einer *Long-Count*-Berechnung und einer *Calendar-Round*-Angabe und enthält eine Bemerkung, die auf den »Herrn der Nacht« hinweist, der dazumal regierte (zusammen damit erscheinen astrologisch bedeutsame Mond-Berechnungen). Ferner wird eines Vorgängers des Vogel-Jaguars gedacht, der als der 7.Herrscher beschrieben wird und einen unbekannten Ritus (»4 Fledermaus«) in seinem Palast oder Tempel durchführte. Etwa 297½ Jahre später unterzog sich Vogel-Jaguar dem gleichen Ritual. Er war zu dieser Zeit seit über 40 Jahren König (»Der 3-Katun-Herr«) und erhob Anspruch auf die Leistung, 20 Gefangene gemacht zu haben.

Unten: Der Türsturz 8 in Yaxchilán ist ein weiteres Dokument von der Herrschaft des Vogel-Jaguars. Hier machen der König und der Gouverneur eines abhängigen Gebietes prominente Gefangene. Der Haupttext besagt: »[Am] 7 Imix 14 Tzec wurde Edelstein-Schädel gefangengenommen, gefangen von Vogel-Jaguar, Herr von Yaxchilán.« Die Namen der beiden Gefangenen sind auf deren Oberschenkeln vermerkt.

Die Maya führten sehr genau Buch über die Länge des Jahres und die Bewegungen des Mondes und der Planeten. Diese Beobachtungen beruhten zwar größtenteils, aber nicht nur, auf dem Erscheinen, dem Verschwinden sowie der Nordsüd-Bewegung dieser Himmelskörper, wie sie am Horizont zu verfolgen waren. Wenn auch ihre Berechnungen letztlich astrologischen Zwecken dienten, kamen die Maya doch echter Wissenschaft sehr nahe.

Die Berechnungen über künftige Verfinsterungen im *Dresdener Codex* zum Beispiel beruhen auf der Formel, daß 405 Mondumläufe 11 958 Tagen entsprechen, woraus sich ein synodischer Monat von 29,52592 Tagen ergibt, der nur um sieben Minuten von unseren heutigen Werten abweicht.

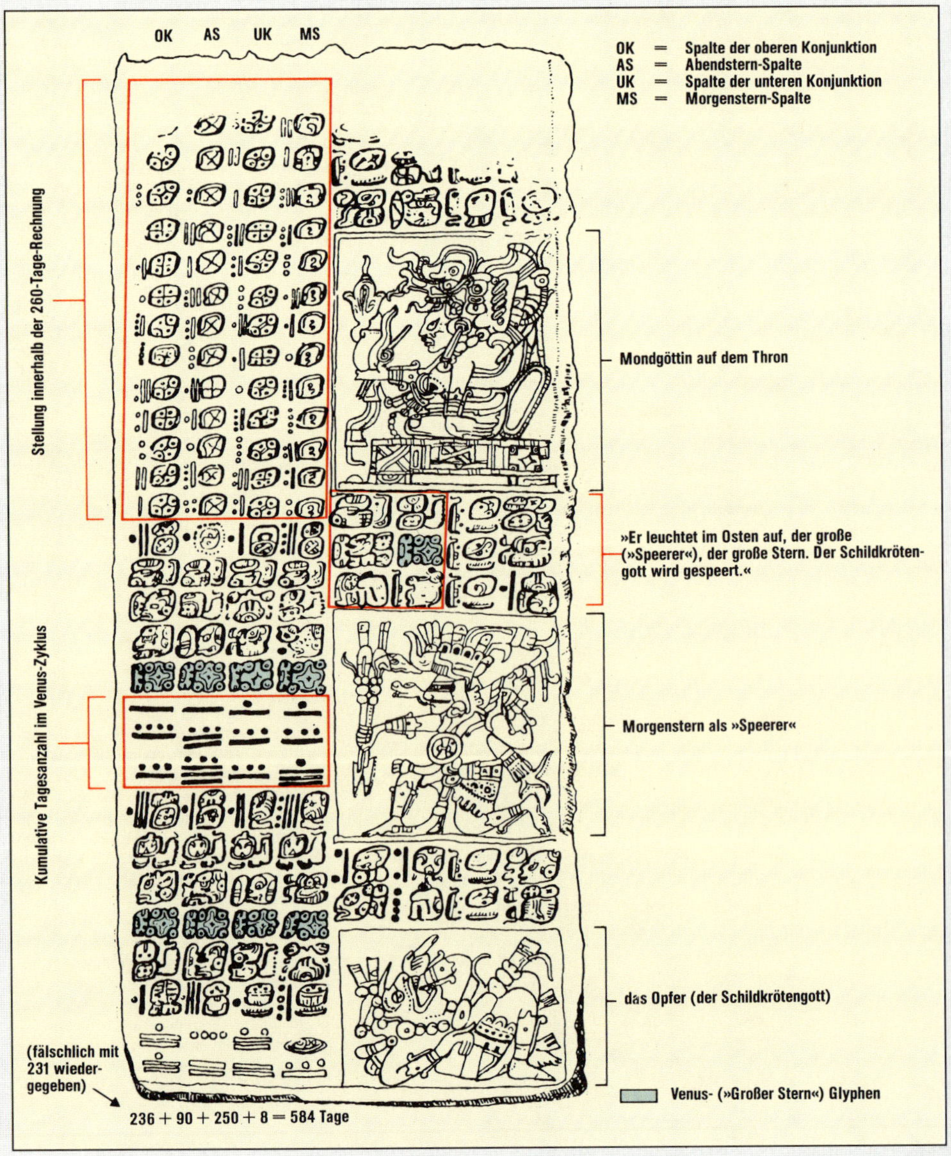

Rechts: Eine Seite aus dem Venus-Kalender, *Dresdener Codex*. Obwohl der *Dresdener Codex* in der frühen nachklassischen Periode verfaßt wurde, zeigen Inschriften, daß der Venus-Kalender schon in der Klassik existierte. Deutlich ist in der Tat, daß die sichtbaren Bewegungen der Venus gegen den Hintergrund der Sterne die Daten von entscheidenden Schlachten zwischen den Städten bestimmten. Die alten Maya berechneten die synodische Periode des Planeten mit 584 Tagen, was der tatsächlichen Periode von 583,92 Tagen sehr nahe kommt. Der *Dresdener Codex* teilt die synodische Periode in Morgenstern (236 Tage), obere Konjunktion (90 Tage Unsichtbarkeit), Abendstern (250 Tage) und untere Konjunktion (8tägige Unsichtbarkeit). Zeiten des heliakalischen Aufgangs (erste Erscheinung als Morgenstern) waren besonders gefürchtet. Man stellte sich die Strahlen der Venus als Gott vor, der einen Gefangenen durchbohrte, in dem man eine Gesellschaftsschicht der Maya repräsentiert sah.

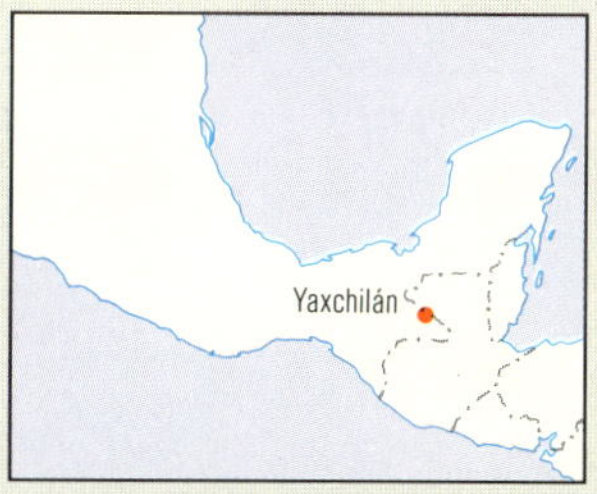

Yaxchilán

Diese Stätte befindet sich am Ufer des Río Usumacinta im mexikanischen Staat Chiapas und bildete zusammen mit dem 45 Kilometer stromabwärts (am guatemaltekischen Ufer) gelegenen Piedras Negras das wichtigste Zentrum am mittleren Flußlauf. Beide Orte weisen eine eigene charakteristische Gestaltung der Flachreliefs an Stelen und Türstürzen auf, wobei man jeweils einen Früh- und einen Spätstil unterscheiden kann. Die frühesten Stelen-Reliefs in Yaxchilán stammen von etwa 292 n. Chr. Um 760 erscheinen dann weniger *en-face*-Figuren, die Profildarstellung überwiegt. Inschriften datieren Yaxchilán (»Grüne Steine«), das seinen Namen von dem deutschen Forscher Teobert Maler erhielt, in die spätklassische Periode und dokumentieren die Regentschaft des Schild-Jaguars und seines Nachfolgers, des Vogel-Jaguars.

Unten: Yaxchilán ist architektonisch an die natürlichen Gegebenheiten der Flußuferlandschaft angepaßt. Die Tempel und Paläste wurden auf den vorhandenen Erhebungen errichtet, und von der östlichen Gebäudegruppe hat man eine großartige Aussicht auf den Fluß.

Rechts: Der Türsturz 24 vom Palast des Königs (Struktur 33) zeigt die beeindruckende Figur des Schild-Jaguars. Er nimmt die Bußübung einer Frau entgegen, die eine Dornenschnur durch ihre Zunge zieht.

Unten rechts: Im Inneren von Struktur 33 gibt es eine Reihe von Türstürzen über jedem Eingang.

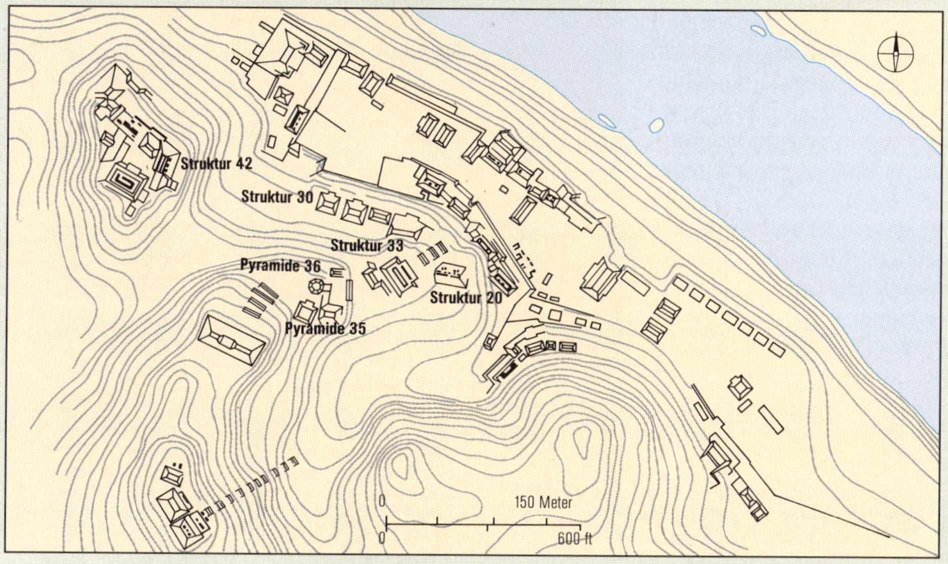

Die spätklassische Maya-Kultur

Eine frühere Archäologengeneration hat von der klassischen Maya-Kultur im südlichen Tiefland als dem »Alten Reich« gesprochen. Wir wissen heute, daß es nie ein solches gegeben hat. Das Maya-Tiefland war in eine Reihe unabhängiger politischer Einheiten aufgeteilt, die den Stadtstaaten der Sumerer und Griechen ähnelten. Keine einzelne Stadt besaß die Hegemonie über die übrigen, sieht man einmal davon ab, daß Tikal und Palenque gelegentlich bestimmte Zentren beherrscht zu haben scheinen, ohne daß es aber zu einer Reichsbildung gekommen ist, die dem zentralmexikanischen Muster vergleichbar wäre.

Innerhalb eines Vierteljahrhunderts wurden bei der Entzifferung der klassischen Maya-Inschriften so rasche Fortschritte erzielt, daß es nun möglich ist, über das Wesen der Maya-Politik und über die Belange der Oberschicht, die die großen Maya-Zentren regierte, einigermaßen Verläßliches auszusagen. Anscheinend befanden sich die Zentren in dauerndem Kriegszustand, wobei nicht territoriale Vergrößerungen, sondern die Gefangennahme hochrangiger Persönlichkeiten das Hauptziel der Kampfhandlungen war. Letztliche Bestimmung dieser Unglücklichen war der Opfertod, oft nach längerer Folter, zu der wahrscheinlich auch die Verstümmelung der Geschlechtsorgane gehörte.

Wie die Elite der Azteken und anderer mesoamerikanischer Kulturen glaubten die Herrscher der klassischen Tiefland-Maya von den Göttern selbst abzustammen. Deutlich wird dies durch die große Inschrift am Kreuztempel in Palenque, die die Ahnenreihe von Chan-Bahlum, des ältesten Sohns des bedeutenden Königs Pacal, feiert. Da die Regenten das innerste Wesen göttlicher Herkunft, nämlich ihr Blut, in ihrem Körper trugen, war es notwendig, dieses bei passenden Anlässen zu vergießen. Die Männer entnahmen das zu opfernde Blut dem Penis, den sie mit einem Rochenstachel oder einer Knochenahle durchstachen. So wichtig war dieses Instrument, daß es vergöttlicht wurde und als Grabbeigabe Verwendung fand. Frauen hingegen zogen eine mit Dornen besetzte Schnur durch ein Loch in der Zunge, ein Ritus, den zwei prachtvolle Türstürze in Yaxchilán anschaulich zeigen. Als Hauptgottheit des Königshauses fungierte ein reptilienartiges Wesen, das den Archäologen als Gott K geläufig ist.

Die Herrscher waren im allgemeinen männlich, doch kommen auch vereinzelt Frauen in den Erbfolgelisten einiger Ausgrabungsorte vor. Allerdings spielten die Frauen eine außerordentlich bedeutende Rolle, besonders wenn es galt, durch Heirat Bündnisse zwischen den Städten zu knüpfen. Die dynastische Erbfolge ging offensichtlich vom Vater auf den ältesten Sohn über, doch gibt es auch

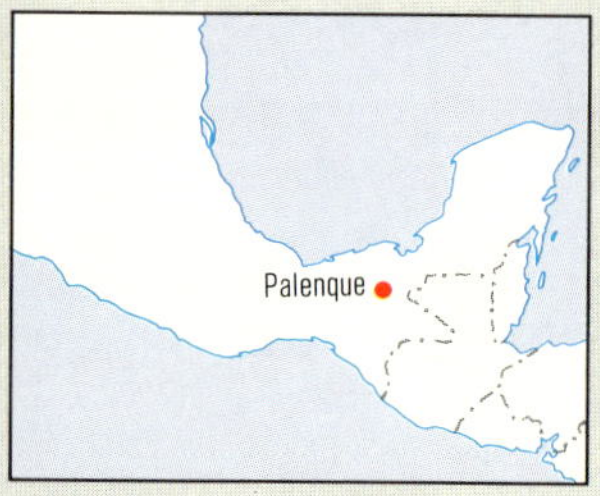

Palenque

Palenque ist bekannt für seine reizvolle Architektur inmitten bewaldeter Hügel, welche sich über der bis zum Golf von Mexiko reichenden Alluvialebene erheben. Die Gegend war schon in frühklassischer Zeit besiedelt, doch die größeren Bauwerke, die heute noch zu sehen sind, wurden nicht vor der spätklassischen Periode errichtet. Diese Bautätigkeit setzte mit Beginn der Herrschaft des Priesterkönigs Pacal ein. Die große Stunde Palenques scheint nach den Krisen im südlichen Maya-Tiefland um etwa 600 n. Chr. gekommen zu sein. Pacals Thronübernahme (im Alter von zwölf Jahren) datiert im Jahr 615; er regierte 68 Jahre lang und wurde im Tempel der Inschriften begraben, wo man 1952 auf seinen steinernen Sarkophag stieß.

Unter seinem Sohn Chan-Bahlum II., der ihm im Alter von 48 Jahren auf dem Thron nachfolgte, entstand der Tempel des Kreuzes, der Tempel des Laubkreuzes und der Sonnentempel. In den Tempeln legitimieren Szenen und Texte, die künstlerisch vollendet in Kalksteinplatten eingeschnitten sind, seine Machtposition und seine Abstammung über die väterliche Linie von den Schutzgottheiten Palenques. Bei seinem Tod, nach 18jähriger Regentschaft, fiel die Macht an seinen jüngeren Bruder Kan-Xul II., der damals 57 Jahre alt war. Er ließ den Palast bedeutend erweitern und einen Turm hinzufügen. Daran schlossen sich die kurzen und vielleicht unterbrochenen Regierungsperioden dreier Herrscher an, die aber dennoch ihren Beitrag zur architektonischen Verfeinerung der Stadt leisteten. Das letzte aufgezeichnete Datum eines Thronantritts aus dem Geschlecht Pacals fiel dann in das Jahr 764, und nach 810 wurde Palenque offensichtlich von seinen Bewohnern verlassen.

Unten: Unter dem Sarkophag des Priesterkönigs Pacal entdeckte man zwei lebensgroße Stuckköpfe, die sehr kunstvoll geformt sind und mit Sicherheit Porträts darstellen. Den hier gezeigten Kopf hielt man lange für ein Bildnis von Pacals Gemahlin; neuere Studien legen jedoch nahe, daß es sich um ein Porträt des zwölfjährigen Pacal anläßlich seiner Thronbesteigung handelt.

Links: Maya-Hieroglyphen wurden gelegentlich als sogenannte vollfigurige Glyphen in Form von Menschen und Tieren gestaltet. Die Kalenderangabe für »Null Tage« wird hier in Form des Gottes der Null auf der linken Seite, identifiziert durch das Blumenmuster auf seinem Arm, und den anthropomorphen Affengott, der den Tag repräsentiert, wiedergegeben. In anderem Zusammenhang erscheint der langohrige Affe als Schutzgott der Schreiber. Diese vollfigurige Glyphe ist Teil der Eingangsserie, welche das Geburtsdatum von Kan-Xul II. nennt: 9.10.11.17.0 (643 n. Chr.). Sie ist in die Tafel im Palast eingeschrieben, die seines Regierungsantritts gedenkt.

Oben: Das Zeremonialzentrum von Palenque, vom Tempel des Kreuzes aus gesehen mit Blick nach Osten. Im Hintergrund links erhebt sich der Tempel der Inschriften, dessen Pyramidenbasis größtenteils von der dichten Urwaldvegetation überwuchert ist. Auffallend an der Architektur von Palenque sind der gitterartige Dachkamm sowie die Stuckskulpturen auf den Mansardendachfassaden. Sie sind besonders gut bei dem Sonnentempel (im Bildvordergrund) erhalten. Für westliche Vorstellungen stehen die kleinen, engen Räume der Maya-Tempel und -Häuser im Widerspruch zu den großen offenen Flächen, die sie umgeben, aber die alten Maya verbrachten zweifellos die meiste Zeit des Tages im Freien.

Oben: Diese Jademaske in Mosaikarbeit wurde zusammen mit weiteren kleinen rituellen Gegenständen auf der Kalkplatte gefunden, die den Pacal-Sarkophag bedeckte. Vielleicht sollte die Maske den Priesterkönig darstellen, doch ihre starren geometrischen Linien stehen in Kontrast zu dem realistischen Stuckporträt gegenüber. Das Schönheitsideal der Maya, das Pacal repräsentiert – eine gerade Stirn und eine vorspringende Adlernase –, wurde erreicht, indem man die Schädel der Neugeborenen zwischen zwei Bretter zwängte.

Unten: Der Palast von Palenque hatte gleichermaßen religiöse wie weltliche Funktionen, was durch die Widmungsplaketten, die Stuckdarstellungen von Göttern und Menschen und schließlich durch die Architektur selbst bezeugt wird. Der Turm wurde zweifellos für astronomische Beobachtungen benutzt.

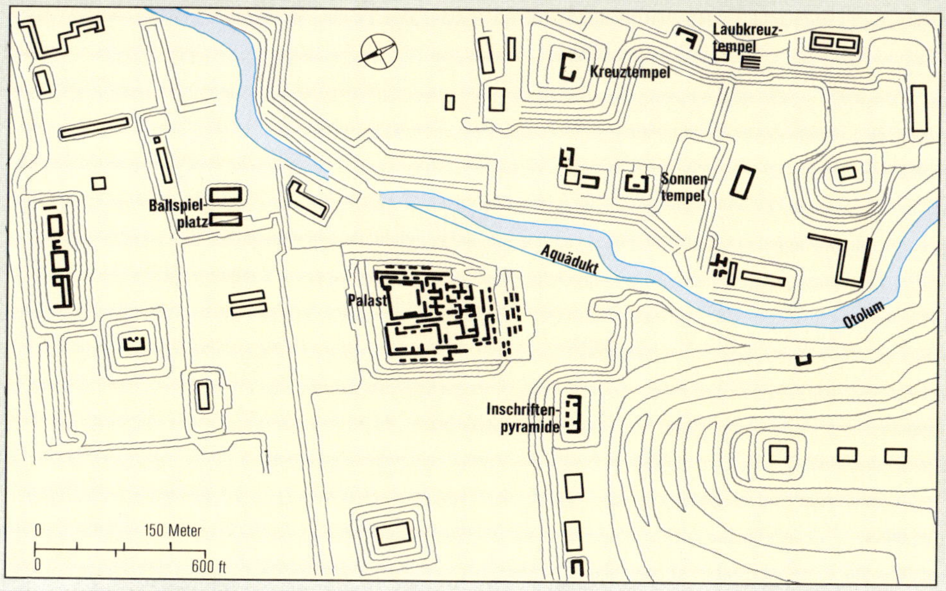

Belege dafür, daß der Bruder die Nachfolge antrat. Die Thronbesteigung fand wahrscheinlich an einem astrologisch günstigen Tag statt und war ein großes und aufwendig zelebriertes zeremonielles Ereignis, bei dem Gefangene geopfert wurden.

Über die soziale Struktur unterhalb des Herrscherhauses ist nur sehr wenig bekannt. Allem Anschein nach gab es eine Klasse von Adligen, die wichtige zeremonielle und militärische Ämter im Palast besetzten. Einen besonderen Rang hatten die Statthalter von kleineren, zum Machtbereich gehörenden Provinzstädten inne, und zu den Personen, die eine hohe Stellung innerhalb des Palastes besaßen, müssen auch die Schreiber, Maler und Bildhauer gezählt werden. Diese hatten sogar ihre eigenen übernatürlichen Schutzpatrone in Gestalt eines göttlichen Affenmensch-Paares, das auf Töpfergefäßen beim Schreiben in Bücher gezeigt wird, die in Jaguarleder eingebunden sind. Kurz vor der spanischen Eroberung existierte in Yucatán auch eine Priesterkaste (genannt *ah kin*, »Der von der Sonne«), aber merkwürdigerweise liegt kein Zeugnis dafür vor, daß es in früherer Zeit schon Priester gegeben hat. Ihre Funktion wurde während der klassischen Ära wohl von den Schreibern, die über umfassende Kenntnisse der Hieroglyphenschrift, der Astronomie, Geschichte und Mythologie verfügten, ausgeübt, vielleicht sogar von den Regenten selbst.

Gesellschaft und Wirtschaft

Um der herrschenden Schicht die Prunkentfaltung zu ermöglichen, die ihr Status erforderte, müssen in jeder Stadt außerordentlich viele hochqualifizierte Handwerker mit der Herstellung von Luxusgütern beschäftigt gewesen sein. Der Kunststil der späten Maya war besonders im südlichen Tiefland sehr ästhetisierend, verspielt und dabei ziemlich naturalistisch. Bearbeitet wurden die verschiedensten Materialien wie Holz (wovon sich nur das wenigste erhalten hat), Knochen, Muscheln und, als kostbarstes Material, Jade. Doch auch die stuckierten Wände, die Bücher, Tonwaren, die Obsidiangegenstände und sogar Klingenabschläge von Feuersteinmessern zeugen von dieser phantasiereichen, dekorativen Kunst. Letzlich aber war all diese Pracht dazu bestimmt, hochrangige Persönlichkeiten auf ihrer letzten Reise zu begleiten. Jede Stadt setzte ihren verstorbenen Herrscher in einer eigenen Begräbnispyramide bei – die turmhohen Tempelpyramiden der spätklassischen Zeit sind demnach Mausoleen. Zumeist wurden sie wohl nach dem Ableben der Regenten errichtet, aber im Fall des Tempels der Inschriften in Palenque ließ der Herrscher Pacal seine Ruhestätte noch zu seinen Lebzeiten erbauen. Andere Mitglieder der regierenden Familie sowie die Adligen wurden in eigenen Bauwerken bestattet.

Die Hauptgebäude einer klassischen Maya-Stadt spiegeln somit die Belange und die Ideologie der Eliteschicht wider. Jedes städtische Zentrum hatte vielräumige »Paläste« sowie zwei bis drei gemauerte Ballspielplätze, und wie in Zentralveracruz in klassischer Zeit war dieses Spiel eng mit Menschenopfern und dem Kult der Unterwelt verknüpft. Welchen Zwecken die »Paläste« im einzelnen dienten, ist nicht genau bekannt, aber einige Gemächer enthalten Throne, d. h. skulptierte Steinbänke, auf denen die Herrscher ihre Insignien empfangen und ihre Macht demonstrieren konnten.

Die Masse der Bevölkerung lebte in Städten und über das Land verstreuten Ansiedlungen bis hinunter zur Größe eines kleinen Weilers. Zweifellos waren die Menschen meist in der Landwirtschaft beschäftigt, mußten aber wahrscheinlich auch zeitweilig Fronarbeit beim Bau und der Erhaltung der großen Städte leisten: Steinbrucharbeiten und Transport des Kalksteins, Maurerarbeiten, Ausschachtungen von Wasserspeichern, Dammbauten und anderes. Die genaue Bevölkerungsstärke der Tiefland-Maya oder auch lediglich der einzelnen Maya-Städte in der spätklassischen Periode läßt sich nur vermuten. Schätzungen der Einwohnerschaft von Tikal beispielsweise schwanken zwischen 20000 und 125000, wahrscheinlich kommt die niedrigere Zahl der Wahrheit näher. Ebenso sind genaue Angaben über die Gesamtpopulation des Tieflands unmöglich, doch könnte sie mehr als drei Millionen betragen haben.

Da die Brandrodung, das sogenannte *milpa*-System, die vorherrschende Form der Landwirtschaft seit kolonialer Zeit in den Maya-Ländern war, wurde von den Archäologen lange angenommen, daß dies die einzige Art der Bebauung auch in der klassischen Periode gewesen sei. Indes stellte sich immer mehr heraus, daß bei den alten Maya durchaus andere Anbaumethoden Anwendung fanden. In tiefliegenden Gebieten gab es zahlreiche *chinampas*, vor allem an Flußläufen, wo immer wieder Überflutungen auftraten. Dagegen wurde die Terrassierung fester Felder in den gebirgigen Landstrichen des südlichen Tieflands praktiziert. Die Ernteerträge müssen hier viel höher gewesen sein als in Gegenden, wo das *milpa*-System üblich war.

Der Zusammenbruch der Maya-Kultur im südlichen Tiefland

Die spätklassische Maya-Kultur – und wahrscheinlich die altamerikanische Kultur im allgemeinen – erreichte ihren Höhepunkt im südlichen Tiefland seit dem Ende des siebten und während des achten Jahrhunderts n. Chr. Etwa ab 800 n. Chr. begann in den südlichen Mayastädten dann ein weitreichender und unerklärlicher Verfall spürbar zu werden. Das ganze Jahrhundert hindurch stellte Stadt auf Stadt die Steinmetzarbeiten ein, hörte auf, Steinmonumente zu errichten, mit denen bisher die Ahnen geehrt und die Taten derer, die die Geschicke des Mayareichs in den vergangenen sechs Jahrhunderten bestimmt hatten, gefeiert wurden. Gegen 900 n. Chr. kam der *Long-Count*-Kalender der Maya praktisch außer Gebrauch, in der nachklassischen Periode des nördlichen Tieflands wurde er durch eine verkürzte Version, den *Short Count*, ersetzt.

Es gibt für diese Zeit deutliche Belege für eine Welle der Zerstörung, die so umwälzend war wie jene, die einst über die Olmeken hereingebrochen war. Die Bautätigkeit kam an den meisten Orten völlig zum Stillstand, die Städte wurden von ihren Bewohnern aufgegeben und vom Tropenwald überwuchert. Wohin aber waren diese Menschen abgewandert und was hatte die schreckliche Katastrophe ausgelöst? Trotz endloser Spekulationen vermag niemand eine exakte Antwort darauf zu geben. Obwohl archäologische Zeugnisse zeigen, daß manche Städte bis in die nachklassische Periode bewohnt blieben und eine gewisse Kultur bewahrten, war die Oberschicht mit ihren elitären Ansprüchen sicherlich ausgeschaltet. Die vorgebrachten Hypothesen stützten sich im allgemeinen auf ökologische Ursachen wie die, daß die Landwirtschaft wegen eines Klimawechsels oder wegen übermäßigen Raubbaus zusammengebrochen sei, oder auf soziopolitische Gründe. So habe zum Beispiel die mutmaßliche Unzufriedenheit der Massen mit ihren rücksichtslosen Herrschern zu einer sozialen Revolution geführt. Allerdings hat bis jetzt keine der vielen sich widersprechenden Hypothesen allgemeine Zustimmung finden können.

Copán

Copán, eine der südlichsten Maya-Stätten, liegt am gleichnamigen Fluß im Motagua-Becken im äußersten Westen von Honduras und umfaßte wahrscheinlich ein Gebiet von 13 mal 3 Kilometern. Heute sieht man nur noch einen kleinen Rest davon: Ruinen von Tempeln, Plazas und vor allem rundplastische Stelen – das Kennzeichen von Copán. John Lloyd Stephens, der mit Frederick Catherwood 1839 Forschungsreisen unternahm, kaufte das Gelände für 50 Dollar, um ungestört die alten Monumente freilegen und beschreiben zu können. In den 30er Jahren des 20. Jahrhunderts wurden durch das Carnegie Institute sorgfältige Restaurierungsarbeiten durchgeführt, wozu auch die Umleitung des Río Copán gehörte, der einen beträchtlichen Teil des Pyramidenkomplexes abgetragen hatte.

Rechts: Vom Tempel der Hieroglyphentreppe bietet sich dem Auge die ganze Schönheit Copáns mit den reizvollen Proportionen des Ballspielplatzes (im Vordergrund) und den eleganten, freistehenden Statuen auf dem dahinterliegenden Haupthof dar.

Unten: Die romantische Aura von Catherwoods »Gefallenem Idol« (Stele C) steht im Gegensatz zur Exaktheit und Sorgfältigkeit seiner Zeichnungen. Stele C wie auch die 37 anderen Stelen sind heute wieder aufgerichtet; sie zeigen Herren (und eine Dame) aus Copán mit all ihren Insignien. Jede Gestalt hält einen Zeremonialstab; sie sind in großen Pomp gekleidet und tragen Schmuck von kunstvoller Erlesenheit. Überdies findet sich auf jeder Stele ein hieroglyphischer Text. Die dekorativen Details wurden aus den Trachyt-Steinblöcken plastisch herausgearbeitet, wodurch die Stelen als Rundreliefs erscheinen und sich so von den zweidimensionalen Darstellungen unterscheiden, an denen man in Yaxchilán und Piedras Negras festgehalten hat. Vor den Stelen waren Gottheiten in Tiergestalt aufgestellt.

Unten: Der Plan der Ausgrabungsstätte. Sieben Stelen, im Durchschnitt 3,5 Meter hoch, sind auf dem Haupthof aufgestellt, andere stehen auf dem Südteil des Geländes. Copán erreichte seinen künstlerischen Höhepunkt in der Mitte des achten Jahrhunderts. Die Hieroglyphentreppe trägt die längste Inschrift des Maya-Gebietes: 2500 Zeichen sind in 63 Stufen eingeschnitten.

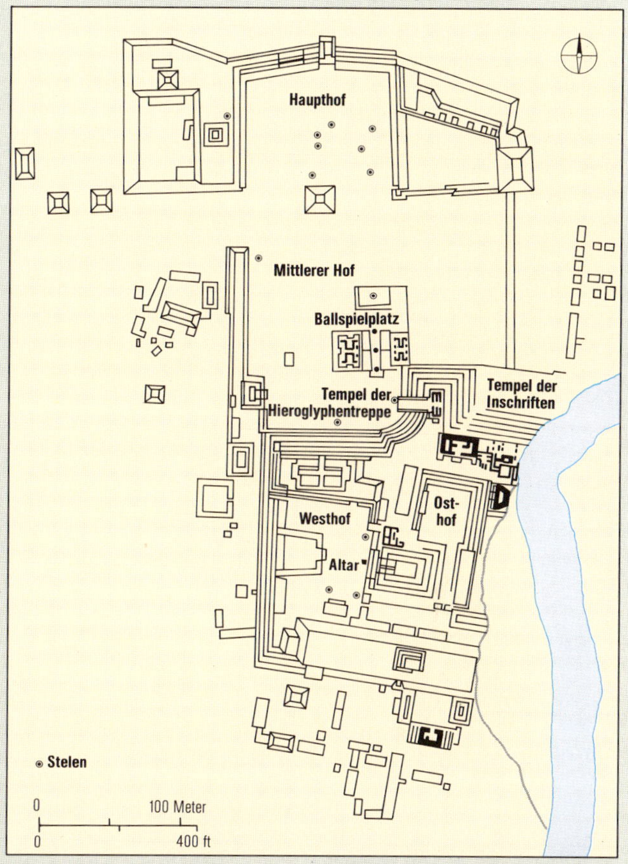

Oben: Einzigartig für Copán ist es, daß Szenen des Krieges und der Gewalt fehlen. Die Personen tragen Insignien ihres Rangs, aber keine Waffen. Das Antlitz des hier gezeigten jungen Maisgottes drückt erhabene Würde aus.

94°
92°
90°
88°
22°
20°
18°
16°
14°
Durch die Karte abgedecktes Gebiet
GOLF VON MEXIKO
Isla de Cozumel
Dzibilchaltún
Mérida
Izamal
Acanceh
Chichén Itzá
Oxkintok
Yaxuná
Cobá
Uxmal
Mul-Chic
Chacchob
Jaina
Kabah
Tancah
Xcalumkin
Sayil
Labná
Chacmultún
Keuic
Yucatán
YUCATÁN
Xcichmook
Campeche
Xtampak
Edzná
Dzibilnocac
Huntichmul
Felipe Carillo Puerto
Hochob
NÖRDLICHES GEBIET
Campeche
Quintana Roo
Laguna de Términos
Becan
Xpuhil
Hormiguero
Pasión del Cristo
Oxpemul
Uaacbal
Rio Bec
Cohunlich
La Muñeca
Nohmul
Comalcalco
Grijalva
Candelaria
Calakmul
Pared de los Reyes
El Palmar
Villahermosa
Usumacinta
Altamira
Balakbal
Colhá
Balancán
Ucal
MEXIKO
GUATEMALA
El Mirador
Naachtún
Rio Azul
Lamanai
Altun Ha
Tortuguero
Tabasco
Chiapas
Pomoná
ZENTRALES GEBIET
La Honradez
San José
Belize City
Palenque
Chinikihá
Xultun
San Pedro
Uaxactun
Holmul
Baking Pot
Belmopan
El Perú
El Porvenir
Tikal
Nakum
Piedras Negras
PETEN
Uolantun
Naranjo
El Cayo
Yaxha
Xunantunich
La Mar
Motul de San José
Toniná
Flores
Peten Itzá See
MAYA MOUNTAINS
Yaxchilan
Mountain Cow
Caracol
Tuxtla Gutiérrez
Lacanhá
Bonampak
Actun Balam
Pomona
Agua Escondida
Itzan
Pasión
Santa Elena Poco Uinic
La Amelia
El Caribe
Seibal
Sacul
Altar de Sacrificios
Dos Pilas
Ixtutz
Aguateca
Nimli Punit
Nah Tunich
Machaquila
BELIZE
Lubaantun
Grijalva
Chinkultic
Pusilhá
Quen Santo
Salinas de los Nueve Cerros
Cancuén
Lagartero
Chamá
Izabal-See
Cobán
San Pedro Sula
MEXIKO
GUATEMALA
Nebaj
GUATEMALA
HONDURAS
Quiriguá
Motagua
Los Higos
El Paraíso
Zacualpa
San Agustin Acasaguastlán
SÜDLICHES GEBIET
Copán
Ulua
Yojoa-See
Atitlán-See
Kaminaljuyú
Guatemala City
Amatitlán
El Baúl
Pantaleón
Tiquisate
Asunción Mita
EL SALVADOR
Tazumal
San Salvador
Größeres Zentrum der klassischen Periode
Kleineres Zentrum der klassischen Periode
Höhlen-Fundstätte
Puuc-Stil
Chenes-Stil
Rio-Bec-Stil
Cotzumalhuapa-Fundstätten
Handelsroute
Intensiver Landbau im nördlichen und zentralen Gebiet
Erhöhte Felder
Mit Steinen eingefaßte Terrassen
Marsch
Heutige Landes- und Bundesstaatengrenze
Moderne Stadt
Grenze von Stadtstaaten 790 n. Chr.
Maßstab 1 : 3 400 000
0
150 Kilometer
0
100 Meilen

Die klassischen Städte des Nordens

Analog zu der heute unhaltbaren Vorstellung eines »Alten Maya-Reichs« im südlichen Tiefland engagierten sich früher Wissenschaftler wie Sylvanus Morley u. a. auch für die Idee eines »Neuen Reichs« auf der Yucatán-Halbinsel nördlich des Petén. Sie nahmen an, daß es nach dem Zusammenbruch des klassischen Reichs von Flüchtlingen aus dem Süden gegründet wurde. Erst als Archäologen herausfanden, daß die nördlichen Städte bereits in der spätklassischen Periode erbaut worden waren, wurde diese Ansicht widerlegt.

Die Städte des Nordens werden generell nach ihrem Architekturstil unterschieden. Unmittelbar nördlich des Petén trifft man auf den Rio-Bec-Stil, der vielräumige Bauwerke aufweist, die von Türmen mit einer »Scheinfassade« gekrönt sind. Auf den ersten Blick ähneln diese Bauten den Tempelpyramiden von Städten wie Tikal, mit der Ausnahme, daß die »Treppen« nicht begehbar waren. Weiter im Norden, im südlichen Campeche, gibt es Orte im Chenes-Stil mit Zeremonialbauten, deren Fassaden als riesige Monstermasken gestaltet sind und die ihren Eingang im Maul der Maske haben. Vielleicht handelt es sich um Darstellungen der himmlischen doppelköpfigen Schlange, wie sie an den »Zeremonialstäben« auftauchen, welche die südlichen Herrscher trugen.

Die prachtvollste Architektur der klassischen Maya finden wir in den Städten des Puuc-Stils (etwa Uxmal, Kaboh, Soyil, Labná), benannt nach einer Landschaft des nördlichen Campeche und des Staates Yucatán, die durch eine V-förmige, niedrige Hügelkette charakterisiert ist. Typisch für den Puuc-Stil sind Mauern aus dünnen Kalksteinplatten, die einen Kern aus Bruchstein verkleiden. Dabei finden Tausende von mosaikähnlich gemeißelten Elementen (Quadrate, Dreiecke, Rauten, Zacken- und Mäanderbänder, Andreaskreuze, schachbrettartige Würfelfelder) an den oberen Fassadenabschnitten dekorative Verwendung. Vielfach wurden sie so zusammengesetzt, daß sie das eindrucksvolle Gesicht der himmlischen Gottheit (des sogenannten »Langnasigen Gottes« bilden, das

Links: Die klassische Maya-Kultur
Seit etwa 290 n. Chr. florierten die Städte der klassischen Maya-Kultur mehr als fünf Jahrhunderte lang in den Urwäldern der mittleren und nördlichen Regionen. Viele klassische Zentren waren durch königliche Heiraten verbunden, aber keine Stadt übte eine dauerhafte Hegemonie über andere aus, nicht einmal Tikal im Petén. Im südlichen Tiefland kann man um etwa 790 22 unabhängige Stadtstaaten unterscheiden. Während des neunten Jahrhunderts ging man in allen Zentren davon ab, die Herrscher – wie bisher – durch Steinmonumente zu verherrlichen, und um 900 waren die meisten Städte im Zentralgebiet verlassen. Im Maya-Tiefland wiesen nur die Puuc-Orte nach dem Ende der klassischen Periode noch eine hohe Einwohnerstärke auf. Im Maya-Tiefland war wahrscheinlich die Brandrodung (*milpa*-System) die übliche Form der Bodenbebauung, doch sie allein hätte nie die große Zahl der Menschen, die in klassischer Zeit dort lebten, ernähren können. In einigen Teilen der mittleren und nördlichen Region haben die Archäologen mehr und mehr Belege für zwei Arten intensiver Bodennutzung gefunden, die fast eine ganzjährige Bestellung ermöglichten: die *chinampas* (erhöht angelegte Felder) und steingefaßte Terrassen.

Rechts: Ein zeitgenössisches Mayahaus in unmittelbarer Nachbarschaft zu einem alten Mayapalast in Sayil auf der Halbinsel Yucatán.

Oben: Ein Beispiel der dekorativen Puuc-Architektur gibt der Palast der Masken in Kabah. Die 46 Meter lange Fassade ist durchgehend mit Steinmosaik-Masken des Regengottes Chac geschmückt.

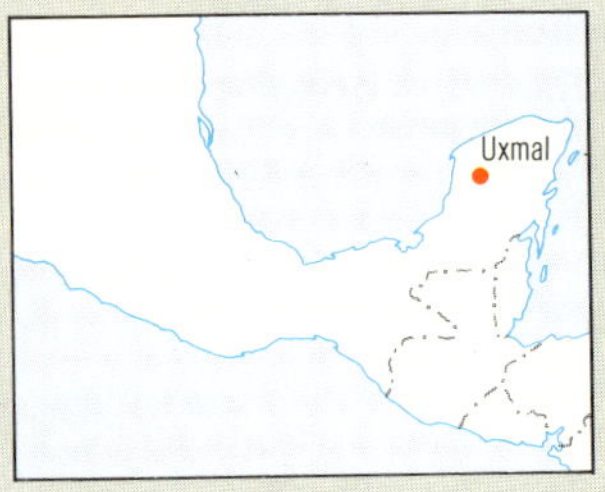

Uxmal

Uxmal, ein architektonisches Juwel auf der Yucatán-Halbinsel, wurde in den zehn Jahren nach 1928 durch die mexikanische Regierung wieder aufgebaut, wobei die Zeichnungen Catherwoods von 1841 eine wertvolle Hilfe darstellten. Informationsquellen wie sie aus anderen mesoamerikanischen Gebieten vorliegen, zum Beispiel datierte Stelen, lange hieroglyphische Texte oder Codices, fehlen hier, ebenso auch Wandgemälde, die historische Ereignisse beschreiben. Untersuchungen der Keramik und ein Datum (909 n. Chr.), das auf einen Schlußstein gemalt ist, trugen dazu bei, einen zeitlichen Kontext für Uxmal festzulegen, aber aussagekräftiger ist die charakteristische Puuc-Architektur.

Die Zeugnisse weisen auf eine spätklassische Besiedlung dieser Maya-Stadt hin, die vermutlich mit dem mexikanischen Eindringen auf der Yucatán-Halbinsel endete. Im Stil von Uxmal ist die Puuc-Tradition durch fremde Motive akzentuiert, was dem Ganzen ein kosmopolitisches Flair verleiht.

Unten: Geometrische Motive, Chac-Masken und stilisierte naturalistische Formen verbinden sich auf dem Mosaikfries über dem Haupteingang des Gouverneurs-Palastes (Detail einer Lithographie von Frederick Catherwood). Ein ähnliches, doch weniger dekoratives Muster zieht sich über alle vier Seiten des 100 Meter langen Gebäudes, und über jedem der elf Eingänge sind große Chac-Masken angebracht, die in einem Winkel von 45° von den Ecken des Bauwerkes vorragen. Der Mosaikfries (3,5 Meter hoch) setzt sich wie jener am Haus der Nonnen aus kleinen, wahrscheinlich in Massen produzierten Steinen zusammen, die so sorgfältig geschnitten sind, daß sie keinerlei Stuckschicht bedurften, um eventuelle Mängel zu kaschieren.

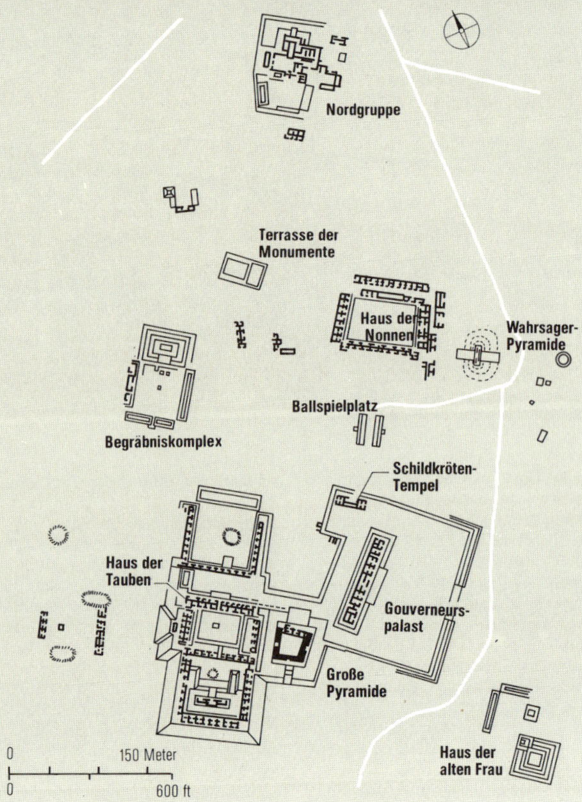

Links: Die flache Horizontale des Hauses der Nonnen (hier mit dem Schildkröten-Tempel im Vordergrund) kontrastiert mit der hochaufgetürmten Wahrsager-Pyramide (*unten*). Das Haus der Nonnen, dessen irreführende Bezeichnung auf die Spanier zurückgeht, welche die kleinen Kammern für Nonnenzellen hielten, zeigt in reinster Form die charakteristischen Merkmale der Puuc-Architektur: Mauern, die horizontal unterteilt werden durch schmucklose niedrige Fassaden und kunstvoll ausgearbeitete obere Friese. Die Wahrsager-Pyramide besitzt einen elliptischen Grundriß und besteht aus fünf übereinanderliegenden Baustufen, wie Untersuchungen bei den Restaurierungsarbeiten zeigten. Der Tempel 4 (die zweite Baustufe von oben) mit den Chac-Masken in seiner Vorhalle ist nach Überzeugung der Forscher stilistisch ein Fremdkörper.

Oben links: Das Motiv des Schädels und der gekreuzten Knochen wiederholt sich rund um die oberste Kante einer Plattform im Begräbniskomplex – ein Beispiel für die Formelemente des mexikanischen Hochlands, wie sie als Dekor eines Puuc-Bauwerkes Verwendung fanden.

Oben: Gefiederte Schlangen winden sich über geometrische Mosaiken am Westfries des Hauses der Nonnen.

Links: Die Gebäude Uxmals bedecken eine Fläche von 100 Hektar, und die Nordachse ist leicht nach Osten verschoben. Der Palast des Gouverneurs gilt als das perfekteste Beispiel der noch vorhandenen Puuc-Architektur. Auf zwei übereinanderliegenden Plattformen errichtet, blickt man von seinem Haupteingang auf eine große Plaza und das Haus der alten Frau, das möglicherweise älteste Bauwerk von Uxmal. Im Norden bildet der gewaltige Kragstein-Torboden den Zugang zum Haus der Nonnen, das aus vier Gebäudegruppen besteht, die einen rechteckigen Innenhof (75 mal 60 Meter) umschließen.

Die Kunst der Insel Jaina

Jaina, eine kleine Kalksteininsel vor der Küste von Campeche, ist berühmt für die Schönheit ihrer naturalistischen Tonfiguren, die man in Hunderten von spätklassischen Gräbern entdeckte. Die Figuren sind teils hohl, teils massiv, tragen meist Pfeifen auf dem Rücken und stellen Herren und Damen, Herrscher und Gottheiten bei den verschiedensten Aktivitäten dar. Die reiche Vielfalt der Jaina-Gräber erlaubt den Schluß, daß die Insel als letzte Ruhestätte für die Elite fungierte, die über die nahegelegenen Puuc-Stätten herrschte.

Der sogenannte »Fette Gott« (*rechts*) ist ein häufiges Motiv in der Jaina-Keramik und findet sich auch, in Stein gemeißelt, an den Fassaden der Puuc-Gebäude. Vermutlich stammt dieser Gott, über dessen Rolle im mesoamerikanischen Pantheon man nichts weiß, ursprünglich aus Teotihuacán. Hier trägt er mit Federn verzierte Kriegstracht und hält einen Schild in der Hand. Einige Figuren zeigen Menschen bei ihren Alltagsbeschäftigungen, wie zum Beispiel eine junge Maya-Dame am Webstuhl (*links*); möglicherweise handelt es sich dabei aber um die junge Mondgöttin, die als Schutzpatronin des Webens präsentiert wird. Viele andere Figuren von Jaina sind Miniaturporträts (*unten*), die eine ausgezeichnete Vorstellung von der spätklassischen Maya-Kleidung vermitteln. Die Gestalt im Schneidersitz stellt einen Edelmann dar, an dessen Brust ein spiegelähnlicher Gegenstand hängt. Zu seiner Rechten steht eine reichgekleidete Dame, die einen vergleichbaren Gegenstand in Händen hält. Spiegel waren mit der Idee der Herrschaft eng verknüpft, denn ein großer Maya-Regent galt als der »Spiegel seines Volkes«.

Unten: Einige Figuren von Jaina sind sehr ausdrucksstark, was wohl damit zusammenhängt, daß die Künstler hier mehr Freiheit hatten als jene, die die öffentlichen Monumente aus Stein meißelten. Diese Figur, vielleicht ein Herrscher, ist in einen ekstatischen Tanz vertieft.

Ganz unten: Ein hieratisch wirkendes Bildnis eines Herrschers, der auf einem runden Thron sitzt und einen Beutel für Kopalräucherwerk hält. Während Bärte in der Monumentalskulptur der klassischen Maya selten auftauchen, tragen die Herrscher-Statuen von Jaina oft Spitzbärte.

wie auf einem Totempfahl in den vielfältigsten Formen erscheint.

Je weiter man in die Halbinsel Yucatán eindringt, desto karger werden die Böden, desto ausgedörrter die Landschaft und desto seltener werden Teiche, Seen und fließende Gewässer. Die Puuc-Stätten, einschließlich des östlichsten Fundorts Chichén Itzá, hingen von einer einzigen Trinkwasserquelle ab. Da der Maisanbau im Norden keine sicheren Erträge bringt, könnten Salz und Honig die Hauptstützen der Wirtschaft gewesen sein.

Ob mit dem Untergang der klassischen Orte des Südens irgendwelche Wanderungen zu den Puuc-Städten stattgefunden haben, ist zweifelhaft, wahrscheinlich blieb deren Bevölkerungsstruktur und zeremonielles Leben noch bis nach 900 n. Chr. bewahrt. Sie trugen entscheidend zu jener Mischkultur der Tolteken und Maya bei, die in Chichén Itzá blühte, nachdem die Tolteken gegen Ende des zehnten Jahrhunderts auf der Yucatán-Halbinsel die Macht übernommen hatten. Puuc-Künstler und -Architekten spielten eine wichtige Rolle bei der Gestaltung dieses großen nachklassischen Zentrums. Die Verschmelzung der beiden Kulturen führte zu einem kreativen Aufschwung, dem wir eindrucksvollste künstlerische Leistungen zu verdanken haben.

Die Maya in Zentralmexiko

Früher hegten die Archäologen die Vorstellung, daß die klassischen Maya auf andere Gebiete wenig kulturellen Einfluß ausübten und sicher niemals über die Grenzen ihres Territoriums expandierten. Doch in jüngster Zeit kamen einige überzeugende Belege ans Licht, die die Anwesenheit der Maya in den Hochländern Zentralmexikos während des letzten Jahrhunderts der spätklassischen Periode bestätigen.

Um das Wesen dieser Präsenz zu verstehen, muß man sich näher mit den Putún befassen. Zur Zeit der spanischen Eroberung waren sie eine Chontal-Maya sprechende Gruppe, die die sumpfige Küstenregion von Tabasco und des südlichen Campeche bewohnte. Diese Region hieß bei den Azteken Acallan («Land der Kanus«), ein Tribut an das ausgedehnte Handelsnetz zu Wasser, das die Putún längs der Küste von Honduras bis Veracruz unterhielten. Man kannte die Putún auch unter dem Nahuatl-Namen Olmeca-Xicallanca. Heute gibt es zwingende Gründe für die Auffassung, daß die Putún das Machtvakuum ausfüllten, das durch den Zusammenbruch der Petén-Städte seit etwa 800 n. Chr. entstanden war. Die grimmig entschlossen aussehenden Herren, die auf einigen sehr späten Stelen in Orten wie Seibal erscheinen, stellen mit großer Wahrscheinlichkeit Putún-Emporkömmlinge oder Invasoren dar.

In den Hügeln an der Grenze zwischen den Staaten Tlaxcala und Puebla im trockenen Hochland östlich des Tals von Mexiko liegt die Fundstätte Cacaxtla. Man hatte schon lange angenommen, daß es sich hierbei um die Festung einer Dynastie handelt, die von den Putún-Maya abstammt. Eine Bestätigung fand diese Theorie 1974, als Plünderer zufällig einen außergewöhnlichen Palastbezirk der spätklassischen Zeit entdeckten, der prächtig kolorierte Wandmalereien, offensichtlich nach Art der Maya, aufwies. Genauer gesagt vertreten sie den Stil der späten Stelen von Seibal. Eine andere Stätte, die die Präsenz der spätklassischen Maya in Zentralmexiko dokumentiert, ist Xochicalco im Westen des Staates Morelos. Hier gibt es nicht nur eine Tempelplattform mit Reliefs, die gefiederte Schlangen zeigen, zwischen deren Windungen typische Maya-Figuren sitzen, sondern auch ein Netzwerk von Straßen, die mit Sicherheit die *sacbeob* (»Weiße Straßen«) der Maya-Städte des Tieflands zum Vorbild haben.

Links außen: Als Cotzumalhuapa bezeichnet man den einzigartigen Skulpturenstil der über 200 Steinmonumente von der Pazifikküste Guatemalas. Jede Stele dieser Gruppe zeigt einen Mann, der mit allem Zubehör eines Ballspielers ausgerüstet ist, wie hier auf dem Monument 6. Der Ballspieler streckt einem *en face* dargestellten Gott einen Arm entgegen. Die Stelen sind als Flachrelief gearbeitet, nur der Kopf der Gottheit ragt fast rundplastisch aus dem Hintergrund hervor. Ikonographische Elemente (u. a. Totenschädel, Köpfe von enthaupteten Menschen, blühende Ranken, anthropomorphe Kakaobohnen, himmlische Schlangen) wiederholen sich in der ganzen Gruppe, erscheinen aber auf jeder Stele in anderer Zusammenstellung.

Links: Detail von einer Cotzumalhuapa-Stele: ein als Ballspieler gekleideter Priester hält in der einen Hand den Kopf eines Mannes, in der anderen ein Opfermesser. Die Schlangen verkörpern das vergossene Blut.

Die Cotzumalhuapa-Kultur

Eine der rätselhaftesten mesoamerikanischen Kulturen der klassischen Periode ist die von Cotzumalhuapa, benannt nach dem Ausgrabungsort Santa Lucía Cotzumalhuapa in der pazifischen Küstenebene Guatemalas. In einem der ehemals reichsten Kakaoanbaugebiete Mesoamerikas finden sich eine Anzahl kleiner archäologischer Stätten mit ziemlich rustikaler Architektur. Für ihre Plattformen wurden keine behauenen Steine, sondern Flußkiesel verwendet, dafür weisen sie zahlreiche gemeißelte Steinmonumente auf, deren Ikonographie weder Maya noch mexikanisch ist, sondern eine Kombination aus beiden Elementen darstellt; einige Gottheiten sind eindeutig zentralmexikanisch, etwa Tlaloc, der glotzäugige Regengott, und Mictlantecuhtli, der Herr über das Land der Toten. Bildliche Darstellungen des Ballspiels und ebenso auch Ballspielplätze sind in allen diesen Stätten vertreten, was eine Verbindung zur klassischen Veracruz-Kultur der Golfküste nahelegt. Trotzdem kann die Cotzumalhuapa-Kultur offensichtlich nicht direkt von dort hergeleitet werden, ebensowenig von Teotihuacán, das an der guatemaltekischen Küste in der frühklassischen Ära großen Einfluß besaß. Selbst die Datierung der Cotzumalhuapa-Kultur ist fraglich, wenn auch der führende Experte für dieses Problem, Dr. Lee Parsons, meint, daß sie in einer »mittelklassischen« Zeit anzusetzen sei. Ihre Blüte läßt sich sicherlich mit dem Reichtum erklären, der aus einem erfolgreichen Kakaoanbau resultierte.

Auch hier stellt sich wieder die Frage, wer diese Menschen waren. Zur Zeit der spanischen Kontaktaufnahme war die Region von Cotzumalhuapa von den Pipil, einer nicht zu den Maya gehörenden Gruppe, bewohnt. Sie gebrauchten eine der Nahua-Sprachen, die entfernt mit dem Nahuatl, der Aztekensprache, verwandt ist. Viele Kenner dieser Materie glauben, daß die Pipil als Schöpfer der Cotzumalhuapa-Kultur während der klassischen Periode anzusehen sind und daß sie vielleicht von Zentralmexiko aus um das sechste Jahrhundert n. Chr. an die Küste gelangt sein könnten.

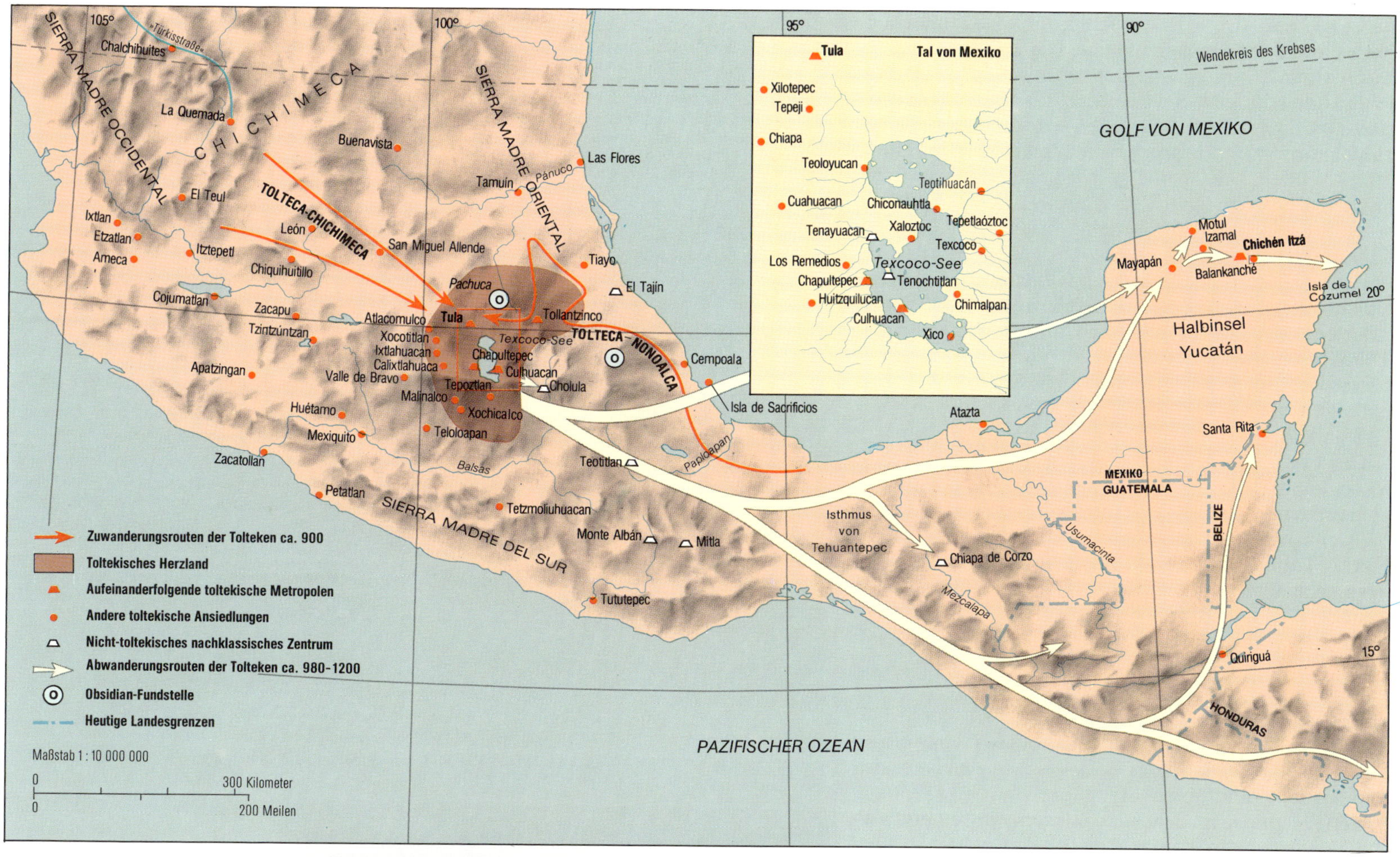

Oben: Das Toltekenreich
Die toltekische Ära nimmt in der mesoamerikanischen Mythologie eine legendäre Stellung ein, was sich u. a. darin ausdrückt, daß späte Herrscher der Maya und der Azteken noch allesamt Anspruch auf toltekische Vorfahren erhoben. Sie glaubten, daß damit ihre Regentschaft – wie jene ihrer toltekischen Ahnherren – zu einer Zeit allseitigen Wohlstands würde. Wie die Karte zeigt, stand ein großer Teil Mexikos unter dem Einfluß der Tolteken, der sogar noch nach dem Untergang des Reiches durch umherziehende Emigranten aus Tula fortbestand.

Rechts: Eine fast lebensgroße Terrakotta-Figur von Xipe Totec, »Unserem Herrn dem Geschundenen«. Er ist der Gott der Vegetation und der Ernte; wer ihn bei Ritualen verkörperte, hüllte sich in die einem Opfer abgezogene Haut.

DER AUFSTIEG DES TOLTEKISCHEN STAATS

Die nachklassische Periode

Der Abschnitt von 900 n. Chr. bis zur Conquista gilt als nachklassische Zeit. Sie unterscheidet sich von allen vorhergehenden Perioden in Mesoamerika dadurch, daß sie historisch ist, d. h., daß es geschriebene Annalen und Geschichtswerke dieser Periode gibt, die nach 1521 von Spaniern und einheimischen Gelehrten kompiliert worden sind. Tatsächlich besaßen die klassischen Maya eine geschriebene Geschichte, aber ihr Inhalt ist überaus knapp und karg und beschränkt sich auf die Interessensphäre der Oberschicht. Viele dieser historischen Werke, die sich der nachklassischen Periode widmen, sind jedoch ungeheuer dunkel und doppelsinnig und müssen mit Vorsicht interpretiert werden.

Ein signifikanter Unterschied zwischen der klassischen und der nachklassischen Zeit ist das Aufkommen der Metallverarbeitung. Mit ziemlicher Sicherheit verbreitete sich diese Handwerkskunst von Südamerika aus, wahrscheinlich von der Küstenregion an der Grenze von Peru und Ekuador. Vielleicht hatte auch die sogenannte Zwischenzone, wo der feine Gold- und Kupferguß mit Hilfe des *cire-perdu*-Verfahrens (Wachsschmelztechnik) alte Wurzeln hat, seinen Anteil an der Übermittlung. Die Anwendung der neuen metallverarbeitenden Verfahren beschränkte sich in Mesoamerika jedoch meist auf Schmuckgegenstände, und Bronze, die im Andenraum zu dieser Zeit bekannt war, tauchte hier nie auf.

Die Tolteken-Chichimeken

Als die Spanier nach Mesoamerika kamen, hörten sie von den »Tolteca«, einem alten Volk, das in Tollán (später verderbt zu Tula), d. h. »Ort der Schilfrohre«, eine märchenhafte Kultur hervorgebracht habe. Die Tolteca oder Tolteken waren hervorragende Kunsthandwerker und Architekten und schufen in Tula eine Art Traumstadt mit Palästen aus Edelsteinen. Selbst der Aztekenkaiser Moctezuma erhob noch Anspruch, von toltekischen Vorfahren abzustammen. Die Überlieferung spricht von zehn toltekischen Königen, deren Regierungszeiten von 856-1174 gereicht haben sollen. Der bedeutsamste unter diesen war der legendäre Ce acatl topiltzin (»Unser Herr eins Rohr«), der den Namen Quetzalcoatl (»Gefiederte Schlange«) angenommen hatte und angeblich von 947-999 lebte. Allerdings sind die sogenannten Chroniken, die von den Tolteken berichten, nur mit großer Vorsicht zu interpretieren, wenn sie auch ein Körnchen historischer Wahrheit enthalten dürften. Was also läßt sich nach heutigem Wissensstand über die Tolteken-Chichimeken aussagen?

Der bevorzugte Aufenthaltsort der Chichimeken, ein Volk nomadischer Jäger und Sammler, die noch einer archaischen Lebensform anhingen, war das große Wüstenplateau zwischen den beiden Gebirgszügen der Sierra Madre jenseits der Nordgrenze von Mesoamerika. Wahrscheinlich führten sie in der frühen nachklassischen Periode Pfeil und Bogen in Mesoamerika ein, denn die einzigen Bogenschützen in den aztekischen Heeren waren Otomí-Söldner, die in enger Beziehung zu den Chichimeken standen.

Diese Wildbeuter waren möglicherweise schon früher verschiedene Male in mesoamerikanisches Gebiet eingedrungen, aber gegen Ende der klassischen Zeit hatte sich eine Gruppe unter ihrem Häuptling Mixcoatl »Wolkenschlange« im nachmaligen Tula niedergelassen und sich mit einem anderen Stamm, den Tolteken, vereinigt. Dieses Mischvolk schuf eine neue Kultur, die partiell sicher von den mayanisierten mittelmexikanischen Zentren wie Xochicalco beeinflußt war. Beispielsweise kopiert der Ballspielplatz in Tula exakt in allen Abmessungen und Einzelheiten das I-förmige Spielfeld von Xochicalco. Tula wurde schließlich während der frühen nachklassischen Tollán-Phase (900-1200 n. Chr.) zur Hauptstadt eines ausgedehnten König- oder gar Kaiserreichs. Darüber hinaus galt es auch den späten nachklassischen Staaten Mesoamerikas als Vorbild, denn nicht nur die aztekischen, sondern auch die sehr späten Maya-Dynastien erhoben Anspruch auf die Abstammung von den Tula-Herrschern.

Toltekischer Einfluß findet sich über weite Bereiche Mesoamerikas, auch an der Golfküste von Mexiko. Die toltekische Präsenz dort und in der Hauptstadt Tula selbst wird durch eine feine glasierte Töpferware, die sogenannte Plumbate-Ware, ausgewiesen, die an der Pazifikküste von Chiapas und Guatemala nach genauen toltekischen Anweisungen hergestellt und gehandelt wurde. Es sieht ganz so aus, als habe Tula ein weitverzweigtes Handelsnetz aufgezogen, denn sehr schöne polychrome Keramiken aus Costa Rica sind in der Hauptstadt entdeckt worden. Orte wie La Quemada und Chalchihuites waren vermutlich Gründungen der Tolteken im mesoamerikanischen Nordwesten, um Luxusgüter wie Türkis aus südwestlichen Handelsstationen, beispielsweise aus Casas Grandes, einzuführen.

Die Tolteken in Yucatán

Die Legenden über den Sturz von Quetzalcoatl durch die Machenschaften des bösen Tezcatlipoca (»Rauchender Spiegel«) berichten auch von seiner Flucht aus Tula und seiner Reise mit Gefolge zur Golfküste hinunter. Nach einer Version vollbringt die »Gefiederte Schlange« eine Art Selbstopfer, während nach einer anderen Variante der Gott auf einem Floß von Seeschlangen über den Golf von

Tula, die Metropole der Tolteken, liegt etwa 65 Kilometer nordwestlich des heutigen Mexico City. Die archäologischen Funde wirken weit weniger großartig als die von Teotihuacán, dokumentieren aber gleichwohl die Macht des ausgedehnten Toltekenreiches. Die sogenannten »Atlanten«, 4,6 Meter hohe Kolossalstatuen auf der Pyramide B (*unten*), sind die größten Skulpturen an diesem Ort; in ihnen kommt das militaristische Element beispielhaft zum Ausdruck, das in der gegenständlichen nachklassischen Kunst des zentralen Hochlands dominierte.

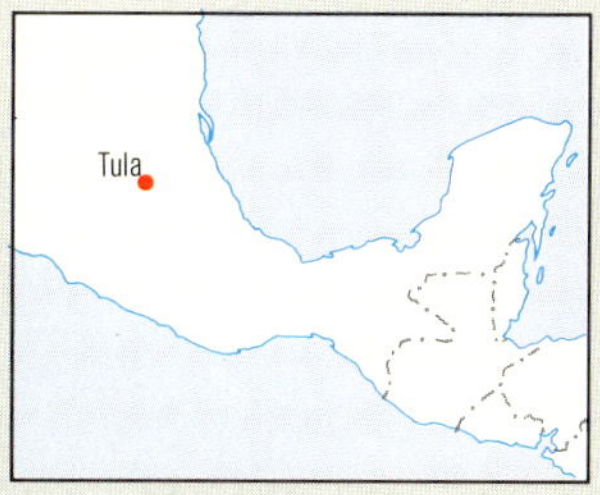

Tula (Tollán)

Unten: Coatepantli, die Schlangenwand. Die freistehende, 2,6 Meter hohe Wand, die sich an die Pyramide B anschließt, ist mit Reliefmotiven verziert: Stufenmäander, menschliche Skelette, die von Klapperschlagen verschlungen werden, sowie Querschnitte von Muscheln, dem Symbol des Windes.

In dieser Ausgrabungsstätte kamen Überreste einer großen Stadt zum Vorschein. Ihr Zentrum wird von mehreren gedrungenen, aber ziemlich großen Tempelpyramiden beherrscht, wie der Pyramide B, die wahrscheinlich Quetzalcoatl, der Gefiederten Schlange, geweiht war. Der Sockel der Pyramide B ist mit Reliefs von schleichenden Jaguaren und Kojoten verkleidet, doch auch herzenfressende Adler erscheinen als Reliefschmuck. Hier zeigt sich offenbar der Einfluß der mächtigen Kriegerorden. Der Legende nach wurde das frühe Tula von einem halbmythischen König regiert (ursprünglicher Name Ce Acatl Topiltzin, »Unser Herr Eins Rohr«), der den Namen des Gottes Quetzalcoatl angenommen hatte. Er wurde von dem schreckenverbreitenden Gott Tezcatlipoca verhext, zugrunde gerichtet und aus der Stadt vertrieben.

Unten: Das Antlitz eines der vier »Atlanten« mit den charakteristischen, vermutlich idealisierten toltekischen Zügen (vgl. den Chac Mool *ganz unten rechts*). Die Kolossalstatuen, die jeweils aus vier Teilen bestehen, wurden aus Basalt geschnitten und durch Zapfen zu Säulen zusammengefügt, die als Dachstütze dienten.

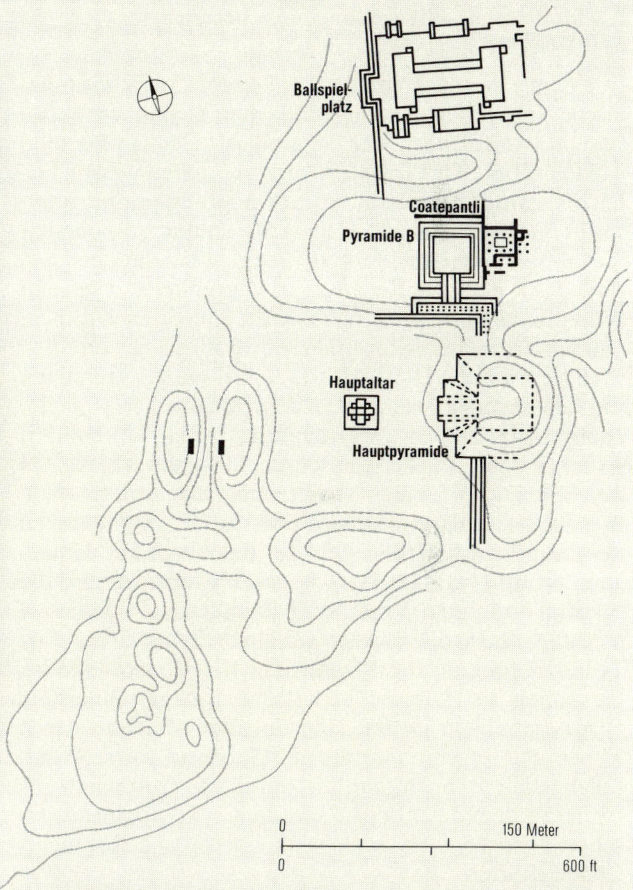

Links: Die Pyramide B, hier von Südosten aus gesehen, besaß vorne eine Säulenhalle. Die Basis der Pyramide ist mit herzenverschlingenden Jaguar- und Adlerfiguren in Seitenansicht geschmückt sowie mit der *en face*-Darstellung eines menschlichen Kopfes in den Klauen eines gefiederten Wesens. Dieses Wesen wird mit der Venus (dem Morgenstern) in Verbindung gebracht und trägt im Nahuatl den Namen Tlahuizcalpantecuhtli.

Oben rechts: Der Plan von Tula. Der I-förmige Ballspielplatz hinter der Pyramide B entspricht in Abmessung und Ausrichtung exakt dem von Xochicalco. An die Pyramide grenzt der Palacio Quemado (»Verbrannter Palast«).

Rechts: Ein Chac Mool, vermutlich ein Opferstein. Außer diesem Exemplar entdeckte man sechs ähnliche Skulpturen, die jedoch alle schwer beschädigt sind.

Mexiko nach Osten fährt, aber dazu bestimmt ist, eines Tages wiederzukehren, um sein Land zurückzufordern.

Archäologie wie historische Ethnologie bestätigen anscheinend die letztere Fassung. In einem Katun (einem *Short-Count*-Kalender-Zyklus), der 987 n. Chr. endete, erschien ein Mann, der sich Kukulcán (»Gefiederte Schlange«, das ist also Quetzalcoatl) nannte, mit seinem Gefolge in Yucatán und besiegte die Maya. Die Kultur, die übernommen und auf die politische Linie der Tolteken ausgerichtet wurde, war die Puuc-Phase. Die meisten Puuc-Stätten wurden jedoch zu dieser Zeit aufgegeben – mit einer bedeutenden Ausnahme: Chichén Itzá.

Da es kaum noch andere Fundstätten der frühklassischen toltekischen Maya-Periode in Yucatán gibt, liegt die Vermutung nahe, daß die neuen Herrscher das Land entvölkerten und die nördlichen Maya in Chichén Itzá konzentrierten, um sie besser unter Kontrolle zu haben. Der einzige andere archäologisch bedeutsame Ort aus dieser Periode ist Balankanché, eine Höhle nicht weit von Chichén Itzá, mit einer unterirdischen Ritualkammer, die der Verehrung des toltekischen Regengottes Tlaloc diente.

Nachtoltekische Entwicklungen im nördlichen Maya-Gebiet

In einem Katun 6 Ahau, der 1224 endete, hörte die toltekische Vorherrschaft in den nördlichen Tiefländern auf zu bestehen (tatsächlich war die großartige Tollán-Phase in Tula vorüber). Die Tolteken verkörperten in weiten Teilen Mesoamerikas nur noch die Erinnerung an eine ruhmreiche Vergangenheit. Bald danach ließen sich die obenerwähnten Itzá in Chichén Itzá nieder, wo sie am heiligen *cenote* den Kult des Regengottes begründeten, vielleicht auch nur aufwerteten. Um den Gott günstig zu stimmen, wurden Menschenopfer in diesen Brunnen geworfen.

In der zweiten Hälfte des 13. Jahrhunderts gründeten die Itzá Mayapán, etwa 100 Kilometer westlich von Chichén Itzá. Es blieb ihre Metropole, bis sie, ein Jahrhundert später, erobert und zerstört wurde. Mayapán schloß etwa 2000 Gebäude in seinen Mauern ein. Das Carnegie Institute in Washington, das hier über Jahre Ausgrabungen durchführte, schätzt die Zahl der Bewohner zur damaligen Zeit auf 11–12 000. Wir wissen aus Chroniken, daß die meisten von ihnen prominente Familien des nördlichen Yucatán waren, die man als Geiseln hielt, um eine stetige Tributzahlung an die Machthaber der Cocom-Familie, die damals die Halbinsel beherrschten, zu gewährleisten.

Ausgrabungen in den Häusern der wohlhabenderen Einwohner brachten zahlreiche Schreine sowie Weihrauchgefäße in Form der dort verehrten Gottheiten ans Licht, zu denen zahlreiche Gottheiten zentralmexikanischen Ursprungs als auch der einheimische Regengott Chac gehörten.

Zur Zeit der spanischen Eroberung von Yucatán lag Mayapán gleichermaßen in Trümmern wie natürlich auch Chichén Itzá. Die Halbinsel war damals in 16 unabhängige Kleinstaaten unterteilt. In ihrer Politik und Gesellschaftsstruktur unterschieden sie sich vermutlich nur wenig von den unabhängigen Stadtstaaten der weit früheren klassischen Maya. Dadurch, daß diese späten Maya an keine Oberhoheit gebunden waren, machte ihre Unterwerfung den Spaniern weit mehr Schwierigkeiten als das zentralisierte Aztekenreich.

Die späte nachklassische Periode im Maya-Hochland

Die Periode nach dem Niedergang Teotihuacáns nach 500 n. Chr. ist im Hochland von Guatemala und Chiapas archäologisch nur dürftig erschlossen. Als der schreckenverbreitende Pedro de Alvarado diese Region in Begleitung einheimischer Söldner aus Tlaxcallan in Zentral-

Chichén Itzá

Links: Blick vom Tempel der Jaguare auf El Castillo, die Hauptpyramide, mit einem Jaguarthron im Vordergrund. Die 24 Meter hohe Pyramide, bei der als Dekormotiv die Gefiederte Schlange dominiert, zeigt eine Verschmelzung von Stilformen der Maya und der Tolteken.

Unten: Das Flachrelief eines Schädelgerüsts (*tzompantli*) an den Seiten einer Plattform im späteren Bauabschnitt von Chichén Itzá wiederholt ein toltekisches Motiv.

Chichén Itzá lag strategisch günstig im Zentrum der Yucatán-Halbinsel. Nach der geläufigen Interpretation der Vorgeschichte Yucatáns erhoben toltekische Invasoren Chichén Itzá zu ihrer neuen Hauptstadt. Sie beschäftigten Puuc-Maya-Architekten, um ein Zentrum zu erbauen, das Tula an Pracht übertraf. Der Tempel der Krieger in Chichén Itzá beruht zwar auf dem Vorbild der Pyramide B in der alten Metropole, ist aber viel größer und ambitiöser als dieser, und auch der Ballspielplatz übertrifft in den Abmessungen sein Pendant in Tula bei weitem. In Chichén Itzá finden sich ferner die Chac Mools wieder (eine rein willkürliche Kombination der Maya-Namen Chac und Mool, Regengott und Jaguar), Gestalten, die mit aufgestützten Ellenbogen und angewinkelten Knien auf dem Rücken liegen. Chichén Itzás spektakulärster Bau jedoch, die El Castillo genannte vierseitige Tempelpyramide, die an der Basis eine Breite von 60 Metern besitzt und deren Fassaden jeweils mit 52 Steinplatten verkleidet sind, hat keine Entsprechung in Tula. Ihre einzigen Vorgänger scheinen die vierseitigen Pyramiden zu sein, die während der spätklassischen Periode in Tikal errichtet wurden.

Die Chronologie der Tolteken-Maya-Kultur in Chichén Itzá ist noch immer weitgehend umstritten. Zum Teil liegt das an dem vieldeutigen Datierungssystem, das im nachklassischen Yucatán in Gebrauch war. So vertritt beispielsweise eine Forschungsrichtung die Ansicht, die »toltekisch« anmutenden Gebäude der Stadt seien früher anzusetzen als ihre angeblichen Prototypen in Tula. Sicher muß noch viel archäologische Arbeit in Chichén Itzá geleistet werden, bis diese Kontroversen beigelegt werden können.

Oben: Diese kleine Jadetafel, eine Schnitzerei im Maya-Stil, ist eines von Tausenden von Objekten, die in dem Opferbrunnen, dem heiligen *cenote* gefunden wurden.

Links: Der Tempel der Krieger und der Hof der Tausend Krieger (auch Hof der Tausend Säulen genannt) ähneln stilistisch der Pyramide B und der Patio Quemado in Tula, sind aber in Entwurf und Ausmaß noch beeindruckender. Die Säulen sind rundum mit Reliefdarstellungen von Kriegern geschmückt, wobei jede Figur individuelle Rangabzeichen trägt.

Rechts: Ein menschliches Antlitz erscheint im Rachen einer Tierskulptur. Es handelt sich um ein symbolisches Motiv, das in sehr frühe Zeit, mindestens bis in die Teotihuacán-Kultur, zurückreicht. Bei den Adler-Jaguar-Kriegerorden der toltekischen Epoche gewann es zunehmend an Bedeutung und wird sogar in der historisch belegten Ära der Azteken verwendet.

Unten: Chichén Itzá nimmt eine Fläche von etwa 3 mal 2 Kilometer ein. Die Bauten im Puuc-Stil im südlichen Teil der Stadt sind Jahrhunderte früher zu datieren als das »neue« Chichén im Norden.

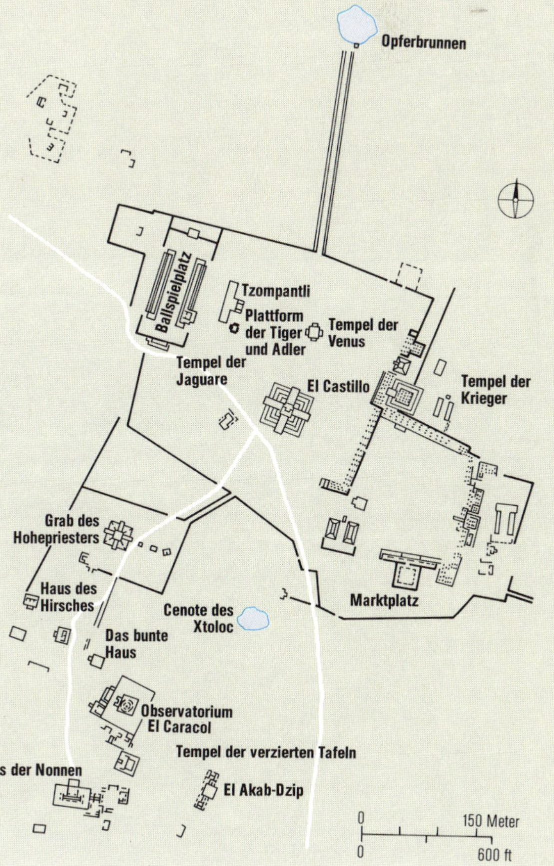

Ein Blick in die Unterwelt der Maya

Bei den klassischen Maya begleiteten mit aufgemalten oder eingeritzten bildlichen Darstellungen verzierte Keramiken die Toten auf ihrem Weg in die Unterwelt oder Xibalbá (»Ort der Furcht«). Ein detaillierter Bericht über das Xibalbá wurde in dem nach der Conquista aufgezeichneten *Popol Vuh*, dem heiligen Buch der Quiché-Maya, überliefert. Darin werden zwei junge Männer namens 1 Hunahpú und 7 Hunahpú durch die Herrn der Unterwelt (die alle nach tödlichen Krankheiten benannt sind) zu einem Ballspiel herausgefordert, einer Reihe von Prüfungen unterworfen und schließlich besiegt und enthauptet. Der Kopf von 1 Hunahpú, der in einem Kalebassenbaum liegt, schwängert auf magische Weise die Blutdame, die Tochter eines der Herren der Unterwelt. Nach der Verbannung auf die Erde gebiert sie die Heldenzwillinge Hunahpú und Xbalanqué, beide berühmt als Kämpfer mit dem Blasrohr und als Ballspieler. Schließlich werden auch sie von den chthonischen Gottheiten zu einem Ballspiel herausgefordert, aber sie tragen listenreich den Sieg davon, steigen auf und werden zu Sonne und Mond. Auf diese und andere Episoden im *Popol Vuh* beziehen sich die Töpferwaren der klassischen Maya ausdrücklich; daneben gibt es viele bildliche Szenen, die in der überlieferten Mythologie keine Entsprechung haben.

Unten: Photographische Abrollung eines polychromen Zylinders aus der Petén-Region (siebtes Jahrhundert). Gezeigt werden zwei Ballspieler, die jeweils einen Ball halten, und im Hintergrund sieht man ein stufenförmiges Bauwerk. Bei den beiden Gestalten könnte es sich um 1 Hunahpú und 7 Hunahpú oder aber um die Heldenzwillinge handeln. Die Phantasievögel zur Rechten der Ballspieler erinnern an die magischen Eulen, die von den Herrschern von Xibalbá geschickt wurden, um die Erdenbewohner zu einem Spiel in der Unterwelt zu bewegen. Der glyphische Text oben ist noch nicht entziffert, doch er nennt wahrscheinlich die Namen und Titel der Verstorbenen, für die die Vase bemalt wurde.

Im *Popol Vuh* fordern die Heldenzwillinge ihre Halbbrüder auf, einen Baum zu erklettern und geschossene Vögel herunterzuholen. Die Halbbrüder sitzen dort in der Falle und werden von den Zwillingen in Affen verwandelt. Der Vasendekor (*links*) stellt die Affenmenschen als Schutzpatrone der Schrift dar. Sie deuten auf Codices, die in Jaguarleder eingebunden sind. Die Szene von einer Codex-Stil-Vase (*rechts*), die keine unmittelbare Entsprechung im *Popol Vuh* hat, zeigt eine Gestalt, die einen röhrenförmigen Gegenstand hält, in dem sich eine riesige Schlange windet. Aus dem Rachen der Schlange kommt eine Gottheit mit einer Muscheltrompete hervor.

Unten: Auf dieser Abrollung einer zylindrischen Vase aus dem nördlichen Petén, Guatemala (achtes Jahrhundert), erscheint eine offensichtlich schwangere Frau vor den Herren der Unterwelt, wahrscheinlich die Blutdame mit den noch ungeborenen Heldenzwillingen. Vor ihr steht eine finstere Gottheit (ihr erzürnter Vater?) mit einer nahezu phallischen Nase. Dieses sonderbare Riechorgan und der Fächer in der Hand lassen die Vermutung zu, daß es sich um den Gott der Kaufleute, Ek Chuuah, handelt, der mit Sicherheit Verbindungen zur Unterwelt besaß. Die beiden anderen männlichen Figuren dürften seine Untergebenen sein, und die beiden Hieroglyphenreihen teilen wohl die Namen der Dargestellten mit.

Unten: Eine Abrollung von einer Codex-Stil-Vase: Gott G I (der Herr der Opfer und des Regens) und der skelettartige Totengott geben tanzend ihrem Triumph über den kindlichen Jaguargott der Unterwelt Ausdruck. Rechts erkennt man eine Feuerfliege und einen monströsen Hund, Geleiter der Seelen in die Unterwelt. Die polychrome Vase (*ganz unten*) zeigt den jungen Maisgott.

Rechts: Die nachklassische Maya-Kultur
Die Chontal sprechenden Putún kontrollierten ein Handelsnetz, das sich bis ins Zentrum des Petén hinein erstreckte und das auch die Wasserwege um die Yucatán-Halbinsel herum bis zu wichtigen Umschlagplätzen wie Nito am Río Dulce und Naco in Honduras einschloß. Die Handelskanus, die Columbus 1502 vor der Küste Yucatáns gesehen hatte, gehörten wahrscheinlich den Putún-Maya. Ihr großes kommerzielles Zentrum war Xicallanco, wo Fernhandel treibende aztekische Kaufleute mit Händlern aus der Maya-Region Geschäfte machten. Man nimmt allgemein an, daß die Itzá aus Chichén Itzá, und später aus Tayasal, ursprünglich mexikanisierte Putún gewesen waren.
Der Zusammenbruch von Mayapan in der Mitte des 15. Jahrhunderts hatte im nördlichen Raum eine politische Zersplitterung zur Folge. Es bildeten sich 16 unabhängige Kleinstaaten heraus, die alle untereinander konkurrierten. Gleichwohl bestand auf zeremonieller Ebene ein bestimmtes Maß an Zentralisierung, da die regierende Familie jedes Kleinstaates im Tempel der Gefiederten Schlange in Maní einen königlichen Kult unterhielt.

Bedeutende nachklassische Stätten
Mayapan Metropole Yucatáns seit 1283 bis zur Mitte des 15. Jahrhunderts. Die von den Itzá gegründete Stadt war dichtbesiedelt und mit einer Verteidigungsmauer umgeben.
Chichén Itzá Altes Zentrum im Puuc-Stil, von den Tolteken aus Zentralmexiko im späten zehnten Jahrhundert übernommen; wurde die Hauptstadt der Tolteken-Maya bis zu ihrem Untergang nach 1200, als die Itzá in die verlassenen Gebäude einzogen. Der heilige Brunnen (*cenote*) blieb bis zur spanischen Eroberung Anziehungspunkt für Pilgerreisen zum Regengott der Maya (Chac).
Balankanché Unterirdische Höhle mit zahlreichen Weihrauchgefäßen in der Form des Tlaloc, des toltekischen Regengottes.
Tulum Kleine Küstenstadt, die seit der späten nachklassischen Periode bis zur Eroberung durch die Spanier besiedelt war.
Isla de Cozumel Von den Putún-Maya besetzte Insel, die sie als Warendepot benutzten. Während der späten nachklassischen Periode war der hier errichtete Schrein von Ix Chel, der Maya-Mondgöttin und Schutzpatronin des Webens, der Medizin und der Geburt, Anziehungspunkt für Pilger von der ganzen Yucatán-Halbinsel.
Tayasal Inselhauptstadt der Itzá-Maya, nachdem sie Yucatán verlassen hatten. Fiel erst im Jahr 1697 an die Spanier.
Nito Handelszentrum der späten nachklassischen Periode am Río Dulce.
Naco Große Handelsniederlassung in der späten nachklassischen Periode, die Verbindungen zum Seehandel der Putún-Maya hatte.
Zacaleu Klassisches und nachklassisches Zentrum, Kapitale der Mam-Maya zur Zeit der Eroberung des Maya-Hochlands durch Alvarado (1525).
Utatlán Hauptstadt des mächtigen Königreichs der Quiché-Maya. Durch die Streitkräfte von Alvarado gebrandschatzt.
Iximché Wichtigster Ort der Cakchiquel-Maya während der späten nachklassischen Periode.
Mixco Viejo Metropole der Okomam-Maya. Von tiefen Schluchten umgeben, war sie nahezu uneinnehmbar, fiel aber durch Verrat an die Armee Alvarados.

mexiko eroberte, wurde das guatemaltekische Hochland vor allem von den Cakchiquel und Quiché-Maya beherrscht. Sie verwalteten größere Staaten mit ansehnlichen Hauptstädten. Den Tzutuhil (am Südufer des Atitlán-Sees) und den Pokomam unterstanden kleinere Gebiete. Im Westen saßen die Mam mit ihrer Hauptstadt Zacaleu. Sie waren Grenznachbarn der Tzeltal und Tzotzil-Maya von Chiapas. Die regierenden Dynastien, die diese Hochlandgruppen der Maya anführten, erhoben gewöhnlich den Anspruch, auf wandernde Stämme zurückzugehen, die in Tula, dem toltekischen Zentrum, ihren Ursprung hatten. Ihre Aanalen (wie das *Popol Vuh* der Quiché-Maya) beweisen aber, daß ihre Kultur noch stark von den einheimischen Maya geprägt war.

Das auffälligste Vermächtnis dieser Hochlandvölker ist ihre Literatur. Sie wurde in der frühen Kolonialzeit niedergeschrieben, geht aber sicher auf hieroglyphische Vorlagen zurück. Besonders das große Epos *Popol Vuh* (»Das Buch des Rates«) und die Annalen der Cakchiquel vermitteln einen Zugang zu indianischem Denken vor der Conquista, das für die Neue Welt einzigartig ist.

OAXACA IN DER NACHKLASSISCHEN PERIODE

Nach dem Zusammenbruch der Tolteken als gesamtmesoamerikanischer Macht erschienen in der späten nachklassischen Periode im westlichen Teil von Oaxaca die Mixteken auf dem mesoamerikanischen Schauplatz der Geschichte. Ihre Ursprünge müssen jedoch viel weiter zurückgehen. Leider steckt die mixtekische Archäologie erst in den Anfängen. Die umfangreichen Informationen über dieses Volk stammen von ihnen selbst: Es existieren acht vorspanische Codices oder Faltbücher, die auf mit Kreide grundiertem Wildleder geschrieben sind. Zumeist enthalten sie genealogische und andere historische Mitteilungen über die Dynastien, die das mixtekische Reich beherrscht und seine ausgreifenden Eroberungen geführt haben.

Aus der recht gebirgigen Region, in der sie beheimatet waren (Mixteca, ein Nahuatl-Wort, bedeutet »Bewohner des Wolkenlandes«) zogen die Mixteken ihre Vorteile. Sie erbauten ihre wichtigsten Städte auf leicht zu verteidigenden Bergkuppen; die Hieroglyphe für einen bestimmten Ortsnamen enthält üblicherweise das Zeichen für »Berg«. Vermutlich unter dem Einfluß alter und bedeutender Zentren im benachbarten Puebla, wie zum Beispiel Cholula, entwickelten die Mixteken nach 1200 n. Chr. einen eigenen Malstil und vielleicht sogar eine eigene Architektur: die sogenannte Mixteca-Puebla-Kultur.

Seit dem 14. Jahrhundert begannen die Mixteken sich für das alte zapotekische Herrschaftsgebiet, besonders das Tal von Oaxaca, zu interessieren. Nach vertrautem mesoamerikanischen Muster hatten mixtekische Herrscher zapotekische Kleinstaaten in ihre Gewalt gebracht, indem sie militärische Macht und königliche Heiratsallianzen umsichtig verknüpften. Offensichtlich waren die lokalen zapotekischen Potentaten nur zu geneigt, auf solche Vereinbarungen einzugehen, um an dem Tribut, der der neuen Macht erwuchs, zu partizipieren.

Die aztekische Eroberung von Oaxaca begann unter dem vierten Herrscher, Itzcoatl (1427–1440), wurde unter Ahuizotl (1486–1502) fortgesetzt und unter Motecuhzoma Xocoyotzin (Moctezuma, 1502–1520) abgeschlossen. Zuweilen vergaßen Mixteken und Zapoteken ihre Rivalitäten, um eine gemeinsame Verteidigung aufzubauen, aber es gab Zeiten, wo die letzteren selbständig

Links: Mixtekisches Terrakotta-Räuchergefäß in Form des Regengottes (identifiziert durch die Glotzaugen und die hauerartigen Zähne), wie sie in großer Zahl in der Mixteca Alta, dem gebirgigen Teil des Königreichs der Mixteken, ans Licht traten.
Diese heiligen Figuren mit Löchern in der Spitze wurden über Feuern aufgehängt, wobei der Rauch durch den Mund oder den Kopfschmuck abzog.

Links: Mixteken und Zapoteken im nachklassischen Oaxaca
Durch acht Codices, die aus der Zeit vor der spanischen Eroberung überliefert sind, wissen wir mehr über die Mixteken als über jedes andere Volk, das das Gebiet des heutigen Staates Oaxaca in Südmexiko bewohnte. Diese Codices dokumentieren den Aufstieg der mixtekischen Aristokratie unter toltekischer Herrschaft am Ende der nachklassischen Periode. Um 1350 war ein großer Teil der Gebirgsregion im westlichen Teil Oaxacas unter ihrer Gewalt, und sie richteten auch begehrliche Blicke auf das Land weiter im Osten, besonders auf das Tal von Oaxaca, seit Jahrhunderten die Heimat der Zapoteken. Deren Zentrum Monte Albán und andere wichtige Städte fielen jetzt in die Hände der Mixteken, da mixtekische Prinzen und Prinzessinen gezielt in die zapotekischen Höfe eingeheiratet wurden. Als die Spanier eindrangen, standen sämtliche zapotekischen Ansiedlungen unter mixtekischem Einfluß.

Mitla

Unten: Charakteristische Mosaiken aus Stufenmäandern in der Säulenhalle von Mitla. 150 exakt aneinandergefügte Steinplatten an den Außen- und Innenwänden des Baus sind mit herausgemeißelten Variationen von acht geometrischen Grundmustern verziert. Die Säulenhalle ist mit dem Säulenpalast durch eine breite Treppe verbunden.

Unten rechts: Der Plan Mitlas zeigt die Verteilung der fünf Palastkomplexe. In der Zeit von Monte Alban V (ab ca. 1200) bedeckte die Stadt ein Gebiet von 1–2 Quadratkilometern und besaß einen Einzugsbereich von 20 Quadratkilometern.

Die bei weitem wichtigste Ausgrabungsstätte im späten nachklassischen Oaxaca ist Mitla. Es liegt in der südöstlichen Abzweigung des Tales und umfaßt fünf prachtvolle Palastkomplexe, die Meisterwerke der Architektur darstellen. Jedes Ensemble besteht aus langgestreckten, um einen Innenhof angeordneten Gebäuden. Unübersehbar ist die Ähnlichkeit mit der Puuc-Architektur des spätklassischen Yucatán, mit der die Stätte in Beziehung gebracht werden kann. Ungelöst ist noch, ob die Bauten wirklich den Mixteca-Puebla-Stil vertreten. Die frühesten Funde aus Mitla stammen von ca. 500 v. Chr. Nach dem Untergang von Monte Albán wurde die Stadt dann das Zentrum der südlichen Zapoteken und die Residenz des Priesterkönigs (Hohenpriesters).

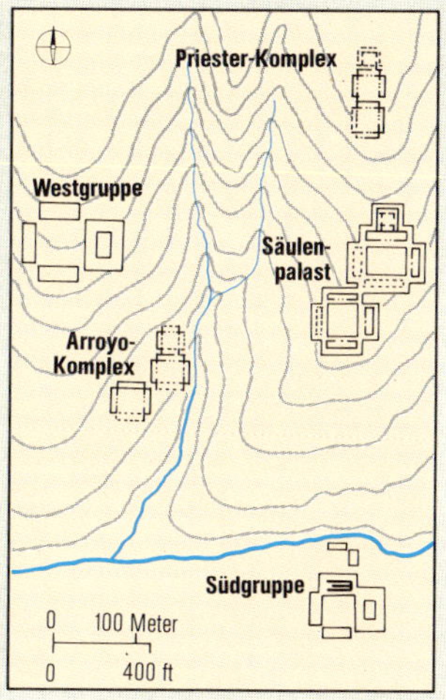

handeln mußten. Besonders auf der Bergfestung Guiengola leisteten die Zapoteken den aztekischen Heeren beherzten und erfolgreichen Widerstand, so daß wenigstens einige zapotekische Fürstentümer ihre Unabhängigkeit bewahren konnten.

DAS KÖNIGREICH DER TARASKEN

Die Vorgeschichte von Michoacan im westlichen Mexiko, der Heimat der Tarasken oder Purépecha, ist wenig bekannt. Es läßt sich daher schwer sagen, inwieweit wir uns auf die taraskische Geschichtstradition verlassen können, wie sie in der *Relación de Michoacan* überliefert ist. Dort wird behauptet, daß zumindest einige ihrer Vorfahren Chichimeken waren, die aus dem Norden in das fruchtbare Becken um den schönen fischreichen Pátzcuaro-See eingewandert sind. Andere Siedler von Michoacan sprachen die Nahuatl-Sprache. Die herrschenden Familien jedoch verwendeten eine eigene taraskische Sprache, die mit keiner anderen in der Neuen Welt verwandt ist.

Aus der *Relación de Michoacan* scheint hervorzugehen, daß das Königshaus der Tarasken unter Führung des Königs, des Kasonsi, in der späten nachklassischen Periode eine Hauptstadt nach der anderen gründete. Die letzte war Tzitzuntzan am Pátzcuaro-See. Diese eindrucksvolle, archäologisch nur teilweise erforschte Stätte wird von einer riesigen rechteckigen Plattform aus Mauerwerk beherrscht. Auf ihr erheben sich fünf große *yácatas*, abgestufte runde Pyramiden, die mit gestuften Plattformen verbunden sind. Alle sind mit sehr fein gearbeiteten und exakt verbundenen Steinplatten verkleidet, die an die Steinmetzarbeiten der Inka in Peru erinnern. Die *yácatas*, die sich auch in anderen Orten der Tarasken, wie der früheren Metropole Ihuatzio, finden, waren anscheinend Grabstätten, welche die Überreste der früheren Kasonsis und ihrer Gefolgsleute enthielten.

Die *Relación de Michoacan* enthält außergewöhnlich detaillierte Informationen über die Struktur des taraskischen Königshofes und seinen Machtmechanismus. Es gab eine unglaubliche Vielfalt von Dienern und Handwerkern, von denen einige beim Tod eines Kasonsi geopfert wurden. Getrennt vom Palast lebte eine große Gruppe nicht dem Zölibat verpflichteter Priester, an deren Spitze ein Oberpriester stand, der für den Kult der taraskischen Götter, zu denen Sonne und Mond gehörten, verantwortlich war.

Während die aztekischen Staaten in der ganzen späten nachklassischen Zeit bis hin zur spanischen Eroberung die rivalisierenden mesoamerikanischen Staaten unter ihre Herrschaft brachten, verteidigten die Tarasken erfolgreich ihre Grenzen gegen den aztekischen Angriff. Der aztekische Kaiser behandelte den Kasonsi deshalb wie einen Gleichgestellten.

DAS AZTEKENREICH

Von allen vorkolumbischen Kulturen der Neuen Welt kennen wir die aztekische am besten. Nicht so sehr durch die eher bescheidenen archäologischen Forschungen, sondern durch die unglaubliche Zahl von Dokumenten, die nach der Eroberung auf Nahuatl und Spanisch geschrieben wurden. So existiert beispielsweise eine große, zwölfbändige Enzyklopädie, die der Mönch Bernardino de Sahagún nach den Zeugnissen Nahuatl sprechender Informanten kompiliert hat. Sie berichtet über nahezu jeden Aspekt des aztekischen Lebens, sei er materieller oder geistiger Art. Über kein anderes Volk der Neuen Welt besitzen wir eine solche Fülle an Informationen.

Die Ursprünge der Azteken

Die Azteken besaßen zwei verschiedene Legenden über ihre Herkunft, und beide betonen, daß sie ihre Heimat nicht im Hochtal von Mexiko hatten. Sie sprachen gern von ihren unzivilisierten Vorfahren und erhoben Anspruch auf die Verwandtschaft mit den Chichimeken, aber es spricht manches dafür, daß sie in einer frühen Phase ein bodenbauendes Volk waren, das in irgendeiner Form Züge der alten toltekischen Kultur, besonders religiöse Überzeugungen und Praktiken, übernommen hatte.

Im frühen 13. Jahrhundert kamen sie in das Hochtal von Mexiko; es war damals dicht besiedelt und besaß alte Traditionen. Die führenden Mächte waren die Tepaneken von Atzcapotzalco an den nordwestlichen Ufern des großen Sees, der Staat Texcoco östlich des Sees und die einflußreiche und kulturell bedeutsame Stadt Colhuacan im Süden, deren Herrscher behaupteten, von den Tolteken-Chichimeken abzustammen. Eine Stammesprophezeiung hatte den Azteken geweissagt, daß ihre große Hauptstadt und der künftige Weltmittelpunkt auf einer sumpfigen Insel entstehen würde, wo ein Adler mit einer Schlange im Schnabel auf einer stachligen Kaktusfrucht

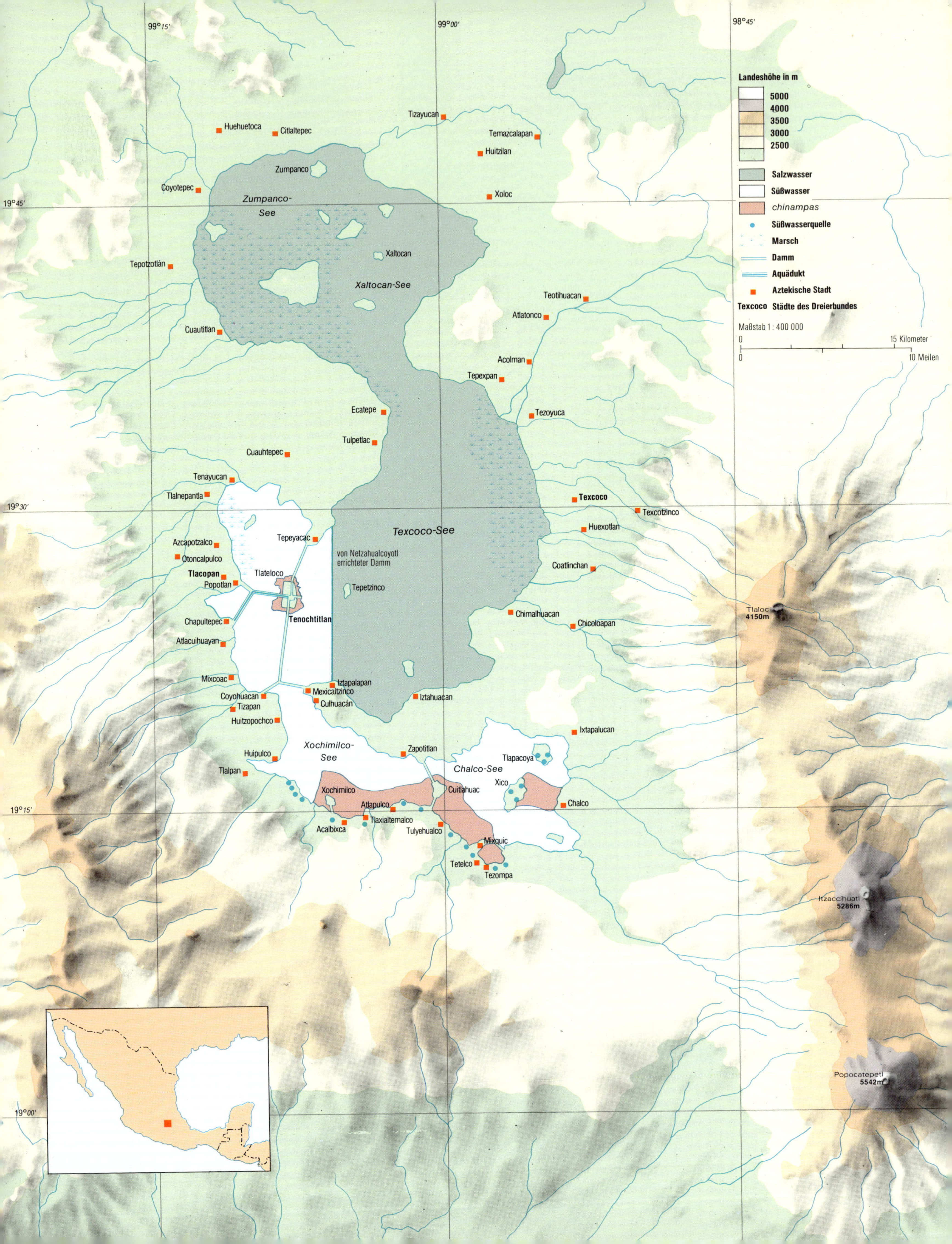
99°15'
99°00'
98°45'
19°45'
19°30'
19°15'
19°00'
Landeshöhe in m
5000
4000
3500
3000
2500
Salzwasser
Süßwasser
chinampas
Süßwasserquelle
Marsch
Damm
Aquädukt
Aztekische Stadt
Texcoco Städte des Dreierbundes
Maßstab 1 : 400 000
0
15 Kilometer
0
10 Meilen
Huehuetoca
Citlaltepec
Tizayucan
Temazcalapan
Huitzilan
Zumpanco
Coyotepec
Zumpanco-See
Xoloc
Xaltocan
Tepotzotlán
Xaltocan-See
Teotihuacan
Atlatonco
Cuautitlan
Acolman
Tepexpan
Ecatepe
Tezoyuca
Tulpetlac
Cuauhtepec
Tenayucan
Tlalnepantla
Texcoco
Texcotzinco
Huexotlan
Texcoco-See
Tepeyacac
Azcapotzalco
Otoncalpulco
von Netzahualcoyotl errichteter Damm
Coatlinchan
Tlacopan
Tlateloco
Popotlan
Tepetzinco
Tlaloc
4150m
Chimalhuacan
Chapultepec
Tenochtitlan
Chicoloapan
Atlacuihuayan
Mixcoac
Iztapalapan
Mexicaltzinco
Coyohuacan
Iztahuacan
Culhuacán
Tizapan
Huitzopochco
Ixtapalucan
Xochimilco-See
Zapotitlan
Huipulco
Tlapacoya
Chalco-See
Tlalpan
Xico
Xochimilco
Cuitlahuac
Chalco
Atlapulco
Acalbixca
Tlaxialtemalco
Tulyehualco
Mixquic
Tetelco
Tezompa
Itzaccihuatl
5286m
Popocatepetl
5542m

Rechts: Ein aztekisches Messer, das wohl ursprünglich kultischen Zwekken diente. Die Schneide besteht aus Chalzedon, und der hölzerne Griff ist mit Türkis- und Muschelintarsien verziert. Das Messer zählt angeblich zu den Geschenken, die Cortés von Motecuhzoma Xocoyotzin erhielt und dann an Karl V. sandte.

säße. Nach vielen Wechselfällen, in deren Verlauf die Azteken als Vasallen oder Söldner der einen oder anderen Macht im Tal auftraten, erfüllte sich die Prophezeiung 1325, als sie sich in Tenochtitlan (»Ort der Kaktusfrucht«) niederließen.

Die militärische Erfahrung als Söldner hatte die Azteken das Mittel der Gewaltanwendung gelehrt, von dem sie bald Gebrauch machten, um die Oberhoheit ihrer früheren Herrn, der Tepaneken, abzuschütteln. Nach dem Bündnis mit zwei anderen Stadtstaaten - Texcoco und Tlacopan - gewannen sie rasch die Herrschaft über das gesamte Tal. Die Grundlage zur aztekischen Eroberung Mexikos war somit geschaffen.

Links: Das Tal von Mexiko unter aztekischer Herrschaft
Vor der spanischen Eroberung gab es im Tal von Mexiko einen großen, abflußlosen See, den sogenannten Mondsee, der infolge der Verdunstung sehr salzhaltig war. Die meisten Städte und Ortschaften der Azteken lagen nahe seinen Ufern, und Tausende von Menschen waren täglich mit Booten unterwegs, um Handel zu treiben. Im Westteil, wo man auf einer sumpfigen Insel die Hauptstadt Tenochtitlan errichtet hatte, sowie im Süden (im Bereich der heutigen Seen Xochimilco und Chalco) wurde der Mondsee von reichen Quellen gespeist und wies Süßwasser auf. Hier entwickelte sich die Technik der erhöhten Feldparzellen (*chinampas*). Um die *chinampa*- Zonen, die den »Brotkorb« des Aztekenstaates bildeten, während der Regenzeit vor dem einströmenden Salzwasser zu schützen, erbaute der Dichterkönig von Texcoco, Netzahualcoyotl, in der Mitte des 15. Jahrhunderts einen großen Damm.
Der Aztekenstaat war theoretisch eine Allianz zwischen den Herrschern von Tenochtitlan, Texcoco und Tlacopan (dem heutigen Tacuba), doch die Macht lag in Händen von Tenochtitlan. Texcoco besaß indessen großes Ansehen wegen seiner uralten Traditionen und der Gelehrsamkeit und Kultiviertheit seiner Herrscher. Die Lustgärten und die in die Felsen eingeschnittenen Bäder der Könige Texcocos befanden sich auf einem Hügel in Texcotzinco und waren ein Wunder ihrer Zeit. Über die Stellung von Tlacopan ist nur wenig bekannt, vermutlich spielte es eine nur untergeordnete Rolle.

Die Expansion des Aztekenreichs

Um die Mitte des 14. Jahrhunderts hatten die Aztekenkönige ein großes Reich geschaffen. Itzcoatl hatte den Grundstock dafür gelegt, Motecuhzoma Ilhuicamina (1440–68) und Axayacatl (1469–81) setzten das Werk fort. Unter der Regierung des letztgenannten unterwarf Tenochtitlan seinen unmittelbaren Nachbarn im Norden, Tlatelolco.

Eine der aztekischen Institutionen, die nach unseren Vorstellungen am wenigsten zu begreifen ist, ist jene des »Blumenkrieges«, die zwischen Tenochtitlan auf der einen Seite und den rivalisierenden Städten Tlaxcallan und Huexotzinco auf der anderen Seite eingeführt wurde. Hierbei handelte es sich um kein Friedensbündnis, sondern um einen Vertrag permanenter Feindseligkeiten. Sein Zweck war es, einen kontinuierlichen Nachschub an Kriegsgefangenen für den Opferkult zu bekommen; »Blumen« bedeuteten in der poetischen Bilderwelt der Azteken menschliches Blut, und das Schlachtfeld stellte man sich als Blumenwiese vor. Manches deutet darauf hin, daß Tlaxcallan wegen dieses unausgesetzten Kreislaufs der Gewalt erheblich geschwächt und verbittert war. Seine Herrscher und sein Heer stellten sich bereitwillig auf die spanische Seite, als Cortés in Mexiko eindrang.

Die Staatsordnung der Azteken war auf Krieg ausgerichtet, und folglich unterhielt man gewaltige Heere unter der Führung von Offizieren, die ihren Aufstieg der Zahl ihrer Gefangenen verdankten. Die aztekischen Krieger waren prächtig geschmückt, besonders die Angehörigen der Kriegerorden der Jaguare und Adler. In den Schlachten wurden furchterregende Waffen eingesetzt, besonders das schreckliche *macahuitl*, ein flaches, hölzernes Schwert mit einer scharfen Klinge aus Obsidian, das selbst die Spanier in Schrecken versetzte. Eine weitere wichtige Waffe war das *atlatl*, und Otomí-Söldner standen als Bogenschützen im Dienst des aztekischen Staates.

Eroberte Feindstaaten wurden als tributzahlende Provinzen der Dreierallianz unter unmittelbarer Herrschaft der großen aztekischen Garnisonen organisiert. Eine umfangreiche Bürokratie mit unerbittlichen Steuereinnehmern sorgte für den reibungslosen Ablauf des Systems. So ist es kaum erstaunlich, daß viele der geknechteten Provinzen die Spanier als Retter begrüßten.

Stadt, Staat und Gesellschaft

Weltlicher und religiöser Mittelpunkt des Reiches war die Inselhauptstadt Tenochtitlan, oder genauer, ihr Zeremonialbezirk und der Große Tempel. Durchzogen von Kanälen mit parallel verlaufenden Straßen, wurde sie von den Conquistadoren als »zweites Venedig« beschrieben. Wie im Fall der einflußreichen adriatischen Seemacht ermöglichte der reibungslose Transport auf dem Wasserweg einen ausgedehnten Handel. Auf dem großen See soll es im frühen 16. Jahrhundert etwa 200000 Kanus gegeben haben.

Es ist äußerst schwierig, die Einwohnerzahl der Stadt für 1519, dem Jahr, da Cortés einmarschierte, anzugeben. Es dürften jedoch nicht weniger als 100000 Menschen gewesen sein, da im ganzen Reich wohl mehr als zehn Millionen gelebt haben. Während in früheren Zeiten die Azteken vermutlich auf Stammesebene organisiert waren, befanden sie sich um 1500 auf dem Stand einer Klassengesellschaft. Ganz unten auf der sozialen Stufenleiter standen die Sklaven, die gut behandelt wurden, sowie die Leibeigenen, die die privaten Ländereien des Adels bewirtschafteten. Die Masse der Bevölkerung zählte zum gemeinen Volk (*macehualtin*, d.h. »Arbeiter«). Sie lebten und arbeiteten auf Ländereien, die in Gemeinbesitz waren, für die sie aber ein Recht auf Nutznießung besaßen. Diese Freien und ihre Familien gehörten den örtlichen Verwandtschaftsgruppen, genannt *calpulli* (»Großes Haus«) an. Jede besaß ihr eigenes Land, ihre »Klan«-Führer und ihren Tempel. In Tenochtitlan gab es etwa 20 *calpulli*. Über ihnen stand der erbliche Adel (*pipiltin*); er stellte die obersten Beamten der aztekischen Reichsverwaltung. Aus seinen Reihen setzte sich ein Rat zusammen, der den Kaiser beriet und seinen Nachfolger aus der regierenden Dynastie wählte.

Die oberste Lenkung des Reiches war dem königlichen Haus vorbehalten. Diese Führung war komplexer, als die

Oben: Das Aztekenreich im Jahr 1519
Die Karte stützt sich auf Angaben, die R. H. Barlow aus der *Matricula de Tributos* entnommen hat. Dieses aztekische Buch zählt die eroberten Städte und Provinzen sowie den Tribut auf, den jede Provinz den Mitgliedern des Dreibundes schuldete, wobei Tenochtitlan den Löwenanteil der Abgaben erhielt.
Der jährliche Tribut an die Dreierallianz wurde von lokalen Machthabern, die der Aztekenstaat ernannt hatte, und Steuereinnehmern eingetrieben. Die Provinz Cuauhtitlan beispielsweise, die im Norden von Tenochtitlan lag, mußte 1200 Baumwollumhänge, 62 Uniformen mit Federschilden, 4000 Rohrmatten, 4000 Rohrsitze und je ein riesiges Gefäß mit Mais, Bohnen, Salbeisamen und Amaranthus (Fuchsschwanz) bereitstellen.

Spanier annahmen, denn sie verkehrten hauptsächlich mit dem Mann, der den Titel *tlatoani* (»Sprecher«) innehatte und den sie »Kaiser« nannten. Im Jahr 1519 war dies der vom Unglück verfolgte Motecuhzoma Xocoyotzin (Moctezuma). Eine genaue Prüfung der Dokumente zeigt, daß der *tlatoani* vor allem mit den auswärtigen Beziehungen der Stadt und des Reiches befaßt war, unabhängig davon, ob sie friedlicher oder kriegerischer Natur waren. Unbekannt blieb den Spaniern die Existenz eines zweiten Herrschers, auch er ein Mitglied der königlichen Dynastie, mit dem Titel *cihuacoatl* (»Weibliche Schlange«). Ihm oblag das Gerichtswesen über die inneren Angelegenheiten der aztekischen Hauptstadt. Als Cortés den *tlatoani* ausgeschaltet hatte, eskalierte daher der Widerstand der Stadt gegen die Invasoren nur noch, statt schwächer zu werden.

Eine ökonomische Institution, die den Gelehrten lange Zeit Rätsel aufgegeben hat, war die Gesellschaftsschicht der *pochteca*. Es handelte sich um eine erbliche Kaufmannsgilde, die mit Luxusgütern auf Märkten außerhalb des Landes Handel trieb. Vielfach reisten sie bei Nacht oder in Verkleidung, um mögliche Überfälle in unsicherem Gelände zu vermeiden.

Die Wirtschaft

Abgesehen von der schier unglaublichen Menge an Lebensmitteln, die zweimal jährlich aus den Provinzen in Tenochtitlan eintrafen, war die aztekische Metropole von der Nahrungsmittelproduktion im Tal von Mexiko abhängig. Das *chinampa*- System wurde hier nicht nur in den Regionen von Xochimilco und benachbarter Städte praktiziert, sondern auch auf dem größten Teil der Insel, auf der sich Tenochtitlan befand, allerdings abseits der Zeremonialbezirke. Die Fähigkeit der aztekischen Armeen, mit großen Mengen an Trockenproviant, wie zum Beispiel gerösteten *tortillas* (Maisfladen), weite

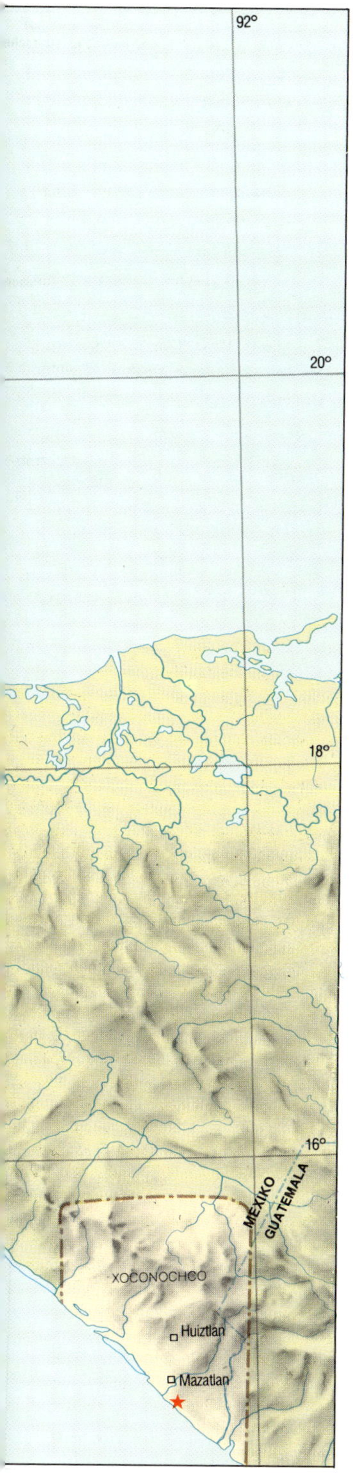

Tlaxcallan (das heutige Tlaxcala) war ein unabhängiger Staat innerhalb des aztekischen Reichs und wurde nie zu erobern versucht. Jedoch bestand ein besonderer Status andauernder Feindseligkeit, der sogenannte »Blumenkrieg«, dessen Zweck darin bestand, jeder Seite eine große Zahl von Gefangenen zu sichern. Xoconocho (von den Spaniern Soconusco genannt) war die entlegenste aztekische Provinz. Von Ahuitzotl gegen Ende des 15. Jahrhunderts erobert, umfaßte sie die reiche Küstenebene und die Region vor den Bergen im südöstlichen Chiapas und dem benachbarten Guatemala.

Rechts: Ein Ausschnitt aus dem *Codex Cospi.* Obgleich seine Entstehung umstritten ist, ist er repräsentativ für die Bücher, die von den aztekischen Priestern geführt wurden.

Die Götterwelt der Azteken

Man hat zu unterscheiden zwischen einem älteren Religionssystem, das die Azteken von den toltekischen oder toltekisch geprägten Staaten des nachklassischen Mexiko ererbt hatten, und einem System, das eng auf die Ideologie des expansiven Aztekenreichs ausgerichtet war. Das ältere System betrifft den Augenblick der Schöpfung, an der eine alte, androgyne Gottheit beteiligt ist, die in der obersten der 13 Himmelsschichten lebt, während das zweite System sich auf einen Mythos um die wunderbare Geburt des Sonnengottes Huitzilopochtli gründet, der auf eigene Vorstellungen der Azteken zurückgeht. Seine Mutter, die Erdgöttin Coatlicue, hatte bereits 400 Söhnen, den Sternen des Nachthimmels, sowie einer Tochter, der Mondgöttin Coyolxauhqui, das Leben geschenkt. Als sie ihr Haus oder ihren Tempel auf dem Coatepec, dem »Schlangenberg«, auskehrte, wurde sie von einem Federball geschwängert. Wütend vor Eifersucht auf den neuen Sohn schlugen die Sterne und der Mond der Mutter den Kopf ab, aber Huitzilopochtli wurde dennoch geboren, sprang, vollbewaffnet wie die griechische Göttin Athene, aus dem Mutterleib und tötete seine Halbgeschwister. Das Verschwinden des Mondes und der Sterne durch die Strahlen der Sonne bildet offensichtlich die Grundlage dieses Mythos.

Der Sonnengott wurde täglich zur Morgendämmerung wiedergeboren und stieg zum Mittag (d. h. nach Süden) auf dem Rücken einer Feuerschlange auf. Gegen Abend führten ihn dann die schrecklichen Cihuateteo, die Seelen der Frauen, die im Kindbett gestorben waren, in die Unterwelt unter dem westlichen Horizont. Huitzilopochtli wäre nicht imstande, jedesmal erneut zur Morgendämmerung aufzusteigen, um die Menschheit mit seinen Strahlen zu erquicken, würde er nicht mit den Herzen und dem Blut tapferer Gefangener ernährt.

Oben: Coatlicue, »Die einen Rock aus Schlangen trägt«, die Mutter des aztekischen Sonnengottes Huitzilopochtli.

Links: Tonatiuh war eine ältere Sonnengottheit, deren Rolle in aztekischer Zeit weitgehend von Huitzilopochtli übernommen wurde. Er trägt auf seinem Rücken das Tageszeichen Ollin oder »Erdbeben«, Symbol für das Ende des gegenwärtigen Zeitalters der »Sonne«, wenn die Welt durch Erdbeben zerstört werden wird.

Oben: Xipe Totec, der Gott des Frühlings und der beginnenden Regenzeit. Die erneut keimende und treibende Vegetation wurde von Priestern symbolisiert, indem sie sich die Haut umlegten, die sie ihren Opfern abgezogen hatten. Die oberste Gottheit war Tezcatlipoca, der »Rauchende Spiegel« (*links*), Gott der Krieger, Zauberer und des Königshauses. Tezcatlipocas kosmischer Widersacher war Quetzalcoatl, die »Gefiederte Schlange« (*unten*), Schutzgott der Priester und der Gelehrsamkeit, der nach der aztekischen Sage einst im toltekischen Tula geherrscht hat.

Strecken in Mesoamerika zurückzulegen, war den *chinampas* zu verdanken.

Aufgrund der geologischen und klimatischen Unterschiede der zentralmexikanischen Landschaft schwankte die jahreszeitliche Produktion von Nahrungsmitteln erheblich. Märkte wurden über das ganze Aztekenreich verteilt, um die gleichmäßige Versorgung der Bevölkerung zu gewährleisten.

Die Religion

Die Azteken standen in einer religiösen Tradition, die auf die Olmeken zurückgeht und von jeder folgenden Kultur – auch der der klassischen Maya – neu ausgelegt wurde. Natürlich gab es stets regionale Unterschiede und Sonderentwicklungen, wozu die Schutzgottheiten jedes präspanischen Volks und jeder Stadt zu rechnen sind. Aber in ihren Wesenszügen blieb sich die mesoamerikanische Religion stets gleich.

Die Verehrung dieser übernatürlichen Wesen unterstand der Aufsicht einer dem Zölibat verpflichteten Priesterschaft, die ihren Beruf in einem Seminar (*calmecac*) studiert hatte. Ihre Aufgabe war es, die täglichen Rituale des 260-Tage-Kalenders zu beaufsichtigen, wie sie in den ledernen Faltbüchern aufgezeichnet waren. Ferner hatten sie Opfer in den *calpulli* und den Staatstempeln zu überwachen, dessen bedeutendster der Große Tempel war, der seit der Ankunft der Azteken auf der Insel mehrmals umgebaut wurde. Es handelte sich um einen großen Doppelbau, der dem Kult des alten mesoamerikanischen Regengottes Tlaloc und der lebenspendenden Sonne, Huitzilopochtli, geweiht war.

Den Untergang ihrer Kultur hatten die Azteken selber vorausgesagt. Alle 104 Jahre, wenn die 260-Tage-Zählung und der 365-Tage-Kalender sowie der Zyklus des Planeten Venus (584 Tage) zusammenfielen, befürchteten sie, daß die »Fünfte Sonne« (das gegenwärtige Erdzeitalter) zu Ende gehen würde. Sie trafen genaueste Vorsorge, um durch Opfer an den Feuergott den drohenden Untergang abzuwenden.

Vieles von der Nahuatl-Dichtung ist erhalten geblieben. Sie hat einen bittersüßen, entschieden wehmütig-gedämpften Zug, wie er sich in diesen pessimistischen Zeilen findet, die dem Dichterkönig von Texcoco, dem großen Netzahualcoyotl (»Fastender Kojote«) zugeschrieben werden:

Selbst Jade wird zerschmettert,
Selbst Gold wird zerstört,
Selbst Quetzalfedern werden zerrissen...
Man lebt nicht ewig auf dieser Erde:
Wir verweilen nur einen Augenblick!

Mehrere Quellen bezeugen die tiefe Verzweiflung von Motecuhzoma Xocoyotzin, als die Spanier kamen. Durch dunkle Vorhersagen über den Untergang seines Volkes demoralisiert und erschreckt durch eine Vielfalt denkwürdiger Zeichen und Omina, die sich während seiner Regierungszeit gezeigt hatten, stand er schließlich auch wie gelähmt im Bann der Legende, daß Quetzalcoatl, der toltekische Priester-König endlich wiederkehren würde, um sein Reich zurückzufordern.

Hernán Cortés war geschickt genug, sich diese Legende zunutze zu machen. Geachtet als die zurückgekehrte »Gefiederte Schlange«, führte er mutig seine Truppen, die durch unzufriedene Söldner aus den aztekischen Provinzen verstärkt waren, mitten in die Hauptstadt hinein und eroberte die letzte und eine der bedeutendsten Kulturen der Neuen Welt. Im April des Jahres 1521 gingen in den Ruinen Tenochtitlans 3000 Jahre mesoamerikanischer Kultur zu Ende.

Tenochtitlan

Rechts: Der Plan Tenochtitlans mit den Kanälen, die den morastigen Boden durchschneiden. Die *chinampa*-Agrartechnik ist ein System der Landgewinnung und Bewässerung, bei dem Landparzellen gebildet und durch Schlamm vom Grund der Kanäle vergrößert werden. Klettergewächse und Bäume, die man an den Rändern pflanzte, befestigten den fruchtbaren Boden.

Rechts Mitte: Steinerne Schädelreihen schmücken eine unlängst ausgegrabene Plattform im nördlichen Patio des Templo Mayor. Archäologen deuten diese Plattform als Schrein und nicht als Schädelgerüst (*tzompantli*), da hier keine Gebeine gefunden wurden.

Tenochtitlan, die Metropole der Azteken, ist heute vom modernen Mexico City praktisch überbaut. Cortés und sein Gefolge hatten in ihrem Eifer, die einheimische Bevölkerung von den in spanischer Sicht heidnischen, götzendienerischen und barbarischen Sitten abzubringen, die Tempel systematisch dem Erdboden gleichgemacht, um sie durch Kirchen zu ersetzen. Die große Zwillings-Tempelpyramide im Stadtzentrum (Templo Mayor), die dem Regengott (Tlaloc) und dem Kriegsgott (Huitzilopochtli) geweiht war, wurde abgerissen, um Baumaterial für die Kathedrale zu gewinnen, die man nur wenige hundert Meter weiter errichtete, und der beste Grundbesitz wurde für Wohnpaläste der spanischen Elite beschlagnahmt.

Die meisten Informationen über Tenochtitlan stammen aus Berichten, die kurz nach der Eroberung entstanden. Es liegt auf der Hand, daß in einem dichtbesiedelten Stadtgebiet wie dem heutigen Mexico City keine archäologischen Ausgrabungen durchgeführt werden können, die das ganze Ausmaß der alten Stadt zeigen. Historische Berichte über den Templo Mayor, die ihn als das kosmologische Zentrum der aztekischen Welt beschreiben, sind aber durch jüngste umfassende Ausgrabungen der eingeebneten Pyramide (fünf Bauschichten) und der umliegenden Schreine bestätigt worden. Der vom Templo Mayor dominierte Sakralbezirk umfaßte ferner den Quetzalcoatl-Tempel, den Ballspielplatz sowie ein Schädelgerüst, auf dem Offiziere des Hernán Cortés angeblich 136000 Schädel geopferter Personen gezählt haben.

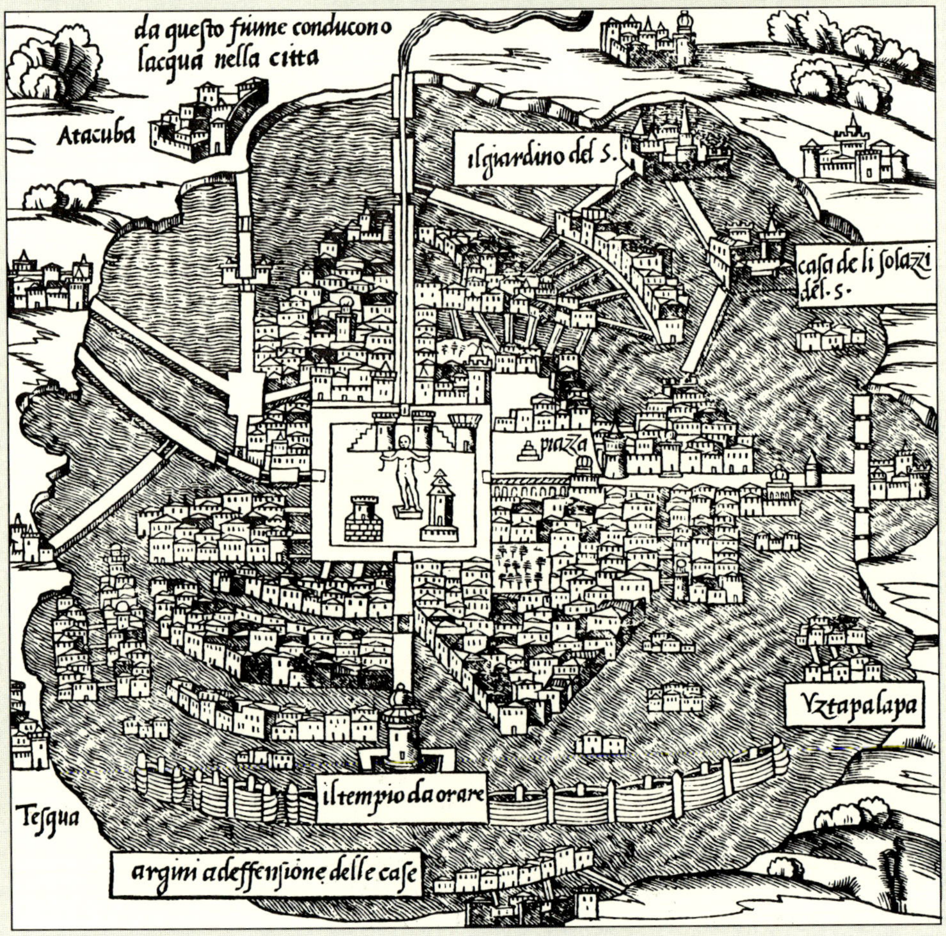

Oben: Eine Darstellung der zerstückelten Mondgöttin (Coyolxauhqui). Der Monolith (3,25 Meter im Durchmesser, geschätztes Gewicht 5-8 Tonnen) stammt von der Basis des Templo Mayor an der Südseite. Er datiert aus der Regierungszeit von Ahuitzotl (1486-1502).
Rechts: Benedetto Bordones Stadtansicht von 1528. Die Häuser entsprechen allerdings eher europäischem als aztekischem Muster. Der Zeremonialbezirk umfaßte nicht nur den Templo Mayor, sondern auch Paläste, Schulen und Schreine, und jeder aztekischen Gottheit wurde in der Architektur beziehungsweise Skulptur gedacht. Die den Zermonialbezirk umgebende Mauer war mit ineinander verschlungenen Schlangen dekoriert.

FÜNFTER TEIL

SÜD-AMERIKA

Die Vegetation Südamerikas
Die kulturelle wie ökologische Anpassung in vielen verschiedenen Formen wurde motiviert durch die ungeheure Variationsbreite der südamerikanischen Vegetation. Die erfolgreichsten Kulturen ballten sich an der Westküste, wo klimatische Extreme eng nebeneinander liegen und wo die natürliche Vegetation nicht so üppig wie im östlich gelegenen Tiefland ist. In den semiariden Bereichen der Westküste wurde schon früh Bewässerungsfeldbau betrieben.

GEOGRAPHIE UND RESSOURCEN

Unten: Die öde Landschaft des bolivianischen Altiplano liegt zwischen den zentralen und westlichen Kordilleren auf einer Höhe von etwa 4000 Metern. Auf dieser Hochebene über der Baumgrenze wurden seit alter Zeit Lama- und Alpakaherden (heute auch Schafe) gehalten. Bei der Ernährung spielen Knollenfrüchte eine wichtige Rolle, und in geschützten Gegenden können Mais und Baumwolle angebaut werden. Die Hochebene besitzt ein inneres Entwässerungssystem, zu dem Salzmarschen und Salzseen wie auch der Süßwasser führende Titicaca-See gehören.

Südamerika besteht aus kontrastierenden Superlativen. Die Anden, in Küstennähe bis zu 7000 Metern aufragend, gehören zu den höchsten Gebirgen der Erde, und westlich von ihnen erstreckt sich die trockenste Strandwüstenzone unseres Planeten. Sie grenzt an das vom Humboldt-Strom durchflossene untermeerische Grabensystem vor der Ostküste des Südpazifik. Der Höhenunterschied zwischen der tiefsten Stelle dieses Grabensystems und dem höchsten Andengipfel beträgt über 15 Kilometer. Östlich der Bergkette liegen das ausgedehnteste und üppigste Regenwaldgebiet sowie das gewaltigste Flußsystem der Welt.

Die Klimazonen Südamerikas umfassen das gesamte breite Spektrum von dampfenden tropischen Regenwäldern bis hin zu von ewigem Schnee bedeckten Hochgebirgsregionen, in denen bereits der Sauerstoff knapp wird. Extrem sind auch die Unterschiede in den jährlichen Niederschlagsmengen. In einigen Gebieten gibt es so gut wie keinen Regen, die Pazifikküste Kolumbiens wiederum weist Jahreswerte von 10 000 Millimetern auf.

Die Landschaft der Antillen und Zentralamerikas ist im allgemeinen zerklüftet und teilweise vulkanischer Natur. Durch das Zentrum Costa Ricas zieht sich eine Kette von Vulkanen, die beiderseits von Ebenen flankiert wird. Im Süden dieser Vulkankette bedeckt tropischer Trockenwald die Ebenen von Guanacaste und der Nicoya-Halbinsel. Hier fallen Niederschläge meist nur zwischen Mai und Dezember. Die Bergkette, die schließlich in die Anden übergeht, beginnt im östlichen Costa Rica. Die Küstenebenen von Costa Rica und Panama sind schmal und nur von wenigen Flüssen durchzogen. An manchen Stellen der Küste von Panama sowie in den Bergen betragen die Niederschläge 4000 bzw. 6000 Millimeter pro Jahr, so daß Landwirtschaft hier praktisch unmöglich ist. Kolumbiens Nordküste weist feuchte Niederungen, Schwemmebenen, Sümpfe und Lagunen sowie Regen- und Trockenzeiten auf, während in Ekuador ein semiarides Küstenklima herrscht. Früher allerdings waren die Küsten Ekuadors von sumpfigen Mangrovenwäldern bedeckt, die sich wohl bis zur Sechura-Wüste in Nordperu hinzogen. Die gesamte Küste von Peru nach Chile besteht dann aus einem durchgehenden schmalen Wüstenstreifen, der durch eine ungewöhnliche Kombination verschiedener Faktoren entstanden ist: Im Osten halten die hohen Andengipfel die warmen, feuchten Luftströmungen aus dem tropischen Amazonasbecken ab, und im Westen bewirkt der aus der Antarktis kommende kalte Humboldt-Strom eine

Kondensation der Luftfeuchtigkeit über dem Meer. Periodisch kommt jedoch aus dem Norden auch eine warme Meeresströmung, die als Niño-Strom bezeichnet wird, da sie sich meist um Weihnachten herum einstellt (El Niño = »Christkind«). Diese Strömung bewegt sich oft über längere Zeit hinweg südwärts an der Küste entlang und beeinflußt das Festlandklima.

Im Norden wird Perus Küste von Flüssen bewässert, die in ziemlich regelmäßigen Abständen die Berge durchbrechen. Der längste von ihnen ist der Santa; er durchströmt den Callejón de Huaylas in nördlicher Richtung, bevor er sich zum Meer wendet. Im Süden verlaufen die Flüsse in viel unregelmäßigeren Abständen, und sie führen auch weniger Wasser als im Norden. Dies liegt daran, daß im nördlichen Hochland mehr Niederschläge fallen und daß dort die Anden schmaler sind, wodurch sich mehr Wasser konzentrieren kann. Infolgedessen weist die Nordküste mehr landwirtschaftlich nutzbares Land als die Südküste auf.

Das Amazonasbecken ist eine ganz andere Welt. Der tropische Urwald, der den größten Teil Amazoniens einnimmt und dessen Ausläufer im Norden bis zur Mündung des Orinoko reichen, bedeckt mehr als 2,6 Millionen Quadratkilometer. Der Amazonas wird von 1000 Nebenflüssen gespeist, von denen 17 über 1500 Kilometer lang sind und zwei auf der Liste der wasserreichsten Ströme der Erde Platz drei und vier einnehmen. Südlich des Amazonassystems gibt es Wälder, Steppen und Prärien. Schließlich ist der Kontinent nur noch im Westen gebirgig, und er wird immer schmaler – bis hin zu den öden, sturmumbrausten Gefilden der Tierra del Fuego (Feuerland).

Die Nahrungsquellen

Südamerika verfügt über ein breites Spektrum sowohl wildwachsender als auch domestizierter Pflanzenarten. In der Regel ist Mais, von dem man verschiedene Arten anbaut, das Hauptnahrungsmittel in den Küstenebenen westlich der Anden, östlich der Anden dagegen bevorzugt man Maniok.

Es waren wohl die Bewohner der tropischen Regenwälder Ostvenezuelas, die als erste Maniok anbauten, und noch heute beruht die Landwirtschaft der Indianer der Amazonas-Orinoko-Urwaldzone vorwiegend auf der Maniok-Kultivation im Brandrodungsfeldbau. Die Flüsse lagern bei ihren jährlichen Überschwemmungen Schlamm aus dem Gebirge ab, der das Überflutungsgebiet an ihren Ufern düngt. Die dort angelegten Felder kann man ständig nutzen, denn jede Überschwemmung macht sie aufs neue fruchtbar. Die weitab von den Flußufern lebenden Brandrodungsbauern dagegen müssen alle paar Jahre neue Felder anlegen, weil die alten ausgelaugt sind.

In den Hochländern ist die Kartoffel das Hauptnahrungsmittel. Mais wächst zwar ebenfalls noch in ziemlich großen Höhen, ist hier aber ständig durch Hagel und Frost bedroht. Andere wichtige Kulturpflanzen waren Bohnen, Kürbisse, Chilipfeffer und Erdnüsse. Schon sehr früh baute man im Tiefland auch Baumwolle an, desgleichen spielten Flaschenkürbisse eine große Rolle, aus denen man Haushaltsgefäße fertigte.

Um 2000 v. Chr. begannen die Bewohner der Küstenstreifen Perus und Ekuadors den Bewässerungsfeldbau zu entwickeln und trieben Handel mit den Bewohnern der jenseits der Berge gelegenen Waldgebiete. Eine weitere bedeutsame Nahrungsquelle für die an den Küsten ansässigen Menschen bildete das Meer, und nicht zuletzt gewann man auf den vorgelagerten Guano-Inseln wertvollen Dünger.

Im Hochland eignen sich nur wenige breite Täler für den Bodenbau. Die ausgedehnteste Hochebene in den

Links: Das Klima Südamerikas
Die Karten zeigen die extremen klimatischen Unterschiede, die durch die enormen Schwankungen in den Niederschlägen und Temperaturen sowie durch die Meeresströmungen bewirkt werden, die auf das Festlandklima einwirken.

Oben: Die kreisförmigen Terrassen von Moray wurden von den Inka den natürlichen Hanglagen im Hochland des südlichen Peru angepaßt.

Anden ist das Altiplano an der Grenze zwischen Peru und Bolivien auf nahezu 4000 Metern Höhe über dem Meeresspiegel. Zu den wenigen anderen Tälern von nennenswerter Größe gehören der Callejón de Huaylas, die Hochfläche von Bogotá sowie die Täler rings um Cuzco. Bodenbau in den Sierras wird ansonsten auf künstlich angelegten Hangterrassen betrieben.

Die Anzahl und Artenvielfalt der domestizierten Pflanzen in Südamerika überstieg die der Tiere bei weitem. Die einzigen Nutztiere waren Lamas, Alpakas, Meerschweinchen, Enten und Hunde. Für Lamas hatte man im Hochland vielfältige Verwendung: Sie waren nicht nur das einzige Lasttier der Neuen Welt, sondern lieferten auch Wolle, Fleisch und Heilmittel. Hunde bereicherten ebenfalls die Speisetafel, halfen aber auch bei der Jagd. (Frühe spanische Chronisten berichten von einer stummen Hunderasse auf den Antillen, die heute ausgestorben ist.) Zu den gejagten Arten zählten Hirsche, Pekaris (Nabelschweine), Affen, Pakas, Agutis (beides Nagetierarten), Gürteltiere und Tapire – alles Spezies, die in den Urwäldern und auf den Savannen anzutreffen waren. Die Flüsse und Ströme im Osten Südamerikas beherbergten zahlreiche Fischarten, Flußschildkröten, Kaimane und Manatis (Seekühe), die vorzügliches Fleisch lieferten. In der sogenannten Initialperiode der südamerikanischen Kulturen wurden die Küstenbewohner Ekuadors und Perus immer abhängiger vom Meer. Haufen mit Nahrungsabfällen (»Muschelhaufen«, Køkkenmøddinger) enthalten u. a. Weichtierschalen, Gehäuse von Tintenfischen sowie Fischgräten und Überreste von See-Säugern.

90°
80°
70°
60°
50°
40°
20°
10°
0°
10°
20°
30°
40°
50°
KARIBISCHES MEER
ANTILLEN
Orinoko
ATLANTISCHER OZEAN
ZIRKUM-
KARIBISCHER
RAUM
Äquator
Amazonas
AMAZONIEN
NORD-
UND
ZENTRAL-
ANDEN
OST-
BRASILIANISCHES
BERGLAND
Paraguay
Wendekreis des Steinbocks
PAZIFISCHER (STILLER)
OZEAN
SÜD-
ANDEN
Paraná
PAMPAS
FEUER-
LAND
Grenzen der Kulturräume
Arawakisch
Karibisch
Macro-Chibcha
Macro-Gê
Macro-Pano-Takana
Quechua (Ketschua)
Tukano-Sprachfamilie
Tupí-Guaraní-Sprachen
Andere Sprachen
Unklassifizierte oder unbekannte Sprachen
Heutige Staatsgrenzen
Maßstab 1 : 30 000 000
0
1200 Kilometer
0
800 Meilen

DIE EINGEBORENENKULTUREN SÜDAMERIKAS

Links: Die Eingeborenensprachen Südamerikas
Die hier verbreiteten Indianersprachen besitzen keine einheitlichen Charakteristika, die sie von den nord- und mesoamerikanischen Sprachen unterscheiden. Nach wie vor gibt es Meinungsverschiedenheiten über ihre Klassifizierung, und einige Sprachen konnten bislang noch überhaupt nicht eingeordnet werden. Die Hauptsprachen im südlichen Zentralamerika und nördlichen Südamerika sind Macro-Chibcha und Arawakisch. Quechua (Ketschua), die Sprache der Inka, und Aymará, die ihrer Nachbarn, werden manchmal unter dem Begriff Quechumara zusammengefaßt. Sie standen jahrtausendelang in enger Beziehung, doch scheint Aymará das ältere Idiom zu sein.
In präkolumbischer Zeit gab es in Südamerika keine eigentliche Schriftsprache, keine Alphabete oder Hieroglyphen, obgleich man Piktogramme kannte. Einige Gelehrte haben bestimmte Inkazeichen linguistisch gedeutet: so war das *quipu* der Buchführung gewissermaßen ein schriftliches Dokument. Trotzdem ist manches von der Vergangenheit überliefert, weil viele dieser Idiome heute noch gesprochen werden. Die Mochica-Sprache existierte in geringem Umfang bis Anfang des 20. Jahrhunderts an der Nordküste Perus. Auch im Amazonasbecken sind einheimische Sprachen noch weit verbreitet. Obgleich zahlreiche Sprachen ausgestorben oder vom Aussterben bedroht sind, werden sie von Linguisten gründlich erforscht. Dies führte nicht nur bis zu einem gewissen Grad zu ihrer Erhaltung, sondern manchmal auch dazu, daß sie von den jeweiligen Indianern wieder geschätzt und aufs neue verwendet wurden.

Ein einfaches Diagramm der südamerikanischen Kulturen zu zeichnen, ist unmöglich, da diese sich organisch entwickelten. Keine Karte kann präzise zeigen, welche Beziehungen zwischen den Kulturen des gesamten südamerikanischen Raumes sowie zwischen diesen und den Kulturen außerhalb davon bestanden. Auch die Ungleichzeitigkeit der einzelnen Entwicklungsperioden sowie die zeitliche Verzögerung, mit der kulturelle Einflüsse auftraten, lassen sich nicht kartographisch festhalten.

Am besten empfiehlt sich noch das folgende Schema: Die Antillen bilden eine Region, die Berührungen mit dem nördlichen Venezuela aufweist. Zentralamerika (Ostnicaragua, Costa Rica und Panama), Westvenezuela und das nördliche Kolumbien stellen eine weitere Region dar, die man als »zirkumkaribisch« charakterisieren kann. Kolumbien, Westvenezuela und Nordekuador werden verschiedentlich auch als »Zwischenzone« bezeichnet, weil sie zwischen den Kulturen Mesoamerikas und des zentralen Andenraums liegen, der aus dem größten Teil Perus sowie den angrenzenden Bereichen Boliviens besteht. Die drei weiteren Regionen sind das südliche Andengebiet, das Nordchile und das nordwestliche Argentinien umfaßt, sowie das Amazonasgebiet und schließlich Patagonien.

Keine dieser Regionen ist von ihren Nachbarregionen isoliert. Alle waren zu verschiedenen Zeiten verschiedenen Einflüssen ausgesetzt, und innerhalb jeder Region gab es lokale Einflüsse ganz unterschiedlicher Art. Außerdem standen die Kulturen miteinander in Wechselbeziehung. Die Archäologen unterscheiden diese Kulturen weitgehend nach ihrem Kunststil: nach der Ikonographie ihrer Götterdarstellungen, den Gefäßformen, der Beschaffenheit des Keramikmaterials, den Mitteln des Keramikdekors sowie nach den Formen der Architektur. Dies sind die Zeugnisse, welche der Nachwelt von den religiösen, politischen und gesellschaftlichen Verhältnissen einer Kultur erhalten bleiben.

Der zentrale Andenraum

Ihren Höhenpunkt erreichte die kulturelle Entwicklung Südamerikas im zentralen Andenraum. In dieser archäologisch sehr komplexen Region unterscheiden wir mehrere kulturelle Teilbereiche: das nördliche, südliche und zentrale Hochland sowie das nördliche, südliche und zentrale Küstengebiet. In den Zentralanden muß seit Anbeginn der menschlichen Zivilisation ein Austausch zwischen den fischreichen Küsten, den von Flüssen bewässerten Anbauzonen im Küstenbereich, der Bergregion und sogar den tropischen Waldgebieten jenseits der Bergketten bestanden haben. Chronologisch unterteilt man das zentrale Andengebiet meist in »Horizonte« (Zeitabschnitte, in denen ein bestimmter Kunststil sehr weit verbreitet ist) und Zwischenperioden (Perioden, in denen die Herausbildung regionaler Stile auf das Fehlen großräumiger Wanderbewegungen hindeutet).

Die Initialperiode (um 2000–1400 v. Chr.) war eine Zeit, in der sich die Zivilisation gerade zu entfalten begann, eine Zeit der Seßhaftwerdung, der Herausbildung von Dörfern mit Zeremonialzentren, eine Zeit des beginnenden Bodenbaus sowie der Herstellung von ersten Töpferwaren und Textilien.

Der Frühe Horizont (um 1400–400 v. Chr.) ist durch eine unverkennbare Entwicklung im Bereich der Architektur gekennzeichnet, die im sogenannten Chavín-Stil gipfelt, dessen Type Site, Chavín de Huántar, am Osthang der Anden liegt. Auf den Frühen Horizont folgte die Frühe Zwischenperiode (400 v. Chr. - 500 n. Chr.), die durch die Entwicklung regionaler Stile gekennzeichnet ist, von denen allerdings einige eindeutig Ausdruck expandierender politischer Gebilde, beispielsweise des Mochica-»Reiches«, waren.

Der Mittlere Horizont (500–900 n. Chr.) ist charakterisiert durch die Huari-Expansion, die sich über das gesamte Gebiet von Ayacucho im südlichen Hochland bis hin zur fernen Nordküste sowie bis Cajamarca im nördlichen Hochland erstreckte. Die Übertragung des Kunst- und Baustils auf die von Huari unterworfenen Gebiete deutet auf die Bildung eines zentral verwalteten Reiches hin, was sich wie eine Vorwegnahme der Inka-Expansion ausnimmt. Jedenfalls war dieses Reich gut organisiert, und seinen Eroberungszügen war (zumindest eine Zeitlang) auch Erfolg beschieden. An den Niedergang Huaris schloß sich abermals eine Periode des Zerfalls in regionale Stile an (genannt die Späte Zwischenperiode, 900–1476 n. Chr.). Ein Reich wie das der Chimú war allerdings kein Häuptlingstum von nur lokaler Bedeutung, sondern beherrschte den ganzen nördlichen Küstenbereich und besaß eine straffe Organisation. Als die Inka zur Nordküste vordrangen, standen sie einer nahezu ebenbürtigen Macht gegenüber.

Im Laufe der Entwicklung wurden die Horizonte weiter und die Gebiete kultureller Einheit größer. Zur Zeit des Späten Horizontes (1476–1534 n. Chr.) boten die Inka das letzte Beispiel eines autochthonen Imperialismus, bevor die fremden Eindringlinge aus Europa kamen. Das Inka-Reich erstreckte sich von Cuzco aus nach Norden bis zur heutigen Grenze zwischen Ekuador und Kolumbien. Nach Süden hin reichte es bis nach Zentralchile und Nordwestargentinien. Die Tendenz zur Bildung expansiver Staaten ist eines der Merkmale der Zentralanden-Region. Tatsächlich ist nicht zu übersehen, daß die dortigen Staatsgebilde aggressive Haltungen einnahmen und Eroberungskriege führten, und auch in zahlreichen andinen Kunststilen geht es ganz augenfällig immer wieder um das Thema Krieg. Außerhalb des Zentralanden-Gebietes stellten kleine Stammeshäuptlingstümer die übliche Organisationsform dar. Die Häuptlinge entschieden, wann Krieg zu führen war, sie hatten beim Anbau und der Verteilung der Nahrungsmittel das Sagen und zeichneten auch dafür verantwortlich, daß die kultischen Rituale durchgeführt wurden. Wahrscheinlich schrieb man ihnen auch zumindest einige übernatürliche Kräfte zu, und oftmals genoß der Ahnherr der Herrscherdynastie göttliche Verehrung.

Begründet war die Tendenz zur Reichsbildung nicht nur in der Aggressivität, im Ehrgeiz oder gar Größenwahn der Staatsträger, sondern auch in den außergewöhnlichen geographischen Verhältnissen des westlichen Südamerika. Dieser Raum war so reich an natürlichen Gegensätzen, und mit der Vielfalt seiner lokal unterschiedlichen Ressourcen begünstigte er das Bedürfnis nach einem weitgespannten Warenaustausch.

Bauten und Bewässerungsanlagen

Einer der wichtigsten Beweggründe sowohl für Zusammenarbeit als auch für Eroberungslust war der Wunsch, die Kontrolle über die Ströme zu erlangen, von denen die Bewässerung der Strandwüste abhing. Und je mehr die Bevölkerung wuchs, desto größer wurde der Bedarf an bewässertem Land. Sichere Anhaltspunkte für das Vorhandensein vorgeschichtlicher Bewässerungsanlagen fand man in der aus dem dritten Jahrtausend v. Chr. stammenden Fundstätte La Galgada hoch oben im Einzugsgebiet des Rio Santa. Um 2000 v. Chr. tauchten dann Bewässerungssysteme auch an der Küste auf. Der älteste bisher bekannte ausgemauerte Kanal im Hochland, der offenbar für rituelle Zwecke Wasser führte, fand sich bei Cajamarca. Er stammt aus dem zweiten Jahrtausend v. Chr. Wasserbauten beschränken sich im übrigen weder auf die großen Zentren noch auf das zentrale Andengebiet. Erhöht angelegte Felder mit Gräben zur Be- oder Entwässerung kamen vielmehr an einer Anzahl von Plätzen zum Vorschein, so beispielsweise an der atlantisch/pazifischen Wasserscheide in Costa Rica. Wasser war von essentialer Bedeutung, und sein praktischer Gebrauch und die Rolle, die es in Religion und Kult spielte, lassen sich oft nur schwer trennen.

Komplexe Steinarchitektur taucht im zentralen Andengebiet erstmals im dritten Jahrtausend v. Chr. auf. Im allgemeinen sind Steinarchitektur und -skulptur charakteristisch für das Hochland, während man an der Küste luftgetrocknete Lehmziegel (*adobe*) oder Stampflehm (*tapia*) bevorzugte. Die Form der *adobe*-Ziegel ändert sich im Lauf der Zeit und dient als Datierungshilfsmittel. Wahrscheinlich weil ihnen Stein als künstlerisches Ausdrucksmittel fehlte, entwickelten die Küstenbewohner schon recht früh eine bemerkenswerte Metallurgie und fertigten außergewöhnliche Keramiken sowie Textilien an.

Religion und Kulte

Informationsquellen über die religiösen Vorstellungen und Praktiken sind Kunstwerke sowie Sakralbauten, Bestattungsgewohnheiten und Grabbeigaben. Hinzu kommen spanische Chroniken aus der Zeit unmittelbar nach der Eroberung sowie religiöse Gebräuche, die sich bis heute erhalten haben. Die religiösen Bräuche in Süd- und Zentralamerika waren sich sehr ähnlich, allerdings gab es praktisch zahllose Varianten. Die Götter verkörperten Naturkräfte und waren zuständig für Wasser, Himmel, Erde, Berge und das Meer. In den meisten Gebieten kannte man auch einen Schöpfergott. Er hatte mit den Ursprüngen der Dinge sowie mit den Ahnen zu tun, oft auch mit der Sonne, dem Himmel und den Bergen, die den Himmel berührten, denn in ihnen befanden sich nicht nur die Ursprünge der lebenspendenden Flüsse, sondern auch die Eingänge zum Erdinneren, zur Unterwelt.

Am häufigsten begegnet man im zentralen Andengebiet dem Gott Viracocha. Zumindest bei einer der Götterdarstellungen aus Chavín de Huántar handelt es sich wahrscheinlich um ihn. Doch die Ursprünge dieses Gottes gehen wohl noch weiter zurück. Ohne Zweifel sind auch die Gestalt am Sonnentor von Tiahuanaco (am Titicaca-See) sowie die figürlichen Darstellungen auf Keramiken des Huari-Stils Viracocha-Vorläufer. Der Hauptgott der Mochica muß gleichfalls zu jener Klasse von Gottheiten gehört haben, die man nicht nur mit dem Entstehen des eigenen Stammes in Verbindung brachte, sondern mit der gesamten Erschaffung der Welt. Auch Bochica, der Hauptgottheit der Muisca in Kolumbien, schrieb man ähnliche Eigenschaften zu.

Religiöse Riten waren an den Kalender gebunden. Die »Festtage« dieses »liturgischen Kalenders« richteten sich nach den Bewegungen der Himmelskörper oder waren mit Ereignissen des alljährlichen Anbauzyklus sowie mit dem Beginn der Fischereisaison verknüpft. Die Bewegungen der Sonne, insbesondere die Solstitien (die Zeit um die Sommer- und Wintersonnenwende) und die Äquinoktien (die Frühjahrs- und Herbsttagundnachtgleiche), der Aufgang der Plejaden, die Mondphasen sowie der synodische Umlauf der Venus um die Sonne – all dies dürften Anlässe für Zeremonien gewesen sein. Weit verbreitet war sowohl an der Westküste als auch im Hochland der kultische Genuß von Kokablättern. Bei einigen der schönsten Goldgegenstände der präkolumbischen Quimbaya-Kultur Kolumbiens handelt es sich um Behälter für den Kalk, den man zusammen mit den Kokablättern zu kauen pflegte. In der Chavín- und Mochica-Kultur gibt es ferner einige Hinweise darauf, daß der San-Pedro-Kaktus als Halluzinogen benutzt wurde. Allerdings scheint die Verwendung dieses Rauschmittels noch weiter verbreitet gewesen zu sein, denn der San-Pedro-Kaktus wächst beispielsweise auch noch in Ekuador. Etwas peripherere Bevölkerungsgruppen benutzten *Piptadenia, Banisteriopsis* und *Datura* als rituelle Halluzinogene, während man in den Tiefländern des Nordens bei religiösen Zeremonien Tabak rauchte.

Oben: Die zentrale Figur am Sonnentor von Tiahuanaco ist eine Gottheit, die wahrscheinlich überall in den Anden verschiedene Namen und Formen angenommen hat, aber im allgemeinen einen Himmelsgott darstellte.

Der präkolumbischen Kunst nach zu urteilen, stand das Menschenopfer durch Enthauptung an der Spitze der Opfergaben, die den Göttern dargebracht wurden. Gestalten nackter Männer mit auf dem Rücken gefesselten Händen, die fraglos auf ihre Opferung warten, sind ein häufig anzutreffendes Thema der Kunst. Bisweilen wird auch der Vorgang der Opferung selbst dargestellt. Aus praktisch jeder Kultur kennen wir Gestalten von Opfernden, die in der einen Hand ein Messer und in der anderen den Kopf eines Menschen halten. In der Regel spricht man im Zusammenhang damit von »Kopftrophäen« und von einem »Kopftrophäen-Kult«, wenn auch die abgetrennten Köpfe mehr als Nahrung für die Bodenbau-Gottheiten gedacht waren und weniger selbst als Kultobjekte dienten. Tatsächlich war in allen präkolumbischen Hochkulturen die Vorstellung verbreitet, daß die für das Gedeihen der Feldfrüchte entscheidenden Kräfte der Natur, deren Verkörperung bestimmte Götter bildeten, mit Menschenblut oder Menschenköpfen genährt werden müßten. Der Bedarf an Menschenopfern stellte offensichtlich auch einen der Anlässe für die Kriegführung dar, denn man brauchte Gefangene, um sie als Opfer den Göttern darzubringen.

Zu den weiteren gängigen Opferarten zählte das Brandopfer. Bei archäologischen Ausgrabungen fand man Überreste solcher Opfergaben, unter denen sich Chili-Pfefferschoten befanden, und Chronisten des 16. Jahrhunderts berichten von der Opferung von Lamas, Meerschweinchen, Kokablättern, Stoff, Seemuscheln, Quarzkristallen und anderem mehr.

Religiöse Rituale, insbesondere Opferkulte, wurden aber nicht nur zu bestimmten Zeiten praktiziert, sondern auch an eigens dafür vorgesehenen Plätzen. Bestimmte Plätze galten schon der frühen Wildbeuterbevölkerung als heilig – so Felsen, Berge und Quellen. Derartige Örtlichkeiten behielten ihren sakralen Charakter bei und rechnen noch immer zu den Stätten, die man als *huaca* bezeichnet. *Huaca* ist alles Heilige – irgendein natürlicher Gegenstand, die Überreste eines Vorfahren, ein kleiner Stein oder ein Stück Quarz. Zur Zeit der Inka brachte man den *huacas* Speise- und Trankopfer dar, ferner heißt es von ihnen, sie hätten als heilig geltende Objekte mit Blattgold überzogen.

Frühe Stämme, die seßhaft wurden, erbauten an solchen Plätzen Tempel oder richteten Tempel nach ihnen aus. Als dann die Dörfer wuchsen und Stammeshäupt-

Unten: Die Köpfe mit geschlossenen Augen, wehendem Haar und aus dem Hals strömendem Blut an den Tempelmauern in Cerro Sechín, Peru, sind ein charakteristisches Chavín-Motiv.

Rechts: Detail eines Tuches aus Paracas-Necropolis an der Südküste von Peru. Diese Kultur erlebte ihre Blüte vom sechsten Jahrhundert v. Chr. bis zur Zeit um Christi Geburt. Dargestellt ist das »Augenwesen« (»Wesen mit den großen Augen«), das für viele Fundstücke in Paracas kennzeichnend ist.
Der Brauch, den Grabbeigaben außerordentlich viel Aufmerksamkeit zu schenken, spiegelt den Glauben der Andenbevölkerung an die Bedeutung der Totenrituale und den Wert der Totentücher wider. Frühe spanische Chronisten erwähnen, daß Mumienbündel aus den Gräbern herausgenommen, neu bekleidet und gespeist wurden.

lingstümer entstanden, bildete das Zeremonialzentrum das wichtigste sichtbare Zeichen der Macht, das als heilige Stätte des Volkes immer reicher ausgeschmückt wurde. Es war nicht nur die Wohnung der Götter, nicht nur numinose Stätte, an der Priester ihre geheimnisvollen Rituale zelebrierten, sondern auch das nach außen hin sichtbare Zeichen für die Stärke der eigenen Götter.

Bei sämtlichen präkolumbischen Völkerschaften, vor allem aber bei den Bewohnern der Andenregion, scheint die Auffassung verbreitet gewesen zu sein, daß Felsen besonders heilig waren. In der Andenregion beziehen viele Zeremonialzentren Felsen oder Felsgruppen ein, so beispielsweise die Mochica-Zentren von Panamarca und Moche. Auch Begräbnisstätten waren *huacas*, denn die Vorfahren galten als heilig, und der Tod und die Unterwelt beschäftigten das Denken der Menschen. Wahrscheinlich spielte dabei die Vorstellung eine wichtige Rolle, daß Erde und Unterwelt mit dem Gedeihen der Pflanzen zu tun hatten, die man anbaute und von denen man sich ernährte. Viele der reichsten Artefakte finden sich in Gräbern, Bestattungen ohne Beigaben bilden Ausnahmen. Die den Toten mitgegebenen Objekte waren von hoher Qualität: Luxusgüter, kunstvolle Keramik und außergewöhnliche Gegenstände anstatt Artikel des täglichen Gebrauchs. Häuptlinge begrub man mit zahlreichen Beigaben, die nur symbolische Bedeutung hatten, und Frauengräber wiesen oft Webutensilien auf. Im Bergland pflegte man die Toten in Hockerstellung beizusetzen, an der Küste dagegen in ausgestreckter Haltung. Ein weitverbreiteter Charakterzug der andinen Kunst sind Abbildungen von Skeletten. Dabei mag es sich um Darstellungen aus dem Totenreich handeln, vielleicht aber auch um Priester oder Schamanen, die die Rolle von Toten spielten oder mystische Jenseitsreisen antraten. Es kommt vor, daß Gestalten mit einem Totenkopf mit ganz normalen Geschlechtsorganen ausgestattet sind oder daß »Tote« Frauen umarmen. Tatsächlich spielen bei den zahllosen Darstellungen sexueller Handlungen Skelette eine nicht unwichtige Rolle. Abermals geht es hier um die Gedankenverbindung von Tod und Fruchtbarkeit. Die Unterwelt - sprich Erde - ist die Quelle allen Lebens.

Gemeinsamkeiten in der materiellen Kultur

Überall im zentralen Andengebiet trug man ganz ähnliche Kleidung. Man wob rechteckige Stoffbahnen von verschiedener Größe, die auf ganz unterschiedliche Art und Weise verwendet wurden. Am weitesten verbreitet war eine Art Tunika oder Hemd. Es bestand aus zwei Stoff-Rechtecken, die so zusammengenäht waren, daß Schlitze für den Kopf und die Arme offenblieben. Daneben gab es eine ähnliche Form mit seitlichen Öffnungen, den Poncho oder Überwurf. Allgemeine Verbreitung hatten darüber hinaus Lendenschurze und Röcke, gelegentlich tauchte auch eine Art Hose auf. Zur Kleidung zählten ferner Umhänge, wie man sie in den Gräbern auf der Halbinsel Paracas fand, desgleichen Schulterkragen, die - wie Abbildungen auf der Mochica-Tonware zeigen - bei bestimmten Anlässen angelegt wurden, so beispielsweise beim Coca-Ritual.

Ein wichtiges Element, das Rückschlüsse auf die Tracht zuläßt, ist der Kopfschmuck. Von sorgfältig gewickelten Kopfbändern aus Stoff bis zu kunstvollen Goldkronen oder halbkreisförmigen Stirnreifen mit Tierdarstellungen deutet der Kopfschmuck auf göttlichen oder menschlichen Status hin, desgleichen verweist er auf rituellen Gebrauch. Wer eine wichtige gesellschaftliche Rolle inne hatte, trug Ohrenschmuck (etwa kreisrunde Scheiben), der in der Regel aus kostbarem Metall bestand. Goldener oder silberner Nasenschmuck wurde an der durchstochenen Nasenscheidewand befestigt. In manchen Fällen spricht man in diesem Zusammenhang besser von Mundmasken, denn die betreffenden Stücke dienten in Wirklichkeit mehr dazu, den Mund zu bedecken als die Nase zu zieren. Götterfiguren an der Südküste trugen auch Stirnmasken. Tatsächlich sind derartige Stirnmasken aus Blech in Gräbern entdeckt worden.

Fast überall fand man zudem Gegenstände, die dazu dienten, Töne zu erzeugen. Zahlreiche Tongefäße enthalten in ihren Basen zu diesem Zweck Kieselsteine oder Tonkügelchen. In vielen Kulturen kannte man auch zwei- oder einkammerige Pfeifgefäße. Sie waren so konstruiert, daß einströmende Flüssigkeit Luft verdrängte, die durch Löcher entwich, wodurch der erwünschte Pfeifton zustande kam. Am häufigsten vertreten waren aber Trommeln, Flöten, Trompeten, Okarinas und Muschelhörner.

Trotz beträchtlicher Gemeinsamkeiten wies aber jede Kultur ihre unverkennbaren eigenen Charakterzüge auf. Die meisten Objekte aus diesen Kulturen, die wir heute in Museen vorfinden, lassen sich leicht bestimmten Orten und Zeiten zuordnen. Und doch gibt es noch immer eine Fülle offener Fragen, denn zwischen den Kulturen bestanden Wechselbeziehungen, man erfand Neues, war schöpferisch, und alles befand sich ständig in einem Entwicklungsprozeß. Je mehr wir von diesen Kulturen wissen, desto mehr Probleme tauchen auch auf, die es noch zu lösen gilt.

DIE KULTURRÄUME

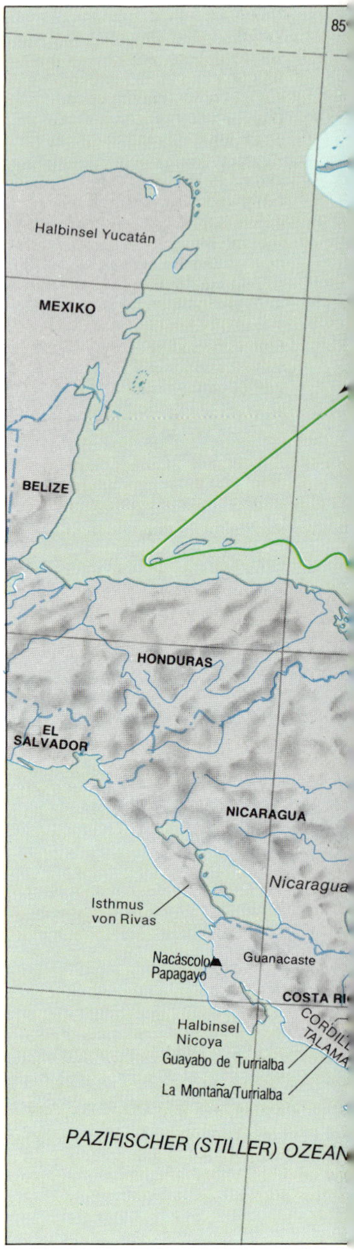

DIE ANTILLEN: ARAWAKEN, KARIBEN UND IHRE VORLÄUFER

Als Kolumbus seinerzeit den Seeweg nach Asien suchte, segelte er mitten in das Stammesgebiet der Arawaken hinein. Im Oktober 1492 ging er erstmals in der Neuen Welt an Land. Die Insel, die er betrat, gehörte zu den Bahamas. Kolumbus nannte sie San Salvador, ihr einheimischer (arawakischer) Name lautete »Guanahaní«. Kolumbus wurde hier von nackten Indianern mit kunstvollem Federschmuck begrüßt. Sie waren rot und schwarz bemalt, und ihre Köpfe waren künstlich abgeflacht. Sie überreichten dem Ankömmling Geschenke: Papageien, Speere und Ballen von Baumwollgarn. Kolumbus beobachtete, daß sie bei kultischen Anlässen Zigarren rauchten. Dies war das erste Mal, daß ein Europäer mit Tabak in Berührung kam. Ein Jahrhundert nach dem Eintreffen der Spanier waren diese Insel-Arawaken ausgerottet. Eingeschleppte Krankheiten hatten sie dahingerafft, und wer davon verschont blieb, den brachten die Spanier um.

Die Arawaken waren einst in langen, langsamen Wanderbewegungen zur See von Venezuela über Trinidad auf die Karibischen Inseln gekommen. Archäologische Zeugnisse von ihnen findet man auf den Kleinen Antillen und den Großen Antillen (Puerto Rico, Haiti, Dominikanische Republik, Jamaika und Kuba), desgleichen auf den Bahamas. Zur Zeit der Conquista beherrschten die Arawaken die Großen Antillen.

Die Arawaken lebten von dem, was ihnen das Meer und seine Küsten boten. Man entdeckte Fischereiausrüstung und Speerschleudern, ihr wichtigster Gebrauchsgegenstand aber war das Kanu. Man kann gar nicht genug betonen, welch große Bedeutung das Kanu für diese Menschen hatte. Die Arawaken brauchten Kanus für ihre Wanderzüge, ihren Handel, ihre Fischerei, für die Jagd an den Flüssen und Küsten. Für all dies besaßen sie Einbäume und Plankenkanus in großer Zahl. Kolumbus berichtete von einem gewaltigen Kanu, das nach seiner Auffassung nicht weniger als 150 Personen faßte, und in Jamaika hatte er angeblich ein Kanu von 30 Metern Länge gesehen. Sehr beeindruckt zeigte er sich auch von der Schnelligkeit dieser Kanus, und ihm fiel ferner auf, daß die Steuerleute der Arawaken ausgezeichnete Navigatoren waren. Neben dem Fischfang und der Jagd bauten die Arawaken Mais, Bohnen, Süßkartoffeln, Kürbisse sowie – als wohl wichtigste Anbaufrucht – bitteren Maniok an. Zu den weiteren Nutzpflanzen zählten Erdnüsse, Pfeffer, Ananas und andere Früchte. Zum Pflanzen benutzte man hölzerne Grabstöcke, außerdem gab es eine Art hölzernes Hau-»Messer« mit breiter »Klinge«, das zum Aushauen von Buschwerk und zum Graben, aber auch als Waffe verwendet wurde.

Links: Ein europäischer Stich illustriert eine Episode von der vierten Reise des Kolumbus. Der Admiral versammelte die Häuptlinge von Hispaniola, um ihnen ihr – in christlicher Sicht – sündiges Tun vorzuhalten, besonders ihre Unwilligkeit, den Spaniern Lebensmittel und andere Unterstützung zu geben. Dann sagte er eine Mondfinsternis voraus, die eine Warnung des christlichen Gottes sei, damit sie sich besserten. Als die Mondfinsternis eintrat, brachten die eingeschüchterten Indianer rasch Vorräte zu den spanischen Schiffen und versprachen, den Spaniern und ihrem Gott in Zukunft treu zu dienen. Priester höher entwickelter Kulturen der Neuen Welt manipulierten wahrscheinlich ihre eigenen Völker mit gleichen Mitteln.

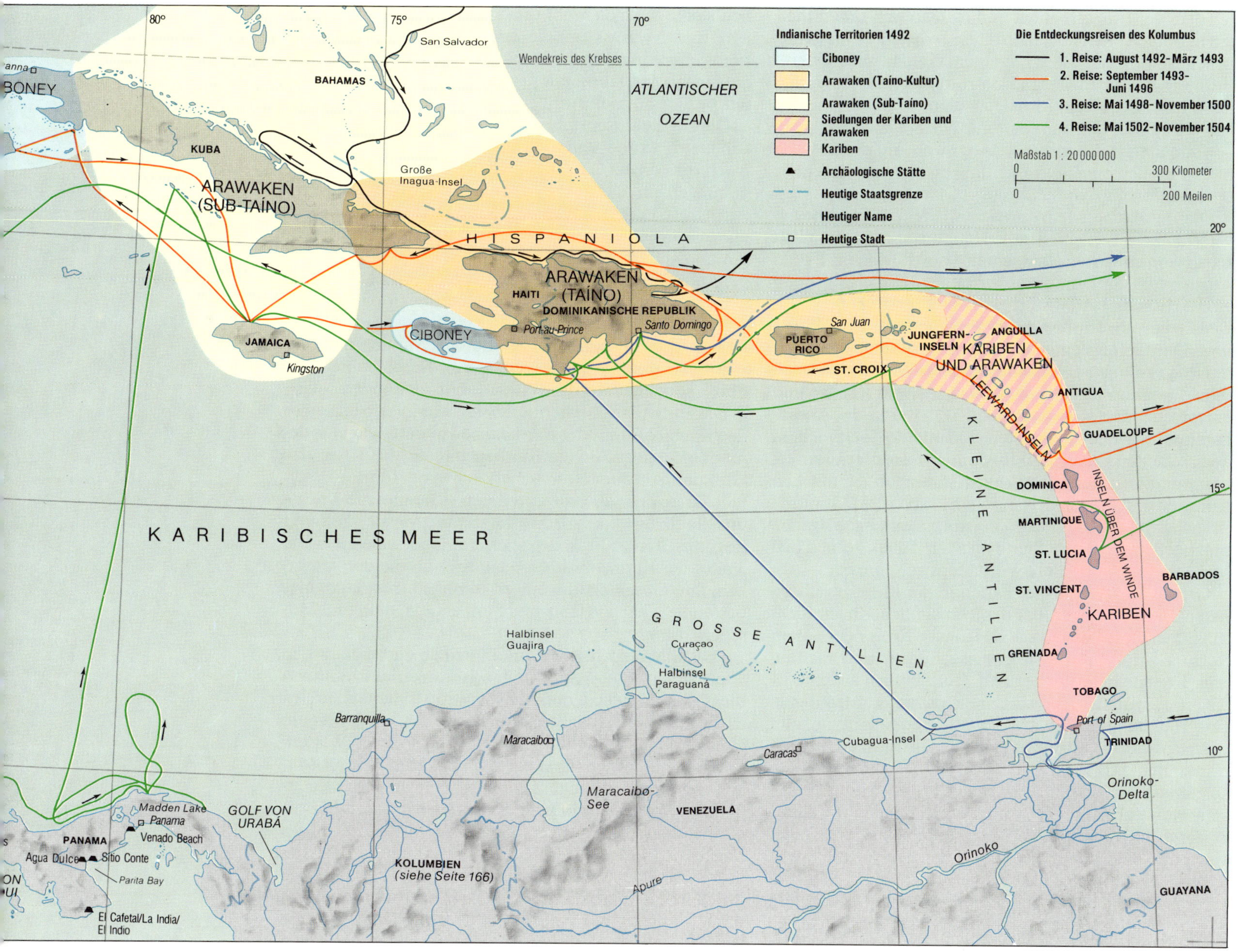

Oben: Die Kulturen des südlichen Zentralamerika und der Antillen
Die Karte zeigt die Richtungen der Bevölkerungsbewegungen. Die Abwanderungen aus dem nordöstlichen Südamerika zu den Antillen vollzogen sich etappenweise mit dem Kanu, wobei die Inseln unter und über dem Winde als Zwischenstationen dienten. Die früh abwandernden Ciboney gingen in den entlegenen Westen von Kuba und den äußersten Teil von Hispaniola (das heutige Haiti und die Dominikanische Republik). Die Arawaken oder Taíno besiedelten die Kleinen und Großen Antillen sowie die Bahamas und erreichten ihre kulturelle Blüte auf Hispaniola. Die Kariben kamen später und waren bei der Ankunft des Kolumbus in San Salvador noch dabei, in das nördlich der Region der Taíno gelegene Gebiet vorzustoßen.

Als Wohnung dienten glockenförmige Häuser mit Strohdach, und zum Schlafen benutzte man Hängematten. Diese bäuerliche Bevölkerung produzierte Baumwollstoff, Amulette aus Stein, Knochen und Muschelschalen sowie feine Keramiken mit vielfältigster Dekoration: Gefäße, Figurinen und Masken, aber auch Gebrauchs-Tonware, insbesondere Back-Platten für die Herstellung von Kassava-Broten aus Maniok.

Kolumbus und seine Gefährten zeigten allerdings wenig Interesse an indianischer Kultur. Ihnen ging es um Gold. Trafen sie doch auf Häuptlinge (Kaziken), die goldenen Ohrenschmuck sowie mit Gold besetzte Stoffgürtel trugen und auf mit Blattgold belegten geschnitzten Holzstühlen thronten. Und die Töchter dieser Häuptlinge hatten sich mit goldenem Nasenschmuck herausgeputzt. Man schenkte Kolumbus Masken, die ganz oder teilweise aus Gold bestanden, und die Spanier tauschten Glasperlen, kupferne Schellen und verschiedenen Krimskrams gegen Gold ein. Doch all dies war viel zu wenig und reichte auf gar keinen Fall hin, den immensen Goldhunger der Spanier zu stillen.

Die Arawaken selbst schätzten Gold weit weniger als Tumbaga oder Guanín, eine Gold-Kupfer-Legierung, die sie vom Festland bezogen. Gegenstände aus Guanín hatten für sie Wert, weil es sich um Importware handelte – möglicherweise sogar um Importware aus dem Land der Ahnen -, weil man sich auf dem Festland besser auf die Kunst der Metallverarbeitung verstand und weil die betreffende Legierung eine intensivere Farbe aufwies. Außerdem haftete dieser Legierung wegen ihres Kupferanteils ein bestimmter Geruch an, der ihren Wert für die Indianer möglicherweise noch erhöhte. Vor allem aber schätzten die Arawaken feingearbeitete Gegenstände aus Knochen und Muschelschalen.

Dorfleben und Kult

Die Gottheiten der Arawaken hießen *zemí*. Dieses Wort war wohl gleichbedeutend mit der in der Andenregion verwendeten Bezeichnung *huaca* (»heilig«). *Zemí* stand für Götter, Götterbilder oder -symbole, Überreste Verstorbener, die Mächte des Himmels, Sonne, Mond, Wind und Erde. Die Götterbildnisse konnten ganz verschiedene Formen annehmen und bewiesen oft bedeutende bildnerische Fähigkeiten. Auf Puerto Rico, in der Dominikanischen Republik sowie auf Haiti war während der Spätzeit allgemein ein dreieckiges Idol aus Stein oder Muschelschalen verbreitet. Seine Form ging vielleicht auf die Kegel der Vulkane zurück, und allem Anschein nach stellte es eine Gottheit dar, die man als Spender des Maniok betrachtete. (Da man vielfach glaubte, Pflanzen seien Geschenke der Erdgottheiten, und da man sich Erdgottheiten in Bergen oder Vulkanen lebend vorstellte, war es nur naheliegend, einen Berg mit einem Gesicht abzubilden.) Frühen spanischen Chronisten zufolge verwendete man diese Idole bei einem Ritual, bei dem der Schamane Tabak schnupfte, der mit einer aus der *Piptadenia*-Pflanze gewonnenen Psychodroge versetzt war. Auf diese Weise trat er mit den *zemí* in Verbindung und konnte so Wetter und Ernteerträge voraussagen.

Die Gesellschaft der Arawaken wies eine Gliederung in verschiedene Schichten auf. Häuptlinge, die die Wirtschaft kontrollierten, herrschten über Regionen, die an Ausdehnung ihr Dorf weit übertrafen. Beispielsweise gab es auf Hispaniola fünf solcher »Häuptlingstümer« mit jeweils einer abgestuften Hierarchie unter jedem Häuptling. Die Gefolgsleute der Häuptlinge zeichneten sich durch sorgsam ausgeklügelte Ausstaffierung aus. Je nach ihrer Funktion trugen sie unterschiedliche Kleider und entsprechenden Kopfschmuck. Zwar waren die Arawaken kulturell dem Nordosten Südamerikas verpflichtet, doch scheinen sie auch Einflüsse aus Mesoamerika aufgenommen zu haben. Tatsächlich verbinden sie mit den Kulturen des mesoamerikanischen Festlandes bestimmte Bräuche wie etwa die Sitte, Verstorbenen Grabbeigaben mitzugeben, bei kultischen Anlässen Tabak zu rauchen und andere zeremonielle Verhaltensweisen mehr.

Große Arawakendörfer hatten in der Mitte jeweils einen öffentlichen Platz, der manchmal nur aus einer Lichtung, manchmal aber auch aus einem Kreis oder einem Rechteck mit Erdwällen, Steinsetzungen und Platten- oder Kopfsteinpflaster bestand. Gelegentlich bildeten jeweils zwei parallele Erdwerke regelrechte Einfriedungen. Das Häuptlingshaus war der *plaza* zugewandt, auf der wahrscheinlich religiöse Tänze und Bestattungsriten stattfanden. Das wichtigste Ritual jedoch scheint ein Ballspiel gewesen zu sein, das vielleicht aus Mesoamerika stammt. (Yucatán liegt ja nur 195 Kilometer von Kuba entfernt, allerdings gibt es so gut wie keine tragfähigen Beweise für Kontakte zwischen beiden Gebieten.) Frühe spanische Chronisten beschreiben den Platz im Zentrum einer jeden Stadt, der eigens dem Ballspiel vorbehalten war. Größere Dörfer hatten *bateys*, wie man derartige *plazas* oder Einfriedungen nannte, auch in den Außenbezirken. Dieser Ballspielplatz-Typ entwickelte sich auf den Antillen kurz nach 500 n. Chr., und der »ausgereifteste« Platz dieser Art befindet sich auf Puerto Rico und stammt aus der Zeit um 1200 n. Chr.

Ebenso wie in Mesoamerika gehörte zum Ballspiel das Menschenopfer, was durch spanische Chronisten bezeugt wird. Ihnen zufolge ist ein Menschenopfer der Preis für das Gewinnen des Spieles gewesen. Zumindest in diesem Sinne also hatte das Ballspiel etwas von einem Hasardspiel an sich. Vermutlich diente es aber auch der Vorhersage von Ernteerträgen und scheint ferner in irgendeiner Weise mit der Felderbewässerung – also wohl mit der Bitte um Regen – zu tun gehabt zu haben.

Ahnen und Feinde

Die Bewohner der Antillen waren aus Nordostvenezuela gekommen, und zwar über Trinidad, »die Pforte ihrer Wanderung«. Tatsächlich weisen die archäologischen Befunde aus den genannten Gebieten große Ähnlichkeiten auf. Auf der Insel Cubagua vor der Küste Venezuelas gibt es Spuren eines Volkes aus der Zeit um 5000-1000 v. Chr., das möglicherweise an der frühen Besiedlung der Antillen Anteil hatte. Zwischen etwa 1000 und 500 v. Chr. wanderten Arawakisch sprechende Gruppen am Orinoko zu dessen Delta hinab. Sie betrieben eine Frühform des Bodenbaus, und ihr Hauptnahrungsmittel war Maniok. Tatsächlich stellte Maniok wohl die älteste Kulturpflanze Südamerikas dar. Etwa um die Zeitenwende tauchten diese Leute, die Vorfahren der Insel-Arawaken, auf Puerto Rico auf, und in den Jahrhunderten unmittelbar danach breiteten sie sich auf den Antillen aus.

Die auf den Inseln ansässige ältere Indianergruppe, die Ciboneys, wurde von den Arawaken nicht vertrieben. Noch zur Zeit der Conquista gab es kleine Ciboney-Gruppierungen im Südwestteil Haitis und in Teilen Kubas. Auch diese Präkeramiker waren (um 2500 v. Chr.) von Venezuela aus eingewandert. Sie hinterließen Muschelhaufen und andere Überreste tierischer Nahrung, Werkzeuge, Anhänger und einige Bestattungen. Ferner verfügten sie bereits über Kanus oder zumindest über Flöße aus Balsaholz. In der Spätphase wurden die Insel-Arawaken ihrerseits von den Kariben der Kleinen Antillen bedroht, von deren Stammesname nicht nur die Bezeichnung »Karibik«, sondern auch das Wort »Kannibale« abgeleitet ist.

Die frühen spanischen Eroberer waren entsetzt über den Kannibalismus der Kariben, bewunderten jedoch deren Tapferkeit. Für die Kariben bildete der Krieg das Grundprinzip ihrer Gesellschaft. Entweder führten sie gerade Krieg oder aber sie bereiteten sich auf neue Kriegs- und Raubzüge vor. Als Waffen benutzten sie Pfeil und Bogen, seltener die kompliziertere Speerschleuder. Die Kultur der Kariben war rückständiger als die der Arawaken, ihre Gesellschaft weniger komplex. Ihre Kultbilder bestanden eher aus Holz und Stoff als aus Stein und Muschelschalen.

Die frühen spanischen Eindringlinge zerbrachen sich über die Unterschiede zwischen Arawaken und Kariben nicht allzusehr den Kopf. Für sie waren Indianer, die sich leicht unterwerfen ließen, Arawaken, das kriegerischere Volk dagegen waren die Kariben. Die moderne Wissenschaft hat demgegenüber ein sehr viel komplexeres Muster von Wanderbewegungen, Mischehen und Sprachentlehnungen erarbeitet. Denn die Kariben verspeisten zwar die männlichen Arawaken, die sie bei ihren Raubzügen fingen, weibliche Angehörige des Arawaken-Stammes dagegen nahmen sie zur Frau. Trotz dieser Bedrohung durch die Kariben stellten die Arawaken aber seit langem das mächtigste Volk auf den Großen Antillen dar, als die Spanier die Inseln betraten. Noch heute gibt es Arawaken in Guayana, Surinam und Französisch-Guayana, doch von den Inseln der Karibik sind sie längst verschwunden. Nur auf den Leeward-Inseln (östlich von Puerto Rico) gibt es noch ein paar Arawaken-Reservate.

SÜDLICHES ZENTRALAMERIKA, KOLUMBIEN UND VENEZUELA

Kolumbus' vierte Reise führte ihn zu den Küsten Venezuelas, Panamas und Costa Ricas. Damals sah er die Talamanca-Indianer in Costa Rica, die goldene »Adler«-Anhänger trugen, desgleichen die Guaymí-Indianer Panamas, die sich mit Goldscheiben schmückten. Die Spanier erblickten große Dörfer rings um eine zentrale *plaza* angeordnet, die von Herrscherresidenzen und den Gräbern königlicher Ahnen umgeben war. Zur Zeit der Conquista umfaßten die Indianer-Gruppen rings um die Karibik Gemeinden von 1000 und mehr Einwohnern. Regiert wurden sie von Häuptlingen verschiedenen Ranges, deren oberste weit über ihr eigenes Dorf hinaus Macht ausübten. Von ihrer gesellschaftlichen Schichtung zeugen Unterschiede hinsichtlich der Grabbeigaben. Besonders gut ausgestattete Gräber hatten Häuptlinge, während andere Ruhestätten nur mit sehr bescheidenen Beigaben verse-

Im zentralen Hochland von Costa Rica entstanden steinerne *metates* (Mahlsteine) in Tischform. Die Platten wurden von plastischen, etwa 50 Zentimeter hohen Figuren von Vögeln, Krokodilen, Jaguaren und anthropomorphen Wesen, die akrobatische Kunststücke vollbringen, gestützt. Viele sind mit Trophäenköpfen eingefaßt, und einige haben als Umrandung ein Webmuster, ein Motiv, das in Mesoamerika als Zeichen königlicher Würde galt. Im zentralen Hochland wurde mitunter ein Leichnam auf drei nebeneinanderstehenden *metates* aufgebahrt. Zu den Steinskulpturen von Costa Rica gehören auch fein geschnitzte Zepterknäufe und schön gearbeitete Anhänger aus Jade oder jadeähnlichem Stein.

hen wurden. Diese zirkumkaribischen Gruppen verfügten auch über sehr komplizierte Verhaltensmuster, was ihre Kriegführung anging, sowie über eine hierarchische Religion mit Idolen aus Stein, Holz oder Muschelschalen, die man in besonderen Tempeln aufbewahrte, wo Priester ihres Amtes walteten. Das gesamte Gebiet von Nicaragua über Panama bis hin zu den Küsten Kolumbiens und Venezuelas wurde von den Angehörigen eines einzigen Sprachstammes (*Makro-Chibcha*) beherrscht. Ihrer geographischen Beschaffenheit verdanken diese Länder eine Reihe kleiner Umweltnischen, die untereinander zugänglich sind. Die Verbindungswege führten an der Küste entlang sowie längs der Flußläufe zum Hochland. Weit verbreitet war der Tauschhandel mit Gold, aber auch mit einem breiten Spektrum anderer Waren. Die Region von El Salvador bis hin zum gesamten nordwestlichen Südamerika ist weitgehend durch die gleichen Formen der Anpassung an die Umweltbedingungen gekennzeichnet. Die Landwirtschaft beruhte auf dem Anbau von Mais, Maniok (von bitterem Maniok in Venezuela, von süßem Maniok anderswo) und Süßkartoffeln. Auch das Töpferhandwerk und die Metallurgie waren recht gut entwickelt. Das Muster der Handelsbeziehungen, das die ersten Spanier vorfanden, hatte wahrscheinlich schon eine lange Geschichte. An der Küste der genannten Länder sowie an dem sich anschließenden Küstenstreifen Ekuadors stieß man auf viele der frühesten Überreste aus präkeramischer Zeit sowie auf frühe Töpferware. Allerdings gibt es bedeutende präkeramische Plätze auch landeinwärts in den Hochländern. Fundstätten mit frühzeitlichem Material zeigen übereinstimmende Muster, was die Lebensweise angeht. Anfangs waren ihre Bewohner vom Jagen und Sammeln im tropischen Regenwald abhängig, daran schlossen sich dann primitive Formen des Bodenbaus an.

Man vermutet, daß der Mensch der Frühzeit auf seinen Wanderungen schon vor 20 000 v. Chr. durch das südliche Zentralamerika gekommen ist. Paläoindianische Spitzen, die in Turrialba, an der atlantisch/pazifischen Wasserscheide von Costa Rica, und am Madden Lake in der Panama-Kanalzone gefunden wurden, sind älteren Datums als 5000 v. Chr. In den Muschelhaufen von Cerro Mangote in Panama (um 4800 v. Chr.) sowie in Höhlen und Abris (Balmen, Halbhöhlen) traten zahlreiche, durch Schlagretusche entstandene Steingeräte ans Licht, die oft in Assoziation mit Tierknochen angetroffen wurden. In Puerto Hormiga, einem der vielen Muschelhaufen an der karibischen Küste Kolumbiens, entdeckte man Keramik aus der Phase um 3000 v. Chr., die man eine Zeitlang für die älteste Keramik Amerikas hielt, doch scheint sie bereits zwei frühere Traditionen in sich zu vereinen. Tatsächlich ist inzwischen auch ältere Keramik entdeckt worden. Obwohl Keramik in der Regel bei Kulturen anzutreffen ist, die auch Bodenbau kennen, gibt es in diesem Fall keine konkreten Anzeichen für einen solchen Zusammenhang.

Bis etwa 2500 v. Chr. verharrten zahlreiche Gruppen rings um die Karibik auf der Sammlerstufe. Geräte zur Verarbeitung der Nahrung sowie Werkzeuge für die Herstellung solcher Geräte traten in Halbhöhlen und Höhlen zutage. Wahrscheinlich im vierten Jahrtausend entwickelte sich in Venezuela der Anbau von Knollenpflanzen, der sich dann an der Atlantikküste ausbreitete. In Chiriquí, Panama, gibt es Anhaltspunkte dafür, daß schon im zweiten Jahrtausend v. Chr. Maniokanbau betrieben wurde, und in La Montaña im Turrialba-Tal stieß man auf tönerne Back-Platten aus der Zeit um 1500 v. Chr. Geräte dieser Art haben meist mit der Maniok-Verarbeitung zu tun. Die Fundstätte La Montaña erbrachte fünf Radiokarbon-Daten zwischen 1500 und 300 v. Chr. Sie stammen von organischem Material, das mit den Back-Platten und einer formenreichen monochromen Töpferware vergesellschaftet war. Der Maisanbau setzte wohl etwas später als die Maniokkultivierung ein.

Das südliche Zentralamerika bildet geographisch eine schmale Brücke zwischen den beiden riesigen Subkonti-

Oben: Der Guatavita-See hoch in den Bergen, nicht weit von Bogota, war die Wohnstätte eines Berg-Himmel-Wasser-Gottes. Der 37 Meter tiefe See mit einem Umfang von vier Kilometern ist wohl durch Meteoreinschlag entstanden. Wenn die Vorfahren der Muisca gesehen hätten, wie der glühende Meteor aus dem Himmel auf die Erde schlug und ein Wasserreservoir schuf, müßte dieses Ereignis dem See seine besondere Stellung zugewiesen haben. Daß man ihm Goldopfer darbrachte, könnte eine Nachahmung des Naturereignisses gewesen sein, um den Bestand des kostbaren Wassers für die Zukunft zu sichern.

nenten im Norden und Süden. Es unterlag zu verschiedenen Zeiten den Einflüssen beider Landmassen, doch ging es in seiner kulturellen Entwicklung eigene Wege, die je nach Zeit und Ort variierten. Bis vor kurzem besaßen wir über das südliche Zentralamerika für die Spanne vor 1000 v. Chr. kaum Informationen, doch neuere Ausgrabungen und Sondierungen erbrachten eine große Menge präkeramischen Materials, vor allem in Panama landeinwärts der Parita-Bucht, wo man mehr als 200 Fundplätze nachwies. Beginnend mit der Periode zwischen etwa 1000 v. Chr. und 500 n. Chr. liegt dagegen ein breites Spektrum an Artefakten vor.

Costa Rica

Costa Rica wird in drei archäologische Hauptzonen gegliedert. Im Westen erstreckt sich die Halbinsel Nicoya. Die dort anzutreffende Kultur umfaßt auch die nicaraguanische Landenge von Rivas zwischen dem Nicaragua-See und dem Pazifik sowie die Provinz Guanacaste. Der mittlere Landesteil besteht aus der Wasserscheide zwischen Pazifik und Atlantik und dem zentralen Hochland. Im Südosten weisen die Befunde aus dem Diquís-Delta Berührungen mit dem archäologischen Material aus der angrenzenden Provinz Chiriquí (Panama) auf. Diese drei Bereiche besitzen charakteristische Eigentümlichkeiten, die sich allerdings recht weitgehend überlagern.

Die Tatsache, daß es sehr viel mehr Ausgrabungsstätten mit Material aus der Zeit um Christi Geburt gibt, deutet auf Bevölkerungswachstum sowie, damit Hand in Hand gehend, auf ausgeprägtere soziale Schichtung hin. Große Zeremonialzentren mit Monumentalskulpturen sind selten, doch von den Inseln des Nicaragua- und des Managua-Sees sowie aus den Nachbargebieten dieser Seen kennt man menhirähnliche monolithische Steinsetzungen (Säulen, Stelen). Ähnliche Skulpturen tauchten in Guanacaste auf. Die am häufigsten in Costa Rica angetroffenen bedeutenderen Steinartefakte sind dreifüßige *metates,* tischähnliche Steinplatten zum Zermalen von Mais. In der Region von Guanacaste-Nicoya bestehen sie aus gekrümmten rechteckigen Steinen, die nicht selten an der Unterseite Ritzungen aufweisen. Etwas jüngere Exemplare sind an einem Ende mit dem Kopf eines katzenartigen Raubtieres (bzw. eines Jaguars) geschmückt, so daß sie eine Art Tierplastik bilden. Manche dieser *meta-*

tes weisen Abnutzungsspuren auf, und man findet bei ihnen auch die zugehörigen *manos* (Reibsteine), mit denen man den Mais zerstieß. Derartige *metates* und *manos* gab es auch als Beigaben in den Gräbern hochgestellter Persönlichkeiten. Sehr wahrscheinlich hatten die *metates* eine Vielzahl von Funktionen: Sie dienten als Tische für das rituelle Zerreiben von Mais, als Sitzgelegenheiten für die Herrscher, die für die Verarbeitung des Maises und die Nahrungsmittelverteilung zuständig waren, sowie als Grabbeigaben, die Transformation (Übergang, Gestaltwandel) symbolisierten: einmal die Umwandlung des Maises in Mehl, zum anderen den Übergang vom Leben zum Tode.

In den 500 Jahren vor dem Eintreffen der Spanier fand eine ganze Reihe von Veränderungen statt. Die Zahl der *metates* ging zurück, und die einst so häufigen Keulenköpfe verschwanden völlig. Eine verbreitete Form der Keramik waren nun eiförmige, polychrome Gefäße, die oft einen Raubkatzenkopf und Vordertatzen im Hochrelief zeigten. In höheren Gebieten schuf man jetzt Anlagen mit kreisrunden künstlichen Hügeln auf steinernen Fundamenten, *plazas* und mit Kopfsteinen gepflasterten, erhöhten Zugangswegen. Die umfangreiche und komplexe archäologische Stätte Guayabo de Turrialba verfügt über mit Steinen ausgekleidete Aquädukte. Steinplatten dienten als Brücken, Bodenbeläge und Grabplatten, und allgemein verbreitet waren Steinkistengräber.

Groß-Chiriquí

Das Diquís-Delta erbrachte Artefakte, die von denen anderer Regionen Costa Ricas sehr verschieden sind: Es gehört zu der Zone, die Archäologen als Groß-Chiriquí zu bezeichnen pflegen und aus der sowohl charakteristische Metallarbeiten als auch bemerkenswerte Arbeiten in Stein sowie Skulpturen stammen. Unter anderem gibt es hier rätselhafte große Stein-»Bälle«. Das wahrscheinlich bedeutendste Zentrum in dieser Region war Barriles am Fuße des Barú-Vulkans in Panama, nicht weit von der Grenze Costa Ricas entfernt. Seinen Namen verdankt dieser Platz den faßartigen Skulpturen, die man dort antrifft (*barril* ist eine der spanischen Bezeichnungen für »Faß«). Daneben stieß man auf zahlreiche andere Skulpturen aus vulkanischem Gestein. Stätten für kultische Zeremonien verfügten über niedrige, mit Steinen verkleidete Plattformen. Plattformen mit Kopfsteinplaster und Mauern fand man auf Friedhöfen.

Zentralpanama und Darién

Ebenso wie Costa Rica gliedert sich auch Panama in drei archäologische Zonen, die jeweils an der äußersten Peripherie auf die angrenzenden Gebiete der heutigen Nachbarstaaten übergreifen. So hängt die westliche Zone mit der Kultur des Diquís-Deltas zusammen, die östliche jedoch mit dem Teil Kolumbiens rings um den Golf von Urabá (dem Südteil des Golfs von Darién). Das Zentralgebiet wies glänzende und sehr individuelle Kunststile auf. In Gräbern, so beispielsweise in Sitio Conte und Venado Beach, fand man gegossene und aus Blech hergestellte Goldgegenstände, desgleichen ansprechende polychrome Keramik. Beide zeigen nicht selten gleichartige Motive: Fabelwesen, die Elemente verschiedener Tierarten miteinander vereinen. Sie sind oft zweiköpfig oder treten paarweise auf. Die ältesten bekannten Metallarbeiten kamen in Panama zum Vorschein. Sie stammen aus den ersten Jahrhunderten der christlichen Zeitrechnung und sind ab etwa 400 n. Chr. allgemein verbreitet. Einige be-

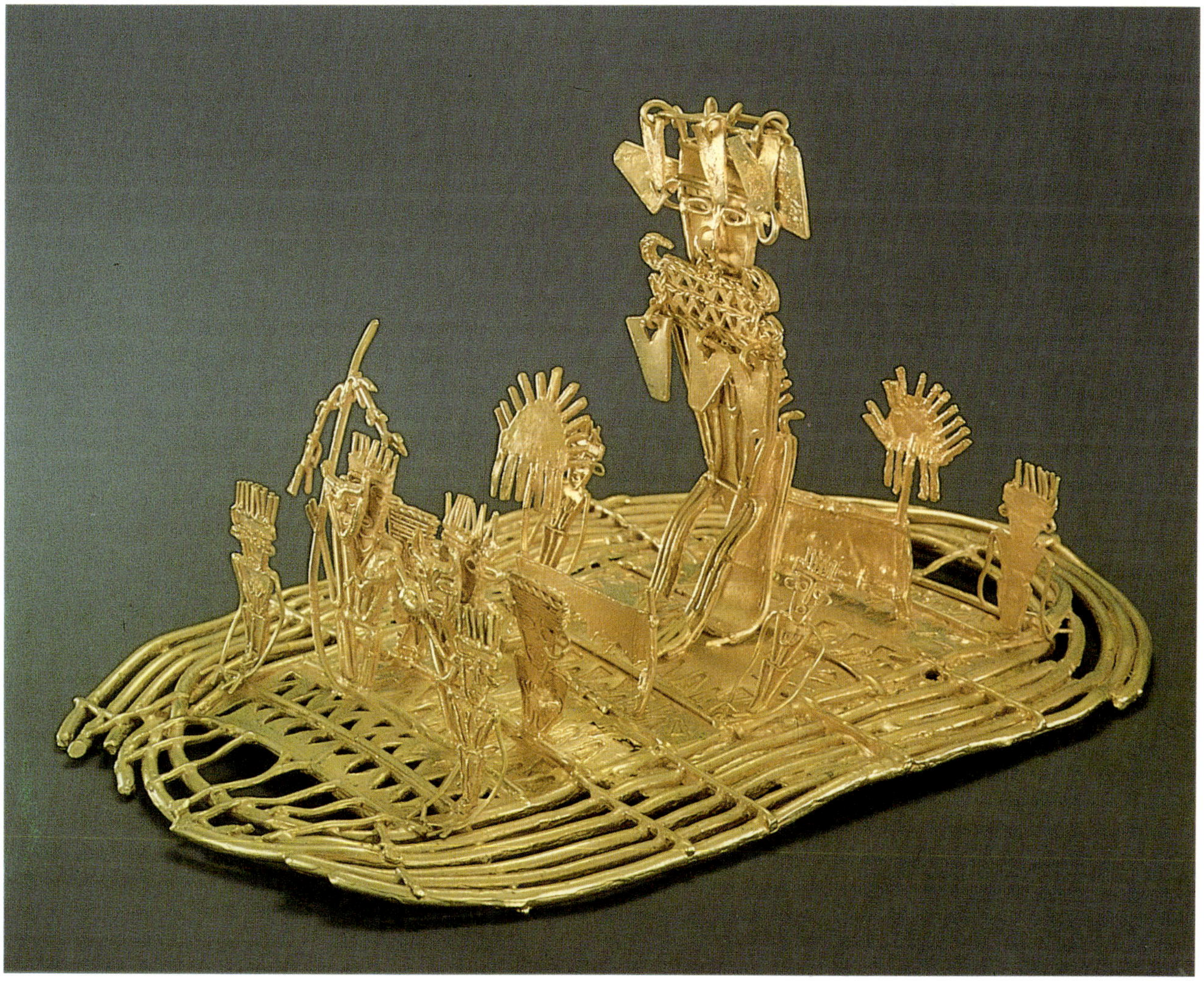

Rechts: El Dorado, »Der Vergoldete«, erscheint hier als große Figur auf einem Schemel oder Thron auf einem Floß sitzend. Er trägt Schmuck und ist von einem (klein dargestellten) Gefolge umgeben. Bei Übernahme des königlichen Amtes brachte der goldbekleidete Herrscher der Muisca dem Guatavita-See Opfergaben. Bereits im 16. Jahrhundert wurden Versuche unternommen, den See zu entwässern und nach dem Gold zu suchen. Obgleich Gegenstände geborgen werden konnten, war die Wasserfläche nie mit Erfolg ganz trockenzulegen. Diese ungewöhnlich feingearbeitete Opfergabe (*tunjo*) ist mehr als 18 Zentimeter lang. Die meisten *tunjos* sind flach und in Golddraht-Technik gearbeitet. Anders als viele Goldfiguren haben diese Opfergaben keine Ringe zum Aufhängen.

sonders alte Stücke müssen aus Kolumbien eingeführt worden sein, und auch die an Ort und Stelle selbst entstandenen verraten starken kolumbianischen Einfluß. Obwohl sich in Panama eigene Stile entwickelten, die von großem handwerklichen Können und ausgeprägter Individualität zeugen, steht Panama im wesentlichen in der Goldschmiedetradition Kolumbiens.

Nördliches Kolumbien

Die im Nordostzipfel Kolumbiens gelegene Sierra Nevada de Santa Marta hängt nicht mit den Anden zusammen. Hier schuf das Volk der Tairona eine der eindrucksvollsten Kulturen der Neuen Welt. Mehr als 200 Tairona-Dörfer mit Steinbauten und städtischen Charakterzügen verteilen sich vom Küstentiefland bis hinauf in Höhenlagen von etwa 2000 Metern.

Die erst jüngst untersuchte Ansiedlung Buritaca 200 entstand im 14. Jahrhundert n. Chr. Heute von Tropenwald umgeben, lag sie fast 1000 Meter über dem Rio Buritaca. Sie war einst eines der größten Zentren der Region. Erhalten blieben gekrümmte, mit Steinen verblendete Plattformen für die Häuser, steinerne Treppen, Stützmauern, die einst den Gebäuden Halt boten, Kanäle und Abwässergräben, eine *plaza* für kultische Zeremonien sowie Straßen. Mehr als 260 Häuser kamen zum Vorschein, außerdem nicht weniger als 200 Kilometer steingepflasterter Straßen in der Umgebung, denn Buritaca lag an einem Punkt, an dem sich Handelsrouten aus Kolumbien, Zentralamerika, Venezuela und Ekuador kreuzten. Darüber hinaus war Buritaca ein bedeutendes Zentrum der Goldgewinnung. Die Tairona erstarkten in den ersten Jahrhunderten der christlichen Zeitrechnung. Den Höhepunkt ihrer Entwicklung aber erreichten sie kurz nach dem Jahre 1000. Sie müssen eine machtvolle politische und soziale Struktur besessen haben, innerhalb derer die einzelnen Siedlungen unterschiedliche Ränge einnahmen, wobei Buritaca gewiß zu den Siedlungen zählte, die an der Spitze der Rangordnung standen. Etwa ein Jahrhundert lang setzten sich die Tairona gegen die spanischen Eindringlinge erfolgreich zur Wehr. Die heute im dortigen Gebiet wohnenden Kogi-Indianer stammen von den Tairona ab. Viele religiöse Vorstellungen und Zeremonien, an denen die Kogi noch immer festhalten, gehen zweifellos auf die Überlieferungen der Tairona zurück.

Im Tiefland westlich der Sierra war am Unterlauf des Rio Sinú und des Rio Magdalena die Sinú-Kultur heimisch. Das Wirtschaftssystem der Sinú-Leute verband sehr erfolgreich den Anbau eßbarer Knollen mit dem Sammeln der Ressourcen, welche die Flüsse, das Meer und die tropischen Niederungen zu bieten hatten. Die eindrucksvollste Hinterlassenschaft dieser Kultur sind Schmuckstücke aus gegossenem Gold, beispielsweise Ohrringe in sogenannter »falscher Filigranarbeit«.

Zentralkolumbien

Die Muisca-Indianer im Hochland von Bogotá nahmen eine völlig andere Haltung ein, was die Kunst der Metallverarbeitung anging. Ihr handwerklicher Ehrgeiz war offensichtlich gering. Von den hochentwickelten Gußtechniken und der Sorgfalt, die die Tairona, Sinú und andere ethnische Gruppen den von ihnen geschaffenen Kunstwerken angedeihen ließen, hielten sie anscheinend nicht viel. Statt dessen begnügten sie sich damit, kleine, oft recht plumpe Gegenstände aus *tumbaga* anzufertigen, Massenware, die man goß, ohne sich viel um den »letzten Schliff« zu kümmern.

Hier im Muisca-Gebiet hörten die goldhungrigen Spanier erstmals die Sage von El Dorado. Die Zeremonie, die diese Legende entstehen ließ, fand auf dem Guatavita-See nördlich von Bogotá statt, und zwar jedesmal, wenn ein neuer Muisca-Herrscher sein Amt antrat. Nachdem er sich in eine Höhle zurückgezogen hatte (Höhlen sind oft heilige Stätten), begab er sich zu dem See. Dort ließ man ein Binsenfloß zu Wasser, entzündete Fackeln, verbrannte Weihrauch, und der künftige Herrscher wurde entkleidet und von Kopf bis Fuß mit Ton beschmiert, an dem Goldstaub haftete. Dann bestieg der auf diese Weise »Vergoldete« das Floß, auf dem sich seine Opfergaben aus Gold und Smaragden türmten. In seiner Begleitung befanden sich ausschließlich mit Gold geschmückte Häuptlinge, die ihre eigenen Häufchen kostbarer Opfergaben hatten. Unter dem Klang der Musikinstrumente der Muisca-Leute dirigierte man das Floß dann in die Mitte des Sees, wo man die Kostbarkeiten dem Gott opferte, der wohl gleichzeitig eine Wasser-, Berg- und Erdgottheit war.

Oben: Kolumbien
Zerklüftete Landschaft trifft hier zusammen mit Umweltbedingungen, die für den Nahrungserwerb relativ günstig sind. Dies ist wahrscheinlich eine Erklärung dafür, daß die alten kolumbianischen Völker nicht fortzogen, um Reiche zu gründen. Die Volksgruppen blieben in relativ kleinen Gebieten und schufen individuelle Kunststile, aber kaum Bauwerke und Monumentalplastiken. Über die nordsüdlich verlaufenden Flußtäler gelangten Techniken und Stile der Goldverarbeitung von Kolumbien nach Panama, wo es zu einem Austausch mit Ekuador im Süden kam.

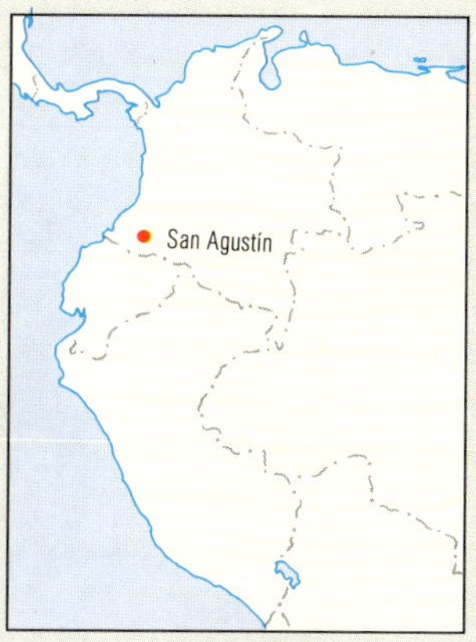

San Agustín

Im Ausgrabungsareal von San Agustín bedecken erhöhte Plattformen, Abflußgräben, Grabhügel sowie Steinkisten- und Schachtgräber eine Fläche von mehr als 500 Quadratkilometern. Man fand nicht weniger als 300 Statuen, die an jene des zentralandinen Hochlandes erinnern. Menschengestaltige Darstellungen weisen oft die für Katzen typischen Fang- oder Reißzähne auf, die in der Kunst des Andenraums Helligkeit und Übernatürlichkeit versinnbildlichen.

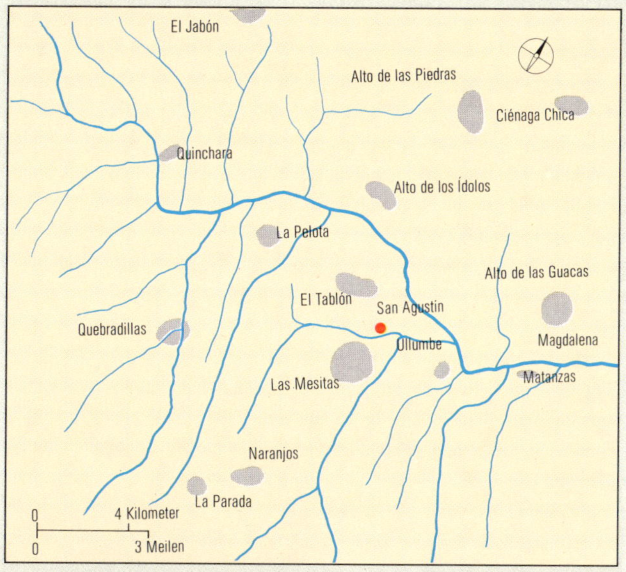

Rechts: Größere Fundstätten im San-Agustín-Gebiet
Üppige grüne Berge und Täler umgeben die in ca. 1800 Meter Höhe gelegene Stadt San Agustín. In der Nähe entspringt der Rio Magdalena, ein wichtiger Strom, der nach Norden in den Atlantik fließt. Las Mesitas, einer der bedeutendsten Ausgrabungsorte in diesem Gebiet, besitzt rechteckige Kammern aus vertikalen Megalithen mit Schlußsteinen, die mit einer ca. vier Meter dicken Erdschicht bedeckt sind und einen Durchmesser von ca. 25 Metern haben. Sie dienten wahrscheinlich als Grabkammern; in jeder von ihnen sind eine oder mehrere Skulpturen eingeschlossen. In Alto de los Idolos fanden sich in einem halbkreisförmigen künstlichen Erdhügel Steingräber, trogähnliche Sarkophage und Skulpturen.

Oben: Diese Steinskulptur stammt aus dem Umfeld von San Agustín. Die Plastiken stellten oft Gestalten dar, die Kopftrophäen, Waffen oder winzige Figuren halten, wodurch der übernatürliche Eindruck verstärkt wird, den die Monumentalfiguren hervorrufen. Einige Skulpturen befinden sich noch an ihrem ursprünglichen Ort, viele aber wurden in den archäologischen Park gebracht (*links*), wo die großen Zapfen, mit denen sie einst im Boden befestigt waren, freiliegen.

Südliches Kolumbien

In den gebirgigen Gegenden Südwestkolumbiens lebte eine Bevölkerung, die Mais anbaute. Ihre Häuser bestanden aus vergänglichem Material und erhoben sich auf Terrassen an den Talhängen. San Agustín, unweit der Quellen des Rio Magdalena inmitten üppig bewachsener Täler und Hügel gelegen, ist diejenige Fundstätte Kolumbiens, die am meisten Aufsehen erregt hat.

Das Gebiet von San Agustín wurde schon im letzten Jahrtausend v. Chr. besiedelt. Mit der Anlage der großen Erdwerke begann man aber erst nach dem Anfang der christlichen Zeitrechnung, nachdem allem Anschein nach eine neue Bevölkerungsgruppe eingewandert war.

Die Goldarbeiten im oberen Cauca-Tal repräsentierten den sogenannten Popoyán-Stil. Man fand hier verhältnismäßig wenige Anhänger (Gehänge) von charakteristischer Form. Sie hatten die Gestalt eines Vogels mit ausgebreiteten Schwingen. Ebenso wie im Nordwesten griffen auch im Südosten die Stile über die heutigen politischen Grenzen hinweg. Abstrakte Goldgehänge und Scheiben mit in Relieftechnik ausgeführten Gesichtern – sie dienten als Ohrenschmuck – wurden ebenso in der Nariño-Zone Kolumbiens wie im nördlichen Ekuador entdeckt. Wie ihre Nachbarn im Süden verwendeten die Goldschmiede der Nariño und Tumaco nicht nur Gold und Kupfer, sondern auch Platin und Silber. Die Tumaco-Goldarbeiten sind die ältesten in Kolumbien und gehen bis auf etwa 325 v. Chr. zurück.

DAS AMAZONASGEBIET

Der Amazonas ist Teil eines komplexen Flußsystems mit zahlreichen Nebenflüssen. Das östliche Kolumbien, Ekuador, Peru und Bolivien gehören diesem System ebenso an wie Brasilien und Ostvenezuela. Über lange Strecken seines Laufes hinweg überschwemmt der Amazonas alljährlich einen schmalen Streifen des Ufergeländes und garantiert so beständige Bodenfruchtbarkeit. In Landstrichen, die von den großen Wasserläufen weiter entfernt sind, betreibt man dagegen immer noch Brandrodungsfeldbau.

Der Urwald im Amazonasgebiet ist oft dicht und unglaublich artenreich, was sowohl für Pflanzen als auch für Tiere gilt. Sein oberstes Laubdach liegt bis zu 45 Meter über dem Boden. Die Bäume lieferten das Material für Dächer, Seile, Kleidung aus Rinde und Gummi. Frühe Jägergruppen hielten sich vermutlich mehr in der Nähe der Flüsse auf, denn im dichten Urwald herrschen alles andere als ideale Jagdbedingungen. Tatsächlich lebten Menschen längs der Flüsse schon 5000 Jahre v. Chr.

Hinsichtlich seiner Kulturen unterteilt man das Amazonasgebiet in einen oberen, mittleren und unteren Abschnitt. Der obere Abschnitt erstreckt sich bis zur Einmündung des Rio Madeira, des größten südlichen Nebenflusses des Amazonas.

Im Amazonasgebiet spricht man zahlreiche Sprachen. Sie zeugen von der Einwanderung vieler Völkerschaften. Unter anderem begegnet man hier einer Spielart des Arawakischen. Man nimmt an, daß sich die Arawaken am Amazonas-Unterlauf entwickelten und sich hinauf zum oberen Amazonas sowie zum Orinoko hin ausbreiteten, den man vom Amazonas aus mit dem Kanu erreichen kann. Von dort griffen sie schließlich auf das Küstengebiet sowie auf Trinidad und die Antillen über. Arawak-Sprachen waren viel weiter verbreitet als jeder andere Sprachstamm oder jede andere Sprachfamilie. Doch auch Indianer, die Karibisch sprachen, gab es im Amazonasgebiet.

Südamerikanische Metallurgie

Die Metallurgie und besonders die Bronzeverarbeitung erreichte unter den Inka einen hohen Entwicklungsstand. Metalle waren schon vor den Inka in Legierungen verwendet worden, aber die Einlegetechnik wurde erst kurz vor der spanischen Eroberung entwickelt. Der 12,5 Zentimeter hohe Zepterknauf aus Bronze (*oben*) ist in Gestalt eines Vogels geformt und hat eingelegte Kupfer-und Silberstreifen, um die Federn zu kennzeichnen. Solche Zepterknäufe erscheinen in verschiedenen Tierformen. Der Vogel hier gehört zur Ordnung der Ruderfüßler (*Pelecaniformes*) und ist wahrscheinlich ein Kormoran oder ein Schlangenhalsvogel (Anhinga). Seevögel spielten in der Ikonographie der Anden eine wichtige Rolle.

Die frühesten Zeugnisse für Metallverarbeitung in der Neuen Welt stammen aus der Zeit um 1500 vor unserer Zeitrechnung. Es handelt sich um Stücke dünnen, bearbeiteten Goldblechs. Man fand sie in den Händen eines Toten in einem Grab in Südperu. Die älteste noch vorhandene Goldarbeit, die die Bezeichnung »elegant« verdient, repräsentiert den Chavín-Stil und stammt aus der Zeit um 800 v. Chr. In den folgenden Jahrhunderten breitete sich die Metallurgie allmählich in südlicher Richtung nach Nordwestargentinien sowie nordwärts nach Kolumbien aus. Dies geschah kurz vor Beginn der christlichen Zeitrechnung. Im vierten oder fünften Jahrhundert n. Chr. hatte sie Zentralamerika erreicht.

Die Techniken bzw. die Akzente der Metallurgie variieren von Ort zu Ort, allerdings kann man durchaus von einer grundsätzlichen Übereinstimmung sprechen. Viele der besten Arbeiten entstanden in den ersten Jahrhunderten der christlichen Ära an der Küste Nordperus. Sie waren das Werk von Mochica-Goldschmieden, die sicherlich zu den erfahrensten und experimentierfreudigsten Meistern ihres Faches gehörten.

Außer Gold verarbeitete man auch Silber und Kupfer sowie Kupfer-Silber-Legierungen. Andere Legierungen waren *electrum* (Gold und Silber) und *tumbaga* (Gold und Kupfer, oft mit geringfügigen Silber-Zusätzen).

Goldvorkommen fand man in schwemmsandreichen Gebirgsflüssen. Bisweilen gewann man das schimmernde Edelmetall auch, indem man Quarzadern abbaute. Zum Schmelzen benutzte man tragbare Öfen, Schmelztiegel und Blasebälge. In den frühesten Phasen der Metallurgie hämmerte man das Metall zu Blech. Dies geschah auf einem zylindrischen Steinamboß, und man benutzte zum Hämmern Werkzeuge aus Stein oder Meteoreisen. Der Metallguß wurde erst später erfunden. In Zentralamerika sowie im nördlichen Kolumbien wurde er zur Standardtechnik, wogegen man in den Zentralanden, in Ekuador und im südlichen Kolumbien weiterhin die Technik des Hämmerns von Goldblech bevorzugte. Die beiden häufigsten Verfahren, die man anwandte, waren die chemische Kupferausfällung an der Objekt-Oberfläche mit Hilfe pflanzlicher Säuren, so daß nur reines Gold oder Silber zurückblieb (man bezeichnet diese Technik als *mise en couleur*), oder aber die Vergoldung bzw. Versilberung der Objekt-Oberfläche auf elektrochemischem Wege (ebenfalls durch Verwendung von Pflanzensäften, die die Oberflächenleitfähigkeit verstärkten und einen Ionenstrom zum Fließen brachten, der bewirkte, daß das reine Edelmetall fest an der Oberfläche der Legierung haftete). Im Gegensatz zur *mise-en-couleur*-Methode beruht dieses Verfahren also nicht auf der Abtragung der Kupfer-Beimischung, sondern ist additiv. Im südlichen Zentralamerika vergoldete man Objekte oft, indem man sie mit Goldfolie überzog. Bisweilen arbeitete man aber auch mit Tauchbädern. Weil sie durch das Hämmern spröde wurden, mußte man die Legierungen vergüten – das heißt, man mußte sie in den Ofen zurückgeben und erneut erhitzen. Auch bei diesem Prozeß wird das Kupfer an der Oberfläche ausgefällt, so daß der Anschein entsteht, daß man es mit reinem Gold oder Silber zu tun hat. Mit Hilfe von Meißeln oder Punzen konnten die Werkstücke mit Einschnitten versehen, geprägt oder getrieben werden.

Die Goldarbeiten aus den Anden können von außerordentlicher Feinheit sein. Messer (*tumis*) mit reich verzierten Griffen stammen aus der Sícan-Kultur an der peruanischen Nordküste (*oben*). Dieser Griff zeigt einen Himmels- oder Mondgott mit getriebenem Gesicht und einem halbrunden Kopfschmuck mit herabhängenden Kolibris. Klingenformen wurden in viele präkolumbische Kunstmuster einbezogen. Einige der schönsten alten Goldarbeiten stammen aus der Tairona-Kultur in Nordostkolumbien. Der etwa 13 Zentimeter hohe, anthropomorphe Anhänger (*rechts*) hat einen kunstvollen Kopfschmuck mit zwei vollplastischen Vögeln, Tieren im Profil und verschnörkelten Pflanzenmotiven. Die fein gearbeitete Maske stellt eine Fledermaus mit einem Nasenblatt dar. Anhängsel und Bossen (erhabene Verzierungen) wurden bei diesem Stück im Wachsausschmelzverfahren hinzugefügt.

Im Lambayeque-Tal an der Nordküste von Peru wurden breite, relativ flache Masken in Grabstätten gefunden. Eine Maske lag auf dem Bestatteten und mehrere andere auf Mumienbündeln. Dieses bemalte Beispiel (*oben*) ist 50 Zentimeter breit und aus einem einzigen Goldblatt gearbeitet. Es besitzt erhabene Gesichtszüge und an Drähten befestigte Anhänger, die Augendrähte könnten einstmals Edelsteine gehalten haben. Wahrscheinlich stellt die Maske den Hauptgott der Sícan dar, sein Gesicht ist auf Keramiken wie auch auf verschiedenen Goldarbeiten zu sehen, beispielsweise auf dem auf Seite 168 abgebildeten Messer und den gehämmerten Goldbechern, die ebenfalls in großer Zahl in den Grabstätten auftauchten. Am breiten Gesicht und den tränentropfenförmigen Augen erkennt man den Sícan-Stil.

Stilisierte Anhänger aus gegossenem Gold sind typisch für die Tolima-Kultur des südlichen Kolumbien (*links*). Die angewinkelten Arme und Beine sowie der gerade Körper bilden das symmetrische, flache Grundmuster der Figuren. Hinzu kommen ein ankerförmiger Schwanz und ein viereckiger Kopf. Wie viele präkolumbische Schmuckstücke hat auch dieses hinten eine Schlaufe zum Anhängen.

Sämtliche Gewässer des Amazonasbeckens sind reich an Wassertieren. Besonders reich gesegnet damit sind aber jene Flüsse, die von den Anden herabkommen. Die ersten Europäer, die das Amazonasgebiet erforschten, berichteten von einer großen Bevölkerungsdichte auf den Schwemmebenen beiderseits der Flußufer. Die Bewohner dieser Geländestreifen lebten in Bretterhäusern aus Zedernholz. Um die Mitte des 16. Jahrhunderts schätzte man die Bevölkerung des Amazonas-Beckens auf fünf Millionen. Die Eingeborenen fertigten Hängematten, in denen sie schliefen, große Matten aus Palmblättern, bemalte Baumwollkleider, Umhänge aus Vogelfedern, Musikinstrumente (Flöten, Rasseln und Trommeln) und feine Keramik. Sie jagten und kämpften mit Speerschleudern, deformierten ihre Schädel und bestatteten ihre Toten feierlich mit Grabbeigaben.

Unten: In den üppigen Wäldern Ostekuadors stürzen die Flüsse in Wolken von Wasserstaub die Berge hinab. Dieser Teil Ekuadors besitzt eine dichte Vegetation und weist jährliche Niederschlagsmengen von mehr als 3000 Millimetern auf. Die Fotografie zeigt den Río Quijos, der

hier auf seinem Weg zur Einmündung in den Río Coca 145 Meter tief abfällt. In dieser Region wurden verschiedentlich Objekte der Integrationsperiode entdeckt.

Diese Leute bauten Maniok und andere Nahrungspflanzen an, nutzten aber auch, was der Fluß ihnen bot: In Gehegen hielten sie Flußschildkröten, von deren Fleisch sie sich ernährten, deren Panzer ihnen aber auch zur Herstellung von Äxten und Querbeilen diente. Außerdem aßen sie das Fleisch von Seekühen. Fische erlegte man vom Strand oder von Booten aus mit der Speerschleuder. Jedes Dorf hatte seinen Häuptling, und über diesen Dorfoberhäuptern gab es (in den dichter besiedelten Überschwemmungszonen) Häuptlinge für ganze »Provinzen«. In zumindest einem Fall war der Name oder Titel eines solchen Häuptlings gleichbedeutend mit dem Wort für »Gott«, und die frühen Erforscher des Amazonasgebietes berichteten, daß er weithin am Fluß große Verehrung genoß. Zweifellos war ein Teil der Bedeutung dieser Häuptlinge darauf zurückzuführen, daß man entsprechend dem Wasserpegel mit größter Sorgfalt Zeitpläne für Anbau und Ernte aufzustellen hatte. Auch Wetter- und Vegetationsgottheiten spielten eine wichtige Rolle, denn der Fluß konnte ja auch zu weit über seine Ufer treten oder nicht weit genug, so daß die angrenzenden Felder zu wenig Düngung erhielten.

In den Gebieten am Mittellauf des Orinoko fand man Keramik, die bis auf die Zeit um 3600 v. Chr. zurückgeht. Unzweifelhaft datierte Töpferware aus der Zeit um 3100 v. Chr. wurde kürzlich an der Amazonasmündung entdeckt, und Tonware gleichen Typs kam an zahlreichen Punkten des unteren Amazonasbeckens zum Vorschein. Zu den archäologischen Stätten im unteren Amazonasgebiet gehört die Insel Marajó mit ihrem spätzeitlichen Material. Es handelt sich um eine der größeren Inseln im Amazonas-Mündungsgebiet. Auf ihr stieß man auf nicht weniger als 100 künstlich errichtete Hügel: Überreste menschlicher Behausungen, Unterbauten von Häusern und Gräber. Am meisten geht es uns hier jedoch um das Gebiet am Amazonas-Oberlauf, denn es bestanden uralte Beziehungen zwischen ihm und den Hochkulturen in anderen Besiedlungszonen. Hier entwickelte sich eine tropische Waldkultur, die auf der Nutzung der vorhandenen reichen Nahrungsquellen in den Gewässern sowie auf dem Anbau von Knollenpflanzen beruhte. Eine besondere Rolle spielte dabei der vielseitig verwendbare Maniok. Archäologen fanden dort auch Keramik-Gegenstände, die mit der Verarbeitung von Maniok zu tun hatten, so insbesondere Back-Platten, Feuerböcke sowie Gefäße für die Herstellung von Maniokbier. Überreste von Maniokpflanzen selbst blieben allerdings nicht erhalten. Möglicherweise begann man mit dem Maniok-Anbau schon um 7000–5000 v. Chr. Andere Pflanzen, die man ihrer Knollen wegen anbaute, waren Süßkartoffeln, amerikanischer Jams, Pfeilwurz, *jíquima* und *xanthosoma* (Karibekohl). Wahrscheinlich kultivierte man hier auch zum ersten Male Erdnüsse. Andere Nutzpflanzen, die nicht zu den Knollengewächsen zählen, waren Ananas und Paranüsse, verschiedene Arten von Chili-Pfeffer, Bohnen sowie Palmen und Obstbäume. Ferner wurden Pflanzen kultiviert, die Farbstoff lieferten, und eine wichtige Rolle spielten Baumwolle und Flaschenkürbisse.

Fundstätten wie Tutishcainyo erbrachten Tonwaren aus der Zeit um 2000 v. Chr., aber die frühen Töpfer von Tutishcainyo verwendeten zur Magerung auch zermahlene Scherben sehr viel älterer Tonware. Keramiken und steinerne Äxte, die darauf hindeuten, daß man zum Zwekke des Bodenbaus den Wald rodete, gehören zu den wenigen Relikten, die man am Amazonas-Oberlauf entdeckte. Daneben muß es noch viele Gegenstände gegeben haben, die aus Holz bestanden. Zwar erreichte die Kultur am oberen Amazonas nicht das hohe Niveau der Kulturen weiter im Westen, doch zahlreiche ihrer Motive entsprechen völlig denen, die auch in den Hochkulturen Verwendung fanden, und ein großer Teil von ihnen muß seinen Ursprung im Waldgebiet haben.

Überreste von Bauten sind zwar vergleichsweise spärlich, doch die mehrstöckigen Bauwerke von Tantamayo oder das Mosaik-Mauerwerk, das sich in El Abiseo fand, sind äußerst beeindruckend. Zu den spätzeitlichen Keramiken aus dem zentralen Ucayali-Becken gehören kompliziert gemusterte, bemalte Totenurnen. Die Bevölkerung, die sie herstellte, wurde – wie viele andere indianische Völkerschaften auch – durch Krankheiten, durch die grausame Behandlung seitens der europäischen Eroberer sowie durch die Zerstörung ihrer Gesellschaftsordnung aufgerieben.

Heute bewahren die Bewohner des Amazonasbeckens allem Anschein nach mehr Überlieferungen aus der Zeit vor dem Eindringen der Europäer als die Menschen in jenen Regionen, die sich mehr im Hauptstrom der kulturellen Entwicklung befanden.

EKUADOR

Ekuador fasziniert die Archäologen aus vielerlei Gründen. Zum einen traten hier zahlreiche kulturelle Errungenschaften besonders früh auf. So geht die Las-Vegas-Kultur der Santa-Elena-Halbinsel bis auf die Zeit zwischen 10000 und 6600 v. Chr. zurück, und die archäologischen Schichten der Fundstätten El Inga im Bergland stammen aus der Phase zwischen rund 9000 und 8000 v. Chr. In Ekuador kamen einige der ältesten Keramiken, Textilien und Metallarbeiten der Neuen Welt zum Vorschein, und tönerne Metallgußformen tauchen hier sogar erstmals auf. Ferner treffen vor der ekuadorianischen Küste Meeresströmungen aus dem Süden und Norden zusammen, und entlang der Pazifikküste verläuft eine alte Verbindungsroute, wodurch das Land zu einem Brennpunkt früher Wanderbewegungen wurde. Enge Berührungen bestehen beispielsweise zwischen der Carchi-Kultur Ekuadors und der Nariño-Kultur Kolumbiens. In beiden Kulturen findet man Schalen mit charakteristischen Füßen sowie Darstellungen Cocablätter kauender Menschen, die auf Schemeln sitzen. Außerdem gibt es Verbindungen zu Nachbarkulturen im Süden. So ähneln etwa die Metallarbeiten von La Tolita sehr stark entsprechenden Objekten im äußersten Norden Perus. Peruanischen Mythen zufolge entschwand der Schöpfergott Viracocha bei Manta an der zentralekuadorianischen Küste hinaus auf Meer.

Am verblüffendsten ist, daß möglicherweise auch Kontakte mit Mesoamerika bestanden haben. Tatsächlich weisen die Kulturen beider Bereiche eine große Anzahl gemeinsamer Artefakte und anderer Kulturelemente auf. Diese reichen von bestimmten Typen der Kleidung über Schachtgräber und Terrassenfeldbau bis hin zu Kupferäxten und schuhförmigen Gefäßen. Man nimmt an, daß die pazifischen Küstengewässer einst mit Flößen aus Balsaholz befahren wurden. Wenn diese Küstenschifffahrt Handelszwecken gedient hat, muß es wechselseitige Beziehungen gegeben haben, doch allem Anschein nach waren die ekuadorianischen Kultureinflüsse in Mesoamerika stärker als umgekehrt. Die Haupthandelsware bildeten vermutlich *Spondylus*-Muscheln, die an der Küste Ekuadors vorkamen und nach denen eine breite Nachfrage herrschte; schon während der Valdivia-Kultur (3000–1500 v. Chr.) trieb man mit ihnen Handel ins Landesinnere. Darstellungen dieser Muschelart finden sich in der frühen peruanischen Chavín-Kultur, in der Mochica-

In der Periode der Regionalkulturen (500 v. Chr.–500 n. Chr.) brachte die La-Tolita-Kultur faszinierende, preziös gearbeitete Gegenstände hervor. Die goldene Maske bzw. der Kopf einer Statuette (*links außen*) besitzt eingelegte Augen und eine separat gefertigte Nase. Goldobjekte ähnlichen Stils wurden im äußersten Norden von Peru gefunden. Das Bildnis einer Gottheit (*links*) hat einen Mund mit katzenartigen Fangzähnen und trägt einen Halsschmuck mit Schlangenkopf. Die linke Gesichtshälfte besteht aus einer zusammengerollten Schlange oder wird von dieser verdeckt. Gesichter, deren Hälften zwei verschiedene Wesen darstellen, erscheinen relativ oft in der präkolumbischen Kunst

Oben: Modelle von Häusern, eine häufige Form in der Periode der Regionalkulturen, stellen möglicherweise heilige Häuser oder kosmologische Diagramme dar.

Unten: Ein steinerner Sitz oder Thron (Manteño-Kultur). Manchmal hat bei solchen Objekten ein Jaguar oder ein Mensch in kauernder Stellung die Funktion einer Stütze. Derartige Sitze dürften mit den *metate*-förmigen Thronen in Verbindung gebracht werden, wie sie beispielsweise im südlichen Zentralamerika auftauchen.

Kultur als auch in späterer Zeit. Der legendäre Herrscher der späteren Sicán-Bevölkerung des Lambayeque-Tales soll nur auf *Spondylus*-Muscheln geschritten sein, und Sicán-Gräber enthalten als Beigaben Umhänge aus *Spondylus*-Schalen. In der Chimú-Kunst treffen wir gleichfalls auf *Spondylus*-Abbildungen zusammen mit Darstellungen übernatürlicher Fabelwesen. Frühen spanischen Quellen zufolge galten die Schalen dieser Muschelart als Speise der Götter.

Die frühen Perioden

Die Frühzeit Ekuadors wird in zwei Perioden gegliedert: das Präkeramikum (bis ca. 2800 v. Chr.) und das Formativum (2800–500 v. Chr.). Archäologisch am besten erforscht ist die Küstenregion. Sie besitzt heute einen weitgehend semiariden Charakter, aber dies scheint das Ergebnis relativ junger Entwicklungen zu sein, denn in frühen spanischen Chroniken wird sie noch als bewaldet beschrieben. Bei den jetzigen Waldrestbeständen handelt es sich zumeist um *ceiba*-Bäume, die für die Holzkohle-Gewinnung schlecht geeignet waren.

Auf der Halbinsel Santa Elena nördlich des Golfs von Guayaquil gibt es Fundstätten der präkeramischen Las-Vegas-Kultur mit Muschelhaufen und Pfosten für strohgedeckte Häuser. Ja manches deutet sogar darauf hin, daß man hier bereits vor 6600 v. Chr. Mais und Flaschenkürbisse anbaute. Wie anderswo auch, läßt sich auf Santa Elena eine Abwendung von der Jagd auf Landsäugetiere zugunsten der Nutzung maritimer Nahrungsquellen sowie der Pflanzendomestikation beobachten. Nördlich der Halbinsel erbrachten formative Fundstätten wie Valdivia Textilüberreste, Tonfigürchen, Schalen und Krüge mit weiten Öffnungen. Die Keramik ist einfach, das technische Spektrum der Dekoration bescheiden. In der Regel lebten diese frühen Bevölkerungsgruppen in der Nähe der Küste. In Río Alto, ein mit Valdivia in Verbindung stehender Ort auf Santa Elena, entdeckte man versteinerten Mais aus der Zeit um 2450 v. Chr., während Muschelhaufen selten sind. Dies läßt vermuten, daß Mais oder andere Nahrungspflanzen eine bedeutendere Rolle für den Lebensunterhalt spielten als das Sammeln von Meeresfrüchten.

Einige Forscher glauben, ein Teil der in Valdivia angetroffenen Keramik sei wegen der starken Ähnlichkeit mit der Yômon-Keramik japanischen Ursprungs und zeuge von Beziehungen über den Pazifik hinweg, die auch für andere Eigenheiten der Valdivia-Kultur verantwortlich seien. Dieses Problem ist allerdings noch ungelöst und wird durch das Vorkommen zeitgleicher oder älterer grober Tonware an anderen archäologischen Stätten (beispielsweise Loma Alta weiter oben im Tal des Rio Valdivia sowie Puerto Hormiga und Monsú in Kolumbien) noch weiter kompliziert.

Am Anfang des zweiten Jahrtausends v. Chr. tauchte dann ein neuer Keramikstil auf, der seinen Namen der Fundstätte Machalilla verdankt, einem Küstendorf, das nicht weit von Valdivia entfernt ist. Figürchen aus der Valdivia-Kultur haben bauschiges, perückenartiges Haar, Machalilla-Figuren dagegen zeichnen sich durch kugelrunde Kahlköpfe aus. Charakteristisch sind auch die Gefäßformen. In der Machalilla-Keramik treten Flaschen auf, die es in der Valdivia-Töpferware nicht gibt. Allerdings scheinen sich diese Völkerschaften bzw. Bevölkerungsgruppen alle sehr ähnlich gewesen zu sein, was ihre Lebensweise betrifft. Sie wohnten in Häusern aus verputztem, mit Lehm beworfenem Flechtwerk, ihre Ernährung beruhte auf dem Fischfang, dem Sammeln und Jagen, und daneben betrieben sie zumindest rudimentären Bodenbau. Gegen Ende des Formativums verbreitete sich dann die Chorrera-Kultur über ein sehr viel ausgedehnteres Gebiet als jede andere Kultur zuvor. Die Type Site dieser Kultur befindet sich flußaufwärts von Guayaquil. Auf ihren fern vom Meer gelegenen Feldern bauten die Chorrera-Leute Mais und Maniok an. Gegenstände im Chorrera-Stil wurden allerdings auch an der Küste im Verbreitungsgebiet der älteren Kulturen sowie noch viel weiter nordwärts bis hin nach Esmeraldas entdeckt. Die außerordentlich kunstreiche Töpferware weist Neuerungen in den Formen auf, beispielsweise gibt es Gefäße mit Steigbügelausguß, die auch noch während der folgenden Perioden anzutreffen sind.

Die späteren Perioden

Die Periode der Regionalkulturen (500 v. Chr.–500 n. Chr.) brachte eine Anzahl lokaler Stile hervor. Ihre Verbreitungsgebiete waren die Küste, das Bergland und das Amazonasbecken. Besondere Beachtung verdienen die Kulturen längs des Küstenstreifens. Es sind dies von Norden nach Süden die La-Tolita-, Jama-Coaque-, Bahía-, Guangala-, Guayaquil- und Jambelí-Kultur. In den nördlicheren Kulturen erschienen jetzt Metallarbeiten, wobei zumeist Gold, aber auch Kupfer und Platin verwendet wurden. Aus der gleichen Zeit stammen zahlreiche neue Keramikformen, so etwa Gefäße mit mehreren Füßen,

Rechts: Die Träger der Bahía-Kultur, die in der Periode der Regionalkulturen die Küste Ekuadors nahe der heutigen Stadt Manta bewohnten, schufen tönerne Figuren, die teilweise eine beträchtliche Größe erreichten. Diese Figuren wurden mit Formen, aber auch von Hand gefertigt. Es gibt sowohl männliche wie weibliche Darstellungen, die jeweils die für die Bahía-Kultur charakteristischen Gesichter und helmähnlichen Kopfbedeckungen aufweisen. Die hier gezeigte Figur hält in den Händen eine kleine Gestalt, ein verbreitetes Thema der gesamten Andenkunst. Oft als »Mutter und Kind« beschrieben, handelt es sich wohl eher um ein Kindesopfer.

Gefäße mit Sockeln, in die Rasseln eingefügt sind, sowie Kopfstützen.

Die Bahía-Phase, die von der La-Plata-Insel nach Norden hin bis Bahía de Caráquez reichte, scheint hochentwickelte gesellschaftliche und politische Organisationsformen hervorgebracht zu haben. Zu ihrer Hinterlassenschaft gehören rechteckige Hügel mit Plattformen, von denen manche mit unbehauenen Steinen verkleidet waren und Rampen oder Treppen aufwiesen. Die La-Plata-Insel scheint ein Pilgerzentrum, ein Wallfahrtsort, gewesen zu sein. Jedenfalls fand man unter den Gebäuden keine Wohnhäuser. Auch Jama-Coaque und La Tolita im Norden dokumentieren einen hohen Entwicklungsstand. Die Kunsthandwerker von La Tolita zeichneten sich als Schöpfer einiger der hervorragendsten Metallarbeiten der Neuen Welt aus.

In die Integrationsperiode (500–1535 n. Chr.) fielen im Osten Ekuadors die Manteño- und die Milagro-Quevedo-Phase, deren Verbreitungsgebiete größer als die der vorangegangenen Stile waren. Die Träger der Manteño- oder Manteño-Huancavilca-Kultur, welche in der Zentralregion von der Küste landeinwärts bis zum Rio Guayas vorherrschte, waren Bodenbauer (Mais, süßer Maniok, Bohnen, Kartoffeln, Pfeffer und andere Nutzpflanzen), die an Tieren Meerschweinchen und Enten hielten und das Meer auf geräumigen Flößen mit Baumwollsegeln befuhren. Als Baumaterial verwendeten die Manteño-Leute Steine, ebenso schufen sie steinerne Skulpturen sowie Gegenstände aus Gold, Silber und Kupfer.

Die Milagro-Quevedo-Phase, deren Relikte man von der peruanischen Grenze östlich des Golfs von Guayaquil bzw. des Rio Guayas auf einer in nordöstlicher Richtung verlaufenden Diagonale fast bis zur Küste Kolumbiens findet, besaß die weiteste Verbreitung im Ekuador der Vor-Inkazeit. Diese Kultur ist durch besonders qualitätvolle Metallarbeiten sowie durch die auffälligen »Schornstein«-Gräber mit ihren übereinandergestapelten Totenurnen charakterisiert. Im ekuadorianischen Bergland werden die Spätstile von den reichlich vorhandenen Überresten der dem Land seit etwa 1463 aufgepfropften Inka-Kultur überlagert, allerdings gibt es gewisse, auf örtliche Traditionen zurückgehende Abweichungen von peruanischen Formen und Motiven.

Wenn im Ekuador der Vor-Inkazeit auch eine aufsehenerregende Steinarchitektur fehlt, so lassen sich doch immerhin Erdbewegungen und Steinbauten – bzw. Steinverkleidungen – nachweisen, insbesondere auf Berggipfeln in der Nähe von Dörfern. Manche dieser Anlagen deuten darauf hin, daß man die Umwelt aus kosmologischen Gründen verändern wollte. Es liegen spanische Berichte über Sonnenwendrituale vor, und die Anordnung mancher Bauüberreste läßt vermuten, daß es derartige Rituale schon sehr viel früher gegeben hat. Der spanische Chronist Cieza de Léon vermerkt, die Bewohner der Manabí-Küste seien geradezu »süchtig nach Opfern und religiösen Riten« gewesen. Verschiedene Quellen enthalten Anhaltspunkte dafür, daß Himmels-, Vulkan- und Bergkulte praktiziert worden sind. Wie ihre peruanischen Nachbarn hatten auch die frühen Bewohner Ekuadors ein Gespür für *huaca*, für das Heilige, das Numinose, das sich ihnen in der Natur offenbarte.

DIE ZENTRALANDEN

Die frühesten Bewohner der Anden waren Jäger, doch allmählich gewannen Fischfang und Bodenbau die Oberhand. In Chilca und Ancón an der Küste Perus fand man

Links: Frühe Siedlungsspuren in Südamerika
Die ersten Bewohner Südamerikas wanderten von Nordamerika aus durch die schmale Landenge von Panama ein. Es ist möglich, daß es auch einen gewissen Bootsverkehr gab, wie später in den Antillen und entlang der südamerikanischen Küsten sowie im Amazonasbecken. Die frühesten Keramikfunde stammen von verschiedenen Plätzen rund um den nördlichen Teil Südamerikas. In dem Maße wie die Arbeit der Archäologen systematischer und genauer wurde und die archäologischen Techniken sich verfeinerten, konnte die Anwesenheit des Menschen zunehmend früher datiert werden. In den Anden stieß man auf zahlreiche Höhlen mit Überresten, die von etwa 10 000 v. Chr. stammen. Frühe Jäger- und Sammler-Plätze werden vermehrt auf den Hochebenen entdeckt, wo an den Seen gute Fischfang- und Jagdbedingungen herrschten. Ein wichtiger Nahrungslieferant für diese frühen Menschen waren offensichtlich Vicuñas, und auch Guanacos kamen damals in dieser Gegend vor.

Oben: Das Gebiet um den Titicaca-See liegt in einer Höhe von 4000 Metern und weist sehr frühe Kulturbelege auf.

Fischer-Sommerlager aus der Mitte des vierten bis zur Mitte des dritten Jahrtausends v. Chr., und um 2500 v. Chr. gab es sowohl an der Küste als auch im Gebirge ständig bewohnte dörfliche Siedlungen.

Im zentralen Hochland des Nordens sowie längs der zentralen Küstenzone und weiter nördlich davon, vom Mocha-Tal nach Süden bis hin zu den Mala, fand man aus ungefähr jener Zeit stammende prähistorische Stätten mit monumentaler Architektur, zu denen Huaricoto hoch oben im Callejón de las Huaylas, das nicht weit davon entfernt am Rio Tabladera gelegene La Galgada sowie Los Morteros gehören. Die Bauwerke der Frühphase waren in der Regel ziemlich klein, doch schon zu Beginn des zweiten Jahrtausends erreichten einige eine enorme Größe. Aus dieser Zeit der Besiedlung und des Bevölkerungswachstums sind zahlreiche Fundstätten bekannt. Beispielsweise zählt man allein zwischen dem Chicama- und dem Nazca-Tal nicht weniger als 30 Ansiedlungen aus der Phase vor 2000 v. Chr.

Im zentralen Küstenbereich herrschte gegen 2000 v. Chr. generell eine rege Bautätigkeit. Nun entstanden Komplexe aus Steinbauten, zu denen mindestens eine Plattform sowie ein eingetiefter (oft runder) Hof bzw. eine Grube gehörten. Auch frühzeitliche Anlagen im Hochland weisen solche eingetieften kreisrunden Höfe auf.

Im zweiten Jahrtausend schuf man dann an der Küste U-förmige Komplexe aus Steinbauten. Wie in El Paraíso (Chiquitanta) an der Mündung des Rio Chillón, dem bedeutendsten Fundplatz präkeramischer Monumentalarchitektur in Südamerika, besaßen sie eine *plaza* bzw. einen *patio*, die (bzw. der) an drei Seiten von künstlichen Hügeln umgeben war. El Paraíso besitzt mindestens sechs

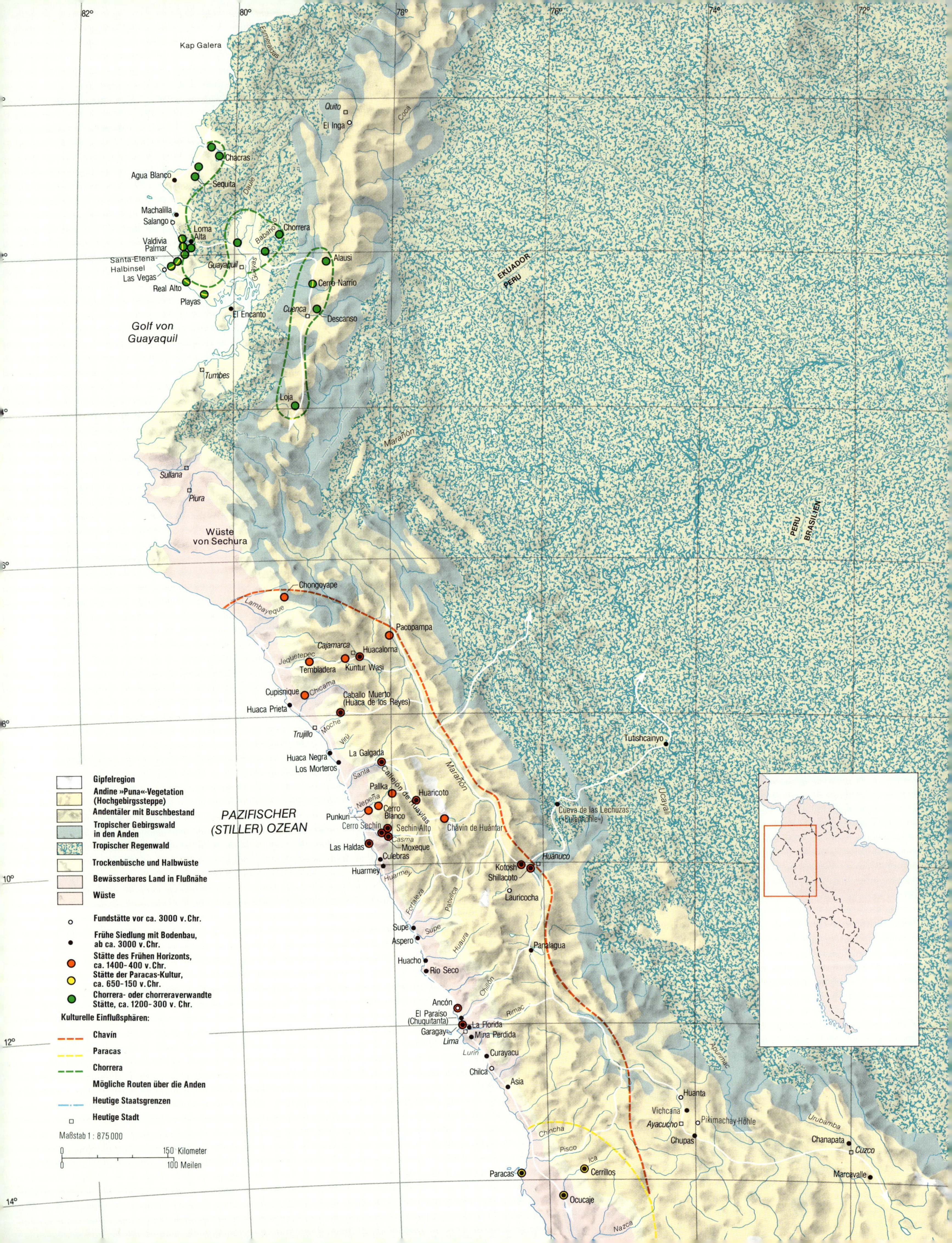
82°
80°
78°
76°
74°
72°
10°
12°
14°
Kap Galera
Esmeraldas
Quito
El Inga
Coca
Chacras
Agua Blanco
Sequita
Daule
Machalilla
Salango
Loma Alta
Chorrera
Babahoyo
Valdivia
Palmar
Santa-Elena-Halbinsel
Guayaquil
Guayas
Las Vegas
Alausi
Real Alto
Cerro Narrio
Playas
El Encanto
Cuenca
Descanso
Golf von Guayaquil
Tumbes
Loja
EKUADOR
PERU
Marañón
Sullana
Piura
Wüste von Sechura
PERU
BRASILIEN
Chongoyape
Lambayeque
Pacopampa
Jequetepec
Cajamarca
Huacaloma
Tembladera
Kuntur Wasi
Cupisnique
Chicama
Caballo Muerto (Huaca de los Reyes)
Huaca Prieta
Trujillo
Moche
Virú
Tutishcainyo
Huaca Negra
Los Morteros
La Galgada
Santa
Callejón de Huaylas
Marañón
Pallka
Huaricoto
Nepeña
Cerro Blanco
Punkurí
Cerro Sechín
Sechín Alto
Chavín de Huántar
Casma
Moxeque
Las Haldas
Culebras
Huarmey
Huarmey
Kotosh
Shillacoto
Huánuco
Cueva de las Lechuzas (»Eulenhöhle«)
Ucayali
Lauricocha
Fortaleza
Pativilca
Supe
Supe
Aspero
Huaura
Paralagua
Huacho
Río Seco
Chillón
Ancón
El Paraíso (Chuquitanta)
La Florida
Rimac
Garagay
Lima
Mina Perdida
Lurín
Curayacu
Chilca
Asia
Apurimac
Huanta
Vichcana
Ayacucho
Pikimachay-Höhle
Chupas
Urubamba
Chanapata
Cuzco
Chincha
Pisco
Ica
Paracas
Cerrillos
Marcavalle
Ocucaje
Nazca
PAZIFISCHER (STILLER) OZEAN
Gipfelregion
Andine »Puna«-Vegetation (Hochgebirgssteppe)
Andentäler mit Buschbestand
Tropischer Gebirgswald in den Anden
Tropischer Regenwald
Trockenbüsche und Halbwüste
Bewässerbares Land in Flußnähe
Wüste
Fundstätte vor ca. 3000 v. Chr.
Frühe Siedlung mit Bodenbau, ab ca. 3000 v. Chr.
Stätte des Frühen Horizonts, ca. 1400–400 v. Chr.
Stätte der Paracas-Kultur, ca. 650–150 v. Chr.
Chorrera- oder chorreraverwandte Stätte, ca. 1200–300 v. Chr.
Kulturelle Einflußsphären:
Chavín
Paracas
Chorrera
Mögliche Routen über die Anden
Heutige Staatsgrenzen
Heutige Stadt
Maßstab 1 : 875 000
0 150 Kilometer
0 100 Meilen

Aus Huaca Prieta an der Nordküste stammt eine sehr große Anzahl von Geweberesten aus Baumwolle und anderen Fasern aus dem dritten Jahrtausend v. Chr. Die Zeichnung (*oben*) zeigt eines der charakteristischen Muster.
Huaca de los Reyes ist der Name eines U-förmigen Komplexes (*rechts*), dem größten von acht *huacas*, die die Fundstätte Caballo Muerto bilden, die 17 Kilometer von der Küste entfernt im Moche-Tal liegt. 39 tönerne Flachreliefs auf Steinmatrizen schmücken das Bauwerk, das etwa 1300 v. Chr. datiert. Ihre Ikonographie weist starke Ähnlichkeit mit der des späteren Chavín de Huántar auf.

künstliche Hügel, die in der Hauptsache aus Bruchsteinen mit Tonmörtelbindung aufgemauert und auch mit Tonmörtel verputzt waren. Gewöhnlich weisen die offenen Enden dieser U-förmigen Komplexe in Richtung Nordosten. Dort lagen die Berge und die Quellen der Flüsse.

Die Bauten an diesen Orten dienten in der Hauptsache zeremonialen Zwecken, worauf die Ausrichtung, die geheimen, geweihten Innenräume sowie die Tatsache hindeuten, daß die Hügel oft über Ahnengräbern errichtet worden waren. Zuweilen besitzen die Bauten auch Skulpturenschmuck, so in Cerro Sechín, Garagay und (als einziger Ort des Hochlands) in Kotosh. Cerro Sechín, das am Zusammenfluß des Rio Sechín und des Rio Casma liegt, ist praktisch auch die einzige Stätte mit Steinbildwerken aus so früher Zeit. Die Reliefs zeigen abgeschlagene Köpfe, kopflose Leichname, vom Rumpf abgehackte Beine und allem Anschein nach Gesichter mit abgezogener Haut. Cerro Sechín muß folglich einst ein bedeutendes Opferkult-Zentrum gewesen sein.

Ein wichtiger Bestandteil vieler Hochland-Stätten waren fraglos Zeremonialherde. In Huaricoto im Callejón de las Huaylas, dessen Besiedlung um 2800 v. Chr. begann und das etwa 2000 Jahre bewohnt war, stieß man beispielsweise auf nicht weniger als 13 Herde für rituelle Zwecke. Auf derartigen Herden, die auch in Kotosh, Shillacoto, La Galgada und Huacaloma angetroffen wurden, fand man Reste von Brandopfern: Seemuscheln, Quarzstücke sowie Überbleibsel verbrannten Fleisches und pflanzlicher Stoffe, insbesonders von Chilipfeffer. Die Verbrennung von Chilipfeffer, die die Augen zum Tränen brachte, war vielleicht Teil eines Rituals, bei dem es darum ging, mit Hilfe eines Sympathiezaubers Regen herbeizubeschwören.

Die soziale Organisation

Die Anzahl der Ausgrabungsorte sowie in manchen Fällen deren Größe und strukturelle Beschaffenheit deuten auf die Entwicklung einer gesellschaftlichen Organisation hin, auf die Existenz von Häuptlingstümern, auf in Gruppen oder jedenfalls gemeinschaftlich durchgeführte Arbeiten, auf religiöse Zeremonien, die gemeinsames Handeln voraussetzen, auf eine expandierende Wirtschaft sowie auf Wechselbeziehungen zu anderen Gruppen. Man befand sich also auf dem Weg zur Entfaltung einer Hochkultur. Die Errichtung von Ansiedlungen wie etwa Caballo Muerto oder La Florida erforderte zweifellos den Zusammenschluß beträchtlicher Arbeitskräfte. Caballo Muerto liegt im Moche-Tal, das in späterer Zeit das Zentrum des Häuptlingstums bzw. Staats Mochica war. Noch später bildete es das Herzstück des Königreichs Chimor. Viele der ausgedehnteren frühen Stätten ballen sich rings um das heute Lima und sind sowohl von der Küste als auch vom Rimac-Tal her zugänglich. Weitere frühe Stätten gibt es im Casma-, Fortaleza- und im Santa-Tal. Diese Zeremonialzentren waren auch Märkte für den Warenaustausch zwischen Bauern und Fischern. Ja die meisten von ihnen lebten von diesem Handel. So wurden beispielsweise in Las Haldas, ein Ort an der Küste südlich vom Tal des Rio Casma, Meeresfrüchte gegen Baumwolle und andere landwirtschaftliche Produkte aus den Flußtälern eingetauscht. Den archäologischen Befunden nach muß es Ende des dritten Jahrtausends v. Chr. einen regelrechten Fernhandel zwischen der Küste und dem Bergland gegeben haben. Ein wichtiges Handelsgut war wahrscheinlich Fischmehl aus Sardellen. Schalen von Seemuscheln findet man an archäologischen Stätten hoch im Gebirge, Knollengewächse aus dem Hochland, ja sogar Federn aus dem Amazonasgebiet dagegen an der Küste des Pazifik.

Links: Frühe Kulturen in den Zentralanden
Als der Mensch seßhaft wurde, nutzte er nicht nur die Nahrungsquellen der Küsten, Flußtäler und Seen, sondern betrieb auch Bodenbau und Warenaustausch – es bestanden also Wechselbeziehungen zwischen den sehr unterschiedlichen Lebensbereichen der Zentralanden. Nun begann man auch, Töpferwaren und andere einfache Gebrauchsgegenstände herzustellen, die die wildbeuterischen Gruppen bei ihren Wanderungen nur belastet hätten. Es steht fest, daß die Menschen schon sehr früh heilige Plätze gekannt haben, doch während des Frühen Horizonts wurden diese Plätze architektonisch gestaltet, und es entstanden die großen Zeremonialzentren.

Der Beginn des Bodenbaus und der Tierhaltung

Aus Baumwollgarn geflochtene Fischfangnetze sowie Baumwolltextilien kamen in den frühen Fischereistationen von Chilca und Ancón zutage. Baumwolle, aus der man Stricke, Netze und Textilien fertigte, wurde seit spätestens 3500 v. Chr. angebaut, und schon um 2000 v. Chr. tauchten die ersten Handwebstühle auf. Die Kultivierung von Flaschenkürbissen, die als Behälter für Speisen und Getränke, aber auch als Schwimmer für Fischereinetze Verwendung fanden, geht zumindest auf das vierte Jahrtausend zurück. Ferner machte man sich das Rohr für vielfältige bauliche Zwecke, vielleicht auch zum Entzünden von Feuer, zunutze, und *Tillandsien*, schmalblättrige Pflanzen, die zur Gattung der Ananasgewächse zählen, dienten als Brennmaterial.

Die ersten Pflanzer legten ihre Felder in Überschwemmungsgebieten oder in der Nähe von Quellen an. Doch mit dem Bevölkerungszuwachs und dem Übergang zur seßhaften Lebensweise war es notwendig, das Wasser der Flüsse, die von den Bergen in die Wüste herabströmten, zu kontrollieren und Bewässerungsanlagen zu entwikkeln. Möglicherweise wurden mancherorts die zentralen *plazas* der U-förmigen Komplexe bewässert oder geflutet und für den Pflanzenanbau genutzt.

Die Zahl der domestizierten Tierarten war gering. In Culebras fand man Überreste von Meerschweinchen aus der Zeit vor 1800 v. Chr., und im Hochland züchtete man etwa zur gleichen Zeit Lamas und Alpakas. An der Küste blieb Nahrung aus dem Meer noch jahrtausendelang von lebenswichtiger Bedeutung, wie Überreste von Fischen und Meeressäugetieren zeigen.

Die Keramik

Die älteste bekannte Tonware Amerikas stammt nicht aus dem zentralen Andenbereich, sondern aus dem mittleren Amazonasbecken, von der Amazonasmündung, von Puerto Hormiga an der Karibikküste Nordkolumbiens sowie von Monsú und Valdivia an der Pazifikküste Mittelekuadors. Die Datierungen für diese frühe Töpferware schwanken zwischen 3600 und 3000 v. Chr., während an der Küste Perus Keramik erst nach 2000 v. Chr. auftaucht. Keramik erscheint in der Neuen Welt jeweils in etwa zeitgleich mit dem Mais, dem zweiten Hauptindikator früher Bodenbaukultur. Daher unterscheidet man auch zwischen »keramischen« und »präkeramischen« Kulturen: Die Herstellung von Töpferware markiert den Übergang zur Zivilisation, und der Mais stellte fortan das Grundnahrungsmittel dar.

CHAVÍN DE HUÁNTAR UND DER CHAVÍN-STIL

Die namensgebende Fundstätte des Chavín-Stils liegt bei der heutigen Stadt Chavín de Huántar in einem kleinen Tal in der östlichen Andenkette. Die Stadt überlagert zumindest einen Teil des Geländes, auf dem sich die alte Ansiedlung befand. Lange waren die Archäologen der Ansicht, der sogenannte Chavín-Stil habe sich, von Chavín de Huántar ausgehend, im Hochland und dann bis hinab zur Küste ausgebreitet und die Bodenbauer-Kulturen eingeleitet, aus denen dann die Hochkulturen hervorgingen. Zweifellos war Chavín de Huántar ein bedeutendes religiöses Zentrum, ja das bedeutendste seiner Zeit – dies nicht wegen seiner Größe (andere Zeremonialzentren sind weit ausgedehnter), sondern was die Vollendung seiner Baukunst und die Anzahl der Skulpturen angeht. Tatsächlich fand man im heiligen Bezirk nicht weniger als 200 hervorragend gearbeitete Steinbildwerke, und in Wirklichkeit waren es sicher mehr. Neue Radiokarbon-Datierungen sowie neue Untersuchungen früher Bauwerke an anderen Orten zeigten jedoch, daß Chavín de Huántar keineswegs die zeitliche Priorität besitzt, die der Stätte einst zugeschrieben wurde. Gegenwärtig setzt man ihre Blüte zwischen 850–200 v. Chr. an und die Phase ihres Einflusses zwischen 100 und 200 v. Chr. Das nicht weit entfernt im Hochland gelegene Kotosh besitzt eine viel ältere Schicht mit Werken des Chavín-Stils (1200–870 v. Chr.), und in La Galgada sowie in Shillacoto entdeckte man Schmuck und andere Gegenstände des Chavín-Stils in einem Prä-Chavín-Fundzusammenhang. An der Küste erbrachte die Ausgrabungsstätte Huaca de los Reyes Gebäudeschmuck aus der Zeit um 1200 v. Chr., dessen Ikonographie sehr stark an die von Chavín de Huántar erinnert, und die Steinreliefs von Cerro Sechín setzt man um 1300 v. Chr. an. Ancón erbrachte chavinoide Objekte aus der Zeit um 1000 v. Chr., etwa zeitgleich sind die an Chavín erinnernden Mauerdekorationen von Garagay. Auch andere Orte, die älter als Chavín de Huántar sind, weisen die U-förmigen Anlagen sowie die eingetieften Höfe der Chavín-Architektur auf. Chavín de Huántar ist der glanzvolle Höhepunkt des sogenannten Chavín-Stils, nicht dessen Ursprungsort.

Artefakte

Die kosmologischen Mischwesen der Chavín-Bildhauerei setzen sich aus den Attributen zahlreicher wilder Tiere zusammen. Bisweilen werden die Elemente wie in einer Art von Baukastensystem wiederholt, als ob man die Macht dieser Wesen dadurch beschwören wollte.

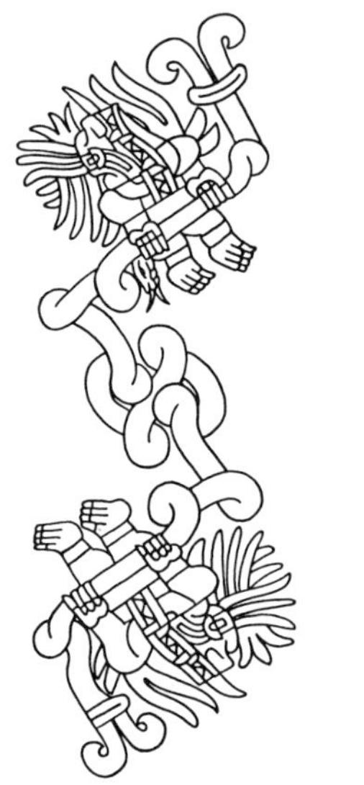

Oben: Ein zehn Zentimeter hoher Speckstein-Becher mit einem eingravierten Figurenpaar, ähnlich dem auf dem »Schwarzweißen Portal« in Chavín de Huántar. Das durchlaufende Design verziert auch den Boden des Gefäßes. Spätere Mochica-Gefäße wie dieses zeigen Figuren, die Schnüre halten; wir besitzen Beschreibungen von Ritualen der Inka, die mit dem Halten von Schnüren verbunden sind. Bei dem hier auftretenden Figurenpaar handelt es sich aber deutlich um übernatürliche Wesen.

Oben links: Diese 20 Zentimeter hohe Hohlfigur stellt einen Flötenspieler dar, der einen Ohrschmuck aus herabhängenden Scheiben und einen Jaguar-Kopfputz trägt. Der Rest des Jaguarfells formt auf dem Rücken ein Cape. Dieser Keramikstil mit eingeritzten Linien, die die Farbzonen markieren, ist charakteristisch für das Jequetepeque-Tal an der Nordküste, hat aber auch Ähnlichkeit mit den Verzierungen, wie sie die Paracas-Kultur an der Südküste kennt. Eingeritzte Zeichnungen finden sich zu dieser Zeit auch auf Steinobjekten.

Chavín de Huántar

Die Tempelanlage von Chavín de Huántar, die innen Korridore mit Decken aus Steinblöcken, Treppen, Rampen, Nischen und Belüftungsöffnungen enthielt, beherrschte eine ausgedehnte, viereckige, eingetiefte *plaza*, an deren Längsseiten Erdhügel zusammen mit dem »neuen« Tempel einen U-förmigen Komplex bildeten. Vor dem »alten« Tempel führte eine Treppe zu einem eingetieften kreisrunden Hof hinab. Dieser war mit Steinplatten verkleidet, die Reliefdarstellungen von Jaguaren und anthropomorphen Wesen aufwiesen. Auch der »alte« Tempel bestand aus einer U-förmigen Anlage. Im Zentrum dieses ältesten Teils liegt am unteren Ende des »U« an der Kreuzung zweier unterirdischer Gänge ein kreuzförmiger Raum. Diesen heiligen Ort füllte nahezu völlig eine massive, 4,5 Meter hohe Steinskulptur aus, die als »Großes Bildwerk« oder »Lanzón« (wegen der lanzenartigen Form) bezeichnet wird. Dieses Bildwerk ist charakteristisch für die Chavín-Ikonographie.

In seiner Endphase stattete man den »neuen« Tempel von Chavín de Huántar mit dem »Schwarzweißen Portal« aus, dessen Name darauf zurückgeht, daß seine Stufen an der Nordseite aus schwarzem Kalkstein, an der Südseite aber aus weißem rhyolithischem Porphyr bestehen. Zwei Säulen mit in Relieftechnik ausgeführten Mischwesen (Kombinationen aus Menschen, Raubkatzen, Vögeln und Schlangen) trugen einen ebenfalls mit Reliefs verzierten Türsturz. Die Außenmauern des Tempel-Hauptgebäudes wurden aus fein behauenen Quadern errichtet und weisen eingezapfte Köpfe auf, die praktisch die einzigen rundplastischen Bildwerke der Chavín-Kultur sind und möglicherweise mit dem Schädeltrophäen-Kult der Chavín-Leute in Zusammenhang stehen.

Neuere archäologische Ausgrabungen förderten im Tempel ein System von Kanälen zutage, die vermutlich dazu dienten, dem Tempel das für rituelle Zwecke benötigte Wasser zuzuleiten. Das Wasser konnte durch die große Tempelplattform und unter dem eingetieften runden Hof hindurchfließen. Sein Geräusch hallte in den Gängen wider, so daß der Tempel einst buchstäblich gedröhnt haben muß.

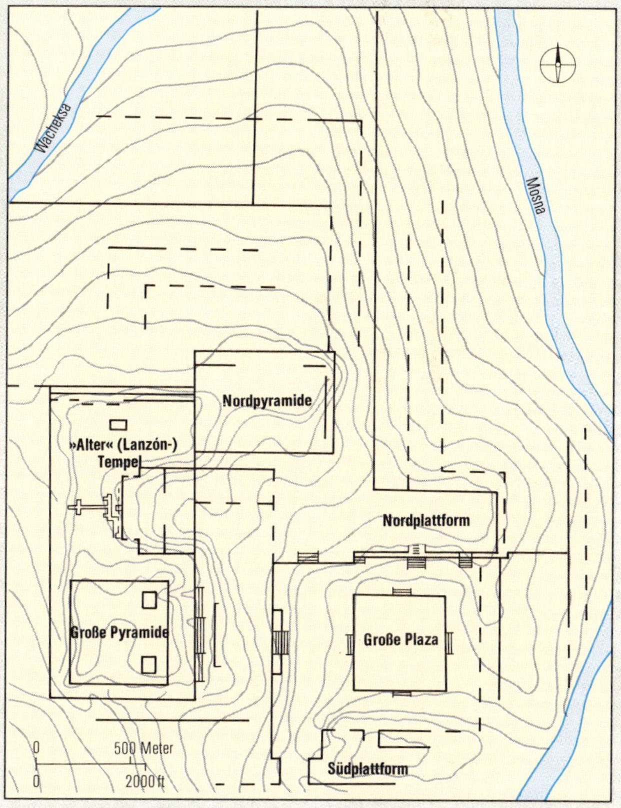

Die Fassade des Tempels von Chavín de Huántar (*oben links*) ist heute nur noch zum Teil mit kunstvoll gearbeiteten Blendsteinen bedeckt. In einem Innenraum steht das Große Idol (*oben ganz links*), eine mächtige Steinplastik, die einen Chavín-Gott darstellt. Fangzähne, runde Augen mit nach oben gerichteter Pupille und ausgeprägte Nasenflügel sowie Haare und Augenbrauen aus Schlangen sind seine Kennzeichen. Die charakteristischen Merkmale wie die ineinander verflochtenen Köpfe mit Fangzähnen über der Figur und auf dem Gewand kommen auch an andernorts gefundenen Objekten dieses Stils vor.

Oben: Der Plan von Chavín de Huántar.

Links: Einer der schreckenerregenden Köpfe an der Außenfront des »alten« oder Lanzón-Tempels.

Die Gestalten der Chavín-Götterwelt oder einzelne ihrer Attribute finden sich auf Chavín-Skulpturen, auf kleinen Objekten aus Stein und Knochen, auf Keramikgefäßen, auf bemalten Textilien oder auf bearbeitetem Goldblech. Zuweilen schuf man Gesichter, die immer als solche zu erkennen sind, gleich, ob man das betreffende Bildwerk »auf die Füße« oder »auf den Kopf« stellt. Alle künstlerischen Medien, derer sich die Chavín-Künstler bedienten, zeigen im großen und ganzen die gleichen Ausdrucksformen

Die Ursprünge der Chavín-Kultur

Manche der chavinhaften Motive auf kleinen Gegenständen nehmen sich so aus, als ob es sich letztlich um Repliken von Formen aus Chavín de Huántar handelte. Beispielsweise zeigen bemalte Textilien, die im trockenen Milieu der Südküste erhalten blieben, Motive, die mit entsprechenden Motiven der Bildhauerei in Chavín de Huántar so gut wie deckungsgleich sind. Lange glaubte man, der Chavín-Stil sei vielleicht durch Textilien an die Südküste übermittelt worden. Tatsächlich wurde das Fadenmaterial, aus dem die betreffenden Textilien bestehen, nicht in der gleichen Weise gesponnen, wie es sonst bei Textilien an der Südküste üblich war, und dies legte die Vermutung nahe, der Ursprung der betreffenden Stoffe sei anderswo zu suchen. Früher folgerte man daraus, diese Gewebe seien in Chavín de Huántar hergestellt worden. Heute dagegen hält man es für möglich, daß sie im nördlichen oder zentralen Küstengebiet entstanden sind.

Ein Teil des chavinoiden Materials wurde zwar während der kurzen Phase des Einflusses von Chavín de Huántar kopiert, doch den Radiokarbon-Daten zufolge stammt der größte Teil aus älterer Zeit. Doch wo ist dann der Ursprung der Chavín-Kultur zu suchen? Wo hatte sie ihre erste Hochblüte und wie wurde sie den anderen Chavín-Zentren übermittelt? Eine frühe Stätte und fraglos ein bedeutendes Zeremonialzentrum der Prä-Chavín-Zeit war Pacopampa, das mehr als 400 Kilometer von Chavín de Huántar entfernt ist. Über seiner Prä-Chavín-Besiedlungsschicht weist es eine Schichtung mit Chavín-Material auf. Näher bei Chavín de Huántar liegen beispielsweise Kotosh und Shillacoto. Auch sie waren in der Prä-Chavín-Zeit bedeutende Zentren, und auch hier lag über den betreffenden Schichten stark von Chavín beeinflußtes Material. An manchen der älteren Fundplätze hatte man den »Chavín«-Einfluß absorbiert und ihn sich nur teilweise einverleibt. Er verdrängte hier nicht die ältere Religion, sondern mischte sich mit ihr.

Im Tal von Chavín de Huántar kreuzten sich Nordsüdrouten, die dem Verlauf der Gebirgsketten folgten, mit Ostwest-Überlandstraßen, die zur Küste und in das Amazonasbecken führten. So verband es die günstige Lage am Knotenpunkt stark frequentierter Handelswege mit der Anziehungskraft, die es als heilige Stätte ausübte. Das Verteilungsmuster der stilistisch mit Chavín de Huántar verknüpften archäologischen Stätten legt die Vermutung nahe, daß die Chavín-Ikonographie ihren Ursprung in alten Zentren an der Küste gehabt haben könnte. Einige der bedeutendsten von ihnen wurden vielleicht später durch die Folgen von Seebeben oder über die Ufer getretene Flüsse zerstört.

Die sakralen Züge der Chavín-Ikonographie sind meist der Formenwelt des tropischen Regenwaldes entlehnt, und tatsächlich tauchte diese Ikonographie schon früh an Hochland-Fundstätten unweit des Amazonasbeckens auf. Chavín de Huántar selbst liegt in der Hangregion der Ostanden, und zweifellos gab es Verkehrsverbindungen über die Pässe hinweg. Die Kultur im Amazonasgebiet entwickelte sich schon früh und kann durchaus der Aus-

Oben: Dieses Scharrbild eines kandelaberähnlichen Baums wurde in unbekannter Zeit auf einem Hügel nahe der Einfahrt zum modernen Hafen von Paracas geschaffen.

Links: Detail eines bestickten Gewandes, das in einem Mumienbündel von Paracas-Necropolis gefunden wurde. Es zeigt das »Wesen mit den großen Augen« mit einem aus dünnen Goldplättchen gefertigten Kopfband von der Art, wie sie tatsächlich in Grabstätten entdeckt wurden. Dieses übernatürliche Wesen wird oft in horizontaler Lage, kopfüber oder in Hockstellung gezeigt. Hier erscheint am Ende seiner langen, gezähnten Zunge eine menschliche Figur, die ebenfalls mit einem Kopfband geschmückt ist.

gangspunkt religiöser und künstlerischer Anstöße gewesen sein. Allerdings gibt es einen Einwand gegen die Annahme einer unmittelbaren Beeinflussung durch Amazonien oder die Gebirgsrand-Region: Praktisch jede Ikonographie der vorspanischen Zeit im heutigen Lateinamerika hat als Hauptthema Tiere aus den im Tiefland gelegenen Urwäldern, obwohl der natürliche Verbreitungsraum der betreffenden Tierarten nicht immer als unmittelbare Quelle der jeweiligen Ikonographie in Frage kommt.

Das Erbe des Chavín-Stils

Der Einfluß des nach Chavín de Huántar benannten Stils, woher immer er kam und wie auch immer er sich ausbreitete, machte sich noch bemerkbar, nachdem die Macht längst verschwunden war, der er einst seinen Impuls verdankt hatte. Chavinoide Formen spielen eine bedeutende Rolle in den Kulturen, die während der folgenden Jahrhunderte im nördlichen Küstenabschnitt blühten. Dies gilt ganz besonders für die Mochica-Kunst. Tatsächlich ähneln die Darstellungen der Hauptgottheit stark an entsprechende Chavín-Bildwerke. Große Ähnlichkeit mit dem »Lächelnden Gott« von Chavín weisen auch die Darstellungen des »Wesens mit den großen Augen« im südlichen Küstenbereich auf. Vom Chavín-Erbe beeinflußt war schließlich die Kunst späterer Zeit auf dem Altiplano, insbesondere die von Tiahuanaco und Huari. Auf gewissen chavinoiden Objekten wenden sich im Profil dargestellte Figuren einem Stäbe tragenden Gott zu, der in Frontalansicht wiedergegeben ist. Dies ähnelt den Darstellungen am Sonnentor von Tiahuanaco. Sämtliche Götterdarstellungen der folgenden Generationen in den Zentralanden gleichen mehr oder weniger dem Götterbild im Tempel von Chavín de Huántar.

DIE PARACAS-KULTUR

An der Küste Südperus liegt die Paracas-Halbinsel, ein kahles Stück Sandwüste zwischen zwei Buchten, über das der Wind braust (in der Quechua-Sprache bedeutet *paracas* denn auch nichts anderes als »Sturmwind«). Heute einsam und verlassen, war diese Halbinsel einst dicht bewohnt, und sie wurde wegen der hier gemachten reichen Funde namensgebend für die frühe Kultur der gesamten Region.

Eine auffällige Landmarke in dieser sonst fahlen Wüste ist Cerro Colorado, eine rötlich schimmernde Erhebung aus Rosengranit. In den 20er Jahren unseres Jahrhunderts untersuchte der peruanische Archäologe J. C. Tello in den sandigen Abhängen dieses Berges drei Gräberfelder: Cabeza Larga, Cavernas und Necropolis. Diese Fundstätten überlagern einander zeitlich, doch Cavernas erbrachte das älteste Material. Cavernas stammt aus der Spätphase des Frühen Horizontes (600–400 v. Chr.); Necropolis und Cabeza Larga dagegen beginnen im sechsten Jahrhundert v. Chr. und erstrecken sich bis in die Frühe Zwischenzeit. Weitere Gräber mit Beigaben ähnlichen Stils fand man in den nahen Küstentälern von Ica, Pisco, Chincha und Nazca.

Der Cavernas-Stil verdankt seinen Namen den flaschenähnlichen Schachtgräbern (»Kavernen«) im Gipfelbereich des Cerro Colorado. Diese Gräber enthielten jeweils 30–40 Leichname, die man dort mit den verschiedenartigsten, jedoch mengenmäßig niemals reichen Grabgaben beigesetzt hatte. Auch unterirdische Wohnstätten wurden bei diesem Begräbnisplatz nachgewiesen. Praktisch sämtliche Schädel in den Cavernas-Gräbern waren deformiert, sowohl bei den Männern wie bei den Frauen. Und an nahezu der Hälfte aller dort Bestatteten hatte man die Trepanation vorgenommen. Diese Schädeloperation wurde bei einer ganzen Anzahl andiner Kulturen nachgewiesen. Man führte sie auf verschiedene Weise durch. Entweder schnitt man ein drei- oder viereckiges Stück der Schädeldecke heraus, bohrte eine kreisrunde Linie, um das davon umschlossene Knochenstück zu entfernen oder trug im Operationsfeld den Schädelknochen nach und nach ab. Außen an den Mumienbündeln der Cavernas-Gräber waren Baumwoll-Masken befestigt – Gewebe, auf die man in dunkelbrauner, purpurroter und/oder grauer Farbe ein Gesicht oder einen ganzen Menschenkörper in Frontalansicht aufgemalt hatte. Diese Stoffmalereien deuten auf den stilistischen Einfluß chavinoider Textilmalereien aus dem südperuanischen Küstenbereich hin.

Fraglos eine Begräbnisstätte für Personen von Rang war der als Necropolis (»Totenstadt«) bezeichnete Friedhof von Paracas. Er enthielt zahlreiche Mumienbündel, von denen manche mehr als 100 kunstvoll und farbenfroh bestickte Baumwoll-Kleidungsstücke umfaßten. J.C. Tello fand 429 Bündel dieser Art. Sie lagen in mauerumgebenden Baulichkeiten oder in den Fundamentgruben von Häusern. Beträchtlich sind die Größenunterschiede bei diesen zapfenförmigen Bündeln. Ein großes Bündel kann an der Basis 1,5 Meter messen und ebenso lang sein sowie drei-bis viermal so viele Gegenstände enthalten wie ein kleineres. Jedes dieser Mumienbündel unterscheidet sich in gewissen Details von den anderen, doch insgesamt bestehen zwischen ihnen allen bedeutende Übereinstimmungen.

Es gab einen Gelehrtenstreit darüber, ob man die Mumien eigens präparierte, denn Tello war der Ansicht, man habe Gehirn und Eingeweide entfernt. Dies wurde bestritten, doch vielleicht konservierte man die Leichname, indem man sie austrocknen ließ oder räucherte. Man brachte die Toten in eine eng zusammengekrümmte Hockerstellung und schnürte sie so fest zusammen, daß sie im Grab lagen wie ein Fötus im Schoß der Mutter. Bisweilen trugen die Verstorbenen ein Lendentuch oder etwas Schmuck, doch im wesentlichen waren sie nackt. Oft steckte man ihnen ein wenig Blattgold in den Mund, und zwischen den Brustkasten und die angewinkelten Oberschenkel klemmte man nicht selten einen Flaschenkürbis mit Nahrungsmitteln als Opfergaben. Auch andere Opfergaben konnten dem Toten unmittelbar am Körper mitgegeben werden, beispielsweise Stirn-, Nasen- oder Ohrenschmuck.

Um die Leichname und die Beigaben wurde ein grobes Baumwolltuch gewickelt, und dann steckte man das Bündel in eine Matte oder einen Korb. Der übriggebliebene Platz wurde mit Kleidungsstücken und anderen Gegenständen ausgefüllt. Anschließend umgab man das Ganze mit einem jener riesigen bestickten Umhänge, die 25 oder mehr Meter Stoff umfassen und das »Markenzeichen« der Paracas-Kultur sind. Fast jedes Mumienbündel hatte mindestens einen dieser Mäntel. Zu guter letzt wurde das Bündel in ein langes, einfaches Tuch als Baumwolle sowie in eine schützende Schilfrohrmatte gewickelt. In der Regel waren die Mäntel sowie die anderen Kleidungsstücke, die überwiegend eigens für die Bestattung hergestellt worden zu sein scheinen, mit einer Figur bestickt, die sich nach Art eines Schachbrettmusters immer auf neue wiederholte.

Das Hauptmotiv der Necropolis ist das »Wesen mit den großen Augen«, eine großäugige, frontal wiedergegebene Gestalt mit fließenden Anhängseln, die in Kopftrophäen auslaufen. Oft ist der Kopf dieser Figur herzförmig, und wie in der griechischen Göttersage Athena dem Haupt des Zeus, entspringt ihm ein kleinerer Kopf. Auf den Textilien aus der Necropolis erscheint das »Augenwesen« oft horizontal, als ob es flöge, ferner wird es mit dem Kopf nach unten oder kauernd dargestellt. In allen Fällen aber ist der Kopf frontal wiedergegeben, selbst wenn er dadurch rechtwinklig zum Körper steht. Dies erinnert an Figuren des Chavín-Stils, deren im Profil abgebildete Köpfe zum Zenith aufblicken. Gewöhnlich hält das »Augenwesen« eine Kopftrophäe in der einen und ein Messer in der anderen Hand.

Die Tonware

Zu den Grabbeigaben gehört auch Keramik. Neben den Mumienbündeln der Necropolis mit ihren prachtvollen Stickereien fand man Gefäße mit monochromem Überzug (Anguß). Sie waren eiförmig, besaßen zwei mit einer Brücke verbundene Ausgüsse und waren entweder mit irgendwelchem Zierat versehen oder wiesen Tierform auf. In anderen Gräbern dagegen kamen polychrome Gefäße oder Tonware mit sogenannter »Negativmalerei« zum Vorschein. Am bekanntesten ist die Keramik, die in Ocucaje (im Ica-Tal, also landeinwärts von Paracas aus) gefunden wurde. Ihre ältesten Stücke zeigen Motive, die der Ikonographie des Chavín-Stils entlehnt sind. Aus dieser Frühphase blieben mehrere Beispiele von Gefäßen mit Steigbügelausguß erhalten. Da dies an sich eine Form ist, an der man Keramik aus dem Norden erkennt, könnten diese Gefäße aus dem Norden importiert worden sein. Die am häufigsten anzutreffende Gefäßform weist eine »Brücke« auf, die – in früheren Phasen – den Ausguß mit einem als Vogelkopf gestalteten blinden Ausguß verbindet, später jedoch zwei verschiedene Ausgüsse an jeder Seite des Gefäßes hat.

Die frühesten Phasen des Paracas-Stils verraten starken Chavín-Einfluß und stammen vermutlich aus der Zeit, als der Chavín-Stil erstmals in die Gegend von Paracas vordrang. Aus diesen stilistischen Einflüssen entwickelte sich schließlich ein ganz eigener Stil,der den religiösen und kulturellen Eigenheiten des Paracas-Gebietes angepaßt war, aber noch immer einen starken Chavín-Anklang hatte.

DIE NAZCA-KULTUR

Während der Frühen Zwischenzeit (um 370 v. Chr.–450 n. Chr.) dominierte im südlichen Küstenabschnitt Perus der sogenannte Nazca-Stil. Er ging auf den Paracas-Stil zurück. Der Übergang des Paracas- in den Nazca-Stil verlief reibungslos. Bemalte einfache Nazca-Tuche wiesen Figuren auf, die den Darstellungen, mit denen Paracas-Kleidungsstücke geschmückt waren, ziemlich ähnelten. Außerdem fand man Brokatstoffe sowie Kleidung aus Federn. Keramiken der frühen Nazca- bzw. Proto-Nazca-Stufe besitzen farbige Zonen sowie Details, deren Vorzeichnungen man in die Gefäßwände ritzte. Spätere Nazca-Tonware weist allerdings stattdessen mit Farbe nachgezogene Umrißlinien auf. Viele Motive der Nazca-Kunst erinnern sehr stark an den Paracas-Stil, auch ein »Nachkomme« des »Augenwesens« ist anzutreffen. Manche Autoren bezeichnen diese Gestalt als »anthropomorphes mythisches Wesen«. Vorherrschendes künstlerisches Medium waren jetzt nicht mehr Textilien, sondern die Keramik. Für ihre polychrome Keramik verwendeten die Nasca-Töpfer sechs bis sieben verschiedene Farbtöne, und auch die Vielfalt der dargestellten Themen nahm zu.

Zwar ändert sich von Zeit zu Zeit die Vorliebe für bestimmte Themen, doch die Tonware verrät deutlich, was die damaligen Bewohner der küstennahen Täler am meisten beschäftigte: Ackerbau und das Meer (sowie jene übernatürlichen Wesen, die man mit den einschlägigen Aktivitäten in Verbindung brachte). Zahlreiche Textilien und Gefäße zeigen mythische Wesen oder Menschen mit Pflanzen in der Hand, die auf den bewässerten Feldern gediehen, sowie Fischer und fischende Seevögel. Besonders ausgeprägt war in der Nazca-Kultur der Kult der Trophäenköpfe. In Nazca-Friedhöfen fand man ganze Deponien vom Rumpf getrennter, trepanierter Schädel; auch figürliche Gefäße können die Form von Trophäenköpfen annehmen, und manche Gefäße sind vollständig mit Darstellungen derartiger Köpfe bemalt.

Oben: Die Bucht von Paracas ist einer der markantesten Einschnitte an der peruanischen Küste. Diese sandige Landschaft in der Nähe der Grabstätten von Cerro Colorado hat viele Überreste der Vergangenheit konserviert.

Überreste von Städten

Die Nazca-Kultur blühte im wesentlichen in jener Gegend, in der auch die Träger des Paracas-Kunststils gewohnt hatten. Beispielsweise machte man bedeutende Funde von Nazca-Keramik in Ocucaje, das auch für sein Paracas-Material bekannt ist. Allerdings gab es eine kleine Verschiebung nach Süden. Der Nazca-Stil konzentrierte sich stärker auf die Region des Rio Nazca und seiner fünf bedeutendsten Nebenflüsse, desgleichen auf das weiter im Süden liegende Acari-Tal. Möglicherweise war dies die Folge territorialer Eroberungen.

Bauliche Überreste der Nazca-Kultur sind kaum erhalten. Es gibt Beweise für das Vorhandensein von Bewässerungskanälen, aber kaum steinerne Bauwerke. Bedeutendere Bauwerke bestanden gewöhnlich aus *adobe*-Ziegeln,

Oben rechts: Jäger mit Speerwerfern und Papageien auf einer späten Nazca-Zylindervase. Die Lebendigkeit der Darstellung und die Einfassung mit Schlangenköpfen könnten den Einfluß der zeitgenössischen Mochica-Kultur an der Nordküste widerspiegeln.

Rechts: Ein Nazca-Bildkrug, der das »anthropomorphe mythische Wesen« mit Kopftrophäen in Verbindung bringt; der Krug zeigt die Komplexität mythischer Motive, die miteinander kombiniert werden konnten, indem man sich die Mehrfarbigkeit zunutze machte, die die Nazca-Töpfer so liebten.

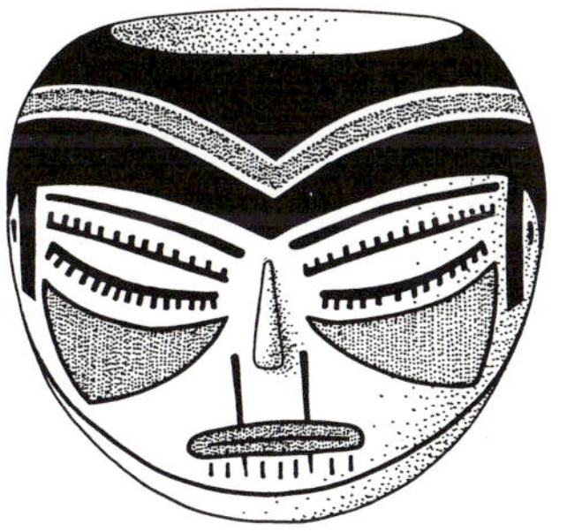

Die hier gezeigten drei tönernen Trophäenköpfe stammen aus Nazca-Stätten. Die Wangendreiecke dürften Gesichtsfarben anzeigen, ein weitverbreitetes präkolumbisches Merkmal.

Die Nazca-Scharrbilder

Vielleicht die faszinierendste archäologische Stätte des gesamten amerikanischen Kontinents erstreckt sich über nicht weniger als 500 Quadratkilometer nahe der heutigen Stadt Nazca in der Südküste Perus. Vor mehr als 1000 Jahren scharrte man hier u. a. menschen- und tiergestaltige Abbildungen, Linien und geometrische Formen in die Erde, indem man den dunklen Kies der Deckschicht abtrug, so daß die hellfarbige Bodenschicht darunter zum Vorschein kam.

Diese Bodenmarkierungen, die eigentlich nur aus der Luft als Bilder zu erkennen sind, wurden von einigen Gelehrten als astronomische Zeichen gedeutet. Für manche der Scharrbilder könnte dies zutreffen, für den Gesamtkomplex allerdings ist es noch nicht mit Sicherheit erwiesen. Ebensogut könnten manche der Linien Pfade gewesen sein, die sakrale Bedeutung hatten und bei bestimmten Riten abgeschritten wurden. Vorrangig aber waren diese Linien wahrscheinlich als Opfer für die Ahnen oder für Himmels- und Berggötter gedacht, die auch das Wasser spendeten, das man für den Feldbau so dringend brauchte.

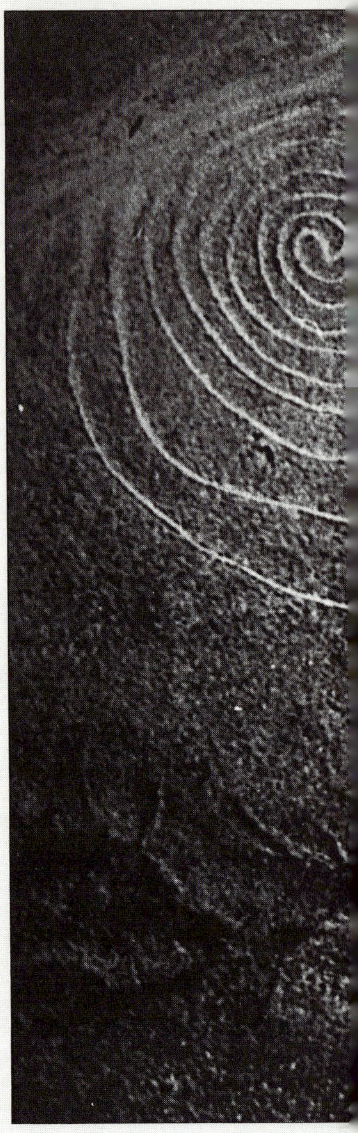

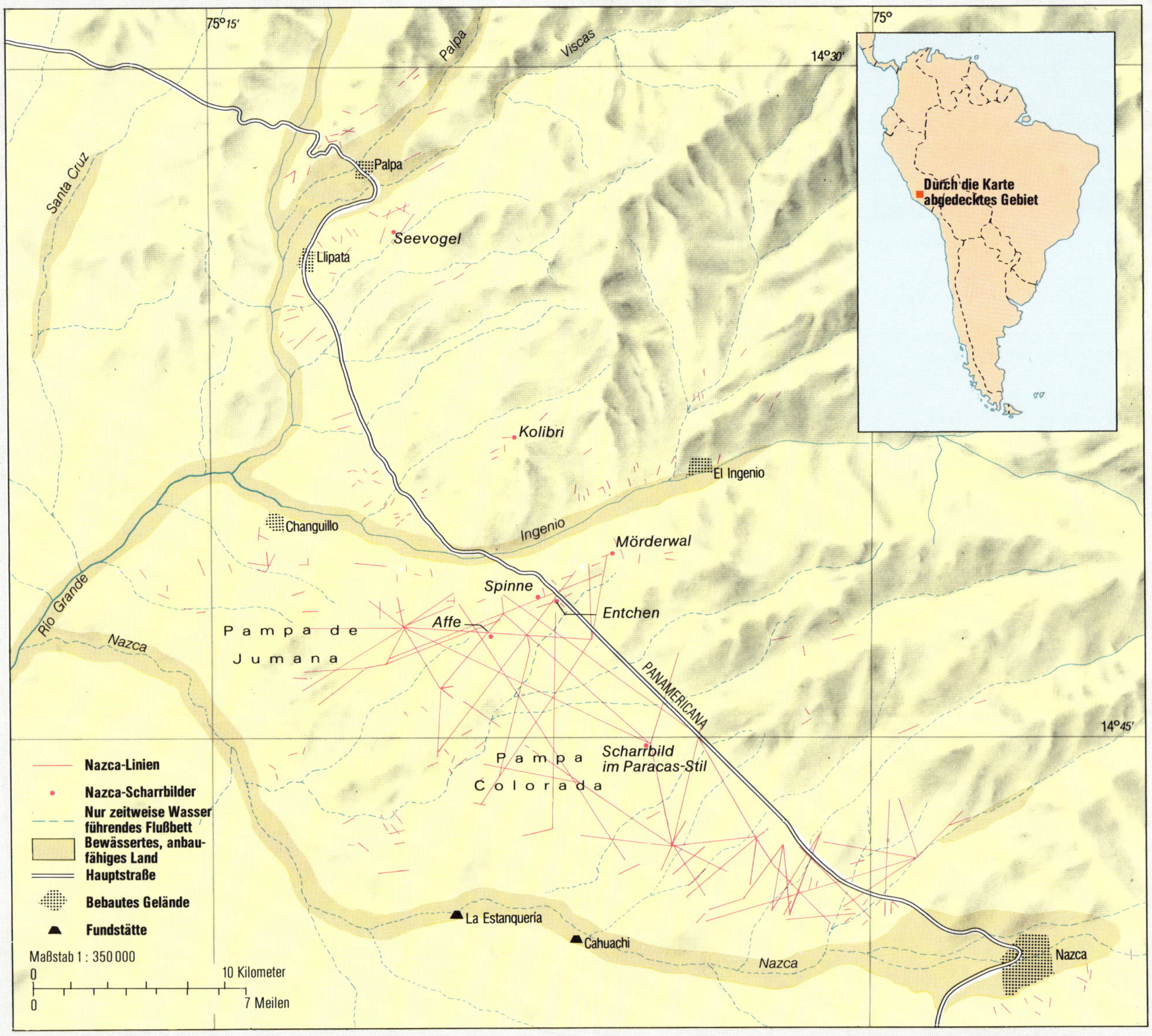

Links: Die Karte zeigt die Verteilung der Scharrbilder in der nordwestlich von Nazca gelegenen Region. Sie befinden sich auf ariden Grund, nicht weit von den fruchtbaren Böden. Manchmal laufen die Linien in einem Zentrum zusammen (*oben links*), mit dem besondere heilige Vorstellungen verknüpft gewesen sein mögen, vielleicht wurden dort auch Opfer dargebracht. Die imposanten Linien von Nazca sind die am besten bekannten Beispiele dieser Kunstform. Es finden sich jedoch ähnliche Bodenzeichen oder Geoglyphen auch nahe der peruanischen Küste und in Chile (*siehe gegenüber*).

Links: Eine der fesselndsten Geoglyphen auf der Nazca-Ebene ist ein Affe mit gespreizten Fingern und einem zu einer großen Spirale gerollten Schwanz. Obwohl hier Affen nicht vorkamen, bildeten sie ein wichtiges Motiv in der Ikonographie der Küstenkunst.

Unten: Die Nahansicht eines Teils eines Nazca-Scharrbilds macht die monumentalen Ausmaße der Darstellungen deutlich, die eine Linienlänge von bis zu acht Kilometern erreichen können.

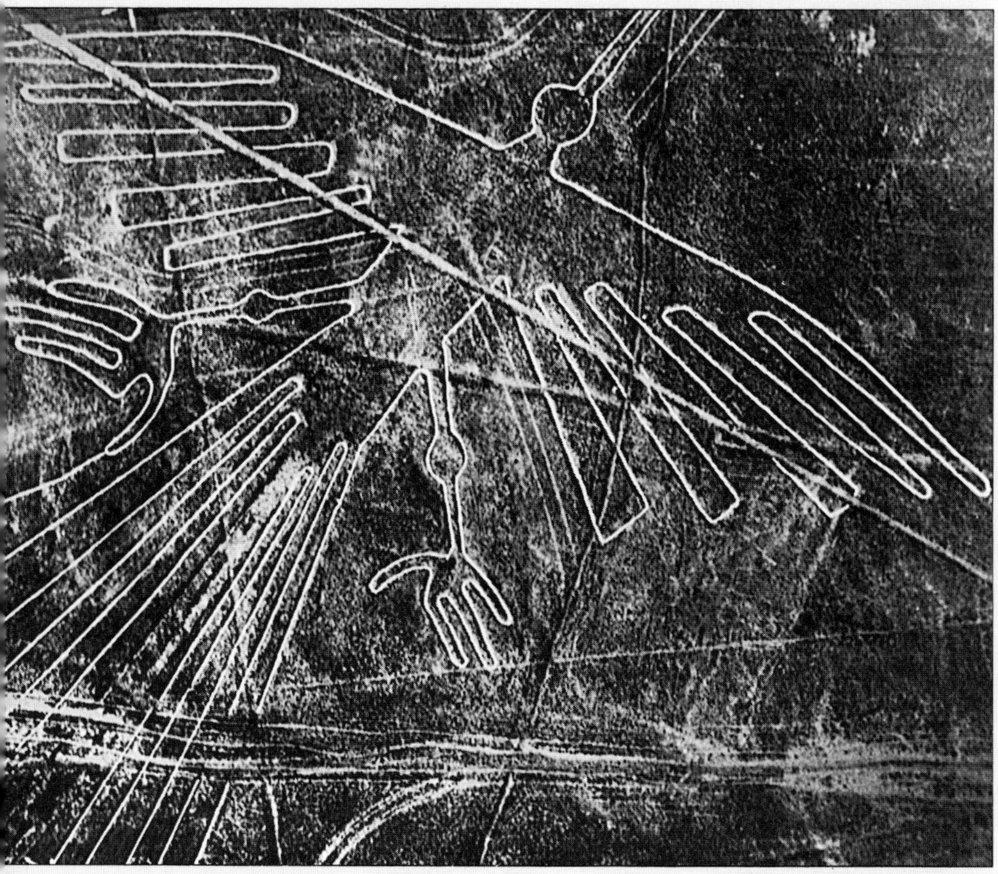

Links: In die Ebene über dem Tal von El Ingenio ist mit langen, geraden Linien ein Kolibri eingezeichnet. In den Mythen spielte dieser Vogel eine bedeutende Rolle, weil er Wildheit und Schönheit verkörperte und in Beziehung zur Sonne gesetzt wurde. Er erscheint häufig auf den Nazca-Keramiken.

Oben: Diese riesige, etwa 90 Meter lange anthropomorphe Gestalt wurde in Cerro Unitas in Nordchile entdeckt. Auch in Cerro Unitas stehen die Geoglyphen in Zusammenhang mit bewässerten Feldern. Eine kleinere, weniger sorgfältig ausgearbeitete Version dieser Figur gibt es bei Nazca. Es könnte sich um bildliche Darstellungen von Fruchtbarkeitsgöttern handeln.

Verbreitungsgebiete und Stätten der andinen Kulturen während der Frühen Zwischenperiode, ca. 400 v. Chr. - 500 n. Chr.
Mochica
Recuay
Lima
Nazca
Ekuadorianische Kulturen
Gallinazo
Sonstiges bedeutendes Kulturzentrum
Heutige Stadt
Heutige Staatsgrenzen
Maßstab 1 : 16 000 000
400 Kilometer
300 Meilen
Durch die Nebenkarte rechts abgedecktes Gebiet
Durch die Karte abgedecktes Gebiet
PAZIFISCHER (STILLER) OZEAN
Äquator
Wendekreis des Steinbocks
KOLUMBIEN
EKUADOR
PERU
BRASILIEN
BOLIVIEN
CHILE
ARGENTINIEN
A N D E N
La Tolita
Jama Coaque
Bahía de Caráquez
Bahía
Isola de la Plata
Guangala
Guayaquil
Golf von Guayaquil
Jambelí
Cerro Vicús
Loma Negra
Pampa Grande
Cajamarca
Pacatnamú
Huaca del Brujo
Licapa
Galindo
Trujillo
Moche
Pashash
Gallinazo
Callejón de Huaylas
Pañamarca
Chavín
Recuay überlagert
Recuay
Nieveria
Lima
Pachacamac
Huari
Ayacucho
Dos Palmos
Ocucaje
Palpa
El Ingenio
Nazca
Cahuachi
Tambo Viejo
Hacha
Pucará
Titicaca-See
Tiahuanaco
Altiplano
Arica
Puna
Antofagasta
Atacama-Wüste
Gran Chaco
Selvas Occidentales
Vallisertana
Tebenquiche
Candelaria
Hualfino
Tucumán
Condorhuasi
La Ciénaga
Belén
Tafí
Catamarca
Marañon
Ucayali
Die Ausbreitung des Mochica-Stils
Phase I - II
Phase III
Phase IV
Phase V
Mochica-Fundstätte
Heutige Stadt
Heutige Staatsgrenzen
Maßstab 1 : 5 000 000
150 Kilometer
100 Meilen
Sechura-Wüste
Tomaval
Lambayeque
Saña
Jequetepec
Chicama
Virú
Santa
Nepeña
Casma
Huarmey
Piura

Wohnhäuser dagegen aus zusammengebundenen Schilfrohren. Das Zeremonialzentrum Cahuachi im Nazca-Tal war wahrscheinlich die Hauptstadt eines expandierenden Stammeshäuptlingstums, dessen Bedeutung später wieder zurückging. Cahuachi verfügte über eine Stufenpyramide, eine mit *adobe*-Ziegeln verkleidete natürliche Erhebung von 20 Metern Höhe. Diese archäologische Stätte wurde noch vor dem Ende der Frühen Zwischenperiode aufgegeben, und das gleiche gilt für einige der anderen großen Zentren der Frühphase. In der Endphase der Nazca-Kultur entwickelten sich dann zusätzliche bedeutende Zentren, und der Nazca-Einfluß reichte weiter nach Norden und Süden sowie ins Hochland bis in die Gegend um Ayacucho.

DIE MOCHICA-KULTUR

Nachbarn und Vorläufer

An der Nordküste Perus folgten auf den Chavín-Stil die Kulturen von Salinar und Gallinazo. Salinar brachte eine vergleichsweise einfache Töpferware mit Bügelhenkeln hervor. Gallinazo-Keramik zeigt die weitverbreitete Technik der Negativmalerei, die man von Hacha im Süden, wo sie allen Anschein nach zum ersten Male auftaucht, bis in das Gebiet von Piura (Vicús) im Norden antrifft.

Tonware mit Negativmalerei ist auch typisch für die Recuay-Kultur im Callejón de Huaylas hoch über den Mochica-Küstentälern. Nach einer unweit von Chavín de Huántar im Callejón gelegenen Stadt benannt, entwickelte sich der Recuay-Stil aus dem von Chavín, weist jedoch eigene charakteristische Eigenheiten auf. Nach dem Niedergang von Chavín de Huántar nahmen Recuay-Leute den dortigen Tempel in Besitz. Wahrscheinlich erschien der Recuay-Stil ein wenig früher als der Mochica-Stil, im wesentlichen aber sind beide zeitgleich. Eine Anzahl von Motiven der Mochica-Kunst ist wohl dem Recuay-Stil entlehnt, und zweifellos muß es Berührungen gegeben haben, zumal das Flußwasser, das man in Mochica-Tälern zu Bewässerungszwecken verwendete, auf dem Gebiet der Recuay-Leute entsprang. Den der Recuay-Kunst entlehnten Motiven begegnet man vor allem in Mochica-Szenen, die das Coca-Ritual wiedergeben.

In Anbetracht der geographischen Nähe sowie der zweifellos vorhandenen Kontakte zwischen beiden Kulturen sind die bestehenden Unterschiede von besonderem Interesse. Recuay produzierte Schöpfkellen, figürliche Keramik und Gefäße, auf deren Oberseite plastische Figuren stehen. Hierbei handelt es sich um Mochica-Formen, die von Recuay übernommen wurden. Im allgemeinen sind die Gefäße von unterschiedlicher Form. Typisch für Recuay sind Urnen mit nach außen gewulstetem Hals, Ringgefäße, kugelförmige Gefäße mit weit nach außen vorstehendem Randausguß und schließlich ein Gefäßtyp, dessen Ausguß wie ein Schornstein aus der Gefäßdecke emporragt. Wenn auch in Mochica und Recuay teilweise dieselben Motive benutzt wurden, so scheinen sie durchaus nicht immer dasselbe zu symbolisieren. Einige der in beiden Kulturen anzutreffenden Themen sind Hausformen, Personen, die Gefäße tragen, ein Mann mit einer Raubkatze, eine Gestalt, auf die Geier einhacken, und das sogenannte »Mondtier«.

Die Region und ihre archäologischen Stätten

Zumindest während des Zeitraums vom Beginn der christlichen Zeitrechnung bis etwa 600 n. Chr. war der Ort Moche bei der heutigen Stadt Trujillo das religiöse und politische Zentrum der Mochica-Kultur. Der Bau der sogenannten Huaca del Sol, der »Sonnenpyramide«, hatte sich wahrscheinlich über mehrere Jahrhunderte erstreckt. Mit ihren 40 Metern Höhe und mindestens 350 Metern Länge ist sie das größte massive aus *adobe*-Ziegeln errichtete Bauwerk der Neuen Welt. Wahrscheinlich umfaßt sie jetzt nur noch ein Drittel ihrer ursprünglichen Größe. Zwischen ihr und der sogenannten Huaca de la Luna, die unmittelbar am Fuß einer eindrucksvollen Bodenerhebung, dem Cerro Blanco, liegt, erstreckt sich offenes Gelände.

In diesem und anderen Flußtälern an der Küste bauten die Mochica-Leute mit Hilfe von Bewässerungsanlagen Baumwolle, Mais, Erdnüsse und Chili-Pfeffer an. Auch der Fischfang stellte eine der Hauptnahrungsquellen dar. Einerseits lieferte das Meer Nahrung für den unmittelbaren Verzehr, andererseits aber auch Waren für den Handel mit weiter landeinwärts lebenden Gruppen.

Man unterteilt die Mochica-Keramik in fünf Phasen. Moche I und II findet man im Moche-, Chicama- und Virú-Tal unmittelbar über der Gallinazo-Schicht. Sie sind zeitlich etwa um den Beginn der christlichen Zeitrechnung anzusetzen. Die älteste Phase, die man im Santa-Tal antrifft, ist Moche III. Dies deutet darauf hin, daß es seinerzeit eine Expansion nach Süden hin gegeben hat. Die reiche Fundstätte Pañamarca im Nepeña-Tal mit ihren Wandmalereien und ihren Moche-IV-Elementen ist nach heutigem Wissensstand der südlichste Punkt mit Mochica-Architektur. Mochica-Töpferware fand man allerdings noch sehr viel weiter nach Süden und zwar bis nach Huarmey. Wesentlich komplexer stellt sich die Situation im Norden dar. Daß man in Pacatnamú Mochica-Gräber entdeckte, ist nicht besonders erstaunlich. Doch man fand sehr frühe Mochica-Keramik auch noch ziemlich weit im Norden, im Piura-Tal, und eben dort kamen auch einige hervorragende Mochica-Metallkunstwerke zum Vorschein. Ein unter dem Namen Loma Negra bekanntes riesiges Gräberfeld erbrachte Hunderte feiner Gold-, Silber- und Kupferarbeiten. Aus der gleichen Region stammen auch wohl zeitgleiche, mit einer dekorativen Schutzschicht überzogene Tongefäße, die an die Keramik aus dem Virú-Tal erinnern. Demzufolge bestehen drei Möglichkeiten: Entweder kamen die Mochica-Leute von Norden her ins Moche-Tal, oder es gab eine frühe, im Norden gelegene Kolonie der Moche-Bevölkerung, wenn die Bewohner des Moche- und des Piura-Tales nicht sogar einen gemeinsamen Ursprungsort hatten, der noch unentdeckt ist und vielleicht irgendwo zwischen beiden Tälern lag. Wie immer man das Phänomen zu erklären hat: Ungefähr zur Zeit Christi war die Moche-Kultur in den Tälern im Norden vertreten, doch um 600 n. Chr. gab man Moche auf, und die Macht ging endgültig auf das Gebiet um Lambayeque über.

Kunst und Religion

Unter den Handwerkern der Moche befanden sich begnadete Goldschmiede, geschickte Weber und vor allem sehr bemerkenswerte Töpfer. Zur Herstellung mancher Gefäße benutzte man Formen, andere wurden handmodelliert. Die Formenvielfalt war außerordentlich groß, doch wie fantasievoll ein Gefäß auch immer gestaltet war – ein Steigbügelausguß fehlte fast nie. Es ist jedoch nicht nur die breite Palette der Form- und Dekorvarianten, welche die Bedeutung der Gefäße ausmacht, vielmehr verrät diese Töpferware mehr über die Mythen und Rituale der Mochica-Bevölkerung als die Artefakte irgend einer anderen andinen Kultur. Allerdings bedeutet dies keineswegs, daß die Deutung leichtfällt, denn die Glau-

Links: Die Andenkulturen in der Frühen Zwischenperiode
Zu den zahlreichen verschiedenen Kunststilen, die in der Frühen Zwischenperiode entwickelt wurden, zählt der Stil der Zentralküste und des Rimac-Tales, der unter verschiedenen Bezeichnungen bekannt ist, beispielsweise als Lima-, Früher Lima- und Nievería-Stil. Er ist weniger gut erforscht als andere Küstenstile, was zum Teil daran liegt, daß seine Objekte unter den Bauten der peruanischen Hauptstadt Lima liegen oder auch von Überresten späterer präkolumbischer Kulturen überlagert sind. Er war sowohl vom Nazca- wie vom Mochica-Stil beeinflußt. In Pachacamac blieb eine *adobe*- Pyramide im Lima-Stil erhalten, deren Wandzeichnungen in späterer Zeit übermalt wurden. Bei Pachacamac handelt es sich um eine bedeutende Ansiedlung, die gegen Ende des Mittleren Horizontes eine politische Machtstellung innehatte und unter den Inka ein berühmtes Orakel besaß. Im Hochland erlebte in der Frühen Zwischenperiode der Huarpa-Stil eine Blüte, und zwar in der Region Ayacucho, wo später Huari herrschte.
Die kleine Karte zeigt den Einfluß der Mochica-Kultur; wie weit er in den Randgebieten ging, ist allerdings nicht genau festzustellen. Obwohl im Mochica-Stil gearbeitete Objekte selbst in dem weit südlich gelegenen Huarmey-Tal zutage traten, reichte wirklicher politischer Einfluß wohl nicht bis hierher. Viele Objekte im Mochica-Stil stammen aus dem Piura-Tal im Norden, doch gibt es dort keine baulichen Überreste. Wenngleich die Mochica eindeutig ein kriegerisches Volk waren – das belegen nicht nur ihre geographischen Expansionen, sondern auch die vielen Kriegsmotive in ihrer Ikonographie –, erfolgte ihre Einflußnahme weitgehend über ihre Kunst.

Moche

Diese archäologische Stätte liegt im Schutz eines kahlen, sandigen Hügels. Von der Spitze der gewaltigen Hauptpyramide übersieht man das kultivierte Tal und die Wüste bis zum Meer.

Die frühesten archäologischen Arbeiten in Moche unternahm 1899 der deutsche Archäologe Max Uhle (1856–1944), bekannt als Vater der peruanischen Archäologie. Er entdeckte die Malereien in der Mondpyramide (die inzwischen verschwunden sind) und Grabstätten in dem Gebiet zwischen den zwei Pyramiden. Die der Mondpyramide gegenüberliegende Sonnenpyramide ist ein massiver, siebenstufiger Bau, für den schätzungsweise gut 100 Millionen *adobe*-Blöcke verwendet wurden. Die Sonnenpyramide war das bedeutendste Heiligtum der Mochica-Kultur. Die Spanier entdeckten in ihr vergrabene Goldgegenstände, deren Wert über 80 000 Pesos betragen haben soll.

Unten: Ein Gefäß mit Steigbügel-Ausguß, das eine Mochica-Gottheit darstellt. Der eckige Mund mit den Fangzähnen, die von Lidern überschatteten Augen, die Ohrformen und die Schlangen auf dem Kopf lassen sich von Bildnissen der Chavín-Gottheiten ableiten. Solche Gefäße wurden in Gräbern gefunden und wahrscheinlich speziell als Beigaben hergestellt.

Unten: Diese Szene auf einer Vase zeigt den Genuß von Kokablättern während eines nächtlichen Rituals. Die linke Figur, die unter einem schlangenförmigen Himmelsband steht, hat einen eckigen, nichtmenschlichen Mund. Die auffällig gekleideten menschlichen Figuren halten Kürbisflaschen und Spatel für den Kalk, der zusammen mit den Blättern gekaut wird.

Oben: Die bemalte vergoldete Kupfermaske hat eingelegte Augen aus Muscheln und Löcher in den Ohrläppchen für Schmuck. Sie stammt aus einem Grab in der Mondpyramide und dürfte das Porträt eines Verstorbenen darstellen.

Rechts: Die Mondpyramide, wie sie über den bewässerten Feldern des Moche-Tals aufragt.

Oben: Eine Bildvase mit Steigbügelausguß in Form eines Eulenwesens (möglicherweise eine Eulengottheit), das in der linken Hand eine Kopftrophäe hält.

Unten: Die Expansion von Tiahuanaco und Huari
Wir wissen nur wenig über die Ausbreitung von Huari und Tiahuanaco und ihre Wechselbeziehungen, obwohl viel Mühe darauf verwendet wird, diese Fragen zu klären. Huari scheint einen Staat oder ein Reich geschaffen zu haben, das offensichtlich nur kurzlebig war. Jüngste Forschungsarbeiten machen deutlich, daß die Hauptexpansion Huaris vor etwa 650 n. Chr. stattfand und daß sie ziemlich plötzlich erfolgt sein muß. Schwieriger ist es,das Tiahuanaco-Reich zu beschreiben. Möglicherweise war es kein Staat, doch kontrollierte es in seinem Kerngebiet bestimmte Zentren des Handels bzw. der Religion und besaß weitreichenden Einfluß. Gegenstände im Stil von Tiahuanaco – oder von ihm beeinflußt – entdeckte man bis hinunter nach Nordchile, aber dort gibt es keine Tiahuanaco-Architektur. Die schraffierte Zone auf der Karte unterstand meist der Huari-Herrschaft, doch künstlerische Einflüsse von Tiahuanaco finden sich vielerorts bis nach Conchopata. Eine nähere Erforschung der Fundorte und ihres Hinterlandes könnte schließlich die verwickelten Beziehungen beider Städte und ihrer Reiche aufhellen.

bensvorstellungen der Mochica waren höchst vielschichtig und auch Veränderungen unterworfen.

Das Grundsystem der Mochica-Ikonographie scheint aus einander teils überschneidenden Motivkomplexen zu bestehen. Einer dieser Motiv-Komplexe hat beispielsweise mit dem rituellen Kauen von Coca-Blättern zu tun (ein Thema, dem man auch in der ekuadorianischen und kolumbianischen Kunst begegnet). Bisweilen sind dabei auch der Beutel für die Coca-Blätter und die Kalabasse mit Spatel für den Kalk abgebildet, der zusammen mit den Blättern gekaut wurde. Doch auch dann, wenn dieses Zubehör nicht gezeigt wird, sind die Figuren noch immer durch ihre Kleidung als Menschen erkenntlich, die das Coca-Ritual praktizieren. Auch gewisse Kampfszenen zeigen Gestalten in der Kleidung des Coca-Rituals. Die Hauptthemen der Mochica-Gefäßkunst sind Krieg und die Gefangennahme von Kriegsgegnern, um sie bei verschiedenen Opferritualen zu enthaupten.

Die Hauptgottheit der Mochica war – wie so viele Götter der andinen Kulturen – der Chavín-Kultur entlehnt. Sie hatte Raubkatzen-Reißzähne und trug einen Gürtel, der in Schlangenköpfen endete. Manchmal zeigt dieses Wesen achterförmig geformte Ohren oder seltsam geschwungene Augenlider, beides typische Merkmale von Chavín-Gestalten.

Das Ende der Moche-Kultur

Am Ende der Mochica-Phase IV scheint man Moche selbst praktisch aufgegeben zu haben. Das Machtzentrum war nun wohl Pampa Grande im Lambayeque-Tal, ein Ort, der schon zur Zeit des Frühen Horizontes bewohnt war. Es gibt Anhaltspunkte dafür, daß sich damals eine Sandschicht auf Moche und die Bewässerungsgräben ringsum gelegt hatte, die eine Fortsetzung des Bodenbaus unmöglich machte und Moches Bewohner zur Abwanderung zwang. Auch die damals beginnende Expansion der Huari-Kultur könnte manche Veränderung bewirkt haben. Mit Sicherheit lassen sich jedenfalls Veränderungen des Stils und der Motive in der Kunst der Moche-Schicht V nachweisen. So wandelt sich ein wenig die Ausführung der Steigbügelausgüsse, und auch die Farben finden nun sparsamer Verwendung, ferner ist die Bemalung weniger kunstvoll als früher. Man vermeidet es, unverzierte Zwischenräume zu lassen, und tatsächlich sind die Szenen dermaßen voller Füllsel, daß man oft kaum noch die Elemente erkennt, auf die es ankommt. Außerdem werden neue Themen eingeführt und alte aufgegeben. Während der letzten Mochica-Phase und vielleicht zur selben Zeit, in der die Gefäße der Phase V entstanden, vermischen sich zunehmend Motiv- und Stilelemente aus Huari mit Formen des Mochica-Stils, und bei Gefäßen des reinen Moche-V-Stils deuten ikonographische Einzelheiten – beispielsweise die Art, Augen zu zeichnen, oder die Form eines Kopfputz-Ornamentes – jetzt schon das Aufkommen der Stile von Lambayeque und Chimú an, die sich erst nach dem Abklingen der Huari-Impulse des Mittleren Horizontes zur vollen Blüte entfalten.

TIAHUANACO UND HUARI

Tiahuanaco ist eine ausgedehnte Ruinenstätte mit eindrucksvoller Architektur und Skulptur. Etwa 20 Kilometer vom Titicaca-See entfernt, liegt sie in einer Höhe von fast 4000 Metern über dem Meer auf dem Altiplano, der sich von Bolivien bis ins südliche Peru erstreckt. Auch die Inka kannten diesen Ort. Einige Versionen ihrer Ursprungsmythen sind mit einer Insel auf dem Titicaca-See verknüpft, und es gibt dort auch Überreste aus der Inka-Zeit.

Der Titicaca-See ist das höchstgelegene schiffbare Gewässer der Erde und Tiahuanaco die höchstgelegene Ansiedlung mit städtischem Charakter in Altamerika. Die von Bergen eingesäumte Hochebene des Altiplano befindet sich über der Baumgrenze und erweckt den Eindruck einer gottverlassenen, menschenfeindlichen Landschaft. Und doch handelt es sich um die größte landwirtschaftlich nutzbare Fläche des Andengebietes. Auf verschiedene Weise kann sich hier eine recht zahlreiche Bevölkerung ernähren. Von Wällen oder Gräben umgebene Felder, die jüngst in der Nähe des Sees entdeckt wurden, dienten zweifellos dem Zweck, durch Bewahrung, Verteilung und Ableitung des Wassers die Ernährung der Bewohner von Tiahuanaco sicherzustellen. Die Hochebene eignet sich nicht für den Anbau von Knollenfrüchten, die im Gefriertrocknungsverfahren konserviert wurden, sondern auch als Weidegrund für Lamas und Alpakas.

Tiahuanaco war von 1500 v. Chr. bis 1200 n. Chr. bewohnt; seine Blütezeit lag zwischen 500 und 1000 n. Chr. Die wichtigsten Bauwerke und einige der Statuen entstanden wahrscheinlich schon vor 500 n. Chr. Doch etwa um diesen Zeitpunkt wurden sie wahrscheinlich erneuert, außerdem fügte man weitere Skulpturen hinzu

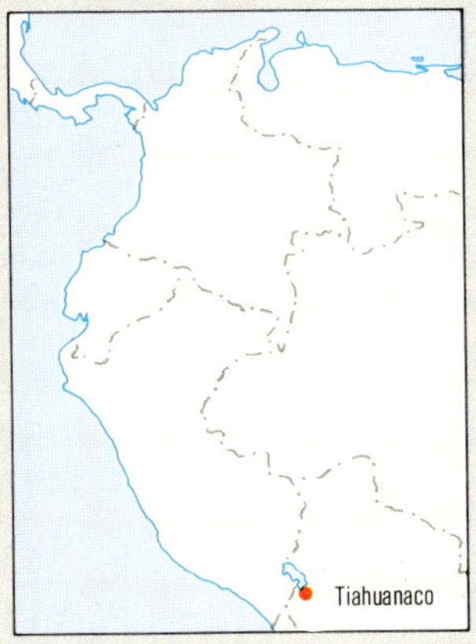

Tiahuanaco

Die bedeutendsten Bauten gruppieren sich rings um die Akapana, eine riesige Plattform auf einem Hügel, dessen Flanken mit Steinen verkleidet sind. Das Bauwerk besitzt an der Basis eine Kantenlänge von je 200 Metern und erhebt sich noch immer 15 Meter hoch. Einige seiner Quader aus Andesit und Sandstein wiegen mehr als 100 Tonnen. An Orten gebrochen, die fern von Tiahuanaco lagen, wurden sie einst mit Flößen und über Land hierher gebracht. Im Norden grenzt an die Akapana ein in die Erde eingetiefter Tempel, in dessen Mauerwerk leicht vorspringende Kopf-Skulpturen mittels Zapfen eingefügt sind. Sie erinnern an die weit zurückliegende Chavín-Kultur. In der Nähe des Tempels erhebt sich der unter dem Namen Kalasasaya bekannte größte und bedeutendste Baukomplex, desgleichen der Haupttempel, eine rechteckige Einfriedung, deren Mauern abwechselnd aus Sandsteinpfeilern und Quaderwerk bestanden. Dicht daneben gibt es einen weiteren, Putuni genannten Baukomplex, den man für einen Palast hielt. Ein wenig abseits davon liegt dann der Pumapunku, eine weitere riesige Plattform, die gleichfalls mit Steinen verblendet war. Sie ist fünf Meter hoch, und ihre Mauern sind 150 Meter lang. Noch ein Stück weiter von der Akapana entfernt trifft man dann auf das ehemalige Verwaltungszentrum (Kantatayita).

Sowohl die Kalasasaya als auch den Pumapunku und die Akapana betrat man durch megalithische Tore. Das Sonnentor, das zum Kalasasaya-Komplex gehört, weist ein zentrales Feld über der Toröffnung mit einer in Relieftechnik frontal wiedergegebenen Figur auf, auf die beiderseits drei Reihen kleinerer, geflügelter Gestalten zulaufen, die in Profilansicht abgebildet sind. Darunter befinden sich frontale Köpfe.

Bei den monolithischen Skulpturen, die man oft in Tiahuanaco antrifft, handelt es sich meist um Bildsäulen mit menschlichem Antlitz und Händen, die rituelle Gegenstände halten. Diese Statuen, deren Größe zwischen 1,5 und 7,6 Metern schwankt, sind mit Gewändern bekleidet, die man in feiner Ritztechnik herausgearbeitet hat. Gesichter und Gliedmaßen dagegen wurden im Flachrelief ausgeführt.

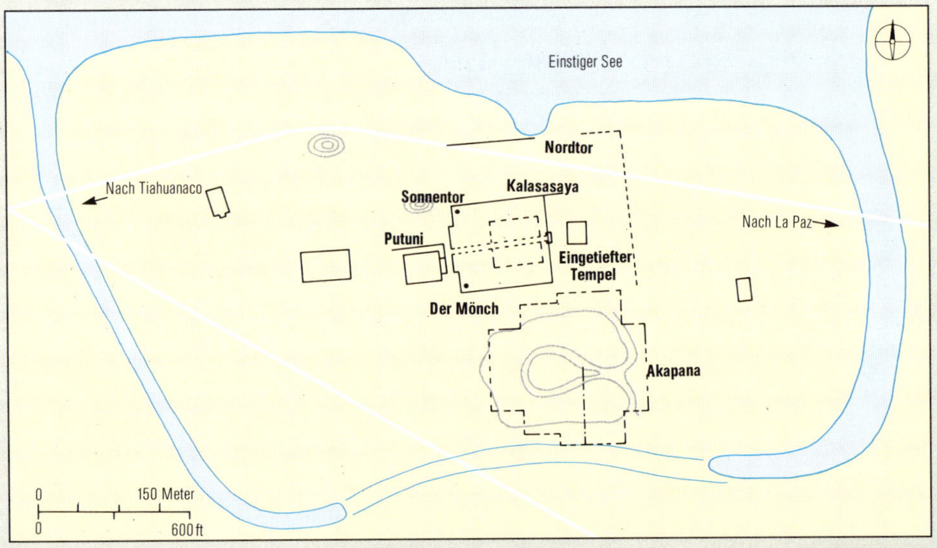

Links: Eine der schönsten Skulpturen steht im Inneren des Kalasasaya-Komplexes. Die etwa 3,5 Meter hohe Figur, ein Säulenmonolith mit kunstvollen Flachreliefgravierungen, ist charakteristisch für die kompakte Form und Symmetrie der Skulpturen Tiahuanacos. Die Figur, die aus der zweiten Hälfte des siebten Jahrhunderts n. Chr. stammt, heißt nach dem bolivianischen Archäologen Carlos Ponce Sanginés, der in Tiahuanaco die entscheidende Forschungsarbeit geleistet hat, der »Ponce-Monolith«.

Rechts: Auf dem Titicaca-See benutzen Fischer noch immer Schilfboote, wie sie bereits von den Bewohnern Tiahuanacos in präkolumbischer Zeit gebaut wurden.

Tiahuanaco (*oben*) liegt auf der Hochebene zwischen La Paz und dem Südufer des Titicaca-Sees. Die früheste Beschreibung der alten Stadt stammt von Cieza de León, einem spanischen Soldaten, der von seinem Besuch dort 1549 sehr beeindruckt war. Die prächtige Kalasasaya ist restauriert worden. Auf der Fotografie (*rechts*) sieht man einen Mauerteil ihres riesigen, tiefliegenden Hofes sowie dahinter eines der großen Tore von Tiahuanaco. In der Mitte des Hofes gibt es freistehende Stelen, weitere sind in die Mauer eingesetzt. Die Kalasasaya, deren Abmessungen 135 mal 130 Meter betragen, war einst das Zeremonialzentrum der Stadt.

und versah die Bauwerke auch mit zusätzlichen Architektur-Details.

Die Beziehungen zwischen Tiahuanaco und Huari

Tiahuanaco und Huari, das unweit der Stadt Ayacucho im südlichen Hochland von Peru liegt, hatten einiges gemeinsam, so beispielsweise gewisse Figurentypen, wie sie etwa auf dem Relief des sogenannten Sonnentores von Tiahuanaco zu sehen sind. Allem Anschein nach tauchten die betreffenden Motive an beiden Stätten um 500 n. Chr. auf. Neben dem neuen Keramikstil existierte aber auch noch die ortsübliche Töpferware aus der vorangegangenen Zeit. Das Tal von Ayacucho hat eine sehr lange Besiedlungsgeschichte; man stieß hier auf archäologisches Material, das bis auf die Zeit um 7000 v. Chr. zurückgeht. Als die neuen Bildmotive aufkamen, war hier die sogenannte Huarpa-Kultur verbreitet.

Noch immer rätselt man, wie es dazu kam, daß an beiden Plätzen die neuen Motive auftauchten. Beide Zentren entwickelten sich wohl unabhängig voneinander, doch gab es vielleicht Kontakte und eine gegenseitige kulturelle Befruchtung sowie eine gemeinsame Quelle, aus der die religiösen Bildmotive entsprangen. Einer wissenschaftlichen Theorie zufolge stammten die Motive, denen wir sowohl in Tiahuanaco als auch in Huari begegnen, aus einem dritten Zentrum, das möglicherweise Bildelemente von der älteren, von Chavín beeinflußten Kunst von Pucará bewahrt hatte – eine Kultur, die zwischen 200 v. Chr. und 220 n. Chr. im Gebiet zwischen Tiahuanaco und Ayacucho blühte.

In Tiahuanaco finden wir den frontal wiedergegebenen Gott sowie die im Profil dargestellten geflügelten Gestalten an dem bereits erwähnten Sonnentor. Auf Keramik kommen diese Motive hier kaum vor, in Huari jedoch und seinem Ausstrahlungsgebiet finden sie sich in sehr kunstvoller Ausführung auf Tongefäßen. Möglicherweise handelt es sich bei den Darstellungen um Kopien der Reliefmotive vom Sonnentor. Allerdings gibt es auch Motivvarianten, die möglicherweise von einem dritten Ort herrühren. Die Unterschiedlichkeit der Übertragungsmedien bedingt vielleicht die verschiedenen Akzente, die auch in anderen Aspekten der Kunst der beiden Zentren zum Ausdruck kommt. Zweifellos war die Bildhauerkunst in Huari weniger hochstehend als in Tiahuanaco, und auch das religiöse Denken scheint in Huari weniger komplex gewesen zu sein. Tiahuanaco war wohl mehr religiös ausgerichtet, Huari dagegen mehr »weltlich«, doch ab 500 n. Chr. erweiterten beide Städte ihre Einflußsphären und suchten Bündnisse zu schließen.

Nach einer anderen Interpretation sollen die beiden Zentren zur gleichen Zeit Hauptstadtfunktion gehabt haben. Huari kontrollierte dieser Auffassung zufolge den Norden, Tiahuanaco dagegen die umliegende Gegend und das Gebiet nach Süden hin. Der starke kulturelle Einfluß, der beispielsweise auf Nordchile und Nordwestargentinien ausstrahlte, scheint von Tiahuanaco ausgegangen zu sein, während Huari über Kolonien im Nazca-Tal verfügte, das etwa 300 Kilometer entfernt in Richtung Küste liegt. Das Gebiet um Nazca selbst stand sowohl mit Huari als auch mit Tiahuanaco in Verbindung, und es gab über lange Zeit eine regelrechte Wechselbeziehung.

Manche Forscher glauben, daß Tiahuanaco das eigentliche Machtzentrum war, von dem die Expansion ausging. Huari wäre demgegenüber nur ein Zentrum zweiter Ordnung gewesen.

Die charakteristischen Motive

Die meist auf einer Stufenplattform stehende, frontal wiedergegebene Gottheit, die in beiden Händen Stäbe oder

Links: Spiegel finden sich in mehreren präkolumbischen Kulturen. Dieses Exemplar im Huari-Tiahuanaco-Stil (Höhe 24 Zentimeter) hat eine reflektierende Vorderseite aus Pyritstücken. Die hier gezeigte Rückseite besteht aus einem Mosaik mit einem Gesicht in der Mitte, dessen Wangenplatten in kleinen Köpfen enden, ähnlich wie bei den Tiahuanaco-Skulpturen. Links und rechts des zentralen Gesichts erscheinen jeweils zwei kleinere Gesichter.

Die Andenkulturen in der Späten Zwischenperiode
In der Späten Zwischenperiode expandierten die Chimú von ihrer Hauptstadt Chanchan aus entlang der Küste in beide Richtungen. Manchan, das nun von Archäologen untersucht wird, war das südliche Verwaltungszentrum des Chimú-Reiches.

andere Gegenstände von symbolischer Bedeutung trägt, findet sich in Pucará, Tiahuanaco, Huari und den entsprechenden Einflußgebieten. Das maskenartige Antlitz der Gottheit ist von einem strahlenförmigen Kopfputz eingerahmt. Bekleidet ist die Gestalt mit einer Art Tunika, einem Gürtel und einem Rock. Wahrscheinlich handelt es sich um einen Vorläufer der später im gesamten Andengebiet als Viracocha bekannten Himmels-und Schöpfergottheit. Geflügelte anthropomorphe Profilgestalten begleiten diese Zentralfigur oder sind ohne diese abgebildet. Auch abgeschlagene Menschenköpfe spielen als Motiv eine wichtige Rolle. Tiahuanaco und Huari griffen möglicherweise auf ältere Kunstformen zurück, ein im vorkolumbischen Amerika häufiges Vorgehen, um Kontinuität und Traditionsbewußtsein zu demonstrieren. Beispielsweise sehen wir später, daß die Inka ihrerseits Formen der Kunst von Tiahuanaco und Huari übernahmen.

Die Architektur und das expandierende Huari-Reich

Charakteristisch für den Mittleren Horizont ist die Ausbreitung des Huari-Stils. Dieser Stil kam – ausgehend vom Tal von Ayacucho – kurz nach 500 n. Chr. auf. Um 600 n. Chr. folgte eine Phase der Eroberungen, bis sich die Huari-Kultur schließlich bis nach Chancay an der Küste und zum Callejón de Huaylas im Hochland erstreckte. In Huari selbst fand man zwar Mauerreste, die besten Beispiele für Huari-Architektur und Stadtplanung trifft man jedoch anderswo an.

So tauchen nun plötzlich an strategisch wichtigen Punkten ausgedehnte Baukomplexe eines zuvor im Andenraum gänzlich unbekannten Stils auf. Gewaltige Mauern umgeben Häuser, Straßen, Plätze und Großbauten mit Hunderten von Räumen. Es gab Bauten für die Zivilverwaltung sowie Truppenunterkünfte, Lagerräume, Wohnungen für Hilfskräfte sowie Stadtviertel für Handwerker und Arbeiter. Die Architektur war regelmäßig, rechteckig, symmetrisch und zeugte nicht nur vom Ordnungssinn der Schöpfer dieser Anlagen, sondern auch von straffer Planung. Hier finden wir keine Spur jenes dem Zufall überlassenen Zusammenwachsens, das für viele präkolumbische Baukomplexe so typisch ist. Diese Architektur sollte beeindrucken, die Präsenz Huaris unterstreichen.

Etwa zur gleichen Zeit entstanden auch im Verbreitungsgebiet des Tiahuanaco-Stils Baukomplexe, deren Räume sich gegen Höfe öffneten. Die Tiahuanaco-Leute wurden jetzt offenbar »weltlicher«, und es hat den Anschein, daß sie nun mehr Wert auf die wirtschaftliche Entwicklung und auf den Ausbau ihrer Handelsbeziehungen legten. Doch zu einer Bürokratie und zu einem Heer, wie die Huari-Macht, brachten sie es wohl nie.

Die einstige Verbreitung der Tiahuanaco-Kultur nach Süden geht hauptsächlich aus Gegenständen hervor, die

Gebiete und Fundstätten der andinen und ekuadorianischen Kulturen in der Späten Zwischenperiode, ca. 900–1475 n. Chr.
Lambayeque/Sicán
Chimú oder Chimú-überlagert
Höhepunkt des Chimú-Reichs, ca. 1475
Grenze des Inka-Reichs auf seinem Höhepunkt, 1525
Sonstiges bedeutendes Kulturzentrum
Heutige Stadt
Heutige Staatsgrenzen
Maßstab 1 : 16 000 000
0
400 Kilometer
0
300 Meilen
Äquator
Wendekreis des Steinbocks
80°
75°
70°
65°
60°
5
10
15°
20°
25°
30°
KOLUMBIEN
EKUADOR
EKUADOR
PERU
PERU
BRASILIEN
PERU
BOLIVIEN
BOLIVIEN
CHILE
CHILE
ARGENTINIEN
Quito
Manta
MANTEÑO
MILAGRO
Quevedo
Guayas
Guayaquil
Milagro
Golf von Guayaquil
Tumbes
Marañón
Piura
Piura
Batán Grande
El Purgatorio
Lambayeque
Chotuna
Saña
Cajamarca
Pacatnamú
Farfán
Chicama
Huaca Colorada
Chan Chan
Santa
Callejón de Huaylas
Manchán
Paramonga
Chillón
Chancay
Ancón
Rimac
Lima
Pachacamac
Cañete
Ica
La Centinela
Huari
Cuzco
Ucayali
A N D E N
Durch die Nebenkarte rechts abgedecktes Gebiet
Titicaca-See
Hatuncolla
Chucuito
Altiplano
Arica
Alto Ramírez
PAZIFISCHER (STILLER) OZEAN
Puna
Quebrada de Humachuco
Humachuco
San Pedro de Atacama
Antofagasta
Atacama-Wüste
Puna
Vallisserrana
A N D E N
Santa María
Tucumán
Belén
Coquimbo
Ausdehnung des Reichs unter den Chimú-Herrschern
Taycanamo ? 900 n. Chr.
Nancenpinco ? 12. Jh.
Bis ca. 1370
Minchancaman, bis ca. 1475
Lambayeque-/Sicán-Fundstätte
Chimú oder Chimú-überlagerte Fundstätte
Bewässertes Land
Chicama-/Moche-Kanal
Sonstiges bedeutendes Kulturzentrum
Heutige Stadt
Heutige Staatsgrenzen
Maßstab 1 : 5 000 000
0
150 Kilometer
0
100 Meilen
78°
80°
8°
10°
12°
Tumbes
ECUADOR
PERU
Piura
Piura
Sechura-Wüste
Batán Grande
Chotuna
El Purgatorio
Lambayeque
Cajamarca
Saña
Jequetepec
Pacatnamú
Farfán
PAZIFISCHER OZEAN
Chicama
Huaca Colorada
Moche
Chanchan
Virú
Santa
Nepeña
Casma
Manchán
Huarmey
Fortaleza
Patívilca
Paramonga
Supe
Huaura
Chancay
Chillón
Chancay
Ancón
Rimac
Lima
Pachacamac
A N D E S
Durch die Karte abgedecktes Gebiet

mit dem Gebrauch halluzinogenen Schnupfpulvers zu tun hatten, das im gesamten Verbreitungsgebiet ein wesentlicher Bestandteil des Kultes war. Tiahuanacos Lage zwischen dem Waldgebiet, wo Halluzinogene wie *Piptadenia* wuchsen, und der Küste, wo man sie anwandte, begünstigte diesen religiös motivierten Drogenhandel und stärkte Tiahuanacos religiösen Einfluß, der sich eher in kleineren, transportablen Objekten als in monumentalen Bauwerken niederschlug. Die Ausstrahlung auf die Fundstätte San Pedro de Atacama in Chile könnte auf direktem Wege erfolgt sein, wogegen im Hualfín-Tal (in Argentinien) wohl nur ein mittelbarer Einfluß über andere Gegenden erfolgte.

Nach der Expansionsphase der Huari-Kultur kam es allem Anschein nach zu einer Krise, die ein Nachlassen der Bautätigkeit bewirkte. Man machte nun keine Eroberungen mehr, ja einige Dörfer im Tal von Ayacucho wurden sogar verlassen. Damals gewann das Küstenzentrum Pachacamac an Bedeutung, möglicherweise sogar in Rivalität mit Huari. Später schuf sich Pachacamac seine eigene Einflußsphäre und stellte damit Nazca in den Schatten. Während der Inkazeit besaßen sein Tempel und sein Orakel außerordentliche Bedeutung und großes Ansehen. In der ersten Hälfte des achten Jahrhunderts begann eine neue Phase der Expansion Huaris, dessen Macht schließlich an der Küste bis zum äußersten Norden Perus sowie im Hochland bis nach Cajamarca reichte.

Noch vor 800 gab man Huari jedoch auf. Offensichtlich endete die Periode seiner Eroberungen ganz plötzlich. Huaris Kunststil war indes weiterhin präsent und wirkte auch bei den Völkerschaften nach, die in der Folge das Land bewohnten. Tiahuanaco dagegen bestand weiter und gründete auch nach dem Sturz Huaris noch Kolonien im Süden.

DIE SPÄTE ZWISCHENPERIODE UND DAS KÖNIGREICH CHIMÚ

Eigentlich kann man die Geschichte Chimús (oder Chimórs) mit dem klassischen Lambayeque- oder Sicán-Stil beginnen lassen. Dieser bildete sich während der ersten Hälfte des achten Jahrhunderts n. Chr. heraus. Charakteristisch für ihn war schwarze Keramik. Im Jahrhundert darauf kam Sakralarchitektur hinzu. Die großartigsten Zeugnisse dieses Stils entdeckte man in Batán Grande am Nordrand des Lambayeque-Tals zwischen dem Rio La Leche und dem Rio Pacora. Bei Batán Grande handelt es sich um einen Komplex von nicht weniger als 50 archäologischen Stätten, die bis auf etwa 1500 v. Chr. zurückgehen. Noch immer erblickt man Reste eines U-förmigen Tempels aus dieser frühen Phase. Gegen Ende der Moche-Periode waren die Mochica in diese Gegend eingedrungen; ihr Zentrum war Pampa Grande im Lambayeque-Tal. Doch ihre Macht endete um 700 n. Chr. Es folgte eine Zeit des Einflusses von Huari und Pachacamac im Süden sowie von Cajamarca im nördlichen Hochland. Einige der damals aus dem Süden eingeführten Elemente hielten sich während der gesamten Folgezeit – so beispielsweise die Becher- oder *kero*-Form sowie ein Gefäßtyp mit Doppelausguß und Brücke, eine Form, die ursprünglich an der Südküste gebräuchlich war.

Aus der Blütezeit von Lambayeque (850–1050 n. Chr.) stammen in Batán Grande nicht weniger als 17 größere Bauwerke aus luftgetrockneten Lehmziegeln sowie große Schachtgräber und andere Architekturformen. Allem Anschein nach handelte es sich bei diesem riesigen Komplex nicht um ein städtisches Zentrum, sondern um eine Kult- und Begräbnisstätte mit Wandmalereien und einigen der reichsten Gräber, die je in der Neuen Welt gefunden wurden.

Ethnohistorische Quellen berichten mehr über die Küste Nordperus als über den größten Teil des prä-inkaischen Andengebietes. Beispielsweise heißt es in einer Legende, die kurz nach der Conquista im Umlauf war, Ñaymlap sei von irgendwo her über das Meer auf einem Floß aus Balsa-Holz ins Lambayeque-Tal gekommen und habe dort eine Dynastie begründet. Seine Gestalt liegt im mythischen Dunkel, doch man glaubte, daß das von ihm ins Leben gerufene Herrschergeschlecht bis zur Eroberung durch die Chimú-Leute über Lambayeque regiert habe. Es gab dann vermutlich weiterhin eine Familie mit königlichem Status, doch ohne Macht – eine Situation, die auch während der gesamten Zeit fortbestand, in der sich die nordperuanische Küste in Inka-Hand befand.

Das Königreich Chimú

Auch Chimú hatte einen legendären Herrscher, der auf einem Floß aus Balsa-Holz kam. Sein Name war Tacaynamo, und er schuf die Stadt Chanchan. Seine Erben, die in zwei Haupt-Stoßkeilen nach Süden und Norden vordrangen, begründeten das Königreich Chimú. Schließlich unterstand den Chimú-Leuten das gesamte Gebiet von Tumbes (an der Küste weit im Norden) bis zum Chillón-Tal nördlich von Lima. Zwei Faktoren trugen zum Wachstum des Reiches bei: gezielte Eroberungen und eine wohlorganisierte Verwaltung. Wie den meisten Regenten der vorspanischen Ära oblag auch dem Herrn der Chimú die Verantwortung für das Gedeihen der Feldfrüchte und das Wohlergehen seines Volkes. Seine verwandtschaftlichen Beziehungen zur Welt der Götter befähigten ihn, diesen Pflichten gerecht zu werden.

Aus alten Legenden erfahren wir auch manches über die Chimú-Religion, beispielsweise über die Mondgottheit Si, die als Hüterin und Schützerin des öffentlichen Eigentums galt – dies vielleicht, weil sie bei Nacht wachte, im Dunkeln Diebe entdeckte und buchstäblich Licht in deren finstere Machenschaften brachte. Der Mond wanderte nach Westen über das Meer, und auch dieses dachte man sich als eine Gottheit namens Ni, die gleichfalls eine wichtige Rolle spielte. Alten Quellen zufolge waren vier Sterne die Urahnen der Küstenbewohner. Zwei dieser Sterne schufen die Könige und Edelleute, die beiden anderen dagegen das gemeine Volk. Allem Anschein nach entsprach die Gesellschaftsstruktur von Chanchan tatsächlich diesem mythisch begründeten Kastensystem.

Chanchan liegt im Moche-Tal gegenüber der älteren Mochica-Ansiedlung und jenseits des Flusses. Die See ist nicht weit, und das größere Chicama-Tal befindet sich in unmittelbarer Nähe. Schon Jahrtausende vor dem Beginn der Chimú-Besiedlung betrieb man in diesem Teil des Küstenlandes Bewässerungsfeldbau. Die Chimú freilich erweiterten die vorhandenen Bewässerungssysteme und legten einen mehr als 65 Kilometer langen Kanal an, um ihren Feldern im Moche-Tal aus dem oberen Chicama-Tal Wasser zuzuleiten. Allerdings ist sehr umstritten, ob dieser Kanal je fertiggestellt und benutzt wurde.

Im Chimú-Stil mischen sich Elemente der Mochica-Kunst mit solchen des Mittleren Horizontes (Huari). Beispielsweise erinnern die großen, mauerumgebenen Anlagen sowie die frontal dargestellte Gottheit an Huari. Auch die Architektur ähnelt der von Huari und ist auf jeden Fall von der Moche-Baukunst weit entfernt. Andererseits aber behielten die Handwerker-Künstler von Chimú manche Gefäßformen und Dekormotive der Moche-Kunst bei, wenn auch das Themen- und Formenrepertoire der Chimú-Kunst sehr viel begrenzter ist. Vorherrschend sind Meeresmotive, komplexe Kultszenen treten selten auf.

Die *adobe*-Mauern von Chanchan tragen verschiedene Ziermotive. Einige scheinen funktionale Aufgaben gehabt zu haben, andere sind rein dekorativ oder symbolisch. Im allgemeinen wird ein einzelnes Muster wiederholt, zuweilen entstehen aber auch komplexe Kompositionen. Diese eichhörnchenähnlichen Relieffiguren (*unten*) sind ungewöhnlich, der Lebensbereich des Meeres – Vögel, Fische und Männer in Booten – ist in der Kunst Chanchans verbreiteter. Auch einige der funktionalen Dekormuster blieben erhalten, etwa die durchbrochenen Diamant- und Schachbrettstrukturen (*ganz unten*).

Chanchan

Unten: Der Plan der Ausgrabungsstätte. Die *ciudadelas*, die um 1470 aufgegeben wurden, sind meist nach Archäologen und Reisenden benannt, die im 19. Jahrhundert an dieser Stätte arbeiteten oder sie besuchten.

Die mächtige Stadt Chanchan erstreckte sich auf einer Fläche von etwa sechs Quadratkilometern und wies zehn riesige, von Mauern umgebene *adobe*-Komplexe (genannt *ciudadelas*) sowie kleinere Oberschicht-Bauten auf. Hinzu kamen Wohnviertel schlichteren Charakters und Werkstätten. Die großen Baukomplexe sind alle von rechteckigem Grundriß, im wesentlichen Nord-Süd orientiert und zeigen auch innen in etwa die gleichen architektonischen Elemente. Die umfangreichste *ciudadela* bedeckt nicht weniger als 221 000 Quadratmeter. Ihre äußeren Umfassungsmauern waren bis zu neun Metern hoch, und einer der Mauerzüge hatte eine Länge von 650 Metern. Gewöhnlich besaßen diese starken *adobe*-Mauern Fundamente aus Geröllsteinen. Viele Wände innerhalb der großen Umfriedungen hatten Dekorationen in Form von *adobe*-Friesen, die u. a. Vögel, Linien, Kreise, Schachbrettmuster und Rautengitter aufwiesen. Die *ciudadelas* waren die Paläste der Chimú-Herrscher. Man betrat sie jeweils durch eine einzelne Pforte in der Nordmauer. Hinter der Pforte gab es einen Gang, der sich nach einem riesigen Hof hin öffnete. An der Südwand des Hofes führte eine schräge Rampe zu einer langgestreckten Plattform hinauf. Grabungen zeigten, daß man unter derartigen Rampen Tote bestattet hatte. Vermutlich handelte es sich um Bauopfer, d. h., man hatte die dort begrabenen Menschen rituell getötet, um von den Göttern für den Bau Segen zu erflehen. Des weiteren bestanden die *ciudadelas* aus einem irrgartenartigen Gewirr von kleineren Höfen, Vorratsräumen und sogenannten *audiencias*. Diese U-förmigen *audiencias*, deren Grundfläche nur fünf bis sechs Quadratmeter betrug, wurden als Räume für Warenkontrolle und Güterverteilung angesehen. Allerdings fand man in ihnen oder in ihrer unmittelbaren Nähe abermals Gräber, und dies deutet auf eine eher kultische Funktion hin.

Die Nordabschnitte der *ciudadelas* waren nahezu quadratisch. An sie schloß sich jeweils ein annähernd gleichgroßes Quadrat an, das mehr Vorratsräume, weniger *audiencias* enthielt, hinzu kamen aber Wohnungen. Das bedeutendste Element dieses Sektors bildete jeweils die Begräbnisplattform für die königliche Familie – vermutlich das letzte Bauwerk, das in den *ciudadelas* entstand. Neun der zehn Paläste enthalten in ihrer Südostecke diesen Pyramidenstumpf, der innen mit zahlreichen Zellen ausgestattet ist, die man über einen eigenen Hof erreicht.

Die Chimú-Listen verzeichnen zehn Könige in Chanchan. Die Archäologen sind heute der Ansicht, jede *ciudadela* sei Königsresidenz und Verwaltungszentrum des mächtigen Chimú-Reiches gewesen, so lange der betreffende König lebte. Nach dessen Hinscheiden diente der Palastkomplex dann als Mausoleum des Herrschers, das niemand mehr betreten durfte.

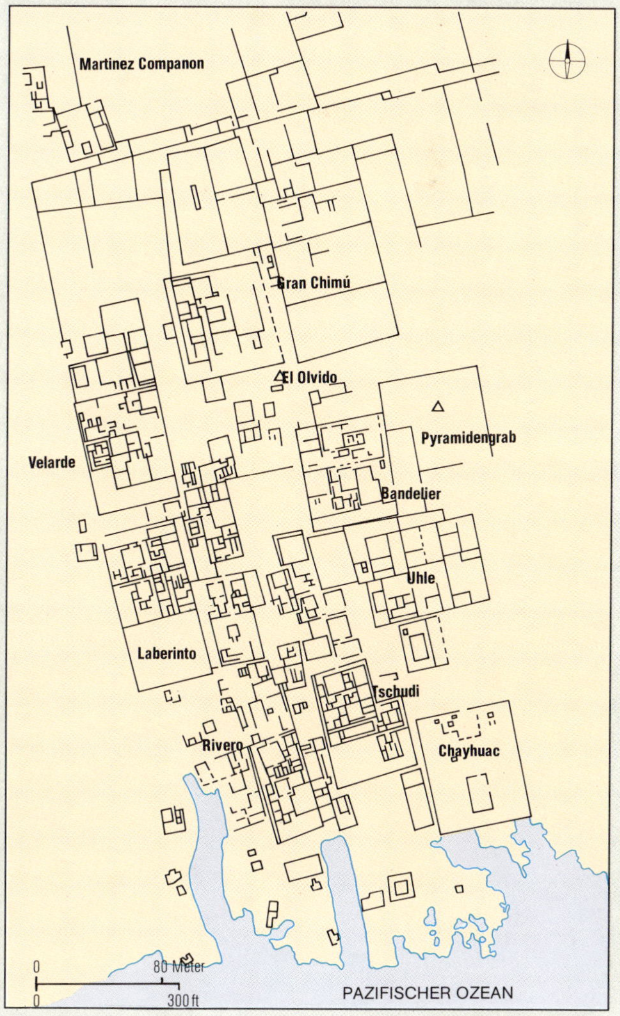

Oben links: Die Kunstschmiede der Inka stellten nackte männliche oder weibliche Figuren aus Gold oder Silber her. Da eine in Chile gefundene Figur bekleidet war und auch anderswo Miniaturgewänder entdeckt worden sind, ist anzunehmen, daß ursprünglich alle bekleidet waren. Diese männliche Figur hat Ohrläppchen, die durch schweren Ohrschmuck in die Länge gezogen wurden.

Links: Das riesige Inka-Reich bedurfte einer straffen Organisation, die zum Teil durch große Herbergen und Warendepots an den Straßen, wie im hier abgebildeten Tambo Colorado im Süden, aufrechterhalten wurde.

Links: Das Reich der Inka
Tahuantinsuyu, das »Reich der vier Weltgegenden« – Chinchasuyu (Norden), Cuntisuyu (Westen), Antisuyu (Osten) und Collasuyu (Süden) – war in Wirklichkeit ein langer schmaler Streifen entlang der Westküste Südamerikas. Das Inka-Reich wurde ausdrücklich im Einklang mit dem einst weit verbreiteten präkolumbischen Glauben an die kosmische Struktur der vier Himmelsrichtungen konzipiert.
Tahuantinsuyu ist klimatisch und topographisch von großer Vielfalt. Dadurch ergab sich die Versorgung mit den verschiedensten Waren und eine unterschiedliche Nutzung der einzelnen Regionen: Viehweiden, Steinbrüche, Bodenbau, Fischerei, Bergbau usw. Ob es überhaupt Städte in unserem Sinne gab, ist umstritten, aber entlang der Inkastraßen bestanden Knotenpunkte, wo Waren gelagert und umgeschlagen wurden und wo Amtspersonen anwesend waren.
Die hier gezeigte Entwicklung der Expansion stimmt mit der »offiziellen« Inka-Geschichte überein, die gleichwohl legendär sein kann, denn die Aufzeichnungen der Inka sind mit Mythen durchsetzt. Die frühen Könige und ihre Taten gehören wahrscheinlich ins Reich der Fiktion. Präkolumbische Herrscher liebten es offensichtlich, ihre Königsgewalt dadurch zu bestätigen, daß sie sich mit einem übernatürlichen Ahnherren in mythischer Vergangenheit in Verbindung brachten. Gewiß ist Manco Capac, der zu Stein gewordene Begründer der Inka-Dynastie, der Sohn der Sonne, eine Gestalt aus dem dunklen Reich der Sage. Die wirkliche Geschichte beginnt erst mit Pachacutec. Sein Vater Viracocha Inca war zwar ebenfalls eine historische Persönlichkeit, aber es waren Pachacutec (1438–71) und sein Sohn Tupac Yupanqui (Topa Inca, 1471–93) sowie schließlich noch Huayna Capac (1493–1525), die das Reich schufen, wie es hier dargestellt ist.

Oben: Den Zeichnungen von Guaman Poma de Ayala verdanken wir viele Informationen über das Leben und die Geschichte der Inka. Hier sieht man Huayna Capac in Kriegsausrüstung.

Irgendwann zwischen 1462 und 1470 kam es zum Konflikt zwischen den Chimú und den Inka. Er endete damit, daß das Reich Chimú von dem sich rasch ausbreitenden Imperium der Inka vereinnahmt wurde.Es mutet wie Ironie an, daß in der Zeit nach der Eroberung durch die Inka Artefakte des Chimú-Stils weiter verbreitet waren als zuvor. Möglicherweise ist dies auf das Handelswesen oder das Steuersystem der Inka zurückzuführen.

Vielleicht aber hängt die weite Verbreitung der Chimú-Kunst im Inka-Reich auch nur damit zusammen, daß die Inka das Können der Chimú-Handwerker hochschätzten. Tatsächlich berichten frühe spanische Chronisten, Chimú-Goldschmiede seien nach Cuzco berufen worden, um für die Inka zu arbeiten.

Die Südküste

Im südlichen Küstenbereich gab es damals im Ica- und Chincha-Tal sowie im Cañete-Tal, das mit dem Chincha-Tal in Verbindung steht, bedeutende Kulturen, die zueinander in enger Beziehung standen. Lehmverkleidete Pyramiden mit Friesen, die an die Kunst von Chanchan erinnern, sowie gefällige Ton- und Textilware, über und über bedeckt mit geometrischen Mustern, sind die Merkmale der Südküsten-Kulturen.

Diese Täler, die während der Frühen Zwischenperiode von geringerer Bedeutung gewesen waren und später unter der Vorherrschaft von Huari gestanden hatten, wurden offensichtlich von den Inka schon recht früh unterworfen.

DIE INKA

Ihren Höhepunkt erreichte die Reichsbildung in den Anden im letzten vorspanischen Jahrhundert. Damals breitete sich, von Cuzco im südlichen Hochland ausgehend, das Reich der Inka bis nach Chile und Nordwestargentinien sowie im Norden über ganz Ekuador aus. Ein Aspekt des Inka-Reiches, der immer wieder erwähnt wird, ist die Kürze seines Bestehens. Der Inka-Staat hielt sich nur etwa 90 Jahre, das, was wir als Inka-Imperium bezeichnen, hatte nur wenig mehr als 50 Jahre Bestand. Dann kamen die Spanier und bereiteten ihm ein jähes Ende.

Das Inka-Reich hatte zunächst als kleines Häuptlingstum im Gebiet von Cuzco begonnen, das allmählich immer mehr erstarkte. Nachdem ihm eine bescheidene Expansion auf lokaler Ebene geglückt war, ging man unter der Herrschaft von Inka Pachacutec um 1440 zu größeren Eroberungen über. (Die Bezeichnung *Inka* bezog sich ursprünglich allein auf den Regenten, der als Sohn oder irdische Inkarnation der Sonne galt. Im Laufe der Zeit wandte man dann den Ausdruck auf das ganze Quechua sprechende Eroberervolk an.) Pachacutec reorganisierte die gesamte wirtschaftliche und politische Struktur seines Machtbereiches und schuf aus dem Stammeshäuptlingstum einen straff gegliederten, zentralistischen Staatsapparat.

Es gibt vieles, wodurch sich die Inka auszeichnen. Am bekanntesten aber wurden sie wegen ihrer Stadtanlagen und ihrer hervorragenden Steinbearbeitung. Ihr mörtelloses Mauerwerk aus riesigen, unregelmäßig geschnittenen Steinblöcken, die jedoch so gekonnt aneinandergefügt sind, daß nicht einmal eine Messerklinge in den Fugen zwischen ihnen Platz hat, wird zu Recht gerühmt. Die Inka bauten nicht nur Cuzco aus, sondern sie errichteten auch andere Städte überall im Reich. Mit viel Mühe brachen sie riesige Steinblöcke, bearbeiteten sie mit Steinwerkzeugen und transportierten sie dann auf hölzernen Rollen oder Schlitten, die mit Seilen gezogen wurden, an die betreffenden Orte, wo sie zu Mauern zusammengefügt wurden und ihre endgültige Bearbeitung erhielten. Ein früher spanischer Chronist, Pedro de Ondegardo, behauptete, an manchen der größeren Blöcke hätten 20 Mann ein Jahr lang zu tun gehabt. Die Inka kannten das Lotblei, benutzten eine Art Rechenschieber aus zwei gegeneinander verschiebbaren Rechenstäben, bronzene und hölzerne Brechstangen sowie Hebebäume.

Sehr viel Mühe wurde auf die Anlage von Anbauterrassen und Bewässerungsgräben verwandt. Cuzco ist zwar von weiten Tälern umgeben, doch im allgemeinen gibt es in den Anden wenig ebenes Anbauland. Deshalb wurden Felder an Berghängen angelegt, die bisweilen bemerkenswert steil sind. Man befestigte die Anbauterrassen mit steinernen Stützmauern und gab ihnen einen Kiesuntergrund, um die Entwässerung sicherzustellen. Durch die Terrassen legte man mit Steinen ausgekleidete Bewässerungskanäle.

Gesellschaftsstruktur und Weltordnung

Wie viele andere Städte des Altertums galt Cuzco als »Nabel der Welt« – eben dies besagt auch der Name der Stadt. Ihr Reich bezeichneten die Inka als *Tahuantinsuyu* (»Reich der vier Weltgegenden«). Die Himmelsrichtungen spielten bei den präkolumbischen Völkern eine große Rolle, und die Inka bildeten in dieser Hinsicht keine Ausnahme. Am wichtigsten waren für sie Osten und Westen, weil die Sonnenbahn von Ost nach West verläuft. Die Inka neigten dazu, sowohl die Welt insgesamt als auch die Erdbevölkerung in Viertel oder Hälften zu untergliedern.

In der Theorie – und weitgehend auch in der Praxis – besaß die Inka-Gesellschaft einen denkbar starren Aufbau. An der Spitze stand der halbgöttliche Inka-Herrscher. Wie das gesamte Reich so war auch die Hauptstadt Cuzco in vier Bezirke unterteilt, und jedem dieser Viertel entsprach ein bestimmter gesellschaftlicher Status, jedem kamen bestimmte Aufgaben zu. Die vier Teile *Tahuantinsuyus* waren jeweils weiter in Provinzen verschiedener Größe gegliedert, von denen jede ihre eigene Hauptstadt hatte. Die leitenden Beamten der vier Reichsteile residierten in Cuzco. Außerdem besaß jede Provinz ihren Gouverneur. Alle diese hohen Beamten waren Adelige und wohl mit dem Herrscher verwandt. Innerhalb der Provinzen war die Bevölkerung auf der Grundlage des Dezimalsystems unterteilt, und es gab Beamte,die jeweils für einige 10000 Untertanen verantwortlich zeichneten (freilich wurde der Idealzustand der ganz runden Zahlen nie völlig erreicht). Niedrigere Beamte kontrollierten die Tausendschaften.

Damit ein solches System funktionieren konnte, war es erforderlich, die Bevölkerung aus den verschiedensten Gründen umzusiedeln. Zeigte sich beispielsweise eine Bevölkerungsgruppe über das Joch der Inka-Herrschaft unzufrieden, so siedelte man sie in einen Teil des Reiches um, wo sie weniger Unruhe stiften konnte. Das gleiche geschah, wenn irgendwo Arbeitskräfte benötigt wurden. Anlaß für letztere Bevölkerungs-Verschiebungen waren die Erschließung neuen Landes, die Intensivierung des Bodenbaus in gewissen Gebieten oder die Nutzung neuer Ressourcen. Oft wurden Gruppen dieser sogenannten *mitmac*-Arbeitskräfte nach Cuzco verpflanzt, wo man sie nach ihrer ethnischen Herkunft in bestimmte Stadtviertel oder an einem bestimmten Ort in der Umgebung der Metropole zusammenlegte. Hier blieben sie in ihrer überlieferten Weise nach *ayllu* (»Sippen«) organisiert, kleideten sich in der Tracht ihrer Heimat und behielten auch ihre eigene Sprache bei. Die offizielle Amtssprache aller-

Steinheiligtümer der Inka

Alle präkolumbischen Kulturen scheinen ihre besonderen Steine und Felsen gehabt zu haben, die als heilig galten, aber bei den Inka war der Steinkult besonders stark ausgeprägt, was sich auch in ihren Mythen widerspiegelt. In den frühen spanischen Chroniken des 16. Jahrhunderts finden sich eine ganze Reihe unterschiedlicher Inka-Ursprungsmythen. Nach einer Version schuf der Schöpfergott die Menschen aus Stein. Einer anderen Fassung zufolge war das erste Experiment ein Fehlschlag, und der Schöpfergott verwandelte seine mißglückten Kreaturen zurück in Steine. In einer weiteren Erzählung heißt es, die ersten Inka seien vier Brüder und vier Schwestern gewesen, die aus einer steinernen Tür traten (d. h. aus einer Höhle auftauchten), die sich auf einer Insel im Titicaca-See unweit von Tiahuanaco befand. Einer der vier Brüder kehrte zu der Höhle zurück und ward nie mehr gesehen. Zwei weitere wurden zu Stein verwandelt, der vierte war Manco Capac, der erste Inka-Herrscher. Nach dem Glauben der Inka wurde Manco Capac später ebenfalls zu Stein, und die Inka-Krieger trugen diesen Stein mit sich in die Schlacht.

Cuzco ist ringsumher von als heilig geltenden Steinen umgeben, die fächerförmig von der Inka-Hauptstadt ausgehen. In manchen Fällen handelt es sich einfach um verwitterte Naturfelsen, andere Felsen versah man mit Stufen oder dekorierte sie mit Darstellungen von Schlangen, Raubkatzen und anderen Motiven. Diese Felsen waren »Eigentum« bestimmter Bevölkerungsgruppen, und man zelebrierte bestimmte Rituale bei ihnen.

Auf einem steilen Berg über dem Urubamba-Fluß, umgeben von noch höheren Bergen, erstreckt sich Machu Picchu. In strategischer Position am Rande des Inka-Reichs gelegen, ist es zugleich ein heiliger Ort mit vielen gemeißelten Felsen, die von den Inka als *huaca* (»heilig«) angesehen wurden. Der hervorstechendste von ihnen, der monolithische Intihuatana (»Gerät zum Anbinden der Sonne«), liegt erhöht und ist über in Felsen gehauene Stufen zugänglich (*rechts außen*). Eine Reihe feingemeißelter Becken leitet Wasser durch den Ort (*rechts*).

Trapezförmige Türen oder Nischen, wie sie für die Inka-Architektur charakteristisch sind, finden sich an schönen Bauten aus Quadermauerwerk in der Königsgruppe in Machu Picchu (*oben links*) und in Tambomachay, östlich von Cuzco. Die vier Nischen in Tambomachay (*links*) könnten sich auf die vier Brüder beziehen, die im Ursprungsmythos der Inka aus Höhlen kommen, denn Felsen, Höhlen und Ahnen sind eng miteinander verknüpft. Die Terrassen und Mauern dieses Ortes, eines der Heiligtümer, die längs der von Cuzco ausgehenden Linien liegen, umschließen und kanalisieren eine heilige Quelle. Seit früher Zeit wurden um Quellen religiöse Bauten errichtet. Nach einem frühen spanischen Text weilte der Inka-Herrscher in Tambomachay während der Jagd, einer rituellen, mit dem Ahnenkult verbundenen Handlung. Die Mauer, die die Nischen stützt, ist feiner gearbeitet als die unteren Mauern, eine Technik, die oft anzutreffen ist.

Links: Die Inka verstanden es, durch ihre Geschicklichkeit und Kunstfertigkeit die Natur zu verändern. So wurden in markante Felsen bestimmte Motive eingemeißelt. Viele weisen dreiteilige Muster auf, weitverbreitet war das Stufenornament. Der hier gezeigte Felsen, genannt der »Thron des Inka«, ist Teil eines Komplexes, zu dem auch andere Steinmetzarbeiten wie Nischen, Treppen und Gänge gehören. Der Thron ist in Richtung Osten auf Sacsayhuaman gerichtet, ein riesiger Bau über Cuzco, der das Licht der Morgensonne empfängt, bevor sie das Tal unten erhellt. Der Stein könnte sowohl Thron oder Altar wie auch ein heiliger Fels gewesen sein. Nach der Legende ließ sich der Inka-Herrscher bei bestimmten Anlässen auf diesem Stein nieder, dem auch eine astronomische Bedeutung zugesprochen wurde.

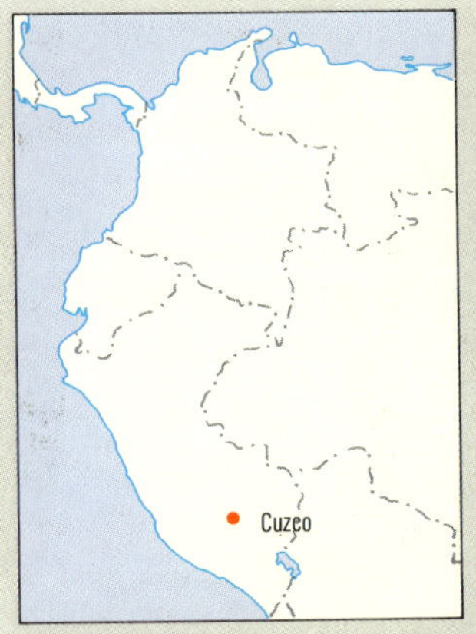

Cuzco

Unten: Die Kirche Santo Domingo in Cuzco wurde zum Teil auf den Fundamenten des zerstörten Sonnentempels errichtet. Dieser Tempelkomplex, Coricancha oder »Goldene Einfriedung«, war der bedeutendste Inka-Bau, das zeremonielle Herz der Stadt. Seine Mauern trugen Gold- und Silberplatten.

Cuzco liegt in einem Hochtal, etwa 3500 Meter über dem Meeresspiegel, am Zusammenfluß von Chunchullmayo, Tullumayo und dem Huatanay-Fluß. Östlich der Stadt liegt der Oberlauf des Urumbaba, der schließlich in den Amazonas mündet. Das Tal von Cuzco ist eng und geschützt, aber die Flußtäler ermöglichen den Zugang zum Gebiet des früheren Inka-Reichs.

Der Legende nach wurde die Stadt von Manco Capac an dem Platz gegründet, wo sich später der Sonnentempel der Inka erhob und wo heute die Kirche von Santo Domingo steht. Nach einer frühen spanischen Darstellung von Pedro Sarmiento de Gamboa lebte die Herrscherfamilie der Inka in einfachen Häusern an diesem Platz, bis die Stadt zu wachsen begann. Erst dann wurden besondere königliche Residenzen erbaut.

Pachacutec verlieh schließlich Cuzco seinen Glanz. Einer Überlieferung zufolge besuchte dieser Inka-Herrscher die alte Stadt Tiahuanaco und war so von ihr beeindruckt, daß er Cuzco umbauen ließ – und zwar aus Stein. Schöne Steinarchitektur war jedoch eine Tradition des Hochlandes, und architektonisch hat Cuzco wenig gemein mit dem großartigen Tiahuanaco. Darüber hinaus gab es in näherer Umgebung durchaus beeindruckende Bauten, beispielsweise in Pikillacta, einem großen, schmucken Huari-Ort, der an der Collasuyo-Straße unweit von Cuzco liegt.

Pachacutec ließ einen stattlichen neuen Sonnentempel errichten, von dem heute lediglich die Überreste zu sehen sind. Er gab steinerne Tempel in Auftrag, Paläste für Amtspersonen und ein Kloster für ausgewählte Frauen, die das schönste Tuch zu weben verstanden und verschiedene rituelle Dienste zu verrichten hatten. Auch der Bau von Sacsayhuaman, der großartigen Tempelfestung über der Stadt, wurde unter Pachacutecs Herrschaft begonnen. Pedro Sancho, der Sekretär von Francisco de Pizarro, und Pedro de Pizarro, der Neffe des Eroberers, hinterließen Berichte über die Stadt, bevor sie durch die Kämpfe um ihre Besitznahme weitgehend zerstört wurde. Viele der riesigen Quader sind als Fundamente der neuen Stadt an Ort und Stelle geblieben.

Unten: Die Illustrationen des Belgiers Théodore de Bry lassen erkennen, daß er Cuzco nie gesehen hatte, denn er zeichnete es als eine von Mauern umgebene, rechtwinklig angelegte Stadt mehr europäischen Musters. Richtig an der Zeichnung ist, daß sie die vier Teile des Inka-Reiches und des Kosmos sowie die drei konzentrischen Mauerringe wiedergibt, die die Inka um bestimmte Orte legten. Auch die Flüsse der Stadt sind repräsentiert, doch hatte Cuzco nie Ringmauern und sein Grundriß war nicht so regelmäßig.

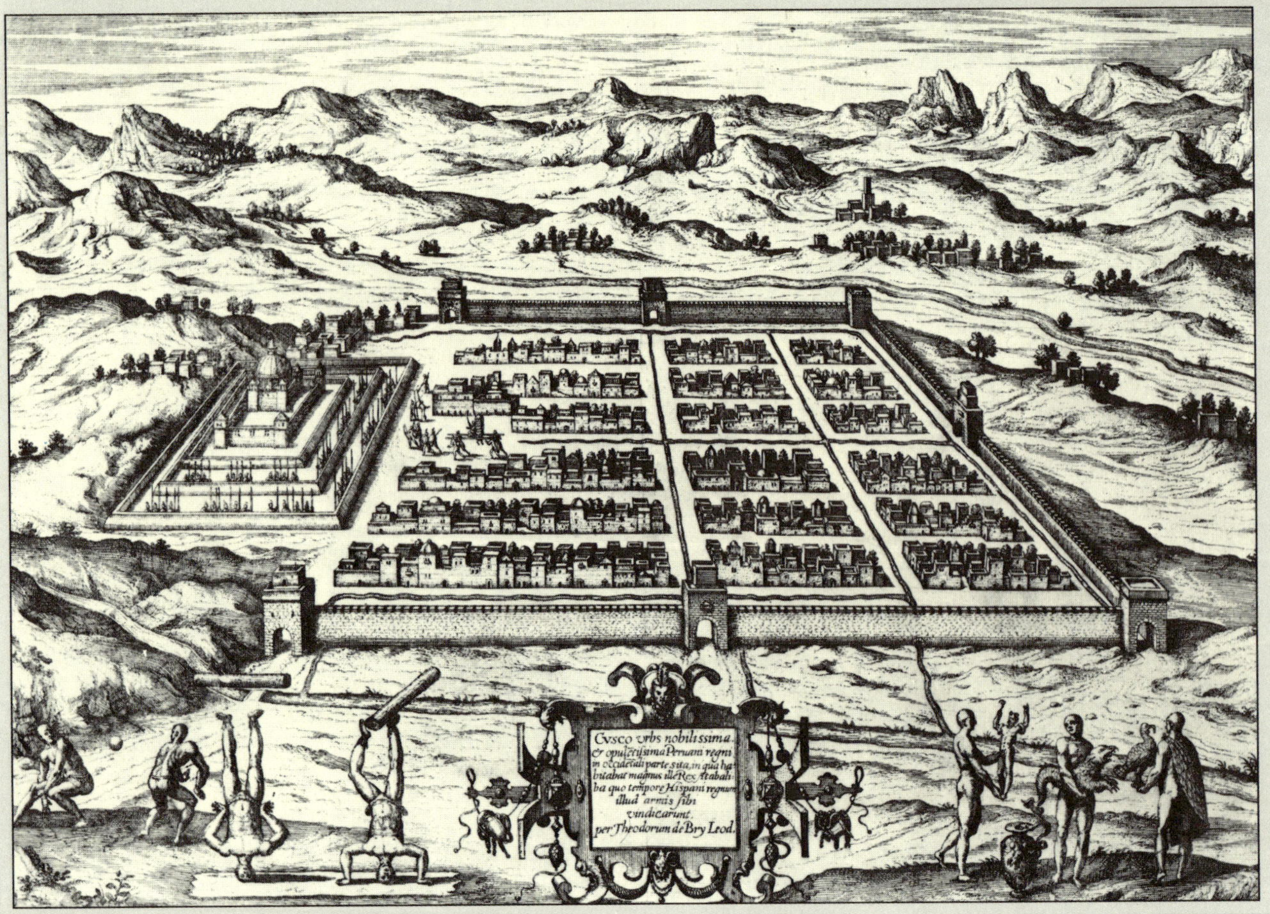

Unten: Die Kolonialstadt Cuzco wurde auf den Resten der Inka-Metropole erbaut. Dabei hielt man sich im wesentlichen an den alten Grundriß und bezog auch viele Inka-Mauern mit ein.

Ganz unten: Sacsahuaman, auf einem steilen Berg über der Stadt gelegen, war zur Zeit der spanischen Eroberung fast vollendet. Der gewaltige Bau wird durch drei riesige, im Zickzack verlaufende Mauern geschützt, die heute etwa 16 Meter hoch aufragen und früher noch höher waren. Es heißt, daß 10 000 Menschen – nahezu alle Bewohner von Cuzco – innerhalb der Mauern Zuflucht finden konnten. Doch Sacsahuaman war auch ein der Sonne geweihter Ort, an dem offensichtlich religiöse Riten durchgeführt wurden.

dings – zugleich auch die Sprache, in der sich die Angehörigen verschiedensprachiger Bevölkerungsgruppen miteinander verständigten – war Quechua.

Selbstverständlich kam dem Bodenbau zentrale Bedeutung zu. Kulthandlungen waren weitgehend auf den jährlichen Anbauzyklus abgestimmt. Der Herrscher selbst gab den Auftakt für die Aussaat. Als die Bevölkerung zunahm und die Machtsphäre des Inka-Staates wuchs, gewannen die Nahrungsmittelproduktion und die Kontrolle der Verteilung immer mehr an Gewicht. Daß man den Herrscher mit der Sonne gleichsetzte, hatte wohl den Zweck, seiner Kontrolle über den Bodenbau den nötigen politischen Nachdruck zu verschaffen.

Aufzeichnungen machte man mit Hilfe der *quipu* (»Knotenschnüre«). Sie lassen sich nur entfernt mit einem Rechenbrett vergleichen, da sie nicht zum Rechnen, sondern zum Festhalten von Daten dienten. Man arbeitete mit Knoten, die man in verschiedenfarbige Schnüre knüpfte und die jeweils eine Dezimalstelle darstellten. Noch im 20. Jahrhundert wurden derartige Knotenschnüre für alle möglichen Aufzeichnungen im Alltag verwendet.

Das Straßensystem der Inka

Die Nervenstränge des Inka-Reiches waren seine Straßenverbindungen, deren Gesamtlänge man auf rund 40 000 Kilometer schätzt. Die Haupttrasse dieses Straßennetzes verlief von Cuzco nach Quito durch die Anden. Ihre Verlängerung nach Norden hin führte zum heutigen Südkolumbien. Eine weitere Hochlandstraße verlief von Cuzco aus südwärts nach Nordwestargentinien und Chile bis über die heutige Hauptstadt Santiago hinaus. Außerdem gab es eine Küstenroute sowie Routen, die die Städte miteinander verbanden.

Die Breite der Straßen schwankte von einem Meter bis zu 16 Metern, ja an einigen Stellen ging sie sogar noch darüber hinaus. Bisweilen waren die Straßen auch gar nicht regelrecht »gebaut«, sondern es handelte sich einfach um ausgetretene Trampelpfade. An manchen Stellen benutzte man auch Wege, die schon in vorinkaischer Zeit existiert hatten. Beispielsweise gab es derartige Wege aus der Zeit des Mittleren Horizontes, und manches deutet darauf hin, daß schon zur Zeit des Frühen Horizontes Straßen bestanden haben. An steilen Berghängen wurden die Gebirgsstraßen der Inka enger. Die Küstenstraßen dagegen waren breiter und verliefen auch geradliniger. Befestigt waren sie durch Mäuerchen aus Steinen, luftgetrockneten Lehmziegeln oder Stampflehm, manchmal auch von Reihen hölzerner Pfosten. Alle diese Vorrichtungen hatten den Zweck, den Wüstensand fernzuhalten. Straßen durch landwirtschaftliche Anbaugebiete waren mit hohen Seitenmauern ausgestattet, während Dämme, Abwasserkanäle und Steinplattenbelag Straßen charakterisierten, die durch feuchtes Gelände führten.

Berühmt sind die Hängebrücken, mit deren Hilfe man tiefe Schluchten überquerte. Außerdem gab es Brücken aus Holz und Stein, die auf Steinlagern ruhten. In seltenen Fällen benutzte man natürliche Felsbrücken sowie – dies besonders im Bereich des Titicaca-Sees – Brücken, die auf Schilfrohrflößen aufsaßen. In einigen Fällen wurden Reisende in Körben, die an Stricken hingen, über einen Fluß gezogen, und über manche Wasserläufe setzte man mit Hilfe von Fähren aus Balsaholz, Flaschenkürbissen oder Schilfrohr über.

Seite 202/03 Diese Ansicht von Machu Picchu illustriert die komplexe Architektur der Stadt, ihr unterschiedliches Mauerwerk sowie die beeindruckende Landschaft. Das »Gerät zum Anbinden der Sonne« liegt innerhalb der ummauerten Einfriedung in der Mitte links über den Anbauterrassen.

Andine Textilien

Stoff war für die präkolumbischen Peruaner von besonderer Bedeutung, denn er repräsentierte Reichtum und sozialen Status. Herrscher tauschten Gewebe als Geschenke aus; Stoffe verwendete man bei kultischen Zeremonien oder opferte sie, verbrannt oder unverbrannt, den Göttern. Mit dem Tragen bestimmter Stoffe manifestierten sich Veränderungen in den Lebenszyklen, und auch als Grabbeigaben spielten Textilien eine große Rolle. Auch Waffen und Schutzkleidungen bestanden zum Teil aus Gewebe: Schlingen zum Schleudern von Steinen, Schilde, Schlingen für Bolas, Polsterungen für Panzer und Helme. Aus Stoff waren ferner die Beutel, in denen man die heiligen Coca-Blätter aufbewahrte. Die Weber im präkolumbischen Peru, die eine Vielzahl von Techniken beherrschten, produzierten auf ihren speziellen Hüftwebstühlen Textilien, die zu den schönsten der damaligen Welt zählen. Der Hüftwebstuhl war die am weitesten verbreitete Webvorrichtung und äußerst einfach: Die beiden Enden der langen Kettfäden wurden jeweils an einem Stock – dem Kettbaum – befestigt. Den einen band man an den Hüften fest, den anderen an einem Baum oder Pfosten. Die Kette wurde mit dem Körper gespannt.

Anfangs benutzte man zum Weben wahrscheinlich Kaktusfasern, aus denen man Netze und Schlingen knüpfte. Baumwolltextilien sind vom dritten Jahrtausend v. Chr. an in Nordchile, Peru und Ekuador belegt. Tatsächlich war Baumwolle eine der ersten Kulturpflanzen, die in den Tälern an der Westküste Südamerikas angebaut wurden. Frühe Kulturphasen in den Zentralanden bezeichnet man oft als »Baumwoll-Präkeramikum«, weil sie dadurch gekennzeichnet sind, daß man zwar noch keine Töpferware kannte, aber bereits Baumwolle anbaute und verwendete. Textilien des Frühen Horizontes sind vielfach einfache Baumwollgewebe. Gegen Ende dieser Periode verwendete man auch Wolle von Neuwelt-Kamelen (Lamas, Alpakas, Guanacos und Vicuñas), mit der die farbenprächtigen Gewänder der Paracas-Kultur bestickt wurden (Wolle läßt sich leichter färben als Baumwolle), desgleichen für manche der frühen Teppichgewebe der Südküste.

Die Kleidungsstücke waren nicht maßgeschneidert: Hemden bestanden aus zwei webstuhlbreiten Stoffbahnen und waren einfach seitlich bzw. vorne zusammengenäht, wobei man Öffnungen für die Arme und den Kopf freiließ. Im Lauf der Zeit nahmen diese Gewänder ganz unterschiedliche Formen an. Alle waren jedoch Varianten der einen Grundform.

Frühe Zeugnisse lassen auf die Hierarchie der Inka-Weber schließen: Frauen, die in speziellen Gebäuden untergebracht waren, webten die für die Kulthandlungen, für den Inka-Herrscher und für Ritualopfer bestimmten Stücke; die Frauen der Beamten hatten ein jährliches Soll an gewebten Stoffen abzuliefern, und spezialisierte männliche Weber fertigten – quasi als »Steuerabgaben« – feine Gewebe. Die Haltung von Neuwelt-Kamelen, die die Wolle für bestimmte Textilien lieferten, wurde ebenfalls von höchster Stelle überwacht. So durfte beispielsweise Vicuñawolle nur für die Gewänder der Inka-Herrscher selbst verwendet werden.

Links: Die Stickerei auf einem Gewand von Paracas-Necropolis stellt ein Wesen mit Katzenkopf und Vogelschwanz dar. In seinem Bauch steckt ein vierfüßiges Lebewesen, das in seinem Bauch wiederum ein anderes Geschöpf trägt. Die Stickereien von Paracas weisen eine höchst komplexe Ikonographie auf.

Seite 204 unten: Große bemalte Tücher waren an der Küste in der späten Zwischenperiode weit verbreitet, und die Figur, die unter einer als Himmelsband erscheinenden Schlange steht, ist ein häufiges Motiv. Dieses Stück ist 1,25 Meter lang.

Unten links: Vierzipfelige Mützen aus weichem Wolltuch – »peruanischem Samt« – sind typisch für die Ritualtracht von Huari-Tiahuanaco. Dieses Beispiel erscheint wegen der Höhe seines Kopfteils ungewöhnlich. Auf einfaches Baumwollgewebe applizierte Vogelfedern wurden für besondere Gewänder verwendet, wie bei diesem kragenartigen Umhang mit Chimú-Mustern (*unten*).

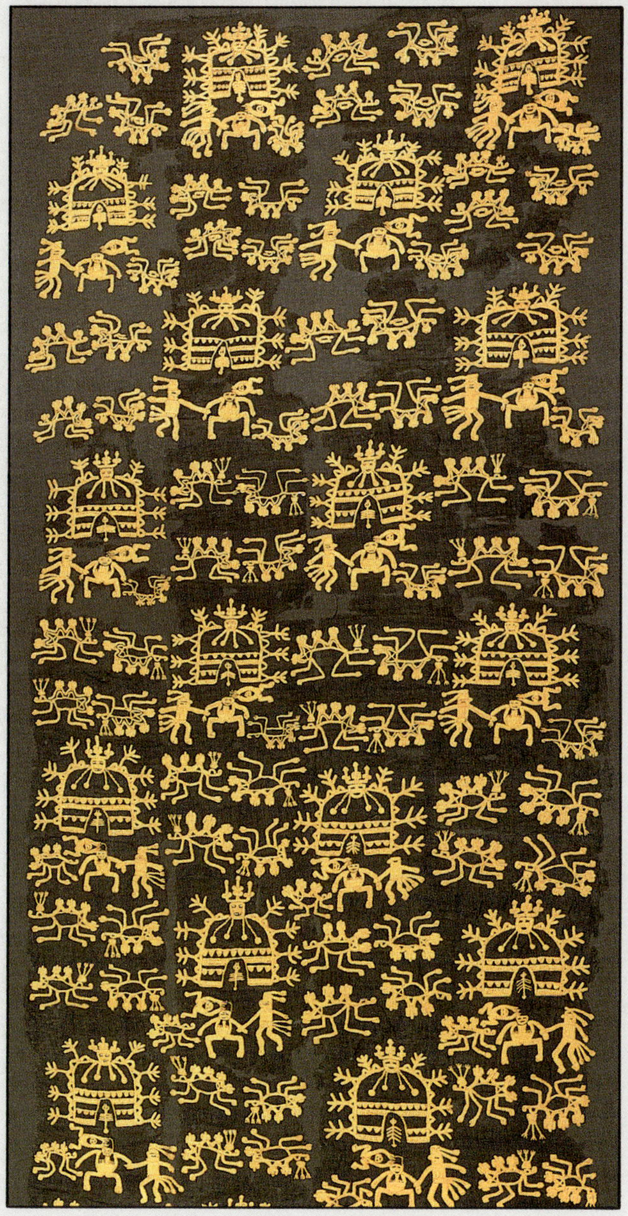

Der Nasca-Umhang (*links*), 255 mal 95 Zentimeter, ist mit Figuren in nur einer Farbe bestickt – im Gegensatz zu den früheren Paracas-Umhängen mit vielfarbiger Stickerei. Das wiederkehrende Muster stellt wohl einen heiligen Berg dar, mit den darauf wachsenden Pflanzen und einem gekrönten Kopf, der seinen Geist bezeichnen soll. Ein Höhleneingang könnte zu einer Quelle führen. Davor packen zwei Gestalten eine andere in der Mitte, eine hält das Haar – in den Anden ein Zeichen der Eroberung – und die andere umfaßt das Handgelenk, vielleicht um es zu fesseln. Es könnte sich hier um einen Gefangenen handeln, der geopfert werden soll. Ein Fabeltier erscheint zweifach, einmal aufrecht, das andere Mal auf dem Kopf stehend.
Umhänge wie diese wurden wohl vorrangig für Bestattungen angefertigt. Das Baumwolltuch wurde wahrscheinlich auf einem Hüftwebstuhl hergestellt, dessen Kettbaum an einem Baum festgebunden ist, wie die auf einem Moche-Gefäß befindliche Zeichnung (*oben*) illustriert.

Längs der Straßen dienten *tambos* – Bauwerke unterschiedlicher Größe – als Unterkünfte und Lagerräume. Weiterhin gab es Unterkünfte für die *chaski*, die Läufer, die Botschaften überall hin beförderten. Wie in einem Stafettenlauf lösten sich diese Läufer ab, wodurch die Nachrichtenübermittlung außerordentlich schnell erfolgte. Für gewöhnliche Reisende waren diese Straßen nicht bestimmt. Als wichtiges Mittel, das Reich unter Kontrolle zu halten, konnten sie nur auf Befehl des Königs benutzt werden. Ganze Bevölkerungsgruppen wanderten auf diesen Straßen zu neuen Wohnstätten, weil der »Sohn der Sonne« dies so wollte, und Arbeiterscharen wurden auf ihnen zum Ort ihres Einsatzes gebracht. Und schließlich schleppten Lamakarawanen – jedes Tier trug bis 45 Kilogramm Nutzlast – Waren von einem Ende des Reiches zum anderen.

DAS SÜDLICHE ANDENGEBIET UND FEUERLAND

Nordwestargentinien, das am höchsten entwickelte Kulturgebiet südlich der Zentralanden, setzt sich aus drei Regionen zusammen: *Puna* (»Hochebene«), *Valliserrana* (»Hochtal-Region«) und *Selvas Occidentales* (»Westliche Wälder«). Eine besonders auffällige Kultur-Konzentration gab es in den Bergtälern der *Valliserrana.* In Nordwestargentinien trafen die hier bereits etablierten Völkerschaften mit Völkern und Kultureinflüssen aus Nordchile, aus den Zentralanden, aus dem Gran Chaco im Osten (dort gab es noch Wildbeuter mit einer sehr einfachen Wirtschaftsform) sowie zu guter Letzt mit Sammlern und Jägern aus dem patagonischen Steppengebiet im Südosten des Kontinents zusammen.

Das Formativum, das man hier von 500 v. Chr.–650 n. Chr. ansetzt, war eine Zeit der Entwicklung und Entfaltung. In den ersten 300 Jahren des Formativums begann man, Anbau von Nutzpflanzen zu betreiben. Töpferei und frühe Metallurgie erschienen ab 200 v. Chr. in der frühen Condorhuasi-Kultur in den Tälern der Zentralanden sowie in der Candelaria-Kultur im Nordosten. Condorhuasi-Handwerker schufen in Modeln hergestellte polychrome Töpferware, desgleichen Steinskulpturen und einfache Gehänge aus Gold und Silber.

Zu Beginn der christlichen Zeitrechnung blühten die Kulturen von Condorhuasi, La Candelaria, La Ciénaga, Tafi u. a. in den heutigen Provinzen Catamarca und Tucumán zwischen den Ebenen des Chaco, dem Ostrand der Anden und der *Puna.* Auf der Hochebene im Westen entwickelte sich die Tebenquiche-Kultur, deren Träger Lamahirten und Kartoffelpflanzer mit kleinen Dörfern und einer relativ fortgeschrittenen Töpferei und Weberei waren.

Die Mittlere Periode (650–850 n. Chr.) umfaßt die Aguada-Kultur. Sie war von Tiahuanaco beeinflußt, hatte jedoch einen eigenen Keramikstil mit Figuren, die in runde Gefäße eingeritzt waren. Es handelt sich mit um die reizvollste Töpferware der gesamten Region. Diese Kultur brachte auch qualitätvolle Metallobjekte hervor. Aus Goldblech oder Silber fertigte man *kero*-Formen nach der Art von Tiahuanaco. Etwa zur gleichen Zeit wurden neue Pflanzen-Sorten eingeführt, und zweifellos nahm die Schichtung der Gesellschaft immer mehr zu.

Die Spätzeit, eine Periode regionaler Entwicklungen, ist durch die Kulturen von Santa Maria und Belén charakterisiert, die sich durch große, polychrome Totenurnen auszeichnen. Sie bestanden von etwa 850–1480 n. Chr., und von 1480–1535 schloß sich dann eine Periode der Inka-Herrschaft und des Inka-Einflusses an.

Die Bevölkerung Nordwestargentiniens war in Häuptlingstümern zusammengeschlossen, die wiederum Konföderationen bildeten, die von einem oder mehreren Häuptlingen angeführt wurden. Ein besonderes Haus in den Dörfern diente als Tempel, doch die architektonische Ausstattung war bescheiden. Im übrigen gab es intensiven Bewässerungsfeldbau, Haustierhaltung und sogar Nahrungsmittel-Überschüsse. Handwerker schufen Felsbilder und qualitätvolle Töpferware mit figürlichem Schmuck oder aufgemaltem mehrfarbigem Dekor. Sie bearbeiteten Gold, Silber, Kupfer und Bronze, webten Textilien, flochten Körbe und fertigten Holzschnitzereien, von denen allerdings nur wenige bis heute erhalten geblieben sind.

Eine Steinmaske mit geometrisch stilisierten Gesichtszügen. Höhe elf Zentimeter, Tafí-Kultur, Nordwestargentinien.

Chile

Die Atacama-Wüste an der Küste Nordchiles, eine der trockensten Gegenden der Erde, weist besonders reiche archäologische Funde auf. Ihre Gräberfelder haben Hunderte guterhaltener Bestattungen erbracht, wobei in einigen Fällen die Leichen außergewöhnlich perfekt mumifiziert waren. Bei der heutigen Stadt Antofagosta am Wendekreis des Steinbocks wird die chilenische Küste semiarid. Nach Süden wird sie dann zunehmend feuchter, je mehr man sich der Insel Chiloé nähert. An der halbtrockenen zentralchilenischen Küste blühte während der Späten Periode unweit von Coquimbo die Diaguita-Kultur. Die Araukaner, die in der Spätzeit das wasserreiche Küstengebiet bewohnten, behaupteten sich ebenso gegen die Invasion der Inka wie später gegen die der Spanier.

Die frühe Periode der Jäger und Sammler hatte etwa 10000 v. Chr. begonnen. Damals jagte man noch Tiere, die inzwischen längst ausgestorben sind. Etwa um 7000 v. Chr. stellte man dann zu Wasser und zu Lande den gleichen Tierarten nach wie heute. Gegen Ende dieser Periode zeichnet sich aufgrund von Funden eine »Muschelschalen-Fischhaken-Kultur« ab. Um 3000 v. Chr. begann die Initialperiode oder Chinchorro-Tradition. Sie dauerte bis etwa 500 vor unserer Zeitrechnung. Diese präkeramische Kultur kannte noch keinen Bodenbau, hatte jedoch Körbe und Textilien aufzuweisen. Am Ausgang der Initialperiode taucht dann der sogenannte »rituelle Rauschdrogen-Komplex« auf, wahrscheinlich als Folge der beginnenden Einflüsse aus dem Norden.

Eine bronzene Zeremonialaxt aus der Späten Periode oder der Periode der Regionalkulturen des nordwestlichen Argentinien.

In der Zwischenperiode, auch als Altiplano-Tradition bezeichnet, gab es Kontakte mit Tiahuanaco und Südbolivien. In der Frühphase dieses Zeitabschnitts, der sogenannten Alto-Ramírez-Phase, entwickelten sich Dörfer, wenn auch mit bescheidener Architektur. Man züchtete Mais, Bohnen, Flaschenkürbisse und Chilipfeffer, stellte einfache Töpferware her und erzielte beachtliche Fortschritte in der Weberei.

Patagonien, Feuerland und Südchile

Spätestens um 9000 v. Chr. waren bereits Menschen bis zur äußersten Südspitze des amerikanischen Kontinents vorgedrungen. Jedenfalls stieß der Archäologe Junius Bird in der Fell- und der Palliaike-Höhle an der Nordseite der Magellan-Straße auf Relikte aus annähernd dieser Zeit. Beide Höhlen waren einst Rastplätze von Jägern, die bei der Jagd auf heute ausgestorbene Pferde-und Faultierarten sowie auf Guanacos steinerne Geschoßspitzen verwendet hatten. Noch ältere Überreste (von etwa 9400 v. Chr.) wurden weiter nordwärts an der chilenischen Küste an der Laguna de Tagua Tagua entdeckt.

Strenggenommen versteht man unter Feuerland nur die große Insel nördlich und östlich des Inselgewirrs an der Südostspitze Südamerikas. Es liegt zwischen der Magellan-Straße im Norden und dem Beagle-Kanal im Süden. Im weiteren Sinne wendet man die Bezeichnung Feuerland jedoch auch auf die gesamte dortige Inselwelt an, und zum Verbreitungsgebiet der Feuerland-Kultur wird auch noch die gesamte Inselkette vor der Westküste Südchiles bis hinauf zur Insel Chiloé gezählt.

Charles Darwin beschrieb Feuerland als eine Region mit unwirtlichem Klima, dessen Einwohner unter miserablen Lebensbedingungen ein kärgliches Dasein fristen. Dennoch ist das Klima Feuerlands bei weitem nicht so rauh, wie das mancher bewohnter Gegenden der nördlichen Erdhalbkugel. Es gibt Holz, reiche Wildbestände zum Jagen, und auch das Meer bietet eine Fülle von Nahrungsmitteln. Obwohl ein Anbau von Nutzpflanzen aus klimatischen Gründen kaum möglich ist, konnte sich eine nicht allzu zahlreiche Bevölkerung mit verhältnismäßig einfachem materiellem Kulturinventar doch in dieser rauhen Umwelt behaupten.

Auf Feuerland gab es vier indianische Bevölkerungsgruppen: zwei landorientierte »Fuß-Indianer« und zwei meerorientierte »Kanu-Indianer«. Alle vier Gruppen lebten als Sammler und Jäger bzw. Fischer. Sie trugen auffallend wenig Kleidung: Umhänge aus Fell, Penisschutz, wasserdichte Mokassins, Fellmützen und einfachen Schmuck aus Holz, Stein oder Knochen. Für rituelle Anlässe malte man sich »Zeremonialkleidung« auf die nackte Haut.

Die in der Beagle-Kanal-Region bzw. in der westlichen Inselwelt als »Wassernomaden« beheimateten Yahgan und Alacaluf verfügten über Kanus, Paddel, Schöpfgefäße und Seile zum Vertauen ihrer Boote. Angelhaken oder Harpunen verwendeten sie seltener, denn sie fingen Fische vorwiegend mit dem Speer oder köderten sie, um sie dann mit der Hand zu greifen. Außerdem aßen sie verschiedene Seevögel, insbesondere Enten, aber ihre Hauptnahrung bestand aus Seehunden. Die im zentralen und nördlichen Teil der Feuerland-Insel ansässigen Ona und die im südöstlichen Gebiet beheimatete kleinere Gruppe der Haush lebten von der Jagd auf Guanacos. Das Sammeln von pflanzlicher Nahrung – Beeren, Baumpilzen und Grassamen – spielte bei allen Gruppen nur eine untergeordnete Rolle.

Ona-Mythen ähneln sehr stark den Mythen anderer Völker im Norden. Nach ihren Vorstellungen war der Schöpfergott gleichzeitig der erste Mensch, der, als die Welt entstand, Gott wurde und gewisse Kulturelemente schuf. Vorstellungen wie dieser begegnet man in vielen Teilen der Neuen Welt. Außerdem kamen den Ona-Mythen zufolge die ersten Menschen an einem Seil vom Himmel herab. Auch dies ist ein im Norden weitverbreitetes Mythenmotiv.

Patagonien liegt nördlich von Feuerland und östlich der Anden. Hier gehen trockene Hochebenen in die flachen Pampas über. Diese Prärien waren die Heimat der Puelche und Tehuelche, kleiner Horden von 50–150 Mitgliedern, die Guanacos, Füchse und Kleintiere jagten. Diese Indianer benutzten Steinwerkzeuge, um die Häute ihrer Beutetiere zu glätten, und jagten auch mit Waffen, die Steinspitzen trugen. Sie versahen die Häute, in die sie sich kleideten, mit Dekorationen, flochten Körbe und fertigten Schnitzereien aus Knochen an. Wie ihre Nachbarn im Süden bemalten sie ihre Körper zu verschiedenen Anlässen. In der Spätzeit schufen einige Gruppen auch Tongefäße, die jedoch von geringer Qualität waren.

Seit Beginn des 20. Jahrhunderts ging die Zahl der Indianer in diesen Gebieten erheblich zurück. Wie viele andere Gruppen der indianischen Urbevölkerung auch, wurden sowohl die Patagonier als auch die Feuerländer durch die Europäer und die von ihnen eingeschleppten Krankheiten nach und nach ausgerottet.

SECHSTER TEIL

DAS KULTURELLE ERBE

Der Zusammenprall zweier Welten

Man kann den Standpunkt vertreten, daß die Gegensätze zwischen indianischer und europäischer Kultur – trotz fortdauernder Berührungen – immer noch sehr tief sind. Der frühe Kontakt im 16. Jahrhundert war jedoch von besonderer Art, da er sich sporadisch vollzog und Kulturen betraf, die zuvor keine Kenntnis voneinander gehabt hatten und auf sehr unterschiedlichen und oftmals miteinander in Widerstreit stehenden Prinzipien beruhten. Die anfänglichen Kontakte wurden oftmals erschwert durch mißverstandene Gesten und unbeabsichtigte Beleidigungen auf beiden Seiten.

So betrachteten die Europäer den Austausch von Waren im allgemeinen als Handelsbeziehung, während ihn die meisten Indianer als eine auf Gegenseitigkeit beruhende Geste verstanden. Bald jedoch paßten sich beide Seiten in ihren Gepflogenheiten einander an. Die europäischen Händler begannen mit der Lieferung von Waren, die bei den Indianern besonders gefragt waren, wie Kupferkessel, Perlen, Gewehre und Äxte. Die Indianer hingegen intensivierten die Jagd auf Pelztiere, um den Europäern das zu liefern, was diese wünschten.

Es war nicht zu vermeiden, daß bei den Weißen immer stärker der Wunsch aufkam, indianisches Land in Besitz zu nehmen und zu besiedeln. Auf den Karibischen Inseln vollzog sich dieser Prozeß sehr rasch. Bald danach fielen den Spaniern die Reiche in Mexiko und Peru zu. Andere Teile des amerikanischen Kontinents kamen erst nach einem Jahrhundert oder noch später unter europäische Herrschaft. Die Forschungsreisen und Kolonisationsversuche lösten Epidemien aus, die zunächst sporadisch auftraten, schließlich aber ein Ausmaß annahmen, das die eingeborenen Völker in den Untergang trieb. Die Europäer schleppten Krankheiten ein, gegen die die Indianer keine körpereigenen Abwehrkräfte besaßen, so daß sich die Seuchen rapide ausbreiten konnten; gelegentlich grassierten sogar mehrere Seuchen gleichzeitig. In den auf die Entdeckung folgenden zwei Jahrhunderten reduzierten Pocken und andere Massenepidemien die indianische Bevölkerung um fast 90 Prozent. So vollzog sich der Aufeinanderprall der beiden Welten nicht allein im sozialen und politischen Bereich, sondern unbeabsichtigt spielte auch die biologische Resistenz eine bedeutende Rolle.

Künstler, die im 16. Jahrhundert in Europa Stiche schufen, machten zahlreiche Anleihen bei graphischen Vorbildern aus allen Teilen des amerikanischen Kontinents. Diese Darstellung eines Massakers an Indianern in ihrem Dorf (*links*) könnte sehr gut als Illustration für viele verschiedene Berichte über Ereignisse dieser Art in Nord- und Südamerika dienen. Einige südamerikanische Indianerkulturen haben bis in jüngste Zeit relativ unbeschadet überlebt (*ganz oben links*), doch haben die zweifelhaften Wohltaten der Einflußnahme von Händlern und Missionaren die traditionelle Kultur zerstört. Der Stich, der die Behandlung von Eingeborenen Virginias im 16. Jahrhundert darstellt (*oben*), greift auf südamerikanische Vorlagen zurück. Um eine unbekannte Krankheit zu bekämpfen, bedienten sich die Medizinmänner der Ausräucherung und schamanistischer Techniken.

Unten: Dieser »Spott-Pfahl« erinnert auf eindrucksvolle Weise daran, daß Sanktionen oftmals nicht über kulturelle Grenzen greifen können. Hier wird ein weißer Händler (an der Spitze des Pfahls abgebildet) verspottet, weil er betrogen hatte – die Verspottung als Sanktionsmaßnahme ist eine wirksame Methode der sozialen Kontrolle innerhalb der Nordwestküsten-Kultur, doch tangiert sie den Händler in keiner Weise, wenn dieser wieder abgereist ist.

Mitte des 19. Jahrhunderts bestanden zwischen der US-Regierung und den Indianern im Westen des Kontinents offizielle Kontakte. Wenn auch nicht alle, so gehörten doch die meisten Indianer-Krieger damals der Vergangenheit an, und die Ausfertigung von Vertragsprotokollen war eine Routineangelegenheit. Gelegentlich kamen Indianer-Delegationen nach Washington. Hier (*oben*) besucht 1867 eine Indianer-Abordnung Präsident Andrew Johnson im Weißen Haus. Nach der US-Verfassung ist es einzelnen Bundesstaaten sowie öffentlichen und privaten Institutionen verboten, mit indianischen Völkern eigene Verträge abzuschließen; sie schreibt außerdem vor, daß Indianer wie souveräne Völker zu behandeln seien, obwohl sie innerhalb der Vereinigten Staaten leben. Diese Vorschriften haben dazu geführt, daß verschiedene zwischen einzelnen Bundesstaaten und indianischen Völkern abgeschlossene Verträge für ungültig erklärt wurden und Fälle von Abfindungsforderungen und anderen Ansprüchen nach wie vor ungelöst sind.
Die Eskimo-Gruppen gehörten zu den letzten Ureinwohnern, die eine durchgreifende Veränderung ihrer traditionellen Kultur erfuhren. Zwar leben viele alte Traditionen fort, doch haben Motorboote und -schlitten weitgehend Hundeschlitten und Kajaks ersetzt, die hier von frühen Forschungsreisenden fotografiert worden sind (*links*).

Das Leben der Eskimo

Die Eskimo und ihre Verwandten, die Aleuten, kamen relativ spät in die Neue Welt, denn sie wanderten erst vor 4000 bis 5000 Jahren von Sibirien aus in die amerikanische Arktis ein. Sie unterschieden sich und unterscheiden sich noch heute auf vielfältige Weise von den amerikanischen Indianern und zwar in biologischer, sprachlicher und kultureller Hinsicht. Sie brachten eine entwickelte Steinbearbeitungstechnik mit, die sie nach Bedarf weiter vervollkommneten, um sich in der unwirtlichen und baumlosen Arktis zu behaupten.

Als das typische Merkmal der materiellen Kultur der Eskimo hat man oftmals ihre technischen Errungenschaften hervorgehoben. In einigen Fällen, so etwa bei der Knebel-Harpune, einer speziellen Form der Speerschleuder, dem Kajak und dem Hundeschlitten, waren ihre Gerätschaften derart ausgeklügelt, daß sie innerhalb des Rahmens der traditionell zur Verfügung stehenden Rohmaterialien höchstwahrscheinlich nicht wesentlich hätten verbessert werden können. Einige Geräte, zum Beispiel der Wolfstöter und der Schwimmer aus Seehundhaut, sind ebenso einfach wie erfindungsreich. Der Wolfstöter besteht aus einem doppelt zugespitzten schmalen Stück Walknochen, das aufgerollt und gefroren in einem Klumpen Walfischspeck (Blubber) steckt. Wenn der hungrige Wolf ihn verschlingt, taut der Knochen auf, öffnet sich und tötet das Tier. Der Schwimmer aus Seehundhaut wird von den Kajakfahrern an der Harpunenleine befestigt, so daß die von der Harpune getroffenen Seehunde und Walrosse gegen den Schwimmer anstatt gegen die zerbrechlichen Kajaks stoßen, bis sie schließlich ermüden und sterben.

Rechts: Die Polar-Eskimo ziehen die erlegten Walrosse mit Hundegespannen auf das Eis, um sie zu zerlegen. Eingespannt in astartig sich verbreiternde Zugstränge können die Hunde fächerförmig ausschwärmen. Wenn aber diese Form des Einschirrens die Gefahr mit sich bringt, daß der Schlitten umstürzt, spannt man die Hunde in komplizierterer Anordnung ein und bildet hintereinander gespannte Paare. Kräftige Hunde waren für die Eskimo lebensnotwendig, insbesondere im Winter, und es muß bezweifelt werden, ob sich irgendeine prähistorische Kultur ohne die Hilfe dieser widerstandsfähigen Hunderasse an die arktischen Verhältnisse hätte anpassen können.

Unten: Für das Erlegen und Fangen von Vögeln, die gegessen und wegen ihrer Federn geschätzt wurden, verwendete man Speere, Bolas und Fangnetze.

Unten: Mit dem Drillbohrer konnten schnell kleine und exakte Löcher in harte Materialien gebohrt werden. Vor der Einführung von Schmiedeeisen verwendeten die Eskimo-Handwerker Eisenerz, Kupfer oder Meteoreisen für die Bohrspitzen. Auf diesem Foto vom Beginn des 20. Jahrhunderts bohrt ein Mann Löcher in ein Spiel-Brett aus Walroß-Elfenbein.

Unten rechts: Der Iglu, eine raffinierte Konstruktion aus Eis und Schnee, ist die bekannteste Form der Eskimo-Behausung. In wärmeren Jahreszeiten wurden Behausungen aus Fell, Rasensoden oder Steinen errichtet.

Links: Ein Mann verharrt regungslos am Rande des Eises. In einer Hand hält er einen kurzen Stock mit einem Köder, der den Saibling, einen arktischen Verwandten der Forelle, anlocken soll. In der anderen Hand hält er einen Fischfang-Speer wie das Ersatzgerät im Vordergrund. Mit dem in der Mitte befindlichen Dorn wird der Fisch aufgespießt, während die beiden Arme des Geräts auseinanderklaffen, um den Fisch festzuhalten. Die nach hinten weisenden Dornen verhindern, daß der Fisch sich wieder befreien kann.

Oben: Die Grönland-Eskimo gingen aus den Thule-Eskimo hervor, nachdem sich die Thule-Kultur von Westen her über die amerikanische Arktis ausgebreitet hatte. Zwar wurde Grönland um das Jahr 1000 auch von norwegischen Wikingern besiedelt, doch konnten sich dort nur die Eskimo auf Dauer behaupten. Dieser Grönland-Eskimo fängt einen Alk im Fluge mittels eines langstieligen Fangnetzes.

Das Zeremonialsystem der Hopi-Indianer

Wie erklärt es sich, daß an die 6500 Hopi als lebensfähige Kulturgemeinschaft in einem modernen Nationalstaat von 231 Millionen Menschen überleben konnten? Als Erklärung bietet sich nicht eine festgefügte politische Organisation an, denn jedes Hopi-Dorf verwaltet sich im wesentlichen selbst, besitzt seinen eigenen Dorfältesten und beruht auf einem System matrilinearer landbesitzender Klane. Das eigentlich verbindende Element dieser Kultur und Gesellschaft ist der Zeremonialzyklus des Kultlebens mit dem dazugehörigen religiös-philosophischen Überbau.

Die Grundlage des Hopi-Zeremoniallebens sind die Kachinas, die Geister der wohlwollenden Verstorbenen, d. h. die Vorfahren, die durch maskierte Tänzer dargestellt werden. Es gibt ungefähr 335 verschiedene Kachina-Typen, von denen jeder seine eigene Wesensart und Maske besitzt. Die Kachinas kommen jeweils im Dezember in die einzelnen Hopi-Dörfer und verbringen den Winter, den Frühling und einen Teil des Sommers mit den Bewohnern, um sie zu segnen und für Regen für die Feldfrüchte zu sorgen. Im Juli schließlich kehren sie in ihr übernatürliches Kachina-Dorf in den Bergen zurück.

Das Herzstück des Hopi-Lebens bildet die unterirdische Kiwa; sie ist die Mutter Erde, und ein Loch im Boden (*sipapu*) symbolisiert den »Ort des Hervortretens«, die Stelle, aus der die Hopi in der Urzeit an die Erdoberfläche gekommen sein sollen. Die meisten Zeremonien beginnen in der Kiwa des Dorfes, und einige enden auch wieder dort. Die Erhörung der vor dem Kiwa-Altar vorgebrachten Gebete wird durch die Darbringung von federgeschmückten Gebets-Stäben, geweihtem Maismehl und Tabak gewährleistet.

Wie auch bei anderen Pueblo-Indianern sind Clowns ein integraler Bestandteil der Zeremonialveranstaltungen. Bemalt mit schwarz-weißen horizontalen Streifen, sorgen sie für hintergründigen Humor, possenhafte Darstellungen, Parodien und beißende Gesellschaftskritik, oftmals auf Kosten der weißen Zuschauer. Sie sind ein wichtiges Sicherheitsventil beim »Dampfablassen« in dieser stark konformistisch ausgerichteten Gesellschaft.

Alle Zeremonien und öffentlichen Tänze werden von einem obersten Ansager angekündigt. Bei Kachina-Tänzen werden die singenden Teilnehmer vom »Großvater« auf den Festplatz geführt, begleitet von Trommlern. Alle bewegen sich gegen den Uhrzeigersinn um den Tanz-Führer in der Mitte des Platzes. Bei reinen Gesellschaftstänzen bewegen sich Sänger und Trommler getrennt voneinander.

Der Zeremonialtanz der Pueblo-Indianer ist, im Gegensatz zu den Tänzen in Mittelamerika, auch nach der Eroberung noch eine fast rein indianische Entwicklung mit sehr wenig oder keinem spanischen Einfluß oder Synkretismus gewesen. Wir haben es hier mit einer unmittelbar aus der Religion und dem Zeremonialwesen der klassischen Pueblo-Periode des Südwestens gewachsenen Erscheinung zu tun.

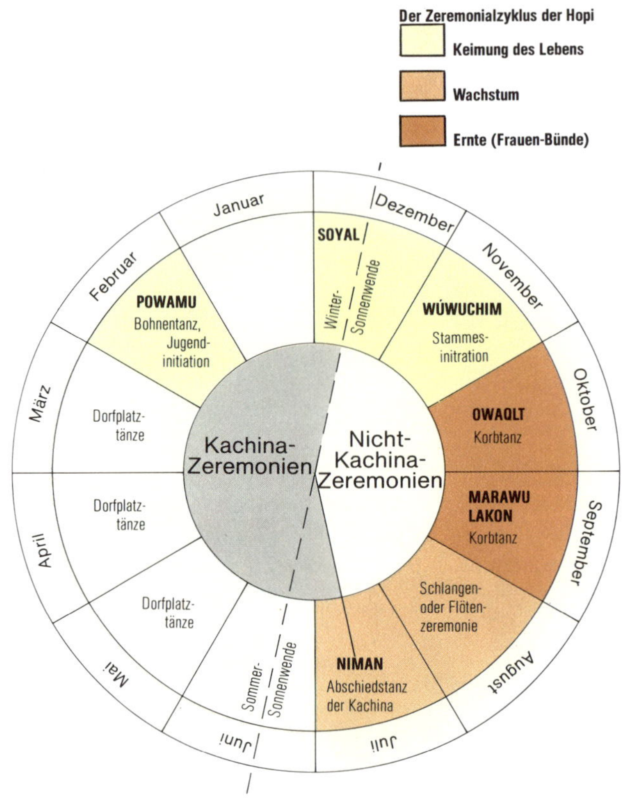

Links: Der zeremonielle Jahreszyklus der Hopi wird von der Sonne und den Sternen bestimmt. Er beginnt mit *Wúwuchim,* einer 16-Tage-Zeremonie zur Feier der Erschaffung des Universums. Während dieser Zeremonie wird von verschiedenen religiösen Gesellschaften in ihren jeweils eigenen Kiwas das Ritual des »Neuen Feuers« begangen, außerdem werden die letzten Initiationsriten für junge Männer vollzogen. Während *Soyal,* der Winter-Sonnenwende, erscheint plötzlich die erste Kachina im Dorf, maskiert mit einem Türkis-Helm und wankend wie ein kleines Kind: Die Kachina und die dazugehörige Zeremonie symbolisieren die Wiedergeburt neuen Lebens. *Powamu* (»Reinigung«) markiert die letzte der drei Phasen von Zeremonien, die zu Beginn der Keimungsperiode begangen werden. In dieser Zeit werden auch die Hopi-Knaben und -Mädchen durch die Kachinas in die Stammesbünde eingeführt.
Im Juli, wenn Mais und andere Erntefrüchte reifen, wird ein großer Tanz aufgeführt, womit sich die Rückkehr der Kachinas an ihren eigenen Wohnort ankündigt. Mitte August finden die eindrucksvollen Schlangen- oder Flötenzeremonien statt, um für die Feldfrüchte den Regen zu erbitten. Der September und Oktober ist schließlich die Zeit der Frauen-Bünde, die auch eine wichtige Rolle bei der Krankenheilung spielen, um durch ihre eigenen Tänze die Phase der Fruchtbildung und der Ernte der Feldfrüchte zu begehen. Seit 1911 ist es verboten, die heiligen Zeremonien der Hopi zu fotografieren. Um die Jahrhundertwende ist es einigen Besuchern der Hopi jedoch gelungen, Bilder – in der Regel vom Schlangentanz – zu machen. Von 1904–1906 nahm ein junger Mann namens Joseph Mora, der auch ein talentierter Aquarell-Künstler war, eine bemerkenswerte Bilderserie über die Ritualtänze der Hopi auf, von denen einige Bilder hier wiedergegeben sind.

Unten: Niman ist eine 16 Tage dauernde Zeremonie im Juli, bei der die Kachinas innerhalb des Jahreszyklus zum letzten Mal tanzen, bevor sie in ihr spirituelles Wohngebiet zurückkehren. Hier tanzt auf der Plaza von Walpi eine Reihe grüngesichtiger Kuwa Heheya-Kachinas zum Klang von Schrabstäben. Ihre Masken sind mit Regenwolken bemalt.

Rechts: Jährlich abwechselnd veranstalten jeweils die Flöten- und Schlangengesellschaften bedeutende Zeremonien, um den Dörfern die Regenwolken zu bringen. Die hier gezeigte Flötenzeremonie beginnt am zentralen Dorfbrunnen und wird von zwei Flöten-Mädchen, einem Flöten-Knaben, gefolgt von Flöten-Priestern, ausgeführt.

Unten: Geführt von einem Krieger, Kaletaka, nimmt die Flöten-Gesellschaft-Prozession ihren Weg hinauf auf die Mesa. Wenn die singende Gruppe die Dorf-Plaza betritt, schreitet sie über symbolische Regenwolken, die in geweihtes weißes Maismehl gezeichnet sind.

Oben: Während und nach der Powamu-Zeremonie taucht eine Gruppe von Monstern im Dorf auf. Sie besuchen jedes Haus, um Essen zu erbitten, und erschrecken Kinder, die sich schlecht benommen haben, indem sie drohen, sie zu verschlingen. Hier sieht man, wie die Monster durch die Kiwa-Einstiegsluke nach dem Kiwa-Vorsteher rufen, um von ihm frisches Fleisch zu verlangen.

Unten: Im Herbst feiern die drei Frauen-Gesellschaften die Reife der Feldfrüchte durch Tänze und öffentliche Verteilung von Eßwaren und anderen Produkten. Dieser Korb-Tanz wird von der Lakón-Gesellschaft auf der Plaza in Walpi, auf First Mesa, aufgeführt. Zur Rechten erkennt man den Schlangenfelsen, eine natürliche Felsformation.

Unten: Hopi-Kachinas für die Powamu- oder »Bohnenpflanz«-Zeremonie, 1893 aufgenommen. Diese Kachinas sind die wichtigsten Akteure beim Bohnentanz, der im Februar, meistens spät in der Nacht, zelebriert wird. Obwohl es sowohl männliche als auch weibliche Kachinas gibt, werden die Rollen der letzteren von Männern gespielt.

Rechts: Eine hölzerne Hopi-Puppe aus der Mitte des 19. Jahrhunderts, Höhe 20 Zentimeter. Ihre Augen symbolisieren die Regenwolken, ihre Augenlider den Regen.

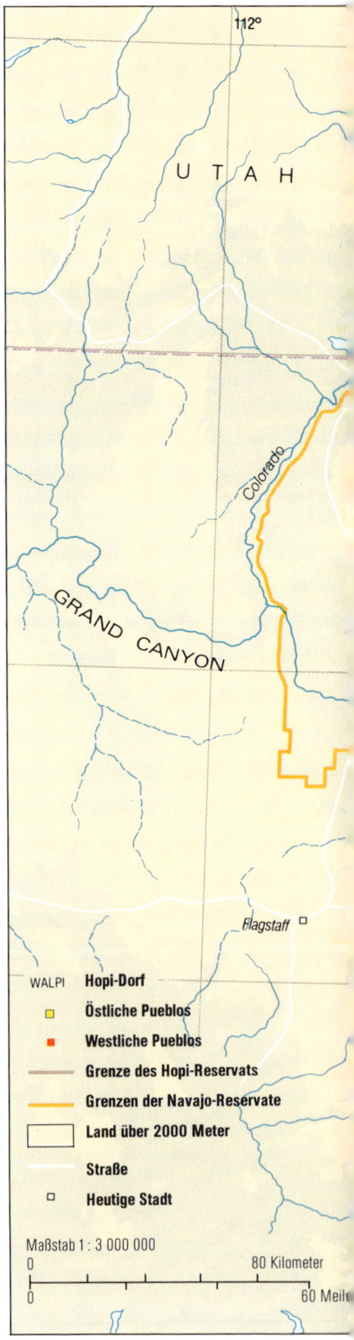

Die Ursprungslegende der Hopi

Alle Pueblo-Gesellschaften besitzen ihre eigenen Ursprungsmythen. Sie sind die ungeschriebenen Richtlinien für zeremonielles und gesellschaftliches Verhalten. Wie auch die anderen Völker der Neuen Welt, beispielsweise die Azteken, glauben die Hopi (eine Abkürzung von Hopituh Shinumu, das »friedfertige Volk«), daß es frühere und unvollkommene Unterwelten oder Schöpfungen gegeben habe und daß ihre Ahnen diese nacheinander durchlaufen hätten. Die Hopi seien dann schließlich durch ein *sipapu*-Loch aufgetaucht. Jede dieser Unterwelten wird mit einer bestimmten Himmelsrichtung, einer Farbe, einem Mineral, einer Pflanze und einem Vogel assoziiert.

Die erste Welt, der »Endlose Raum«, war ein reines und glückliches Universum, in dem die ersten Menschen lebten. Doch wurde es schließlich durch Feuer zerstört, als Zwietracht und Kriege entbrannten, die der Hopi-Ethik völlig fremd sind. Die zweite Welt, die »Dunkle Mitternacht«, wurde wegen erneuter Auseinandersetzungen durch Kälte und Eis zerstört, das Auserwählte Volk überlebte in einem Ameisenhaufen. Diese Überlebenden kletterten über eine Leiter in die dritte Welt, die aber ebenfalls, diesmal durch mächtige Fluten, zugrunde ging. Die Spinnenfrau rettete die Vorfahren der Hopi, indem sie sie im Schilf versteckte und anschließend auf trockenes Land brachte. Über die vierte Welt, die heutige, die »Vollendete Welt«, wacht Masau'u, der Feuergott und Herr über Leben und Tod. Das Auftauchen der Hopi durch den *sipapu* war mit der Wanderung ihrer Klane in die auf der Mesa gelegenen Dörfer verbunden.

Rechts: Die Hopi-Kinder erhalten die Kachina-»Puppen« nicht zum Spielen, sondern sozusagen als Anschauungsmaterial, damit sie diese bei den Vorführungen wiedererkennen können. Diese »Puppe« stellt den Hemis-Kachina dar, die wichtigste Figur im Niman-Kachina-Tanz.

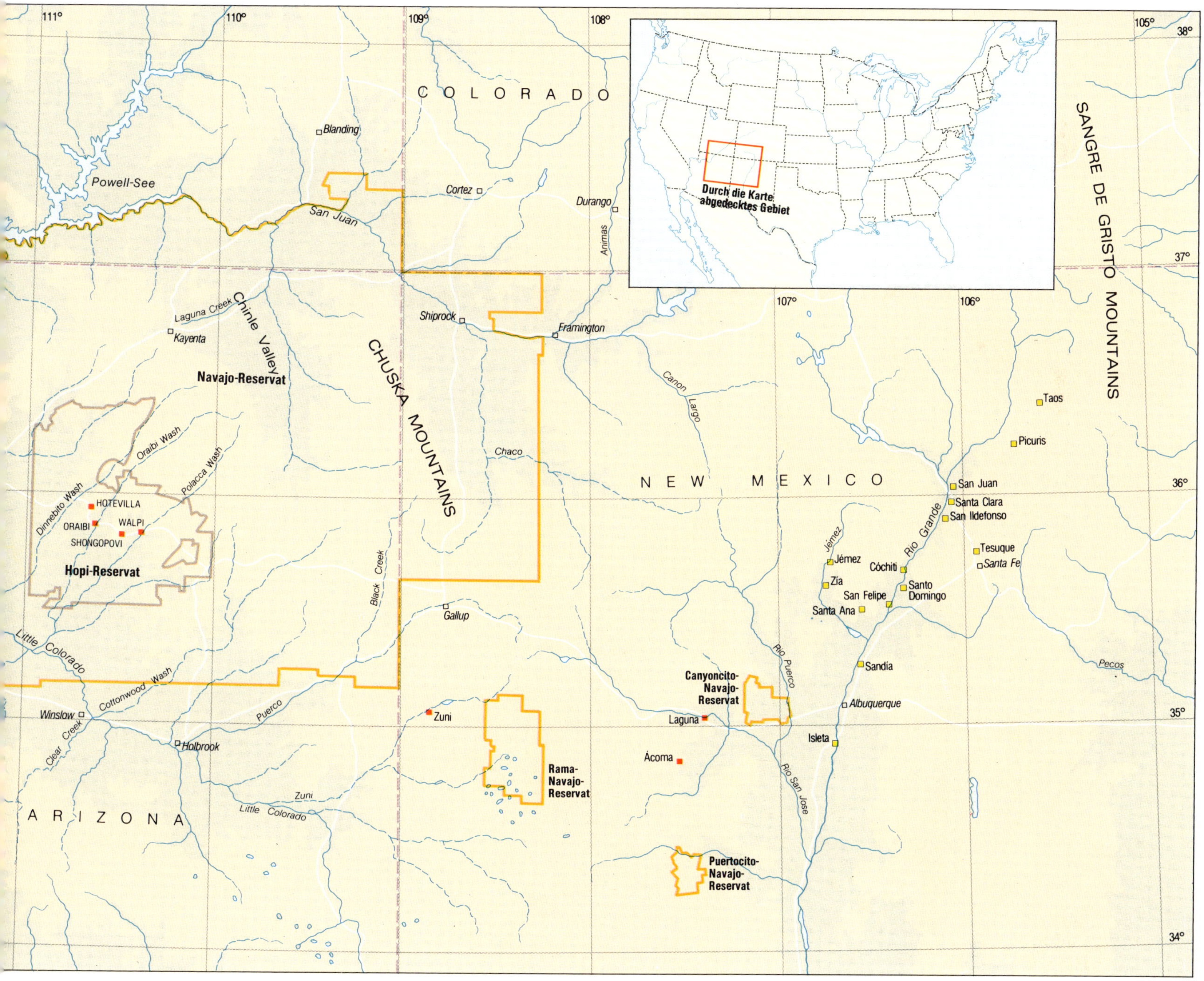

Unten: Indianische Pueblos und die Hopi- und Navajo-Reservate
Es gibt zur Zeit insgesamt acht Hopi-Dörfer, die über drei Mesas verteilt sind; vier Dörfer sind hier verzeichnet. Der Zuni-Pueblo ist der größte mit einer Bevölkerung von 5460 Personen im Jahre 1970. Die gesamte Pueblo-Bevölkerung beträgt mehr als 35 000 Personen. Im Gegensatz dazu gab es 1970 mehr als 120 000 Navajos, und ihre Zahl steigt rapide an.
Taos ist das nordöstlichste Dorf der östlichen Pueblos und liegt am Südrand der Great Plains. Die Taos-Leute haben einige Züge der Plains-Kultur übernommen, was sich in einigen Trachtenmerkmalen sowie in der Musik und im Tanz niederschlägt. Im Pueblo-Gebiet gibt es sogar eine kleine Büffel-Herde.

Die Plains-Indianer

Die farbenprächtig gekleideten Reiternomadenstämme der Great Plains sind eine relativ junge Kulturerscheinung. Die Indianer Amerikas gelangten erst in den Besitz von Pferden, als diese von den spanischen Außenposten im Südwesten während des 16. Jahrhunderts entwichen oder gestohlen wurden. Im 18.Jahrhundert jedoch hatten viele Stämme das Pferd eingeführt und sich ganz oder teilweise der Büffeljagd und der schweifenden Existenzform auf den weiten Grasländern des Westens zugewandt.

Zu Beginn des 19. Jahrhunderts wurde die negative Einstellung der Euro-Amerikaner gegenüber den Indianern durch ein positiveres, verklärendes Bild ersetzt. Als sich der Westen des Kontinents für Abenteurer und Einwanderer öffnete, entstand das Klima für die Entstehung des Mythos um die Eingeborenen der Plains, die zum romantischen Urbild aller amerikanischen Indianer wurden.

Maler des 19. Jahrhunderts, beispielsweise Karl Bodmer und George Catlin, und später auch Fotografen reisten in Gesellschaft der frühen Abenteurer und setzten ihre romantischen Vorstellungen in ihren Bildern um. Nichtsdestotrotz aber stellen die so entstandenen Gemälde, Zeichnungen, Stiche und Fotos oftmals unseren einzigen visuellen Zugang zu diesen Kulturen dar.

Oben: Ein Stich eines Plains-Dorfes nach einer Bildvorlage des Schweizers Karl Bodmer (1809–93). Er begleitete den deutschen Prinzen Maximilian von Wied-Neuwied auf einer Expeditionsreise im Jahr 1833.

Ganz links: George Catlin (1796–1872) malte 1832 den zweiten Häuptling der Mandan, Mah-to-toh-pah (»Vier Bären«). Die kleinen Figuren und die Haarlocken auf seinem Gewand zeigen an, daß er mehrere Feinde getötet oder skalpiert hatte, und die aufgemalte Hand weist darauf hin, daß er einen Feind im Nahkampf besiegt hatte.

Links: Die Mandan und andere Stämme der Plains zelebrierten Büffeltänze, um die Tiere auf magische Weise in die Arme der Jäger zu treiben. Junge Männer tanzten Tag und Nacht, wobei sie einander von Zeit zu Zeit abwechselten, bis Kundschafter die Nachricht brachten, die Büffel seien in Reichweite.

Rechts: Ein Minnetaree-(Hidatsa-)Skalp-Tanz, dargestellt von Bodmer. Die Hidatsa blieben seßhafte Bodenbauer, übernahmen aber viele Kulturelemente der schweifenden Jäger auf den Plains.

Zeremonialmasken der Nordwestküste

Unten: Diese Schamanenrassel weist das für die Nordwestküstenkunst typische krummlinige Dekor auf. Solche Rasseln wurden gewöhnlich aus zwei halbkugelförmigen Stücken hergestellt, deren halbrunde Griffe zu einem einzigen zusammengebunden wurden.

Rechts: Diese Maske der nördlichen Kwakiutl ist wegen ihrer einfachen Linienführung sowie des Fehlens jeglicher Bemalung einmalig. Sie verkörpert möglicherweise ein himmlisches Wesen.

Die üppige Vegetation an der Nordwestküste machte es möglich, daß dort große Dörfer aus soliden Holzhäusern entstanden, obwohl sich nicht einmal eine einfache Form des Gartenbaus entwickelte und man weder domestizierte Tiere noch – zumindest über lange Zeit – Eisenwerkzeuge kannte. Die in den Regenwäldern wachsenden Zedern wurden mit Keilen und Holzschlegeln zu breiten Bohlen für den Hausbau verarbeitet.

Bevor die Nordwestküsten-Indianer mit den Europäern in Kontakt kamen, stellten sie wohl gelegentlich Eisenwerkzeuge aus Alteisen her, das sie an angetriebenem Wrackgut entdeckt hatten. Nach der Berührung mit den Weißen fanden dann aber Eisenwerkzeuge europäischen Ursprungs schnelle Verbreitung und führten zu einer explosionsartigen Entfaltung künstlerischer Kreativität.

Oben links: Die meisten Nordwestküsten-Indianer fürchteten sich vor den Geistern der Toten, selbst wenn es sich um zu Lebzeiten geliebte Menschen handelte. Dies fand seinen Ausdruck in den Zeremonien der Kwakiutl-Tanzgesellschaften. Die hier gezeigte Maske stellt Bowkus, den Häuptling der Toten dar.

Links: Die Welt der Nordwestküsten-Indianer war voll von übernatürlichen Wesen. In gemeinschaftlich abgehaltenen Ritualen, die das weite Feld religiöser Erfahrungen widerspiegelten, wurden diese Wesen häufig dargestellt. Die hier abgebildete Vogelmaske der Nutka (Nootka) mit beweglichem Schnabelkiefer verkörperte beim öffentlichen Auftritt eines dieser übernatürlichen Wesen.

Unten: Eine unbemalte Grab-Figur aus einem Dorf in der Nähe von Kitimat, Britisch-Kolumbien, die dem Anschein nach aus Treibholz gefertigt wurde. Das Kwakiutl-Kunstwerk vermittelt die wesentlichen Züge des Todes durch die Gestaltungsform von Augen und Mund.

Ganz unten: Diese Bella-Coola-Maske ist ein weiteres Beispiel für die krummlinige Ornamentik. Obwohl in typischer Weise versucht wurde, jede verfügbare Fläche mit Dekor auszufüllen, erscheint das Design hier doch in wohlgeordneter Linienführung.

Alltagsleben und Brauchtum

In vielen Teilen Lateinamerikas blieben noch alte Kulturmuster erhalten. Die wichtigen Nutzpflanzen sind im allgemeinen dieselben wie früher, und auch die Verarbeitungsmethoden haben sich kaum verändert. Eingeführte Nutztiere bewirkten allerdings einen Wandel: So wurde beispielsweise in den Anden das Lama weitgehend durch das Schaf verdrängt, und generell stehen mehr Tiere für Nahrungszwecke zur Verfügung, allerdings sind die Indianer keine großen Fleischesser.

Auf den Märkten, die es fast überall gibt, werden Gemüse, Früchte, Kräuter, Tongefäße und andere Waren verkauft, die auch früher dort anzutreffen waren. Manchmal sieht man Frauen, die ihre Erzeugnisse in Körben oder Bündeln auf dem Kopf zum Markt tragen. In größeren Ortschaften finden sich auch moderne Massenartikel wie grellfarbige Synthetikware im Angebot, aber nach wie vor sind die traditionellen Produkte in Lateinamerika von grundlegender Bedeutung.

Im Hochland sowohl Mesoamerikas als auch der Anden spielt die Weberei eine große Rolle. In zahlreichen Gegenden stellt man noch immer besondere Muster und Kleidungsstücke her, die die Herkunft des Trägers und oft auch des Webers verraten. Die Nachfrage durch Touristen und Sammler von Textilien bewirkte sogar einen Aufschwung dieses Handwerks. Bei einfachen Bauten ist Stroh das traditionelle Hauptmaterial für die Dächer, weitere verwendete Materialien sind Schilfrohr und Lehmziegel *(adobe)*.

Oben: Die Zeichnung zeigt den Inka-Herrscher, der die Frühjahrsaussaat rituell einleitet. Er und seine Begleiter hantieren mit Trittgrabstöcken.

Rechts: Auf den Anbauterrassen in Peru (sowie in vielen anderen Teilen Amerikas) arbeiten noch heute Bauern mit solchen Geräten, denn bei dünner Bodenkrume bewähren sie sich besser als der Pflug.

Oben: Eine weitere Methode, die man beibehalten hat, ist das Tragen von Lasten mit einem Gurt, der von der Stirn über die Schultern zum Rücken führt. Die Zeichnung aus dem 17. Jahrhundert (*links*) zeigt, wie in der Inka-Zeit Säcke in ein Lagerhaus gebracht wurden. Anachronistisch sind die Hühner im Vordergrund, da diese erst von den Spaniern eingeführt wurden.

Links außen: Ein typischer Indianermarkt findet einmal wöchentlich in Chinchero bei Cuzco statt, ein Ort, der einst ein wichtiger Versammlungsplatz war und Ruinen aus der Inka-Zeit aufweist. Die Frauen tragen die unverkennbaren Hüte mit dem Motiv der »Vier Weltgegenden«.

Links: Wie auch die ersten Indianer, die Kolumbus zu Gesicht bekam, tragen viele Amazonas-Gruppen keine Kleidung. Zu besonderen Anlässen bemalen sie ihre Haut mit grellen Farben, wie diese Yanomamö-Frauen.

Unten: Mahlsteine (*metates*) können vielerlei Formen haben. Die wichtigste Haushaltstätigkeit, das Mahlen von Mais für *tortillas* oder Brei, wird in der Regel von Frauen ausgeführt. Die *metates* sind normalerweise kleiner als das hier gezeigte Exemplar. Auch die Handreibsteine gibt es in verschiedenen Formen, hier werden grobe Steine verwendet.

Der Rückenbandwebstuhl, in alter Zeit die meistverwendete Webvorrichtung in den Anden (*links*), ist heute noch in Gebrauch. Diese Frau (*links außen*) arbeitet im traditionsreichen Chinchero.

Was das Weiterleben von rituellen Traditionen in Lateinamerika betrifft, so ist hier eine auffällige Vermischung mit dem Katholizismus zu beobachten. Diese Verbindung zeigt viele Elemente; einiger von ihnen bedienten sich die frühen Missionare, um die Bekehrung zu erleichtern. So war etwa das Kreuz ein symbolträchtiges Maya-Zeichen, und die Sonne, im vorspanischen Amerika eine wichtige Gottheit, verschmolz in der Vorstellung zahlreicher Indianer mit Jesus Christus. Die Jungfrau Maria wiederum wird oft mit der Mondgöttin (im Maya-Gebiet) oder der Erdmutter (in den Anden) identifiziert, während der (von den Inka verehrte) Donnergott heute mit dem heiligen Jakob (Santiago), dem Schutzpatron der mit Schießpulver ausgerüsteten spanischen Soldaten, gleichgesetzt wird. Heiligenfeste werden vor den Kirchen mit Maskentänzen begangen, aber es gibt auch Riten, die fern der Gotteshäuser stattfinden. Ganz ähnlich wie in alter Zeit bringt man an heiligen Plätzen – auf Bergen, an Quellen, in Höhlen – Opfer dar, oft in Verbindung mit christlichen Zeremonien. Berge gelten als besonders heilig: Die hohen jungen Faltengebirge der Neuen Welt erzeugen Erdbeben und Vulkanausbrüche. Die Erde zittert, und die Steine bewegen sich von selbst. Bergflanken stürzen in Kaskaden von Wasser und Felsen in sich zusammen, oder der Himmel explodiert durch das Feuer eines Vulkans. Zur Beseelung, die die Natur in den Augen der Menschen durch Katastrophen erfährt, kommt ein kosmologisches Grundprinzip, das immer noch die Vorstellungswelt beherrscht: Die Sonne erhebt sich aus den heiligen Bergen und »stirbt« im Westen, im Land der Toten.

Die Inka brachten an heiligen Orten Opfergaben dar, die oft verbrannt wurden. Zu den Opfergaben zählten Maisbier, Speisen, Textilien, Kokablätter und Lamas (*oben*). Lamas werden noch heute bei bestimmten Ritualen, etwa jenen für die Berggötter, rituell getötet.

Rechts: Auf den Calvario, eine Anhöhe bei La Paz, gehen Indianer, um Weihrauch zu verbrennen und zu beten, wobei sie den duftenden Rauch und andere Opfergaben in Richtung der über dem Tal aufragenden schneebedeckten Berge schwenken.

Links außen: Die Tarahumara-Indianer in Nordmexiko führen in der Karwoche den »Tanz der Pharisäer« auf. Sie bemalen ihre Körper und tragen Kronen aus Truthahn- oder Hühnerfedern, wenn sie mit einer Judas-Puppe zum Klang von Trommeln und Rohrpfeifen tanzen.

Links: In ganz Mesoamerika sind Kostüme von Tieren verbreitet, die früher eine große Rolle spielten: Hirsch, Affe und Jaguar, das mächtige Raubtier der tropischen Regenwälder des Tieflandes. Hier, im mexikanischen Staat Guerrero, liefern sich zwei als Jaguare kostümierte Männer ein Scheingefecht.

Oben: Wie bei vielen Völkern der Welt, so trugen (und tragen noch heute) auch die indianischen Würdenträger Amtsstäbe. Diese hochgestellte Persönlichkeit aus Cuzco entstammte der Inkafamilie: Sie trägt den Kopfschmuck der Inka und der Adelsschicht vorbehaltene Kleidungsstücke.

Ganz oben: Im Hochland des heutigen Chiapas sind Amtspersonen der Tzotzil-Maya mit bänderverzierten Hüten und einer besonderen Tracht bekleidet, wenn sie mit ihren Amtsstäben durch die Stadt gehen.

Links: Am 15. Juli feiert der Ort Paucartambo bei Cuzco das Fest der Heiligen Jungfrau. Ihre Statue wird unter einem Inka-Baldachin aus Ararafedern aus der Kirche getragen, und maskierte Tänzer begleiten die Prozession.

Der November – Ayamarca bei den Inka – war der Monat der Toten, und die Mumien wurden in offenen Sänften in einer Prozession getragen. Für die Lebenden waren Sänften das Zeichen für hohen sozialen Status; daß man sie auch für die Toten verwendete, zeugt von der Heiligkeit der Vorfahren.

BILDQUELLENVERZEICHNIS

DANKSAGUNG

Der Equinox-Verlag möchte Sue Scott vom Institute of Archaeology, University of London, und John Fisher von der University of Liverpool für ihre Unterstützung danken. Elizabeth Benson dankt Patricia Anawalt, Elizabeth Boone, Richard Cooke, Hernan Crespo Toral, Alban Eger, Olga Fisch, Olaf Holm, Julie Jones, Nancy Mason, Gordon McEwen, Presley Norton, Michael Snarskis und George Stuart für ihre Unterstützung bei den Recherchen.

Ortspläne von Zoë Goodwin, Oxford.

Abkürzungen: o = oben, ol = oben links, or = oben rechts, M = Mitte, u = unten usw.

Innenspiegel: Neue Beschreibung von Amerika oder Die Neue Welt aus Abraham Ortelius: *Theatrum Orbis Terrarum.*
Schutzumschlag Vorderseite: Kolossalkopf, San Lorenzo: Michael Coe, New Haven; mit freundlicher Genehmigung des Autors.

Seite
2–6 Fotografische Abrollungen von Maya-Vasen: Justin Kerr, New York.
8–9 Zeichnungen von John Fuller, Cambridge, England.
11 Ostküstenindianer mit Jagdbemalung. Aquarell von John White: British Museum, London (Foto: Equinox Picture Archive, Oxford).
13l. Ein Shuara aus dem Tal des Upano: Smithsonian Institution, Washington (Foto Nr. SA 220).
13M. Medizinmann der Crow: Smithsonian Institution, Washington (Foto: Charles Bell, Nr. 3413-A).
13r. Nostak-Eskimo, 1877–81: Smithsonian Institution, Washington (Foto: E. W. Nelson, Nr. SI 3854).
14 Luftaufnahme des Chaco Canyon: Georg Gerster, John Hillelson Agency, London.
18 Kolumbus in Hispaniola: Fotomas Index, London.
20 Folterung von Indianern: Fotomas Index, London.
21 Indianerfrau aus Florida, von John White: British Museum, London (Foto: Equinox Picture Archive, Oxford).
22–23 Szenen der Unterdrückung der Inka, aus F. Guaman Poma de Ayala, *Nueva Coronica y Buen Gobierno:* Marion und Tony Morrison, Woodbridge.
25o. Tempel in Tulum, von Frederick Catherwood: Equinox Picture Archive, Oxford.
25u. Thomas Jefferson: Mansell Collection, London.
27 Folsom-Spitze: Werner Forman Archive, London.
29 Bering-Straße: Fred Bruemmer, Montreal.
31o. Ausgrabungen in Folsom: Denver Museum of Natural History.
31u. Folsom-Spitze: John Fuller, Cambridge.
33 Clovis-Spitze: John Fuller, Cambridge.
35 Vogel-Mensch, von einer gravierten Muschel des Südöstlichen Zeremonialkomplexes: Nachzeichnung von Simon Driver, Oxford.
36 Canyon de Chelly: Walter Rawlings, Robert Harding Associates, London.
37 Der Yellowstone: Zefa, London.
38–39 Mount McKinley, Alaska: Robert Harding Associates, London.
40 Danger Cave, Utah: Werner Forman Archive, London.
41l. Senkblei aus Hämatit: John Fuller, Cambridge.
41M. Poverty Point: Dick Barnard, Milverton.
41or. Figurine aus Poverty Point: Thomas Gilcrease Institute, Tulsa (Foto: Dirk Bakker, Detroit Institute of Arts).
42 Arktische Landschaft: Susan Griggs Agency, London.
49 Der Schlangen-Hügel, Ohio: Smithsonian Institution, Washington (Foto Nr. 237, 1934).
52l. Glimmer-Hand: Ohio Historal Society, Columbus (Foto: Dirk Bakker, Detroit Institute of Arts).
53o. Kupferner Falke: National Parks Service, Mound City National Monument, Chillicothe (Foto: Dirk Bakker, Detroit Institute of Arts).
55ul. Pantherförmige Speckstein-Pfeife: Brooklyn Museum (Foto: Dirk Bakker, Detroit Institute of Arts).
55ur. Plattform-Pfeife in Form eines Bibers: Thomas Gilcrease Institute, Tulsa (Foto: Dirk Bakker, Detroit Institute of Arts).
55or. Statuette einer Katze aus Key Marco: National Museum of Natural History, Smithsonian Institution, Washington (Foto: Dirk Bakker, Detroit Institute of Arts).
55Ml. Rekonstruktion von Moundville: Dick Barnard, Milverton.
55u. Auge-in-Hand-Motiv, Ausschnitt von der Moundville-Palette: John Fuller.
56l. Cahokia-Figurine: Museum of Science and Natural History, St. Louis (Foto: Dirk Bakker, Detroit Institute of Arts).
56–57 Rekonstruktion Cahokias: Dick Barnard, Milverton.
58o. Muschelscheibe mit männlichem Profil: Museum of the American Indian, Heye Foundation, New York (Foto: Werner Forman Archive, London).
58l. Muschel-Skulptur: Museum of the American Indian, Heye Foundation, New York (Foto: Werner Forman Archive, London).
58ur. Kupfernes Männerprofil: Ohio Historical Society, Columbus (Foto: Dirk Bakker, Detroit Institute of Arts).
59o. Gravierte Steinpalette: Mound State Monument, University of Alabama Museum of Natural History, Moundville (Foto: Dirk Bakker, Detroit Institute of Arts).
59M. Symbolgefäß aus Paducah: Museum of the American Indian, Heye Foundation (Foto: Dirk Bakker, Detroit Institute of Arts).
59u. Gravierte Muschelschale: Oklahoma State Museum (Foto: Walter Rawlings, Robert Harding Associates, London).
60o. Rekonstruktion des Emerald Mound: Dick Barnard, Milverton.
60u. Pfeife in Form eines knienden Gefangenen: Brooklyn Museum (Foto: Dirk Bakker, Detroit Institute of Arts).
61u. Rekonstruktion von Caughnawaga: Dick Barnard, Milverton.
62l. Büffelsprung, Ulm Piskun, Montana: Werner Forman Archive, London.
62–63 Büffeljagd: Lithographie von George Catlin, Fotomas Index, London.
65 *Medicine wheel* und Sonnentanz-Platz: Simon Driver, Oxford.
66 Bryce Canyon, Utah: Susan Griggs Agency, London.
68 Fremont-Statuette: John Fuller, Cambridge.
70–71 Montezuma's Castle: Walter Rawlings, Robert Harding Associates, London.
72–73 Mimbres-Schalen: alle Fotos von Justin Kerr, New York, mit Erlaubnis der American Federation of Arts und Hudson Hills Inc. aus den folgenden Sammlungen:
72ol. Janss Foundation, Thousand Oaks, Kalifornien.
72u. Maxwell Museum of Anthropology, University of New Mexico, Albuquerque.
72–73 Privatsammlung.
73or. Maxwell Museum of Anthropology, University of New Mexico, Albuquerque.
72ur. Arizona State Museum, University of Arizona, Tucson.
72M. Cliff Palace, Mesa Verde: Robert Harding Associates, London.
72–73 Canyon de Chelly: Werner Forman Archive, London.
76–77 Mesa Verde: David Muench, Santa Barbara.
78u. Keramikgefäß aus dem Chaco Canyon: Werner Forman Archive, London.
78–79 Rekonstruktion des Pueblo Bonito: Dick Barnard, Milverton.
79o. Pueblo Bonito: Walter Rawlings, Robert Harding Associates, London.
80. Pomo-Korb: Lee Boltin, Croton-on-Hudson, New York.
82 Totempfahl von der Nordwestküste: Werner Forman Archive, London.
83 Olmekische Krummaxt: Werner Forman Archive, London.
85 Xochicalco: Michael Coe, New Haven.
87 Tempel des Jaguars in Tikal: Roy C. Craven Jr., Gainesville, Florida.
90o. Entwicklung des Maises: Robert S. Peabody Foundation for Archaeology, Andover, Massachusetts.
90M. Blick von der Coxcatlán-Höhle: Michael Coe, New Haven.
90u. Rekonstruktion der wilden Maispflanze: John Fuller, Cambridge.
92–93 Buschlandschaft im Hochland von Südmexiko: Susan Griggs Agency, London.
94 Olmekische Jadebüste: Dumbarton Oaks, Washington.
95or. Kolossalkopf, San Lorenzo: Michael Coe, New Haven.
96l. Olmekische Gottheiten: John Brennan, Oxford.
96r. Grünsteinfigur aus Las Limas: Michael Coe, New Haven.
97o. Olmekischer Jade-Drachen: David Joraleman, New Haven.
97Ml. Monument 52, San Lorenzo: Michael Coe, New Haven.
97or. Harpyengott aus Jade: Michael Coe, New Haven.
97Mr. Tongefäß aus Tlapacoya: Michael Coe, New Haven.
97ul. Haifischgott aus Jade: William R. O'Boyle, New Haven.
97ur. Kniende Schamanenfigur: Michael Coe, New Haven.
98u. Altar 4, La Venta: Roy C. Craven Jr., Gainesville, Florida.
98–99 La-Venta-Figurinen: Michael Coe, New Haven.
101 Höhlenzeichnung bei Juxtlahuaca: Michael Coe, New Haven.
102 Danzantes, Monte Albán: A. A. M. van der Heyden, Amsterdam.
103o. Jalisco-Figurinen: Justin Kerr, New York.
106 Sonnenpyramide, Teotihuacán: Lee Boltin, Croton-on-Hudson, New York.
107or. Steinmaske: Dumbarton Oaks, Washington.
107Mr. Adlerdarstellung von der Plattform des Quetzalcoatl-Tempels; Michael Coe, New Haven.
107ur. Dreifußgefäß: Dumbarton Oaks, Washington.
108Ml. Relief, El Tajín: Simon Driver, Oxford.
108u. »Joch«, *palma* und *hacha*: John Fuller, Cambridge.
108–109 Ballspielszene von einer Maya-Vase: Dallas Museum of Fine Art (Foto: Justin Kerr, New York).
109u. Ballspielplatz in Xochicalco: Michael Coe, New Haven.
110o. Ansicht von El Tajín: Warwick Bray, London.
110M. Relief mit Darstellung des Totengotts: Michael Coe, New Haven.
110–111 Nischenpyramide: Werner Forman Archive, London.
111ur. Steinrelief: Roy C. Craven Jr., Gainesville, Florida.
112ul. Remojadas-Figurine: Justin Kerr, New York.
112M. Stele 6, Monte Albán: John Fuller, Cambridge.
112–113 Ansicht von Monte Albán: Justin Kerr, New York.
113ur. »Urne«: Anthropologisches Museum, Mexico City.
114 Kaminaljuyú-Stele II: Michael Coe, New Haven.
116ul. Figürliches Räuchergefäß aus Ton: Michael Coe, New Haven.
116–117 Luftbildaufnahme von Tikal: Nicholas Hellmuth, New Haven.
117or. Jade-Anhänger: John Fuller, Cambridge.
118–120 Maya-Glyphen: gezeichnet von Simon Driver nach Originalen, die Michael Coe zur Verfügung stellte.
118ul. Affenmenschgott von einer Maya-Vase (Foto: Justin Kerr, New York).
119or. Türsturz, Yaxchilán: Michael Holford, Loughton.
121or. Türsturz 24, Yaxchilán: British Museum, London (Foto: Lee Boltin, Croton-on-Hudson, New York).
121ur. Struktur 33: Marion und Tony Morrison, Woodbridge.
122Ml. Stuckkopf: John Fuller, Cambridge.
122ul. Gott der Null und Affengott: Michael Coe, New Haven.
122–123 Ansicht von Palenque: Marion und Tony Morrison, Woodbridge.
122or. Jademaske: Anthropologisches Museum, Mexico City (Foto: Werner Forman Archive, London).
122ur. Palast von Palenque: Marion und Tony Morrison, Woodbridge.
125M. Ballspielplatz von Copán: Michael Coe, New Haven.
125ul. Gefallenes Idol: Lithographie von Frederick Catherwood, Sammlung Michael Coe, New Haven.
125ur. Maisgott: Dumbarton Oaks, Washington.
127ol. Palast der Masken, Kabah: Justin Kerr, New York.
127ur. Maya-Haus, Sayil: Warwick Bray, London.
128ul. Eingang des Gouverneurspalastes: Lithographie von Frederick Catherwood, Equinox Picture Archive.
128–129o. Haus der Nonnen: Justin Kerr, New York.
128Mr. Schädel und gekreuzte Knochen: Michael Coe, New Haven.
129Ml. Relief mit gefiederten Schlangen: Justin Kerr, New York.
129r. Wahrsager-Pyramide: Werner Forman Archive, London.
130ol. Dame am Webstuhl: Justin Kerr, New York.
130ul. Figurenpaar: Werner Forman Archive, London.

130–131 »Fetter Gott«: Lee Boltin, Croton-on-Hudson, New York.
131 Jaina-Figurinen: Lee Boltin, Croton-on-Hudson, New York.
132 Cotzumalhuapa-Reliefs: Völkerkundemuseum, Berlin West (Fotos: Werner Forman Archive, London).
133 Xipe Totec: Lee Boltin, Croton-on-Hudson, New York.
134l. Figur eines Atlanten: Marion und Tony Morrison, Woodbridge.
135M. Antlitz eines Atlanten: Marion und Tony Morrison, Woodbridge.
135ul. Pyramide B: Michael Coe, New Haven.
135or. Schlangenwand: Michael Coe, New Haven.
135ur. Chac Mool: Michael Coe, New Haven.
136o. Tempel der Jaguare und El Castillo: Michael Holford, Loughton.
136u. Tempel der Krieger: Justin Kerr, New York.
137Ml. Relief eines Schädelgerüsts: Michael Coe, New Haven.
137ul. Menschlicher Kopf im Rachen eines Tieres: Michael Holford, Loughton.
137or. Jadetafel: Michael Coe, New Haven.
138–140 Fotografische Abrollung von Maya-Gefäßen: Justin Kerr, New York.
142 Mixtekisches Räuchergefäß: Werner Forman Archive, London.
143Ml. Stufenmäander in der Säulenhalle von Mitla: Warwick Bray, London.
145 Aztekisches Messer: British Museum, London.
147 Codex Cospi: Werner Forman Archive, London.
148l. Tonatiuh: Museum für Völkerkunde, Basel (Foto: Werner Forman Archive, London).
148o. Coatlicue: National Museum of Anthropology, Mexico City (Foto: Werner Forman Archive, London).
149o. Xipe Totec: Museum für Völkerkunde, Basel (Foto: Werner Forman Archive, London).
149ul. Tezcatlipoca: British Museum, London (Foto: Lee Boltin, Croton-on-Hudson, New York).
149ur. Quetzalcoatl: John Fuller, Cambridge.
150l. Coyolxauhqui: John Fuller, Cambridge.
150Mr. Steinerne Schädelreihen: Michael Coe, New Haven.
150ur. Stich von Tenochtitlan: *Gran Citta di Temistan* von Benedetto Bordone.
151 Bemalte Coclé-Schale aus Panama: Museum of the American Indian, Heye Foundation (Foto: Equinox Picture Archive).
153 Landschaft des bolivianischen Altiplano: Marion und Tony Morrison, Woodbridge.
155 Inka-Terrassen: Walter Rawlings, Robert Harding Associates, London.
158o. Gottheit am Sonnentor von Tiahuanaco: Equinox Picture Archive, Oxford.
158u. Reliefköpfe aus Cerro Sechín: John Fuller, Cambridge.
159 Tuch aus Paracas-Necropolis: Lee Boltin, Croton-on-Hudson, New York.
160 Stich mit Episode von der vierten Reise des Kolumbus: Fotomas Index, London.
163 *Metate* in Tischform: New Orleans Museum of Art.
164–165 Guatavita-See: Marion und Tony Morrison, Woodbridge.
165u. El Dorado: Lee Boltin, Croton-on-Hudson, New York.
167ul. Archäologischer Park von San Agustín: Warwick Bray, London.
167ur. Figur mit Kopftrophäe: John Fuller, Cambridge.
168l. Sicán-Messer: Lee Boltin, Croton-on-Hudson, New York.
168or. Inka-Zepterknauf in Vogelform: Dumbarton Oaks, Washington.
168–169u. Tairona-Anhänger: Jan Mitchell Collection, New York (Foto: Justin Kerr).
169o. Bemalte Maske aus dem Lambayeque-Tal: Lee Boltin, Croton-on-Hudson, New York.
169ur. Tolima-Anhänger: Lee Boltin, Croton-on-Hudson, New York.
170 Río Quijos, Ekuador: Marion und Tony Morrison, Woodbridge.
172l. Goldene Maske der La-Tolita-Kultur: Banco Central Museum, Quito (Foto: Marion und Tony Morrison, Woodbridge).
172M. La-Tolita-Gottheit: Banco Central Museum, Quito (Foto: Marion und Tony Morrison, Woodbridge).
172r. Beide Zeichnungen von John Fuller, Cambridge.
173 Bahia-Figur: Banco Central Museum, Quito (Foto: Marion und Tony Morrison, Woodbridge).
174–175 Titicaca-See: Marion und Tony Morrison, Woodbridge.
177l. Textiles Muster aus Huaca Prieta: Simon Driver, Oxford.
177r. Huaca de los Reyes: American Museum of Natural History, Shippee-Johnson Archive.
178l. Chavín-Flötenspieler: Brooklyn Museum, New York.
178or. Speckstein-Becher: Dumbarton Oaks, Washington.
178Mr. Schnurhaltende Figuren von obigem Becher: Simon Driver, Oxford.
179Ml. Das Große Idol: Simon Driver nach Tello.
179M. Tempelfassade: Michael Coe, New Haven.
179u. Chavín-Steinkopf: Michael Coe, New Haven.
180–181o. Scharrbild von Paracas: Tom Owen Edmunds, London.
180u. Stoff aus Paracas-Necropolis: Lee Boltin, Croton-on-Hudson, New York.
182–183 Bucht von Paracas: Marion und Tony Morrison, Woodbridge.
183o. Dekor einer Nazca-Zylindervase: Simon Driver, Oxford.
183ul. Kopftrophäen-Gefäße: Simon Driver, Oxford.
183ur. Nazca-Bildkrug: Lee Boltin, Croton-on-Hudson, New York.
184o. Auf einen Punkt zulaufende Linien: Marion und Tony Morrison, Woodbridge.
185ol. Scharrbild eines Affen: Robert Estall, London.
185or. Nahansicht eines Nazca-Scharrbilds: Johan Reinhard, Lima.
185ul. Scharrbild eines Kolibris: Robert Estall, London.
185ur. Anthropomorphe Figur aus Cerro Unitas: Johan Reinhard, Lima.
188ol. Genuß von Kokablättern: Motiv von einer Moche-Vase, kopiert von Simon Driver, Oxford.
188or. Gefäß mit Steigbügel-Ausguß, den Kopf einer Gottheit darstellend: Linden-Museum, Stuttgart.
188ul. Vergoldete Kupfermaske aus der Mondpyramide: Linden-Museum, Stuttgart.
188uM. Mondpyramide: Warwick Bray, London.
188ur. Gefäß mit Steigbügel-Ausguß, einen Eulenmann darstellend: Phaidon Press Picture Archive, Oxford.
190–191 Alle Fotos von Marion und Tony Morrison, Woodbridge.
192 Spiegel im Huari-Tiahuanaco-Stil: Dumbarton Oaks, Washington.
194–195o. Eichhörnchen-Motive, Chanchan: Marion und Tony Morrison, Woodbridge.
195–196u. Ansicht von Chanchan: Warwick Bray, London.
196 Silberne Inka-Figur: Dumbarton Oaks, Washington.
196u. Tambo Colorado: Elizabeth Benson, Washington.
197 Huayna Capac, von Guaman Poma de Ayala: Marion und Tony Morrison, Woodbridge.
198o. Steinbecken: Michael Coe, New Haven.
198M. Trapezförmige Eingänge, Machu Picchu: Michael Coe, New Haven.
198u. Mauerwerk in Tambomachay: Marion und Tony Morrison, Woodbridge.
199o. »Gerät zum Anbinden der Sonne«, Machu Picchu: Michael Coe, New Haven.
199u. Steinthron von Sacsayhuaman: Robert Harding Associates, London.
200or. Kirche Santo Domingo, Cuzco: Marion und Tony Morrison, Woodbridge.
200ul. Cuzco: aus Théodore de Bry, *Historia Americae*, 1592 (Fotomas Index, London).
200–201u. Sacsayhuaman: Tom Owen Edmunds, London.
202–203 Machu Picchu: Michael Coe, New Haven.
204o. Katze-Vogel-Wesen: Lee Boltin, Croton-on-Hudson, New York.
204u. Chimú-Tuch aus Chanchan.
205ol. Tuchmütze im Huari-Tiahuanaco-Stil: Lee Boltin, Croton-on-Hudson, New York.
205or. Chimú-Brusttuch mit Federn: Werner Forman Archive, London.
205ul. Nazca-Umhang: Linden-Museum, Stuttgart.
205ul. Beim Weben, von einem Moche-Gefäß: Phaidon Press Picture Archive, Oxford.
206 Zeichnungen von John Fuller, Cambridge.
207 Aus Theodore de Bry, *Historia Americae:* Fotomas Index, London.
208o. Francisco von Teuber mit dem Häuptling des Garipuna-Stammes: Smithsonian Institution, Washington (Foto Nr. SA 219-17).
208ul. Europäer zerstören Eingeborenendorf, aus Théodore de Bry, *Historia Americae:* Fotomas Index, London.
208ur. Eingeborenen-Heilkunst, von einem Stich des 16. Jahrhunderts: Dean Snow, Albany, New York.
209o. Indianer-Delegation mit Präsident Andrew Johnson 1867: Smithsonian Institution, Washington (Foto Nr. 3684-B).
209ul. Eskimo in Kajaks beim Handel mit Passagieren in der Straße von Roanoke: Smithsonian Institution, Washington (Foto Nr. 76-926).
209r. Spottpfahl von der Nordwestküste: Dean Snow, Albany, New York.
210o. Unaligmuit-Eskimo mit Speer: Smithsonian Institution, Washington (Foto Nr. SI 3846).
210ul. Unaligmuit-Eskimo mit Drillbohrer, 1902–3: Smithsonian Institution, Washington (Foto Nr. 44, 826B).
210ur. Eskimo beim Bau eines Iglus: Smithsonian Institution, Washington (Foto Nr. 55, 019).
211 Alle Fotos von Fred Bruemmer, Montreal.
212or. Hopi-Zeremonialkalender: Roger Gorringe, Crowborough.
212 Alle Fotos von Joseph Mora, 1904–6.
214l. Hopi-Kachinas für die Powamu- oder »Bohnenpflanz«-Zeremonie: Smithsonian Institution, »Washington (Foto Nr. 1821-A-2).
214or. Kachina-Puppe: Werner Forman Archive, London.
215o. Hemis-Kachina-Puppe: Lee Boltin, Croton-on-Hudson, New York.
216ul. Mah-to-pah : Lithographie von George Catlin, Fotomas Index, London.
216–217o. Dorf in den Plains: Stich nach Karl Bodmer, Fotomas Index, London.
216ur. Büffel-Tanz: Equinox Picture Archive, Oxford.
217u. Skalp-Tanz der Minnetaree: Stich nach Karl Bodmer, Robert Harding Associates, London.
218ol. Maske des Bowkus: Museum of Anthropolgy, University of British Columbia (Foto: Werner Forman Archive, London).
218or. Schamanenrassel: Provincial-Museum of British Columbia (Foto: Werner Forman Archive, London).
218u. Nootka-Vogelmaske: Lee Boltin, Croton-on-Hudson, New York.
219l. Maske der nördlichen Kwakiutl: Provincial Museum of British Columbia (Foto: Werner Forman Archive, London).
219or. Grabfigur der Kwakiutl: Anthropological Museum, University of British Columbia (Foto: Werner Forman Archive, London).
219ur. Bella-Coola-Maske: Provincial Museum of British Columbia (Foto: Werner Forman Archive, London).
220–223 Zeichnungen aus Guaman Poma de Ayala *Nueva Coronica y Buen Gobierno*: Marion und Tony Morrison, Woodbridge.
220–221o. Markt in Chinchero: Michael Coe, New Haven.
220ul. Bauern mit Trittgrabstöcken: Neil Stevenson.
220ur. Heranschleppen von Feuerholz: Robert Harding Associates, London.
221or. Körperbemalung bei Yanomamo-Frauen: Robert Harding Associates, London.
221ul. Frauen beim Weben: Robert Harding Associates, London.
221ur. Männer beim Maismahlen: David Simson, Brookwood.
222–223o. »Tanz der Pharisäer«: Robin Bath, Robert Harding Associates, London.
222u. Auf dem Calvario: Marion und Tony Morrison, Woodbridge.
223ol. Jaguartanz in Guerrerro: Nick Saunders, Robert Harding Associates, London.
223or. Amtsperson der Tzotzil-Maya: Justin Kerr, New York.
223u. Fest der Heiligen Jungfrau: Marion und Tony Morrison, Woodbridge.

BIBLIOGRAPHIE

TEIL I: DIE NEUE WELT

Ashe, G., Heyerdahl, T. u. a., *The Quest for America*, New York 1971.
Cumming, W. P. u. a., *The discovery of North America*, London 1971; dt. *Die Entdeckung Nordamerikas*, München u. a. 1972.
Ingstadt, H., *Die Erstentdeckung Amerikas*, Frankfurt a. M./Berlin 1966.
Jennings, J. D. (Hg.), *Ancient Native Americans*, San Francisco 1978.
Konetzke, R., *Das spanische Weltreich. Grundlagen und Entstehung*, München 1943.
— *Die Indianerkulturen Altamerikas und die spanisch-portugiesische Kolonialherrschaft*, Frankfurt a. M. 1965.
— *Entdecker und Eroberer Amerikas. Von Christoph Kolumbus bis Hernán Cortés*, Frankfurt a. M. 1963.
Las Casas, B. de, *Kurzgefaßter Bericht von der Verwüstung der Westindischen Länder*, Frankfurt a. M. 1966.
Magnusson, M. u. Forman, W., *Der Hammer des Nordens. Mythen, Sagas und Heldenlieder der Wikinger*, Freiburg i. Br. 1977.
Rivet, P., in: *Les langues du monde*, hg. v. Meillet, A. u. Cohen, M., Paris 1924.
Rosenblat, A., *La población indígena y el mestizaje en América*, Buenos Aires 1954.
Sapper, K., *Die Zahl und die Volksdichte der indianischen Bevölkerung in Amerika*, in: *Proceedings of the Twentyfirst International Congress of Americanists*, S. 95–104, Den Haag.
Wauchope, R. L., *Lost Tribes and Sunken Continents*, Chicago 1974.
Willey, G. R., *An Introduction to American Archeology*, Bd. 1: *North and Middle America*, Bd. 2, *South America*, Englewood Cliffs, New Jersey 1966 u. 1971.
— u. Sabloff, J. A., *A History of American Archeology*, San Francisco 1974.

TEIL II: DIE ERSTEN AMERIKANER

Bryan, A. L., *Paleo-American Prehistory*, Pocatello, Idaho 1965.
— (Hg.), *Early Man in America from a Circum-Pacific Perspective*, Edmonton, Alberta 1978.
Ceram, C. W., *Der Erste Amerikaner*, Hamburg 1972.
Dincauze, D., *An archaeological evaluation of the case for pre-Clovis occupations*, in: *Advances in New World Archeology*, Bd. 3, S. 276–323, 1984.
Ericson, J. E. (Hg.), *Peopling of the New World*, Los Altos, California 1982.
Laughlin, W. S. u. Harper, A. B. (Hg.), *The First Americans: Origins, Affinities and Adaptations*, New York/Stuttgart 1979.
Macgowan, K. u. Hester Jr., J. A., *Early Man in the New World*, Garden City, New York 1962.
MacNeish, R. S., *Early Man in the New World*, in: *American Scientist*, Bd. 3, Nr. 3, S. 316–27, New Haven 1976.
Martin, P. S. u. Wright Jr., H. E., *Pleistocene Extinctions: The Search for a Cause*, New Haven/London 1967.
Müller-Beck, H., *Amerika*, in: *Neue Forschungen zur Altsteinzeit (Forschungen zur Allgemeinen und Vergleichenden Archäologie, 4)*, München 1984.
Rouse, I., *Peopling of the Americas*, in: *Quarternary Research*, Bd. 6, S. 597–612.

TEIL III: NORDAMERIKA

Alex, L. M., *Exploring Iowa's Past: A Guide to Prehistoric Archeology*, Iowa City 1980.
Bandi, H.-G., *Urgeschichte der Eskimo*, Stuttgart 1965.
Billard, J. B. (Hg.), *The World of the American Indian*, Washington, D. C. 1974.
Brose, D. S., Brown, J. A. u. Penney, D. W., *Ancient Art of the American Woodland Indians*, New York 1985.
Campbell, L. u. Mithun, M. (Hg.), *The Languages of Native America: Historical and Comparative Assessment*, Austin, Texas 1979.
Chartkoff, J. L. u. K. K., *The Archeology of California*, Stanford, California 1984.
Cordell, L. S., *Prehistory of the Southwest*, New York 1984.
— *Southwest Archeology*, in: *Anthropology*, Bd. 13, S. 301–332, 1984.
Damas, D. (Hg.), *Arctic: Handbook of North American Indians*, Bd. 5, Washington, D. C. 1984.
Druker, P., *Cultures of the North Pacific Coast*, San Francisco, California 1965.
Essenpreis, P. S., *Fort Ancient Settlement: Differential Response at a Mississippian-Late Woodland Interface*, in: Smith, B. D. (Hg.), *Mississippian Settlement Patterns*, Orlando, Florida 1978.
Fitzhugh, W. W. u. Kaplan, S. A., *Inua: Spirit World of the Bering Sea Eskimo*, Washington, D. C. 1982.
Folsom, F. u. M. E., *America's Ancient treasures*, 3. rev. u. erw. Aufl., Albuquerque, New Mexico 1983.
Gladwin, H. S., *A History of the Ancient Southwest*, Portland 1957.
Griffin, J. B., *Eastern North American Archaeology: A Summary*, in: *Science*, Bd. 156, S. 175–191, 1967.
Haag, W. G., *The Bering Strait Land Bridge*, in: *Scientific American*, 1962.
Hartmann, H., *Die Plains- und Prärieindianer Nordamerikas*, Berlin 1973.
Hayden, B., *Research and Development in the Stone Age: Technological Transitions among Hunter-Gatherers*, in: *Current Anthropology*, Bd. 22, S. 519–548, 1981.
Heizer, R. F. (Hg.), *California: Handbook of North American Indians*, Bd. 8, Washington, D. C. 1978.
Helm, J. (Hg.), *Subarctic: Handbook of North American Indians*, Bd. 6, Washington, D. C. 1981.
Hibbard, C. W. u. a., *Quarternary Mammals of North America*, in: Wright Jr., H. E. u. Frey, D. G., *The Quarternary of the United States*, Princeton, New Jersey 1965.
Hudson, C., *The Southeastern Indians*, Knoxville, Tennessee 1976.
Ingstad, A. S., *The Discovery of a Norse Settlement in America*, New York 1977.
Jennings, J. D., *Prehistory of North America*, New York 1974.
— (Hg.), *Ancient Native Americans*, San Francisco, California 1978.
Kirk, R. u. Daugherty, R. D., *Exploring Washington Archaeology*, Seattle, Washington 1978.
Krause, F., *Die Kultur der kalifornischen Indianer*, Leipzig 1921.
Kroeber, A. L., *Cultural and Natural Areas of Native North America*, Berkeley, California 1963.
Läng, H., *Kulturgeschichte der Indianer Nordamerikas*, Olten 1981.
Lehmer, D. J., *Introduction to Middle Missouri Archaeology*, Washington, D. C. 1971.
Lindig, W., *Die Kulturen der Eskimo und Indianer Nordamerikas*, Frankfurt a. M. 1972.
— *Vorgeschichte Nordamerikas*, Mannheim/Wien/Zürich 1973.
Lister, R. H. u. F. C., *Chaco Canyon*, Albuquerque, New Mexico 1981.
Mason, R. J., *Great Lakes Archaeology*, Orlando, Florida 1981.
Milanich, J. T. u. Fairbanks, C. H., *Florida Archaeology*, Orlando, Florida 1980.
— u. Proctor, S. (Hg.), *Tacachale: Essays on the Indians of Florida and Southeastern Georgia during the Historic Period*, Gainesville, Florida 1978.
Morgan, W. N., *Prehistoric Architecture in the Eastern United States*, Cambridge, Massachusetts 1980.
Morse, D. F. u. P. A., *Archaeology of the Central Mississippi Valley*, New York 1982.
Müller, W., *Die Religionen der Waldlandindianer Nordamerikas*, Berlin 1956.
— *Glauben und Denken der Sioux*, Berlin 1970.
Nölle, W., *Die Indianer Nordamerikas*, Stuttgart 1959.
Ortiz, A. (Hg.), *Southwest: Handbook of North American Indians*, Bd. 9, Washington, D. C. 1979.
— *Southwest: Handbook of North American Indians*, Bd. 10, Washington, D. C. 1983.
Pfeiffer, J., *America's First City*, in: *Horizon*, Bd. 16, S. 58–63, 1974.
Pinnow, H.-J., *Die nordamerikanischen Indianersprachen*, Wiesbaden 1964.
Quinn, D. B. (Hg.), *North American Discovery Circa 1000–1612*, Columbia, South Carolina 1971.
Ritchie, W. A., *The Archaeology of New York State*, Harrison, New York 1980.
Rockstroh, W., *USA. Der Südwesten*, 5. durchges. Auflage Köln 1985.
Shelford, V. E., *The Ecology of North America*, Urbana, Illinois 1963.
Smith, B. D. (Hg.), *Mississippian Settlement Patterns*, Orlando, Florida 1978.
Snow, D. R., *The Archaeology of New England*, Orlando, Florida 1980.
— *The American Indians*, London 1976; dt. *Die ersten Indianer. Archäologische Entdeckungen in Nordamerika*, Bergisch Gladbach 1976.
Spencer, R. F. u. Jennings, J. D. (Hg.), *The Native Americans*, New York 1977.
Squier, E. G. u. Davies, E. H., *Ancient Monuments of the Mississippi Valley, Comprising the Results of Extensive Original Surveys and Explorations*, Washington, D. C. 1874; Nachdruck New York 1965..
Stoltman, J. B., *Temporal Models in Prehistory: An Example from Eastern North America*, in: *Current Anthropology*, Bd. 19, S. 703–746, 1978.
— u. Baerreis, D. A., *The Evolution of Human Ecosystems in the Eastern United States*, in: Wright Jr., H. E. (Hg.), *Late-Quarternary Environments of the United States*, Bd. 2, *The Holocene*, Minneapolis, Minnesota 1983.
Stuart, G. E., *Mounds: Riddles from the Indian Past*, in: *National Geographic*, Bd. 142, S. 783–801, 1972.
Trigger, B. G. (Hg.), *Northeast: Handbook of North American Indians*, Bd. 15, Washington, D. C. 1978.
Wellmann, K. F., *Muzzinabikon. Indianische Felsbilder Nordamerikas aus fünf Jahrtausenden*, Graz 1976.
Wood, W. R., *The Origins of the Hidatsa Indians: A Review of Ethnohistorical and Traditional Data*, Lincoln, Nebraska 1980.
Wright, J. V., *Ontario Prehistory: An Eleven-Thousand-Year Archaeological Outline*, Ottawa 1972.
— *Quebec Prehistory*, Ottawa 1979.

TEIL IV: MESOAMERIKA

Anton, F., *Mexiko: Indianerkunst aus präkolumbischer Zeit*, München 1961.
Aveni, A. F., *Skywatchers of Ancient Mexico*, Austin 1980.
Benson, E. P., *The Maya World*, New York 1967.
— (Hg.), *The Olmec and Their Neighbors*, Washington, D. C. 1981
Bernal, I., *The Olmec World*, Berkeley/Los Angeles, California 1967.
Blanton, R. E., *Monte Albán: Settlement Patterns at the Ancient Zapotec Capital*, New York 1978.
Byers, D. S. u. MacNeish, R. S. (Hg.), *The Prehistory of the Tehuacan Valley*, Austin, Texas/London 1967 ff.
Coe, M. D., *Lords of the Underworld: Masterpieces of Classic Maya Ceramics*, Princeton, New Jersey 1978.
— *Mexico*, London 1962.
— *The Maya*, London 1966; dt. *Die Maya*, Bergisch Gladbach 1968.
— u. Diehl, R. A., *In the Land of the Olmec*, Austin, Texas 1980.
Davies, N., *The Ancient Kingdoms of Mexico*, London 1982; dt. *Die versunkenen Königreiche Mexikos*, Düsseldorf 1983.
— *The Aztecs*, London 1973; dt. *Die Azteken*, Düsseldorf/Wien 1974.
Diehl, R. A., *Tula, The Toltec Capital of Ancient Mexico*, London 1983.
Disselhoff, H. D. u. Linné, S., *Alt-Amerika*, 2. Aufl. Baden-Baden 1962.
— *Cortés in Mexiko*, München 1957.
Dockstader, F. J., *Kunst in Amerika*, Bd. II: *Welt der Indianer Mittelamerikas und Westindiens*, Stuttgart 1975.
Eggebrecht, A., *Glanz und Untergang des Alten Mexiko: Die Azteken und ihre Vorläufer*, 2. Bde., Mainz 1986.
Flannery, K. V. (Hg.), *The Early Mesoamerican Village*, New York 1976.
Furst, P. T. u. J., *Mexiko. Die Kunst der Olmeken, Mayas und Azteken*, München 1981.
Groth-Kimball, J., *Kunst im alten Mexiko*, Zürich/Freiburg i. Br. 1953.
Haberland, W., *Die Kulturen Meso- und Zentralamerikas*, in: *Handbuch der Kulturgeschichte*, Bd. 7: *Die Kulturen Alt-Amerikas*, Frankfurt a. M. 1969.
Harrison, P. D. u. Turner, B. L. (Hg.), *Pre-Hispanic Maya Agriculture*, Albuquerque, New Mexico 1978.
Ivanoff, P., *Maya*, Wiesbaden 1974.

Joralemon, P. D., *A Study of Olmec Iconography,* Washington, D. C. 1971.
Justeson, J. S. u. Campbell, L. (Hg.), *Phoneticism in Mayan Hieroglyphic Writing,* Albany, New York 1984.
Kampen, M. E., *The Sculptures of El Tajín, Veracruz, Mexico,* Gainesville, Florida 1972.
Katz, F., *Die sozialökonomischen Verhältnisse bei den Azteken im 15. und 16. Jahrhundert,* Berlin 1956.
Kelley, D. H., *Deciphering the Maya Script,* Austin, Texas/London 1976.
Kelley, J., *The Complete Visitor's Guide to Mesoamerican Ruins,* Norman, Oklahoma 1982.
Krickeberg, W., *Altmexikanische Kulturen,* Berlin 1975.
Lanczkowski, G., *Aztekische Sprache und Überlieferung,* Berlin 1970.
León Portilla, M. (Hg.), *Rückkehr der Götter. Die Aufzeichnungen der Azteken über den Untergang ihres Reiches,* München 1965.
Millon, R. (Hg.), *Urbanization at Teotihuacan, Mexico,* Austin, Texas 1973.
Nicholson, H. B. u. Quiñones, E., *Art of Aztec Mexico,* Washington, D. C. 1983.
Nicholson, J., *Mexikanische Mythologie,* Wiesbaden 1967.
Paddock, J. (Hg.), *Ancient Oaxaca,* Stanford, California 1966.
Pasztory, E., *Aztec Art,* New York 1983.
Riese, B., *Geschichte der Maya,* Stuttgart u. a. 1972.
— *Grundlagen zur Entzifferung der Mayahieroglyphen: Dargestellt an den Inschriften von Copán,* Hamburg 1971.
Sanders, W. T., Parsons, J. R. u. Santley, R. S., *The Basin of Mexico: Ecological Processes in the Evolution of Civilization,* New York 1979.
Schele, L., *Notebook for Maya Hieroglyphic Writing Workshop at Texas,* Austin, Texas 1986.
— u. Miller, M. E., *The Blood of Kings: A New Interpretation of Maya Art,* Austin, Texas 1986.
Schlenther, U., *Lateinamerika und seine Ureinwohner. Kultur und Lebensweise der Indianer Lateinamerikas von den Anfängen bis zur Gegenwart,* Berlin 1976.
Smith, M. E., *Picture Writing from ancient Southern Mexico: Mixtec Place Signs and Maps,* Norman, Oklahoma 1973.
Soustelle, J., *The Olmec,* New York/London 1984; dt. *Die Olmeken. Ursprünge der mexikanischen Hochkulturen,* Zürich 1980.
Spores, R., *The Mixtec Kings and Their People,* Norman, Oklahoma 1967.
Stingl, M., *Die indianischen Zivilisationen Mexikos,* Hanau 1980.
Thompson, J. E. S., *Maya Hieroglyphic Writing: An Introduction,* Norman, Oklahoma 1971.
— *Maya History and Religion,* Norman, Oklahoma 1970.
Weaver, M. P., *The Aztecs, Maya and Their Predecessors,* New York 1981.
Westheim, P., *Die Kunst Alt-Mexikos,* Köln 1966.
Wauchope, R. (Hg.), *Handbook of Middle American Indians,* 15 Bde., Austin 1964–75.
Wilhelmy, H., *Welt und Umwelt der Maya, Aufstieg und Untergang einer Hochkultur,* München 1981.

TEIL V: SÜDAMERIKA

Alegria, R. E., *Ball Courts and Ceremonial Plazas in the West Indies,* Yale University Publications in Anthropology, New Haven, Connecticut 1983.
Anton, F. *Alt-Peru und seine Kunst,* Leipzig 1962.
Bankes, G., *Moche Pottery from Peru,* London 1980.
— *Peru Before Pizarro,* Oxford 1977.
Baudin, L., *Der sozialistische Staat der Inka,* Hamburg 1956.
Baumann, P., *Valdivia. Die Entdeckung der ältesten Kultur Amerikas,* Hamburg 1978.
Benson, E. P., *The Mochica,* New York 1972.
— (Hg.), *Dumbarton Oaks Conference on Chavín,* Washington, D. C. 1971.
— (Hg.), *Pre-Columbian Metallurgy of South America,* Washington, D. C. 1979.
Bray, W., *The Gold of El Dorado,* London 1978; dt. *El Dorado der Traum vom Gold,* Hannover 1979.
Browman, D. (Hg.), *Advances in Andean Archaeology,* Paris 1978.
Bruggmann, M. u. Waisbard, S., *Die Kultur der Inkas,* Freiburg 1980.
Brundage, B. C., *Empire of the Inka,* Norman, Oklahoma 1963.
Burger, R. L., *The Prehistoric Occupation of Chavín de Huantar, Peru,* in: *University of California Publications in Anthropology,* Nr. 14, Berkeley, California 1984.
Bushnell, G. H. S., *Peru,* London 1956; dt. *Peru. Von den Frühkulturen zum Kaiserreich der Inka,* Köln 1957.
Disselhoff, H. D., *Das Imperium der Inka,* Berlin 1974.
— *Alltag im alten Peru,* München 1966.
Donnan, C. B., *Moche Art of Peru,* Los Angeles, California 1978.
— (Hg.), *Early Ceremonial Architecture in the Andes,* Washington, D. C. 1985.
Guidoni, E. u. Magni, R., *Inka,* Wiesbaden 1974.
Henning, J. u. Ranney, E., *Monuments of the Inca,* Boston, Massachusetts 1982.
Horkheimer, H., *Nahrung und Nahrungsgewinnung im vorspanischen Peru,* Berlin 1960.
Hyslop, J., *The Inka Road System,* Orlando, Florida/London 1984.
Jones, J., *The Art of Pre-Columbian Golds,* London 1984.
Katz, L. (Hg.), *Art of the Andes,* Washington, D. C. 1983.
Kosok, P., *Life, Land and Water in Ancient Peru,* New York 1965.
Kutscher, G., *Chimu – Eine altindianische Hochkultur,* Berlin 1950.
Lange, F. W. (Hg.), *Recent Developments in Isthmian Archaeology,* Oxford 1984.
— u. Stone, D. (Hg.), *The Archaeology of Lower Central America,* Albuquerque, New Mexico 1984.
Lanning, E. P., *Peru Before the Incas,* Englewood Cliffs, New Jersey 1967.
Lapiner, A. C., *Pre-Columbian Art of South America,* New York 1976.
Larco Hoyle, R., *Peru,* München 1978.
Lathrap, D. W., *The Upper Amazon,* London 1970.
— u. Gebhart-Sayer, A. u. Mester, A. M., *The Roots of the Shipibo Art Style,* in: *Journal of Latin American Lore,* Bd. 11, Los Angeles, California 1985.
Leicht, H., *Indianische Kunst und Kultur. Ein Jahrtausend im Reiche der Chimú,* Zürich 1944.
Lothrop, S. K., *The Indians of Tierra del Fuego,* in: *Contributions from the Museum of the American Indian, Heye Foundation,* Bd. 10, New York 1928.
Lumbreras, L. G., *Excavaciones en el templo antiguo de Chavín,* in: *Ñawpa Pacha,* Bd. 15, Berkeley, California 1977.
— *De los pueblos, las culturas y las artes del antiguo Perú,* Lima 1969.
McEwan, G. F., *The Middle Horizon in the Valley of Cuzco, Peru,* Ann Arbor, Michigan 1984.
Mason, J. A., *Das Alte Peru: Eine indianische Hochkultur,* Essen 1975.
Meggers, B. J., *Amazonia,* Chicago 1971.
Menzel, D., *The Archaeology of Ancient Peru and the Work of Max Uhle,* Berkeley, California 1977.
Middendorf, E. W., *Peru,* 3 Bde., Berlin 1893–95.
Morrison, T., *Pathways to the Gods,* New York u. a. 1978.
Moseley, M. u. Day, K. C., *Chan Chan,* Albuquerque, New Mexico 1982.
Murra, J. J., *Cloth and Its Functions in the Inca State,* in: *American Anthropologist,* Bd. 64, Menasha, Wisconsin 1962.
Nachtigall, H., *Alt-Kolumbien. Vorgeschichtliche Indianerkulturen,* Berlin 1961.
Porras, P. I., *Arqueologia del Ecuador,* Quito 1984.
Proulx, D. A., *The Nasca Style,* in: Katz, L. (Hg.), *Art of the Andes: Ceramics from the Arthur M. Sackler Collections,* Washington, D. C. 1983.
Ravines, R. (Hg.), *Chan Chan,* Lima 1980.
Reichel-Dolmatoff, G., *Colombia,* London/New York 1965.
Reinhard, J., *The Nazca Lines: A New Perspective on their Origin and Meaning,* Lima 1985.
Rick, J. W., *Prehistoric Hunters of the High Andes,* New York 1980.
Rivera, M. A., *Prehistoric Chronology of Northern Chile,* Ann Arbor, Michigan 1977.
Rouse, I. u. Cruxent, J. M., *Venezuelan Archaeology,* New Haven/London 1963.
Rowe, A. P., Benson, E. P. u. Schaffer, A. L. (Hg.), *The Junius B. Bird Pre-Columbian Textile Conference,* Washington, D. C. 1979.
Rowe, J. H., *An Introduction to the Archaeology of Cuzco,* in: *Papers of the Peabody Museum of American Archaeology and Ethnology, Harvard University,* Bd. 27, Cambridge, Massachusetts 1944.
— *Chavín Art,* New York 1962.
— *The Kingdom of Chimor,* in: *Acta Americana,* Bd. 6, 1948.
Sawyer, A. R., *Ancient Peruvian Ceramics,* New York 1966.
Schlenther, U., *Im Reich El Dorados. Eine Kulturgeschichte der Indianer in Kolumbien,* Berlin 1973.
Steward, J. H. (Hg.), *Handbook of South American Indians,* Washington, D. C. 1946–59.
— u. Faron, L. C., *Native Peoples of South America,* New York 1959.
Stothert, K. E., *The Preceramic Las Vegas Culture of Coastal Ecuador,* in: *American Antiquity,* Bd. 50, Washington, D. C. 1985.
Tello, J. C., *Chavín,* Lima 1966.
— *Paracas: Primera parte,* Lima 1959.
— *Paracas: II parte,* Lima 1979.
Trimborn, H., *Vergessene Königreiche. Studien zur Völkerkunde und Altertumskunde Nordwest-Kolumbiens,* Braunschweig 1948.
— *Alte Hochkulturen Südamerikas,* Frankfurt a. M. 1973.
Tschudi, J. J. v., *Peru – Reiseskizzen aus den Jahren 1838–1842,* Neudruck Graz 1963.
Ubbelohde-Doering, H., *Kunst im Reiche der Inka,* Tübingen 1952.
— *Kulturen Alt-Perus,* Zürich 1966.
Willey, G. R., *An Introduction to American Archaeology,* Bd. 2: *South America,* Englewood Cliffs, New Jersey 1971.

TEIL VI: DAS KULTURELLE ERBE

Birket-Smith, K., *The Eskimos,* London 1936; dt. *Die Eskimos,* Zürich 1948.
Bridges, E. L., *Uttermost Part of the Earth,* London 1948.
Chapman, A., *Drama and Power in a Hunting Society: The Selk'nam of Tierra del Fuego,* Cambridge 1982.
Damas, D. (Hg.), *Arctic: Handbook of Northern American Indians,* Bd. 5, Washington, D. C. 1984.
Delaborde, J. u. Loofs, H., *Am Rande der Welt: Patagonien und Feuerland heute,* Frankfurt a. M. 1978.
Dostal, W. (Hg.), *Die Situation der Indios in Südamerika,* 3 Bde., Wuppertal 1975.
Foster, G. M., *Culture and Conquest,* New York 1960.
Frisbie, C. J. (Hg.), *Southwestern Indian Ritual Drama,* Albuquerque, New Mexico 1980.
Hartmann, G., *Masken südamerikanischer Naturvölker,* Berlin 1967.
King, J. C. H., *Portrait Masks from the Northwest Coast of America,* London 1974.
Levi-Strauss, C., *La voie des masques,* Genf 1975; dt. *Der Weg der Masken,* Frankfurt a. M. 1977.
Lindig, W. u. Münzel, M., *Die Indianer. Kulturen und Geschichte der Indianer Nord-, Mittel- und Südamerikas,* 2 Bde. 3. Aufl. München 1985.
Lowie, R. H., *Indians of the Plains,* New York u. a. 1954.
Münzel, M. (Hg.), *Die indianische Verweigerung. Lateinamerikas Ureinwohner zwischen Ausrottung und Selbstbestimmung,* Reinbek bei Hamburg 1978.
Siebert, E. u. Forman, W., *Indianerkunst der amerikanischen Nordwestküste,* Hanau 1967.
Waters, F., *Book of the Hopi,* New York 1963.
Weltfish, G., *The Lost Universe,* New York 1965.
Zerries, O., *Die Erben des Inkareiches und die Indianer der Wälder,* Berlin 1974.
— *Die Religionen der Naturvölker Südamerikas und Westindiens,* in: Krickeberg, W. (Hg.), *Die Religionen des alten Amerika (Die Religionen der Menschheit, 7),* Stuttgart 1961.

REGISTER GEOGRAPHISCHER NAMEN

REGISTER

Kursiv gesetzte Seitenangaben weisen auf Bilder beziehungsweise Bildlegenden hin.